RELIGIÓN, TOLERANCIA Y EDUCACIÓN INTERCULTURAL EN IBEROAMÉRICA

FICHA TÉCNICA

ISBN 978-19-73140-64-1

La Serena – Chile - outubo: 2017

Editores

Ángel-B. Espina Barrio

Daniel Valério Martins

Luiz Nilton Corrêa

Comissão e Conselho Editorial

Ángel-B. Espina Barrio

Daniel Valério Martins

Luiz Nilton Corrêa

Imágens e Capa

Luiz Nilton Corrêa

Comité Editorial

Prof. Mtro. D. Renato Alves Vieira de Melo

Prof. Dr. D. Luiz Nilton Corrêa

Profa. Mtra. Dña. Racquel Valerio Martins

Prof. Dr. D. Daniel Valerio Martins

Profa. Dra. Dña. Regina Clara de Aguiar

Consejo Editorial

Doctor D. Ángel Baldomero Espina Barrio (Universidad de Salamanca y Sociedad Española de Antropologia Aplicada);

Doctor D. Emiliano González Díez (Universidad de Burgos);

Doctor D. Eloy Gómez Pellón (Universidad de Cantabria);

Doctora. Dña. Josefa Jackline Rabelo (Faculdade de Educação da Universidade Federal do Ceará);

Doctor D. José Clerton de Oliveira Martins (Universidade de Fortaleza);

Doctor D. José Deribaldo Gomes dos Santos (Universidade Estadual do Ceará);

Doctor D. Telmo Pedro Vieira (Universidade Federal de Santa Catarina);

Doctora Dña. Rosana Eduardo da Silva Leal (Universidade Federal de Sergipe).

SUMÁRIO - ÍNDICE

TEMÁTICA RELIGIÃO - TEMÁTICA RELIGIÓN

RELIGIÃO E VALORES CULTURAIS

ESTADO LAICO E SOCIEDADE RELIGIOSA

TEMÁTICA EDUCAÇÃO - TEMÁTICA EDUCACIÓN

ANTROPOLOGIA, EDUCAÇÃO E SOCIEDADE: DESAFIOS CONTEMPORÂNEOS

ANTROPOLOGIA, ARQUEOLOGIA E EDUCAÇÃO INDÍGENA

OS DESAFIOS E O DESENVOLVIMENTO DE UMA EDUCAÇÃO INTERCULTURAL

EDUCAÇÃO INTERCULTURAL E MEIO AMBIENTE

TEMÁTICA TOLERÂNCIA - TEMÁTICA TOLERANCIA

MINORIAS, IGUALDADE E GÊNERO

DIVERSIDADE E CULTURA DA PAZ

APRESENTAÇÃO – PRESENTACIÓN

La ciudad de Fortaleza y la Universidad de la Asamblea Legislativa, Unipace, con apoyo de las Universidades Federal de Ceará, Unifor, la Facultad Ateneu y el Colegio Cascavelense, fueron el marco donde se desarrolló el XXIIº Congreso Internacional de Antropología de Iberoamérica, evento que desde hace veintidós años viene aglutinando un grupo de investigadores en ciencias sociales y humanas iberoamericanos que tiene como objetivo principal el conocimiento y la difusión de la cultura de la región referida. El Congreso tuvo su origen impulsado por un reducido grupo de antropólogos de la Universidad de Salamanca y del Instituto de Investigaciones de Antropológicas de Castilla y León, con la vocación de abrir un espacio privilegiado de diálogo y de exposición académica en su especialidad, con un marcado carácter internacionalista y, especialmente, iberoamericanista. Desde su primera edición, en octubre de 1996 en Salamanca, que versó sobre aspectos generales de la Antropología en la Península Ibérica y en Latinoamérica, fueron perfilándose las líneas de investigación etnológicas y asimismo transdisciplinares (con las especialidades de la comunicación, la política, la sociología, la educación, la cooperación, etc.) que irían marcando las sucesivas temáticas de las siguientes convocatorias anuales, cada vez con mayor presencia de asuntos y ponentes ibéricos e iberoamericanos, procedentes en su conjunto de más de tres centenares de instituciones de Educación Superior. Estas temáticas, concretamente fueron: Religiosidades populares (1997); Antropología visual (1998); Cronistas de Indias (1999 y 2001); Fronteras (2000) Emigración e integración cultural (2002); Familia, educación y diversidad cultural (2003); Poder, política y cultura (2004); Conflicto y cooperación (2005); Conocimiento local, comunicación e interculturalidad (2006); Turismo, cultura y desarrollo (2007); Antropología aplicada (Salamanca, 2008) e Inovação cultural, patrimonio e educação (Recife, 2008); Estudios socio-culturales en Brasil y España (2009); Culturas ibéricas y mestizaje en América, África y Oriente (2010); Contención y derroche (2011); Estética, cultura y poder (San Luis Potosí, 2012); Representaciones, rituales e imaginarios religiosos y profanos (Salamanca, 2012); Cuerpo, espacio y cultura en la era de las expectativas expandidas (Porto Alegre, 2013); Educación, Ecoturismo y Cultura. Desafíos de un Mundo globalizado (São Jose, 2015); y llegando a 2016 a Fortaleza con el presente rótulo de: Religión, Tolerancia y educación Intercultural.

Las discusiones sobre tales problemáticas, en su momento con una componente muy innovadora, fueron paralelas a serias investigaciones de muchos que fueron asimismo profesores, o invitados, y también de doctorandos o alumnos, del Programa de Doctorado Interuniversitario de Antropología de Iberoamérica (funcionando desde 1997) y, en los últimos años, transformado en el Master Universitario de la misma especialidad.

Todo ello ha ido tejiendo una extraordinaria red de creación y difusión de conocimiento antropológico, reforzada por la publicación de todas las citas del Congreso, bien en formato de libro impreso (12 volúmenes, hasta 2008), o de publicación digital, disponible en internet (Congresos desde 2009 hasta la actualidad). Algunas de esas ediciones fueron posibles por el apoyo inestimable de entidades como el Instituto de Investigaciones Antropológicas de Castilla y León, la Universidad de Salamanca, la Diputación Provincial de Salamanca, la Fundación Joaquim Nabuco de

Recife o la Sociedad Iberoamericana de Antropología Aplicada, y, sin duda, constituyen el legado intelectual más preciado y duradero de estos Congresos.

Ahora aparece esta publicación referida al congreso de Fortaleza -fruto del trabajo de gestión y dirección del Dr. Daniel Valerio, y del esfuerzo de edición principalmente del Dr. Luiz Nilton- y del que pensamos trató de una tríada de aspectos esenciales para comprender nuestro mundo socio-cultural contemporáneo: la religión, la tolerancia y la educación, en este caso, apellidada como intercultural. Pues si algún tipo de educación puede promover mejor la tolerancia en nuestras sociedades, donde cada vez hay mayor diversidad de todo tipo, pero especialmente étnica y religiosa, es la educación que ha venido en llamarse intercultural. La misma es ya imprescindible en cualquier país pero más si cabe en los que tienen una riqueza étnica apreciable. Y eso queda patente leyendo la nutrida lista de artículos que componen este texto, a los que no nos toca a nosotros hacer una critica académica, pero que si podemos decir que son muy trabajados y oportunos.

Decíamos hace poco, en el prefacio de una publicación que daba cuenta para el ámbito brasileño de los aspectos esenciales del Islam, que "el gran argumento a favor de la intolerancia religiosa nace del miedo, del miedo a lo desconocido que nos produce desconfianza. Para combatir esos sentimientos no cabe otro camino que el del conocimiento de la historia, de la cultura y de las prácticas, en este caso religiosas, de 'el otro'" (Espina, 2017)[1]. Y para conseguir esto, a medio y largo plazo, debe implementarse una educación que defienda los valores de todas las culturas del Planeta. "Pues si queremos rebajar las posturas fundamentalistas de cualquier tipo (musulmanas, cristianas, etcétera) no hay otro camino que la tolerancia y la integración de ideas y personas. Y esto es algo que atañe a todos, no sólo, aunque con más responsabilidad, a políticos, periodistas e intelectuales. Con el conocimiento se disipan miedos pero también se comprenden situaciones y se aceptan mejor innovaciones y modificaciones. El error de Occidente ha sido, entre otros, querer occidentalizar a todos los países sin respeto a sus costumbres y creencias, llegando a situar psicológicamente a los individuos de esas áreas en una escala inferior del desarrollo, lo que provoca sentimientos de inferioridad -en principio- que después son seguidos por sentimientos de rechazo, odio y de superioridad exagerados. Pues a nadie le gusta sentirse inferior. Esa es la explicación del fundamentalismo, de sus posturas radicales y sus excesos. Se ha desatado en el proceso de globalización algo que Devereux llamaba "aculturación antagonista", vale decir, una reacción de rechazo a todo lo exterior, a lo nuevo, a lo diferente. Incluso odio violento hacia ello. Para salvar estas posturas se necesita mucha pedagogía, mucho tiempo y paciencia y poca imposición. Una asunción autogenerada de las novedades que conviva con el conocimiento y respeto a las tradiciones. Una labor continuada de concientización de que no es posible la paz y la libertad sin el respeto a los demás. Y no solo tolerancia, como se tolera algo molesto, sino de genuino respeto que de paso a admiración de lo bueno que todos los pueblos tienen. Eso solo puede lograrse difundiendo la forma de ser de todos; informando de cómo son en realidad los demás: los demás credos y religiones, incluso de cómo piensan los agnósticos y ateos" (Espina, 2017).

---

[1] ESPINA BARRIO, A.B. (2017), "Prefacio", en: TELMO VIEIRA, *Conheciendo o Islã. Das origens até os dias atuais...*, Florianópolis.

Todos estos contenidos, competencias y habilidades tienen que estar en los programas de todos los niveles de una educación que en nuestros centros sea realmente defensora de la integración cultural, de una verdadera interculturalidad.

Y volviendo a la celebración de los Congresos CIAI (Congresos Internacionales de Antropología de Iberoamérica), saber que el 1 de octubre el año 2017 esté previsto se inaugure el Congreso XXIII° en la Universidad de La Serena y en la Universidad Católica del Norte (Chile), sobre Diálogo cultural, religiosidades populares, músicas y migraciones; y que en agosto de 2018, se proyecte el XXIV° en la isla de São Francisco do Sul de Santa Catarina (Brasil), es una garantía de que estos eventos están sirviendo a sus objetivos iniciales y que van a proseguir en el futuro. Deseamos y auguramos muchos más años de labor en la congregación, y en la difusión y aliento de las investigaciones, de muchos especialistas en ciencias sociales y humanas del área Iberoamericana, realizadas siempre en favor de sus pueblos.

Ángel B. Espina Barrio
Instituto Universitario de Iberoamérica
Universidad de Salamanca, 1 de octubre de 2017.

SOBRE OS ENCONTROS ENTRE MUNDOS E DO QUE DELE DECORRE

> "Em 12 de outubro de 1492 os nativos,
> descobriram que eram índios,
> descobriram que viviam na América,
> descobriram que estavam nus,
> descobriram que existia pecado,
> descobriram que deviam obediência
> a um rei e uma rainha de outro mundo
> e a um deus de outro céu,
> e que esse deus havia inventado a culpa e a roupa
> e havia mandado queimar vivo quem adorasse ao sol,
> à lua, à terra e à chuva que a molha" -
> Eduardo Galeano

Pelo enunciado poético de Galeno no texto acima, somos convocados por sua ideia e pensamos o 12.10.1492 como um marco do encontro entre mundos que, hoje, conformam ser o espaço iberoamericano. Assim, todas as fortalezas e fragilidades que convocam os encontros aqui estão representadas pois estes são: âmbitos de ajustes, (des)harmonias, potencialidades, mudanças, diferenças, estranhamentos e tantas outras coisas mais.

Nestas perspectivas, o Congresso Internacional de Antropologia de Ibero-América vem sendo um marco no pensamento sobre as consequências decorrentes do encontro entre mundos e, sobretudo, no que diz respeito a discussão sobre os ajustamentos que persistem no século XXI, consequência da convivência entre povos promovidos a partir do advento dos descobrimentos dos mundos que no século XV.

Assim, no desafio de interpretar especificidades, promover conhecimento e diálogos o referido congresso, em sua XXII edição, reuniu pesquisadores e profissionais de áreas tão diversas quanto conexas, que são a sociologia, a história, a filosofia, a comunicação, o direito, a psicologia, a economia, a política, a literatura e outras tantas que convocam atravessamentos entre áreas, para tratar temas pertinentes à realidade contemporânea da cultura ibero-americana.

Desta forma, Fortaleza-CE-Brasil, a Cidade da Luz, a "Loira desposada do sol", nos termos do seu mais reconhecido escritor indigenista, José de Alencar, é uma cidade do nordeste brasileiro que reúne complexidades entre extremos: moderna e tradicionalista, contestadora e conservadora, católica e umbandista e tantas características mais.

A cidade é também polissêmica, dialógica, rica, pobre, urbana e também com certo rasgo rural e provinciano, uma vez que sua gente resguarda forte relação com o sertão semiárido do Brasil. Desta forma, não poderia existir um melhor lugar para, a partir de sua realidade tão local e universal, tratarmos as temáticas propostas pelo congresso, no caso ***Religião, Tolerância e Educação Intercultural***".

Tal tema revela a atualidade dos interesses dos discursos antropológicos, que aqui se convocam pelo viés multidisciplinar e de agregação, tão necessário ao discurso e postura deste campo que se revela complexo diante de uma contemporaneidade que convoca a necessidade de diálogos que se antagonizam e, por isto mesmo, se complementam. Sabemos que Ibero-américa trata-se de um lugar especial de convivência entre diversidades rumo à superação dos discursos colonialistas e de questões específicas, onde (con)viver com a diferença é um cotidiano experiencial, revelador e transformador. Não convém pensar em âmbitos assim constituídos, em identidades fechadas ou purismos étnicos. A diferença traduz-se em beleza e riqueza reveladas a partir dos confrontos/encontros que caracterizaram a formação desta gente tão multifacetada.

Já é de domínio geral a crença de que a interculturalidade apenas pode acontecer em um ambiente aberto e dialogante. Assim, em tais contextos, a diferença pode muito mais aproximar, que construir muros. A comunicação massificada pode ser veículo para aproximações e desconstruções de preconceitos a partir de uma educação mais inclusiva, na qual diferentes discursos revelam diversidade cultural e meios para um encontro entre as formas simbólicas distintas para o mesmo fim, por exemplo, "falar com Deus", seja ele o que cada crença consiga representar.

No âmbito do XXII Congresso de Antropologia de Ibero-américa, subtemas foram convocados no entrecruzamento dos temas centrais, os quais podemos observar claramente, **Pluralismo religioso no Brasil e na América Latina, Estado laico e Sociedade Religiosa, Religiões Afro-brasileiras, Religião e Valores Culturais, Tolerância com enfoque em Direitos Humanos, Liberdade e Intolerância religiosa no Brasil, Tolerância, Liberdade e Diversidade Igualdade e Gênero, Antropologia e Educação - Educação Intercultural e Movimentos Sociais, Desafios e o desenvolvimento de uma Educação Intercultural, Educação: da Multi para a Interculturalidade, Educação Intercultural e Meio Ambiente, Indigenismo no Brasil e América Latina: Religião, Tolerância e Educação Intercultural Marxismo e educação: desafios históricos e urgências contemporâneas Movimentos Sociais, Racismo e Indigenismo em Iberoamérica, Antropologia e Religião Iberoamericana Diversidade e Cultura da Paz.**

O trabalhos apresentados, fruto dos diálogos e mesas ocorridos no evento, com participação de professores, pesquisadores, profissionais de diversos setores e vindos de diversos lugares, principalmente do Brasil, revelaram a diversidade das discussões que sugeriram ricos debates.

Desta forma, os títulos que apresentamos a seguir, oferecem perspectivas do que foi tratado no interior da Universidade do Parlamento, local onde as apresentações aconteceram: A Farmácia De Deus: A Cura pelas Plantas, de Renata C. Sartori; Arlete A. Monteiro . Sons e Músicas Expressando a Fé Mariana de um Povo, de Lina Barrientos Pacheco; Pensar é Caminhar: Etnofilosofía e Religión Popular, de Jaime Montes Miranda; Limites Hermenêuticos para Expressões de Consciências Religiosas e Antirreligiosas: A Agonia da Liberdade, de Lleide Sampaio de Sousa; O Etnocentrismo Religioso e sua Relações com a Intransigência e Intolerância Sociais, De Jasson Matias Pedrosa; A Experiência De Romaria Para Idosos: Aproximações Etnográficas Em Juazeiro Do Norte – Ceará – Brasil, De Lisieux D'jesus Luzia De Araújo Rocha; Sentidos da Religiosidade Popular para Romeiros que Peregrinam no Nordeste Brasileiro , de Francisco Antônio Francileudo; A Política Educacional Brasileira na Avaliação do Relatório De Educação para todos no Brasil (2000-2015), de Maria das Dores Mendes Segundo; Consciência em Vigotski: Fundamentos Ontológicos de Francisca Maurilene do Carmo; Conservadores e Liberais: Um Casamento por Interesse, sem Amor e a Política Educacional , de Luís Távora Furtado Ribeiro; Educação e Formação Docente sob a Égide do Capital em Crise: Elementos para uma Crítica Onto-Histórica, de Valdemarin Coelho Gomes; Crítica à Integração do Ensino Médio à Educação Profissionalizante no Estado do Ceará, de Deribaldo Santos ; A História

Nossa de Cada Dia: Narrativas, Saberes e Memórias (Re)descobrindo a Tradição Popular, De Eryck Dieb Souza; Saberes Tradicionais E Práticas Alimentares dos Índios Tremembé de Almofala, de Gerson Augusto de Oliveira Junior; A Fortaleza de Santo Antônio de Ratones: Espaço de Preservação Patrimonial, História e Educação Regional, de Jefté Brandão Januário; O Uso De Software Livre como Estratégia na Formação de Professores Indígenas, de Elcimar Simão Martins; A Reorganização Curricular do Ensino Médio na Rede Pública Estadual do Ceará: Uma Proposta de Educação Intercultural de Aline Leitão Moreira; Identidade, Cultura e Intracultura nas Trajetórias de Vida dos Estudantes com Deficiência Visual do Instituto Federal Do Ceará (IFCE) e da Universidade Federal do Ceará (UFC), de Lilian Freitas Coelho; Materiais Didáticos para Quilombolas no Ceará (Brasil) com Uso de Charges: Abordando Assuntos Sérios com Humor e Interculturalidade, de Racquel Valério Martins ; Aplicação da Interculturalidade na Educação à Distância: Relatos e Reflexões, de Luciana Rodrigues Ramos Duarte; O Papel da Intracultura no Desenvolvimento da Inteligência emocional em uma Organização Privada de Ensino Superior em Fortaleza-Ce Brasil, de Patrícia Maia Cordeiro Dutra; Desenvolvimento Sustentável e a Educação Necessária para Questões Territoriais Urbanas e Meio Ambiente, de Renato Alves Vieira de Melo; A Cidade dos Homens: Tragédia de um Édipo Suspenso, de Carlos Velázquez; O Jeito Brasileiro de Institucionalizar: Os Direitos Humanos das mulheres, de Marinina Gruska Benevide; Entre O Amor e a Violência: Trajetórias de Casais que Acionaram a Lei Maria da Penha, de Janaina Sampaio Zaranza; A Casa, a Rua a a "Entidade": Espaços, População em Situação de Rua e Produção do "Refugo Humano" em Sobral-Ce, de Maria Isabel Silva Bezerra Linhares; O Feminino em Xeque: Reflexões Acerca da Violência Conjugal segundo a Psicologia Analítica, de Denise Ramos Soares; Agremiações Estudantis Africanas na Cidade de Fortaleza-Ce: Entre Conflitos e Afirmações Identitárias, de Ercílio Neves Brandão Langa e a Afetividade no Ambiente Escolar como Contribuição para o desenvolvimento Cognitivo, Afetivo e Valorativo da Criança, de Francisco Eliton Gomes da Silva, foram temas tratados que demonstram a diversidade e pertinência da XXII edição do Congresso de Antropologia de Iberoamérica.

Salientamos que a organização do referido evento teve participação da Universidade de Salamanca - USAL (Espanha), Universidade de San Luís Potosí (México), Instituto de Investigaciones Antropológicas de Castilla y León (España), Sociedad Española de Antropología Aplicada (Espanha), Sociedade Ibero-Americana de Antropologia Aplicada (Brasil, Países da América Hispânica e Espanha), Master Universitário en Antropología de Iberoamérica de la Universidad de Salamanca (Espanha), Grupos Arcos – Pró-Resgate de Memória Histórica, Artística e Cultural de Biguaçu/SC (Brasil), Asociación de la Comunidad Brasileña de Salamanca – ABS (Espanha), Instituto Histórico e Geográfico de Santa Catarina-SC (Brasil) e contou ainda com o apoio de organizações locais como a Universidade de Fortaleza-UNIFOR, certificadora do evento, a Universidade Federal do Ceará e Universidade Estadual do Ceará, além de outros agentes.

Das mesas-redondas, seminários, palestras que se deram no âmbito do congresso, saímos com a certeza de que muitas outras questões convocam os diálogos antropológicos em suas transversalidades, ao voltarmos os olhos para os rincões que conformam o espaço Iberoamericano. No entanto, a partir dos desafios que se fizeram e nos conduziram a interações esclarecedoras, estamos certos de que ajustes foram encaminhados rumo a compreensão das complexidades convocadas pelas temáticas tratadas. Porém, os desafios perduram rumo à conquista do respeito e da dignidade, que cada povo iberoamericano em sua singularidade conforma.

José Clerton Martins, em Fortaleza - CE/Brasil.

O TORÉ: EXEMPLO PRÁTICO DO PROCESSO DE SOBRE CULTURALIDADE

Daniel Valério Martins[2]
Jesús M. Aparicio Gervás[3]
Ángel Baldomero Espina Barrio[4]

RESUMO: O toré, torém ou retórica do toré, simboliza os elementos culturais e identitarios mais representativos das comunidades indígenas do nordeste brasileiro, agrupando em tres pilares que conformam sua própria existência: a luta por suas terras e territórios, a saúde e educação diferenciada. É durante o século XX e início do século XXI, quando o impacto do fenomeno da globalização começa a repercutir no atual significado do toré, orientando-o para a própria sobrevivência cultural e ao fortalecimento da identidade dessas comunidades indígenas, tornando-se muito próximo em uma perspectiva comparada do processo de sobreculturalidade que desenvolveremos no decorrer de nossa pesquisa.
PALAVRAS CHAVE: símbolo; luta; povos indígenas, educação diferenciada e identidade.

ABSTRACT: The toré, torem or rhetoric of toré, symbolizes the most representative cultural and identity elements of the indigenous communities of Brazilian northeast, grouped into three pillars conforming its own existence: the struggle for land and territory, health and education. It will be during the twentieth century and especially at the beginning of the century, when the impact of the phenomenon of globalization will have an effect on the current meaning of toré, oriented toward cultural survival itself and strengthening the identity of these indigenous communities, linking closely to comparative perspective of sobreculturalidade process that will develop throughout our investigation.
KEY WORDS: symbol; struggle; indigenous peoples; differentiated education and identity.

RESUMEN: El toré, torém o retórica del toré, simboliza los elementos culturales e identitarios más representativos de las comunidades indígenas del nordeste brasileño, agrupándose en tres pilares que conforman su propia existencia: la lucha por la tierra y el territorio; la sanidad y la educación. Va a ser durante el siglo XX y sobre todo a comienzos del siglo XXI, cuando el impacto del fenómeno de la globalización repercuta en el actual significado del toré, orientándose hacia la propia supervivencia cultural y al fortalecimiento de la identidad de estas comunidades indígenas, vinculándose muy estrechamente a la perspectiva comparada del proceso de sobreculturalidad que desarrollaremos a lo largo de nuestra investigación.
PALABRAS CLAVE: símbolo; lucha; pueblos indígenas; educación diferenciada e identidad.

---

[2] Professor da Universidade de Salamanca, Espanha. Email: jjfadelino@hotmail.com

[3] Professor da Universidad de Valladolid, Espanha. Email: jesusmaria.aparicio@uva.es

[4] Professor da Universidad de Salamanca e director do Master Interuniversitário de Antropologia de Iberoamérica. espina@usal.es

1. Introdução

Nesse artigo, trataremos de um dos rituais mais conhecidos dos indígenas do Brasil, que foi visto pela primeira vez, em uma comunidade do alto do Xingú, localizada no norte do país e a relação do mesmo com o conceito de sobreculturalidade, no processo de sobrevivência cultural. O toré ou torém (como também é chamado pelos Tremembé indígenas da região nordeste) quando observado pelas instituições responsáveis, foi considerado como uma das características necessárias para a afirmação da identidade indígena, ou seja, para ser reconhecido como índio no Brasil, era preciso saber dançar o toré.

O conceito de sobreculturalidade surge nesse contexto, como processo de carater complementário, onde vários conceitos relacionados ao contato cultural, antes vistos como prontos, acabados e isolados se encontram agrupados nesse processo e o individuo ou sua comunidade passam a utilizar lo como fortalecimento de suas identidades e consequentemente de suas culturas.

Faremos, portanto, uma retrospectiva, para que entendamos a construção da identidade indígena no Brasil, e trabalharemos com o caso específico das comunidades indígenas do estado do Ceará no Brasil, neste caso, formada pelas comunidades Pitaguary, Tapeba, Kanindé, Jenipapo-Kanindé, Anacê e Tremembé, algumas das quais, localizadas na região metropolitana da cidade de Fortaleza, no estado do Ceará, Brasil.

No Brasil colonial, na Capitania do Ceará, uma das quais possuía um grande número de indígenas do Nordeste, o trabalho escravo não era exercido de forma excessiva nessas terras, sendo preciso recorrer a mão-de-obra indígena, em uma espécie de "combate a vadiagem", na tentativa de inserir essa população na produção e força de trabalho, impondo um outro modo de vida, desestruturando sua cultura e controlando sua população, gerando um esquecimento que viria novamente à tona no século seguinte.

> Mas, de fato, foi a imposição da língua portuguesa às populações indígenas que mais profundamente marcou esse período. Se a negação das línguas indígenas tinha um caráter intencional de pôr no ostracismo as culturas nativas, também trazia em si a ideia de "civilizar" e "educar" os nativos. (Barros, 2011. p.37).

Esse processo de imposição cultural foi uma das causas da diminuição das culturas indígenas no Brasil, surgindo, em resposta, somente no século XX as políticas indigenistas - resultado dos movimentos que vieram à tona no intuito de revelar a ineficácia do governo brasileiro em acabar com os sérios conflitos fundiários que vinham enfrentando e persistem até os dias de hoje contra poderosos empresários e contra o próprio Estado. Tais membros do poder diziam conduzir os "selvagens" rumo a um grau mais "evoluído" de "civilização", como um "favor prestado" em troca da terra e da tutela dos povos indígenas.

Essa ideia de civilizar e educar os nativos pregado pela Companhia de Jesús tinham seus aspectos políticos de organização, sociais com um ar religioso e ao mesmo tempo econômico, pois os indígenas seriam a base de sustento com sua mão de obra barata (escrava), situação essa que vem à tona e se deixa conhecer a partir da Congregação Geral 34[5], que também passa a servir

---

[5] Congregação Geral é a expressão utilizada pela Companhia de Jesus para designar o seu órgão máximo de governo, o topo da estrutura que tem poder para eleger o Geral da Ordem, nos seus 456 anos de história a Congregação Geral se reuniu 34 vezes, a última ocorrendo em 22 de março de 1995 em Roma.

de fortalecimento para a luta indígena como provas de atrocidades a cultura indígena que durante séculos foi sufocada, calada e invisibilizada.

Atualmente, nas questões fundiária e de identidade, o movimento indigenista[6] vem ganhando força. De acordo com Kymlicka (1996), a "identidade" consistiria no primeiro passo para vir à tona o sujeito indígena, que passaria a usar a assimilação da cultura nacional imposta, em soma com sua cultura originária como uma das ferramentas para chegar ao desenvolvimento comunitário na economia, saúde, transporte, educação, etc. ou seja, não se tratando apenas de aculturação, aproveitariam o contato para a adculturação.

Aqui podemos ver a importância desse fortalecimento identitário e sua eficácia com suporte nos conceitos de intraculturalidade, multiculturalidade, interculturalidade e transculturalidade, dentro de um mesmo processo de fortalecimento pessoal e comunitário sendo posto em prática com o toré e a Educação Diferenciada.

Portanto, estudos sobre essas comunidades se fazem necessários a medida que as mesmas veem desenvolvendo juntamente com a educação diferenciada, mecanismos de manutenção e propagação de suas culturas, muitas vezes sufocadas pela sociedade não indígena. Assim o conceito de sobreculturalidade trabalhado em conjunto com a educação diferenciada e fortalecido com o toré, pode vir a enriquecer essas comunidades, com base na intraculturalidade, preparando os mesmos para o contato e interação com base no respeito, tolerância e convivência pacífica.

Observamos assim a junção de 3 elementos capazes de gerar mudanças significativas nessas comunidades indígenas e em todo seu entorno: o toré, a Educação Diferenciada e a sobreculturalidade, elementos esses que iremos trabalhar nesse artigo com o objetivo de relacioná-los diretamente e contribuir com estudos sobre essas comunidades indígenas e seu empoderamento bem como, com a promoção da interação, convivência pacífica e harmonia entre os povos e a implementação de uma cultura de paz. Partindo das hipóteses de que elementos tradicionais, especificamente com o caso do toré associados à Educação diferenciada podem ou não manter a sobrevivência de suas culturas e o empoderamento das comunidades indígenas, quando apoiados no conceito de sobreculturalidade, passando por todas as etapas do mesmo.

Por tratar-se de uma pesquisa de discussão sobre o estado da questão cultural indígena de parte da América Latina, a metodologia utilizada, segue de uma revisão bibliográfica, análise conceitual, além da observaçao participante durante o ritual do toré nas comunidades indígenas mencionadas, desde as perspectivas *emic* e *etic*, partindo do método antropológico etnográfico, utilizando a triangulação com os tres elementos mencionandos anteriormente, expressados no esquema estrutural abaixo:

Figura 1- Triangulação: Toré - Educaçao Diferenciada - Sobreculturalidade

[6] O movimento indígena contemporâneo surgiu nos anos 70 e se organizou em nível nacional na década seguinte, mas um grupo indígena que se mobilizou por sua terra na década de 90, pode remeter seu passado a 100 ou 200 anos.

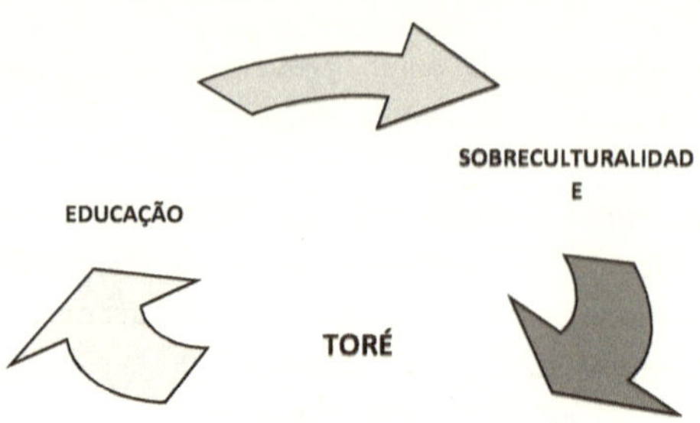

Fonte: elaboração própria

Vemos portanto nesse esquema estrutural, o toré como a base desse movimento, sendo trabalhado com a educação diferenciada se tornando o ponto de equilíbrio e de fortalecimento das identidades indígenas, reforçadas na medida que passam por todas as etapas ou fases do processo de contato cultural gerador de transculturas com a soma ou perda de parte das mesmas, buscando a manutenção e promoção de suas bases culturais e sua sobrevivência, funcionando como mecanismo de adaptação, ajuste e complemento identitário uma vez que o homem é um ser social que precisa desse contato humano e diverso para se chegar a essa sobrevivência.

2. Desenvolvimento

2.1- Perspectiva histórica do toré

Em 1910, foi criado no Brasil o S.P.I. (Serviço de Proteção ao Índio), mas para garantir tal proteção e direitos legais diante do governo brasileiro, a comunidade em questão precisava atestar sua identidade indígena. Na primeira metade do séc. XX, o Serviço de Proteção ao Índio passou a exigir o toré como meio de comprovação de suas identidades, uma vez que outras etnias do Brasil sustentavam sua cultura, sua língua nativa e dançavam o "verdadeiro toré".

O S.P.I. esteve em funcionamento até o ano de 1967, quando foi substituído pela FUNAI (Fundação Nacional de Assistência ao Índio). Assim como outras, as comunidades do Estado do Ceará, incorporaram o toré nos seus rituais e juntamente com o mocororó ou a jurema – bebidas alcoólicas feita a base de caju ou raiz fermentados – passam a realizar as cerimônias, fortalecendo suas autoctonias. O toré é um dos rituais, que com o "mocororó" ou com a "jurema", foi incorporado pelas comunidades indígenas do nordeste brasileiro, no intuito de consagrar seus grupos étnicos.[7]

O toré é um ritual de dança e cânticos utilizado em épocas especiais, datas festivas, curas, funerais, ritos de passagem, na apresentação para grupos visitantes, previamente marcados pela Cacique, e até mesmo na mudança do próprio cacicado. Esta prática cultural passou, ser tratada como sinal diacrítico de uma ampla indianidade e, até os dias de hoje, é ensinado por grupos reconhecidos como indígenas a grupos em processo de reconhecimento identitário em todo o Nordeste brasileiro. E mesmo grupos que apresentavam outras danças para manifestarem sua cultura, incorporam o toré (ou a retórica do toré) como padrão de etnicidade determinado pelo S.P.I.

---

[7]Povos Indígenas no Brasil - Pib- Socio ambiental – ISA, disponivel em: https://pib.socioambiental.org/pt/c/politicas-indigenistas/orgao-indigenista-oficial/o-servico-de-protecao-aos-indios-(spi), acessado em: 20-10-2014.

Nesse ritual, são evocados sempre seus antepassados no intuito de obter uma explicação para alguma situação específica, ou problemas sociais que a tribo vem enfrentando, e as forças da natureza, que, segundo alguns membros destas etnias, "está muito triste com a ação do homem". Como bem explica Durkheim: "As representações religiosas são representações coletivas que exprimem realidades coletivas; os ritos são maneiras de agir que nascem no seio dos grupos reunidos e que são destinados a suscitar, a manter ou refazer certos estados mentais desses grupos" (Durkheim, 1983 p.212)

A Fundação Nacional do Índio, assim que entrou em exercício após a extinção do S.P.I., passou a exigir a comprovação da identidade indígena por meios de estudos antropológicos realizados nas comunidades que se auto afirmavam indígenas. A exigência de tal comprovação é advinda da necessidade de organizar e classificar os grupos culturais, a fim de se compreender melhor a própria cultura brasileira como um todo, bem como sua história.

Conforme aporta Espina,

> Cuando estudiamos las culturas de otros pueblos estamos aportando luz para comprender nuestra cultura, nuestras instituciones y nuestra historia. Por ejemplo, estudiar el animismo, la brujería y el chamanismo tribales puede ayudar a comprender tales prácticas en nuestra sociedad tal como se dan en la actualidad o como se desarrollaron en etapas anteriores. (Espina 1997, p.35)

Assim o toré, passa a ser a principal ferramenta de reafirmação identitária e ao mesmo tempo, elemento capaz de agrupar as etapas do processo de sobreculturalidade na prática, pois tal processo busca alcançar a CONVIVÊNCIA INTERCULTURAL – ou também a TRANSCULTURALIDADE – através da SOBREVIVÊNCIA, e que tal conceito poderia ser utilizado adequadamente na educação diferenciada (modelo elaborado pelos próprios indígenas de acordo com suas necessidades e anseios), em conjunto com o material elaborado pelos próprios membros dessas comunidades para o desenvolvimento das mesmas, dando uma resposta ao atual movimento indigenista latino-americano.

2.2- A sobreculturalidade, o toré e o fortalecimento das identidades

A Sobreculturalidade, é um conceito criado para mostrar em uma única ótica as várias fases de um processo de contato cultural, e ao mesmo tempo de manutenção e sobrevivência de uma cultura.

Estas fases já debatidas e trabalhadas por teóricos (pedagogos e antropólogos) são as seguintes: (intra – multi – inter e transculturalidade), fases, do "conhecer-se e aceitar-se", "conhecer e respeitar o outro" e "interagir" na busca de um desenvolvimento pessoal e comunitário, a fim de gerar uma transformação ou uma "transcultura" (nas formas de pensar e atuar consigo e com os demais), para, em seguida, lograr a "sobrevivência" como um ser humano e cultural, passível de direitos e deveres. Sendo assim, o conceito de Sobreculturalidade, enquanto "cultura de sobrevivência", foi direcionado às culturas que foram obrigadas a passar pelas várias etapas do processo de contato cultural para sobreviverem e não caírem no esquecimento. Os conceitos abordados nesse apartado fazem referencia aos trabalhos dos autores:Aparicio Gervás (2012); Angel Espina Barrio (2006), Ana Maria Davila(2012) e Marcela Vasquéz.(2012)

A esse processo que denominamos sobreculturalidade, mostra que a mudança ou transformação sofrida surge de acordo com as necessidades de cada indivíduo ou grupo cultural, para a sobrevivência de sua cultura e o mantimento de suas identidades. Para uma explicação mais específica, criamos o esquema estrutural abaixo, a fim de apresentar como pode ocorrer tal transformação e como o toré se posiciona nessa situação em um grupo social com os elementos de influência para o seu surgimento. Antes, no entanto, vale conferir as palavras de Pozzer: "Por meio da aprendizagem que se dá no âmbito sociocultural, ele aprende a superar as situações contrárias à sua natureza frágil para sobreviver. As culturas vêm e se constituem como arcabouços para a sobrevivência e o desenvolvimento do ser humano" (Pozzer & Cecchetti, 2014 p. 93).

Figura 2 - O toré: Núcleo de construção de identidade indígena.

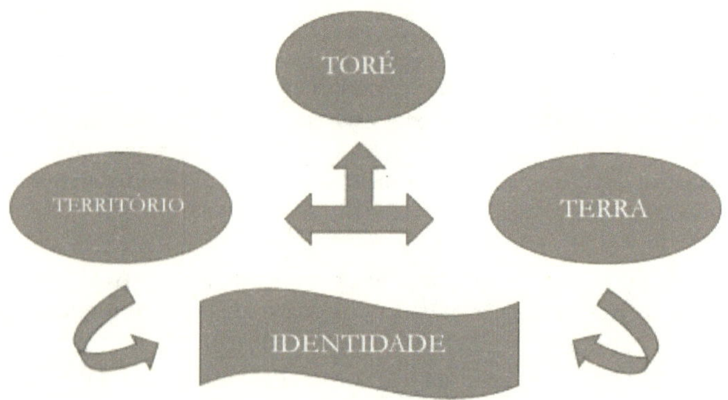

Fonte: elaboração própria

O esquema estrutural mostra o toré como o ápice da construção do ser indígena, onde o mesmo com base na terra e no território, consolidam suas identidades, e geram uma transformação no olhar do outro sobre a comunidade indígena.

Essa transformação é observada em todos os códigos de conduta, nos valores morais, nas regras sociais e culturais como na própria língua, e na educação, que são as bases de orientação de qualquer indivíduo no mundo de acordo com seu entorno cultural. Assim, o processo sobrecultural, enquanto depende da relação de um indivíduo consigo mesmo e com os outros sob forma de autoaceitação, encontro, conflitos e interação, gera uma problemática cultural e, por isso, muda ou se transforma por adequação e sobrevivência. Nesse momento, com o toré evidenciamos o processo Sobrecultural como uma situação de ajuste social de um indivíduo com o grupo ao que pertence e, ao mesmo tempo, com os grupos ao seu entorno, não se tratando de um processo meramente aculturador, e sim somador de várias culturas, a fim de tornar o indivíduo conhecedor de várias realidades, para perceber que a cultura é viva e, portanto, versátil.

Aparício & Delgado, afirmam que:

> Los cuatro conceptos citados (intraculturalidad, interculturalidad, multiculturalidad y transculturalidad), constituyen los pilares de investigación sociocultural del paradigma

ecológico de intervención y nos facilitaran, sin duda, analizar y poder interpretar con mayor rigor y precisión, el estudio de las sociedades actuales. Estos conceptos nos van a permitir analizar e interpretar con mayor rigor y precisión, el estudio de las sociedades originarias y sus interconexiones más allá de las propias fronteras transnacionales. (Aparicio & Delgado, 2014, p. 31)

Independente da maneira do contato, esse pode gerar a transformação na maneira de pensar e agir de um grupo social, seja por meio da perda ou da soma de culturas (aculturação/adculturação), seja por meio da educação (enculturação), ou por meio da imposição de costumes e tradições (inculturação). Verifica-se, portanto, uma ideia de movimento, de constante mudança, resultado de um processo que incluiu vários elementos e conceitos agrupados de forma complementária, em busca de um desenvolvimento. Nesse ponto, observamos que o toré foi capaz de agrupar todos esses conceitos, e alem de manter a tradição, soma novos valores, mostrando que a cultura é viva e mutável, veja-se o pensamento de García:

El conocimiento práctico que se hace disponible a través de una tradición no es meramente reproductivo; es también constantemente reinterpretado y revisado a través del diálogo y la discusión. Precisamente porque lleva en sí mismo este proceso de reconstrucción crítica es por lo que una tradición se desarrolla, evoluciona y cambia, en lugar de permanecer inmóvil o estática. (García, 2009, p.29)

Surge, assim, o respeito à diversidade cultural, em contraposição à visão etnocêntrica, como defendido por Geertz (2008), fazendo com que possamos refletir acerca do embaralhamento cultural presente nas sociedades complexas e nas mudanças de mentalidades mediante o contato entre culturas distintas – no presente caso, a diversidade dentro de um mesmo ritual indígena. Tudo isto ocorre por meio da relação estabelecida dentro desta diversidade, que pressupõe a utilização dos conceitos abordados, como a intraculturalidade (eu), a multiculturalidade (o outro), a interculturalidade (eu e o outro) e a transculturalidade (resultado do contato). Como bem expressa a fotografia abaixo:

Figura 1- Diversidade no ritual indígena.

2.3- Elementos da sobreculturalidade na América Latina

As comunidades indígenas que compõem o projeto LII-PITAKAJÁ- Licenciatura Intercultural Indígena dos povos Pitaguary, Tapeba, Kanindé, Jenipapo-Kanindé e Anacê podem ser consideradas um exemplo vivo desse processo de contato cultural, pois, dentre seus elementos que constituem a base para o fortalecimento identitário, encontra-se o toré, dança e ritual comentando anteriormente.

Esse ritual possui elementos de todas a etapas do processo mencionado, conquistando no final o principal objetivo que é a sobrevivência cultural das etnias que formam o projeto. Isto porque o toré, ao ser trabalhado por meio da Educação diferenciada, consegue ser a ferramenta capaz de unir em um único processo todos os conceitos abordados e trabalhados anteriormente.

De acordo com a divisão do processo de contato cultural em etapas, como apresentado antes, vemos que o toré consegue pôr na prática os conceitos teóricos de Intraculturalidade, Multiculturalidade, Interculturalidade e Transculturalidade, fazendo-se chegar à Sobreculturalidade.

No caso de indígenas Purhépechas da região de Michoacán no México, observamos o Pindekua Purhe (resgate da música tradicional Purhépecha, com a utilização de instrumentos não indígenas) e o kurhikuaeri k´uinchekua (festejo do ano novo Purhépecha) como elementos também utilizados como ferramentas de fortalecimento desse processo de Sobreculturalidade, pois os mesmos possuem características capazes de unir todos os conceitos citados em um único processo de contato cultural.

No caso indígena da Bolívia, observamos a própria UNIBOL, Guarani, Apiaguaiki Tupa, uma entre as três Universidades que compõem a UNIBOL, ou seja, (Guaraní, Quéchua e Aymara), que consiste em um elemento que também pode ser visto e utilizado como a ferramenta capaz de unir os mesmos conceitos, em um único processo de contato cultural. Nessa Universidade se encontram agrupadas 17 nações indígenas, com suas distintas culturas e costumes, entre eles o próprio idioma.

Portanto, observamos nas comunidades indígenas mencionadas, seja, no Brasil, no México ou na Bolívia, apresentam características específicas, mas com os mesmos elementos de autoaceitação e reconhecimento, conhecimento de si e sobre o outro, buscando-se o respeito e a interação, de modo que o visitante adquira um olhar diferenciado acerca das comunidades indígenas, em desconformidade com a interpretação gerada por meio dos livros didáticos. Não obstante, algumas comunidades em seus projetos educacionais indígenas se encontram em fases mais avançados que outros em relação à aplicação dos conceitos abordados.

2.4- O toré e as fases da sobreculturalidade

Como exemplo de aplicabilidade dos conceitos como etapas do processo de Sobreculturalidade utilizaremos o ritual do Toré, presente em todas as comunidades que compõem o projeto LII-PITAKAJÁ.

2.4.1- O toré intracultural

O toré, enquanto manifestação cultural, consegue gerar um fortalecimento interno, baseado na autoaceitação e autorreconhecimento, na medida em que os membros das comunidades que se agrupam para dançá-lo alcançam resgatar e fortalecer suas origens.
Esse resgate cultural parte do conhecimento histórico que o individuo tem sobre si mesmo, e sobre o grupo ao que pertence.

Dessa maneira, na primeira etapa do processo de sobreculturalidade, o toré se encaixa como ferramenta capaz de fortalecer a intraculturalidade pessoal e coletiva dos membros que nele se agrupam, buscando explicações e soluções para os problemas enfrentados.

2.4.2- O toré multicultural

Como dito anteriormente, as cinco comunidades que formam o projeto LII-PITAKAJÁ realizam, durante épocas especiais, o ritual do toré, em que membros de todas elas são convidados, além de visitantes não-indígenas, que no momento do ritual, também podem participar, gerando a riqueza das várias culturas que ali se agrupam e o respeito mútuo entre todas as comunidades participantes (indígenas e não-indígenas).

Assim, podemos observar que o toré também apresenta elementos característicos da segunda fase do processo de Sobreculturalidade, enquanto põe na prática o que se é trabalhado na teoria do conceito de multiculturalidade, que nada mais é do que uma convivência pacífica e respeitosa entre culturas diferentes agrupadas em um mesmo espaço geográfico.

2.4.3- O toré intercultural

A interação entre diferentes culturas também pode ser observada no ritual, pois além das comunidades indígenas participantes, todos os visitantes que se encontram no momento de sua realização podem participar, independentemente de suas crenças religiosas. Seja o toré encarado como uma simples dança ou como um verdadeiro ritual, o que importa no momento é a participação de todos e a sua respectiva interação.

O sentido disto reside na intenção de dar-se visibilidade ao ritual, a qual é garantida a partir do momento em que os não-indígenas presentes, já fora do ambiente das comunidades, propagam o que foi visto, contribuindo para o resgate e o fortalecimento identitário indígena, contra toda forma de opressão e invisibilidade que estes vêm sendo submetidos, há muitos anos.

2.4.4- O toré transcultural

O caráter transformador está presente no mesmo ritual, pois, após o estabelecimento do contato de forma harmoniosa e respeitosa entres as culturas que ali se encontram, tem-se, como resultado, mudanças significativas na maneira de se ver as comunidades indígenas, por meio de projetos desenvolvidos por visitantes, os quais, ao deixarem o ambiente do ritual, passam a refletir sobre as aspirações das comunidades e contribuindo de forma significativa com as mesmas, seja em projetos sociais, pesquisas cientificas fortalecendo a visibilidade e empoderamento desses povos.

Portanto, no toré também podemos ver, de forma clara, elementos da quarta fase do processo de Sobreculturalidade, tratando-se de um exemplo prático da transformação cultural, resultante do contato. A própria elaboração dessa investigação é resultado de um contato prévio estabelecido, por meio do qual buscou-se observar a fundo as transformações ocorridas nessas comunidades e contribuir com o empoderamento desses povos considerados minorias, tentando-se mostrar de novos ângulos suas duras realidades, vistas por muitos não indígenas da região metropolitana como favelas que circundam a grande Fortaleza.

Assim, essa visão do toré como elemento capaz de mostrar, na prática, o conceito de Sobreculturalidade, bem como os demais elementos citados das comunidades da Bolívia e México, nos faz observar, desde a ótica complementária, todas as peças de um quebra-cabeças, sem fendas ou separações, mostrando-se uma ideia de constante movimento, como observado na fotografia a seguir:

Figura 2- O movimento constante no Toré

Fonte: autoria própria

O toré, dançado de forma circular, além de mostrar esse circulo como uma aliança, está composto por elementos de várias culturas gerando uma visibilidade de todos que participam nesse contexto, se tornando um grande elemento de difusão cultural.

2.5 Os Tremembé e o torém

Os Tremembé de acordo com Ana Cristina Cabral (2014), autora do livro História dos Tremembé: memórias dos próprios índios, quando nos afirma que, conhecidos como povos guerreiros e exímios pescadores de tubarões, os Tremembé de Almofala no Ceará com uma população estimada em 3.500 pessoas, ocupavam na época colonial parte do Maranhão (foz do rio Gurupi) e do Ceará, sendo considerados povos nômades, circulando por essa região, como parte de suas tradições que entre elas destacamos um toré diferente ou torém.(p.13-18)

O torém adormecido durante muitos anos pela cultura Tremembé, retorna durante o século XX marcando a diferenciação, trazendo visibilidade e notoriedade social. Trata-se de um ritual de dança circular, utilizado em épocas especiais e em situações de chamadas de atenção, mostrando a luta da comunidade e se tornando o principal elemento marcador da singularidade Tremembé e ao mesmo tempo principal ferramenta de luta pela visibilidade, para a reconquista de seus territórios.

No Ceará, bem como em outros estados brasileiros, o processo de reconhecimento identitário e territorial indígena se torna um tanto quanto difícil e árduo mas vem crescendo e se consolidando na atualidade sendo percursores nesse movimento indígena os Tapeba e os Tremembé nos anos 80 lutando por suas identidades e a posse das terras que ocupavam, fazendo surgir um choque de informações perante a sociedade nacional, pois se tratavam de pessoas que falavam português se pareciam e se vestiam como a população regional.

Essa visão ia de encontro à imagem estereotipada do índio como selvagem, que anda nu com um arco e flecha nas mãos, ou seja, uma imagem do indígena como isolado e exótico como sempre foi apresentado nos próprios livros didáticos de todo o país, pois de certa forma como esse choque de informações seria difícil diferenciar índios e não-índios, quando os mesmos sentiam a necessidade de invisibilidade devido aos estigmas imputados.

Vale ressaltar que o povo Tremembé, com o torém, depois de vários anos de luta por suas terras e identidade consegue somente em agosto de 2015, a portaria que garante a demarcação de suas terras, entre elas, da Barra do Mundaú e Sitio São José do Buriti em Itapipoca- Ceará.

CONCLUSÃO

Após reconhecida a identidade indígena, delimitada as suas terras e estabelecida a sua posse legal, passa-se a ver uma atuação mais confiante dos indígenas em busca de outros direitos fundamentais – como a saúde e a educação – bem como por uma voz política ativa, desmantelando-se a imagem estereotipada do índio como ser "selvagem" e ignorante político, como muitas vezes era imposto pelos próprios livros didáticos.

Através do processo de sobreculturalidade, realizado com êxito por meio da Educação Diferenciada, as comunidades fazem surgir uma transcultura, capaz de sobreviver ao seu entorno.

Entretanto, observa-se ser relevante, para que esse processo seja realmente proveitoso, que tal educação seja continuada, isto é, não podendo-se parar no ensino fundamental, ou na educação para jovens e adultos, como ocorre atualmente nas comunidades indígenas da região metropolitana de Fortaleza/CE. Seria preciso ir além dessas etapas de ensino (até mesmo do ensino médio), em busca de cursos superiores, pois esses são os que podem fortalecer a comunidade de forma direta, por meio da formação de profissionais qualificados, que iriam promover o desenvolvimento interno.

Todo o anteriormente exposto pode ser exemplificado na busca pelo conhecimento de outras culturas, em que os indivíduos saem de seus grupos de origem para obter novos conhecimentos no contato com outras realidades (caso de investigações, intercâmbios, imersão cultural, visitas etc. relacionados nesse sentido com o toré), de modo a passar por todas as etapas do processo de Sobreculturalidade, pois, ao princípio desse afastamento de sua própria cultura, aflora um sentimento identitário, ao se comparar com outras realidades, sentindo falta de suas tradições, amigos, culinária, família, comportamentos, etc. e ao mesmo tempo conhecendo novos padrões e somando cultura. Nesse ponto, ocorrem várias interculturalidades dentro do contexto multicultural, por meio da interação, na tentativa de adquirir padrões culturais que venham a transformar realidades, voltadas para a ética, valores morais e humanos, pois vemos que os homens cada vez mais se desumanizam com a banalização da violência, corrupção e vários outros problemas derivados.

Assim o toré somando ao conceito de sobreculturalidade, pode ser um elemento de fortalecimento identitário, de conhecimento sobre o outro, de interação e de transformação das duras realidades que se encontram atualmente as comunidades indígenas brasileiras, fazendo valer suas lutas diárias de demarcação, ademais da luta pela educação diferenciada com base nos direitos específicos desses povos contribuindo por tanto, com um desenvolvimento local, diminuição de conflitos com o resgate de valores humanos e a promoção de uma interação pacífica e harmoniosa com base no respeito, tolerância e cultura de paz.

Este exemplo prático fortalece a ideia proposta de que é preciso trabalhar com os conceitos de intra-multi-inter-transculturalidade, para se chegar à Sobreculturalidade, e assim evitar o ocorrido como as muitas comunidades indígenas que desapareceram, e agora só podem ser encontradas nos Museus, na culinária, em alguns costumes e no seu DNA.

Estamos portanto, diante de uma grande oportunidade, qual seja, a de aprender com os indígenas e aprender a ser índio, para uma mudança de mentalidade, de valores, e de postura, diante da violência e ambição humana, que vem aumentando nos últimos anos, sendo que o essencial para a vida em sociedade, que é o espírito de comunidade, bem praticado por esses povos, está gradualmente desaparecendo. Portanto, aqui chamamos a atenção ao intercâmbio de experiências entre as comunidades indígenas e não indígenas.

Assim, mesmo acontecendo uma interação entre indígenas e não-indígenas, sabe-se que tal contato pode gerar perda de parte das culturas, mas, ao mesmo tempo, gera a soma de parte da cultura do outro. Sendo assim, é necessário pôr em prática um trabalho voltado para a temática intracultural, ou seja, que parta do autorreconhecimento e aceitação como um mecanismo de preparação do indivíduo para que este enfrente o contato com outros, com a mente aberta ao conhecimento, buscando-se manter os pontos positivos das diversas culturas em contato, a fim de que se possa, enfim, lograr a sobrevivência cultural. Desta forma, somos chamados a uma reflexão acerca do conceito de *intraculturalidad*, uma vez que ele é considerado a primeira fase do processo de contato cultural que denominamos sobreculturalidade.

Assim, tais comunidades buscam, no processo de contato com outras culturas, o mecanismo capaz de manter sua cultura e ao mesmo tempo enriquecer-se com a cultura do outro, por meio da assimilação de outras formas de pensar e de outros pontos de vista. Isto é facilitado através da Educação Diferenciada, como ferramenta da Antropologia, fortalecida no conceito de sobreculturalidade, obtendo do toré, toda visibilidade necessária para mostrar essa diferença cultural e assim poder lograr o respeito a diversidade.

Entende-se que a educação consiste na ferramenta de empoderamento e o toré o elemento impulsador capaz de manter vivas suas culturas, inseridas em um processo de sobrevivência cultural ou Sobreculturalidade. Isto porque, a educação, em todos os níveis, torna-se um caminho de humanização, a qual pode ser obtida por meio da compreensão do indivíduo de si mesmo e do seu entorno, promovendo-se mudanças de pensamentos e condutas, com base no respeito, no reconhecimento da diversidade cultural, e tendo consciência que o contato com essa diversidade – inevitável em um contexto de globalização – não tem que anular a sua identidade e autenticidade.

Referências bibliográficas

Aparicio, J. M. (2012) Nuevos movimientos y respuestas socioeducativas en América Latina y su repercusión en el campo de la Educación Intercultural y la Antropología. En M.M. León (Coord), Didáctica de las Ciencias Sociales: cuatro casos prácticos (pp. 61-83). Valladolid: Seminario Iberoamericano de Descubrimientos y Cartografía.

Aparicio, J. & Delgado, M. A. (2014). La Educación Intercultural en la Formación Universitaria Europea y Latinoamericana (p.31). Segovia: ITAMUT- FIFIED.

Barros, T. (2011). *Imanência Indígena*. Fortaleza: Secretaria da Cultura do Estado do Ceará.

Cabral, A.C. (2014). História dos Tremembé: memórias dos próprios índios (p.13-18). Fortaleza: Imprensa Universitária-UFC.

D'Ávila, A. M. (2012). *Da Coexistência À Convivência Com o Outro: entre o multiculturalismo e a interculturalidade*. Brasília: Rev. Inter. Mob. Hum. Ano XX, Nº 38, p. 67-81,jan/jun.

Durkheim, E. (1983) "As formas elementares da vida religiosa". (p.212). In: Os pensadores. 2 ed. São Paulo: Abril Cultural.

Espina, Á. B. (1997) Manual de Antropología Cultural (p.35). Salamanca: 2ª Ed.: Amarú Ediciones.

Espina, Angel B. (2006) *Culturas locales ibero-americanas, comunicación einterculturalidad*. In. Conocimiento local, comunicación einterculturalidad. Angel B. Espina (ed.). Recife: Massangana.

García, G. A. (2009). *El hombre (P.29)*. Salamanca: Sígueme.

Geertz, C. (2008). *O saber local: novos ensaios em antropologia interpretativa*. Petropolis: Vozes.

Kymlicka, W. (1996). *Ciudadanía multicultural*. Barcelona: PAIDÓS.

Martins, D. V. (2014). Educação Intercultural Bilíngue no Ceará - Brasil: teoria e realidade. En L. S. Sousa, P. C. Galvão, & C. R. Santos, *Saberes Práticas e sustentabilidade* (págs. 23-38). Curitiba: CRV

Pozzer, A. & Cecchetti, E. (2014). *Educação e Interculturalidade: conhecimentos, saberes e práticas descoloniais (p.93)*. Blumenau: edifurb.

Silva, I. B. (2007). *Povos indígenas do Ceará: organização, memória e luta*. Fortaleza: Editora e Gráfica Ribeiros.

Silva, T. T., Hall, S. & Woodward, K. (2014). *Identidade e Diferença; A perspectiva dos Estudos Culturais*. Petrópolis: Editora Vozes.

Vásquez, K. M. (2011). "Diverso universo". Diversidad y transculturalidad. En J.M.Gervás, *Interculturalidad, Educación y Plurilinguismo en America Latina* (pág. 96). Madrid: Pirámide.

A FARMÁCIA DE DEUS: A CURA PELAS PLANTAS

Renata C. Sartori[8];
Arlete A. Monteiro[9]

Resumo: O saber popular da medicina natural, como o uso de plantas medicinais, antecede o saber científico, uma vez que tal saber é nutrido pela observação, pela necessidade e aperfeiçoado pela experimentação. A experiência cristã está profundamente relacionada pela gratuidade da partilha. Nesta reciprocidade a preocupação e o cuidado com o outro articula redes de solidariedade denominadas como Equipes ou Pastorais da Saúde. O estudo apresenta reflexões sobre o uso de plantas e ervas como práticas de cura, articuladas com a fé, conforme material impresso elaborado pelas Pastorais de Saúde, de duas comunidades religiosas da região Nordeste do Brasil (Ceará e Paraíba). No âmbito da investigação, leituras foram realizadas sobre tal material publicado em formato de livro (1988) e cartilha (s.d.). A cartilha, intitulada "Nossa Saúde, pelas plantas", visa 'algumas formas de entender e tratar as doenças' como possíveis experiências provenientes de saberes diversificados, tais como: raizeiros, benzedeiros, parteiras, romeiros, entre outros. Já o livro, formato de bolso, apresenta receitas de 'remédios caseiros' elaborados com plantas medicinais, concebidas como "Farmácia de Deus", também consta: 'nas plantas, Deus colocou gratuitamente remédios pra todas as doenças'. Neste apreço pelo cuidar do outro, resulta que o referido material ecoa não apenas como uma percepção da diversidade da bondade divina, mas também revela um discurso ideológico, bem como, um desafio local, onde consta que o estado de extrema pobreza em que alguns vivem, impossibilita o acesso aos serviços de saúde, assim, não havendo outra possibilidade, a consulta é na 'Farmácia de Deus'.

Palavras-chaves: Plantas medicinais, Pastoral da saúde, Saberes tradicionais

INTRODUÇÃO

> *"What greater delight is there than to behold the earth apparelled with plants as with a robe of embroidered works, set with Orient pearls and garnished with great diversity of rare and costly jewels?"*
> *(Gerard apud Nicholls, 1924:102)*

As plantas tem sido decisivas ao longo da historia da humanidade, *"si las plantas desaparieceran de repente, desaparecíamos con ellas"* uma vez que *"la vida em la Tierra es posible gracias a su forma de respirar, ya que absorben dióxido de carbono (CO_2) y liberan oxígeno"*, (Laws, 2013:6).

---

[8] Email: rcsartori@hotmail.com. Doutora com Pós-doutorado/Faculdade de Ciências Sociais e Humanas-Universidade Nova de Lisboa. Pesquisadora do Grupo de Estudos da Complexidade/Universidade Federal do Rio Grande do Norte/UFRN- Natal, Brasil.

[9] Email: alugui@usp.br. Professora Titular da Pontifícia Universidade Católica de São Paulo. Pesquisadora do CERU - Centro de Estudos Rurais e Urbanos, USP/São Paulo-Brasil.

Outro aspecto a ser ressaltado é que ao longo dos anos, as plantas são utilizadas na medicina popular com finalidades terapêuticas, sendo que a relação homem-planta está intimamente relacionada com a própria evolução do homem.

O número de espécies vegetais na Terra é estimado em 250 mil, sendo que 20 a 50% já foram utilizadas com algum propósito medicinal, (Farnsworth, 1993).

O Brasil possui a mais diversificada flora mundial, estimada em 55 mil espécies de plantas superiores (Lewinsohn; Prado, 2000), além de inúmeras espécies não catalogadas e/ou conhecidas pelas comunidades indígenas (pajés, curandeiros), benzedeiros, raizeros, entre outros, que detêm conhecimentos nativos das plantas transmitidos por gerações.

A utilização de plantas medicinais como alternativa terapêutica no Brasil é resultante da forte influência cultural dos indígenas, das tradições africanas e da cultura européia trazida pelos colonizadores, (Almeida, 2003).

Além de seu uso na medicina popular com finalidades terapêuticas, elas tem contribuido ao longo dos anos para a obtenção de vários fármacos, como exemplo: morfina, emetin, entre outros.

Em 1978 a Organização Mundial da Saúde (OMS) reconheceu oficialmente "o uso de medicamentos fitoterápicos com finalidade profilática, curativa, paliativa ou para fins de diagnóstico", e recomendou "a difusão, em nível mundial, dos conhecimentos necessários para o seu uso", (Ministério da Saúde, 2001:13).

Segundo dados do International Medical Statistics (IMS/Health), estima-se que o setor farmacêutico mundial movimenta cerca de US$ 400 bilhões anuais, dos quais 85% se concentram nos Estados Unidos, União Européia e Japão, e apenas 4% deste total se destina à América Latina.

Tais diferenças percentuais apontam que as populações dos países latinos são menos favorecidas e consequentemente, a maioria, não tem acesso aos medicamentos. A esse cenário também se inserem as graves deficiências nos sistemas públicos de saúde, o alto custo de assistência médica privada e a baixa renda da população, o que resulta na busca por outras estratégias, tais como a crença nos saberes da tradição com enfoque no uso de plantas medicinais como recurso terapêutico - "desenvolvidos às margens do conhecimento escolar e da Ciência, esses saberes da tradição, são ao longo da história, repassados de pai para filho de forma oral e experimental", (Almeida, 2010:118).

Segundo dados da OMS, 80% da população dos países em desenvolvimento utiliza-se de práticas tradicionais para suprir suas necessidades de cuidados primários de saúde, e desse total, 85% usa plantas medicinais ou seus princípios ativos. A OMS também ressalta que, na última década, as práticas da medicina tradicional se expandiram e ganharam popularidade, sendo incentivadas tanto por profissionais que atuam na rede básica de saúde dos países em desenvolvimento, como naqueles onde a medicina convencional é predominante no sistema de saúde local (OMS, 2000).

Com o aumento do uso de plantas para fins fitoterápicos, surgiram discussões em diversos países no intuito de consolidar estratégias sobre o uso das mesmas, exemplo: Convenção da Biodiversidade ocorrida em 1992 no Rio de Janeiro.

1.1. Saúde plena para todos

No campo da religião católica surgem as iniciativas das Pastorais de Saúde, pois a experiência cristã está profundamente relacionada pela gratuidade da partilha, vários textos da bíblia citam a importância de se cuidar e ter uma vida saudável, por exemplo, "prestará culto ao Senhor, teu Deus [...], e te preservarei da enfermidade", (Ex. 23,25:124).

Lembrando que a origem do sistema de cura surgiu a milhares de anos, na era Paleolítica, quando as práticas religiosas se manifestavam na Sibéria e Ásia Central através do xamanismo que foi posteriormente incorporado pelos nativos americanos.

> "A figura visionária do xamã encerra uma gama de habilidades que, em termos ocidentais, vão da política à história, passando pela arte e pela medicina [...] Desde os primeiros encontros com os nativos das Américas no século XVI até os dias atuais, os europeus têm tentado interpretar as práticas religiosas nativas de acordo com as suas concepções, passando a utilizar essas ocorrências exóticas dentro de seus debates intelectuais, literários e religiosos", (Santos, 2007:15,37).

Nesta reciprocidade de caráter religioso, a preocupação e o cuidado com o outro articula redes de solidariedade, conforme mencionadas, ou seja, as Equipes ou Pastorais da Saúde que incentivam:

> "a troca de experiências entre seus integrantes, a troca de mudas, cultivo em hortas caseiras ou comunitárias, organizam cursos para seus agentes, buscam informações sobre o cultivo, coleta, secagem e preparo de medicamentos simples (galênicos), que mesmo sem observância das técnicas de produção farmacêuticas e da legislação vem proporcionando alívio às comunidades mais destituídas de assistência médica. Estas iniciativas, associadas a outras práticas, como orientação geral sobre higiene, nutrição e saúde em geral, conseguem resultados que vão além das comunidades envolvidas, com a procura destes medicamentos por pessoas de fora da comunidade atendida", (Scheffer; Ming; Araújo, 2009:4).

A Pastoral da Saúde surgiu na América Latina na década de 70 visando propor a difusão da medicina comunitária através da Organização Mundial de Saúde (OMS) e da Organização Pan-Americana (OPAS). Tal proposta se ampliou devido à constatação das causas de pobreza e miséria dos povos latinos, resultando nas práticas de medicina comunitária que ganham significado, tais como: oportunidades para as populações adquirirem conhecimentos que refletem sobre suas condições de vida, visando buscar novas formas de organização de suas experiências.

Segundo Chechetto (2013:113), "diante de todos esses acontecimentos e mudanças comunitárias se constituia a Pastoral da Saúde como resposta às lutas pelos direitos à saúde e como processo de desenvolvimento social".

No Brasil, a Pastoral da Saúde, é uma das pastorais sociais, sob a chancela da Conferência Nacional de Bispos do Brasil (CNBB), de atuação em âmbito nacional e de referência internacional: A importância dessa pastoral é fortalecer a conscientização sobre "o direito à vida. É uma pastoral que ajuda o povo a ser sujeito na conquista da saúde, resgata a sabedoria popular, unindo-se aos postos de saúde e hospitais", (Baldessin, 2002:158).

Em 1981 o tema da Campanha da Fraternidade "Saúde para Todos" contribuiu para despertar o fato de que para além de propiciar condições adequadas para "assistência aos doentes (dimensão solidária), é necessário lutar para preservar a saúde (dimensão comunitária), e defender os direitos à saúde do povo (dimensão política institucional)", (*ibid*, p.202).

O presente artigo sugere algumas reflexões sobre o uso de plantas como práticas de cura, articuladas com a fé; discorre também sobre algumas noções básicas de saúde, a partir da pesquisa documental - material impresso produzido pelas Pastorais de Saúde de duas comunidades religiosas da região Nordeste do Brasil (Ceará e Paraíba).

Como vias de investigação utilizamos a análise documental, de acordo com Cellard (2008), a análise documental possibilita ao pesquisador extrair e compreender as informações de documentos, procurando identificar a temática proposta por meio de um processo crítico reflexivo.

A SAÚDE PELA FÉ E PELAS PLANTAS

"A cultura é constituida pelo conjunto de saberes, fazeres, regras, normas, proibições, estratégias, crenças, ideias, valores, mitos que se transmitem de geração em geração, se reproduz em cada indivíduo, controla a existencia da sociedade e mantém a complexidade psicológica e social" (Morin, 2010:54)

A análise documental contempla duas publicações elaboradas pela Pastoral da Saúde de Juazeiro do Norte (Ceará) e Campina Grande (Paraíba), esta conta também com o apoio dos Missionários Franciscanos.

As espécies descritas nas publicações são citadas por seus nomes populares, neste artigo apresentamos seus respectivos nomes científicos, de acordo com a base de dados "Lista das Espécies da Flora do Brasil (REFLORA)" composta por mais de 40 mil espécies.

Fig. 1. Capas dos documentos. Arquivo das Pesquisadoras. Foto: RCSartori, 2016.

2.1 Nossa Saúde, pelas Plantas

A cidade de Juazeiro do Norte possui 249.939 habitantes, sendo 218.994 - 87,5% da população católica (IBGE, 2010) com 0,69% Indice de Desenvolvimento Humano Municipal (IDHM, 2010), é considerada como local de turismo-religioso, além
da alta porcentagem de católicos, a cidade recebe inúmeras peregrinações de romeiros
devotos do Padre Cícero Romão Baptista, vulgo Padim Cíço.

A publicação intitulada "Nossa Saúde, pelas Plantas" foi elaborada pela Pastoral da Saúde da comunidade da Paróquia Nossa Senhora das Dores, considerado importante templo católico, cuja pedra fundamental foi assentada em 1827.

A seguir destacamos algumas características do referido impresso:
Formato = cartilha, número de páginas = 45, número de ilustrações = 26, data da publicação = s.d., sem editor = s.n., índice = 34 itens, deste total destacaremos alguns fragmentos sobre noções básicas de saúde e uso de algumas plantas.

Objetivo: "Esta cartilha foi feita para ajudar o romeiro e as comunidades, como tratar de sua saúde com os remédios caseiros. Mostra algumas formas de entender e tratar as doenças", (Nossa Saúde, pelas Plantas, s.d., p.7). Também alerta para outros meios, um deles sugere aos leitores que participem das reuniões da comunidade a fim de obterem maiores esclarecimentos:

> "Cada lugar tem o seu modo de curar e tem a sua maneira de evitar as doenças. Esta cartilha não explica tudo. É só uma ajuda; para você usá-la melhor é bom participar de alguma reunião de saúde onde você vai aprender mais. Você pode acompanhar, por algum tempo, uma pessoa que conhece e que já faça esse tipo de trabalho na sua comunidade ou em outra comunidade vizinha", (*op.cit.*, p.7).

Na cartilha são mencionadas como fontes de consulta: revista, boletim, manual e "pesquisa oral através de entrevistas com pessoas experientes no assunto" (*op.cit.*, p.45). Ressaltamos uma das fontes, o manual de autoria do Irmão Cirilo José Korbe, "Plantas Medicinais" – com uma tiragem de mais de 60 edições, contém várias espécies identificadas com nomes científicos e populares.

Deste manual, a cartilha, extraiu os seguintes itens: "Preparação dos Remédios", (*op.cit.*, p.37-38); "Preparação de Chás", (*op.cit.*, p.39); "Preparação de Maceração", (*op.cit.*, p.40-41) e "Preparação das Plantas e Ervas", (*op.cit.*, p.43-44).

Em relação à pesquisa oral está evidente a importância das trocas de saberes:

> "Raizeiros, Benzedores, Rezadores, parteiras e os romeiros que visitam o Juazeiro. A vocês que ajudam na caminhada de tantas pessoas queremos juntar as nossas forças, trocar experiencias e assim desenvolver melhor a nossa missão aqui na terra dentro do Plano de Deus. A Igreja é nossa mãe e nela vamos servir a Jesus Cristo na pessoa dos nossos irmãos [...] Como fazer isso? – Sendo companheiro, repartindo com os outros o pão do nosso saber e das nossas experiencias, para o bem do próximo", (*op.cit.*, p.5).

Há também contribuições enviadas por T.G., (abreviatura feita pelas autoras), embora na cartilha não constam maiores especificações sobre a pessoa. T.G. sugere o uso de duas plantas medicinais: Imburana (*Commiphora leptophloeos*) espécie nativa do Brasil, especificamente da Caatinga, e Jatobá (*Hymenaea courbaril*) nativa da América Latina.

Da Imburana são utlizadas as sementes para preparação do chá, as mesmas são indicadas contra a indigestão. Do Jatobá, a casca e resina, indicadas para tratamento de bronquite, asma, tosses, laringites, desinteria, diarréia, cistite entre outras, (*op.cit.*, p.42-43). Ainda para asma há interessantes receitas que nos leva a crer, pelos critérios descritos, que fazem parte de crenças populares, embora não podemos afirmar se essas crenças são provenientes da região Norte e/ou

Nordeste, uma vez que a Capivara (*Hydrochoerus hydrochoeris*), mamífero nativo da América do Sul, pode ser encontrada em várias regiões do Brasil:

> "Cura-se o asmático dando-se a este carne fresca de capivara 'frita', quando o doente estiver atacado da moléstia. Cura-se também o asmático dando-se a este alguns pingos de gordura de capivara derretida e quente postos numa xícara de água e dá-se ao doente, durante o acesso do dito mal. Passa-se um pouco de óleo quente, sobre os peitos do doente, que em seguida deita-se e dorme e ao acordar está curado completamente", (*op.cit.*, p.43).

Não menos interessante é o fragmento a seguir, além da indicação do uso da Fava-d'anta ou Faveira *(Dimorphandra mollis)*, espécie nativa do Brasil, particularmente do Cerrado, há descrição de algumas características da mesma que aferimos como Canafístula (*Peltophorum dubium)*, entretanto esta espécie é considerada árvore e não arbusto: "Contra impingem [...] suco de folhas de fava de anta ou canafístula do pará (arbusto de flores amarelas e vagens grandes de três quinas"), (*op.cit.*, p.43).

Apesar da publicação mencionar o uso das plantas e/ou ervas para práticas de curas de diversos casos, destacamos alguns, tais como: Alcoolismo (Couve, *Brassica oleracea* e Maracujá, *Passiflora edulis*), Alergia (Boldo, *Peumus boldus*), Baque-Contusão (Jucá, *Caesalpinia ferrea* e Mastruz, *Dysphania ambrosioides*), Brotoeja (Manjericão, *Ocimum basilicum*), Cãimbra (Erva-doce, *Foeniculum vulgare*), Calos (Alho, *Allium sativum* e Cebola, *Allium cepa*), Cólicas menstruais (Canela, *Cinnamomum verum* e Pimenta-de-macaco, *Xylopia aromatica*), Diabete (Caju, *Anacardium occidentale*), Desidratação (Canela, *Cinnamomum verum* e Erva-doce, *Foeniculum vulgare*), Dor de ouvido (Laranja, *Citrus X sinensis*), Enxaqueca (Boldo, *Peumus boldus*), Espinhas e Cravos (Agrião, *Nasturtium officinale* e Pepino, *Cucumis sativus*), Fígado (Agrião, *Nasturtium officinale* Boldo, *Peumus boldus* e Jurubeba, *Solanum paniculatum*), Gastrite (Boldo, *Peumus boldus*, Alfavaca, *Ocimum basilicum* e Jatobá, *Hymenaea courbari*), Pressão Alta (Chuchu, *Sechium edule*) e Resfriado (Eucalipto, *Eucalyptus* e Sabugueiro, *Sambucus nigra*).

Para o tratamento de Alergia, a cartilha também sugere: "Tenha fé em Deus, seja otimista, controle suas emoções, procure dormir bem", e para o Alcoolismo: "Se já tentamos 'de tudo' vamos soltar o problema, esperar em Deus, tentar conviver com mais amor", (*op.cit.* p.9,10).

Ao longo da leitura notamos nitidamente mensagens de cunho religioso aliadas à saúde, conforme mencionadas acima, bem como de caráter educativo no sentido de orientar às pessoas quanto à importância da vacina, do leite materno, da alimentação (ovos, carnes), preparação de soro caseiro, entre outros. Entretanto, alguns conteúdos são dotados de forte apelo ideológico: "Ensinar às pessoas a usar remédios de maneira sensata e limitada é um trabalho importante e um apostolado. Somente quando todas as pessoas tomarem parte no cuidado da própria saúde e da comunidade, é que ocorrerão mudanças importantes [...] Lembre-se: faz mal, não participar das reuniões da comunidade [...] faz mal não lutar por um mundo mais cristão onde o povo tenha voz e vez, não ter água para beber, ser explorado pelo patrão, não ser sócio do sindicato, vender barato nossos legumes antes de colher, não ter terra e semente para plantar, acostumar-se a tomar remédio da farmácia", (*op.cit.*, p.6, 28,31).

Neste contexto, o conteúdo da cartilha não se limita ao uso de plantas, mas aponta também outros aspectos relacionados ao engajamento das pessoas para lutarem pelos seus direitos, dignidade, gozar de boa saúde, em suma, visarem melhor qualidade de vida.

2.2 Receitas de Frei Canísio: Remédios caseiros da Farmácia de Deus

A cidade de Campina Grande possui 385.213 habitantes, sendo 246.114 - 63,89% da população católica (IBGE, 2010) com 0,72% de Indice Desenvolvimento Humano Municipal, (IDHM, 2010).

A publicação intitulada "Receitas de Frei Canísio: Remédios caseiros da Farmácia de Deus" é uma publicação da Pastoral da Saúde da Paróquia de São Francisco e Missionários Franciscanos – Frei Ivan e Frei Lauro.

Frei Canísio, falecido em 2015, foi missionário fransciscano conhecido pela atenção dedicada aos pobres e pela fabricação de remédios caseiros provenientes de seus conhecimentos sobre a flora, (Diocese de Campina Grande, 2015).

A seguir destacamos algumas características do referido impresso:

Formato = livro de bolso, número de páginas = 19, data da publicação = 1988 (2ª edição), número de ilustração = 1 (espécie florística não identificada), sem índice e fontes de referências, número de receitas = 137, deste total destacaremos, para fins de comparação, as plantas indicadas por Frei Canísio para tratamento das mesmas enfermidades mencionadas na cartilha "Nossa Saúde, pelas Plantas" de Juazeiro do Norte.

Objetivo: Com o slogan da capa "Deus não abandona os fracos", Frei Canísio alerta:
"O doutor em saúde é o médico. Assim, para evitar complicações, nos sintomas mais graves não tem outro jeito do que consultá-lo. Mas infelizmente, em nosso país, existe para muitos uma situação em que não há médicos por perto ou a extrema pobreza em que se vive impossibilita a compra de remédios de alto custo. Assim, só resta recorrer à Deus, que não abandona os fracos. As plantas tem o nome de 'Fármacia de Deus'. Realmente, nas plantas Deus colocou gratuitamente remédios para todas as doenças. O chá das plantas opera verdadeiros milagres. Não existe chá que faz mal – o chá certo sempre faz bem. Se não houver outras possibilidades, abra esse livrinho e conforme os sintomas da doença, consulte: 'A Fármacia de Deus'", (Canísio, 1988:1).

As 137 receitas estão distribuidas pelas 19 páginas em ordem alfabética, cada receita varia de duas linhas a sete linhas, como exemplo: "Ácido úrico: tomar o chá do agrião ou do cordão-de-frade ou o sumo do limão", (*op.cit.*, p.2).
"Anemia: Despejar, numa panela, 02 garrafas de vinho branco. Colocar ainda 500grs de ferro (pregos) bem enferrujados e deixar cozinhar até sobrar apenas uma garrafa do líquido. Depois de coar, tomar antes das refeições, uma colher das de sopa. Ou fazer o lambedor de cupim, cajueiro, mangará de bananeira e entre-casca de jatobá", (*op.cit.*, p.4).

O Caju (*Anacardium occidentale*), espécie nativa do Brasil, é amplamente consumido no Nordeste, e o "lambedor de cupim", considerado um farmaco popular indicado para o tratamento de tosse.

A seguir apresentamos uma comparação realizada a partir de uma compilação extraida das receitas de Frei Canísio, referente aos mesmos casos mencionados anteriormente pela cartilha "Nossa Saúde, pelas Plantas":   Alcoolismo/Deixar de Beber (**Couve,** *Brassica oleracea*), Cólicas menstruais (**Pimenta-de-macaco,** *Xylopia aromatica* e Vassourinha-de-botão, *Borreria verticillata*), Diabete (**Caju,** *Anacardium occidentale* e Oiticica, *Licania rigida*), Dor de ouvido (Alho, *Allium sativum*), Enxaqueca (Mamão-de-corda, *Carica papaya*), Fígado (**Agrião,** *Nasturtium officinale*, Carqueja, *Baccharis trimera* e **Jurubeba,** *Solanum paniculatum*), Gastrite (Confrei,

Symphytum officinale e Corama, *Kalanchoe pinnata*), Pressão Alta (**Chuchu**, *Sechium edule*) e Resfriado/Gripe (**Eucalipto**, *Eucalyptus* e **Sabugueiro**, *Sambucus nigra*).

Neste contexto, constatamos que oito espécies mencionadas pelas duas publicações, são indicadas para as mesmas finalidades, são elas: Agrião, Caju, Chuchu, Couve, Eucalipto, Jurubeba, Pimenta-de-macaco e Sabugueiro. Deste total três são nativas do Brasil: Caju, Jurubeba e Pimenta-de-macaco.

Na contra capa final, Frei Canísio faz algumas breves orientações sobre o preparo dos chás, bem como das doses diárias a serem consumidas, uma vez que os chás são indicados na maioria das receitas.

Cabe mencionarmos uma curiosa advertência sobre a espécie utilizada contra cólicas "Chá de relógio (planta)", (*op.cit.*, p.7), o autor provavelmente se refere à espécie também denominada como Vassoura-de-relógio ou Malva preta (*Sida rhombifolia*).

Ainda na contra capa final é incentivado o cultivo de plantas: "Um conselho final: Não deixe nunca faltar, no jardim ou no quintal, seja pequeno como for, algumas das plantas da 'Farmárcia de Deus'.", seguida de uma benção solicitando a saúde.

CONSIDERAÇÕES FINAIS

Não obstante dos progressos da ciência, sabemos que não há ainda a cura para todas as doenças. Além disso, milhares de pessoas experimentam condições de vida insalubres, o que gera baixa qualidade de vida e consequentemente ameaças à saúde.

Neste sentido, as Pastorais de Saúde no apreço pelo cuidar do outro, aliadas às comunidades de saberes tradicionais detentoras de preciosos conhecimentos sobre a flora, são de suma importância, não obstante essa troca resulta em partilha, difusão, propagação e contribuição para manutenção desses saberes.

As publicações apresentadas ecoam não apenas como uma percepção de fé na bondade divina, aliada à sabedoria popular sobre o uso das plantas para práticas de cura, mas também revelam um discurso ideológico, um desafio local, para os que não possuem acesso aos serviços de saúde, assim, não havendo outra possibilidade, a consulta é feita na 'Farmácia de Deus', uma metáfora relacionada às plantas e ervas disponíveis na natureza e valorizadas como fontes de terapias curativas de baixo custo.

REFERÊNCIAS

ALMEIDA, Maria da Conceição de. Complexidade, saberes científicos, saberes da tradição. São Paulo: Livraria da Física, 2010.

ALMEIDA, Maria Zélia. Plantas medicinais. 2ª ed. Salvadar: EDUFBA, 2003.

BALDESSIN, Anísio. Como fazer pastoral da saúde: orientações práticas para organizar e desenvolver a pastoral da saúde em hospitais, paróquias e dioceses. 2ª ed. São Paulo: Loyola, 2002.

BIBLIA SAGRADA/EXODO. Biblia Sagrada revista por Frei João Pedreira de Castro (O.F.M.) e pela equipe auxiliar da Editora. 115ª ed. São Paulo: Editora Ave Maria Ltdª, Claretiana, 1998.

CANÍSIO, Frei. Receitas de Frei Canísio: remédios caseiros da Farmácia de Deus. 2ª ed. Campina Grande: EPGRAF, 1988.

CELLARD, André. A análise documental. In: POUPART, John. *et al.* A pesquisa qualitativa: enfoques epistemólogicos e metodológicos. Petrópolis: Vozes, 2008.

CHECHETTO, Fatima. Plantas medicinais e empoderamento de mulheres em busca da sustentabilidade: experiencias transciplinares de resgate de conhecimentos no Sul do Brasil e Norte da Espanha. Botucatu: FEPAF, 2013.

DIOCESE DE CAMPINA GRANDE. Disponível em: <http://diocesedecampinagrande.org/noticiasdiocese/nota-de-falecimento-pe-mario-porfirio-e-frei-canisio>. Acesso em 13 mar. 2016.

FARNSWORTH, Norman R. Relative safety of herbal medicines. Herbalgram, v.29, n.12,1993:36-39.

FLORA DO BRASIL. Disponível em <http://floradobrasil.jbrj.gov.br/reflora/listaBrasil/ConsultaPublicaUC/ConsultaPublicaUC.do #CondicaoTaxonCP>. Acesso em: 13 abr. 2016.

IBGE. Instituto Brasileiro de Geografia e Estatística. Censo demográfico e Censo da população residente católica e apostólica de Campina Grande (PB)/2010. Disponível em: <http://cidades.ibge.gov.br/xtras/temas.php?codmun=250400&idtema=16>. Acesso em: 14 abr. 2016.

IBGE. Instituto Brasileiro de Geografia e Estatística. Censo demográfico de Juazeiro do Norte (CE)/2010. Disponível em: < http://cidades.ibge.gov.br/xtras/perfil.php?codmun=230730>. Acesso em 14 abr. 2016.

IBGE. Instituto Brasileiro de Geografia e Estatística. Censo da população residente católica e apostólica de Juazeiro do Norte (CE)/2010. Disponível em: < http://www.cidades.ibge.gov.br/xtras/temas.php?lang=&codmun=230730&idtema=91&search =ceara|juazeiro-do-norte|censo-demografico-2010:-resultados-da-amostra-religiao->. Acesso em: 14 abr. 2016.

IDHM. Indice de Desenvolvimento Humano Municipal de Campina Grande (PB)/2010. Disponível em: <http://cidades.ibge.gov.br/xtras/temas.php?codmun=250400&idtema=16>. Acesso em: 14 abri. 2016.

IDHM. Indice de Desenvolvimento Humano Municipal de Juazeiro do Norte (CE). Disponível em: <http://www.cidades.ibge.gov.br/xtras/temas.php?codmun=230730&idtema=118&search=cear a|juazeiro-do-norte|%C3%8Dndice-de-desarrollo-humano-municipal-idhm-&lang=>. Acesso em 14 abr. 2016.

LAWSS, Bill. 50 plantas que han cambiado el curso de la historia. Librero, Madri: Iluss Book S.L., 2013.

LEWINSOHN, Thomas M.; PRADO, Paulo I. Biodiversidade brasileira: Avaliação e identificação de áreas e ações prioritárias para conservação, utilização sustentável e repartição dos benefícios da biodiversidade nos biomas brasileiros. Ministério do Meio Ambiente. Brasilia, DF, 2002. Disponível em: <http://www.mma.gov.br/estruturas/chm/_arquivos/biodivbr.pdf>. Acesso em 18 abr. 2016.

MINISTÉRIO DA SAÚDE. Proposta de política nacional de plantas medicinais e medicamentos fitoterápicos. Brasília, 2001.

MORIN, Edgar. Os sete saberes necessários à educação do futuro. 2ª ed. Brasília: UNESCO, 2010.

NOSSA SAÚDE, PELAS PLANTAS. Juazeiro do Norte: Equipe de Saúde. Paróquia N.Srª. das Dores, s/d.

NICHOLLS, Albert G. Flowers, fantasies and folklore. Canadá: Dalhousie Review, v.4, n.1, 1924.

OMS. Organización mundial de la salud. Situación regulamentaria de los medicamentos: una resena mundial. Traducción del inglés: Organización Panamericana de la Salud. Washington: OPAS, 2000.

SANTOS, Marcel de L. Xamanismo: a palavra que cura. São Paulo: Paulinas; Belo Horizonte: Editora PUCMinas, 2007.

SCHEFFER, Marianne C.; MING, Lin C.; ARAUJO, Antonio J. Conservação de recursos genéticos de plantas medicinais. In: QUEIROZ, Manoel A.; GOEDERT, Clara O.; RAMOS, Semíramis Rabelo R. (Eds.). Recursos genéticos e melhoramento de plantas para o nordeste brasileiro. Petrolina-PE: Embrapa Semi-Árido, Brasília-DF: Embrapa Recursos Genéticos e Biotecnologia, 2009. Disponível em: <http://www.cpatsa.embrapa.br>. Acesso em: 19 abr. 2016.

SONIDOS Y MÚSICAS EXPRESANDO LA FE MARIANA DE UN PUEBLO.

Lina Barrientos Pacheco[10]

Resumen: Sonidos y músicas expresando la fe de un pueblo le dan una significación especial a la religiosidad popular, pues evoca encuentros identitarios de una diversidad de culturas manifestadas en un sincretismo religioso, interactuando en un movimiento espacio-temporal. Desde la mirada y escucha etnomusicológica encontramos explicaciones que nutren los estudios sobre religiosidad popular latinoamericana, sobre todo al considerar no sólo la observación del investigador sino también de los propios actores protagonistas del acto de fe. La propuesta proviene de reflexiones originadas por el *trabajo de campo* vivenciado por más de un par de décadas y centrado actualmente en lo patrimonial de la Región de Coquimbo-Chile.

Introducción.

Dos académicos de la Universidad de La Serena y tres de la Universidad Católica del Norte sede Coquimbo hemos conformado un equipo interdisciplinario, cuyo propósito principal consiste en abordar estudios relativos al patrimonio inmaterial y la interculturalidad de la Región de Coquimbo-Chile, expresado en manifestaciones de la religiosidad popular, particularmente católica-mariana. Nuestra mirada interdiscipli-naria interactúa entre una filosofía situada, que nos hemos atrevido a distinguir como *etnofilosofía* latinoamericana, abordando problemáticas de identidad y cosmovisión; una teología antropológica que explica el acto de fe, no desde la religiosidad popular sino desde un reconocimiento como *religión popular*; y desde la *etnomusicología*, ya que esta religión popular es manifestada por medio de sonidos ancestrales que aun son conservados, rogativas cantadas y músicas instrumentales que acompañan una diversidad de danzas con influencia de las culturas originarias, hispanas y afro descendientes, aportando así, por medio del análisis de lo sonoro-musical y sus significaciones, a las explicaciones que permitan comprender un formato de síntesis cultural chilena y latinoamericana, producto del hibridismo intercultural.

---

[10] Universidad de La Serena – Chile, Etnomusicóloga, investigadora responsable del Proyecto DIULS 2015-2017: *Identidad y cosmovisión intercultural en la Región de Coquimbo, a través de las expresiones músico-dancísticas de la Religiosidad Popular.* lbarrien@userena.cl

Nuestro proyecto tiene como propósito realizar un sondeo preliminar que nos aproxime a distinguir elementos y aspectos de los diferentes actores protagónicos de la *religiosidad popular* de la Región de Coquimbo, permitiéndonos, a su vez, identificar una identidad ligada a una cosmovisión intercultural, reconociendo el interactuar de tradiciones ancestrales prehispánicas, coloniales cristiana-católicas hispanas y criollas maduradas en el tiempo republicano; conservadas en y con la vorágine de estos tiempos tecnologizados y globalizados por las redes sociales, como también producto de las migraciones.

Andacollo.

A 470 kilómetros hacia el norte de la ciudad de Santiago de Chile se encuentra la Región de Coquimbo cuya capital es La Serena, segunda ciudad fundada por los españoles en el año 1544, la que después de una destrucción fue refundada el año 1549. Cuarenta kilómetro al sureste de La Serena está ubicada la pequeña ciudad de Andacollo, la que se originó en la época de la fundación de La Serena por haberse descubierto un yacimiento de oro de alta ley, uno de los más importantes de la región hasta la actualidad, lo que obligó a establecer un asentamiento minero conformado principalmente por indígenas de la región, obligándoles a formar parte de un sistema contractual designado *encomienda de indios*, en que el "encomendero se obligaba a convertir en súbditos de la corona a sus encomendados y para ello debía iniciarlos en la doctrina católica" (Ruiz, 2014: 8), de esta manera estos *indios* comenzaron a participar en las celebraciones de Fiestas Patronales y Marianas populares instaladas por los españoles.

Junto a esto, cuenta la leyenda, como similares sucesos en otras localidades, que tuvo lugar una milagrosa aparición de la Virgen María a un niño indio, quien además le mostró una imagen de ella que había sido escondida por un español al huir de la destrucción de la ciudad de La Serena, ordenándole comunicar el hallazgo y la construcción de un templo. De esta manera, en las últimas décadas de la segunda mitad del siglo XVI, es iniciada en Andacollo una festividad a la Virgen María en advocación de la Virgen del Rosario, la que es celebrada hasta la actualidad el primer domingo de octubre como Fiesta Chica y entre el 24 y 27 de diciembre como Fiesta Grande.

Los bailes religiosos.

En esta fiesta se unieron las tradiciones de la religiosidad católica popular traída por los españoles con las costumbres diaguitas y andinas de atacameños, quechuas y aymara, siendo el sonido-música y danza un elemento primordial de manifestación de fe, involucrando rogativas de protección por el trabajo minero y de gratitud por salir con vida después del arduo trabajo en la mina. De esta manera el baile de indio se transforma en un *Baile Chino*, chino: palabra quechua que significa servidor, por lo tanto un baile servidor de la Virgen.

El primer baile chino tiene una data que antecede el año 1584, según las anotaciones en el *Libro de Informes* del Pichinga Laureano Barrera, "*JEFE SUPREMO de las Danzas en el pueblo de Andacollo*", mostrado a Don Francisco Galleguillos en la Fiesta del año 1895 (Galleguillos,1896), documento perdido (Contreras et al. 2014). Los Bailes Chinos de Andacollo manifiestan su fe tocando una flauta de un tubo complejo, manufacturada de caña de dos diámetros, con un largo total aproximado de 40 a 50 cm., lo que produce un sonido graznado, distinguido por el arqueomusicólogo José Pérez de Arce (2000) como *sonido rajado*. Esta flauta es tocada en paralelo con un pequeño tambor manufacturado en sus orígenes con cuero de perro; el tempo es lento, mientras tocan se acompañan de un movimiento corporal de saltos alternados con encuclillados, a un ritmo acompasado y cadencioso[11].

A los Chinos de Andacollo, se les sumaron en el año 1752 los Bailes Turbantes, creados por la Iglesia Católica de La Serena para contrarrestar la *"turbulencia de los chinos"*, integrada por *"hombres piadosos, de buena conducta. Su danza es suave y ceremoniosa"* (Uribe, 1974:59), se acompañan de melodías diatónicas con reminiscencia española interpretadas con acordeón, guitarra, pito o flautín, pequeños tamborcillos y triángulos. Los elementos característicos de su vestimenta son el color blanco y rojo, el uso de un gorro en forma de cono de cuya punta se desprende un turbante de tul. Años después, en 1798 ingresa un nuevo tipo de baile, semejante a los *turbantes* y con similar propósito apoyados por la Iglesia, utilizando una instrumentación parecida, pero con melodías diferentes, vistiendo trajes sencillos combinando los colores blanco y celeste. (Barrientos, 1995:20-21). Durante dos siglos estos tres Bailes Religiosos fueron los tradicionales representativos de Andacollo, hasta que en los años sesenta del siglo XX entró, con don Mario Díaz, el Baile Religioso *Plumas Rojas*, oriundo de la Fiesta de La Tirana[12], abriendo el espacio a los Bailes de Indios, inspirados en las películas de vaqueros del oeste estadounidense[13]. También son conocidos como bailes Modernos y/o Bailes Religiosos de Instrumental Grueso, su nombre derivado de la instrumentación: bombos y cajas tocando estrepitosamente el 2x3 (negra, negra, corchea, corchea, negra), acompañando a los Bailes Plumas Rojas, Dakotas, Siux, Plumas Blancas, como también a Gitanos, Morenos, Diaguitas, Marinos y otros similares. En esta última década del siglo XXI se han incorporado la Diablada, la Morenada, el Tinku, los Toba, los Sambo-Caporales, todos ellos originarios de la Fiesta de Ayquina[14], ubicada al interior de Calama, la que tiene fuerte influencia del Carnaval de Oruro-Bolivia (Barrientos, 2014), entrando con ellos las bandas de bronce.

Fiestas Patronales.

Esta manifestación de fe popular expresada en la Fiesta Chica y Fiesta Grande de Andacollo, celebradas en octubre y diciembre respectivamente, es replicada durante todos los meses del año, cada domingo, en localidades de las Provincias de Choapa, Limarí y Elqui de la Región de Coquimbo, como también en los diversos barrios de la ciudad de La Serena y del puerto de Coquimbo, siendo reconocidas como Fiestas Patronales. Son realizadas durante la tarde de un domingo, entre las 14:00 y las 18:00 horas, organizadas por un Baile, el que se encarga de invitar a otros, participando entre 8 a 15 Bailes Religiosos, asistidos por un sacerdote o diácono o ministro católico, manteniendo el ritual tradicional del saludos de cada Baile, una procesión por las calles aledañas del barrio precedida por la imagen de la Virgen y/o Santo Patrono, para

---

[11] Los Bailes Chinos de Andacollo, junto a los otros de la Provincia del Aconcagua y de la Región de Atacama fueron incluidos en la Lista Representativa del Patrimonio Cultural Inmaterial de la Humanidad de la UNESCO a partir del 26 de noviembre del año 2014.

[12] Corresponde la Fiesta de la Virgen del Carmen, patrona de Chile, instalada en el pueblo de la Tirana de la Región de Tarapacá, como parte del proceso de chilenización, por el Gobierno de Chile, después de la Guerra del Pacífico, 1879.

[13] Películas de entretención ofrecidas a los obreros de la época en las salitreras de la Región.

[14] Fiesta a la Virgen de Guadalupe de Ayquina, celebrada los 7 y 8 de septiembre de cada año, sus bailes se caracterizan por ser acompañados con músicas interpretadas por bandas de bronces bolivianas y chilenas, integradas por 20 a 50 músicos.

terminar con la despedida que realiza cada Baile, ocasionalmente es oficiada una Misa. En la Región se han registrado 86 Fiestas Religiosas a lo largo del año, de las cuales 28 son dedicadas a la Virgen de Andacollo, las demás a otras advocaciones de la Virgen María, a Santos Patrones y a la Cruz de Mayo.

Músicas y sonidos.

Las Fiestas a la Virgen de Andacollo como las Patronales son envueltas por una gran sonoridad producida por instrumentos de percusión, ejecutados con firmeza y potencia, entrega espiritual, que pretende transformarse en un diálogo entre el intérprete y la deidad; compitiendo con el *otro*, el otro grupo que acompaña al otro baile, perdiéndose ocasionalmente el *sonido rajado* de los Chinos que producen con sus 10 a 20 flautas ordenados en filas, tocando alternadamente, las que por su diferencia de longitud, es posible distinguir entre unas y otras un intervalo aproximado a una tercera menor, acompañados por pequeños tambores que marcan el pulso que les sirve de guía.

Los Bailes de Indios se hacen acompañar por un grupo de percusión conformado por diez a doce cajas o tambores, más cuatro bombos; los intérpretes de cajas hacen redobles ejecutando ritmos de marchas o temas populares de canciones, baladas, cumbias o rock, acomodándoles el tempo binario 2/4, lo que les sirve para instalarles el 2x3, ya explicado anteriormente, que marca el bombo. Algunos grupos de músicos, como los que acompañan al Baile Gitano, le han agregado un par de platillos y un par de pífanos, tocando con estos últimos melodías como *"El submarino amarillo"* o el *"Negro José"*.

Los recientes bailes introducidos durante este siglo XXI, originarios de Ayquina con influencia boliviana, se hacen acompañar por bandas de bronces. En el Puerto de Coquimbo ya hay conformadas dos de este tipo, integradas por 10 a 15 músicos que tocan trompetas, barítonos, trombón, tuba, más las percusiones: cajas, platillos y bombo; interpretando los ritmos de tinku, tobas, diablada, morenada, bolivianada, waca-waca; estas bandas suben a la Fiesta de Andacollo, como también están comenzando a asistir a algunas de las Fiestas Patronales. Estos Bailes con acompañamiento de bandas de bronce, no son aceptados por la Federación de Bailes Religiosos de Andacollo, pues está prohibido por el conglomerado de bailes tradicionales la presencia de bronces, por lo tanto la participación de estos Bailes es fuera del límite del espacio ritual-ceremonial, sin embargo su interés es tan potente, como también la atracción de jóvenes a participar, que es posible que pronto sean admitidos e integrados a la Fiesta de Andacollo, permitiéndoles realizar sus presentaciones ante el atrio del templo, donde es ubicada la imagen de la Virgen para los respectivos saludos.

Otro aspecto importante de destacar referido a lo musical es el *canto de alférez*, práctica que conservan los Bailes Chinos, en que uno de sus integrantes saluda a la Virgen en nombre del Baile, hace sus rogativas, la presentación de un nuevo integrante, agradecimientos y la despedida. Es un canto a capela, conformado por cuartetas con versos octosílabos, algunos de ellos en estilo responsorial, especialmente el saludo y despedida, ocasionalmente acompañado por suaves toques o repiqueos de sus tamboriles.

Expresión de fe popular.

Lo expuesto anteriormente nos muestra lo relevante que es para el pueblo de la Región de Coquimbo esta expresión de fe mantenida por siglos, tradición oral transmitida de generación en generación, sintetizada en la Virgen de Andacollo y los bailes religiosos, develando *"un conjunto de creencias, rituales e instituciones que dan sentido sobrenatural a la existencia humana"* (Rodríguez, 2012), conformando un legado patrimonial donde la interculturalidad se hace presente. Es en esta interculturalidad que vemos una expresión de identidad producto de una particular cosmovisión consensuada en el imaginario religioso de todos aquellos actores involucrados de alguna manera con esta *religión popular* que además de dar un sentido al vivir, establece creencias, dogmas y normas morales que guían la vida. (Ibid.)

Bibliografía.

Barrientos, Lina: 2014. *"Sonoridades a María. Música en la religiosidad Popular Mariana en el norte chileno"*. Informe final Proyecto DIULS-Regular 2012. Universidad de La Serena.

Barrientos, Lina: "Cofradías: Religiosidad Popular Chilena". En Revista V Centenario del Descubrimiento de América (1492-1992) N°3, año 1991 Ediciones Universidad de La Serena, pp. 77-85.

Barrientos, Lina: MUSICA Y MUSICOS EN LA FIESTA A LA VIRGEN DE ANDACOLLO. Proyecto FONDART año 1995, La Serena-Chile, pp. 98.

Contreras, Rafael y Daniel González: 2014. Será hasta la vuelta de año. Bailes Chinos, festividades y religiosidad popular del Norte Chico. Edición del Consejo Nacional de la Cultura y las Artes, Valparaíso-Chile, pp. 883.

Galleguillos, Francisco: Una visita a La Serena, Andacollo y Ovalle. Tipografía Nac. De Pedro N. Pinto, Valparaíso, 1896.

Latchmann, Ricardo: *"La Fiesta de Andacollo y sus Danzas"*. En Revista de la Sociedad de Folklore Chileno, Tomo I, Entrega V. Santiago 1910.

Pelinski, Ramón: Invitación a la Etnomusicología. Quince fragmentos y un tango. Capítulo XV *"Etnomusicología en la edad posmoderna"*. Editorial Akal, Madrid-España, año 2000, pp. 282-297.

Pérez de Arce: 2000. "Sonido Rajado, Historical Approach", *The Galpin Society Journal*, N°LIII. Londres: The Galpin Society, pp. 233-251.

Rodríguez, Salvador: *"Nuevas perspectivas sobre religiosidad popular o religión común de los andaluces"*. Gazeta de Antropología, revista virtual on line, diciembre 2012, España.
   http://www.gazeta-antropologia.es/wp-content/uploads/GA-28-3-12-SavadorRodriguezBecerrapdf.pdf

Ruiz, Agustín: 2014. El Baile Chino de Chile. Edición del Consejo Nacional de la Cultura y las Artes, Valparaíso-Chile, pp. 44.

Uribe Echavarría, Juan: Virgen de Andacollo y el Niño Dios de Sotaquí. Ediciones Universitarias de Valparaíso, año 1974.

PENSAR ES CAMINAR: ETNOFILOSOFÍA Y RELIGIÓN POPULAR.

Jaime Montes Miranda[15]

---

[15] jmontes@userena.cl / Universidad de La Serena / Chile

RESUMEN: El presente artículo pretende mostrar una forma de hacer filosofía desde el trabajo de campo. Tradicionalmente la filosofía ha buscado la comprensión del mundo desde la pura reflexión, pero si se trata de aproximarse al fondo sapiencial del pueblo latinoamericano, tal como este se da en las fiestas religiosas, ésta debe asumir para sí el gesto del antropólogo y sumar a su equipaje las herramientas de la etnografía. El referente por excelencia en América es el infatigable filósofo argentino, Rodolfo Kusch (1922-1979) quien dedicó su vida a viajar por el altiplano con grabadora en mano entrevistando a los campesinos e indígenas de su *América profunda* con el propósito de hallar un estilo de pensar propiamente americano. Aquí también hacemos de él una breve semblanza.

PALABRAS CLAVES: Religión popular, Rodolfo Kusch, Etnofilosofía, Bailes chinos.

1.- LOS BAILES CHINOS Y LAS FIESTAS RELIGIOSAS.

Para sorpresa de muchos, la UNESCO declaró a los *bailes chinos* de la Virgen de Andacollo (y por extensión a todos los *bailes chinos* de la zona central de Chile), *Patrimonio Cultural Inmaterial de la Humanidad*, el 26 de noviembre del año 2014.

En el año 2008 Chile suscribió la Convención para la Salvaguardia del Patrimonio Cultural Inmaterial de la Unesco, comprometiendo así una política pública orientada al cuidado de nuestros acervos culturales ancestrales, e impulsando al Estado chileno a complementar y ampliar las disposiciones generales en materia de legislación cultural. A partir de la suscripción de la Convención, nuestro país pasó a integrar la comunidad de naciones que han garantizado de modo vinculante una gestión permanente para destacar, poner en valor y proteger las tradiciones populares más arraigadas de sus pueblos, comunidades, colectivos y familias. Este nuevo contexto demandó el diseño y puesta en marcha de programas y acciones específicas por parte del Estado, confiadas al Consejo Nacional de la Cultura y las Artes, el que ha acometido diversas tareas en el marco de la Convención. Entre estas, destaca la exitosa postulación de los bailes chinos de Chile a la Lista Representativa del Patrimonio Cultural Inmaterial de la Humanidad, solicitud suscrita y cursada por una treintena de bailes chinos del país, y la primera que patrocina el Estado chileno frente al organismo internacional. El Comité Intergubernamental para la Salvaguardia del Patrimonio Cultural Inmaterial concedió este reconocimiento a los bailes chinos el 26 de noviembre del 2014, en París, tras una deliberación en la que participaron 950 representantes de 24 países, que debieron pronunciarse sobre 46 expedientes presentados. (Contreras, R & González, D., 2014, p.VII).[16]

Los bailes chinos constituyen una expresión grandilocuente de la religiosidad popular chilena. Son hermandades que se reúnen una o dos veces al año y que le bailan a la Virgen en fiestas de aniversario, haciendo uso de sus propios instrumentos y con una muy particular indumentaria alusiva a la vestimenta minera, delatando así el origen ancestral y popular de este culto.

Los hombres y mujeres participantes de estas hermandades descienden de múltiples grupos sociales y étnicos, desde indígenas locales y foráneos encomendados al trabajo minero durante la conquista y la primera colonia hasta mestizos, negros y blancos empobrecidos que se desempeñaban como inquilinos, peones, pirquineros, labradores, artesanos, pescadores, etc. En el

---

[16] Este libro es también nuestra principal fuente bibliográfica por tratarse de un estudio profundo y actualizado sobre la naturaleza y sentido religioso de los bailes chinos y, por lo mismo, recomendamos encarecidamente su lectura. Su dirección en la web es: http://www.cultura.gob.cl/bailes-chinos-libro/.

marco de la evolución del orden político-económico —que va de la Conquista a la Colonia, y de esta a la República—, y vinculado al carácter de violencia racial que asumió el proceso de mestizaje, los grupos sociales que sostuvieron las primeras expresiones danzantes y musicales crearon y desarrollaron un culto o sistema ceremonial específico, el cual tiene uno de sus antecedentes más antiguos en las cofradías andacollinas del siglo XVI, expresividad ritual y festiva única en el mundo que se desarrolla y consolida como la tradición que conocemos hacia fines del siglo XVII y comienzos del XVIII. (Contreras, R & González, D., 2014, p.10).

Se podría decir que la totalidad de los pueblos de nuestra región tienen al menos una vez al año una fiesta religiosa en honor a la Virgen y a los santos patronos del lugar, por lo que cada fin de semana se celebran fiestas religiosas con bailes rituales y música en pueblos de la región. La más emblemática y la primera en antigüedad es la Fiesta de Andacollo. Andacollo es un pueblo minero que se encuentra a mil metros sobre el nivel del mar, cerca de la ciudad de La Serena (IV Región-Chile), sobre una montaña muy escarpada. Hoy Andacollo posee dos templos principales: el Templo Chico y la Basílica, ambos Monumentos Nacionales, y celebra dos fiestas anuales en honor a la Virgen, Nuestra Señora del Rosario de Andacollo: en octubre la Fiesta Chica, y en diciembre para Navidades la Fiesta Grande, en la que esa pequeña ciudad de doce mil habitantes multiplica su capacidad recibiendo peregrinos de todo el país y del extranjero. Es también el momento en que se congregan en su plaza principal la casi totalidad de los bailes provenientes de todas las regiones centrales del país, incluyendo algunas coreografías nortinas y argentinas. Casi todos quienes asisten a estas fiestas le deben favores a la Virgen y con su asistencia pagan "mandas"[17] por las gracias concedidas. Esas mandas tienen invariablemente un sentido sacrificial y van desde caminar a pie largos kilómetros hasta el Santuario; acercarse al altar de rodillas, hasta quemar velas en las manos hasta su total consumación. También la manda consiste a veces en hacerse chino o en hacer de los hijos chinos de la Virgen a modo de ofrenda, con lo cual también apartan a los jóvenes de las malas influencias. En las procesiones se ven bebés en cochecitos vestidos con la indumentaria del chino. De este modo la tradición se proyecta en el tiempo a través de las familias y el círculo cercano de amistades que pertenecen a estas u otras cofradías de danzantes.

Los bailes chinos, son hermandades de músicos-bailarines que desde tiempos inmemoriales se juntan a bailarle a la Virgen en las fiestas señaladas. Se dice que desde los orígenes de la Colonia ya existen testimonios de estos bailes llevados adelante por los indígenas de la región.

Para nosotros, chino es el vasallo en tanto integrante de una hermandad o cofradía; es aquel músico danzante que participa en la celebración de un tipo de religiosidad popular propia de las zonas rurales y los barrios periféricos de las ciudades del Norte Chico y la zona central. Pero no nos referimos al vasallo como figura jurídica creada al alero del imperio colonial español, lo que aseguró el derecho a la explotación de la mano de obra indígena, sino más bien aludimos a la acepción de una condición dada bajo un contexto cultural cuyas condiciones son impositivas. Podríamos decir que el chino es una respuesta cultural indomestiza a esa imagen del vasallo o del servidor en que los nativos fueron reducidos y confinados, y cuando decimos respuesta cultural, queremos destacar con esto que el lugar de la cultura tiene algo crítico que decir con respecto a los procesos de colonización, neocolonización y poscolonización. Cuando hablamos de <u>chino como respuesta cultural</u>, estamos resaltando un hecho implícito: el chino ha sido el sujeto

17 Promesas.

mediante el cual la sociedad indomestiza, popular y marginalizada, ha vehiculizado la denuncia de un Estado de expolio y explotación, constituido sobre los poderes soberanos de la evangelización y su política de nueva sacralización. El chino ha traído a la memoria social el peonaje y la posterior proletarización del trabajo minero, campesino y urbano, bajo una forma expresiva inédita, surgida de la mixtura de su devoción y la desventura de su condición de trabajador bajo régimen de servicio forzado. En este contexto, la presencia del baile chino en este estudio va más allá de su práctica devocional: el baile chino es un actor social inmerso en la marginación y sujeto de la represión de Estado con la cual se buscó disciplinar a la mano de obra y, junto con esto, reprimir sus reivindicaciones como clase, proceso que en el contexto nacional veremos más definido en tanto proletariado, principalmente a partir de fines del siglo XIX y comienzos del XX. (Contreras, R.& González, D., 2014, ps.45-46).

Sin embargo, complementando lo anterior, en la actualidad la presencia del chino sólo encuentra su sentido en el interior del baile religioso.

Más bien, vemos al chino como un sujeto histórico y crítico que habla, expresa y da cuenta del lugar de exclusión en el que le ha tocado vivir y sobrevivir, tanto individual como colectivamente. Esto implica que el chino está definido por su organización base, que es el baile. Pero, a diferencia de lo que sucede hoy con los bailes modernos, el baile chino es socialmente libertario y antiautoritario hacia fuera, reticente y querellante ante los poderes soberanos del gobernador y el evangelizador y su política de nueva sacralización. Como sujeto social, el chino es principalmente una opción de colectivizarse y adquirir una posición especial que se asume por compromiso y se mantiene por propia y personal voluntad. Chino es una determinación que constituye, entre otras cosas, una posición social solidaria y consciente tanto de su condición de trabajador como de creyente. El chino cobra sentido en la disposición a participar de su baile. Fuera del baile hay peones, obreros o empleados; dentro solo chinos, tamboreros, alféreces, abanderados y portaestandartes.

Solo al interior del baile existe el chino como aquel sujeto que marca una diferencia radical, en cuanto que es el articulador de un saber popular indomestizo que interviene en el espacio festivo-ritual —sea familiar, local o regional— mediante un proceso complejo que involucra necesariamente un tipo de celebración cantada, musicalizada y bailada, pero que da cuenta de un sentido propio e inédito. Porque en lo sustancial, el chino no hace música ni danza, ni canto mapuche, aimara, quechua, diaguita o promaucae. El chino es dueño de una expresión genuina y exclusiva. Así, el chino es un sujeto social popular presente a lo largo y ancho de todo el Norte Chico y la zona central de Chile, cuya historicidad se expresa en el sonido y la danza que han plasmado cada uno de los ceremoniales que han conformado la fisonomía de este territorio. ((Contreras, R & González, D., 2014, ps. 47-48).

El baile, tal como lo conocemos hoy, constituye un ritual sincrético que aúna lo prehispánico con lo hispánico-cristiano y como tal, no se ajusta completamente a los predicamentos de la Iglesia ni obedece necesariamente sus requerimientos. Para todos los efectos, los bailes chinos mantienen hasta hoy bastante autonomía en su organización y despliegue ritual. Se trata de organizaciones eminentemente populares, lideradas por las familias de más antigüedad y reconocimiento, reflejando el sentir del pueblo y sus particulares formas de culto.

Las fiestas se inician con el *saludo* a la Virgen por parte de los principales representantes de los bailes, sigue la *misa*, para después dar paso a la *procesión* y finalmente la *despedida*.

En la actualidad, junto a los bailes chinos propiamente tales, bailan otra serie de fraternidades que se han ido sumando a través del tiempo, entre las que destacan los bailes indios (sioux, pieles rojas, tobas, etc.), turbantes, danzantes, morenadas, y un largo etcétera. Probablemente las nuevas migraciones que comienzan a asentarse en Chile comenzarán a integrarse gradualmente a la fiesta con sus propias formas de culto y adoración a la Virgen dando lugar a una todavía mayor diversidad, aunque los bailes chinos siguen siendo los más antiguos y también los más respetados.

Esto que se dice aquí en poquísimas palabras constituye una de las expresiones más complejas de la cultura popular chilena, tanto por la diversidad de sus manifestaciones como por sus formas autóctonas de organización y proyección en el tiempo. Gran parte del éxito de estas cofradías de bailes lo obtienen precisamente de haberse consolidado como expresión autónoma de religiosidad popular, a la cual ni la Iglesia con todo su poder tiene autoridad e influencia. Pero esa misma autonomía les juega un poco en contra, porque por lo mismo que se organizan autárquicamente, no logran obtener la máxima atención de los poderes gubernamentales y eclesiásticos. Sigue siendo, al final de cuentas, cosa del pueblo.

Por otra parte, el que la declaración de la UNESCO obligue al Estado a aportar recursos a los bailes para su preservación (recursos que casi siempre se transmutan en dinero), hace que reine un total desconcierto en torno al futuro de la fiesta, porque esa intervención podría terminar con su sentido tradicional y religioso, incorporando la competencia y otros cambios no deseables en el interior de las cofradías.

Sin embargo a nosotros nos llamó la atención que el gobierno regional de nuestra ciudad no celebrara esta declaración de la UNESCO, dado que nos atañía directamente en cuanto se trataba de nuestra más importante fiesta religiosa. Aparentemente, este tipo de liturgias, a pesar de su altísimo nivel de convocatoria ciudadana, sigue siendo estigmatizada y segregada por una cultural-oficial elitista que es la que promueve el gobierno. Pero, por sentirse también la Iglesia un poco al margen de la fiesta en sí, de la que participa solo con sus misas y procesiones, la nominación de la UNESCO pasó, como se dice en Chile, "sin pena ni gloria" en nuestra región. Esto ya engloba muchas preguntas: ¿Será que otra vez nos encontramos con la tradicional oposición entre civilización y barbarie que tanto ha desgarrado el pensar y el sentir latinoamericano? Esta era una de las tantas preguntas que no podían quedar al margen de nuestra reflexión. Al parecer, para muchos sigue siendo la fiesta religiosa una cosa de indios, así como lo entendieron en el siglo XIX quienes asistieron a esas celebraciones. Dejamos constancia que las universidades de la región tampoco celebraron la nominación de la UNESCO. Posiblemente entendieron que los bailes chinos son expresiones populares cuyo contexto está más cerca del folclore que del "saber culto" esgrimido por la Academia.

Por ello, un grupo de académicos, nos propusimos elaborar un proyecto de investigación en torno a la fiesta misma con toda la variedad de sus expresiones (música, identidad, cosmovisión, religión, cultura popular, entre otras manifestaciones). Pensamos en un trabajo interdisciplinario que al menos comprometiera tres disciplinas necesarias: la teología (presionando hacia una etno-teología), la filosofía (presionando hacia una etno-filosofía) y la etnomusicología, la única de las tres que tiene bien ganado su status epistemológico.

Se trataba de avanzar en el conocimiento de esa realidad esquiva que es la fiesta religiosa popular de nuestra región con sus chinos músicos danzantes que le vienen bailando a la Virgen desde hace centurias con o sin la anuencia del "hombre blanco", pero también se trata de ir definiendo "en el camino" la orientación "etno" de nuestras disciplinas, una vertiente epistemológica insoslayable. Lo que sí tenemos bastante claro antes de iniciar el camino es que "hay que hacer" el camino, esto es, hay que ponerse el hábito del antropólogo y subir caminando la montaña. Y el hábito del antropólogo contempla la grabadora, la máquina fotográfica y la bitácora de viaje.

Le hemos puesto un nombre a este proyecto: *Identidad y cosmovisión intercultural en la Región de Coquimbo [Chile], a través de las expresiones músico-dancísticas de la Religiosidad Popular*. Como propósito central agregamos: "realizar un sondeo preliminar que nos aproxime a distinguir elementos y aspectos de los diferentes actores protagónicos de la religiosidad popular de la Región de Coquimbo [que es la nuestra en donde estos bailes se originaron], y que nos permita, a su vez, identificar una identidad ligada a una cosmovisión intercultural, reconociendo el interactuar de tradiciones ancestrales prehispánicas, coloniales cristiana-católicas hispanas, y criollas maduradas en el tiempo republicano; conservadas a pesar de la dictadura, a pesar de la modernización, la modernidad, la postmodernidad, y la era actual de la globalización". Como se puede apreciar se trata de un propósito modesto que tiene por fin hacer algo relevante: abandonar nuestras oficinas e ir a observar y participar en la construcción de sentido que significa estar allí, en medio de la gente, entre la música y el aroma de incienso y de carne asada, entre la multitud de comerciantes y los turistas que interrumpen incesantemente la procesión con su manía por obtener la fotografía perfecta. Claro está que esa manía les impide ver lo más importante: la dimensión sagrada del evento, su sentido más fundamental.

Otro propósito de la investigación era poner en el primer plano la relevancia de la fiesta misma en un sector más o menos indiferente a estas expresiones populares, como lo es la Academia, que en cuanto tal, representa más bien el culto a la lógica de Occidente. El propósito, por lo tanto, era también difundir la fiesta, la complejidad de su organización y despliegue ritual, el sentido profundo de un pueblo que obtiene de ella la fuerza (el sentido) para vivir proyectándose comunitariamente en el tiempo como lo viene haciendo desde un pasado inmemorial.

2.- RODOLFO KUSCH, REFERENTE OBLIGADO EN LA CONSTITUCIÓN DE UNA ETNOFILOSOFÍA LATINOAMERICANA.

En lo que a nosotros respecta, estamos pensando en el modo de hacer participar a la filosofía en este evento tan significativo. Por lo pronto, hacemos un uso libre del término "etnofilosofía", mientras caminamos en aras de su propia definición. Para enfrentar directamente este tema con mirada filosófica, lo primero será preguntar por la pertinencia misma de este preguntar.

Nosotros, profesores de filosofía que enseñamos el pensamiento de Platón y Aristóteles en la Universidad y que poco o nada estudiamos el fondo de sabiduría que existe en el pueblo americano, nos preguntamos si la filosofía tiene algo que decir frente a esta nominación de la UNESCO y la legitimidad de la cultura popular. Nos preguntamos si entre el pensamiento de los grandes filósofos y las mandas de los promesantes que le bailan a la Virgen existe un puente que pueda ayudar a comprender ambas manifestaciones espirituales en su mutua respectividad. La pregunta pone en diálogo fecundo dos saberes: la filosofía que pregunta por el ser (la identidad) y la antropología que nos pone en contacto directo con ese pueblo creyente, quien, por otro lado, es portador de una verdad con más o menos conciencia explícita.

La filosofía tradicional frecuentemente se ha servido de palabras gruesas para descalificar al mundo popular e indígena en América Latina. La palabra "mito" ha funcionado en innumerables ocasiones como una cortina de humo que impide ver y pensar nuestro continente. Los resabios positivistas de esa expresión todavía pululan entre nosotros haciendo difícil el acceso a esa *América profunda* de que nos hablara Rodolfo Kusch en su dilatada trayectoria filosófica.

Obviamente, esa visión reduccionista del mito, tal como lo enseñan nuestros manuales de estudio, encuentra su refutación en quienes observan de cerca tales expresiones culturales. El mito es fundamento de todo saber sapiencial. Nos lo dice Dina Picotti, precisamente comentando a Kusch:

El mito cumple la función de no sólo delimitar un campo del relato, sino además de retraducir en otro más verdadero lo que, por ejemplo, una informante quiere decir, no habiendo querido decir el mito sino atestiguar con él la vigencia de un orden más profundo, más verdadero, que totaliza su pensamiento real. (PICOTTI, 2010, p. 96).

Y más adelante, estableciendo diferencias entre racionalidad y mito, nuestra autora señala:

> [...] el mito es la parábola que surge recién cuando la gran palabra consolida la inminencia de lo impensable, que hace el sentido de lo sagrado. Si racionalidad supone una forma de instrumentar la verdad o de acceder a ella, la racionalidad popular parte de la verdad para ver recién cómo se instrumenta. Se observan grados de conciencia mítica según aparezca el factor racionalidad: uno primero vivencial, original, donde se genera el sentido mismo aunque no explícito, de modo gestual, mucho antes de la palabra; un segundo nivel, donde lo mítico retraduce un hecho cotidiano a un horizonte mítico, en tanto no deja de participar de él, por lo que la llamada objetividad no sería más que el revés del mito; por fin, el mito condiciona la verdad para una situación objetiva, es relatado y podría ser motivado por un hecho moral. La racionalidad implica paradójicamente la inversión de lo mítico, ya que se instala para lograr fundamentación, pero siempre a costa del fundamento mismo. Se trata de las raíces abisales de todo fundamento, o sea, la original imposibilidad de haber algún fundamento, o al menos, la aprehensión conciente del mismo. (PICOTTI, 2010, p. 97)

Rodolfo Kusch (1922-1979) es el gran referente latinoamericano de una filosofía o más bien de una "etnofilosofía" americana, a pesar de que él no utilizara esa expresión en sus obras más relevantes.

Rodolfo Kusch constituye una figura ineludible en el horizonte latinoamericano actual, donde se perfila una encrucijada decisiva para nuestros países: asumir, preservar y revitalizar la identidad cultural y el destino histórico del subcontinente o exponernos al vaciamiento progresivo, la disgregación y el deterioro. La lección de Kusch conjuga una incitación filosófica y un gesto vital. Desde sus primeros trabajos se fue centrando en el auto-reconocimiento del ser americano, al que concibió con los rasgos de su particularísimo 'estar en el mundo'. Su invitación a pensar a América y pensar, asimismo, desde América y en americano, lejos de constituir una presunción localista significa una reivindicación del pensar mismo concebido como acto genuino y universalizante. Por histórica paradoja ese pensar americano se convierte así, en esta hora de crisis para la humanidad, en un pensar para el mundo. (AZCUY, 1989, p. VII).

Su filosofía fue misión de vida y por ello renunció a las comodidades de la gran ciudad para internarse en el altiplano boliviano buscando desenterrar la identidad y la cosmovisión perdida y olvidada de los pueblos que visitó.

Pero no hay labor más eficaz, para dar solidez a esa búsqueda de lo americano, que la del viaje y la investigación en el mismo terreno. Desde un primer momento pensé que no se trataba de hurgarlo todo en el gabinete, sino de recoger el material viviente en las andanzas por las tierras de América, y comer junto a su gente, participar de sus fiestas y sondear su pasado en las yacimientos arqueológicos: y también debía tomar en cuenta ese pensar natural que se recoge en las calles y en los barrios de la gran ciudad. Sólo así se gana firmeza en la difícil tarea de asegurar un fundamento para pensar lo americano. (KUSCH, 2000, tomo II, p. 5).

En este caminar hacia la "América profunda", que es como él la llamó, Kusch tuvo muchos reconocimientos entre sus colegas más cercanos que veían de cerca su hacer y su andar. Así lo describe Azcuy al inicio de un homenaje a este filósofo:

Kusch le impone al filósofo latinoamericano la tarea de iniciar el ascenso de la montaña, cosa que él hizo acompañado de su fiel grabadora.

Y es que hay viajes que son como la vida misma. La vida se siente cuando se la enfrenta al absurdo, cuando se pone el pie en la huella del diablo. Sólo entonces se la palpa. Y el viaje, un auténtico viaje, consiste en ir al absurdo ubicado en algún lugar de la tierra, lejos de la cómoda y plácida ciudad natal, junto mismo al diablo. Porque el diablo está en los precipicios escalofriantes, en el miedo a la enfermedad circunstancial, en la tormenta, en la lluvia o en el granizo despiadado, o en la súbita detención del tren por algún derrumbe de la montaña. Ahí reencontramos los grandes temas que hemos olvidado en la gran ciudad: la vida junto a la muerte, el bien junto al mal, Dios y el diablo. (KUSCH, 2000, tomo I, p. 152).

Pero también impuso algunas exigencias. El filósofo que quiera asumir el ascenso, acompañando a los promesantes durante las fiestas, tendrá que dejar atrás una gran cantidad de prejuicios fuertemente arraigados en su mente racionalista y eurocentrista. Tendrá además que renunciar a esas categorías que le ordenaban el mundo en la gran ciudad para abrirse a la experiencia de lo nuevo y originario. Tendrá que dejar de lado la postura del turista que se saca fotos ante la presencia de la virgen y tendrá que atender al misterio que allí se plasma y para el cual no hay palabras. Un "exceso de intuición" que siempre excede lo que puedan decir nuestras pobres palabras. Sin duda, la filosofía tendrá que familiarizarse con el misterio si quiere poder decir y pensar algo sobre lo que acontece en el espacio sagrado de la ofrenda.

Resulta imposible comprender el fenómeno religioso sin partir de esa autenticidad, de ese desnudamiento de la conciencia que hace lugar al inconsciente, ampliando el yo personal hacia el no-yo. Lo sagrado se manifiesta, precisamente, a través de ese no-yo profundo, y quien lo expresa es considerado entre nosotros como escritor. He ahí la unidad profunda entre el arte, la religión y la filosofía que nos es mostrada por el pensamiento de Rodolfo Kusch. (MATURO, 1989, p. 89).

Esa filosofía que así se desprende del mundo de los objetos y del lenguaje de los objetos tendrá que hacerse etnofilosofía. Con ello, no deja de ser filosofía, pues su nivel de preguntas permanece en lo propio, en la "pregunta por el ser", por decir algo que tal vez no calce exactamente con aquella experiencia. Pero se hace etno en su metodología, porque necesita de la grabadora y la bitácora, la cual tendrá que adecuar a sus propios intereses. Una etnofilosofía privilegia el trabajo de campo y el diálogo con los protagonistas, para atender a lo que allí se manifiesta.

Esta etnofilosofía se hace también fenomenológica porque se vuelve hacia experiencias originarias, dadoras de sentido de todo cuanto es. Va a la raíz, al fundamento. Esta filosofía etno se abre a otras disciplinas que buscan parecida inspiración: la etno-teología e incluso la etnoantropología, porque mientras la antropología se mueva dentro de lo sabido (después de todo ella es parte de eso que llamamos 'ciencias sociales') no logrará dar en lo central, manteniéndose a lo sumo en el inventario de datos y "hechos" científicamente relevantes. Pero ir al "fondo" de América, a la alta montaña o a la profundidad del valle o la selva, supone una suerte de despojo categorial hasta donde esto sea posible. Es un camino de interculturalidad, de descubrimiento y asombro permanente. No sabemos exactamente si lo que resulte de todo esto se pueda todavía seguir llamando "filosofía" más allá de lo que pueda significar en su sentido etimológico de amor a la sabiduría.

Por ello, esta etnofilosofía es trans-disciplinaria en cuanto abarca conocimientos de frontera (que llamamos "diálogo intercultural") más dirigidos a la fundación común de un campo de luz (de allí viene la expresión "fenomenología") que a la comprensión científica (objetivista-positivista) del mundo. Desde este punto de vista, si hablamos de "interdisciplina" lo hacemos por esta raíz *etno* que vincula. Pero también lo *etno* permite compartir el camino, como los promesantes suben las montañas acompañados. Esta trans-disciplinariedad tiene que ver precisamente con el *trans* como excedencia. El *trans* como excedencia implica que el filósofo en el viaje también hace teología y el teólogo, en el viaje, también filosofa. Y significa también, que ni filosofía ni teología abarcan la totalidad de lo allí manifestado, como cuando el chino saluda a la Virgen o el cantor le guitarrea sus versos de cariño y respeto. Las veces que me ha tocado asistir a estos eventos me he quedado sin palabras y eso le debe decir algo a la filosofía. Pensar a la altura de la realidad supone a veces hacer experiencias para las que uno no está acostumbrado y que por momentos parecieran quedar definitivamente en el ámbito de lo incomprensible.

Por lo pronto, Kusch va en busca de la sabiduría que se encuentra en el pueblo, en sus expresiones religiosas y cotidianas. Se acerca a la gente para saber lo que llamará "palabras grandes". Ese es un paso decisivo de su método de trabajo el cual es más filosófico-hermenéutico que antropológico.

Hay palabras comunes y palabras grandes. La palabra común se dice para determinar, para decir esto es, aquello es o para señalar causas. Exige una verificación y para ello sirve la lógica aristotélica. Pero la palabra grande trasciende la palabra común, dice más de lo que expresa, porque abarca un área mayor. Para ella no hay lógica, en todo caso una meta-lógica, porque abarca también la verdad de la existencia y, en tanto dice esto, no determina, sino que reitera lo mismo en todos los hablantes. Por todo ello, en tanto no informa, sino que se la cree escuchar, es una palabra que se desempeña en el silencio. Dice lo que creemos saber, o peor, lo que infructuosamente queremos saber.

La palabra común termina en la ciencia, la palabra grande en la poética (KUSCH, 2000, tomo III, p. 244).

No requiere de demasiados informantes. Cualquier de ellos puede ser portador de esa palabra grande y puede decir la verdad que Kusch necesita. Por lo tanto, no se trata tanto de un trabajo de campo fiel al preguntar antropológico. Las palabras grandes son aquellas que le hacen sentido al autor en cuanto develan un planteamiento cercano a nuestra vida, al puro vivir del hombre en el mundo. Por ello, cabe hablar más de comprensión que de conocimiento. Rescatamos el fondo de sabiduría que se da en el fondo de América cuando el informante muestra la relación creadora que se da entre el hombre y su realidad: con los demás hombres, con la Trascendencia y con la naturaleza en un ciclo de cuidado y equilibrio.

Conforme a lo que dice Kusch sobre las palabras comunes y grandes, resulta que la tarea del filósofo frente al hablar del (eventual) informante es descubrir si en su decir hay una *palabra grande*. No se trata entonces de que el pretendido informante deba tener alguna característica o propiedad personal específica y empíricamente detectable (como sería la edad, el sexo, la raza, el nivel de instrucción, la o las lenguas que hable, la forma de sociabilidad y de cultura que exhiba, etc.) sino de que en un momento determinado pueda ser el portavoz de la conciencia popular. Es lo que dice –como se aprecia en el trabajo mismo de Kusch- y no tanto cómo , por qué o *desde dónde* lo dice, lo que realmente importa. Esto nos sugiere que Kusch se propone superar la crítica de subjetivismo o de relativismo que implicaría elegir arbitrariamente (sin criterio fijo y determinado) a quién se entrevistará o qué relato se escogerá. Pero no deja de ser verdad que en definitiva es el filósofo el que elige el discurso de palabras grandes, no el informante. (LERTORA, 2010, p. 74).

3.- LA VERDAD DE NUESTRA AMÉRICA PROFUNDA.

Pensamos que estamos ante lo fácil y comprensible de suyo (ciencia) o ante lo difícil, todo lo difícil que consiste en tratar con el misterio de la fe (religión). En el fondo es una decisión, como decía Kusch.

Surge del pensamiento de Rodolfo Kusch la petición de un intelectual nuevo, íntegro, capaz del acto libre del pensar, del riesgo que significa auténticamente el pensamiento. Esta actitud comporta asimismo un mandato ético y un compromiso epistemológico. La decisión cultural de asumirse como americano significa una entrega ascética a la lucha por los valores, y un ineludible sacrificio, del que dan prueba todos aquellos que comparten el drama de nuestros pueblos. Se impone a la vez una tarea impostergable: la construcción de instrumentos idóneos para estudiar la propia realidad, la elección o adopción de vías ya transitadas u olvidadas, la audaz creación de vías nuevas. El intelectual americano, al hacerse parte de una tradición, podrá hallar los gérmenes de una nueva epistemología, de una metodología americana que si mucho debe a los aportes de otras etapas culturales, mucho es también lo que ha tomado de una nueva situación de cultura y de sus propias raíces inalienables. (MATURO, 1989, p. 91).

El problema es que el misterio pide todo de nosotros y nos pone en dirección a un *hacia* (*trans*) inagotable y por momentos intransferible. Este sendero no conduce a un saber científico, sino a una "sabiduría de vida" que es lo que encontramos en el fondo de América. Una sabiduría que al habitante de la gran ciudad le falta, obviamente. Una sabiduría de la religación, de la identidad, de la solidaridad, de la comunidad.

Filosofía no es ciencia, pero una etnofilosofía lo es mucho menos. Es un camino de ascensión y de participación. Aun así, no regresamos con las manos vacías. Traemos con nosotros nuevas palabras que hemos aprendido de nuestros informantes y que configuran nuevos significados, que pueden luego articularse en nuevos sentidos. El trabajo de Kusch es en esto absolutamente ejemplar. Kusch bajó de la montaña con un arsenal de palabras nuevas que articularon toda una filosofía del hombre del altiplano, un estilo de pensar y de obrar propiamente americano. Es fácil descubrir en los libros de textos expresiones que reducen el saber popular a superstición y mito. Decir que hay una filosofía allí donde bailan los chinos de la Virgen pareciera ser una expresión irresponsable. La filosofía es griega, todos lo saben. Pero, con independencia de esa crítica académica, allí, en la mitad de la fiesta religiosa hay un saber (sabiduría) del ser y el pueblo sabe decir ese ser, aunque solo lo haga a través de proverbios o salmos. Lo que Kusch descubre en el altiplano es una racionalidad distinta a la del racionalismo europeo. Él habla de seminalidad o de razón seminal. Eso dice relación directa con la irrupción de un mundo sagrado y el afán de salvación.

El criterio de causalidad que se usa en la vida cotidiana consiste en concretar al menudeo lo que cada uno cree que está respaldado en grande por la ciencia. Pero eso no pasa de ser un simple barniz, [...] ya que por todos lados se esboza un pensamiento seminal que apunta, aunque míseramente, a conciliar los extremos desgarrados a que se reduce en el fondo la experiencia misma de la vida. En la forma de encarar, por ejemplo, el mantenimiento de la familia, o de conversar sobre política, o de buscar la amistad salvadora, siempre alienta un requerimiento de salvación disfrazado por una causalidad resquebrajada. Y eso es así porque no existen formas públicas en la ciudad que canalicen un pensar seminal. (KUSCH, 2000, tomo II, p. 483).

La racionalidad de lo sagrado impregna la vida de nuestros campesinos e indígenas y se pasea por la ciudad en forma disfrazada. Y no hay manera de comprender ese orden si no nos abrimos a ese fondo de indigencia que somos. El pensamiento seminal no pretende remover la exterioridad para hacer desaparecer el miedo. Se enfrenta al miedo con un saber de redención. Por eso, Kusch reprende al estudiante que se ríe de un campesino por preferir el ritual ancestral de sus antepasados al ingenio tecnológico importado de Occidente. El estudiante dice que el indio es un bárbaro, pero no se da la molestia de preguntarse por el fundamento de esa elección. Kusch, como todo auténtico maestro, le muestra el camino por donde llegar al sentido de esa acción. Entonces el estudiante aprende varias cosas. Aprende un estilo de pensar ajeno a *su* estilo de pensar, pero aprende también a ser respetuoso.

Quizás el concepto más famoso que trajo Kusch de la montaña es el concepto de *estar*. Kusch caracteriza el mundo interior de América con la expresión *estar*. Frente al *ser* de Europa, Kusch opone el *estar* de América. Es lo humano del hombre. *Estar* es estar arraigado a una tierra en diálogo con lo trascendente (fundamento) y con sus semejantes en la comunidad de hombres y mujeres. Es lo que llamamos "pueblo", nuestro pueblo latinoamericano.

Hablamos de pueblo como una categoría histórico-social que designa a todos los que comulgan con un proyecto histórico común, como sujeto comprometido en relación horizontal con los hombres y la Naturaleza, y en relación vertical con la trascendencia. (CAMINOTTI, 1977, p. 112-113).
Para Kusch, el pueblo es esencialmente símbolo:

> Con referencia al pueblo, aparte de la connotación sociológica y a veces económica que tiene el término, cabe pensar que también y ante todo es un símbolo. Como tal encierra el concepto de lo masivo, lo segregado, lo arraigado, y además lo opuesto a uno, en virtud de connotaciones específicas de tipo cultural. Pero si es símbolo, uno participa de él, y lo hace desde lo profundo de uno mismo, desde lo que no se quiere ser. Hay en esto como un temor de que lo referente al pueblo podría empañar la constitución del ego. Por este lado, aunque no queramos, todos somos pueblo, y en tanto lo segregamos, excluimos esta mancha popular consistente en el arraigo que resquebraja nuestra pretenciosa universalidad, la segregación en la que nos querríamos incurrir, o también lo masivo que subordinara al ego. (KUSCH, 2000, tomo III, p. 243).

Nosotros pensamos emular a Kusch y bajar de la montaña con un lenguaje parecido que ayude a decir ese acontecimiento que se sucede cada día domingo en algún pueblo de nuestra región y que en el fondo permanece siempre rodeado de misterio y de sentido. Porque en ese mundo popular se siguen sucediendo los milagros y todavía no somos capaces de asumir de nuestra particular racionalidad cientificista esa palpable verdad popular latinoamericana.

Por eso para nosotros pensar es estar en camino, pero en un camino existencial que nos compromete totalmente. Es un pensar que no se limita a la conceptualización o racionalización de un mundo.

El pensar, así, experimenta su sementalidad. Serenamente y en nueva profundidad, se palpa la pobreza de reducir la filosofía a filosofía pura. O, de otro modo, se enriquece cuando pensar no es hacerlo sólo según pautas de una cultura entarimada, cuando pensar es tarea que no teme arriesgarse a lo desconocido de fuera de dicha tarima, cuando pensar nace, ante todo, de haber vivido la desgarrante experiencia de la interpelación de los que están andando; cuando pensar es deshacerse de moldes y recorrer campos libres, aprendiendo de la calle, bajo la lona de camiones andinos, etc.; cuando pensar no se ejerce en la placidez de arte liberal, sino que fructifica en servicio de convivencia. (PAGANO, 1999, p. 236).

4.- CONCLUSIONES.

Hemos querido plasmar en este escrito la relevancia que reviste para nosotros el reconocimiento de la UNESCO a nuestros bailes chinos de la Virgen, como Patrimonio Cultural Inmaterial de la Humanidad en el año 2014. Constatamos conjuntamente el poco interés de nuestras autoridades tanto gubernamentales como académicas por celebrar esta nominación. Es por eso que, en la idea de estudiar y difundir este legado patrimonial, un grupo de académicos nos hemos puesto en la tarea de investigar en torno a esta fiesta en tres direcciones distintas aunque complementarias: la teología (dado que se trata de una fiesta religiosa y ancestral); la filosofía (dado que se va tras un pensar y un hacer popular que desemboca en una identidad cultural y en una cosmovisión igualmente antigua) y la etno-musicología.

Para el caso nuestro, lo relevante es la tarea filosófica. Ahora bien, pensamos que esa filosofía ha de tener que renunciar al gabinete académico si quiere constatar *in situ* las peculiaridades del pensar y sentir de nuestro pueblo. Esta filosofía, por lo tanto, ha de transformarse en etnofilosofía, esto es, en una filosofía que aprovechando el instrumental de la etnografía (antropología) camina en dirección a una identidad y una cosmovisión popular ancestral. En esa búsqueda por alcanzar esta nueva forma de hacer filosofía en el trabajo de campo, encontramos un referente esencial: Rodolfo Kusch, pensador argentino de envergadura, que inició esta tarea de internarse por el altiplano boliviano con su grabadora y su bitácora de viaje para escuchar lo que el otro hombre americano tiene que decir. A partir de las entrevistas con sus informantes comienza a articular un modo muy original de hacer filosofía. No sólo se interna en la montaña. También recorre nuestras calles y se mezcla con el pueblo intentando traducir a filosofía sus voces y sus silencios. Su camino es un ejemplo a seguir y por ello, pensamos, nuestra filosofía también deberá articularse en un caminar pensante que va desde la ciudad hacia algún pueblo de la montaña o el valle, en donde las humildes parroquias abren sus puertas de madrugada para darles la bienvenida a los peregrinos y también a sus chinos danzantes.

BIBLIOGRAFÍA
Artículos de revistas.

PICOTTI, DINA. Los aportes de una antropología americana en el pensamiento de Rodolfo Kusch. *Análisis*. Bogotá, n. 77, julio-diciembre, 2010.

LÉRTORA, CELINA. La propuesta metodológica de Rodolfo Kusch para la antropología filosófica. *Análisis*. Bogotá, n. 77, julio-diciembre, 2010.

Libros.

AZCUY, E. (Comp.): Prólogo en *Kusch y el pensar desde América*. Buenos Aires: Fernando García Cambeiro, 1989.

CAMINOTTI, DELIA: "Narrativa, pueblo y cultura" en *América Latina: Integración por la cultura*. Buenos Aires: Fernando García Cambeiro, 1977.

CONTRERAS, R. & GONZÁLEZ, D.: *Será hasta la vuelta de año*. Santiago de Chile, Consejo Nacional de la Cultura y las Artes, 2014.

KUSCH, RODOLFO: OBRAS COMPLETAS, tomo I, Buenos Aires, Editorial Fundación Ross, 2000.

KUSCH, RODOLFO: OBRAS COMPLETAS, tomo II, Buenos Aires, Editorial Fundación Ross, 2000.

KUSCH, RODOLFO: OBRAS COMPLETAS, tomo III, Buenos Aires, Editorial Fundación Ross, 2000.

MATURO, GRACIELA: ·Rodolfo Kusch y la flor de oro. Aproximación al sentido religioso de un pensador americano" en *Kusch y el pensar desde América*. Buenos Aires: Fernando García Cambeiro, 1989.

PAGANO, CARLOS: *Un modelo de filosofía intercultural: Rodolfo Kusch (1922-1979). Aproximación a la obra del pensador argentino*. Aachen: Concordia Monographien, t. 26, 1999.

ESTADO LAICO E SOCIEDADE RELIGIOSA

LIMITES HERMENÊUTICOS PARA EXPRESSÕES DE CONSCIÊNCIAS RELIGIOSAS E ANTIRRELIGIOSAS: A AGONIA DA LIBERDADE.

Ileide Sampaio de Sousa[18]

RESUMO: Por meio de análise jurisprudencial, doutrinária e transdisciplinar, busca-se enxergar quais os limites para a reconstrução da laicidade na hermenêutica jurídica estatal num contexto pós-secular, onde o pluralismo social exige novo esforço para as formas de tolerância e restrições à direitos fundamentais. Para tanto, foi definida a liberdade de consciência como um gênero que abrangeria a liberdade religiosa e antirreligiosa. Por meio de uma análise do núcleo essencial dos direitos fundamentais, se pontuou pela desaceleração das restrições aos movimentos tidos como "profanatórios", isto em nome de uma laicidade que perceba a capacidade criativa que estas podem ter para novas percepções do direito à liberdade de consciência e de crença. Com aporte numa hermenêutica jurídica crítica que combata o decisionismo solipsista, defende-se a possibilidade de resgate da pluralidade, tão necessária à materialização de um Estado Democrático de Direito, pós-secular, dialógico e garantidor da realização dos direitos fundamentais.
Palavras-chave: Direitos fundamentais; núcleo mínimo; hermenêutica jurídica.

ABSTRACT: Through jurisprudential, doctrinal and disciplinary analysis, it is sought to see the limits for the reconstruction of secularity in state legal hermeneutics in a post-secular context, where social pluralism demands a new effort for forms of tolerance and restrictions on fundamental rights. For that, freedom of conscience was defined as a genre that would encompass freedom of religious and antireligious conscience. Through an analysis of the essential core of fundamental rights, it was punctuated by the deceleration of restrictions on the movements considered as "profanatory", in the name of a secularity that perceives the creative capacity they can have for new perceptions of the right to freedom of conscience and belief. With a contribution in a critical legal hermeneutics that is opposed by solipsist decisionism, the possibility of redemption of plurality, so necessary for the materialization of a democratic, post-secular, dialogical and guaranteeing the realization of fundamental rights, is defended.
Key-words: Fundamental rights; minimum core; legal hermeneutics.

INTRODUÇÃO

> A correta compreensão de uma matéria
> E a má interpretação da mesma matéria
> Não se excluem completamente.
> (KAFKA *apud* ZIZEK, 2013a, p. 167, 168)

Num contexto de um Estado laico, em que este não pode promover nem embaraçar religiões (art. 19, CR/88), a liberdade de consciência seria o gênero (art. 5º. VI, CR/88); ou seja,

---

[18] Mestre em Ordem Jurídico Constitucional pela Universidade Federal do Ceará – UFC – 2013; Professora Universitária Devry-FANOR, Estácio-FIC; Advogada OAB/CE n. 22.283. advileidesampaio@gmail.com

desta derivariam a liberdade da consciência religiosa, não religiosa e antirreligiosa – além das liberdades de expressão de outras temáticas – ideológicas, utópicas, distópicas, políticas, etc. Esta proteção não limita-se apenas à sede nacional, há também amplo acervo normativo internacional sobre o tema: Resolução da Assembleia Geral da ONU, n. 36/55, arts. 2º. a 6º; Pacto de São José da Costa Rica, arts. 12 e 13; Convenção europeia dos direitos do homem e das liberdades fundamentais de 1950, arts. 9º. e 14; Carta dos direitos fundamentais da União Europeia, arts. 10, 14, 21 e 22; a Declaração sobre a Eliminação de todas as Formas de Intolerância e Discriminação Baseadas em Religião ou Credo (1981) e, no art. 13 da Convenção Americana de Direitos Humanos de 1969, percebe-se claramente a preocupação que move o tema do presente artigo: os limites entre à liberdade de expressão para os discursos religiosos e não religiosos.

Entre o espaço das previsões legais, constitucionais e internacionais, há o momento da construção normativa destas normas e, neste âmbito, o problema da construção hermenêutica: os limites aos direitos fundamentais e o resguardo ao seu núcleo essencial.

É por meio de uma hermenêutica jurídica crítica (uma ciência que se debruça na construção de caminhos que possibilitem a construção normativa de conteúdos que garantam a expectativa de decisões corretas) que os apelos para que haja uma obrigatoriedade de uma argumentação racional e democrática dos textos legais, constitucionais ou internacionais, tornam-se, ainda mais, relevantes. Possuindo, ainda, a missão de delimitar requisitos para conquista do conteúdo normativo na prática e as vedações para interpretações absurdas, solipsistas ou teratológicas.

O presente trabalho começará descrevendo o que ocorre quando a manifestação do pensamento antirreligioso, essencialmente tido como: "heresia" – ou o conceito mais abissal desta: "profanação", pode ou não sofrer limites hermenêuticos e quais os limites para que a liberdade de consciência não seja silenciada pelos ditames religiosos hegemônicos. Por este motivo, é apresentado o caso: "A última tentação de Cristo", enfrentado pela Corte Interamericana de Direitos Humanos, e que traz um paradigma para a construção dos vetores hermenêuticos para resguardo das expressões – ainda que não haja direito absoluto, é importante uma adequada fundamentação da restrição do direito fundamental colidente para evitar sacrifícios ao núcleo fundamental destes.

Após, serão investigados os limites para expressões de consciências religiosas – principalmente quando o tema reside em matéria de religiões minoritárias, como as de matriz africana. Nestes casos, percebe-se que o Estado, teoricamente laico, é instrumento de exclusão, nulificando os direitos destas e tornando-as o que Giorgio Agamben pontua como "vida nua" – aqui chamadas de "religiões nuas".

A guerra entre as religiões já se foi, é o que conta a teoria da modernização ocidental, que pretende assinalar ponto final em tudo que traga discordância. Contudo, na era Pós-moderna, a guerras entre religiosos é muito mais voraz - porque acobertada pelo manto de um tipo de civilidade pré-concebida.

O objetivo do presente trabalho é pontuar a *via crucis* do Estado Pós-secular em temas como este, de "profanações" ao sagrado pelo pensamento atirreligioso; e de exclusão do direito de expressões religiosas por interferências estatais que desnudam a crença e fé de setores invisibilizados por nossa sociedade.

1. LIBERDADE DE CONSCIÊNCIA E DE CRENÇA NO CONTEXTO DE UMA HERMENÊUTICA JURÍDICA PÓS-SECULAR

E que senhor é esse que ordena a um pai que mate o seu próprio filho,
É o senhor que temos, o senhor de nossos antepassados,
o senhor que já cá estava quando nascemos,
E se esse senhor tivesse um filho, também o mandaria matar,
perguntou isaac,
O futuro dirá,
Então o senhor é capaz de tudo, do bom, do mau e do pior.
(SARAMAGO, 2009, p. 82).

A ideia de perdão que se limita apenas ao homem – foi cunhada pelas religiões, essencialmente, monoteístas. Deus não erra; portanto, não é concebida a ideia de perdoar Deus, como construída no texto acima. Seria, então este, uma profanação? Deveria, o Estado, extirpá-lo?

É emblemático o ocorrido na Igreja Católica Romana, quando seu indicado a sucessor direto de Pedro, o teólogo Joseph Ratzinger, após nominado como Papa Bento XVI, renuncia ao seu apostolado e contraria, corajosamente, dogmas religiosos: pede perdão, exerce livremente sua liberdade de consciência e abandona o cargo que possui o maior simbolismo religioso de sua confissão. Em sua carta de despedida enunciou:

Depois de ter, repetidamente, examinado minha consciência diante de deus, cheguei à certeza de que minhas forças, pela idade avançada, não se adaptam mais ao exercício, de modo adequado, do ministério, por sua essência espiritual deve ser exercido não somente através das obras e das palavras, mas também sofrendo e orando. Contudo, no mundo de hoje, sujeito à rápidas mudanças e agitado por questões de grande relevância para a vida da fé [....] **Por isso, bem consciente da gravidade deste ato, com plena liberdade, declaro renunciar ao ministério de bispo de Roma, sucessor de são Pedro, a mim confiado pelas mãos dos cardeais, em 19 de abril de 2005**, de modo que, a partir de 28 de fevereiro de 2013, às oito horas da noite, a sede de Roma, a sede de são Pedro, ficará vacante e deverá ser convocado, a quem compete, o Conclave para a reeleição do novo sumo pontífice. [....] **peço perdão por todos os meus defeitos**. (BENTO XVI *apud* AGAMBEN, 2014, p.51, 53). Grifo nosso.

É quando o humano contraria o dogma que são disparadas mil fagulhas de rediscussão dos limites da religião e da liberdade humana.

A atitude de Bento XVI expressa claramente a distinção entre liberdade de consciência e liberdade de religião. A religião lhe impediria de dizer não – havia o dogma de que a escolha de seu nome tinha o dedo inequívoco de Deus. Mas a liberdade humana ganha voz e fala mais forte – pondo em xeque a inerrância dos ditames e dogmas de fé.

É importante apontar que, já em seus estudos, Bento XVI, em 1956 (AGAMBEN, 2014, p. 13), já trilhava leituras baseadas em texto de autores considerados por sua igreja como "hereges", como Ticônio, o qual, em sua obra: *"Liber regularum"*, radicalizava a ideia sagrada da igreja inerrante apontando-a como igualmente santa e profana; direita e esquerda; misto de Babilônia e Jerusalém. (RATZINGER, Joseph, 1956, *Online*).

Sua leitura em temas conflituosos, tidos como textos profanatórios, já demonstra que o diálogo entre o sagrado e o profano não deve ser, *a priori*, renunciado. Há um viés que separa a manifestação antirreligiosa e religiosa da proteção estatal e aquela que deve ser restringida pelo Estado.

A ideia de liberdade religiosa e de consciência nunca foi tema fácil. Parecem, inclusive, pontos opostos. Por este motivo é considerada, a liberdade de consciência, uma norma jurídica mais ampla, da qual a liberdade religiosa é espécie. Konrad Hesse aponta que este sistema de liberdades possui dois espectros: o interno (de produção da consciência), e o externo (de manifestação desta):

> [....] a liberdade de crença e de confissão religiosa e ideológica aparece como uma manifestação particular do direito fundamental mais geral da liberdade de consciência que, por sua vez não se restringe a liberdade de "formação" de consciência (o foro interno), mas abarca a liberdade de "atuação" da consciência, protegendo de tal sorte, para efeitos externos, a decisão fundada na consciência, inclusive quando não motivada religiosa ou ideologicamente. (SARLET; MAIRONI; MITIDIERO, 2014, p. 478).

Por este motivo, enxergar até onde reside o direito será tarefa da hermenêutica jurídica – e não meramente legislativa. Pois os desafios apresentados pela realidade constitucional sempre serão mais amplos que a previsão geral e abstrata das normas jurídicas.
O conceito de hermenêutica é histórico-evolutivo. Tendo sido construído como ciência autônoma na filologia e história e, só após, apropriado pelo Direito:

Conforme o objeto, contudo, a hermenêutica já existia na antiguidade e na idade media. No interior da hermenêutica já existia na antiguidade e na idade media. No interior da hermenêutica deve ser distinguido entre metodologia e uma teoria estrutural do entender. Objeto da metodologia são as regras da explicação e a arte da interpretação (*ars interpretandi*). Objeto da teoria estrutural são as condições da possibilidade do entender. Uma hermenêutica geral, como base das ciências do espírito, foi elaborada no século XIX, sobretudo, por Friedrich Schleiermacher e Wilhelm Dilthey. A diferença entre metodologia e teoria estrutural espelha-se no século 20 nas obras de Emilio Betti e Hans-Georg-Gadamer. (ALEXY, 2015, p. 64)

A hermenêutica, como ciência jurídica, é tomada em idos do século XIX por uma ideia de correspondência direta entre texto legal e sua interpretação. Isto foi o chamado positivismo exegético (França, em 1804, com o "Código de Napoleão"). Este viés sufragou com a incursão da hermenêutica filosófica, cujos principais expoentes são Martin Heidegger e Hans Georg Gadamer. Principalmente com a percepção da revolução ocasionada pela "Filosofia da Linguagem" de Wittgenstein, onde, em sua segunda fase, na obra: "Investigações Filosóficas"(2009), aponta a não correspondência direta entre linguagem e realidade – foi a chamada "viragem linguística".

Nesta fase, a Hermenêutica, principalmente a constitucional, torna-se mais atenta à capacidade criativa do ato interpretativo – não identificando mais o texto legal com a interpretação do mesmo. É o que a doutrina diferencia como: "texto interpretante" e "norma interpretada", esta última resultado da construção do intérprete:

> i. Não se interpretam normas, senão textos normativos – as normas resultam da interpretação; o significado da norma é produzido pelo intérprete; ii. Interpretamos para aplicar o direito, de modo que, ao interpretar os textos normativos, interpretamos também os fatos do caso ao qual ele será aplicado e a realidade; iii. Interpretação e aplicação não se realizam autonomamente;

iv. Interpretação do direito é dotada de caráter constitutivo, não meramente declaratório, pois. (GRAU, 2015, p. 289).

É importante salientar que possuímos ampla proteção constitucional que trata do tema: art. 5º, VI, VII, VIII; art. 19, art. 143, art. 15, art. 210, parágrafo 1º, art. 226, parágrafo 2º, CR/88. Mas, como qualquer texto é a "ponta do iceberg" (MÜLLER, 2010), as questões que lidam com os limites da expressão de consciências religiosas e antirreligiosas ultrapassam o mero signo textual e desafiam um maior esforço hermenêutico que pondere, caso a caso, qual melhor passo para uma percepção pós-secular.

Em nossa Constituição Imperial de 1824 tivemos previsão textual de um tipo de liberdade de religião que se restringia à religião confessada pelo Estado: "Art. 5. A Religião Catholica Apostolica Romana continuará a ser a Religião do Império. Todas as outras Religiões serão permitidas com seu culto domestico, ou particular em casas para isso destinadas, sem forma alguma exterior do Templo." (art. 5º, CR/1824). Este era o Estado confessional, que determinava para as manifestações religiosas diversas – "heréticas" - o espaço secreto do lar; e, as antirreligiosas, eram silenciadas com reprimendas:

> Art. 179. A inviolabilidade dos Direitos Civis, e Politicos dos Cidadãos Brazileiros, que tem por base a liberdade, a segurança individual, e a propriedade, é garantida pela Constituição do Imperio, pela maneira seguinte.
>
> V. Ninguem póde ser perseguido por motivo de Religião, **uma vez que respeite a do Estado, e não offenda a Moral Publica**. (CR/1824) Grifo Nosso.

Troquemos os tempos e termos: Caberia aos descrentes de hoje, chamados "hereges", blasfemos", "antirreligiosos", manifestarem-se apenas dentro de suas casas – em silêncio profundo - jamais de forma exterior - para não arranhar os signos caros aos religiosos, mesmo tendo agora uma Constituição que proclama um Estado Laico?

O traço da laicidade advém da ideia de secularização do mesmo; ou seja, de uma ruptura com o reino teocrático religioso e sua transferência para esfera política: "Assim, a secularização política de conceitos teleológicos (a transcendência de Deus como paradigma do poder soberano) limita-se a transmutar a monarquia celeste em monarquia terrena, deixando, porém, intacto o seu poder.". (AGAMBEN, 2007, p. 68). Theodor Adorno já acentuava que era impossível, inclusive, a não secularização do conteúdo religioso: "Nenhum conteúdo teológico permanece sem modificação; todas terão de passar pela prova e transformar-se em conteúdos seculares, profanos.". (ADORNO, 2001, p. 480 *apud*, AGAMBEN, 2007, p. 21). Secularizar, tornar deste século: "[....] (lembrar que em latim *saeculum* significa originalmente o tempo da vida) [....].". (AGAMBEM, 2014, p. 23), do mundo terreno – num movimento de contraposição a qualquer interferência religiosa no discurso.

Esta forma "laica" já sofre tantas necessidades de releituras que, no Estado plural, segundo Jürgen Habermas, já se haveria cristalizada a necessidade de um "Estado Pós-secular", um acesso posterior à dicotomia: Estado Confessional x Estado Laico – evitando a contraposição não comunicativa entre estas instâncias.

Neste sentido, o Estado Pós-secular, essencialmente plural, exige respeito não apenas às formas religiosas, ou de fé *lato sensu*, mas também limites aos próprios baldrames religiosos – os limites são também para a manifestação religiosa:

Esse discernimento se deve a uma tríplice reflexão dos fiéis sobre a sua posição em uma sociedade pluralista. Primeiramente, a consciência religiosa tem de assimilar o encontro cognitivamente dissonante com outras confissões e religiões. Em segundo lugar, ela tem de adaptar-se à autoridade das ciências, que detém o monopólio social do saber mundano. Por fim, ela tem de adequar-se às premissas do Estado constitucional, que se fundam em um moral profana. Sem esse impulso reflexivo, os monoteísmos acabam por desenvolver um potencial destrutivo em sociedades impiedosamente modernizadas. (HABERMAS, 2013, p. 7)

O direito, em sede dos direitos fundamentais, atua resguardando o que J. J. Gomes Canotilho denomina, ancorado na teoria de Friedrich Müller, como "âmbito normativo" – a verificação do alcance protetivo conquistado pela norma jurídica:

As normas consagradoras de direitos fundamentais protegem determinados "bens" ou "domínios existenciais"(ex.: vida, o domicílio, a religião, a criação artística). Estes âmbitos ou "domínios" protegidos pelas normas garantidoras de direitos fundamentais são designados de várias formas: "âmbito de proteção" (*Schutzbereich),* "domínio normativo" (*Normbereich),* "pressupostos de facto dos direitos fundamentais" (*Grundrechtstatbertände).* [....] preferimos falar aqui em **"âmbito normativo"**, para recortar, precisamente, aquelas "realidades da vida" que as normas consagradoras de direitos captam como objeto de projeção. (CANOTILHO, 2003, p. 1262)

Este espaço de projeção – até onde vai a liberdade, seja ela religiosa ou antirreligiosa - é o nó górdio para definição deste direito.
É trilhando este modelo que serão buscados os limites hermenêuticos das restrições aos direitos fundamentais de liberdade de consciência religiosas e antirreligiosas.

2. LIMITES HERMENÊUTICOS PARA EXPRESSÕES DE CONSCIÊNCIAS ANTIRRELIGIOSAS: O CASO "A ÚLTIMA TENTAÇÃO DE CRISTO" (OLMEDO BUSTOS E OUTROS) *VS.* CHILE

Se eu quiser falar com Deus
Tenho que aceitar a dor
Tenho que comer o pão
Que o diabo amassou
(Gilberto Gil. Música: **"Se eu quiser falar com Deus"**. 1980)

Colocar Deus e o pão do diabo em mesmo refrão, seria uma profanação? E se assim o fosse, mereceria o repúdio – a vedação de sua fala – a castração do peso simbólico que é sussurrado na letra e música?
Resgatando os postulados do Direito Romano, Giorgio Agamben lembra a ideia de um "Puro" que estaria num meio termo entre a ideia religiosa de contrapor "sagrado" e profano:

E 'puro' era o lugar que havia sido desvinculado da sua destinação aos deuses dos mortos e já não era 'nem sagrado, nem santo, nem religioso, libertado de todos os nomes desse gênero. Puro, profano, livre dos nomes sagrados, é o que é restituído ao uso comum dos homens. (DIGESTO, 11, 7, 2 *apud* p. 65).

Libertar a ideia religiosa e antirreligiosa dos signos odiosos. Reproduzir, talvez, o conceito etimológico mais originário do termo "religião"

> *Religio* não é o que une homens e deuses, mas aquilo que cuida para que se mantenham distintos. Por isso, **à religião não se opõem a incredulidade e a indiferença com relação ao indivíduo, mas a "negligência", um atitude livre e "distraída"** – ou seja, desvinculada da *religio* das normas – diante das coisas e do seu uso, diante das formas da separação e do seu significado. (AGAMBEN, 2014, p. 66). Grifo nosso.

Neste tom, possibilitar uma revisão da ideia da "profanação", num âmbito mais criativo – menos castrador: "Profanar não significa simplesmente abolir e cancelar as separações, mas aprender a fazer delas um uso novo, a brincar com elas.". (AGAMBEN, 2014, p. 75). Neste sentido, redefinir, numa visão pós-secular, pluralista, que escape do maniqueísmo que quer construir inimigos em tudo que lê oposto, e perceber a liberdade como um direito fundamental que não é absoluto, mas, se for restringido, se faça o detido exame de ponderação ou sopesamento, no caso concreto, percebendo as nuances de uma contribuição "herética", "profanadora" para a construção de uma espaço de novas vozes no direito.

É a ideia de não ferir o núcleo essencial do direito à liberdade de consciência e de crença – palmilhando a concepção de que, no abismo entre as pessoas, devem ser criadas pontes de reconhecimento da voz e do lugar do outro enquanto comunidade: "As pessoas se encontram na vida, conversam, discutem, brigam, sem perceber que se dirigem uns aos outros de longe, cada um de um observatório situado num lugar diferente no tempo." (KUNDERA, 2014, p. 31). Religiosos e não religiosos estão conectados pelo direito à liberdade de expressão – sem – em nenhuma hipótese - anularem uma ao outro.

Como exemplo crucial dos limites da liberdade de expressão antirreligiosa, podem ser atribuídos os juízos expostos no próprio texto da art. 13 da Convenção Americana de Direitos Humanos de 1969:

> Artigo 13 - Liberdade de pensamento e de expressão
> 1. Toda pessoa tem o direito à liberdade de pensamento e de expressão. Esse direito inclui a liberdade de procurar, receber e difundir informações e ideias de qualquer natureza, sem considerações de fronteiras, verbalmente ou por escrito, ou em forma impressa ou artística, ou por qualquer meio de sua escolha.
> 2. O exercício do direito previsto no inciso precedente não pode estar sujeito à censura prévia, mas a responsabilidades ulteriores, que devem ser expressamente previstas em lei e que se façam necessárias para assegurar:
> a) o respeito dos direitos e da reputação das demais pessoas;
> b) a proteção da segurança nacional, da ordem pública, ou da saúde ou da moral públicas.
> 3. Não se pode restringir o direito de expressão por vias e meios indiretos, tais como o abuso de controles oficiais ou particulares de papel de imprensa, de frequências radioelétricas ou de equipamentos e aparelhos usados na difusão de informação, nem por quaisquer outros meios destinados a obstar a comunicação e a circulação de idéias e opiniões.
> 4. A lei pode submeter os espetáculos públicos a censura prévia, com o objetivo exclusivo de regular o acesso a eles, para proteção moral da infância e da adolescência, sem prejuízo do disposto no inciso

5. A lei deve proibir toda propaganda a favor da guerra, bem como toda apologia ao ódio nacional, racial ou religioso que constitua incitamento à discriminação, à hostilidade, ao crime ou à violência.

Segundo a dicção normativa acima, devem ser limitadas as expressões de ódio religioso, hostil e discriminatório. O conceito de ódio é; portanto, essencial para justificar qualquer limitação da liberdade de expressão.

Para tanto, devem ser conquistados, em cada caso examinado, os elementos fáticos e suas repercussões no âmbito social – se são odiosos, discriminadores ou apenas críticos num relance de pluralismo ideológico e cultural que devem ser fomentados pelo Estado Pós-secular.

Por este motivo, o caso que será exposto como paradigma servirá para pontuar a difícil missão de ajustar condutas sem limar, sacrificando, direitos fundamentais.

Trata-se de sentença da Corte Interamericana de Direitos Humanos, proferida em 05 de fevereiro de 2001, condenando o Chile por censurar, previamente o filme: "A última tentação de Cristo" em 17 de junho de 1997. Esta decisão foi um marco porque determinou a readequação do sistema constitucional nacional chileno quanto ao art. 19. 2. de Constituição no que concerne à censura prévia.

A Comissão Interamericana de Direitos Humanos apresenta a justificativa, não legítima, do Chile ao censurar o filme:

A rejeição à exibição do filme se fundamentou em que, supostamente, seria ofensiva à figura de Jesus Cristo e, portanto, afetaria quem peticionou perante a Justiça, os crentes e "demais pessoas que o consideram como seu modelo de vida". **A proibição da projeção do filme foi baseada na suposta defesa do direito à honra, à reputação de Jesus Cristo;**

> i. **a honra dos indivíduos deve ser protegida sem prejudicar o exercício da liberdade de expressão e do direito de receber informação.** Além disso, o artigo 14 da Convenção prevê que toda pessoa afetada por informações inexatas ou ofensivas emitidas em seu prejuízo tem direito de realizar, através do mesmo órgão de difusão, sua retificação ou resposta. (2014, p. 74). Grifo nosso.

No caso, Chile fora condenado pela violação à liberdade de expressão, ainda que esta tenha cunho crítico, ou "herético", quanto ao relato cristão tradicional:

> Declara que o Estado **não violou o direito à liberdade de consciência e de religião,** consagrado no artigo 12 da Convenção Americana sobre Direitos Humanos, em detrimento dos senhores Juan Pablo Olmedo Bustos, Ciro Colombara López, Claudio Márquez Vidal, Alex Muñoz Wilson, Matías Insunza Tagle e Hernán Aguirre Fuentes.
>
> declara que **o Estado descumpriu os deveres gerais dos artigos 1.1 e 2 da Convenção Americana sobre Direitos Humanos, em conexão com a violação do direito à liberdade de pensamento e de expressão indicada no ponto resolutivo 1 da presente Sentença.** (CIDH, 2014, p. 84)

Na decisão tomada, percebe-se como a visão pluralista vem a lidar muito a questão do que é blasfemo e do que é um elemento de reconstrução crítica e abertura laica – que possibilitaria uma maior liberdade religiosa, para, inclusive, o religioso decidir se permanece ou não em determinada confissão. Este foi o ponto levantado por um dos peritos da CIDH:

> PERÍCIA - Perícia de José Zalaquett Daher, advogado especialista em direitos humanos. [....] Ao estabelecer que a honra da pessoa de Jesus Cristo foi violada por uma determinada interpretação artística ou filosófica e que isso afeta a dignidade e a liberdade de se autodeterminar, de acordo com as crenças e valores da pessoa, está incorrendo em confusões que supõem que não está regulando adequadamente o possível conflito de direitos. Apesar de que a muitos o filme seja chocante e, para outros, ilustrativo e edificante, não cabe qualificá-lo como blasfêmia. O perito considera que a Corte Suprema decidiu reprimir por blasfemas, ou ao menos por heréticas, as expressões utilizadas no filme, já que na opinião daquela Corte eram chocantes. [....] **Entretanto, não podendo reprimir estas expressões, a Corte Suprema encontrou uma forma indireta de fazê-lo, a qual viola o sentido racional de conflito de direito e de fundamento judicial. A blasfêmia, a qual se distingue da heresia, supõe uma humilhação ou ridicularização de figuras ou crenças religiosas sem que haja um propósito de reflexão artística, de contribuição a um debate**. (2014, p. 66). Grifo nosso.

O Tribunal Europeu de Direitos Humanos tem jurisprudência pacífica quanto à liberdade de expressão, inclusive, quando crítica ou ofensiva, cabendo ao Estado averiguar, após a manifestação se houve ofensa à pessoa, discriminação ou discurso odioso:

> [a] função supervisora [do Tribunal lhe] exige [...] prestar extrema atenção aos princípios próprios de uma 'sociedade democrática'. A liberdade de expressão constitui um dos fundamentos essenciais de tal sociedade, uma das condições primordiais para seu progresso e para o desenvolvimento dos homens. **O artigo 10.2 [da Convenção Europeia de Direitos Humanos]17 é válido não apenas para as informações ou ideias que são favoravelmente recebidas ou consideradas como inofensivas ou indiferentes, mas também para aquelas que chocam, inquietam ou ofendem o Estado ou uma fração qualquer da população. Estas são as demandas do pluralismo, da tolerância e do espírito de abertura, sem as quais não existe uma 'sociedade democrática'. Isso significa que toda formalidade, condição, restrição ou punição imposta na matéria deve ser proporcional ao fim legítimo que se persegue.**
> Além disso, qualquer indivíduo que exerce sua liberdade de expressão assume 'deveres e responsabilidades', cujo âmbito depende de sua situação e do procedimento técnico utilizado. (ur. Court H.R., Handyside case, judgment of 7 December 1976, Series A No 24, par. 49; Eur. Court H.R., The Sunday Times case, judgment of 26 April 1979, Series A No 30, pars. 59 e 65; Eur. Court H.R., Barthold judgment of 25 March 1985, Series A No 90, par. 55; Eur. Court H.R., Lingens judgment of 8 July 1986, Series A No 103, par. 41; Eur. Court H.R Müller and Others judgment of 24 May 1988, Series A No 133, par. 33; e Eur. Court HR, Otto-Preminger-Institut v. Austria judgment of 20 September 1994, Series A No 295-A, par. 49.).

Importantíssimo perceber que a liberdade de consciência é assegurada em mesma medida para os valores não concordantes com a maioria social ou para os ignóbeis – desde que não sejam odiosos, discriminadores: "GARANTIR não apenas o direito daqueles que pensam como nós, MAS, igualmente, PROTEGER o direito dos que sustentam ideias que odiamos, abominamos e, até mesmo, repudiamos!". (ADPF. N. 187, *online*, p. 50).

Sendo assim, parte do direito mostra-se em vida quando atravessa o apelo textual e ganha a vida normativa. Restringir um direito deve ser acompanhado do cuidado exigido pelo Princípio da

Concordância Prática ou Harmonização, onde se deve ter a acuidade de ponderação os bens em conflito – nunca em abstrato:

Também designado pela doutrina germânica de princípio da harmonização, o princípio da concordância prática implica que bens jurídicos reconhecidos e protegidos constitucionalmente precisam ser ordenados de tal forma que, notadamente, onde existem colisões, um não se realize às custas do outro, seja pela ponderação apressada de bens, seja pela ponderação em abstrato. (SARLET, 2014, p. 223)

Agora se demonstrará os cuidados no trato dos limites hermenêuticos à liberdade de expressão de consciência religiosas, com ênfase ao que ocorre nas crenças e religiões desnudadas pelo Estado.

3. LIMITES HERMENÊUTICOS PARA EXPRESSÕES DE CONSCIÊNCIAS RELIGIOSAS E O PROBLEMA DAS "RELIGIÕES NUAS".

O que temos aqui, mais uma vez, é o paradoxo da fantasia que preenche a lacuna que ela mesma abre: o elemento que ela oculta é o mesmo que ela revela, isto é, o mesmo processo de ocultação cria o conteúdo oculto, cria a impressão de que há algo a ocultar. (ZIZEK, 2013, p. 389)

Cabe ao jurista manter os olhos atentos para a plurivocidade dos signos, tanto religiosos, quanto antirreligiosos, percebendo qual decisão gerará mais sacrifício à liberdade de consciência e crença. O fino limite entre a liberdade e o discurso odioso:

> Viável afirmar o expansivo direito de proselitismo, evidente que não absoluto, sendo imperioso compatibilizá-lo com as liberdades comunicativas (religiosas e sobre a religião) e com o *direito a não ser insultado*, o que conduz à fronteira difícil entre a injúria religiosa, o discurso do ódio e o risco da restrição desproporcional da liberdade de expressão (*caso das caricaturas dinamarquesas*, por exemplo, que ofenderam profundamente boa parte do mundo islâmico). (CANOTILHO. 2013, p. 993)

Ao albergar limites aos direitos de manifestação e religião, curioso caso tópico é agora mencionado para sobrelevar esta problemática. Deu-se na 17ª Vara Federal do Rio de Janeiro. O Ministério Público Federal requeria a retirada de vídeos ofensivos às religiões de matrizes africanas publicados pela Igreja Universal do Reino de Deus por ferirem o Estatuto da Igualdade Racial (Lei 12.288/2010). Todavia, o juiz federal denega a liminar que requeria a retirada imediata dos vídeos sob pena de multa diária e, estranhamente, afirma, categoricamente, que não havia uma religião:

Com efeito, a retirada dos vídeos referentes a opiniões da igreja Universal sobre a crença afro-brasileira envolve a concorrência não a colidência entre alguns direitos fundamentais, dentre os quais destaco:

Liberdade de opinião;
Liberdade de reunião;
Liberdade de religião.

Começo por delimitar o campo semântico de liberdade , o qual se insere no espaço de atuação livre de intervenção estatal e de terceiros.

No caso, ambas manifestações de religiosidade não contêm os traços necessários de uma religião a saber, um texto base (corão, bíblia etc) ausência de estrutura hierárquica e ausência de um Deus a ser venerado.

Não se vai entrar , neste momento, no pantanoso campo do que venha a ser religião, apenas, para ao exame da tutela, não se apresenta malferimento de um sistema de fé. **As manifestações religiosas afro-brasileiras não se constituem em religiões**, muito menos os vídeos contidos no Google refletem um sistema de crença – são de mau gosto, mas são manifestações de livre expressão de opinião. Isto posto, revogo a decisão de emenda da inicial, indefiro a tutela pelas razões expostas e determino a citação da empresa ré para apresentar a defesa que tiver no prazo legal. **(Processo no 0004747-33.2014.4.02.5101 (2014.51.01.004747-2). AUTOR: MINISTERIO PUBLICO FEDERAL. REU: GOOGLE BRASIL INTERNET LTDA).**

O teste da proporcionalidade – o limite racional para as restrições aos direitos fundamentais – parece não ter sido obedecido no trato acima.

Virgílio Afonso da Silva apresenta uma construção doutrinária importantíssima no que diz respeito a teoria do conteúdo essencial dos direitos fundamentais e sua restrição. Segundo este, existiriam, nos direitos fundamentais, núcleos essenciais absolutos, divididos ainda em dinâmicos ou estáticos – segundo a intransponibilidade dos seus conteúdos nucleares; e os de conteúdo essencial relativo, que poderiam ser restringidos segundo uma observância factual da ponderação, sem malferi-los: "[....] restrições a direitos fundamentais que passam no teste da proporcionalidade não afetam o conteúdo essencial dos direitos restringidos."(SILVA, 2010, p. 197).

As dificuldades enfrentadas pelo autor orbitam em torno das decisões mal fundamentadas ou não fundamentadas factualmente, que, em nome de uma ponderação, restam por malferir a essência dos direitos tutelados no texto constitucional. Neste sentido, resume a sua tese: "*Restrições que atingem o núcleo essencial são inconstitucionais; *Restrições que passem pelo teste da proporcionalidade são constitucionais; *Restrições que passem pelo teste da proporcionalidade não atingem o núcleo essencial." (SILVA, 2010, p. 206, 207).

A decisão acima é a mostra do que Lênio Luiz Streck denomina se "Solipsismo", onde o juiz julga por sua consciência – sem qualquer limitação jurídica para tanto, inclusive ultrapassando os baldrames jurídicos. Por este motivo, aponta a Crítica Hermenêutica do Direito (CHD) (STRECK, 2014, p. 12), onde se pretende espancar os extremos teóricos: da interpretação como ato mecânico de desvendamento da vontade da norma; da interpretação como ato livre de vontade (voluntarismo) solipsista. Segundo este viés, a hermenêutica jurídica deve buscar a "Decisão correta", ainda que a pretensão de correção não seja absoluta, mas uma metáfora que possa diminuir o chamado "estado de natureza beligerante entre os intérpretes" que tem gerado a falência do sistema jurídico:

Penso que, de algum modo, é necessário enfrentar o "estado de natureza hermenêutico" em que se transformou o sistema jurídico. A "liberdade" na interpretação dos textos jurídicos proporcionada pelo império das correntes (teses, teorias) ainda arraigadas/prisioneiras do esquema sujeito-objeto tem gerado essa "estado de natureza interpretativo", representado por uma "guerra de todos os intérpretes contra todos os intérpretes", como que repristinando a fragmentação detectada tão bem por Hobbes. Cada intérprete parte de um "grau zero" de sentido. Cada intérprete reina nos seus "domínios de sentido", com seus próprios métodos, metáforas, metonímias, justificativas, etc. [....] Nessa "guerra" entre os intérpretes – afinal, cada um impera solipsisticamente nos seus "domínios de sentido" – reside a morte do próprio sistema jurídico. (STRECK, 2014, p. 140).

Os limites de expressões religiosas, neste caso, seriam engolidos pelo imaginário das religiões monoteístas: um livro, uma hierarquia e um único deus.

Na decisão acima, ao afirmar que "As manifestações religiosas afro-brasileiras não se constituem em religiões", percebe-se o Estado desnudando religiões, isto é, retirando destas manifestações religiosas seu conteúdo protetivo constitucional.

Este "espaço nu", aqui pontuado como "religiões nuas", é aquele em que o Estado desassocia todo tido de proteção, invisibilizando as mesmas. O conceito de "vida nua" (destituída da proteção e reconhecimento estatal) e a vida política (integrada ao Estado), são originários de Giorgio Agamben. Os conceitos de "vida nua" e de "Estado de exceção", marcas indeléveis de sua produção científica, são originários de sua obra clássica: "Homo sacer: o poder soberano e a vida nua." (2002), e permeiam as análises sobre Política realizadas nesta obra.

A história não esquecerá os testemunhos de Auschwitz, onde a construção de jargões nos campos de concentração fazia com que o ser humano fosse visto como "vida nua" – interessante, inclusive, perceber como foi cruel o extermínio não apenas de judeus, mas de mulçumanos, odiados pelo regime nazista e pelos prisioneiros da SS[19].

É importante perceber como as leituras culturais interferem na definição dos limites do uso dos símbolos religiosos.

Aqui no Brasil, a utilização de símbolos religiosos é concebida como elemento cultural, segundo determinação do Conselho Nacional de Justiça; portanto, em nada interfeririam na laicidade estatal, mas não foi voto pacífico – havendo voto divergente, ainda que bem minoritário:

> O Conselho Nacional de Justiça entende que o uso de símbolos religiosos em órgãos da Justiça não fere o princípio de laicidade do Estado. O entendimento ficou expresso no julgamento de quatro pedidos de providência (1344, 1345, 1346 e 1362) que questionavam a presença de crucifixos em dependências de órgãos do Judiciário.

O Conselho Nacional de Justiça entende que o uso de símbolos religiosos em órgãos da Justiça não fere o princípio de laicidade do Estado. O entendimento ficou expresso no julgamento de quatro pedidos de providência (1344, 1345, 1346 e 1362) que questionavam a presença de crucifixos em dependências de órgãos do Judiciário. O relator dos processos, conselheiro Paulo Lobo, votou pela realização de consulta pública, via internet, pelo período de dois meses, com o objetivo de aprofundar o debate sobre o assunto. Na seqüência, o conselheiro Oscar Argollo abriu divergência, apreciando o mérito da questão, no sentido de não determinar a proibição do uso de símbolos religiosos. **Argollo foi seguido por todos os conselheiros presentes, à exceção do**

---

[19] Para aprofundar a temática: "O intestemunhável tem nome. Chama-se, no jargão do campo, *der Muselmann*, o mulçumano. 'O assim chamado *Muselmann*, como era denominado, na linguagem do Lager, o prisioneiro que havia abandonado qualquer esperança e que havia sido abandonado pelos companheiros, já não dispunha de um âmbito de conhecimento capaz de lhe permitir discernimento entre bem e mal, entre nobreza e vileza, entre espiritualidade e não espiritualidade. **Era um cadáver ambulante, um feixe de funções físicas já em agonia**. Devemos, por mais dolorosa que nos pareça a escolha, excluí-lo da nossa consideração.'.". (AGAMBEN, 2008, p. 49). Grifo nosso.

relator, que se disse sem condições de julgar o mérito da questão. "Isto seria uma violação à minha consciência, porque ainda tenho muitas dúvidas", argumentou Lobo. (CNJ, *online*, 2007). Grifo nosso.

Na Alemanha, a utilização dos mesmo símbolos, num colégio, é considerada inconstitucional – pois feriria a laicidade estatal: "Tribunal Constitucional Alemão: Sentença 93, 11 (1995) – considera que a colocação de cruz ou crucifixo numa sala de aula de uma escola estatal, que não tem o caráter confessional, viola a liberdade de crença individual".(Canotilho, p. 963).

Percebe-se claramente que, quando a religião é majoritária socialmente, os limites hermenêuticos são revisitados – chegando a admitir inclusive o uso de simbologias religiosas em locais públicos.

No âmbito do Tribunal Europeu de Direitos Humanos, já houve a apreciação do uso do véu islâmico como passível de restrição estatal – por questões de segurança nacional: "Sahin v. Turquia (2004) – inclui-se na margem de apreciação das autoridades nacionais proibir o véu, se sua utilização dificulta a proteção dos direitos femininos, o processo de secularização e a tutela das minorias religiosas" (CANOTILHO, 2013, p. 963). Isto só ocorre porque o imaginário social europeu persegue alguns signos que beiram ao relato amigo x inimigo – principalmente no contexto de animosidades internacionais e ataques terroristas.

Neste tom, será, a jurisprudência, o instrumento catalizador de qualquer força malferidora ao exercício do direito de manifestação de expressão – seja ela religiosa ou não:

O espaço ideológico dessa "tolerância" é delineado por dois polos: a ética e a jurisprudência. Por um lado, a política – tanto na versão liberal-tolerante quanto na "fundamentalista" – é concebida como a realização de posicionamentos éticos (sobre direitos humanos, aborto, liberdade, etc.) que preexistem à política; por outro lado, ela é formulada na linguagem da **jurisprudência (como encontrar equilíbrio apropriado entre direitos dos indivíduos e das comunidades, etc.). É aqui que a referência à religião pode ter um papel positivo de ressuscitar a dimensão própria do que é político, da política repolitizante**: e a pode fazer com que os agentes políticos rompam o emaranhado ético-legal. (Zizek, 2015, p. 29). Grifo nosso.

Isto não pode ser feito num plano abstrato – mas há como se fixar o baldrame de liberdade e do respeito, sem que se pontue por mordaças religiosas, nem por agressões odiosas antirreligiosas.

Há que se reconstruir o tecido social que se desfaz sempre que não se pondera valores tão caros para a humanidade, dentre eles: a liberdade de professar sua religião, anti ou não religião. Necessária a intervenção estatal quando odiosas, discriminatórias, mas sempre limitada pelo núcleo essencial dos direitos fundamentais da liberdade de expressão, sem o extermínio das pluralidades – inclusive daquelas que anseiam - no "espaço nu" – terem o mínimo: a proteção de sua manifestação religiosa ou antirreligiosa no seio social.

CONSIDERAÇÕES FINAIS

> A cada refeição que fazemos juntos, a liberdade é convidada a sentar-se.
> A cadeira permanece vazia,
> mas o lugar está posto.
> (ARENDT, 2001, p. 30).

[....] Não existe leitura inocente,
e cada um de nós deve dizer de que leitura somos culpados.
(GUNJEVIC, 2015, p. 108)

A divisão do mundo entre as esferas do secular e o religioso, por meio da laicidade, requer nova construção: um Estado Pós-secular que garanta a manutenção e proliferação de manifestações, respeitosas e que garantam visibilidade, inclusive, para religiões e crenças invisibilizadas pela sociedade hegemônica.

Por este motivo, no capítulo primeiro foi apresentado o conceito Estado Pós-secular, distanciado do discurso maniqueísta do Estado x religião – mas num contexto dialógico em que as manifestações são vistas como elementos necessários para a abertura dos discurso religioso e estatal.

No segundo capítulo fora apresentado o caso: "A última tentação de cristo", decisão da CIDH em que o Chile foi condenado por censura prévia. Isto foi feito para elencar o que a doutrina pontua como limites ou restrições aos direitos fundamentais. A hermenêutica dos direitos fundamentais exige, em cada caso concreto, uma justificação racional que pondere os bens jurídicos em conflitos sem sacrificá-los. Neste sentido, um filme que põe contraria dogmas cristão, em si, não deve ser, só por este motivo censurado previamente. Pois não traz ódio, discriminação à pessoa humana.

No terceiro capítulo, como apresentação dos limites para consciências religiosas, fora demonstrado como algumas religiões encontram-se num espaço de "vida nua"- "religião nua" – cuja hermenêutica das proteções constitucionais sufragam a tese de que as tais não são religiões com elementos imaginários de outras religiões hegemônicas. A contradição cultural interfere ao ponto de haver decisão que permite uma igreja fazer da religião de matriz africana um referencial para o mal e o escárnio de toda pobreza; enquanto outra religião é tida como manifestação cultural histórica e permitida em espaços públicos.

É importante assumir que interpretação faremos da vida. Como afirmado acima por Borin Junjevic, seremos culpados da interpretação que fizermos. Os textos legais serão inocentes. Desde a virada linguística a hermenêutica jurídica vem ensinando como os textos são diferentes das construções interpretativas (linguagem e realidade são distintas) – e como é necessário trabalhar teses que exerçam um caráter de controle sobre as decisões judiciais, muito mais do que sobre a proliferação de textos legais – evitando os vícios dos chamados juízes: hércules, hermes, júpiter[20], mas isto é matéria para outro esforço hermenêutico.

REFERÊNCIAS

AGAMBEN, Giorgi. O que resta de Auschwitz: o arquivo e a testemunha. Tradução: Selvino J. Assmann. São Paulo: Boitempo, 2008. Título original: *Quel che resta di Auschwitz*.

AGAMBEN, Giorgio. Meios sem fim: notas sobre política. tradução: Davi Pessoa Carneiro. Belo Horizonte: Autêntica, 2015. Título original: *"Mezzi senza fine: nota sulla politica"*. 135p.

---

[20] Sobre o tema: OST, François. **Júpiter, Hércules, Hermes:** três modelos de juez. *In:* Doxa, Cuadernos de Filosofia del Derecho, n. 14, Alicante, 1993, p. 170-194.

AGAMBEN, Giorgio. O mistério do mal: Bento XVI e o fim dos tempos. Tradução: Silvana de Gaspare e patrícia Perle. 1. Ed. São Paulo: Boitempo: Florianópolis, 2015.

AGAMBEN, Giorgio. Nudez. Tradução: Davi Pessoa. 1. Ed. Belo Horizonte: Autêntica Editora, 2014. Título original: *Nudità*.

ALEXY, Robert. Constitucionalismo discursivo. Tradução: Luís Afonso Heck. Porto Alegre: livraria do advogado, 2011.

ALEXY, Robert. Direito, razão, discurso: estudos para a filosofia do direito. Tradução: Luís Afonso Keck. 2. ed. Porto alegre: Livraria do advogado, 2015. Título original: *Recht, Vernunft, Diskurs: Studien zur Rechtsphilosophie.* 224p.

CANOTILHO, J. J. Gomes; MENDES, Gil- mar F.; SARLET, Ingo W.; STRECK, Lenio L. (Coords.). Comentários à Constituição do Brasil. São Paulo: Saraiva/ Almedina, 2013. 2.380 p.

CNJ. Disponível em:<http://www.cnj.jus.br/noticias/64462-uso-de-solos-religiosos-nfere-laicidade-do-estado>. Acesso: 12 Marc 2016.

Court H.R., Handyside case, judgment of 7 December. 1976, Series A No 24, par. 49; Eur. Court H.R., The Sunday Times case, judgment of 26 April 1979, Series A No 30, pars. 59 e 65; Eur. Court H.R., Barthold judgment of 25 March 1985, Series A No 90, par. 55; Eur. Court H.R., Lingens judgment of 8 July 1986, Series A No 103, par. 41; Eur. Court H.R Müller and Others judgment of 24 May 1988, Series A No 133, par. 33; e Eur. Court HR, Otto-Preminger-Institut v. Austria judgment of 20 September 1994, Series A No 295-A

DECRETO. http://www.planalto.gov.br/ccivil_03/decreto/D0678.htm

DECLARAÇÃO UNIVERSAO DOS DIREITOS HUMANOS DE 1948. http://unesdoc.unesco.org/images/0013/001394/139423por.pdf

CUNHA, Antônio Geraldo da. Dicionário etimológico da língua portuguesa. 4. Ed. Rio de Janeiro: Lexikon, 2010.

GRAU, Eros Roberto. O direito posto e o direito pressuposto. São Paulo: Malheiros, 2015.

Jurisprudência da Corte Interamericana de Direitos Humanos / Secretaria Nacional de Justiça, Comissão de Anistia, Corte Interamericana de Direitos Humanos. Tradução da Corte Interamericana de Direitos Humanos. Brasília: Ministério da Justiça, 2014.

HABERMAS, Jürgen. Fé e saber. Tradução: Fernando Costa Mattos. 1. ed. São Paulo: UNESP, 2013. Título original: *Glauben und Wissen*.

HANNAH, Arendt. Entre passado e futuro. Tradução Mauro W. Barbosa.. 5. ed. São Paulo: Perspectiva, 2005. Título original:

KUNDERA, Milan. A festa da insignificância. Tradução: Teresa Bulhões Carvalho da Fonseca. São Paulo: Companhia das letras, 2014. Título original: *La fête de l'insignificiante*.

OST, François. Júpiter, Hércules, Hermes: tres modelos de juez. *In:* Doxa, Cuadernos de Filosofia del Derecho, n. 14, Alicante, 1993, p. 170-194

Pacto Internacional de Direitos civis e Políticos. Incorporado no Brasil pelo Decreto n. 592/92).
http://www.planalto.gov.br/ccivil_03/decreto/1990-1994/D0592.htm
RATZINGER, Joseph. Disponível em: <http://www.patristique.org/sites/
patristique.org/IMG/pdf/56_ii_1_2_15.pdf>. .".Beobachtungen zum kirchenbegriff des Tyconius
im 'liber regularum'". Acesso em 25 de jul de 2015.
SARAMAGO, José. Caim. São Paulo: Companhia das letras, 2009.
Supremo Tribunal Federal. Brasil. ADPF N.197. p. 21, 22.
http://redir.stf.jus.br/paginadorpub/paginador.jsp?docTP=TP&docID=5956195).
SILVA, Virgílio Afonso da. Direitos fundamentais: conteúdo essencial, restrições e eficácia. 2 ed.
São Paulo: Malheiros, 2010.
WITTGENSTEIN, Ludwig. Investigações Filosóficas. Tradução: Emmanuel Carneiro. 6. ed.
Petrópolis: Vozes, 2009. Título original: *Philosophische Untersuchungen*. 350p.
ZIZEK, Slavoj; GUNJEVIC. O sofrimento de Deus: inversões do Apocalipse. Tradução: Rogério
Benotti. 1. Ed. Belo Horizonte: autêntica editora, 2015. Título original: *God inpais: inversions of
apocalypse.*
ZIZEK, Slavoj. O amor impiedoso: ou: sobre a crença. Tradução: Lucas Mello Carvalho Ribeiro. 2.
ed. Belo Horizonte: Autêntica, 2013a. Título original: *Die gnadenlose Liebe.*
ZIZEK, Slavoj. Menos que nada: Hegel e a sombra do materialismo dialético. Tradução: Rogério
Bettoni. São Paulo: Boitempo, 2013b. Título original: *Hegel and the shadow of dialectical materialism.*

O ETNOCENTRISMO RELIGIOSO E SUAS RELAÇÕES COM A INTRANSIGÊNCIA E INTOLERÂNCIA SOCIAIS.

Jasson Matias Pedrosa

INTRODUÇÃO

O etnocentrismo consiste em acercar-se de outras culturas analisando-as desde nossa própria cultura. Nossa cultura apareceria como a medida de todas as demais culturas. Quando temos atitudes etnocêntricas estamos nos colocando a partir de nossa cultura para ver as outras.

A primeira consequência do etnocentrismo é a falta de entendimento. Se queremos compreender quaisquer manifestações culturais, devemos compreender o contexto em que estas se enquadram, já que é neste onde reside todo seu sentido. Pois bem, da mesma forma que para compreender uma pessoa devemos captar seu mundo interior, para conhecer como simboliza sua experiência, para conhecer uma cultura, temos que contemplar os valores que a penetram.

O etnocentrismo é uma atitude que podemos encontrar com frequência. Hoje em dia é difícil encontrar pessoas que mantenham atitudes etnocêntricas manifestas, isto é, que sustentem a superioridade de sua raça ou de sua cultura. O que se encontra mais facilmente são manifestações mais sutis deste mesmo etnocentrismo, que nos fazem sentir superiores sem necessidade de manifestação verbal, mas que nos "escapa" em forma de comportamento. O paternalismo, que é uma atitude comum na hora de tratar com pessoas de outras culturas, parte de uma desigualdade de níveis, e a isto subjazem propostas etnocêntricas.

O interesse nos "outros", os chamados "primitivos" é relativamente recente. Este interesse tem usado ao longo do tempo as vestes de colonização e, muitas vezes tem significado o extermínio de populações consideradas "selvagens" pelo mundo "civilizado" europeu, a evangelização como obrigatória, a exploração de mão de obra e matérias-primas, modernização a todo o custo, o interesse científico e cultural de biólogos e, acima de tudo, de etnólogos e antropólogos, que viram em populações, viram no "outro", um objeto fértil de estudo e pesquisa.

Desde o instante em que foram descobertas, as sociedades tradicionais transformaram-se em objeto de estudos, análises, reivindicações de exploradores, cientistas, filósofos, aventureiros, que tenham prestado, em seus relatórios uma imagem nem sempre plausível, oscilando entre uma concepção destrutiva da sociedade incivilizada inferior, àqueles mitos paradisíacos do nobre selvagem.

Percepções distorcidas das sociedades "simples" são, basicamente, devido ao fato de que muitas vezes elas foram julgadas e classificadas com os olhos modernos e industrializados, dentro dos parâmetros do sistema social-econômico do capitalismo euro-americano: em outras palavras, seguindo uma abordagem etnocêntrica.

Etnocentrismo é a tendência de julgar outras culturas e interpretá-las de acordo com os critérios de sua própria, projetando para eles o nosso conceito de evolução, progresso, desenvolvimento e bem-estar; esta tendência pode ser mais ou menos consciente.

Etnocentrismo tem, assim, uma perspectiva de que todas as sociedades são colocadas ao longo de uma escala da evolução em que as sociedades ocidentais, civilizadas, desenvolvidas e modernizadas ocupam o primeiro lugar, enquanto as sociedades "primitivas" e tradicionais ocupam o degrau mais baixo por não terem ainda sofrido com as transformações necessárias, através dos mesmos processos evolutivos, tornando-se sociedades avançadas, especialmente na direção do crescimento econômico.

Esta abordagem, na prática, é baseada no contraste entre sociedades de base moderna e as de base tradicional. As últimas são compreendidas pela ausência do modelo de sociedade ocidental avançada, o que acarreta em uma imagem de subdesenvolvimento através do cálculo de índices, tais como o rendimento per capita, a produção, a exportação, a alfabetização, a taxa de nascimento e mortalidade, etc. Assume-se que os pressupostos feitos para explicar o processo de industrialização da sociedade ocidental também podem ser aplicados para o desenvolvimento no Terceiro mundo.

Concebe-se o progresso como um processo simples, com base na noção de desenvolvimento como é entendida no mundo ocidental: o desenvolvimento é positivo, desejável, universal e necessário. Consequentemente, a mudança na sociedade economicamente atrasada passa a ser compreendida como um fenômeno progressivo, inevitável e indolor.

Mas não se deve esquecer que a tendência a universalizar os seus próprios modelos culturais constitui um obstáculo insuperável para a compreensão dos padrões de outras culturas. Até poderemos superar os obstáculos representados pela nossa cultura, a nossa maneira de perceber a experiência dos nossos modelos culturais. Porém, nós nunca seremos capazes de se aproximar e compreender a complexidade, as características e as necessidades dessas sociedades, enquanto o nosso olhar for o do observador ocidental, que julga alteridade e diversidade como sinônimo de inferioridade. Desta maneira, será impossível qualquer tipo de comunicação e de contato que não seja potencialmente destrutivo.

O que se pretende estudar e desenvolver nesta pesquisa são as relações entre os ensinamentos religiosos, potencialmente etnocêntricos, potencialmente formadores e condicionadores de comportamentos e posturas etnocêntricas e a intransigência e a intolerância que se abate sobre a sociedade brasileira. O estudo buscará revelar as possíveis relações entre a formação religiosa sob a perspectiva etnocêntrica e comportamentos sociais caracterizados como sendo intransigentes e intolerantes, ou seja, até que ponto os ensinos religiosos contribuem para que os fiéis tenham um comportamento de intransigência e de intolerância perante o considerado diferente ou o "errado".

JUSTIFICATIVA

Em tempos de intensas crises e conflitos entre nações motivados, também, por questões religiosas, precisamos entender até que ponto estas mesmas religiões agem na propagação da intransigência e da intolerância sobre a sociedade. Entende-se, imediatamente, por religião ou religiosidade, um conjunto de doutrinas que possui, por finalidade maior, a ligação entre os homens com alguma entidade superior. Para essa ligação ser realizada, são necessárias uma série de reformas no interior das pessoas, que as conduzam para determinados tipos ideais de moralidade, que as permitam, não apenas entrar em contato com o divino, como também as permitam viver em harmonia entre si. Porém, aparentemente de forma anacrônica ou contraditória, as religiões parecem ter uma ação inversa no imaginário de seus fiéis.

Muitos adeptos de religiões apresentam posturas intransigentes e intolerantes ao que decodificam como diferente ou danoso e isso se reproduz muitas vezes em comportamentos de preconceitos, exclusão social e até mesmo violência.

É este o conjunto de inquietações que nos estimula a tentar entender até que ponto a religião contribui, se é que contribui, para a propagação de comportamentos intransigentes e intolerantes e também, nos estimula chamar a atenção para este debate para que possamos desenvolver maneiras de doutrinação que enfatizem a importância do respeito e da solidariedade entre pessoas de diferentes credos.

REFERENCIAL TEÓRICO

E, muitas vezes, como dissemos no início, devido a essa configuração incorreta que envolve uma confiança excessiva em seus modelos evolutivos e uma negação da validade dos outros, em nome de nossa suposta superioridade sobre outras culturas, as ações foram tomadas sem ser eticamente aceitáveis, às vezes descaradamente predatórias, tendo na realidade outras intenções escondidas pela desculpa da modernização.

O etnocentrismo como conceito teórico tem sua origem a partir do estudo dos comportamentos e das formas de relação entre grupos (Sumner, 1996). Trata-se de um fenômeno social que pode ser manifestado em qualquer conjunto de indivíduos e implica a distinção entre o que pertence ou não ao próprio grupo, assim como a consideração como superior a determinada forma de vida do mesmo e a discriminação entre grupos (Sharma et al, 1995).

Por sua vez, Aguilera (2002) define o etnocentrismo como a atitude de um grupo que consiste em considerar que se tem um posto central com respeito aos outros grupos, valorizando de modo mais positivo suas próprias particularidades que a dos diferentes. Este autor também indica que todo grupo social e cultural é, em determinado grau, etnocêntrico; neste sentido, o etnocentrismo seria um centro cultural referido a um grupo humano, por sua cultura ou área cultural. Por sua vez, Jones e Smith (2001) sugerem, em um estudo que remarca a distinção entre identidade étnica e identidade cívica nacional, que a primeira segue sendo sólida apesar da globalização, das migrações em massa e do pluralismo cultural.

Nos enfoques aplicados por alguns pesquisadores, o etnocentrismo tem sido avaliado em duas vertentes: segundo o enfoque positivo e negativo. O enfoque positivo do etnocentrismo destaca a manutenção da coalisão social e a lealdade aos princípios do grupo. Segundo autores como Caruana (1996) ou Luque-ftartínez et al (2000), o etnocentrismo constitui uma pauta de referência para conservar a cultura, a solidariedade, a lealdade, a cooperação, a defesa e a sobrevivência do grupo.

A visão negativa enfatiza como o etnocentrismo radical pode conduzir a atitudes e fenômenos como o nacionalismo violento ou o racismo (Aguilera, 2002). O racismo definiu-se tradicionalmente como um "processo de marginalizar, excluir e discriminar contra aqueles definidos e tidos como diferentes sobre a base de uma cor de pele ou pertencimento a um grupo étnico" (Wetherell, 1996: 178). Conquanto deve ser levado em conta que em certas ocasiões o racismo é mais classicismo que mera rejeição de natureza étnica (ftyrdal, 1944; Coletivo IOÉ, 1998; Díez Nemcolás, 2005) ou pode ter motivos culturais (Vão Dijk, 1987; Solé et a o., 2000; Chacón, 2005), não é menos verdadeiro que outros autores concluem que "a base para o preconceito racial e da discriminação" segue sendo a origem étnica, dependendo, em todo caso, do grau de dissimilaridade étnica e cultural da população (Brücker et al., 2002: 123).

Por sua vez, para autores como Giner et al. (1998: 277), o etnocentrismo e a xenofobia podem ser considerados duas caras da mesma moeda. "O etnocentrismo é uma atitude que considera o mundo e aos outros desde o prisma da própria etnia e cultura. [...] É, portanto, um processo básico para cimentar a solidariedade indentitária do coletivo e ao mesmo tempo estabelecer diferenças e desigualdades com respeito ao outro, visto como o estrangeiro, como o imigrante, etc.". Desta forma, o etnocentrismo definiria um racismo simbólico com estratégias sutis de representação, defesa de valores morais tradicionais e com verdadeiro ressentimento para os favores obtidos para os "outros" (Solana, 1999, citado em Villanueva, 2001). Esta transformação argumental do etnocentrismo em xenofobia pode produzir-se como consequência da mudança social, onde, como afirmam Giner et al. (1998: 277), "a confluência dos valores etnocêntricos com os interesses do poder econômico e político contribui para justificar qualquer ação impositiva: o colonialismo, a imposição linguística, bem como a atitude ideológica estigmatizante, como a xenofobia e o racismo".

Efetivamente, o etnocentrismo, "no plano intelectual, pode ser visto como a dificuldade de pensar sobre a diferença; no plano afetivo, com sentimentos de estranheza, medo, hostilidade, etc." (Rocha, 1984: 7), e onde o etnocentrismo implica com frequência uma apreensão dos "outros" bastante violenta. Também implica na maioria dos casos que nós fazemos dos outros uma imagem distorcida e manipulada. Como resume Pureza (2002: 2): "O etnocentrismo é a incapacidade de olhar o mundo através dos olhos dos demais".

Outro aspecto relevante é a consideração do etnocentrismo como uma constante psicológica ou cultural das sociedades. Porém, alguns autores postulam um processo de mudança para várias sociedades como consequência dos fortes processos migratórios internacionais. Neste sentido, a antropologia de Lévi-Strauss apresenta o etnocentrismo como natural e consubstancial à espécie humana, resultante do "desejo da cada cultura de resistir às culturas que a rodeiam, de se distinguir delas. As culturas para não perecerem frente às outras devem permanecer de alguma maneira impermeáveis" (citado por Geertz, 2000: 70).

Do ponto de vista da psicologia evolucionista, o etnocentrismo é definido como o favoritismo ao próprio grupo e a indiferença ou hostilidade para outros grupos, e é considerado como um dos mecanismos que existem em todas as culturas e que explicam a conduta humana desde uma perspectiva evolutiva (Iamamoto e Araújo, 2009). Estas autoras observam que entre os marcadores de pertença a um grupo, destacam-se a raça e a religião. No entanto, o etnocentrismo supõe um fenômeno no qual se misturam tanto elementos racionais como elementos afetivos.

Neste sentido, por etnocêntrico cabe entender "todo o relativo não só à própria etnia — conceito por demais discutido —, mas também ao grupo de identificação psicossocial" (Fierro, 1987: 158). Assim, o etnocentrismo teria sua base em uma atitude psicológica antiga que aparece nos indivíduos ante uma situação inesperada, e que consiste em repudiar as formas culturais que são diferentes e afastadas de outras mais próximas e com as quais estes se identificam (Aguilera, 2002). Efetivamente, uma dimensão importante no estudo da intolerância e da intransigência é o temor à perda da homogeneidade cultural, em virtude do qual o diferente passa a ser percebido como ameaça.

Em contraste com a tese do etnocentrismo como constante cultural, o antropólogo Clifford Geertz propõe que a diversidade cultural se está esmaecendo de maneira que "o mundo está começando a parecer-se mais em cada um de seus pontos locais com um bazar kuwaití do que com um clube de gentleman inglês" (Geertz, 1996: 56).

Todorov (1991: 95) indica que "uma humanidade que tem descoberto a comunicação universal vai ser mais homogênea que uma humanidade que não sabia dela; isto não quer dizer que se suprimirão todas as diferenças. Supô-lo assim implica que as sociedades sejam simplesmente o fruto de uma ignorância mútua". No entanto, convivência multicultural e concorrências interculturais são duas dimensões diferentes. Neste sentido, autores como ftalgesini e Giménez (2000) assinalam a distinção entre interculturalidade e multiculturalidade. Tais autores indicam que a multiculturalidade "cobre uma realidade característica de certas sociedades em que coexistem grupos nacionais ou étnicos diferenciados em um mesmo território", enquanto a interculturalidade "significa interação, intercâmbio, abertura e solidariedade efetiva: reconhecimento dos valores, dos modos de vida, das representações simbólicas, bem dentro dos registros de uma mesma cultura ou bem entre culturas diferentes". Também Froufe (1994: 164) define multiculturalidade como "a participação de duas ou mais etnias e sua coexistência na mesma sociedade e em um mesmo território", e interculturalidade como a busca do "intercâmbio, da reciprocidade, da interação, da relação mútua e da solidariedade entre diferentes modos de entender a vida, os valores, a história, as condutas sociais, etc.

Nesse sentido, abundam autores como Guichot (2002), Dietz (2003) ou Calvo et al. (2002). O estudo empírico da relação entre etnocentrismo e as consequências nas sociedades multiculturais e os processos de interculturalidade são objetivos de estudo especialmente relevantes, sobretudo considerando um futuro próximo; tanto em termos de possíveis crises sociais como de evitar conflitos.

Desde um enfoque de interculturalidade, Borboa (2006) propõe que o conhecimento dos "outros" permite entender e compreender muitos aspectos culturais que podem resultar negativos à primeira vista, de modo que a interculturalidade se converta em um diálogo que permita o entendimento e a convivência harmônica ao evitar o etnocentrismo, o preconceito e a discriminação. Neste sentido, autores como Altarejos e García (2003) sustentam que o etnocentrismo e o relativismo cultural são duas atitudes que vão em detrimento da comunicação interpessoal entre pessoas de diferentes culturas. Em qualquer caso, a relação entre etnocentrismo e relativismo cultural aparece em numerosos autores com referências a diferentes âmbitos, como a política (Cocarico, 2005; Pla, 2005; Carmona, 2009), a enfermaria (Tarrés, 2001), a educação (Sánchez, 2006; Quintero, 2003; Iglesias, 1998; ftoore, 1995). Em resumo, as hipóteses de mudança sociocultural (desde a interculturalidade), que reduziriam o peso do etnocentrismo nas sociedades, se opõem à hipótese contrária de uma possível acentuação do etnocentrismo, que ativariam possíveis atitudes de intransigência, de intolerância, dentre outras.

Como indica Fierro (1987: 158) citando a Rokeach e Fruchter (1956), "cabe assumir que os correlatos do preconceito etnocêntrico são aproximadamente os mesmos que os da ideologia autoritária. Entre eles destacam-se a rigidez mental, a propensão paranoica e o desprezo de outros e de si mesmo". Nestas fases iniciais, os escalamentos exploram dimensões possivelmente mais próximas ao racismo ou a xenofobia que ao etnocentrismo tal e como se define desde o ponto de vista cultural.

3.1 UM OLHAR SOBRE OS OUTROS

A realidade da chamada sociedade do "outro" é uma realidade completamente diferente daquela apresentada por visões etnocêntricas.

As sociedades tradicionais são sistemas de economia, história, religião e ambiente integrado. Nestes termos, nenhuma sociedade, por mais "primitiva" e "arcaica" possa parecer, pode ser descrita como "incompleta", "atrasada", "simples"; há muitas civilizações orientadas por princípios econômicos, diferentes direitos sociais e culturais daqueles que sabemos e do que geralmente pensamos e chamamos de desejável. Trata-se simplesmente de uma sociedade governada por outros mecanismos, não no sentido pejorativo, mas diferentes e não necessariamente inferiores, e não é possível prever um modelo de sociedade tradicional, com pretensões de validade universais: deve-se apenas identificar alguns dos mecanismos subjacentes a todas organizações da sociedade tradicional, sem ignorar as peculiaridades de cada uma.

Da mesma forma, não é realista colocar duas sociedades distintas ao longo da mesma escala evolutiva: cada uma é o resultado da interação contínua, combinação e recombinação de um grande número de variáveis. Ignorar isso, é dar um impulso a uma série interminável de erros e falhas de qualquer programa de desenvolvimento.

Acima de tudo, é preciso considerar que, ao contrário das sociedades modernas, as sociedades tradicionais são caracterizadas por uma harmonia forte e interpenetração de vários fenômenos econômicos, sociais, culturais, religiosos, de uma interdependência e integração com o meio ambiente, de tal forma que uma intervenção direcionada para apenas uma dessas áreas, leva inevitavelmente a um impacto sobre todas as outras.

As sociedades tradicionais, sejam elas compostas por agricultores sedentários ou caçadores nômades, são basicamente projetadas para a sobrevivência do grupo, vindo em seguida os princípios prioritários que as caracterizam, sejam alguns deles os de cooperação, solidariedade e reciprocidade entre os membros que nos constituem.

Portanto, para reforçar a coesão do grupo, é essencial se certificar de que as tendências individualistas, caso ocorram, não têm precedência sobre o que é bom para toda a comunidade e que as energias de cada indivíduo são canalizadas e subordinadas aos interesses do grupo.

Em face do exposto, compreende-se que a operação e a coesão do grupo, em grande escala, não pode ser separada da operação e da coesão da unidade doméstica, e que a sua atividade de produção econômica é estritamente dependente e integrada a uma rede social, cultural e religiosa, dentre outras.

Etnocentrismo encontra-se em uma atitude psicológica que aparece em nós em uma situação inesperada. É o repudiar as formas culturais que são diferentes e que consideramos distantes daquilo que nos identificamos. Os gregos falaram de "bárbaros" para todos os que estavam no estrangeiro, enquanto a nossa civilização ocidental usou o termo "selvagens".

Quando enfrentamos o problema do etnocentrismo, somos obrigados a partir do fato histórico que o homem ocidental iniciou a conquista de culturas, deixando para trás um rastro de violência e morte: a aniquilação das civilizações, a eliminação sistemática de índios, o escravismo, o extermínio, ainda em vigor, de índios em diversas partes do mundo, etc. Antes, é necessário que uma nova ciência social surja como uma antropologia, que visa a conhecer a história não a partir da perspectiva dos vencedores, mas a partir do conhecimento etnográfico dos vencidos. Neste sentido, a etnografia pretende superar o discurso eurocêntrico do colonizador para dar prioridade à visão dos vencidos.

Deve-se atentar para a grande diversidade cultural, portanto, não em lugares distantes, mas em nossa própria cidade. Estamos imersos em uma era de mistura e combinações das diversidades. Somos o resultado e produto de uma grande miscigenação.

T   endo em conta este processo de indefinição, surge um problema de grande importância para o futuro do etnocentrismo: tempo suficiente para questionar a moral, o estético e o cognitivo. Normalmente, podemos entender o etnocentrismo como a atitude de um grupo que é atribuída uma posição central em relação aos outros grupos, que avalia positivamente as suas próprias realizações e características, em comparação com outros diferentes. Podemos dizer, em algum grau, que todos os grupos sociais e culturais são etnocêntricos. Assim, o etnocentrismo é duplo: sob uma determinada perspectiva, pode ser visto como positivo, porque ele mantém a coesão social do grupo e lealdade dos membros a certos princípios; sob outra perspectiva, o etnocentrismo pode ser visto como radical, condicionador de atitudes e fenômenos como o nacionalismo, o racismo ou o classicismo social.

O etnocentrismo de Lévi-Strauss não defende a superioridade da nossa cultura e tecnologia - civilização científica - sobre os outros, e descreve essa posição como sendo um "canibalismo intelectual". Para ele, "O bárbaro é especialmente o homem que acredita na barbárie e acredita que ele pode legitimamente fazer violência para os outros com base em suas próprias crenças apenas [.]" (Lévi-Strauss: 1993, 165).

Geralmente, julgamos as outras culturas com base e critérios de nossa civilização ocidental. Chamamos das demais de selvagens porque não compartilham de nossa civilização, e primitivas porque não seguem os nossos padrões culturais. Mas este é um etnocentrismo que não reconhece a enorme riqueza da pluralidade e da diversidade cultural. Neste sentido, a evolução cultural valoriza a civilização ocidental como "mais avançada" em comparação com os grupos primitivos questionados; e pensa-se que a mente do selvagem não possui a mesma complexidade estrutural do civilizado; pensam ainda que um mito primitivo está distante de possuir a lógica que a ciência do século XX. Este anti - evolucionismo leva a negar qualquer possibilidade de explicação unificada da história.

Etnocentrismo, para Levi Strauss, não é uma coisa ruim em si. Para ele, "(...) esta diversidade é o desejo de cada cultura de resistir às culturas circundantes para distingui-las (1971: 67). O autor tenta de alguma forma alertar que a globalização e a intensidade das comunicações podem progressivamente destruir a identidade cultural de cada povo. A partir desta perspectiva que o autor percebe a necessidade de um certo grau de isolamento para as culturas e o direito à diferença. Nós caminhamos em direção a uma civilização mundial, destruidora daqueles velhos particularismos em que os valores de cada cultura residem.

Para Lévi-Strauss, há como negar um certo grau de aproximação sem necessariamente colocar barreiras interculturais e distâncias, se quisermos manter a diversidade cultural. Portanto, a ausência da comunicação pode ser vista como prejudicial e como excessiva. Quando um certo limiar é ultrapassado, a comunicação pode tornar-se a homogeneidade ou uniformidade.

Todorov também nos alerta para esse perigo potencial envolvido na globalização: "A humanidade que descobriu a comunicação universal será mais homogênea que as passadas; isto significa que todas as diferenças serão abolidas" (Todorov, 1991: 95).
A antropologia sociocultural é particularmente sensível às diferenças culturais, mas também deve considerar como defender e desenvolver a igualdade de ética neste novo pluralismo. O problema que se coloca, portanto, é como conciliar a cultura e sua diversidade com uma ética comum que promova e respeite os direitos humanos.

Clifford Geertz defende a ideia de que o mundo está caminhando para um acordo universal sobre questões fundamentais. No entanto, Richard Rorty é preferível a ser "francamente etnocêntrica" e assumir que não "pode sair de nossa pele" para entrar no mundo da razão e da universalidade. Admitindo-se que são como nós estão sob resultados contingentes de determinados desenvolvimentos, mas acreditamos que os nossos estilos de vida são preferíveis para lavar estilos de vida alternativos ot, e n em vez de "vender" a ideia de que nos encontramos mais perto da racionalidade e justiça e que eles são "retardado" sobre nós ou falta alguma coisa essencial que nós possuímos.

Clifford visto em ambas as posições de Rorty e Levi Strauss como faces da mesma moeda. Ambas as opiniões sobre a diversidade cultural chegado à mesma conclusão.

Geertz estaria em uma posição intermediária entre o universalismo vazio processual (cosmopolitismo sem conteúdo UNESCO) e um relativismo cultural radical que nos leva a do etnocentrismo provincial. Conclui Rorty, "pecado liberal do etnocentrismo quando nós reagir aos nazistas, ou fundamentalista s com indignação ou desprezo, e, portanto, estamos exemplificando a atitude que afirmam que detesto. Em vez de morrer para ser etnocêntrica, mas etnocentrismo é precisamente a convicção de que nós preferimos a morrer em vez de compartilhar certas crenças. Portanto, temos de pedir ao nosso liberalismo não é apenas uma tendência cultural? ".

Como generalização preconceitos com sentimentos de medo ou aversão a diferentes práticas e marginalização social dos mais fracos membros da sociedade se relacionam? Pesquisas também mostram como a exclusão dos mais fracos é socialmente construída através de uma falta de reflexão entre os elementos de pensamento, sentimento e comportamento, na qual estamos todos, de uma forma ou de outra, envolvidos. A partir da conceituação de "etnocentrismo", como rejeição ou medo do diferente e como uma declaração feita sobre o grupo como o centro de interpretação do próprio mundo, este trabalho procura para entender e remover os argumentos mais comuns sobre a discriminação em relação às diversas bem como apontar as chances de uma pedagogia que valoriza a diferença como uma riqueza.

Segundo Everardo Rocha (1984), "etnocentrismo" é uma visão do mundo em que um toma seu grupo como o centro de tudo e de este ponto de vista todos os outros grupos são avaliados. Se você importar a etimologia das palavras, podemos lembrar que o "etno" grego significa "grupo, clã, tribo ou família", que eu adicionei para fazer o "centrismo" terminando o seu significado original é óbvia: "Meu centro do grupo." o seguinte também é clara: "os outros grupos à margem."

Assim, os outros grupos são projetados com base nos valores dos modelos, os critérios de certo e errado, do bem e do mal, o certo e o errado, o grupo é considerado o centro. Para outros para colocar no centro um grupo particular, "Os Estados Unidos" etnocentrismo desqualifica outros grupos, funcionando como um pensamento binário, onde "nós" Eles são os melhores, os mais avançados, civilizados, em última instância, os seres humanos. Enquanto "eles" são os piores, mais baixa, subdesenvolvida, selvagens, bárbaros etc.

Em etnocentrismo, não é uma lacuna irreconciliável entre "nós" e "eles", que são muitas vezes identificados simplesmente como "os outros". Sabemos que "outro" é diferente de "eu". Trata-se de algo que não sou eu, que é diferente de mim, que está fora de mim, que me é estranho, alienígena da minha existência. Como sabemos através da psicologia social, a distinção entre as pessoas é um complexo necessário para a afirmação de um processo de personalidade livre e autônoma. É na relação com "o outro", que o "eu" realiza descobertas, tornando-se independente, indivíduo, pessoa. Um bebê no nascimento se sente um com a mãe e demora alguns anos para se perceber como completamente distinto. Quando se diferencia do corpo de sua mãe é quando ele alcança o próximo estágio, quando ele percebe o significado de dentro e de fora; quando separados, em suma, quando desmonta a realidade como um brinquedo é removido. Por isso não há nada essencialmente negativo ou mal em fazer distinções, separações e diferenciações.

Na esfera do pensamento, de racionalidade, pensamentos e ideias, o etnocentrismo pode ser visto como a dificuldade de pensar a diferença como aceitável e positiva. Aqui entramos no reino do preconceito. Na esfera do sentimento, afetividade, sentimentos e emoções etnocentrismo pode ser percebido como sentimentos de estranheza e hostilidade. Este é o campo da construção de estereótipos, as marcações sem qualquer reflexão, baseadas unicamente em sentimentos de medo e desgosto com as diferenças. Na área de trabalho, comportamento, atitudes e ações, o etnocentrismo pode ser visto como o processo de separação, que exclui, que marginaliza o diferente. Esta é a área de discriminação em si. Assim, o etnocentrismo torna-se um fenômeno que combina elementos racionais, afetivos e comportamentais, misturando pensamento, sentimento e ação. Esta mistura é um fenômeno que é ao mesmo tempo ao longo do tempo e em nossas sociedades hoje.

3.2 INTRANSIGÊNCIA E INTOLERÂNCIA

A pessoa inflexível tem elevados padrões internalizados de comportamento, e faz todo esforço possível a fim de mantê-los e defende-los, o que resulta numa conduta, rígida, critica intransigente, prepotente etc. São pessoas que dificilmente aceitam opiniões diferentes das suas, sentem muita dificuldade em mudar, tendo em vista que acham que estão sempre com a razão. São os conhecidos donos da verdade... Pessoas inflexíveis enxergam apenas as suas razões. Suas verdades são tão absolutas que não há espaço para outras. São pessoas que não valorizam o diálogo, tendo em vista que numa conversa algumas vezes somos convencidos a mudar de opinião, e tudo o que uma pessoa inflexível não admite é a transformação e mudança, mudar de opinião seria como descontruir seu próprio eu.

Pessoas assim intransigentes, na verdade, refletem seu modo operante que é a autocritica e a intolerância. Ela não só crítica com os outros, é com ela também; Agindo muitas vezes como um espelho, ou seja, o que incomoda tanto no outro na verdade este nele mesmo.

O comportamento inflexível, crítico e intransigente, destroem relações interpessoais, relacionamentos íntimos, de amizade e profissionais porque são pessoas que carecem de empatia.

Quem consegue conviver e sair ileso em uma relação onde o diálogo é negligenciado e desvalorizado, em que a palavra desculpa não faz parte do seu repertório, uma vez que está sempre certo, seu ponto de vista é o mais adequado, não havendo espaço para ponderações?

Pessoas assim não admitem a mudança, contudo, ninguém pode ser o mesmo a vida inteira, uma mente inovadora, criativa e flexível é fundamental.

A rigidez é um apego obstinado às próprias ideias, vontades e gostos, nunca admitindo seus erros, muito menos a diferença. Não importa se o caminho levará até o mesmo fim, o fato de não ser conduzido como deseja é motivo para seu julgamento e condenação.

Conviver com pessoas que estão sempre com a razão, querendo sempre ensinar, tendo a mão sempre uma receita para tudo, pois elas sabem o que é melhor para todos e que jamais transgridam a nada. Isto significa viver relacionamentos desgastantes e insatisfatórios.

Quase sempre acabamos por fugir de pessoas rígidas, rigorosas, exigentes, onde atrasar um minuto pode se tornar motivo para uma séria discussão, pois sempre se sentem desrespeitadas. Será que elas próprias se respeitam? Pois as pessoas teimosas vão ao excesso do desrespeito, não dando oportunidade para as diferenças pessoais que existem entre todos. Pessoas que são incapazes de aceitar uma opinião diferente estão constantemente discutindo por onde passam. E para quem está ao lado e quer evitar discussões só resta escutar, sem nunca poder expressar uma opinião ou experiência diferente. São pessoas com pontualidade britânica e que cumprem seus deveres com exatidão.

Intolerância e intransigência são praticamente sinónimos. Mas enquanto o intolerante mostra que é incapaz de aceitar que outros tenham ideias contrárias às suas ou as combate abertamente, o intransigente não cede nem às mais mínimas exigências dos demais. O intolerante tende a defender fanaticamente suas ideias. O intransigente não cede ante as pretensões dos demais, por insignificantes que sejam. O intolerante pode ser magnânimo com os que pensam como ele. O intransigente é mesquinho e tem medo de perder sua autoridade.
Se valorizamos ambas qualidades, vemos que a intolerância tem sempre conotações negativas, enquanto que a intransigência pode ser uma qualidade positiva em determinadas circunstâncias. O intransigente pode ser firme em sua postura quando se trata de defender certos princípios. O intransigente defende-se frente às exigências dos demais. Já o intolerante combate ativamente aos que chamam de dissidentes.

A intolerância é a capacidade ou habilidade que possui uma pessoa de não suportar as opiniões diferentes às dele. A palavra intolerância é de origem latina "intolerantia".

A intolerância é sinônimo de intransigência, obstinação, por não respeitar as pessoas que possuem pensamentos diferentes, seja em o âmbito político, religioso, cultural, sexual, etc. Podemos deduzir que a intolerância é um anti-valor que não permite uma boa convivência entre as pessoas.

O termo intolerável é um adjetivo que descreve uma coisa ou alguém que não pode ser tolerado, por exemplo: quando se observa uma situação de maltrato infantil, a mesma se torna intolerável para quem vive a situação como para quem a observa ou, o indivíduo que não aceita ideias diferentes às dele pode ser dito "é intolerável estar com ele" ou "que é intolerante".

Assim mesmo, uma pessoa intolerante pode cometer outras faltas como: a discriminação, a agressão, o desrespeito, produto da falta de tolerância às ideias diferentes de si. Portanto, a intolerância é uma atitude negativa que afeta as relações entre os próximos.

A intransigência está intimamente relacionada com a Intolerância. Enquanto a primeira é inflexível podendo arrastar-nos ao fundamentalismo a segunda é sectária, não suportando a diferença nem muito menos a dissidência e provocando em nós a falta de aceitação das opiniões alheias.

Por trás de ambas se oculta o temor ao novo, ao diferente. Esconde uma insegurança que nos provoca "medo a ceder" por parecer, mas débeis ante os olhos alheios. Por outro lado, com elas, muitas vezes pomos de manifesto uma baixa resistência à frustração e dificuldade para ser assertivo, o que pode levar à perda da compostura com respostas coléricas que nos tiram do controle quando alguém nos contraria.

O soberbo pode cair na intransigência e na intolerância por sua atitude arrogante e prepotente, evidenciando uma falta de respeito e consideração para os demais e suas opiniões.

O mesmo sucede com o perfeccionista. Sua necessidade de ter todo "controle" e reforçar sua "autoestima" lhe arrasta a não suportar facilmente pensamentos difusos ou ambiguidades.

A intransigência faz-nos ser obstinados. Esta rigidez mental, em conjunto com uma falta de flexibilidade e abertura a outros pontos de vista, dificulta nossa capacidade para nos relacionar, conciliar posturas e negociar.
Em lugar disso, ao sermos intransigentes, optamos pela confrontação, fazendo-nos senhores verdade, atitude que nos conduz, irreparavelmente, a nos fechar a transações e acordos e, em definitivo, a perder opções e oportunidades na vida.

CONSIDERAÇÕES FINAIS

O pensamento dogmático das religiões condiciona os fiéis a crerem especificamente em um conjunto de doutrinas que não aceitam contestação e, acima de tudo, se apresentam como sendo as verdades supremas, respostas únicas, interpretações corretas sobre os mistérios da divindade. As religiões condicionam os seus fiéis a perceberem suas verdades como sendo únicas, superiores, imutáveis e inquestionáveis. Este condicionamento religioso, porém, não se limita ao universo das religiões, mas perpassa todo comportamento do indivíduo perante a sociedade e perante pessoas de outras religiões.

O indivíduo que acredita em determinado ensinamento como sendo o único correto, terá dificuldades de conviver com pessoas de outros pensamentos, que acreditem em outras explicações e doutrinas. Esta dificuldade pode se caracterizar em comportamentos específicos de rejeição, de não aceitação, de questionamento, de crítica. A intransigência e a intolerância surgem na não aceitação de explicações, de dogmas, de doutrinas, que não concordem com as que o indivíduo acredite. Mas este atrito entre indivíduos não fica restrito apenas ao debate religioso. Trata-se aqui de um condicionamento do comportamento, da mentalidade, que se baseia em termos de certo e errado. Sempre que o indivíduo se deparar com situações que julgar que o outro esteja errado, comportamentos de não aceitação, de rejeição, de questionamento e de julgamentos devem se sobressair.

Este trabalho é parte de uma pesquisa que pretende mostrar que o condicionamento dogmático-religioso pode ser percebido como potencial formador de comportamentos intransigentes e intolerantes dos indivíduos perante a sociedade. Comportamentos intransigentes e intolerantes podem ser percebidos com raízes de diversos problemas sociais enfrentados no Brasil, como a violência, discursos defensores do armamento da população, etc. O que se deseja é evidenciar o papel do discurso religioso-etnocêntrico como potencial formador de comportamentos intransigentes e intolerantes e, a partir daí, perceber a religiosidade brasileira, anacronicamente ao que pregam suas doutrinas, como foco de disseminação de atitudes intransigentes sob a sociedade em sua totalidade.

REFERÊNCIAS

ALFORD, John R., Carolyn L. Funk, and John R. Hibbing. 2005. Are political orientations genetically transmitted? American Political Science Review 99 (2): 153-67.

ALMEIDA, Alfredo Wagner Berno de. O Intransitivo da Transição. O Estado, os conflitos agrários e a violência na Amazônia. In: léna, Philippe e oliveira, Adélia.

AXELROD, Robert. 1984. The evolution of cooperation. New York: Basic Books.

– – –. 1986. An evolutionary approach to norms. American Political Science Review 80:1095-1111.

AXELROD, Robert, and WILLIAM D. Hamilton. 1981. The evolution of cooperation. Science 211:1390-6.

BOYD, Robert, and PETER J. Richerson. 1985. Culture and the evolutionary process. Chicago: University Of Chicago Press.

BREWER, Marilynn B. 1979. The role of ethnocentrism in intergroup conflict. In The psychology of intergroup relations, edited by W. G. Austin and S. Worchel. Monterey, CA: Brooks/Cole.

BREWER, Marilynn B., and RODERICK M. Kramer. 1986. Choice behavior in social dilemmas: Effects of social identity, group size, and decision framing. Journal of Personality and Social Psychology 50:543-49.

BROWN, Donald E. 2004. Human universals, human nature, and human culture. Daedalus 133 (4): 47-54.

CASHDAN, Elizabeth. 2001. Ethnocentrism and xenophobia: A cross-cultural study. Current Anthropology 42:760-5.

CHIROT, Daniel, and Martin E. P. Seligman. 2001. Ethno political warfare: Causes, consequences, and possible solutions. Washington, D.C.: American Psychological Association.

COLEMAN, James S. 1990. Foundations of social theory. Cambridge, MA: Harvard University Press.

ENGRÁCIA (org.). Amazônia: A fronteira agrícola vinte anos depois. 2 ed. Belém: CEJUP, Museu Paraense Emílio Goeldi, 1992.

BOVERO, Michelangelo. La intransigência em El tiempo de los derechos. Texto publicado em Teoria Política, vol. XV, Nº 2-3. Milán, Itália. Tradução de Pedro. Salazar Ugarte. Pág. 139-157.

BRASIL. Constituição (1988). Constituição [da] República Federativa do Brasil.

Disponível em: <www.planalto.gov.br> Acesso em 12 de abril de 2016.

CHAGAS, Marco Aurélio Bicalho de Abreu. A doutrina da função social da propriedade no Direito Agrário. Jus Navigandi, Teresina, ano 5, n. 40, 1 mar. 2000. Disponível em: <http://jus.uol.com.br/revista/texto/1669>. Acesso em 20 abril. 2016.

COSTA, Luciana Miranda. Discurso e Conflito: dez anos de disputa pela terra em Eldorado do Carajás. Belém: UFPA/NAEA, 1999. (Dissertação de Mestrado).

GRAMSCI, Antônio. Intransigência-tolerância. Intolerância-transigência. In.: SADER, Emir (org.). Gramsci: poder, política e partido. 1ª Ed. São Paulo: Expressão Popular, 2005. Pág. 135-137.

HIRSCHMAN, Albert O. A retórica da intransigência: perversidade, futilidade, ameaça. São Paulo: Companhia das letras, 1992.

LOUREIRO, Violeta Refkalefsky. Amazônia: estado, homem, natureza. 2ed. – Belém: Cejup, 2004. (Coleção Amazônia, 1)

LOUREIRO, Violeta Refkalefsky. A Amazônia no Século XXI: Novas Formas de Desenvolvimento. 1 ed. – São Paulo: Empório do Livro, 2009.

MARTINS, José de Souza. Expropriação e Violência: A questão política no campo. 3ª Ed.: Hucitec, São Paulo, 1991.

RABUSHKA, Alvin, and Kenneth Shepsle. 1972. Politics in plural societies: A theory of democratic instability. Columbus, OH: Merrill.

RAY, John J., and F. H. Lovejoy. 1986. The generality of racial prejudice. Journal of Social Psychology 126:563-4.

RIOLO, Rick L., Michael D. Cohen, and Robert Axelrod. 2001. Evolution of cooperation without reciprocity. Nature 414:441-3.

ROOSENS, Eugene E. 1989. Creating ethnicity: The process of ethnogenesis (Frontiers of Anthropology, Vol. 5). Newbury Park, CA: Sage.

SANTOS, José Vicente Tavares dos. Notas sobre a noção de violência: no estudo dos processos sociais agrários. XVI ENCONTRO ANUAL DA ANPOCS, de 20 a 23 de outubro de 1992, Caxambu - MG.

SANTOS, José Vicente Tavares dos el al. Conflitos sociais agrários. Relatório de pesquisa. Projeto de cooperação técnica. MEPF-INCRA/FAO, 1998.

SANTOS, José Vicente Tavares dos. Conflitos agrários e violência no Brasil: agentes sociais, lutas pela terra e reforma agrária. Pontifícia Universidad Javeriana. Seminário Internacional, Bogotá, Colômbia. Agosto de 2000. Disponível em: http://bibliotecavirtual.clacso.org.ar/ar/libros/rjave/paneles/tavares.pdf. Acesso em: 20 abril de 2016.

SHERIF, Muzafer. 1966. Group conflict and co-operation: Their social psychology. London: Routledge Kegan Paul.

SHERIF, Muzafer, and Carolyn W. Sherif. 1956. Groups in harmony and tension. 2nd rev. Ed. New York: Harper.

SIMMEL, Georg. 1955. Conflict and the web of group-affiliations. New York: Free Press.

SIMON, Herbert. 1990. A mechanism for social selection and successful altruism. Science 50:1665-8.

SMITH, Adam. [1776] 1994. Wealth of nations. Reprint, New York: Modern Library Edition.

SOBER, Elliot, and David S. Wilson. 1998. Unto others: The evolution and psychology of unselfish behavior. Cambridge, MA: Harvard University Press.

SPENCE, A. Michael, and Richard Zeckhauser. 1971. Insurance, information, and individual action. American Economic Review 61:380-7.

STRUCH, Naomi, and Shalom H. Schwartz. 1989. Intergroup aggression: Its predictors and distinctness From in-group bias. Journal of Personality and Social Psychology 56:346-73.

SUMNER, William G. 1906. Folkways. Boston: Ginn.

TAJFEL, Henri. 1970. Experiments in intergroup discrimination. Scientific American 223:96-102.

TAJFEL, Henri, Michael G. Billig, R. P. Bundy, and C. Flament. 1971. Social categorization and intergroup Behavior. European Journal of Social Psychology 1:149-78.

TILLY, Charles. 1992. Coercion, capital, and European states, AD 990-1992. Cambridge, UK: Blackwell.

TRIVERS, Robert L. 1971. The evolution of reciprocal altruism. Quarterly Review of Biology 46:35-57.

VAN der Dennen, J. M. G. 1995. The origin of war. Groningen, Netherlands: Origin Press.

WRANGHAM, Richard. 2004. Killer species. Daedalus 133 (4): 25-35.

WU, Jianzhong, and Robert Axelrod. 1995. How to cope with noise in the iterated prisoner's dilemma. Journal of Conflict Resolution 39:183-9.

A EXPERIÊNCIA DE ROMARIA PARA IDOSOS: APROXIMAÇÕES ETNOGRÁFICAS EM JUAZEIRO DO NORTE – CEARÁ – BRASIL

Lisieux D'Jesus Luzia de Araújo Rocha[21]

RESUMO: Torna-se perceptível contemporaneamente, especialmente nos países em desenvolvimento, as transições demográficas que demonstram um considerável aumento progressivo da população idosa. Tal constatação destaca, no processo de desenvolvimento psicossocial, o envelhecimento como alvo relevante de pesquisas e estudos culturais. Mediante considerações acerca da fase vital idosa, como período privilegiado de confrontação com a finitude e demais questões existenciais, a mesma emerge como ocasião em que as repercussões do envolvimento religioso podem ser expressão de fator protetivo para a saúde. Emerge, então, refletir sobre romarias como movimentos de religiosidade popular, os quais implicam deslocamento espacial, imersão em uma temporalidade liberada de obrigações e compartilhamento de práticas culturais, que contam com uma larga adesão da população idosa em regiões do nordeste brasileiro. Logo, tal pesquisa qualitativa de enfoque etnográfico visa averiguar a experiência de romaria para idosos em Juazeiro do Norte – Ceará – Brasil. Para tanto, surgem como fruto do processo de pesquisa os seguintes aspectos: uma cidade constituída por famílias de romeiros; transmissão de cultura devocional por tradição familiar e oralidade; preparação para viagem de romaria: chamado divino e reserva financeira; expectativa e ansiedade antecipatórias em relação à viagem para romaria; simbolismo do "pau-de-arara" no trajeto do romeiro; expressões culturais de quem vive perpassado por Juazeiro do Norte – Ceará – Brasil; sentido sagrado de espacialidade; graças alcançadas e santidade de Padre Cícero Romão Batista; turismo religioso como fator de agregação social; experiência subjetiva e comunitária revitalizadora. Tal temática de pesquisa denota um esplendor cultural exprimível nas manifestações de peregrinações em torno das romarias, as quais resguardam movimentações populares significantes e simbólicas com implicações diversas, dentre as quais: subjetivas, sociais, econômicas, estruturais.

Palavras-chave: Romaria. Idosos. Etnografia.

Introdução – Aspectos contemporâneos que perpassam o envelhecimento

---

[21] Doutoranda e Mestre em Psicologia pela Universidade de Fortaleza (Unifor). Curriculum na Plataforma Lattes: http://buscatextual.cnpq.br/buscatextual/visualizacv.do?id=K4741505A7 E-mail: lisieuxr@hotmail.com

Principiamos o relato atentando para alguns binômios: religiosidade e sertão, peregrinação e romaria, envolvimento religioso e desenvolvimento humano na velhice. Tais termos estão profundamente imbricados e permeando pesquisa doutoral que vem sendo desenvolvida, junto ao Programa de Pós-Graduação em Psicologia da Universidade de Fortaleza (Unifor) – Ceará – Brasil, da qual a presente explanação é um estrato.

Surgem, então, reflexões diante do crescente número da população idosa no Brasil e no mundo frente às especificações das relações interpessoais e transcendentes na contemporaneidade. Cabe ratificar, o veloz envelhecimento populacional brasileiro, já que o país atravessa uma transição demográfica acelerada perceptível nas estimativas de mutação na estrutura populacional onde a base da pirâmide etária vem se estreitando, enquanto as faixas de adultos e idosos demonstram considerável alargamento (ERVATTI; BORGES; JARDIM, 2015). Fato este que revela a necessidade de intensificar pesquisas que se debrucem sobre o processo do envelhecer.

Delinear marchas cruciais para a maturação egóica na interrelação com o meio social é o que visa a teoria do desenvolvimento psicossocial, ao considerar as fases do ciclo vital em perspectiva transcultural e universalista; reconhecendo, para tanto, que os sujeitos atravessam o ciclo vital de forma diferenciada conforme cultura, circunstâncias e personalidade. Tal perspectiva, de Erik Erikson (1902-1994), enfatiza a esfera dos atributos cognitivos, como percepção, memória, atenção, aprendizagem, em detrimento de ditames instintuais. Sendo o sujeito co-responsabilizado por seu processo de desenvolvimento, envolto no tempo e nas experiências, por estar ao seu alcance a possibilidade de alterar seu comportamento (VERÍSSIMO, 2002).

A referida teoria estipula oito fases do desenvolvimento humano ao longo do ciclo vital, se desdobrando do nascimento à velhice, em torno das noções da psicologia do ego. Nas fases do ciclo vital são pontuados, dentre outros aspectos, precursores e fortalecedores para a formação da identidade. Os precursores aparecem no decorrer do ciclo vital até antes da fase adolescente ou moratória psicossocial, já os fortalecedores perduram por todas as fases do desenvolvimento (ERIKSON, 2000). O que denota um itinerário constitutivo da personalidade ao longo de todo o vivido.

Em cada uma das fases da teoria do desenvolvimento psicossocial ascende uma crise a ser resolvida decorrente de um conflito, com o qual o meio social confronta o sujeito. Essas crises se manifestam dialeticamente em dois polos possíveis de resolução, contudo independente de haver um desenrolar positivo ou negativo ao longo de uma fase, em alguma fase posterior certa crise pode retornar diante da necessidade de uma nova elaboração. Mediante o solucionamento de uma crise emerge um certo componente da personalidade, e isso se dá no decorre das fases vitais (VIEIRA, FONTES, PATROCINIO, NERI, 2011; VERÍSSIMO, 2002).

A crise, tratada na referida teoria, é uma ocasião decisiva de potência altiva e também de acrescida vulnerabilidade; expressão de um ponto de viragem e não simplesmente como uma ameaça de catástrofe; compreendida como fonte de energia geradora ou de inadequação (VERÍSSIMO, 2002).

A fase do desenvolvimento para além dos 60 anos de idade é denominada psicossocialmente de maturidade / idade da reforma; ocasião em que eclode como psicopatologia relacionada a alienação extrema e o desespero. Já a crise psicossocial, que desabrocha com o conflito entre integridade *versus* desesperança, tem como resultado favorável emergente ou virtude associada ao solucionamento positivo: a renúncia e a sabedoria (VERÍSSIMO, 2002; ERIKSON, 2000).

As expressões envelhecimento ativo, robusto, bem-sucedido estão entre os termos contemporaneamente utilizados para adjetivar o envelhecimento, e os mesmo são alvo de críticas e comentários diversos. No que diz respeito ao envelhecimento bem-sucedido, não existe consenso científico na delimitação do termo; a individualidade e as diferenças socioculturais contribuem para a dificuldade consensual na referida delimitação. Por não haver claro assentimento acerca dos elementos indispensáveis na demarcação do envelhecimento bem-sucedido, estudiosos e pesquisadores divergem se constam de maior representatividade as medidas objetivas, as auto-avaliações ou ambas (TEIXEIRA e NERI, 2008).

O termo envelhecimento bem-sucedido amplia mais os horizontes, por abordar medidas objetivas e percepções subjetivas, incluindo características como: capacidade funcional, satisfação com a vida, longevidade, ausência de incapacidade, domínio/crescimento, participação social ativa, independência, adaptação positiva (TEIXEIRA e NERI, 2008). Tais características são, na verdade, parâmetros indicadores que são passíveis de favorecer o alcance e manutenção de um desenvolvimento bem-sucedido na velhice, conquistado como uma meta modificável no transcurso do vivido.

O envelhecimento tido como parte do curso de vida é concebido como um constructo psicossocial dinâmico envolto nas tramas de uma conjectura adaptativa do desenvolvimento humano (TEIXEIRA e NERI, 2008). A perspectiva de desenvolvimento do curso de vida estipula que o desenvolvimento humano é um processo ao longo do vivido; convoca estabilização de ganhos e perdas; com influência biológica, histórica e sociocultural. Viabiliza, ainda, recursos em prol de crescimento, manutenção, recuperação e regulação diante das perdas e desestabilizações; possui natureza biológica, todavia é adaptativo mediante sua conotação de plasticidade; perpassado, ainda, pelas relações interpessoais (GUNTHER, 2009; BURITI, 2006).

É notória a necessidade de considerar a heterogeneidade individual e coletiva no processo de envelhecimento bem-sucedido, contando com a intervenção dos fatores biopsicossociais nesse trajeto existencial. E o envelhecimento bem-sucedido é mesmo um caminho percorrido, um trajeto existencial que convergi para decair ou minorar o impacto das perdas vitais Elaborar as perdas decorrentes do envelhecer com a utilização de recursos psicológicos aproxima o sujeito de um percurso de desenvolvimento adaptativo, pois o mesmo recorre aos repertórios internos para dispô-los em vista de uma equilibração subjetiva diante das realidades e circunstâncias da fase existencial em questão (TEIXEIRA e NERI, 2008).

É incontestável, porquanto, que o elemento bem-estar subjetivo precisa integrar o cerne da concepção de envelhecimento bem-sucedido sem desmerecer, claro, as condições de saúde física e capacidade funcional. O bem-estar subjetivo envolve autonomia, bem-estar psicológico, estratégias de enfrentamento, geratividade. O destaque contemporâneo dos estudos na área é buscar as percepções dos idosos sobre a experiência de envelhecer associadas aos resultados das avaliações profissionais/científicas (TEIXEIRA e NERI, 2008).

Prevalece, também, entre os fatores que interferem na capacidade de envelhecer bem, a percepção de que as crenças pessoais proporcionam sentido para a vida e a percepção de saúde em diferentes níveis (TEIXEIRA e NERI, 2008; SOCCI, 2006). Percepções de bem-estar subjetivo, de que as crenças pessoais proporcionam sentido para a vida e de saúde, bem como, as interações sociais são, pois, aspectos cruciais para o envelhecimento bem-sucedido.

A religiosidade e espiritualidade em idosos são tidas, mediante dados de pesquisas empíricas, como passíveis de acarretar menor incidência de sintomas depressivos e melhor saúde física, percepção de suporte social e funcionamento cognitivo (VIEIRA; FONTES; PATROCINIO; NERI, 2011). A religiosidade, pois, tem sido observada como capaz de favorecer promoção e manutenção de bem-estar, enquanto condição de saúde para idosos por acarretar segurança, consolo espiritual, apoio social, estabelecer parâmetros de conduta à nível moral e espiritual, significado para a vida, dentre outros aspectos (CARDOSO e FERREIRA, 2009; SOCCI, 2006).

O envolvimento religioso, portanto, pode exprimir um fator protetivo para o idoso e com potencialidade de favorecer vida com qualidade. O tempo vivido em peregrinação para romaria é, pois, multiplamente variante, permeável, cambiante experiencialmente. O peregrino é um sujeito em movimento, dinamicamente em postura de abertura para experiências transformantes, imbuído de uma expectativa esperançosa que é passível de favorecer desenvolvimento humano integral.

A peregrinação pode ser apreendida como uma singela réplica da viagem da vida (PEÑUELA, 2011), onde atravessamos várias circunstâncias inéditas, desafiantes, transformantes, memoráveis, significantes. A memória, como um processo psicológico básico, encontra-se intensamente enredada nos trajetos peregrinos das romarias por sua funcionalidade de registro e resgate das apreensões do vivido.

Experiências de romarias em seus itinerários peregrinos

Nas manifestações religiosas, como por exemplo nos percursos peregrinos de romarias, costuma predominar uma percepção temporal predominantemente qualitativa, simbolicamente rica e significativa; ocasião na qual o tempo em sua conotação quantitativa é subjetivamente apreendido como suspenso. Ao imergir em uma manifestação religiosa não é costumeiro que o sujeito detenha-se na mensuração do tempo. A métrica é superada, nesses casos, pela experiência.

O momento da experiência, pois, promove uma quebra ou ruptura na percepção subjetiva de linearidade do tempo. Ocorrência da suspensão do tempo métrico, já que o sujeito detém-se, concentra-se, engaja-se, reflete e imerge no vivido naquela ocasião de experiência. O aparato sensorial, e especialmente os processos psicológicos básicos, encontram-se empenhados no momento experiencial, por isso não pode ser abrangido ou esgotar-se na medição ou mensuração, pois, comporta uma complexidade de sentidos que atravessa e qualifica significados socioculturais.

Rituais, costumes e cerimônias estão entre os símbolos expressos de uma cultura, por isso ressaltam-se estudos na área (ROJO, 2006). As unidades sociotemporais que estipulam o tempo vivido da eucaristia, de um concerto, peça teatral, evento político, enquanto tempo social qualitativo, não podem sofrer divisões intermináveis, em analogia ao tempo métrico, pois o seu significado se esvairia ou se esvaziaria (BERIÁIN, 1997).

Contudo, o tempo métrico e o tempo qualitativo estabelecem uma relação de complementariedade. Quem confere conceituação e estrutura de tempo ao tempo métrico é o tempo qualitativo, já que este último é que lhe atribui significação. E o tempo qualitativo deve à existência do tempo métrico sua localização, definição, apreensão, pois é o tempo métrico que o situa (BERIÁIN, 1997).

Daí adentramos no terreno das experiências de peregrinação para romarias, como um caminho exterior que o sujeito determina-se por percorrer e que, na verdade, revela e desenrola um processo interior, uma saída, uma partida, uma descoberta ou um encontro, quem sabe um reencontro consigo, com lugares, com tradições, com culturas. O peregrino é um ser que desinstala-se, lança-se, ousa, busca, trilha, inova ou repete, mas sempre investi em um retorno ou retomada de si.

As peregrinações são fenômenos presentes na história da humanidade, desde os primórdios as religiões sempre contaram com deslocamentos. Peregrinação indica, pois, deslocamentos individuais ou grupais em direção a um local sagrado com intuito piedoso, votivo ou penitencial. A peregrinação se elabora como um movimento existencial que direciona o sujeito a transcender-se, ao sair de si em um percurso que envolve os âmbitos físico, subjetivo, espacial, simbólico, cultural, discursivo (BARBOSA, 1985).

A peregrinação é um percurso que comporta uma renovação, uma busca. Há uma busca em torno da peregrinação e é uma busca subjetiva em torno do caminho do peregrino, mesmo que este caminho seja percorrido coletivamente, como por exemplo em romarias. Já que as romarias envolvem movimentos de peregrinos a locais simbolizados como sagrados em períodos de festejos, passível de gerar experiências engrandecedoras pessoalmente e coletivamente.

As romarias se expressam como um fenômeno religioso de peregrinação, concernente às viagens individuais ou coletivas de devotos em direção a uma local tido como sagrado, imbuído por finalidades diversas como promessas, pedidos, agradecimentos, revigoramento, restabelecimento existencial. Romaria é uma peregrinação que está relacionada especificamente a um festejo ou a uma data comemorativa em torno de uma devoção. A romaria, portanto, é um movimento peregrino em torno de um período comemorativo de festejos devocionais.

A implicação em rotas de fé mobiliza os sujeitos estruturalmente, fisicamente, psiquicamente e transcendentemente; é uma saída exterior que se desdobra em contemplação, diversão, autoconhecimento, descanso, realização, desenvolvimento. Quer seja um processo individual ou coletivo, é capaz de gerar recordações e memórias satisfatórias, bem como, possibilitar transformações nos amplos aspectos da vida.

O trajeto desvela cartografias físicas, imaginárias, espaços de manifestações simbólicas que compõem a estrutura identitária dos grupos que peregrinam. Os locais tidos como sagrados são poderosamente relevantes para a devoção do romeiro, pois resguardam uma imagem significativa e comovente, a qual tem grande representatividade social por ser expressão do sagrado (ESTRADA, 2010; LIMA e PORTO, 2013).

No ato de peregrinar, o trajeto já inicia a separação da comunidade de origem, sedimentando a liminaridade, ocasião em que certo estranhamento compõem o caminho já que o peregrino não situa-se espacialmente em um ponto de fixação, mas em um entre, em meio a um percurso. É ao longo desse movimento que os romeiros remodelam parâmetros identitários e se configuram mediante um sentimento de pertença a um novo *corpus*, o qual pode formar *communitas* por meio da identificação entre os sujeitos em questão como grupo social específico (ESTRADA, 2010).

A pertença a um grupo de romeiros possibilita suspensão de diferenças e uma condição de certa homogeneização por similaridade entre os viajantes. Separação na saída do contexto de origem, liminaridade no percurso da peregrinação, agregação na confluência entre os viajantes. Nas viagens romeiras circundam trocas e interações subjetivas, com as vidas sendo empenhadas por meio de uma identidade constituída no decorrer da viagem (ESTRADA, 2010). Situar-se no limiar ou no *between*, ou seja, em liminaridade, em percurso, potencializa desafios abrindo espaços para interações novas e para o contato com o sagrado (RIEGER, 2014).

A dialética do ciclo de desenvolvimento humano perpassa a vida social e a sabedoria comunicada na liminaridade sagrada remodela o ser ao acrescentar valor ontológico. A sabedoria do vivido consiste justamente em fazer um encontro existencial com o ponto adequado de relação entre estrutura e *communitas*. A *communitas* é um espaço simbólico de caráter existencial em que instaura-se integração e unidade relacional entre os convivas, em seu estágio ótimo as barreiras ou fronteiras distintivas entre os sujeitos encontram-se em estado de suspensão antiestrutural. Em pouco tempo, porém, a *communitas* transforma-se em estrutura, pois são instantes de *communitas* espontânea, configurada como um momento, e não um estado perene (TURNER, 1974).

A *communitas* espontânea, então, não é propagada de forma estrutural, mas é passível de brotar imprevisivelmente a qualquer tempo em meio a sujeitos integrantes ou não de um grupo social. Diante desses pontos, a *communitas* espontânea floresce mais eficazmente em condições liminares de espontaneidade (TURNER, 1974). As atividades "liminoides" são tidas como optativas, qualitativamente prazerosas, propiciadoras de mudanças inovadoras (DAWSEY, 2005).

Peregrinar é procurar experiência transformadora capaz de atingir o âmago dos sujeitos e desbravar profunda comunhão em êxtase existencial. Peregrinar para romarias alarga as possibilidades de imersão regeneradora na *communitas* (TURNER, 1974). Os sujeitos em viagem romeira, por encontrarem-se distantes espacialmente dos seus pontos fixos, costumam ter suas capacidades e habilidades ampliadas para o desenrolar de relações e vínculos especiais e inéditos.

Ao partir de uma compreensão de sujeito imbuída de dimensão transcendente sob a perspectiva cultural; o homem é concebido como "ser biográfico-histórico-intencional-trascendente" (AGUIRRE, 2002: 95), cujo comportamento não pode ser entendido isolado do âmbito cultural.

A cultura é tida como dinâmica e produtora de dinamismo, conceitualmente aberta e abrangente, composta por mecanismos de aquisição de valores, crenças, hábitos que possibilitam ao homem participação na vida social. Fundada como um componente social, a cultura agrega estruturas sociais e meios adaptativos para a manutenção do equilíbrio ambiental e social. Podemos, assim, compreender cultura como sistema de padrões comportamentais, fruto da construção social, adquiridos por meio da comunicação e da linguagem (MARTINS e LEITE, 2006).

Mediante um processo de interação grupal é que surge a cultura, ao conceder coesão e identificação a um grupo, bem como para que o mesmo atinja seus objetivos comuns, estes objetivos é que estabelecem determinados sujeitos como um grupo. Assim, o grupo não tem cultura, mas é cultura por constituir identidade e uma maneira própria de compreender a realidade.

De uma intensa imersão em certa atividade pode advir interação social como autêntico encontro, ocasião em que a consciência expõe-se repleta de experiências harmônicas, em que há coesão entre sentimentos, desejos, pensamentos. Opostamente ao que acontece com maior assiduidade no cotidiano, Tais ocasiões extraordinárias são os estados de fluidez, destacados como os momentos mais especiais da vida (CSIKSZENTMIHALYI, 2007).

A experiência ótima ou estado ótimo da experiência humana, também nomeada de experiência autotélica ou *flow* (fluir), possibilita o desfrute e pode ocorrer em qualquer atividade e contexto de vida. A experiência autotélica entendida como desfrute não é simplesmente ocasião de descanso ou de nada fazer, mas implica esforço para alcançar uma sensação de conquista e auto-estima, nesta conceituação vislumbra-se o ócio por meio do bem-estar pessoal e não estritamente da recreação, do relaxamento e do prazer. Pois, o desfrute ao contrário do prazer é ativo, implica crescimento, transformação, mudança e esses aspectos compõem a experiência ótima ou de fluxo (CUENCA, 2006; ETXEBARRIA e MARTÍNEZ, 2006; MONTEAGUDO, CUENCA, BAYÓN, KLEIBER, 2013).

As romarias perpassadas por trajetos peregrinos possuem a potencialidade de se configurarem como experiências ótimas ou autotélicas, porém, comportam contemporaneamente viagens com diferenças tipológicas, desde fins eminentemente religiosos aos exclusivamente turísticos. As sociedades industriais favorecem descentralização e fracionamento das atividades recriadoras, haja vista o âmbito do entretenimento propiciar enfraquecimento dos processos liminares com consequente crise da ação simbólica (DAWSEY, 2005).

As distinções demonstram-se ainda mais dissolvidas entre as viagens com fins exclusivos de lazer e as viagens que prioritariamente remetem à fé e à sacralidade (CARDITA, 2012). Ainda que na contemporaneidade haja uma parcela considerável das peregrinações que seguem padrões essencialmente turísticos, contudo, asseveram que a meta central das peregrinações continua sendo a procura do sagrado. "Os horizontes se ampliam quando as vidas dos viajantes e turistas são alteradas" (RIEGER, 2014: 25). Essa ampliação acontece através de deslocamentos que objetivem realmente experiências transformantes, em meio aos encontros interpessoais e ambientais desafiantes.

Em vista de alcançar a finalidade da pesquisa em curso no que tange à experiência de romaria para idosos em Juazeiro do Norte – Ceará – Brasil, seguiremos delineando passos escolhidos para comporem o método.

Percurso metodológico de enfoque etnográfico

Adentramos na descrição do percurso metodológico explicitando que a presente pesquisa é qualitativa de enfoque etnográfico. Dentre os estudos e publicações que amparam metodologicamente esta pesquisa estão: Angrosino (2009), Aguirre e Martins (2014), Magnani (2009), Creswell (2007), Bauer e Gaskell (2004), Viana (1995), Bardin (1977).

A escolha pela metodologia qualitativa é explicada em decorrência da mesma focalizar agrupamentos humanos, especialmente em seus aspectos culturais e comportamentais. O objetivo central desta modalidade de pesquisa é, pois, investigar interações e atuações humanas em vista de descrição, compreensão e interpretação (AGUIRRE e MARTINS, 2014; CRESWELL, 2007).

No que concerne ao enfoque etnográfico, o mesmo foi privilegiado por considerar que se enquadra adequadamente no objetivo proposto por tal pesquisa, o qual circunda uma tentativa de compreensão da experiência de peregrinar para romeiros idosos. Já que os etnógrafos se voltam ao cotidiano e vivências dos sujeitos colaboradores de seu estudo buscando dados acerca das experiências, a fim de detectar padrões previsíveis das relações socioculturais (ANGROSINO, 2009; AGUIRRE e MARTINS, 2014; MAGNANI, 2009).

Para o processo de imersão no campo, a etnografia estipula algumas fases principais: demarcação do campo, preparação e documentação, investigação de campo e conclusão do trabalho de campo (ANGROSINO, 2009; AGUIRRE e MARTINS, 2014).

Na demarcação do campo, é feita a opção pela comunidade a ser pesquisada, bem como a delimitação do objeto de investigação e o princípio da elaboração do projeto de pesquisa (MAGNANI, 2009). A fase de preparação e documentação é a ocasião onde é realizada a revisão do material documental e das fontes já pesquisadas acerca do campo e do objeto de estudo, o que sedimentada o delineamento inicial do projeto. O delineamento inicial do projeto corresponde a uma primeira versão construída de forma ideativa, pois ainda não houve a imersão em campo.

A terceira fase traçada para as pesquisas etnográficas é composta pelos meandros concernentes à investigação de campo, propriamente dita (ANGROSINO, 2009; AGUIRRE e MARTINS, 2014). Para empreender o referido passo é essencial que o pesquisador esteja preparado física e emocionalmente. Também é importante a chegada do pesquisador e os contatos no campo, especificamente com informantes-nativos que abrem espaços de inserção nos âmbitos de pesquisa. A observação participante; a escolha dos informantes para as entrevistas em profundidade, as quais elucidam e clareiam percepções; o registro dos dados e o uso das técnicas de coleta, compõem outras características dessa fase.

A observação participante é tida como uma postura do pesquisador que imerso no campo apura seu olhar a fim de captar, registrar e interagir no ambiente e com os sujeitos da comunidade pesquisada. Na atual pesquisa que desenvolvemos, optamos como técnicas de coleta pelo diário de campo, ferramenta bem clássica da etnografia; entrevistas; gravação de áudio; registro de fotos e filmagens. Cabe frisar que, a atenção do pesquisador para com a organização no registro e armazenamento dos dados coletados favorece o trabalho posterior de análise do material fruto da investigação. Após a imersão no campo, é frequente a elaboração de uma segunda versão do projeto de pesquisa com remodelações advindas de percepções ou impressões iniciais.

Quanto ao campo de pesquisa elegido, privilegiamos até o presente momento viagens de imersão em Juazeiro do Norte – Ce em proximidade aos períodos de romarias, porque é inegável a representatividade desse recanto como polo peregrino de romeiros, turistas e de visitantes. É incontestável o reconhecimento de tal município cearense como celeiro cultural e de grande circulação de viajantes, sendo o maior centro peregrino do nordeste brasileiro.

O ciclo de romarias em Juazeiro do Norte – Ce transita com maior intensidade entre os meses de setembro e fevereiro, englobando três romarias: Romaria de Nossa Senhora das Dores, Romaria de Finados e Romaria de Nossa Senhora das Candeias. Esse fato nos reporta à sazonalidade própria dos movimentos peregrinos em torno das romarias, é uma comunidade de romeiros que vai tomando corpo e robustez à medida que se aproximam os dias centrais dos festejos. A comunidade de romeiros, que peregrinam para Juazeiro do Norte – Ce, segue um calendário próprio: o ciclo de romarias.

Juazeiro do Norte – Ce é uma cidade cearense que localiza-se no sul do estado na região do Cariri, em torno de 528km da capital Fortaleza, a qual tem personagem marcante em sua história que é o Padre Cícero Romão Batista este fato atrai um enorme contingente de pessoas especialmente para as romarias. Já que romaria é um movimento peregrino que desenrola-se em torno de um festejo devocional, a medida que se aproximam os dias centrais do festejo devocional grupos de peregrinos, principalmente compostos por familiares e amigos, chegam à romaria imbuídos de motivos semelhantes ou compartilhados.

Os períodos de romarias concentram um grande número de romeiros idosos que peregrinam para a referida cidade. Isso é comprovado por pesquisa da Secretaria de Turismo do Estado do Ceará. Na fase de pesquisa em Juazeiro do Norte – Ce foi constatado que 43,71% dos sujeitos frequentadores possuem acima dos 51 anos de idade, 23,27% entre 37 e 50 anos, 20,86% entre 27 e 36 anos, 12,16% até 26 anos (SETUR – CE, 2010).

Já no que diz respeito à permanência de dias no município, Juazeiro do Norte – Ce despontou em pesquisa como o município em que os sujeitos visitantes ficam um percentual maior de dias: 9,70 dias (MESQUITA; COSTA; AURÉLIO, 2015). Sobre a motivação principal dos romeiros / visitantes sobressaiu pagar promessa 33,65%, peregrinação 29,56%, eventos 15,93%, passeio / lazer 11,84%, negócios / compras 3,14%, outros 0,31% (SETUR – CE, 2010).

Em relação às formas de viagens dos romeiros / visitantes a Juazeiro do Norte – Ce, pesquisa demonstrou: 44,76% em excursão / grupos, com a família 34,49%, com os amigos 13,63%, sozinho 7,12% (SETUR – CE, 2010). Os dados mencionados reforçam a representatividade do município, em questão, como campo da pesquisa doutoral em desenvolvimento.

A presente pesquisa, vislumbra preferencialmente sujeitos idosos, bem como tecer contatos com outros sujeitos no campo visitado envoltos na temática alvo do estudo. Para a execução desta pesquisa priorizamos que a mesma esteja em conformidade com a Resolução 466/12 do Conselho Nacional de Saúde para pesquisa com seres humanos, ao preservarmos a integridade e dignidade humana, junto ao exercício e posterior divulgação da pesquisa. A referida pesquisa está registrada na Plataforma Brasil e aprovada pelo Comitê de Ética da

Universidade de Fortaleza – UNIFOR, bem como relaciona-se com o projeto de pesquisa desenvolvido pelo Laboratório Otium (Laboratório de estudos sobre ócio, trabalho e tempo livre): "Recriando-se nas temporalidades livres da velhice: um estudo sobre experiências potencializadoras da vida no nordeste brasileiro".

Impressões iniciais advindas do campo de pesquisa

Cabe frisar que, nas imagens registradas e no diário de campo é imprescindível proceder o registro também de observações climáticas, de infraestrutura, segurança; dentre outros aspectos que a sensibilidade do pesquisador pinçar como pontos intervenientes no objeto de investigação e na própria execução da pesquisa.

O sertão tem cores, cheiros, sabores, temperaturas, ritmos idiossincrásicos que tocam e encantam os sentidos perceptivos e existenciais. O marrom, o preto, o bege, o azul predominam nas vestimentas. O verde é uma cor que pouco se vê e que é muito desejada e esperada juntamente com a chuva, pois a seca e as elevadas temperaturas de um clima tropical quente dominam o cenário.

Realmente, o clima quente e seco acompanha o sertanejo e a região do Cariri, rodeado de serras que ladeiam um recanto de acolhida. Pois, o sertão é sempre intensamente acolhedor, é como um abraço cálido: aconchegante e quente. A movimentação do comércio é intensa, tem feirantes que saem de suas regiões especialmente para venderem produtos em Juazeiro do Norte – Ce nos períodos de romarias. A cidade fica em certos pontos, principalmente no centro, intransitável; são muitas barracas de ambulantes, carros, ônibus, caminhões, pessoas percorrendo a cidade a pé; alguns moradores dizem evitar andar por esses locais em dias de romarias.

Quanto à infraestrutura, a falta de saneamento básico na cidade e a precariedade de alguns ranchos – hospedarias com acomodações mais simples e a preços mais baratos – são aspectos a serem destacados. Já no que concerne à segurança, o receio de ser vítima de assaltos durante as romarias é expresso no discurso de moradores da cidade e de romeiros.

Assim sendo, dentre as impressões inicias que surgiram das imersões em campo podemos citar: **uma cidade constituída por famílias de romeiros**, já que muitas das famílias residentes na cidade se formaram mediante a mudança de romeiros para o município em questão; **transmissão de cultura devocional por tradição familiar e oralidade**, em que crenças e devoções foram difundidas oralmente pelos familiares; **sentido sagrado de espacialidade**, por considerarem como uma terra sagrada e exprimirem isso em seus comportamentos de respeito e reverência aos locais da cidade, por exemplo averiguamos a sacralidade atribuída ao túmulo do Pe. Cícero Romão Batista por considerarem que os objetos que o toca são abençoados.

Temos, ainda, a **preparação para viagem de romaria: chamado divino e reserva financeira**, explicitando que guardam durante meses parte do dinheiro da aposentadoria e se direcionam para romarias atraídos pelo divino; **expectativa e ansiedade antecipatórias em relação à viagem para romaria**, explica um nível alto de agitação na espera pela viagem peregrina para romaria. O **simbolismo do "pau-de-arara" no trajeto do romeiro**, é perceptível por meio de narrativas e esculturas saudosas dos tempos que alguns viajavam nesse veículo – caminhão com bancos de madeira e cobertura de lona na carroceria – para romaria com pais ou avós; ocasião em que cantavam e rezavam durante todo o percurso, olhando as paisagens da viagem, acenando para moradores das localidades por onde passavam, sendo abençoados por esses moradores e os convidando para seguirem também para romaria.

Prosseguimos mencionando as **expressões culturais de quem vive perpassado por Juazeiro do Norte – Ceará – Brasil**, quanto a isso são muitos traços, dentre os quais: as músicas denominadas de benditos com rítmica e rimas próprias, compostas e compartilhadas por romeiros; e vestidos tradicionais usados por algumas mulheres que representam pagamento de promessa ou realização de mais uma viagem para romaria. Quanto às **graças alcançadas e santidade de Pe. Cícero Romão Batista**, os romeiros expõem como incontáveis os casos de pedidos obtidos por intermédio de "Padim Ciço", ao mesmo tempo relatam que isso atesta a santidade dele e são inúmeros os objetos deixados em Juazeiro do Norte – Ce; como esculturas de ex-votos, demais representações artísticas e simbólicas; demonstrando as designadas graças alcançadas.

Falamos em **turismo religioso como fator de agregação social**, pelos novos contatos e amizades construídas mediante encontros e reencontros ao longo das viagens e festejos em torno das romeiras, inclusive algumas também formadas em excursões turísticas. **Experiência subjetiva e comunitária revitalizadora** é como intitulamos o que representa para os romeiros a viagem peregrina e as vivências em romaria.

Importante ressaltar que, o enfoque etnográfico requer do pesquisador, principalmente, uma saída ou retirada do seu âmbito relacional para imergir e permanecer, por um tempo considerável, no campo alvo do seu estudo. O tempo de permanência varia de acordo com o objetivo da pesquisa e consequente percepção do pesquisador de saturação dos dados coletados. A conclusão do trabalho de campo, quarta etapa da pesquisa de cunho etnográfico, comporta a preparação do pesquisador e da comunidade pesquisada para sua saída do campo. Posteriormente, se dá a execução da análise interpretativa dos dados (ANGROSINO, 2009; AGUIRRE e MARTINS, 2014), momento em que o pesquisador; munido dos registros, revisitando as bases do projeto como estabelecido até então e firmado em técnica(s) de análise; executa o trabalho de compreensão e interpretação. Para assim, culminar com a construção do relatório final de pesquisa, o qual formará uma terceira e definitiva versão advinda da pesquisa desenrolada como contribuição enriquecedora para o pesquisador e seu percurso vital, bem como para as comunidades: a pesquisada e a acadêmica / científica.

Considerações Finais

A fase do envelhecimento, bem traçada por Erik Erikson (2000), comporta perdas substanciais imaginárias e reais, sociais e psicofísicas, bem como possibilidades de ganhos de "tempo vivido", experiências, conhecimento adquirido. Assim, o idoso, no Brasil acima de 60 anos de idade (ESTATUTO DO IDOSO, 2010), depara-se com necessidade do enfrentamento de questões existenciais próprias da fase e também particulares das histórias subjetivas, porque não há homogeneidade no processo de envelhecer. É próprio desse período certa tendência ao isolamento ou retraimento, reflexões existenciais em torno da finitude e da transcendência, então, o envolvimento religioso surge como fator protetivo para a saúde e para a percepção de bem-estar subjetivo, ao possibilitar professar uma crença, tecer novas relações sociais, convívio com familiares e amigos/vizinhos, compartilhar expressões culturais, viajar.

Peregrinar é, pois, percorrer um caminho, uma rota para um local que porta um sentido ao viajante, é comum na história da humanidade as peregrinações terem um cunho espiritual, na verdade é sempre um percurso de busca, de encontro ou reencontro consigo, com os outros, com o transcendente. E as romarias comportam uma peregrinação, mas imbuída de uma devoção específica em torno de um festejo religioso popular que tornou-se tradição cultural de um povo, de uma região.

O espaço não transcorre de forma homogênea para o *homo religious,* há diferenças qualitativas entre fragmentos de espaço. O espaço sagrado é significativo e consistente em contraposição aos demais espaços que circundam o vivido (ELIADE, 1992). São as subjetividades dos peregrinos que sedimentam os santuários porque conferem sentido experiencial aos espaços como representações do sagrado.

Estudar cultura passa a ser um desvendar redes de significações que atravessam sentidos da vivência subjetiva, partindo para reconhecer os símbolos expressos e comunicados que perpetuam e alteram os saberes e costumes de um povo. "O ser humano é um animal inserido em tramas de significação que ele mesmo teceu" (MARTINS e LEITE, 2006: 525). O sujeito ao delimitar ou estipular tempos e espaços sagrados está expressando-se simbolicamente, constituindo e sendo constituído culturalmente, por meio de um tecido de significados compartilhados, acolhidos, disseminados e transformados dinamicamente.

A cultura popular se expõe explicitamente com graciosidade, força e beleza quando nos aproximamos do sertão e das manifestações de fé do povo nordestino. Diante dos olhos dos pesquisadores, os costumes e tradições exalam com leveza e uma harmonia própria. A sensibilidade aguçada do pesquisador logo capta os movimentos singulares e repetidos, fruto da tradição, de um povo que vive tomado por sentido. O viajar, o caminhar, o visitar, o celebrar entrelaçam-se como o motor, a alma da vida de um povo que se encontra no peregrinar para romaria.

Cultura em peregrinação romeira é constatada, portanto, como expressões de um povo transmitidas, compartilhadas e perpetuadas através de manifestações linguísticas, artísticas, comportamentais. A devoção familiar – dos idosos que iam para romarias com avós e pais e hoje levam netos – e a tradição transmitida por oralidade vai alimentando a fé dessa parcela do povo nordestino que segue para as romarias. O compartilhamento e repetição de práticas culturais vai tecendo uma identidade – a *communitas* de Victor Turner (1974) – para o povo ou a comunidade que se forma em torno das romarias. O conhecimento e a agregação social também é um marco dos movimentos peregrinos.

É um povo que mostra-se sofrido e grato pelas graças alcançadas por intermédio, especialmente, do Pe. Cícero e de Nossa Senhora das Dores. Em sua maioria, é um povo acostumado a sobreviver com poucos recursos financeiros e materiais - pouca estrutura e assistência - a grande alegria, realização e satisfação deles estar em poderem realizar e repetir a viagem peregrina para participar das romarias. Alguns romeiros idosos relatam não precisarem de nada, só de saúde para voltar na próxima romaria.

A experiência ótima ou autotélica possui, para tanto, atributos psicossociais perceptíveis pelo sujeito protagonista da experiência. Metas claras, *feedback* de competência, foco na ação e no presente, ausência de medo do fracasso e de preocupações com imagem, alteração da percepção de tempo, vivência autotélica, equilíbrio entre exigências e habilidades, desfrute, são pontos fundamentais para a definição da experiência ótima (PINHEIRO; RHODEN; MARTINS, 2010).

Peregrinar, enfim, é percorrer um caminho traçado imbuído de objetivos e de sentidos, pode se instituir em uma expressão de espiritualidade e devoção; mas também de prática cultural, de tradição familiar, de religiosidade, de turismo, enfim, é uma experiência complexa.

REFERÊNCIAS BIBLIOGRÁFICAS

AGUIRRE, Á. B.; MARTINS, J. C. A pesquisa qualitativa de enfoque etnográfico. Coimbra: Grácio Editor, 2014.

AGUIRRE, S. Á. B. Demarcación de la Psicología Cultural. Revista Mal-estar e Subjetividade, v. 2, n. 1, p. 92-117, 2002.

ANGROSINO, M. Etnografia e observação participante. São Paulo: Artmed, 2009.

BARBOSA, M. A. Evangelizando pelas Romarias. Coleção Trilhas. Edições Paulinas: São Paulo, 1985.

BARDIN, L. Análise de Conteúdo. Lisboa: Edições 70, 1977.

BAUER, M. W.; GASKELL, G. Análise de conteúdo clássica: uma revisão. In BAUER, M. W.; GASKELL, G. (Eds.). Pesquisa qualitativa com texto, imagem e som: Um manual prático. Petrópolis: Vozes, 2004, p. 189-217.

BERIÁIN, J. El triunfo del tempo: Representaciones culturales de temporalidades sociales. Política y Sociedade, n. 25, p. 101-118, 1997.

BURITI, M. de A. Lazer e Envelhecimento. In WITTER, G. P. (Ed.). Envelhecimento: Referenciais teóricos e pesquisas. Coleção Velhice e Sociedade. Campinas: Editora Alínea, p. 103-117, 2006.

CARDITA, A. Peregrinação: Possibilidades de compreensão crítica de uma experiência. Sociologia - Revista da Faculdade de Letras da Universidade do Porto, n. 24, p. 195-213, 2012.

CARDOSO, M. C. da S.; FERREIRA, M. C. Envolvimento religioso e bem-estar subjetivo em idosos. Psicologia Ciência e Profissão, v. 29, n. 2, p. 380-393, 2009.

CSIKSZENTMIHALYI, M. Aprender a Fluir. 5ª edição. Barcelona: Editorial Kairós, 2007.

CRESWELL, J. W. Projeto de pesquisa: Métodos qualitativo, quantitativo e misto. Porto Alegre: Artmed, 2007.

CUENCA, M. C. Aproximación multidisciplinar a los estudios de ocio. Documentos de Estudios de Ocio, número 31. Bilbao: Instituto de Estudios de Ocio – Universidad de Deusto, 2006.

DAWSEY, J. C. Victor Turner e antropologia da experiência. Cadernos de Campo, n. 13, p. 163-176, 2005.

ELIADE, M. O Sagrado e o Profano. São Paulo: Martins Fontes, 1992.

ESTATUTO DO IDOSO E OUTROS MARCOS LEGAIS. Lei 10.741, de 1º de outubro de 2003. Fortaleza: Governo do Estado do Ceará / Secretaria do Trabalho e Desenvolvimento Social – STDS, 2010.

ERIKSON, E. H. El ciclo vital completado. Barcelona: Paidós, 2000.

ERVATTI, L. R.; BORGES, G. M.; JARDIM, A. de P. Mudança demográfica no Brasil no início do século XXI: Subsídios para as projeções da população. Estudos e Análises Informação Demográfica e Socioeconômica – número 3. Rio de Janeiro: Instituto Brasileiro de Geografia e Estatística – IBGE, 2015.

ESTRADA, A. V. Territorio e identidad étnica: La peregrinación a El Divino Salvador. In RODRÍGUEZ-SHADOW, M. J.; ÁVILA, R. (Orgs.). Santuarios, peregrinaciones y religiosidad popular. Colección Estudios del Hombre. Serie Antropología. Guadalajara: Universidad de Guadalajara, 2010, p. 157-178.

ETXEBARRIA, S. G.; MARTÍNEZ, S. R. Psicología del Ocio. In CUENCA, M. C. (Org.). Aproximación multidisciplinar a los estudos del ocio. Bilbao: Universidad de Deusto, 2006, p. 123-142.

GUNTHER, I. de A. Envelhecimento, relações sociais e ambiente. In FALCÃO, D. V. da S.; ARAÚJO, L. F. de (Orgs.). Psicologia do envelhecimento: relações sociais, bem-estar subjetivo e atuação profissional em contextos diferenciados. Campinas: Editora Alínea, 2009, p. 11-25.

LIMA, L. R.; PORTO, M. B. A fé que move. Rio de Janeiro: Iphan - Cnfcp, 2013.

MAGNANI, J. G. C. Etnografia como prática e experiência. Horizontes Antropológicos, v. 15, n. 32, p. 129-156, 2009.

MARTINS, J. C. de O.; LEITE, L. Pagando Promessa, buscando esperança, percepções sobre a romaria e religiosidade popular. In MELO, J. M. de; GOBBI, M. C.; DOURADO, J. L. (Orgs.). Folkcom - do ex-voto à indústria dos milagres: A comunicação dos pagadores de promessas. Teresina: Halley, 2006, p. 523-538.

MESQUITA, J. V.; COSTA, L. C.; AURÉLIO, M. Indicadores Turísticos 1995/2014. Fortaleza: Governo do Estado do Ceará – Secretaria do Turismo, 2015.

MONTEAGUDO, M. J.; CUENCA, J.; BAYÓN, F.; KLEIBER, D. A. Ócio ao longo da vida: As potencialidades dos itinerários de ócio para a promoção do desenvolvimento humano. Revista Lusófona de Estudos Culturais, v. 1, n. 2, p. 156-173, 2013.

PINHEIRO, K. F.; RHODEN, I.; MARTINS, J. C. de O. A experiência de ócio na sociedade hipermoderna. Revista Mal-Estar e Subjetividade, v. 10, n. 4, p. 1131-1146, 2010.

PEÑUELA, M. U. Antropologia del peregrinar: Entre la tradición y la globalización. México: Pontificia Universidad Javeriana, 2011.

RIEGER, J. Fé e viagens no mundo globalizado. São Paulo: Paulus, 2014.

ROJO, M. La construcción de identidad a partir de prácticas y ritos religiosas populares entre los fieles de María Rosa Mística. Trabajo de Tesina. Universidad Nacional de Cuyo: Mendonza, 2006.

SECRETARIA DE TURISMO DO GOVERNO DO ESTADO DO CEARÁ – SETUR / CE. Resultados das Pesquisas realizadas no segundo semestre de 2010. Fortaleza: Governo do Estado do Ceará, 2010.

SOCCI, V. Religiosidade e o adulto idoso. In WITTER, G. P. (Ed.). Envelhecimento: Referenciais teóricos e pesquisas. Coleção Velhice e Sociedade. Campinas: Editora Alínea, 2006, p. 87-101.

TEIXEIRA, I. N. D. O.; NERI, A. L. Envelhecimento bem-sucedido: Uma meta no curso de vida. PSICOL. USP, v. 19, n. 1, p. 81-94, 2008.

TURNER, V. W. O Processo Ritual: Estrutura e antiestrutura. Petrópolis: Vozes, 1974.

VIANA, L. D. La etnografía como actividad y discurso. In A. B. Aguirre (Ed.). Etnografía: Metodología cualitativa en la investigacíon sociocultural. Barcelona: Ed. Boixareu Universitaria Marcombo, 1995, p. 260-270.

VIEIRA, S. P.; FONTES, A. P.; PATROCÍNIO, W. P.; NERI, A. L. Sabedoria, gerotranscendência e criatividade na velhice. In FREITAS, Elizabete Viana de; PY, Lígia (Eds.). *Tratado de Geriatria e Gerontologia*. 3ª edição. Rio de Janeiro: Guanabara Koogan, 2011, p. 1532-1541.

VERÍSSIMO, R. Desenvolvimento psicossocial (Erik Erikson). Porto: Faculdade de Medicina do Porto, 2002.

SENTIDOS DA RELIGIOSIDADE POPULAR PARA ROMEIROS QUE PEREGRINAM NO NORDESTE BRASILEIRO

Francisco Antônio Francileudo[22]

---

[22] fafleudo@gmail.com
Doutor e Mestre em Psicologia pela Universidade de Fortaleza (UNIFOR). Especialista em Neuropsicologia pelo Centro Universitário Christus. Graduação em Filosofia e Teologia. Licenciatura em Ciências da Religião. Professor da graduação e pós-graduação da Faculdade Católica de Fortaleza (FCF). Membro dos Grupos de Pesquisa **Sofrimento Psíquico: Sujeito, Sociedade e Cultura**, do Grupo de Pesquisa **OTIUM**/Estudos Multidisciplinares sobre Ócio e Tempo Livre, vinculados ao Programa de Pós-Graduação em Psicologia da UNIFOR (Universidade de Fortaleza - CE/Brasil). Pesquisador do Grupo **Um Olhar Interdisciplinar Sobre a Subjetividade Humana**, filiado à Universidade Estadual do Ceará (UECE). Membro da ANPEPP (Associação Nacional de Pesquisa e Pós-Graduação em Psicologia). Atua nas áreas de Psicologia e Fenomenologia, Subjetividades, Logoterapia e Análise Existencial, Culturas Religiosas,

RESUMO: A cultura da religiosidade popular no Nordeste Brasileiro se faz presente nas experiências de romeiros que peregrinam para santuários, que se tornaram grandes centros de romarias. Os espaços das manifestações religiosas são perpassados por simbologias, que fortalecem a esperança para o enfrentamento das incertezas da vida corrente do romeiro. O peregrinar tornou-se um movimento popular que alarga as fronteiras da fé e cria uma rede de experiências sublimes por permitir aos romeiros, inseridos na experiência, um conjunto de sentidos para suas histórias, o que lhes possibilita confirmar e reinventar seu modo de existir. Os sentidos encontrados na religiosidade, pelos cantos, benditos, orações e vestuários, expressam características culturais do nordestino, como expansão, caminhada, religiosidade, fé, arte e comunicação. As festas em devoção aos santos são atrativas de multidões que chegam vindas em romarias, apresentando uma identidade religiosa atravessada pelas tradições culturais e pelos sentidos que a fé popular ocupa na vida desses homens e mulheres. Dessa maneira, por meio do olhar multidisciplinar abrangendo antropologia, psicologia e filosofia, este estudo procura trazer uma revisão narrativa dos diversos sentidos, no âmbito teórico, das contribuições que o fenômeno da religiosidade popular apresenta para romeiros que peregrinam no Nordeste Brasileiro. No estudo abordamos aspectos da origem da romaria e a dimensão que ocupa na religiosidade dos romeiros. Descrevemos o fenômeno religioso da romaria como uma prática, característica da religiosidade popular, imbuída do simbolismo devocional que o lugar escolhido para romaria oferece.

Palavras-chave: Sentidos. Religiosidade Popular. Nordeste Brasileiro.

INTRODUÇÃO

Em épocas de mudanças socioculturais o ser humano encontra-se diante de um desafio essencial: a retomada de experiências que sejam produtoras de sentido para sua existência. Uma das expressões que vem sendo recorrente nos últimos tempos no Nordeste Brasileiro é a busca pelo sagrado: necessidade de experiências de religiosidade e espiritualidade que têm traços específicos e características das tradições culturais do povo nordestino.

Como é sabido o desencanto religioso trazido pela modernidade, deixou suas marcas também na cultura religiosa popular do povo nordestino, contudo podemos vislumbrar a presença diversificada de uma grande sede de sagrado que brota mesmo fora dos caminhos da religião institucional.

Religião aqui é entendida como expressão exteriorizada, através de práticas devocionais, ritos, cumprimento de preceitos, celebrações e doutrinas que foram transmitidas pela cultura religiosa familiar (OLIVEIRA, 2006). Nessa perspectiva, o que encontramos na literatura é uma constante busca por experiências ligadas à espiritualidade: ou por via da religião institucional, ou por meio de experiências de fé popular, ou de formas independentes de experiências ontológicas do espiritual. O que Frankl (1989) traz em seus escritos é que o ser humano, enquanto ser espiritual, busca pessoalmente sentido para o próprio existir e agir, em vivências religiosas e espirituais.

Antropologia Filosófica e Ética.
Localizador do Curriculum na Plataforma Lattes: http://lattes.cnpq.br/9808761013999725

À primeira vista, podemos pensar que todos saibam distinguir o significado da palavra religião. Se partirmos de uma compreensão mais social podemos entendê-la como fenômeno social ou similar, designada como estrutura especial do sistema de relações dos seres humanos. Entretanto a religião encontra uma referência nos fundamentos últimos da existência humana, como sugere Zilles (2004:5-6) quanto à origem, quanto ao fim e quanto à profundidade. O problema religioso toca o homem em sua raiz ontológica. "Não se trata de fenômeno superficial, mas implica a pessoa como um todo. Pode caracterizar-se o religioso como zona do sentido da pessoa. Em outras palavras, a religião tem a ver com o sentido último da pessoa, da história e do mundo".

De modo que dimensão religiosa é parte constitutiva do ser humano, pois ela fundamenta a sua cultura e o seu modo de estar no mundo, destacando-se como parte essencial do modo de ser e viver do ser humano (OLIVEIRA, 2006; PAIVA, 2005; BOFF, 2001; FRANKL, 1978). E, ainda, a religiosidade está presente na vida do ser humano desde os primórdios da civilização, sendo caracterizada pelo modo sagrado como o ser humano primitivo se relacionava com a natureza, até o homem contemporâneo que procura desvelar um sentido que habita a sua realidade ontológica e social.

Esse modo religioso de ser que marca a história do humano tem no Nordeste Brasileiro uma peculiaridade: a religiosidade popular que se expressa culturalmente pelas romarias aos lugares santificados pela cultura do povo simples. É importante salientar que a romaria é fenômeno antigo na prática religiosa dos judeus e de muitos povos. Ela revela a vontade de um povo de transpor o calor da devoção, da religiosidade, para atingir o ápice da fé.

Para o fenômeno religioso popular a imagem do seguimento de Jesus como um caminho alicerça-se nos escritos presentes na bíblia sagrada que lembra com força extraordinária a grande "passagem" do povo da Aliança em direção à terra prometida. Por isso, a religiosidade popular ter como marca o caminhar, peregrinar, fazer romaria. Há séculos existem santuários e basílicas nacionais, regionais e locais, espalhados por todo o Brasil, que são centros de tradicionais romarias e peregrinações. Multidões continuam alimentando a devoção e visitando esses templos e santuários nos períodos de festejo ou durante todo o ano.

Mesmo com as grandes mudanças que verificamos no campo religioso no Nordeste Brasileiro, essas tradições continuam arraigadas em antigos costumes, repassados de geração a geração como é o caso de São Francisco em Canindé e Padre Cicero em Juazeiro, ambos no Ceará. As festas, procissões e romarias são as práticas mais sensacionais da religião popular no Nordeste. São marcadas no calendário dos devotos como um tempo forte de imensa vivência religiosa, onde ocorre visivelmente o encontro simbólico da fé do povo com os sinais milagrosos realizados pelo santo ao longo da história.

Para melhor entendermos a religião popular vamos defini-la por oposição à "'religião erudita', numa polaridade que ordena o conjunto do 'campo religioso', dividindo-o entre 'dominantes e dominados' em toda a sua extensão" (FERNANDES, 1984:3). A difusão desse catolicismo popular veio ao longo do tempo tomando um corpo na tradição familiar predominantemente na zona rural, visto que as lideranças religiosas oficiais (bispos, padres e diáconos), eram muito ausentes. Essa pouca presença de clérigos era predominante, e as leigas e os leigos assumiam as funções de evangelização na ausência dos clérigos, por meio de devoções aos santos, e o terço a Nossa Senhora. As novenas, os oratórios faziam e continuam fazendo parte da cultura do nordestino, de modo que o espaço sagrado, dentro de casa, do santo protetor é parte do cotidiano de muitos homens e mulheres, no Nordeste Brasileiro (ROSENDAHL, 2005).

Por meio desse contexto social, cultural e eclesial surgem às devoções aos santos de forma mais pessoal. Essa íntima relação do sagrado, com a religião popular, passa a nutrir a vida no campo, no seu cotidiano. "Esses eventos extraordinários mantêm-se vivos ainda hoje, porque é importante para a reprodução das relações sociais como os laços de parentesco e de vizinhança, essenciais à existência das classes populares nas zonas rurais e nas periferias urbanas" (ROSENDAHL, 2005: 9).

É na devoção religiosa que o povo encontra "sentido para a vida na experiência com o sagrado, e é nele também que encontram explicações para seus sucessos e/ou fracassos", (OLIVEIRA 2011: 256). Essa experiência de religiosidade do povo em seu núcleo familiar e sociocultural é um acervo de valores que responde com sabedoria cristã às grandes incógnitas da existência. Essa sabedoria popular católica tem uma capacidade de síntese vital; engloba criativamente o divino e o humano, Cristo e Maria, espírito e corpo, comunhão e instituição, pessoa e comunidade, fé e pátria, arte e devoção, cultura e espiritualidade, inteligência e afeto, doença e saúde, vida e morte. Essa sabedoria da religiosidade popular do humanismo cristão afirma, radicalmente, a dignidade de todas as pessoas como filhos e filhas de Deus e estabelece uma fraternidade fundamental (SANTOS, 2005).

1. Um olhar antropológico sobre a experiência religiosa popular

Só o ser humano é capaz de desvelar sentidos e atribuir significados às relações e interpretar o mundo em que vive. Diante disso, a necessidade humana de dar sentido à experiência vivida é tão premente quanto suas necessidades biológicas. Nesse entendimento Frankl (2011) entende que a experiência é algo pessoal e humanizador e seu desafio é acolher a vivência do real como ele é e desvelar que faz parte do existir humano o viver em um mundo com sentido. De acordo com esse autor, nenhuma experiência religiosa é apenas metafísica, mas os veículos e os objetos de culto são rodeados por uma profunda seriedade moral. Em qualquer lugar, o sagrado tanto aponta a devoção como a exige, de modo a induzir a aceitação intelectual e reforçar o compromisso emocional (GEERTZ, 1989).

Nas práticas religiosas populares há uma relação significativa entre os valores culturais de um povo e a forma como esses valores se organizam.

> "Para entender a condição humana nos seus aspectos mais profundos e misteriosos, nós certamente devemos levar em conta a religião. Esta ajuda a formar estruturas imaginativas e elementares sobre como nos orientamos ou deveríamos nos orientar no cosmos. A religião dá forma e ensaia no ritual nossos mais importantes laços, uns com os outros e com a natureza, e provê a lógica tanto ao porque destes laços serem importantes como que significa estar comprometido com eles" (NEVILLE, 2005: 37).

Para os homens e mulheres que têm práticas religiosas populares, o sagrado, com seus ritos, regras, caminhadas e espaços possui um valor existencial, pois diz respeito à constituição ontológica da existência. Dessa forma, nas sociedades primitivas, o homem, mediante a simbologia da sacralização dos espaços, afirmava encontrar alicerce para uma existência autêntica nas práticas religiosas (ELIADE,1992).

Com efeito, a experiência da religiosidade popular no âmbito das práticas de romaria e peregrinação no Nordeste tem uma conotação antropológica, de valores morais de uma cultura que não se resume ao *ethos*, porém adquire uma perspectiva cultural, onde a religiosidade promove sentido para a vida dos romeiros. Esses sentidos são armazenados através dos símbolos sagrados que passam a expressar. Os símbolos, os espaços, as imagens, os rituais e as tradições contribuem para a forma como os devotos veem o mundo e como devem se comportar.

Ainda, os símbolos, em torno dos quais a vida deve ser necessariamente vivida, dão, ao mesmo tempo, um sentido normativo e coercitivo para a organização da vida prática, de forma que a religiosidade popular é marcada por experiências práticas que produzem valores para a vida dos romeiros.

A força desse modo religioso de ser consiste na capacidade que seus símbolos possuem de formular o mundo no qual esses valores são ingredientes fundamentais. Por isso, ao fundir o *ethos* e a visão de mundo, a experiência religiosa popular dá ao conjunto de valores sociais uma aparência de objetividade prática dentro do âmbito da antropologia, enquanto análise das crenças e valores de um povo. O papel da antropologia, na análise dos fenômenos da religiosidade popular de uma cultura, não é substituir a investigação filosófica, mas torná-la relevante, à medida que busca fornecer uma base empírica e conceitual (GEERTZ, 1989).

2. Romarias e Religiosidade Popular

Feitos esses esclarecimentos sobre a compreensão antropológica do fenômeno da religiosidade popular, consideramos importante precisar conceitualmente como se originou historicamente a romaria dentro do contexto da religiosidade judaico-cristã.

A origem da religiosidade popular, no âmbito da Igreja Católica, tem suas marcas nos relatos bíblicos sobre a história do povo de Deus que caminha para a terra prometida. Esse caminho é marcado por diversas manifestações da ação de Deus na vida do povo que caminha. Assim sendo, a experiência religiosa judaico-cristã foi historicamente marcada pela existência de diversas manifestações religiosas. Dentre elas, a romaria tem grande alcance popular. Em várias partes do mundo, os devotos fazem viagens e peregrinações por lugares e templos sagrados, onde rendem culto a Jesus, a Maria e a alguns Santos da Igreja.
Os romeiros, majoritariamente católicos, buscam alcançar uma graça, denominada de milagre, que Deus realizou por intercessão do santo protetor da crença popular. Esses milagres são diversificados, tendo um alcance de curas de doenças do corpo, da psique e o alcance de projetos e sonhos almejados. Quando alcançado o milagre, os devotos saem em romaria para os locais e santos da devoção para agradecer a graça alcançada. No Nordeste Brasileiro existem muitos locais, como basílicas e santuários de peregrinação popular para o agradecimento e entrega dos ex-votos, marcados por ritos e simbolismo da cultura daquele espaço de devoções.

A romaria representa um acontecimento sócio-religioso no seio da Igreja. Um grande número de pessoas espera a data específica das festas que acontecem nesses centros religiosos de romarias, para manifestar sua fé. Pode ser tanto um gigantesco santuário como também uma pequenina capela. Não importa o lugar, desde que ele tenha um diferencial que conduza ao deslumbre da devoção. O que importa é ir ao lugar e rezar ao santo, ao qual foi dirigido o pedido e alcançada a graça.

Esse local de oração e cumprimento da devoção popular pode ser um templo, um santuário de maior e menor magnitude para fazer sua prece e seu louvor, ainda que isto custe muito sacrifício e dias de viagem. As romarias, na sua maioria, são caracterizadas por longas e penosas viagens, quase sempre em grupo, acompanhadas de muitos benditos, orações, e rituais populares como a entrega das esmolas e visitas aos lugares reservados ao percurso realizado pelo romeiro peregrino. Para o romeiro tudo isso é uma forma de expressar sua verdadeira fé e devoção.

A história da romaria na Igreja vem de longas datas. Na perspectiva popular, elas são movidas por um motivo sagrado, algo quase mágico e inexplicável: surge a manifestação de fé, e logo se transforma em romaria. Mesmo com o discurso técnico e científico da virada da modernidade, a romaria permaneceu presente na história da religião popular do nordestino brasileiro. Ela rompe as estruturas do tempo e da religiosidade e se faz viva no seio da Igreja.

A romaria possibilita a abertura da sensibilidade, permitindo aos fiéis a livre manifestação da devoção, sem que necessariamente tenha que cumprir ritos e práticas religiosas orientadas pela religião institucional.

No romeiro com a sua devoção, ao se deparar em lugares sagrados, o visível e o invisível se interpenetram, possibilitando à experiência existencial o contato com o sagrado à luz da fé que o ilumina. É essa crença que possibilita a cura, o milagre, a graça acontecer na vida do romeiro, o que tem alcance no seu convívio familiar e social, como resultado da contemplação do espaço santo de devoção.

As romarias no Nordeste Brasileiro se apresentam como um sistema de movimento, caminhos, hinos, cantos, rezas e benditos. São as diferentes formas de comunicação que possibilitam aos romeiros entrar em contato com sua cultura e reinventá-la com os meios de que dispõem para fazer seu ato de fé e render seu agradecimento devocional.

A devoção e romaria aos santuários não surgem como uma prática genuinamente brasileira, mas está incluída em algo maior, universal e que reinventa o culto aos santos por meio de um catolicismo devocional sem a orientação de um líder religioso ligado diretamente à religião institucional. Nesse contexto, é um salto na experiência religiosa histórica, institucionalizada, passando-se das relíquias para as imagens.

Dentro desta perspectiva, percebemos que o culto não fica limitado a uma dimensão local, porque poderia ter se confinado a uma cultura particular. Pelo contrário, há uma abertura para o *logos*, o universal, o todo, para fazer parte de algo grande como é a graça do Senhor Jesus.

Nesta linha de raciocínio é necessário perceber a relação existente entre romaria, religiosidade e religião. A experiência religiosa é a experiência do transcendente e da transcendência, ou seja, aquela "capacidade típica do ser humano de sair de si, do seu corpo, da sua situação humana, através da reflexão, do pensamento, do sonho, da imaginação" (SCHIAVO, sd : 65).

Enquanto experiência da transcendência e do Transcendente, a experiência religiosa popular dá respostas para as diversas perguntas sobre o sentido da vida e da existência, oferece amparo e segurança para os momentos difíceis, como perda, lutos, desastres naturais, acidentes, doenças e tantas outras formas de sofrimento corporal ou psicológico. As devoções preenchem aquele vazio gerado pela finitude da vida e garante um destino positivo no final da caminhada do ser humano.

Também vale salientar que a experiência da religiosidade popular leva o romeiro devoto a olhar para o santo da devoção e o espaço de romaria como sagrados, o que o estimula no contato com o Transcendente, como a causa da sua existência, o amparo para a sua contingência, limitações, desesperança e o seu abandono. Esse modo religioso de ser é uma resposta segura para as suas interrogações e a meta para onde está caminhando (SCHIAVO, sd: 65-66).

Vista dessa forma, a experiência religiosa popular pode existir independentemente da religião oficial. Alguém pode ter uma experiência religiosa sem necessariamente estar ligado a uma religião, no sentido de pertencer a uma comunidade, grupo ou movimento religioso institucional, o que vem se tornando cada vez mais comum na atualidade.

Por religiosidade popular entendemos a manifestação da experiência religiosa, da experiência da transcendência, feita por pessoas e grupos que se expressa nas suas diversas formas individuais e culturais, visibilizadas, social e culturalmente, como novenas, terços, orações, crenças, festas, celebrações, símbolos, rituais etc. Trata-se da crença num ser sobrenatural, transcendente, considerado o criador e mantenedor da ordem cósmica e que se expressa através de atos e objetos visíveis.

Neste sentido, a religiosidade é uma experiência profundamente antropológica, uma vez que é próprio do ser humano revelar de modo bem claro e visível o desejo de ir além de si mesmo. Ela é vivida de modo mais frequente pelas camadas mais simples do povo, da sociedade.

Os valores da religiosidade popular possuem uma capacidade de responder às interrogações da experiência humana e de poder sintetizar o divino e o humano, fé e prática, inteligência e afeto. Também é característica da religiosidade popular o retrair-se dentro do recinto sagrado da pessoa ou do santuário sem se envolver com problemas políticos e de ordem social.

A religiosidade popular desde as suas origens, portanto, é fruto da primeira evangelização e tem seu centro no mistério do crucificado e na devoção a Nossa Senhora e aos Santos. Traduz-se por certa sede de Deus e torna as pessoas mais generosas e dispostas ao sacrifício e até ao heroísmo, quando se trata da manifestação de sua fé em seus santos de devoção. São momentos para os romeiros nordestinos da Graça de Deus e motivação para oração, penitência e caridade fraterna, bases de sustentação da existência dessas práticas religiosas devocionais.

3. Espaços de expressão da religiosidade popular no Nordeste Brasileiro

Os romeiros peregrinos se deslocam para os lugares de romaria de sua devoção em procissões, pau de arara, ônibus e outras formas de deslocamento em um ritual religioso, cujo objetivo é expressar, pública e coletivamente, um culto à divindade à qual se destina. Essa prática existe desde a antiguidade, entre os pagãos, contudo teve seu apogeu, como ritual cristão, na Idade Média (ANDRADE, 2009).

Peregrinação e Procissão aparecem como similares de romarias, com uma mesma significação simbólica que é a de caminhar, no entanto a primeira denota uma caminhada mais alongada e para lugares longínquos da representação sagrada da devoção, muitas vezes revestida de penitência e sacrifícios, a segunda já se apresenta com um sentido de cortejo, geralmente possui um santo patrono e se configura com um caminhar mais curto em relação à distancia e se dá geralmente em torno de uma igreja, capela, basílica ou santuário dentro de uma mesma cidade, porém ambas, peregrinação e procissão representam uma saída, uma caminhada que busca, seja pela devoção, seja pela penitência, o diálogo com o transcendente, por meio do caminho realizado até o lugar Sagrado (SANCHIS, 2006). Esse modo peregrino assume uma relação com o tempo, o espaço, o corpo, a dimensão coletiva (SANCHIS, 2006), adquirindo uma dialética entre o temporal e o espiritual, entre o religioso e o secular, enfim, entre o sagrado e o profano.

O caminhar do romeiro peregrino do Nordeste Brasileiro se caracteriza por diversos sentidos, desvelados pelos próprios romeiros. Esses sentidos possuem uma conotação pessoal, mesmo que o caminho seja realizado coletivamente. Esse caminhar tem um caráter experiencial, simbólico, de manifestação da fé e de crença no santo de devoção (TURNER, 1974), como ato devocional (ROSENDAHL, 2002), penitencial ou busca de um sentido existencial (TERRIN, 2004).

O simbolismo que possui o lugar desempenha um papel considerável na vida das pessoas religiosas. "Aquele que se eleva subindo a escadaria de um santuário, ou a escada ritual que conduz ao Céu, deixa então de ser homem: de uma maneira ou de outra passa a fazer parte da condição divina" (ELIADE, 1992: 60). A religiosidade popular, nesse contexto, é um ato de manifestação pública da fé que se caracteriza como apropriação do espaço, levando em consideração a representação coletiva da experiência de fé popular brasileira que tem como peculiaridade os ritos e orações realizadas no espaço sagrado de romaria.

> "Os ritos têm por finalidade reunir o presente ao passado, o indivíduo à comunidade: 'A função de um rito não corresponde aos efeitos particulares e definidos que ele parece visar e pelos quais costuma caracterizar-se, mas a uma ação geral que, permanecendo sempre e por toda parte semelhante a ela mesma é, no entanto, capaz de assumir formas diferentes de acordo com as circunstâncias' (Durkheim, 1912, p.552) [...] um rito produz estados mentais coletivos suscitados pelo fato de um grupo estar reunido. 'O essencial é que haja indivíduos reunidos, que sentimentos comuns sejam experimentados e expressos em atos comuns. Tudo nos leva então à mesma ideia: os ritos são, antes de tudo, os meios pelos quais o grupo social se reafirma periodicamente" (SEGALEN, 2002: 23-24).

É importante salientar que os ritos se fazem presentes em todos os momentos de constituição da romaria, desde a preparação, até o caminho e o espaço sagrado. Esse ritual se compõe de confecção de vestimentas e objetos que fazem parte do voto ou promessa estabelecida ao santo intercessor, como parte do rito sagrado pela graça alcançada. Por Espaço Sagrado compreendemos o campo de forças espirituais e de valores religiosos que faz o romeiro peregrino elevar-se acima de si mesmo e transportar-se para um meio distinto daquele que é o cotidiano de sua existência.

> "No Brasil, a participação bastante acentuada das irmandades nas igrejas e o predomínio do aspecto devocional dos fiéis, expresso por meio das procissões, das romarias, das promessas e das festas dedicadas aos santos, dão um caráter eminentemente social e popular à prática religiosa do catolicismo brasileiro, que, como salientam os historiadores, constituiu a cultura religiosa mais original e mais rica que o país já produziu" (ROSENDAHL, 2012: 57).

Isto, segundo a afirmação de Rosendahl (2012), transforma a religiosidade em um sistema de crenças, práticas, símbolos e estruturas sociais, por meio dos quais as pessoas vivem sua relação com o mundo do sagrado. Além de ser uma experiência social, é também subjetiva, visto ser vivida na interioridade, está ligada à experiência humana, dando sentido à vida, pois impulsiona o romeiro a ver o invisível, a crer no que não pode ser constatado pela razão e pelos sentidos. É essencialmente vivenciada como um modo de ver e compreender a existência no mundo (ANTUNES, 2005; VALLE, 2005; AMATUZZI, 2006).

A religiosidade popular é vivida como experiência interior, como sendo uma religiosidade intrínseca e subjetiva. Essa relação com o sagrado tem um lugar central na vida da pessoa e é concebida como seu bem maior. Outras necessidades são vistas como secundárias, de menor importância e, na medida do possível, são colocadas em harmonia com sua crença e prática devocional.

Por meio da religiosidade a pessoa procura internalizar sua devoção, sua crença e segui-la integralmente, tornando-se altruísta, humanitária e não egocêntrica, de modo a influenciar a vida em suas atitudes e modos de viver. Apoiando-se nestas concepções observamos que é um modo de viver a espiritualidade. E espiritualidade enquanto dimensão ontológica, pois está presente em todos os seres humanos e não só representa a busca pelo sentido da vida como também oferece respostas para essas mesmas perguntas, por isso podemos compreendê-la como constitutiva da subjetividade humana.

Segundo Valle (2005: 04) a espiritualidade

> [...] "consiste essencialmente em uma busca pessoal de sentido para o próprio existir e agir. Acha-se por isso, unida à motivação profunda que nos faz crer, lutar e amar. Orienta-se para o porquê último da vida, mas sem fugir dos questionamentos e compromissos que a vida nos impõe, ajudando-nos a ter forças para nos comprometermos com eles".

4. Sentidos e simbolismos devocionais da religiosidade popular

Este afã do ser humano procurando conhecer mais a respeito de si, desvelando sentidos para existir no mundo, é constitutivo do ser pessoa, pois esta dimensão é que diferencia o homem dos outros entes, caracterizando sua humanidade. A vontade de sentido como ensina Frankl (2011) se fez presente em todos os âmbitos da vida, pois mesmo que a pessoa não tenha consciência dela através de seus atos diários, afirma a existência de uma intuição pela qual vale a pena viver.

Sempre que a pessoa, de um modo ou de outro, buscar o sentido não só da vida, mas também de todas as coisas, ou estiver empenhada na busca da justiça, da verdade, beleza e da felicidade, é o sentido religioso que nela estará atuando e que pode ser vivido em diferentes intensidades (OLIVEIRA, 2006).

Este pensamento também é cultivado por Paiva (2001:123):

> [...] "a indagação pelo sentido da vida sempre esteve presente no horizonte de qualquer ação. A religião como demonstram antropólogos, historiadores e fenomenólogos, tem-se apresentado historicamente como a resposta radical a essa indagação, e por isso o homem define-se como homo religiosus".

A compreensão da existência humana pautada na busca de sentido da vida, por meio da dimensão espiritual ou noética, possibilita a transcendência, pois a experiência humana, essencialmente, está orientada para além de si mesma, para algo ou alguém (FRANKL, 1989). É importante salientar que a dimensão espiritual é diferente da experiência religiosa, pois esta é apenas uma das suas manifestações. A busca pelo sentido da vida é fator de proteção do ser humano, fator de saúde e de evitação de adoecimento, pois, para suportar o sofrimento, homens e mulheres têm que descobrir um sentido que os habilite encontrar valores e a motivação para continuar vivendo e existindo enquanto ser no mundo (FRANKL, 1989).

Frankl (1989) continua a insistir que em nenhum momento o homem deixa a dimensão psicofísica, porém a essência de sua existência está na dimensão espiritual que inclui os sensos ético, estético, religioso, a criatividade, a intencionalidade, a compreensão de valores, escolhas e a tomada de decisões, de forma que, para esse entendimento, a existência propriamente humana é a existência espiritual.

Nessa perspectiva, a dimensão noética é, essencialmente, a dimensão da vivência da liberdade e da responsabilidade. Responsabilidade, aqui, não deve ser confundida com caráter moralista pelo qual o indivíduo se obriga a agir de acordo com as normas da sociedade, mas como a capacidade de responder, isto é, de pela liberdade, se posicionar diante das circunstâncias presentes, de modo único e irrepetível (FRANKL, 1989).

Falar de existência, na dimensão espiritual, é falar, sobretudo, do "ser responsável" e do ser humano consciente de sua responsabilidade na liberdade de escolha diante de todas as circunstâncias da vida, o que faz com que a dimensão espiritual não seja determinada, mas determinante da existência (FRANKL, 1993).

A dimensão do espírito é que nos possibilita a transcendência, isto é, estar aberto para uma realidade mais ampla e presente em si mesmo, onde o ser humano, como um ser caracterizado pela autotranscendência, aberto ao mundo e voltado para o sentido da vida, tende a encontrar os outros seres humanos.

Conforme o entendimento de Frankl (1993) a história da civilização comprova esta busca permanente pelo sentido que se apresenta por meio da autotranscendência; em outras palavras, o ser humano é constituído de uma intencionalidade que o dirige para algo ou alguém além de si mesmo, para o grande outro "um", Sagrado. Há como que uma voz da consciência, que é percebida como algo transcendente, extra-humano, capaz de orientá-lo para o sentido da vida.

Após trazer o entendimento sobre o sentido da religiosidade oferecido pelo pensamento de Frankl que entende o ser humano, como ser ontologicamente espiritual, percebemos que essa dimensão do sentido na religiosidade popular é algo fundamentalmente presente em todos os ritos, espaços e simbolismo da devoção popular.

Isso se visibiliza na forma como o romeiro peregrino vive a sua fé e estabelece sua comunicação com Deus por meio das orações, benditos e simbolismos presentes no percurso da viagem peregrina, do caminho, da busca de respostas para o vazio e os sofrimentos.

As manifestações religiosas, principalmente a procissão, marcam no meio popular, como que uma ruptura do cotidiano através do momento que vive aquele local, seja ele cidade, rua, ou outro ambiente qualquer que tenha essa conotação sagrada e passam a ser um suporte para essa hierofania, essa manifestação. O sagrado não mais se limita ao templo, à intervenção do espaço distinto, se caracteriza sobre a forma normativa das manifestações e rituais que rompem com o corriqueiro da vida social, sejam eles pequenos, médios, grandes, sejam locais ou não. As cerimônias religiosas movimentam a coletividade, grupos se reúnem para celebrar, se reafirmando, periodicamente, como experiência com sentido. Devoções, festas e ritos têm a função primordial de sempre atualizar o tempo mítico religioso na experiência popular.

Ao participar desses eventos, portanto, o fiel evoca e recria o tempo, recria a existência e reproduz o mito de origem da crença. São vivências que manifestam a religiosidade, a comemoração de um acontecimento, como atualização do mistério transcendente, uma forma de reviver o tempo original e promover a purificação, levando em consideração toda a estruturação de tradição que lhe foi repassada culturalmente pela educação familiar (HOBSBAWN, 1984:10).

É possível, então, perceber que o Espaço Sagrado comunica Sentido para a Vida. E a experiência religiosa popular oferece aos romeiros que peregrinam aos santuários do Nordeste Brasileiro elementos transcendentes e simbolismos subjetivos que representam marcas na vivência da fé em momentos fortes do ano, mas carregados de sentidos para todo o fazer e viver ao longo da existência.

CONCLUSÃO

Podemos, então, inferir que no estudo antropológico da religiosidade popular o fenômeno religioso é percebido como produtor de sentido para a existência de homens e mulheres no seu cotidiano. Essas experiências contribuem para a constituição de uma civilização que se orienta por valores ontológicos como a espiritualidade que é promotora de sentido da vida.

Junto com esse valor fundamental, também percebemos que se fazem presentes nos escritos consultados atitudes, como verdade, bondade, justiça, amor e solidariedade. Nesse sentido, o ser humano é uma realidade complexa e tal complexidade se acentua ainda mais, quando se passa do plano da ação ao plano do ser. É assim que entendemos a experiência da religiosidade popular, como manifestação tipicamente humana do modo de existir da pessoa religiosa. Essa dimensão da vida não está presente nos outros seres vivos, é algo da ontologia humana.

Os antropólogos e filósofos consultados nos informam que o ser humano desenvolveu a atividade religiosa desde a sua primeira aparição na terra. A religião é um aspecto universal da cultura e, juntamente com a "magia, tem despertado o interesse de vários cientistas, desde o século passado. Todas as populações estudadas pelos antropólogos demonstraram possuir um conjunto de crenças em poderes sobrenaturais de alguma espécie" (MARCONI; PRESOTTO, 2006).

Isso mostra que o ser humano é por essência religioso, isto é, aberto ao infinito, insaciável, que busca um sentido a ponto de ir até a realidades fora de si mesmo. Por isso, é um ser autotranscendente, capaz de superar a si mesmo. Diferente dos animais possui uma "alma", uma realidade profunda e singular que não pode ser totalmente conhecida pelos outros, uma interioridade que não pode ser violada. Portanto é um ser que possui algo a mais, além daquilo que aparece. Possui o desejo de sobreviver, de não morrer. Um ser que traz em si um elemento de espiritualidade: consciência de que nele habita um "Si mais profundo" uma "luz" que nenhuma potência pode extinguir.

Também, salientamos que a religiosidade popular, enquanto experiência com sentido para os romeiros nordestinos, nos faz perceber que, ainda hoje, os seres humanos, através dos cultos e rituais religiosos, tanto públicos quanto privados, tentam conquistar, pela oração, entrega de ex-votos, sacrifícios espirituais, benditos, danças, entrega de esmolas e outras práticas da devoção popular, sentido para o dia a dia (MARCONI; PRESOTTO, 2006).

Por conseguinte os espaços sagrados, os símbolos religiosos e a devoção aos santos são produtores de sentido para a vida do romeiro peregrino no Nordeste Brasileiro. Esse sentido aparece de forma mais concreta pelos milagres, pelas graças alcançadas realizadas no Corpo, na Família, na Conversão e na Cura dos males físicos, psíquicos e espirituais. Envolvem a pessoa em sua corporeidade, enquanto unidade concreta, onde são inscritas as marcas sociais, históricas e culturais, sendo o objeto de representação, e fundamento da subjetividade. A ruptura interna causada pelo sofrimento psíquico deixa o indivíduo fragilizado e, na busca para reencontrar seu equilíbrio, utiliza seu corpo como instrumento de comunicação com o sagrado que na religiosidade é sempre feito referência a um espaço (lugar), a um santo de devoção e a um rito ou celebração de ação de graças (FERREIRA, 2001).

Conforme reforçamos várias vezes nesse estudo, o universo religioso popular é dotado de sentidos que reorientam a experiência de vida do romeiro, dando significado à sua existência (BONFATTI, 2000). O sentido envolve a constituição social e subjetiva pelas expectativas de pessoas que possuem algumas experiências em comum. O sentido, nesse contexto, é uma construção social, um empreendimento coletivo, interativo, por meio do qual as pessoas em sua dinâmica de vida cultural constroem sentidos para as situações e fenômenos à sua volta (SPINK; MEDRADO, 1999).

Os sofrimentos subjetivos, familiares, sociais, enquanto fenômenos que envolvem a humanidade, reorientam a visão de mundo, para que a vida diante do sofrimento continue a ter sentido.

Por fim, a cura é um elemento determinante e constante no universo da religiosidade popular. A pessoa que procura o espaço sagrado, o santo de sua devoção e pede a intercessão nos momentos difíceis da vida, busca retomar a estabilidade perdida, que pode ser compreendida aqui como cura de um mal corporal, emocional, familiar. Ao falarmos em cura no contexto da religiosidade popular, nos vem a imagem já citada de que esse universo é demarcado por duas simbologias: o espaço sagrado e o santo do qual o romeiro é devoto, com os ritos e crenças que lhe são próprios, sempre carregados de motivação, esperança, confiança, sentido e fé.

REFERÊNCIAS
ARTIGOS DE REVISTA

ANDRADE, Maria do Carmo. "Procissão". Fundação Joaquim Nabuco, Recife. Disponível em: http://basilio.fundaj.gov.br/pesquisaescolar/. Acesso em 05 de Agosto de 2012.

AMATUZZI, M. M; CAMBUY, K.; ANTUNES, A. T. Psicologia clínica e Experiência religiosa. Revista de Estudos de Religião, nr. 3, 2006, p.77-93. Disponível em: http://www.pucsp.br/rever/rv3_2006/p_cambuy.pdf acessado em janeiro de 2011.

FERNANDES, R. C. "Religiões Populares": Uma visão parcial da literatura recente. BIB, Rio de Janeiro, n18, p. 3-26, 1984.

OLIVEIRA, A. L. R. Os sentidos da religiosidade de idosos adeptos do catolicismo popular da região do triângulo mineiro, 2006, pp. 289. Dissertação de Mestrado da Pontifícia Universidade Católica de São Paulo, São Paulo Disponível em: http://www.radarciencia.org/doc/os-sentidos-da-religiosidade-de-idosos-adeptos-do-   atolicismo-popular-da-regiao-do-triangulo ineiro/o2ScYJWcLzkcol5jqJAmpP5vpv0lAGHl/ acessado em março de 2011.

OLIVEIRA, S. C. "Romaria do Bom Jesus da Lapa, Prática do Catolicismo Popular". In: Fragmentos de Cultura, Goiânia, v. 21, n. 4/6, p. 249-268, abr./jun. 2011.

PAIVA, J. G. Algumas relações entre psicologia e religião. Revista Psicologia da USP, São Paulo, 1989,disponível em http://www.revistasusp.sibi.usp.br/pdf/psicousp/v1n1/a04v1n1.pdf acessado em agosto de 2011.

SANCHIS, P. "Peregrinação e Romaria: Um lugar para o turismo religioso". Ciencias Sociales y Religión/Ciências Sociais e Religião, Porto Alegre, ano 8, n. 8, p. 85-97, outubro de 2006.

SANCHIS, P. "Catolicismo. Uma identidade Católica?". Comunicações do Iser. Rio de Janeiro, Ano 5, nº22 Novembro de 1986.

SANTOS, E. A.; RAMÓM, S. P. Religião e Individuação: fenomenologia do desenvolvimento humano através da direção espiritual. Revista Eletrônica da PUCRS, v. 18, n.1, p. 85 a 93.

LIVROS

BOFF, L. Espiritualidade: Um caminho de transformação. Rio de Janeiro, Ed. Sextante, 2001.

BONFATTI, P. A expressão popular do sagrado: uma análise psico-antropológica da igreja universal do reino de Deus. São Paulo: Edições Paulinas, 2000. (Coleção Religião e Cultura).

ELIADE, M. "O Sagrado e o Profano". [tradução Rogério Fernandes] São Paulo: Martins Fontes 1992. – Tópicos.

FERNANDES, R. C. Os Cavaleiros de Bom Jesus. São Paulo: Brasiliense, 1983.

FERNANDES, R. C. Romarias da Paixão. Rio de Janeiro: Rocco, 1994.

FRANKL, V. A Vontade de sentido: fundamentos e aplicações da logoterapia. Tradução: Ivo Studart Pereira. São Paulo, Paulus, 2011.

FRANKL, V. Psicoterapia e sentido da vida. São Paulo, Ed. Quadrante, 1989.

FRANKL, V. Psicoterapia para todos. Petrópolis, Vozes, 1990.

FRANKL, V. A presença ignorada de Deus. Rio de Janeiro, Ed. Vozes, 1993.

FRANKL, V. Fundamentos antropológicos da psicoterapia. Rio de Janeiro, Zahar, 1978.

GEERTZ, C. A interpretação das culturas. Rio de Janeiro: LTC, 1989.

MARCONI, M. de A.; PRESOTTO, Z. M. N. Antropologia. Uma introdução. São Paulo: Atlas, 2006, 6ª edição.

NEVILLE, R. C. (organizador). A condição humana. Um tema para religiões comparadas. São Paulo: Paulus, 2005.

ROSENDAHL, Z. "Espaço e Religião: Uma abordagem geográfica". Rio de Janeiro: Ed UERJ, 2002.

ROSENDAHL, Z. "Primeiro a obrigação, depois a devoção" Rio de Janeiro: Ed. Uerj, 2012.

SANTOS, B. C. C. "O corpo de Deus na América: a festa de Corpus Christi nas cidades da América Portuguesa – Século XVIII". São Paulo: Anneblume, 2005.

SEGALEN, M. "Ritos e rituais contemporâneos" [tradução Maria de Lourdes Menezes]. Rio de Janeiro: Editora FGV, 2002.

TERRIN, A. N. "Antropologia e horizontes do sagrado: culturas e religiões". [tradução Euclides Luiz Calloni]. São Paulo: Paulus, 2004.

TURNER, V. W. "O processo ritual", Petrópolis: Vozes, 1974.

ZILLES, U. Filosofia da Religião. São Paulo: Paulus, 2004, 5ª edição.

CONTRIBUIÇÕES A LIVROS

FERREIRA, J. Cuidados com o corpo em vila de classe popular. In: DUARTE, L. F.; LEAL, O. F. (Orgs.). Doença, sofrimento, perturbação: perspectivas etnográficas. Rio de Janeiro: FIOCRUZ, 2001. p.49-56.

HOBSBAWN, E.; RANGER, T. "Introdução: a invenção das Tradições". In: A invenção das tradições. Rio de Janeiro: Paz e Terra, 1997.

PAIVA, J. G. A necessidade e o desejo na religião. In: VERGOTTE, A. (Org.) Entre necessidade e desejo: diálogos da psicologia com a religião. São Paulo, Ed. Loyola, 2001.

PAIVA, J. G. Psicologia da religião, psicologia da espiritualidade: oscilações conceituais de uma disciplina. In: AMATUZZI, M. M. (Org.) Psicologia e Espiritualidade. São Paulo, Ed. Paulus, 2005.

ROSENDAHL, Z. "A dimensão do lugar sagrado: ratificando o domínio da emoção do ser-no-mundo". In: CARNEIRO, S. de S.; SANT'ANNA, M. J. G. (organizadoras). Cidades, olhares e trajetórias. Rio de Janeiro: Garamond, 2009.

ROSENDAHL, Zeny. "Território e Territorialidade, uma perspectiva Geográfica para o estudo da Religião". In: Anais do X Encontro de Geógrafos da América Latina – 20 a 26 de março de 2005 – Universidade de São Paulo.

SCHIAVO, L. Conceitos e interpretações da religião. In: LAGO, L.; REIMER, H.; SILVA, V. (Organizadores). O Sagrado e as construções de mundo. Roteiro para as aulas de introdução à teologia na Universidade, sd. pp. 63-78.

SPINK, M. J.; MEDRADO, B. Produção de sentido no cotidiano: uma abordagem teórico-metodológica para análise das práticas discursivas. In: SPINK, M. J.; MEDRADO, B. (Org.), Práticas discursivas e produção de sentidos no cotidiano: aproximações teóricas e metodológicas. São Paulo: Cortez, 1999.

VALLE, J. E. R. Religião e Espiritualidade: um olhar psicológico. In: AMATUZZI M. M. (Org.) Psicologia e Espiritualidade. São Paulo. Ed. Paulus, 2005.

A POLÍTICA EDUCACIONAL BRASILEIRA NA AVALIAÇÃO DO RELATÓRIO DE EDUCAÇÃO PARA TODOS NO BRASIL (2000-2015)

Maria das Dores Mendes Segundo[23]
Josefa Jackline Rabelo[24]

Resumo: O presente estudo busca analisar o complexo educacional no contexto de crise estrutural do capital, situando o conteúdo específico das diretrizes educacionais consignadas em sucessivos eventos internacionais e/ou nacionais em prol da Educação para Todos, definidos pela Organização das Nações Unidas (ONU)/Organização das Nações Unidas para a Educação, a Ciência e a Cultura (UNESCO), e suas repercussões na reformulação das políticas educacionais no Brasil. Com base nos fundamentos da ontologia marxiana-lukacsiana, apresentamos a análise mais específica sobre os delineamentos gerais presentes no documento da UNESCO (2015) intitulado **Relatório de Acompanhamento Global da Educação para Tosos 2000 – 2015: progressos e desafios** que apresenta um avaliação das políticas educacionais brasileiras desenvolvidas nesse período, tomando como referência os objetivos de Educação para Todos estabelecidos pela Cúpula Mundial de Educação em 2000, no Fórum de Dakar, com o documento: 'O Marco de Ação de Dakar Educação Para Todos: atendendo nossos Compromissos Coletivos'. No Relatório registra-se o levantamento de temas como a questão da oferta de matrículas em todas as modalidades e níveis de ensino; a problemática da localização e financiamento das escolas; o desafio do acesso equitativo de jovens e adultos à aprendizagem das habilidades para a vida e aos programas de formação para a cidadania e a necessidade de programas valorização dos profissionais da educação escolar, dentre outros aspectos. Em síntese, o Relatório destaca as ações do governo e da sociedade civil organizada na gestão das políticas educacionais implementados no País, soerguendo o debate em torno da função supletiva e redistributiva da União para toda a Educação Básica. Em nossa compreensão, todo esse processo de diagnóstico e análise articula-se a uma ampla coordenação e monitoramento dos organismos multilaterais em prol de um projeto de educação que vislumbra o atendimento dos interesses de reprodução ampliada do capital.
Palavras-Chaves: Crise do capital; política educacional; Educação para Todos

O presente estudo parte do pressuposto de que o complexo da educação tem importância ineliminável no processo de reprodução social, cumprindo, nesse sentido, como rigorosamente exprime Saviani (2005:17), a função social de: [...] produzir, direta e intencionalmente, em cada indivíduo singular, a humanidade que é produzida historicamente e coletivamente pelo conjunto

---

[23] Doutora em Educação Brasileira/UFC, Universidade Estadual do Ceará (UECE)/Universidade Federal do Ceará/UFC http://lattes.cnpq.br/2457379318485969, mariadores.segundo@uece.br

[24] Doutora em Educação Brasileira/UFC, Universidade Estadual do Ceará (UECE)/Universidade Federal do Ceará/UFC, http://lattes.cnpq.br/8231954289757480 jacklinerabelo@uol.com.br

dos homens". A tarefa essencial da educação pode ser entendida, por conseguinte, como o processo de transmissão do patrimônio histórico objetivado pelo gênero humano com vistas à sua reprodução, o qual, colocando a questão nos termos da ontologia marxiana recuperada por Lukács, articula de forma complexa e rica de mediações, os polos da individualidade e da generidade.

Consideramos, ainda, que a educação deve ser compreendida no processo de reprodução social, assumindo formas e direcionamentos distintos, em função das necessidades geradas no contexto das relações de produção dos meios de subsistência da humanidade, que vão se estabelecendo ao longo da história.

O capitalismo vem presenciando, nas últimas décadas, particularmente, no final de 1970, uma crise de natureza estrutural, conforme István Mészáros (2011), marcada, determinantemente, pela tendência acentuada da queda das taxas de lucros. Acrescenta ainda, como totalmente diversa das crises cíclicas[25] estudadas por Marx, inerentes a própria dinâmica do capital. De acordo com Mészáros (2011), a crise estrutural do capital afeta a totalidade do complexo social (e não somente a esfera econômica), alcançando desde as dimensões do campo da produção e da circulação de mercadorias   até as partes constituintes dos complexos sociais com os quais mantenha relação, a exemplo do conhecimento e da ciência. Por sua vez, uma crise não estrutural atinge somente algumas de suas partes e independente do grau de severidade, não colocando em risco a sobrevivência da estrutura global capitalista.

Nesse contexto de exacerbação de seus defeitos estruturais, o capitalismo busca superar a presente crise, adotando, sob a tutela do Estado burguês, estratégias de reversão do decréscimo das taxas de lucro. Tais estratégias envolvem intervenção no campo da economia por um lado, vinculada à questão do controle de política financeiras e de gastos estatais e, de outro, um amplo processo de monitoramento das políticas sociais, a exemplo da educação, que nesse cenário, vai assumir a tarefa de preparar/formar o "novo" trabalhador ajustado à chamada "nova" ordem mundial.

Assim como ocorre na esfera da economia, a crise estrutural do capital afeta todos os outros complexos sociais, dentre eles a educação, colocando exigências com diferenciações qualitativas para cada um deles. Essa ofensiva conduzida pelo capital visa, em seus marcos, adequar as diversas instâncias sociais ao movimento ora vivenciado com o intuito de restabelecer o seu processo de acumulação e manter a sua viabilidade enquanto sistema sociometabólico.
Na adequação das economias dos países pobres às novas regras do capitalismo mundial, agora sob a feição do liberalismo global, os organismos internacionais assumem o relevante papel de promover políticas de ajustes socioeconômicos, em que a educação se apresenta como a política, por excelência, de reversão das desigualdades sociais.

Partindo dessa lógica, destacamos o papel do Banco Mundial, principal representante dos organismos internacionais que passa a ter o controle determinante das políticas educacionais nos países periféricos, especificamente no Brasil, interferindo desde a concepção dos novos paradigmas educacionais até a recomendação das formas de investimento e financiamento do ensino básico.

---

[25] Com base em Marx, Mészáros explicita que as crises cíclicas são formas do capital "[...] progredir para além das suas barreiras imediatas e, desse modo, estender com dinamismo cruel sua esfera de operação e dominação. Nesse sentido, a última coisa que o capital poderia desejar seria uma superação permanente de todas as crises [...]" (2011:795)

A pesquisa assume como foco analisar, à luz da ontologia marxiana, os desdobramentos da crise estrutural do capital na educação, situando, nesse escopo, o complexo educacional no contexto de crise estrutural do capital e o conteúdo específico das diretrizes educacionais consignadas em sucessivos eventos internacionais e/ou nacionais em prol da Educação para Todos, definidos pela ONU/UNESCO e suas repercussões na reformulação das políticas educacionais no Brasil.

Apresentamos, nessa direção, a análise mais específica sobre os delineamentos gerais presentes no documento da UNESCO (2015) intitulado 'Relatório de Acompanhamento Global da Educação para Tosos 2000 - 2015: progressos e desafios'.

No Relatório registra-se o levantamento de temas como a questão da oferta de matrículas em todas as modalidades e níveis de ensino; a problemática da localização e financiamento das escolas; o desafio do acesso equitativo de jovens e adultos à aprendizagem das habilidades para a vida e aos programas de formação para a cidadania e a necessidade de programas valorização dos profissionais da educação escolar, dentre outros aspectos, que serão aqui analisados, reunindo, para tanto, as reflexões em torno da crítica marxiana ao sistema sóciometabólico do capital a partir dos estudos de Mészáros (2002), Tonet (2005) e Leher (1998).

A POLÍTICA EDUCACIONAL NOS MARCOS DO PROGRAMA DE EDUCAÇÀO PARA TODOS: BREVE CONTEXTUALIZAÇÃO

As políticas educacionais impostas aos os países pobres, a exemplo do Brasil, vêm recebendo fortes influências no que se refere ao seu processo de organização, ensino e gestão escolar, financiamento educacional e política de formação docente.

Com efeito, a Educação consolidou-se, inegavelmente, no cenário social como ferramenta por excelência de salvação dos grandes males sociais, como a fome, as doenças, o desemprego, a guerra, a corrupção, a violência e a miséria sob todas as formas, que se avolumam no cotidiano da humanidade, fruto do aprofundamento inédito da crise do próprio sistema do capital, como explica Mészáros (2002), dentre outros pensadores críticos tanto no plano internacional como no âmbito nacional.

Desse modo, dezenas de eventos internacionais que se têm realizado desde a paradigmática Conferência de Jomtien, em 1990, em torno do projeto de universalização da educação básica, sob o patrocínio da UNESCO (Organização das Nações Unidas para a Educação, a Ciência e a Cultura), da UNICEF (Fundo das Nações Unidas para a Infância), do PNUD (Programa das Nações Unidas para o Desenvolvimento) e do Banco Mundial.

Como tem sido já registrado, a Conferência Mundial de Educação Para Todos, ocorrida em Jomtien, na Tailândia, em 1990, inaugura, por assim dizer, a era da chamada Educação Para Todos (EPT) e a esta acorreram representantes de mais de cem países e Organizações Não Governamentais (ONG's) que, à época, se comprometeram a aumentar a oferta da educação básica[26] para a população mundial num prazo de dez anos, ou seja, até o ano de 2000, sob o pressuposto de que este nível de ensino seria satisfatório às necessidades básicas de aprendizagem. A própria promoção dessa Conferência, conforme sustentamos, representa um

---

[26] Conforme esclarece SHIROMA et al. (2004: 56), "o polêmico conceito de educação básica, sobre o qual divergem até mesmo os quatro patrocinadores do evento, prioriza a educação primária, que, no caso brasileiro, correspondeu ao ensino fundamental."

marco estratégico do "novo" papel que a educação passou a desempenhar, em âmbito mundial, na suposta sustentabilidade dos países envolvidos com a agenda neoliberal.

A respeito dessa colossal e prodigiosa tarefa atribuída à educação, Leher nos lembra que, para o Banco Mundial, os sistemas de educação e demais instituições públicas (jurídicas e financeiras) podem ajudar a estabelecer as regras e disseminar a confiança na inserção dos países pobres à nova era global, assim como "aliviar a pobreza externa, manter o capital humano e adaptá-lo às necessidades de um sistema de mercado que contribuem para o crescimento, tanto quanto para a promoção da justiça social como para a sustentabilidade política" (1998: 101).

Nesse sentido, é importante destacar o papel central assumido pela educação no contexto do Banco Mundial, a qual teria efetivamente passado de uma questão secundária, tida, ainda mais, até os anos 1960, como uma atividade marginal e dispendiosa, à condição de tema prioritário na agenda do referido Banco, vinculado diretamente à ênfase atribuída à pobreza, esboçada ainda na Gestão Woods (1963 - 1968) e intensificada de forma mais patente, a partir da Gestão Mc Namara (1968 – 1981)[27].

Mas é, sem dúvidas, através do Projeto de Educação para Todos, lançado na paradigmática Conferência Mundial de Educação para Todos, de Jomtien, que o Banco assume, de forma decisiva, o comando da educação mundial, que, sob sua tutela, como destaca Leher, passa a ser tratada, ao mesmo tempo, como uma estratégia política e uma variável econômica capaz de impulsionar o pretendido desenvolvimento e a redução da pobreza, de forma condizente, portanto, com as propaladas Metas do Milênio[28] e, como não poderia deixar de ser, com as necessidades de reprodução do capital.

Nesse cenário, pretende-se consolidar as competências a serem adquiridas pelos cidadãos de todo o planeta, impondo-se como sustentáculo das políticas educacionais do Século XXI em todo o mundo, mascarando-se, por essa via, os efeitos desastrosos da crise do capital sobre o conjunto da humanidade.

Nesse contexto, a educação constitui um elemento estrutural no processo de desenvolvimento do conhecimento e da produção, promovendo o crescimento econômico e a melhoria de vida. Dentro dessa lógica, cabe ao individuo fazer as escolhas certas de como utilizará os recursos, considerados escassos, na educação que se pretende ser ofertada ou demanda.

Dentro desse contexto, o Banco Mundial, como instituição promotora do Programa da educação mundial, ajusta e monitora as políticas educacionais nos países pobres, redefinindo as políticas de financiamento, o conteúdo escolar, a organização do ensino e as prioridades educacionais à luz dos interesses próprios do mercado capitalista. .

Os relatórios globais de monitoramento de Educação para Todos produzidos ao longo do compromisso firmado no Fórum de Educação Mundial em Dakar (2000)[29] buscam fazer um

---

[27] Nesse sentido, é justo assinalar a importante contribuição prestada por Roberto Leher (1998), ao desvelamento do papel assumido pela educação no contexto do Banco Mundial.

[28] As 8 metas da Declaração do Milênio: 1. Erradicar a extrema pobreza e a fome; 2. Atingir a Educação básica de qualidade para todos; 3. Promover a igualdade entre os sexos e a autonomia da mulher; 4. Reduzir a mortalidade infantil; 5. Melhorar a saúde materna; 6. Combater a AIDS, a malária e outras doenças; 7. Garantir a sustentabilidade ambiental; 8. Estabelecer uma parceria mundial para o desenvolvimento.

[29] O Marco de Ação de Dakar é um compromisso coletivo para a ação, em que governos e organização não-

diagnóstico das metas em de Educação Para Todos estabelecidas neste fórum nos países envolvidos.

Nesse contexto de avaliação e monitoramento, no Brasil foi publicado em 2015 o documento intitulado 'Relatório de Acompanhamento Global da Educação para Tosos 2000 – 2015: progressos e desafios' que apresenta uma avaliação das políticas educacionais desenvolvidas no Brasil, tomando como referência os objetivos de Educação para Todos estabelecidos pela Cúpula Mundial de Educação em 2000, no Fórum de Dakar referenciados no documento: 'O Marco de Ação de Dakar Educação Para Todos: atendendo nossos Compromissos Coletivos'. O presente Relatório trata especificamente de avaliar os avanços, estratégias e desafios enfrentados pelo país desde 2000 na implementação das seis metas de EPT, situando aspectos gerais das políticas de educação dos países membros da UNESCO em relação às metas e compromissos assumidos em Dakar.

O RELATÓRIO EDUCAÇÃO PARA TODOS NO BRASIL 2000-2015 EM SEUS PRINCIPAIS ASPECTOS AVALIATIVOS

Tomando como referência avaliativa o atendimento das seis metas de Educação para Todos, o Relatório sobre Brasil apresenta um balanço dos avanços obtidos ao longo dos últimos 15 anos (2000-2015). No ano de 2014, o Relatório de Monitoramento Global de Educação para Todos 2013/2014, intitulado Ensinar e Aprender: Alcançar qualidade para Todos, já indicava para necessidade para se pensar uma educação posterior a 2015, ressaltando que apesar dos esforços empreendidos as metas não seriam cumpridas no prazo estabelecido no sentido de prover os meios para melhorar as condições de vida de crianças, jovens e adultos através de ações educativas.

Nesta direção, o Brasil reforça compromisso com as metas que precisam ser alcançadas como mecanismo de promoção e melhoria da vida dos indivíduos. O Brasil, ainda segundo o Relatório de 2014, assume o compromisso com as metas de EPT, recorrendo aos dispositivos legais como a Lei de Diretrizes e Bases da Educação Nacional (LDB).

Traduzindo as expectativas geradas pela Conferência Mundial de Educação para Todos, o Brasil mobilizou-se pelo tema, tendo aprovado um Compromisso Nacional de Educação para Todos (mai./1993) e um Plano Nacional de Educação para Todos (1993). Realizou ainda a Conferência Nacional de Educação para Todos (1994), [..] Em 1996 dois importantes dispositivos legais foram aprovados. O primeiro deles foi a Lei de Diretrizes e Bases da Educação Nacional – LDB (Lei nº 9.394/96), [...] O segundo foi o Fundo de Manutenção e Desenvolvimento do Ensino Fundamental e de Valorização do Magistério – Fundef (Lei nº 9.424/96)." (UNESCO, 2014: 9).

Em busca de cumprir os compromissos firmados, o país também promoveu, "[...] o estabelecimento de Parâmetros Curriculares Nacionais (PCN); a criação de um Sistema de Avaliação da Educação Básica (SAEB) de âmbito nacional; a melhoria da formação docente, dentre outras. (UNESCO, 2014: 9), apontado pelo Relatório como significativo avanço

---

governamental têm a obrigação de assegurar que os objetivos e as metas de EPT sejam alcançados e mantidos. Acordo assinado por 164 países, que constituem Cúpula Mundial de Educação Em Dakar, Senegal, de 26 a 28 de abril de 2000.

> [...] o atendimento escolar por faixa etária ampliou-se consideravelmente atingindo 41,2%
> entre 4 e 6 anos, 95,8% de 7 a 14 anos e 81,1% de 15 a 17 anos. Em relação à população de 15
> anos e mais, a taxa de analfabetismo chegou a 14,7%, em 1996. (2014, p. 9).

Retomando o texto do Relatório de 2015 observa-se um destaque para o esforço do Brasil com o objetivo de desenvolver habilidades de jovens e adultos através da oferta de ensino regular e preparo para o mundo do trabalho em cursos específicos. Neste propósito, o Relatório sublinha a regulamentação da educação profissional pela lei específica de 2008 (Lei nº 11.741/08), alterando a LDB de 1996 (Artigos 39 a 42). Nesta mesma lei e artigo, também se detalha os cursos considerados importantes na capacitação do trabalhador para acesso ao emprego, dentre eles: formação inicial e continuada ou qualificação profissional; de educação profissional técnica de nível médio e de educação profissional tecnológica de graduação e pós-graduação (Art. 39, § 2º, I, II e III). (UNESCO, 2015:31)

O Relatório considera como positiva esta política e afirma que ocorre uma expansão da oferta na modalidade de ensino profissional[30], oportunizando jovens com idades adequadas ao ensino médio. Outrossim, a educação profissional integrada ao ensino médio e oferta dos cursos de qualificação profissional para jovens e adultos em defasagem escolar, possibilitaria, na visão do Relatório, a elevação da escolaridade e propiciaria "o resgate daqueles que não tiveram a oportunidade de completar sua escolarização aliada à formação profissional para o mundo do trabalho". (UNESCO, 2015:36-37).

Os resultados apresentados no Relatório em torno dos dados sobre as necessidades de aprendizagem de jovens e adultos, referentes à terceira meta de EPT, revelam que de 167 países analisados, 71% conseguiram garantir que as necessidades de aprendizagem de todos os jovens e adultos fossem alcançadas por meio do acesso equitativo a uma aprendizagem adequada as habilidades para a vida.

Destaca ainda, que existem cerca de 63 milhões de adolescentes fora da escola e 1/3 dos adolescentes pertencentes aos países de renda baixa e média não completaram o primeiro ciclo da educação secundária em 2015. (UNESCO, 2015: 24). A inserção prematura destes jovens no mercado de trabalho, mesmo que na informalidade, se constitui um dos principais fatores do abandono escolar.

Ainda em relação à terceira meta, referente às habilidades para a vida dos jovens e adultos, o documento afirma que se dá margem a amplas interpretações, uma vez que não se restringe apenas na educação formal das escolas, "mas também em experiências fora da escola, como capacitação profissional e outras oportunidades ao longo da vida". Para melhor compreensão do conceito sobre 'habilidades para a vida', o RMG 2015 define em três tipos diferentes de habilidades:

Habilidades básicas são aquelas necessárias para obter trabalho ou educação continuada. Habilidades transferíveis podem ser adaptadas a diferentes ambientes, incluindo o laboral. Habilidades técnicas e profissionais são conhecimentos específicos relacionados a atividades profissionais determinadas. (UNESCO, 2015:25).

[30] O Relatório destaca que Ministério da Educação, na área de educação profissional e tecnológica, implementou os seguintes programas: o Programa Nacional de Acesso ao Ensino Técnico e Emprego (Pronatec); o Programa Nacional de Integração da Educação Profissional com a Educação Básica na Modalidade de Educação de Jovens e Adultos (Proeja); e, o Programa Nacional de Inclusão de Jovens (Projovem Urbano e Projovem Campo10). (Unesco, 2015, p. 38)

Estas habilidades estão circunscritas a inclusão dos jovens no mercado de trabalho. Segundo o Relatório, o acesso à educação secundária constitui-se no principal indicador para aferir o progresso na aquisição dos conhecimentos e habilidades básicas reconhecendo que a "obtenção de trabalho adequado, capaz de pagar o suficiente para cobrir as necessidades diárias." (UNESCO, 2015: 25).

O Relatório aponta como um dos maiores desafios brasileiros a redução do analfabetismo, "traduzido por meio da diminuição da desigualdade de acesso às oportunidades educacionais às pessoas de baixa renda" (UNESCO, 2015: 28). Para tanto, recomenda, em seu diagnóstico, a necessidade de investimento na qualificação da ação alfabetizadora e na ampliação das estratégias de continuidade dos estudos aos estudantes egressos de salas de alfabetização.

Nesta direção, o Relatório considera que a principal estratégia no alcance da meta de alfabetização de jovens e Adultos, proposta como objetivo de Educação para Todos em Dakar (2000) é o Programa Brasil Alfabetizado (PBA), instituído por pela Lei nº 10.880/2004 em 2004 com a finalidade de superação do analfabetismo e a continuidade dos estudos de jovens e adultos para níveis mais elevados, articulados a chamada responsabilidade solidária entre a União, os Estados, o Distrito Federal e os municípios.

Reconhece ainda o Relatório, que para o alcance da qualidade da educação, as políticas públicas deveriam contemplar com maior foco a melhoria de condições da docência, o provimento de serviços que assegurem o acesso e a permanência de crianças e jovens em situações de maior vulnerabilidade à escola (transporte escolar, livro didático, ampliação da jornada escolar), para se efetivar a aprendizagem propriamente dita. Acrescenta ainda a necessidade do ordenamento legal nacional "no sentido da valorização dos profissionais da educação escolar, uma vez que são muitos são os empecilhos à sua plena vigência no contexto da federação". (UNESCO, 2015:58-59).

Identifica que alguns Estados e municípios não cumprem a "Lei do Piso", condição mínima para valorização dos professores no sentido de exercerem suas atividades docentes com qualidade na educação básica.   Nessa direção, avalia que após as recomendações da Cúpula Mundial de Educação, em Dakar, o país ampliou as oportunidades de qualificação profissional, mediante a expansão da formação dos professores da educação básica no Brasil. (UNESCO: 2015). Entretanto, ressaltamos que a formação dos professores, principalmente das séries iniciais, são feita, na sua grande maioria por cursos de pedagogia à distancia, que a nosso ver, compromete e limita a formação docente, dado o caráter de aligeiramento dos conteúdos.

Ainda sobre a problemática dos docentes, apregoa-se a necessidade de investimento na contratação de professoras como forma de " acalmar os temores dos pais com relação à segurança e aumentar a demanda pela educação de meninas, principalmente em países onde existem barreiras culturais e sociais à matrícula de meninas." (UNESCO, 2015: 38). Agrega-se, por esta via, o fomento ao treinamento profissional dos docentes para que os mesmos sejam preparados para atuarem com sensibilidade nas questões de gênero para "reduzir o preconceito e construir ambientes escolares com maior apoio." (UNESCO, 2015: 38).

Recomenda-se também um processo amplo de reformulação dos currículos e materiais pedagógicos para adequar a formação de professores em sintonia com as dinâmicas de gênero, no sentido de "apoiar a aprendizagem e promover relações positivas de gênero" ao mesmo tempo em se procura oferecer uma educação de qualidade. (UNESCO, 2015: 39).

O Relatório de 2015, em sua avaliação fundamenta-se nas seis metas do Programa de Educação para todos (EPT), de Dakar (2000), apresentada no texto da seguinte forma:

1- Educação e cuidados na primeira infância - Expandir e melhorar educação e cuidados na primeira infância, principalmente para as crianças mais vulneráveis e em situação desfavorável;

2 – Educação primária universal - Garantir que, até 2015, todas as crianças, principalmente meninas, crianças em circunstâncias difíceis e as pertencentes a minorias étnicas, tenham acesso a uma educação primária completa, gratuita, obrigatória e de boa qualidade;

3 – Habilidades para jovens e adultos - Garantir que as necessidades de aprendizagem de todos os jovens e adultos sejam alcançadas por meio do acesso equitativo a uma aprendizagem adequada e a programas de habilidades para a vida;

4 – Alfabetização de adultos Alcançar, até 2015, aumento de 50% no nível de alfabetização de adultos, principalmente entre mulheres, e o acesso igualitário à educação básica e continuada para todos os adultos;

5 – Paridade e igualdade de gênero - Eliminar as disparidades de gênero na educação primária e secundária até 2005 e alcançar a igualdade de gênero na educação até 2015, com foco em garantir o acesso completo e equitativo de meninas a uma educação básica de boa qualidade;

6 – Qualidade da educação - Melhorar todos os aspectos da qualidade da educação e garantir excelência para que resultados de aprendizagem mensuráveis e reconhecidos sejam alcançados por todos, principalmente em alfabetização, conhecimentos básicos em matemática (numeracy) e habilidades essenciais para a vida. (UNESCO, 2015: 5-8).

Para atingir os objetivos de EPT, nos países envolvidos, o Relatório relembra que foram, na ocasião Marco de Ação de Dakar (2000), efetivadas também 12 estratégias que se colocam como importante para avaliação e monitoramento da EPT no Brasil.

Estratégia 1: Investimento significativo na educação básica; Estratégia 2: Políticas de EPT dentro de quadros setoriais bem integrados relacionados à eliminação da pobreza; Estratégia 3: Engajamento da sociedade civil em estratégias para o desenvolvimento educacional Estratégia 4: Responsabilização na governança e na administração; Estratégia 5: Satisfação das necessidades dos sistemas educacionais afetados por conflito e instabilidade; Estratégia 6: Estratégias integradas para a equidade de gênero; Estratégia 7: Ações para combater o HIV e a Aids; Estratégia 8: Ambientes escolares seguros, saudáveis, inclusivos e homogeneamente equipados; Estratégia 9: Profissionalismo, motivação e status dos professores; Estratégia 10: Aproveitamento das tecnologias de informação e comunicação; Estratégia 11: Monitoramento sistemático do progresso; Estratégia 12: Base em mecanismos já existentes. (UNESCO, 2015:9-11)

Dessas estratégias, destacamos a segunda que tem como foco a redução da pobreza, prioridade recorrentes em todos congressos e fóruns de Educação para Todos. Para Leher (1998), sob o protagonismo do Mundial, a educação assumiria a colossal e prodigiosa tarefa de "aliviar a pobreza externa, manter o capital humano e adaptá-lo às necessidades de um sistema de mercado que contribuem para o crescimento, tanto quanto para a promoção da justiça social como para a sustentabilidade política" (1998: 101). Assim sendo, os sistemas de educação dos países pobres são submetidos às regras e diretrizes dos organismos internacionais, sob pena de serem excluídos dos acordos do chamado mundo globalizado.

Para o Relatório, as economias emergentes têm formalizado mecanismos mundiais alternativos de cooperação para o desenvolvimento econômico e a redução das desigualdades sociais, tais como: o Fundo IBAS para Aliviar a Pobreza e a Fome12, criado em 2004 por Brasil, Índia e África do Sul, e o Novo Banco de Desenvolvimento, lançado por Brasil, China, a Índia, Rússia e a África do Sul. (UNESCO, 2015: 51).

No Brasil, estas recomendações internacionais de cunho sócio-educacional desdobraram-se em programas, considerados exitosos pela UNESCO, a exemplo do Fome Zero (2003), o Bolsa Família (2003) e o Brasil sem Miséria (2011), os quais apresentam como finalidade uma forma de gerenciamento da problemática da pobreza na direção de manter a governabilidade e a sustentabilidade econômico-capitalista.

Conforme os dados do Relatório de Monitoramento Global da EPT de 2015, a pobreza, na maioria dos países membros, está diretamente relacionada ao trabalho infantil. Assevera-se a importância das políticas de investimento na educação, como o principal meio da redução da pobreza, e por consequente diminuição do trabalho infantil, que representa um impasse na aprendizagem dos estudantes da classe trabalhadora, conforme citado:

O trabalho infantil afeta os resultados e as conquistas educacionais. Tanto a disponibilização da educação quanto o fortalecimento de leis relativas à educação podem reduzir o trabalho infantil e, assim, melhorar os resultados educacionais e reduzir a pobreza. O número de crianças entre 5 e 11 anos de idade inseridas na força de trabalho caiu de 139 milhões, em 2000, para 73 milhões, em 2012. Em muitos países, percebeu-se que, aos 13 anos, crianças que trabalham e estudam ficavam para trás na progressão escolar em relação a seus colegas que não trabalham. (UNESCO, 2015: 23).

No texto do Relatório evidenciam-se estreitas vinculações entre educação e pobreza consubstanciadas nos dados referentes ao o aumento da desigualdade na educação, considerada um peso que recai fortemente sobre as populações pobres e grupos marginalizados, que possuem uma chance quatro vezes maior de não frequentar a escola do que as crianças das famílias ricas. O Relatório destaca que essa realidade se intensifica entre a população que vive em zonas de conflito já que 36% das crianças que estão à margem dos sistemas de ensino são provenientes destes lugares.

O Relatório destaca que o Marco de Dakar (2000) ao apelar aos países que ampliem e melhorem a educação e os cuidados na primeira infância, particularmente para os pobres e marginalizados, recomendou políticas nacionais e multissetoriais apoiadas por recursos adequados. Aponta ainda que até 2014, 78 países adotaram políticas multissetoriais e 23 estavam preparando políticas do gênero, considerados elementos que contribuem para o sucesso de políticas multissetoriais, incluindo coordenação, avaliações de progresso pactuadas entre ministérios e agências, bem como continuidade do quadro de funcionários. (UNESCO, 2015: 51).

No tocante à problemática do abandono escolar, o Relatório aponta como exemplo para os demais países em desenvolvimento, que os países caribenhos têm atuado mediante estratégias e intervenções de reforço escolar, promovendo programas de segunda chance, capacitação e diálogo com a comunidade no sentido de superar a realidade de evasão nas escolas e descontinuidades nos estudos.

Segundo o Relatório, os programas de transferência de renda para famílias vulneráveis, nos quais a América Latina é pioneira, tornaram-se predominantes em países de baixa renda na Ásia e na África Subsaariana. A maioria desses programas impulsionou as taxas de matrícula e de permanência, além de ter reduzido o abandono escolar. Entretanto, a transferência de renda nem sempre melhora os resultados educacionais de grupos vulneráveis. (UNESCO, 2015: 22).

Nessa direção recomendam, como estratégia de aumento nas matrículas a implementação de:

- Leis que exijam frequência na escola. Até 2014, 40 países instituíram educação pré-primária obrigatória. (UNESCO, 2015: 17).
- Políticas que incluam a educação pré-primária no ciclo básico de educação. Muitos países já contam com políticas, mas não apoiam financeiramente sua implementação. (UNESCO, 2015: 17).
- Abolição de taxas para a educação pré-primária. Países que fizeram isso experimentaram crescimento maior na participação, embora alguns governos tenham lutado para levantar os recursos necessários. (UNESCO, 2015: 17).
- Incentivos financeiros para a matrícula. Nas zonas rurais da China, crianças de famílias que receberam o abatimento de taxas de matrícula e transferências de renda condicionadas à frequência escolar tinham chances 20% maiores de frequentar a educação pré-primária. (UNESCO, 2015: 18).

Dessa forma, segundo diagnóstico de 2015, continua a persistir a baixa probabilidade de as meninas mais pobres frequentarem a escola nos países que apresentam altos índices de crianças fora do sistema escolar e as disparidades de gênero, Tal realidade é ainda maior e mais variada no solo da educação secundária.

Na América Latina e no Caribe, a proporção é de 93 meninos para cada 100 meninas matriculadas, já nos países da "África Subsaariana e no sul e no oeste da Ásia, as meninas continuam em maior desvantagem nas matrículas da educação secundária." Porém, são os meninos que possuem o maior risco de não completar a escolaridade devido a inserção precoce no mercado de trabalho e outros fatores relacionados à pobreza, etnia, ingresso tárdio na escola e o consequente baixo desempenho. (UNESCO, 2015: 36).

Em relação ao objetivo de número três do Fórum de EPT de Dakar (2000) que trata do desenvolvimento das habilidades de jovens e adultos, o Relatório aponta que:

No Brasil, o programa de educação de jovens e adultos é dirigido a pessoas a partir dos 15 anos de idade que não completaram a educação formal. Em 2012, mais de 3 milhões de alunos foram registrados, incluindo migrantes, trabalhadores rurais e pessoas em situação de pobreza ou provenientes de famílias da classe trabalhadora. No entanto, a qualidade da educação obtida é deficiente e as taxas de abandono são altas. (UNESCO, 2015: 23).

Para o cumprimento das metas da EPT, o Relatório trata da questão do financiamento, destacando que a maioria dos países membros da UNESCO aumentou o investimento na educação de nível secundário:

De 61 países com dados sobre o gasto público na educação secundária como parcela da renda nacional, tanto em 1999 como em 2012, 38 aumentaram o investimento na educação secundária. Desses, 15 eram países de renda baixa ou média baixa. (UNESCO, 2015: 49).

Para tanto, recomenda que não basta destinar mais recursos para educação, é preciso monitorar os gastos de forma equitativa, ou seja direcionar os recursos para grupos de pessoas mais pobres que se encontram distantes de alcançar as metas de EPT, a exemplo dos países de baixa renda tais como pessoas com deficiências e as que moram em áreas remotas e as minorias étnicas. Neste cenário, adverte que se faz necessário investir

[...] nos países onde se espera que haja maior apoio aos pobres por meio dos gastos públicos, os benefícios da educação, principalmente nos níveis alcançados pelos mais ricos, continuam a ser recebidos pelos ricos. [...] A ajuda à educação básica, que envolve cinco dos seis objetivos de EPT, culminou em 2009 e 2010. Entre 2010 e 2012, os recursos provenientes de ajuda doados a esse nível caíram em 15%, ou US$ 921 milhões. A ajuda à educação pós-secundária, por outro lado, diminuiu 6%. Em volume absoluto, em 2012, a ajuda à educação pós-secundária era maior do que a destinada à educação básica. Enquanto 93% dos pobres do mundo viviam em países de renda baixa, no começo dos anos 1990, 72% viviam em países de renda média, em 2012. Atualmente, 59% das crianças fora da escola estão concentradas em países de renda média. Ainda assim, os países que mais necessitam de ajuda para os serviços básicos – países de renda baixa e Estados frágeis – ainda deveriam ter prioridade. No entanto, a parcela da ajuda para a educação básica destinada a países de renda baixa caiu de 40% para 34%, ao longo da última década. (UNESCO, 2015: 49/ 50).

Nesse contexto de avaliação das metas, objetivos e estratégias previstas pelo Fórum de Dakar, com base no diagnóstico, o Relatório de 2015 anuncia dez recomendações que devem ser levadas em consideração pelos países que pretendem garantir um desenvolvimento economicamente sustentável, a promoção da paz, a inclusão de trabalhadores marginalizados e, por conseguinte a redução da pobreza.

Ainda segundo o Relatório, o Brasil somente cumpriu duas das seis metas dessas metas: - universalizar o acesso à educação primária (1ª ao 5 ano do ensino fundamental) e - a igualdade de gênero, em que meninos e meninas apresentam a mesma proporção na sala de aula. Para a representante da UNESCO no Brasil[31], "o Brasil avançou muito em todas as metas, no entanto, não conseguiu alcançar em sua totalidade algumas delas." Denuncia, também que existe alto índice de analfabetismo, atingindo 8,3% da população com mais de 15 anos, segundo os últimos dados da Pesquisa Nacional por Amostra de Domicílios.

Acrescenta que o Brasil "teve os ganhos mais substanciais entre as crianças das famílias mais pobres comparados com os de famílias menos pobres", considerando, nesse cenário, como um dos fatores a implantação dos programas de inclusão de renda o Programa Bolsa Família, muito elogiado pelo Banco Mundial.

Todavia, mesmo admitindo as vantagens do Programa Bolsa Família, o Relatório ressalta que este não possibilita resolver a questão da inclusão, pois embora tenha atingindo uma taxa de 97% de inclusão, o Bolsa Família não chega aos extremamente pobres e não resolve os seus desafios, pois não atende plenamente as populações mais vulneráveis como a indígena, quilombola e de pessoas com deficiência.

Em síntese, as dez recomendações desdobram-se em ações que contemplam as seguintes temáticas: - aumentar a ênfase na educação e nos cuidados da primeira infância; - fazer todo o possível para que todas as crianças completem a escola primária;- melhorar a aquisição de habilidades para a vida e o trabalho entre jovens e adultos; - possibilitar que todos os adultos realizem seu direito à alfabetização e às habilidades básicas em matemática (*numeracy*); - mudar o foco da paridade para alcançar a igualdade de gênero; - investir na qualidade da educação; -

---

[31] Trecho da avaliação da Coordenadora de Educação da Unesco no Brasil, Maria Rebeca Otero. Disponível em: http://agenciabrasil.ebc.com.br/educacao/noticia/2015-04/unesco-brasil-cumpriu-duas-das-seis-metas-da-educacao-estabelecidas-em-2000. Acesso em: 05 de abril de 2016.

reforçar o financiamento da educação e destinar recursos aos mais marginalizados; - aumentar o foco na equidade; - tratar das graves lacunas de dados para melhorar o monitoramento e, por último, - resolver os desafios da coordenação para manter um apoio político de alto nível para a educação. (UNESCO, 2015: 52-4).

CONSIDERAÇÕES FINAIS

Em meio a um cenário de crise estrutural do capital, o complexo educacional torna-se importante estratégia ideológica e uma variável econômica decisiva na condução pacífica e ordeira dos conflitos sociais gestados no terreno da luta de classe.

Soergue-se assim com força tenaz o ideário da aprendizagem para todos, repetida agora nos documentos da UNESCO pós-2015, enquanto princípio básico para a redenção das desigualdades sociais, da destruição ambiental, da violência e da marginalização geradas pelo sistema sociometabólico fundado na exploração e alienação do trabalho.

Ao longo das últimas décadas do século XX e inicio do século XXI registra-se em nossa história contemporânea a implementação em todos os países membros da UNESCO, de programas de educação, com foco na universalização ensino básico, com o propósito de resolver as questões estruturais do sistema pela via educacional. Para tanto, a educação passa a ser articulada por diretrizes fortemente coladas ao mercado e seus interesses, imputando aos países membros da UNESCO o cumprimento de reformas e programas específicos de gestão da educação, de financiamento do ensino, de formação docente e dos ajustes curriculares em todos os níveis e modalidades de ensino.

Sob o gerenciamento do Banco Mundial e a administração da UNESCO, são firmados Declarações de Educação para Todos e, para avaliação das metas firmadas, são sistematicamente e anualmente elaborados relatórios de monitoramentos do Programa de Educação para Todos. Estes relatórios traçam um balanço geral dos índices educacionais e do cumprimento das seis metas do Fórum de Dakar de Educação para Todos, assinado pelos 164 países envolvidos no acordo assinado em Senegal em 2000. Aqui, vale ressaltar que todos esses objetivos dizem respeito, tão somente, à oferta de educação básica como suficiente para um desenvolvimento socioeconômico dito saudável, equitativo e pacífico.

O 'Relatório de Acompanhamento Global da Educação para Todos 2000 – 2015: progressos e desafios', esboça em seu conteúdo um diagnóstico da educação brasileira apontando seus limites e avanços. Dentre os problemas a serem superados, embora reconheçam esforços de superação, por parte das políticas públicas no Brasil nos últimos anos, destaca que ocorre um deslocamento de financiamento da educação em função na fraca escolha de prioridades, bem como ineficiência da escola e de seu corpo docente e gestor de se autogerirem no enfrentamento das problemáticas cotidianas que atravessam o chão da sala de aula.

Indicam, em seus termos, que a questão da oferta de matrículas em todas as modalidades e níveis de ensino constitui um desafio cotidiano no cumprimento das metas de universalização da educação básica.

Outro aspecto levantado pelo Relatório é o acesso equitativo de jovens e adultos à aprendizagem das habilidades para a vida somado à problemática dos programas de formação para a cidadania. A necessidade de programas valorização dos profissionais da educação escolar é elencada como um grande desafio a ser enfrentado.

A própria UNESCO em seu Relatório reconhece que no Brasil o índice de analfabetismo ainda é muito elevado, mesmo com o esforço de ofertas e implantação de programas específicos de escolarização. A UNESCO no Relatório supracitado demonstra que há uma urgente necessidade de maior valorização do professor, articulado com o aumento da qualidade, indicados do Índice de Desenvolvimento da Educação Básica (IDEB).

Em linhas gerais, asseveramos que o pacto pela mundialização da Educação para Todos, ministrado pelo Banco Mundial/UNESCO, vem ao longo das últimas décadas, mormente no acirramento das contradições próprias da crise estrutural do capital, aponta eufemisticamente limites para cumprimento das metas, estendendo os prazos e articulando e monitorando, de modo cada vez mais intensivo, as políticas educacionais dos países considerados pobres em função das solicitações do mercado. Nesta direção as políticas de educação profissional ganharam expressividade como as mais propícias para classes trabalhadoras e pessoas em situação de vulnerabilidade social.

Outro agravante que constatamos nas diretrizes impostas pelo Banco Mundial aos países pobres, acordadas nos Programas de Educação para Todos, presente no Relatório Avaliativo da UNESCO sobre o Brasil (2015), é a defesa irrestrita de reconfigurações no âmbito da gestão e financiamento nas escolas, exigindo, por parte dos professores, capacitações de gerenciamento e atitudes empresariais, deslocando, por esta via, as reais funções do docente que seria ensinar e transmitir os conhecimentos sistematizados e acumulados pela humanidade ao longo da história. Na análise do Relatório diagnóstico da UNESCO (2015) registra-se avaliação de que os objetivos da EPT não foram atingidos em sua completude pela falta de compromisso de muitos governos e pela sua ineficiência gestora. Por outro lado, o Relatório sugere a atuação das instituições privadas na complementação da oferta de ensino primário completo e gratuito enquanto etapa importante da educação básica, legitimando, desse modo, a intervenção e atuação da iniciativa privada na educação pública.

O Relatório destaca as ações do governo e da sociedade civil organizadas na gestão das políticas educacionais implementadas no País, soerguendo o debate em torno da função supletiva e redistributiva da União para toda a Educação Básica.

Os objetivos de Educação para Todos de Dakar, articulados com comunidade internacional, estipulado para o prazo de 15 anos, entre o período de 2000 a 2015, vem, ao longo desses anos, projetando novos paradigmas norteadores da educação para os próximos anos, por consequência, as metas de universalização e qualidade da educação não formam alcançadas, e nem poderia, dado a própria lógica do sistema do capital baseada na exploração do trabalho.

Os relatórios de monitoramento global de Educação para Todos apresentam problemas reais que atingem a sociedade como um todo, assinalando, para a superação dessas problemáticas a " educação básica' dos indivíduos como condicionalidade para redução da pobreza e alcance da emancipação dos trabalhadores. Desta feita, não é novidade chegarmos em 2015 com os resultados demonstrados no Relatório, haja vista a tarefa grandiosa que é imputada ao fenômeno educativo abrigado nas diretrizes do pacto de Educação para Todos.

Para manter a ideologia da educação como peça chave do desenvolvimento, 'novos' paradigmas continuam sendo lançados a fim de torná-la a mais adequada possível para atender aos imperativos de uma economia do conhecimento global.

Asseveramos que as políticas educacionais e suas ações na escola, configuradas pelo Banco Mundial, no atual contexto da crise estrutural do capital, não possibilitam o salto da classe trabalhadora para sua plena humanidade, mas ao contrário, acirram a concorrência e o individualismo, agenciando, sobremaneira, a sua universalização, a sua aprendizagem, a sua capacitação, o desenvolvimento das suas habilidades, enfim, restringindo sua vida em direção à inserção no mercado, sob a condição de empregabilidade, enquanto somente mercadoria da força de trabalho.

Em nossa compreensão, todo esse processo de diagnóstico e análise articula-se a uma ampla coordenação e monitoramento dos organismos multilaterais em prol de um projeto de educação que vislumbra o atendimento dos interesses de reprodução ampliada do capital.

REFERÊBNCIAS

Livros

LEHER, R. Da Ideologia do Desenvolvimento à Ideologia da Globalização: a educação como estratégia do Banco Mundial para "Alivio" da Pobreza. 1998. Tese (Doutorado em Educação). São Paulo: FEUSP, 1998.

MÉSZÁROS, István. Para além do capital. São Paulo: Boitempo Editorial, 2002.

MÉSZÁROS, István. A Crise Estrutural do Capital - 2ª Ed. São Paulo: Boitempo Editorial, 2011.

SAVIANI, Dermeval. Pedagogia Histórico-crítica: Primeiras aproximações. 9. ed. Campinas-SP: Autores Associados, 2005.

SHIROMA, Eneida Oto; MORAES, Maria Célia Marcondes de; EVANGELISTA, Olinda. Política Educacional. Rio de Janeiro: Lamparina, 2004.

TONET, Ivo. Educação, cidadania e emancipação humana. Ijuí: Ed. Unijuí, 2005.

Contribuições a Livros

MENDES SEGUNDO, M. das Dores; RABELO, J. J. O Banco Mundial e a intervenção avaliativa na política educacional dos países pobres. In: VI Congresso Brasileiro de História da Educação. Anais. Vitória – ES, 2011.

Artigos de revista

TOKARNIA. Mariana. UNESCO: Brasil cumpriu duas das seis metas da Educação estabelecidas em 2000. Agencia Brasil. Disponível em: http://agenciabrasil.ebc.com.br/educacao/noticia/2015-04/unesco-brasil-cumpriu-duas-das-seis-metas-da-educacao-estabelecidas-em-2000. Acesso em: 05 de abril de 2016.

Documentos Citados

ORGANIZAÇÃO DAS NAÇÕES UNIDAS PARA A EDUCAÇÃO, CIÊNCIA E CULTURA – UNESCO. Declaração Mundial sobre Educação para Todos (Conferência de Jomtien). Tailândia: UNESCO, 1990. Disponível em: <http://www.pitangui.uepg.br/nep/documentos/Declaracao%20-%20jomtien%20-%20 tailandia.pdf>. Acesso em: 10 jun. 2010.

ORGANIZAÇÃO DAS NAÇÕES UNIDAS PARA A EDUCAÇÃO, CIÊNCIA E CULTURA – UNESCO. O Marco de Ação de Dakar Educação para Todos: atendendo nossos Compromissos Coletivos (2000). Dakar, Senegal: Cúpula Mundial de Educação, 2000. Disponível em: <http://unesdoc.unesco.org/images/0012/001275/127509porb.pdf>. Acesso em: 18 jun. 2010.

ORGANIZAÇÃO DAS NAÇÕES UNIDAS PARA A EDUCAÇÃO, CIÊNCIA E CULTURA – UNESCO. Relatório de Monitoramento Global de Educação para Todos 2013/2014: Ensinar e Aprender: Alcançar qualidade para Todos. Disponível em: http://unesdoc.unesco.org/images/0022/002256/225654por.pdf. Acesso em: 15 nov. 2015.

ORGANIZAÇÃO DAS NAÇÕES UNIDAS PARA A EDUCAÇÃO, CIÊNCIA E CULTURA – UNESCO. Relatório de Monitoramento Global de EPT: Educação para Todos 2000-2015: progressos e desafios. Paris: Unesco, 2015. Disponível em: <http://unesdoc.unesco.org/images/0023/002325/232565por.pdf>. Acesso em: 15 nov. 2015.

CONSCIÊNCIA EM VIGOTSKI: FUNDAMENTOS ONTOLÓGICOS

Francisca Maurilene do Carmo[32] (UFC)

Resumo:: O estudo da consciência tem caracterizado o campo de investigação de diferentes áreas do conhecimento, a exemplo da filosofia, da sociologia e, posteriormente, da psicologia. Entretanto, o tratamento dado a esta categoria, em muitos casos, a toma como uma extensão da evolução natural do homem. Somente a partir de Marx a consciência assume uma dimensão histórico-material, ou seja, emerge como um complexo determinado e determinante no conjunto das relações sociais que os homens estabelecem entre si e com a natureza no evolver de sua existência singular, marcadamente um processo dialético. Ancorada nas elaborações marxianas sobre estas relações, dentro das quais a consciência assume lugar de destaque, a chamada Psicologia Histórico-Cultural, em especial Vigotski buscou aprofundar os estudos a respeito deste complexo. Nesse contexto, assumimos como tarefa analisar a categoria consciência na obra de Vigotski tendo como aporte teórico a ontologia marxiana. Para tanto, realizaremos um estudo eminentemente teórico-bibliográfico tendo como aporte alguns escritos marxistas, tais como a **Ideologia Alemã** e **O Capital**, de Marx; **História e Consciência de Classe** e **Ontologia do Ser Social**, de Lukács, buscando identificar o tratamento conferido por estes autores à problemática da consciência. Num segundo momento, buscaremos nas obras de Vigotski o mapeamento da categoria consciência, privilegiando o conjunto de textos que compõem suas **Obras Escolhidas**, considerando todo o contexto problemático de tradução da sua obra no Ocidente. Destacamos ademais, que não obstante a consciência apareça na obra do soviético como um objeto de investigação inacabado, até mesmo por conta do pouco tempo que dispôs para estudá-lo, mesmo assim é possível identificarmos esta preocupação na obra do autor, assim como perceber os contornos sobre os quais ele a examinara.

Palavras-chave: ontologia marxiana – Vigotski - consciência

O estudo da consciência tem caracterizado o campo de investigação de diferentes áreas do conhecimento, a exemplo da filosofia, da sociologia e, posteriormente, da psicologia. Entretanto, o tratamento dado a esta categoria, em muitos casos, a toma como uma extensão da evolução natural do homem. Somente a partir de Marx a consciência assume uma dimensão histórico-material, ou seja, emerge como um complexo determinado e determinante no conjunto das

---

[32] Doutora em Educação Brasileira pela Universidade Federal do Ceará. E-mail: fmcmaura@hotmil.com
Lattes: http://lattes.cnpq.br/8960782937577945

relações sociais que os homens estabelecem entre si e com a natureza no evolver de sua existência singular, marcadamente um processo dialético.

Ancorada nas elaborações marxianas sobre estas relações, dentro das quais a consciência assume lugar de destaque, a chamada Escola de Vigotski buscou aprofundar os estudos a respeito deste complexo, privilegiando, por certo, o caráter psíquico que assinalava as pesquisas dos teóricos que compunham tal instituição, entre eles Lev Semenovich Vigotski. No referente a este, podemos afirmar que a categoria da consciência se tornou um objeto de investigação inacabado, até mesmo por conta do pouco tempo que o teórico soviético[33] dispôs para estudá-lo. Entretanto é possível identificarmos esta preocupação na obra do autor, assim como também é possível percebermos os contornos sobre os quais ele a examinara.

É importante destacar que, na totalidade de seus estudos, a consciência comparecia como um elemento especial no processo de auto-construção do indivíduo e à proposição de uma sociedade emancipada.

Tomando como base tais assertivas, anunciamos que o objetivo principal do nosso estudo consiste em analisar a categoria consciência na obra de Vigotski, tendo como aporte teórico a ontologia marxiana, vislumbrando por essas veredas a natureza ontológica do complexo da consciência.

Ademais, demarcar a perspectiva onto-metodológica como evidente particularidade do nosso trabalho, significa, conforme Lessa (2002), demonstrar a possibilidade ontológica da emancipação humana, da superação da exploração do homem pelo homem, destituindo desse modo, qualquer perspectiva que referende uma pretensa natureza humana imutável.

Nesse contexto, é importante situar qual o significado da obra vigotskiana, asseverando apresentar-se esta, por princípio, ontologicamente perspectivada e enredada com a proposta revolucionária, campo de sua produção teórica. Referida condição evidencia com toda a nitidez que Vigotski não hesitou em enfrentar as grandes questões no campo da psicologia, tendo como horizonte maior "a formação de um novo tipo de homem" e a "elevação de toda a humanidade a um nível mais alto de vida social" (VIGOTSKI, 1998: 120), o que justifica o evolver de uma nova consciência numa individualidade emancipada.

Assim, situar a perspectiva onto-histórica de Vigotski significa banir os reducionismos que têm sido imputados à sua teoria. Nesse contexto, cabe-nos dizer que, majoritariamente, a divulgação da produção intelectual deste grande nome da psicologia mundial estabelece-se através de três grandes cortes operados sobre sua teoria. Os dois primeiros, devidamente situados por Tuleski (2001), dizem respeito à censura burguesa referente à formação comunista do autor e à censura stalinista de suas obras, ocorrida na década de 1930.

Associados a esses dois pontos indicados por Tuleski, acrescentamos o terceiro corte. Efetivado na contemporaneidade pelo pensamento pós-moderno e neovigotskiano, este conduz toda a produção vigotskiana no sentido da legitimação da ordem do capital, caminhando, desse modo, de encontro à consolidada perspectiva marxista de Vigotski e ao seu compromisso cabal com a edificação da sociedade comunista, a única que, na sua compreensão, permitiria o desenvolvimento pleno das individualidades e da consciência, uma vez que possibilitaria ao

---

[33] Em respeito ao momento histórico no qual as obras de Vigotski foram desenvolvidas, utilizaremos esta nomenclatura, cientes da mudança ocorrida na denominação daquele país, a partir da década de 1980, com a dissolução da antiga União Soviética.

homem "dar esse enorme salto adiante – do reino da necessidade ao reino da liberdade" (VIGOTSKI, 1998: 120).

Com o intuito de melhor situar o conteúdo que caracteriza nosso esforço investigativo, julgamos conveniente apresentar, ainda que de modo breve, aquele, que, ao lado da categoria consciência, se impõe igualmente como nosso objeto de investigação, Lev Semenovich Vigotski. A respeito do autor, Blanck (1996), afirma que embora Vigotski tenha escrito muitos livros, entre eles não se encontra, tanto quanto se sabe, uma autobiografia, nem tampouco seus contemporâneos escreveram sobre sua vida. Ressalta, ainda mais, que:

> [...] uma guerra que destruiu metade de um continente também destruiu muitos dos documentos sobre sua vida. Ele parecia, por isso, condenado a não ter biografia; sua história, consequentemente, deve ser reconstruída a partir de fragmentos, reunidos como peças de um quebra-cabeça (BLANK, 1996: 31).

Lev Semenovich Vigotski nasceu[34] em 17 de novembro de 1896 em Orsha, cidade da região nordeste da República Bielorussa, mas quando tinha um ano de idade sua família mudouse para Gomel[35], uma pequena cidade com vida cultural mais intensa localizada no sudeste da Bielorussa, perto da República da Ucrânia.

A brilhante inteligência de Vigotski, segundo Newman e Holzman (2002) fora percebida cedo e sem dúvida estimulada pela própria família. Pelo que consta ele aprendeu com a mãe a falar alemão e a amar a poesia. Ainda adolescente encenou uma peça teatral, O casamento, de Gogol, publicou críticas literárias, escreveu um ensaio sobre Hamlet que se tornou a base para sua tese, lia e falava oito línguas[36], além de conduzir o círculo de estudos judaicos onde consta que passou a se interessar por Hegel e, posteriormente, por Marx.

No ano de 1917, ano da Revolução Russa, conforme informações de Baquero (1998), Vigotski gradua-se na Universidade de Moscou e na Universidade do Povo Shaniavsky, regressando à Gomel, onde dá inicio uma intensa atividade científica e profissional em diversos terrenos como o da estética e da arte, o da psicologia e dos problemas relativos à educação e à pedagogia. Sobre esse período particularmente rico de sua trajetória científico-intelectual,

---

[34] Encontramos em diferentes autores referências a duas datas - 5 de novembro e 17 de novembro – porém este fato, deve-se, segundo afirmação de Oboukhova (2006), na I Conferência Internacional de Psicologia Histórico-Cultural, realizado na cidade de Santo André, São Paulo, a uma alteração sofrida no calendário russo, ressaltando então que no calendário atual a data de nascimento de Vigotski é 17 de novembro e que no outro seria 5 de novembro.

[35] Conforme Blank apud Baquero (1998), Gomel estava situada dentro do Pale, que era um território restrito onde se confinava os judeus na Rússia czarista. Van der Veer e Valsiner (1991), relatam que até 1903 massacres eram uma ocorrência comum no Pale, e o próprio Vigotski deve ter presenciado massacres em 1903, que felizmente foram repelidos por uma defesa judaica organizada. A propósito, Newman e Holzman (2002), também relatam que nesse período da Rússia pré-revolucionária eram típicos a repressão e o anti-semitismo, assim como a crescente inquietação civil e a agitação revolucionária.

[36] Segundo informações de Blank (1996) Vigotski falava russo, alemão, hebraico, francês, inglês, latim, grego e também conhecia profundamente o esperanto. De acordo com Van der Veer e Valsiner (1991), foi David Vygotsky, um primo vários anos mais velho que exercia grande influencia sobre ele, quem introduziu Vigotski no movimento do esperanto. Fora esse primo, conforme Blank (1996), que familiarizou Vigotski com os trabalhos de Roman Jakobson, Victor Shklovsky e Lev Jakubinsky, lingüistas, que se tornaram referencias usuais no trabalho de Vigotski.

Newman e Holzman (2002), registram que, ao mesmo tempo em que ensinava em Gomel, ele fundou várias revistas literárias, assinou uma coluna sobre teatro, deu palestras sobre história, literatura, teatro e ciências, leu amplamente filosofia, linguística, história e psicologia e se correspondeu com alguns dos principais pensadores europeus.

Um dos fatos que marcam a trajetória de Vigotski é sua aparição no II Congresso Nacional de Psiconeurologia. Neste evento, o psicólogo soviético, fora convidado por Kornilov para trabalhar no Instituto de Psicologia. Aceitando o convite Vigotski, mudara-se de Gomel para Moscou com sua família[37] e começa os seus trabalhos no referido instituto. Blank relata que na manhã seguinte de chegada de Vigotski ao Instituto este:

> [...] se reuniu com Luria e Leontiev para planejar um projeto ambicioso que contrastava notavelmente com a posição modesta de assistente de segunda classe com a qual Vygotsky iniciava a sua carreira: a criação de uma nova psicologia. Eles começaram a construí-la pela assimilação crítica das teorias de Werner, Stern, Karl e Charlotte Bühler, Köhler, Piaget, James, Thorndike e muitos outros. Foi assim que a famosa troika Vygotsky – Luria – Leontiev foi formada, com Vygotsky assumindo a liderança natural (BLANK, 1996: 38).

A formação da troika seria o passo inicial para a constituição da Escola de Vigotski, nomeada pelos seus próprios integrantes de Psicologia Histórico-Cultural. Esta, conforme relato de Leontiev, um dos seus ilustres integrantes, ampliou-se sob a orientação rigorosa de Vigotski.

Foi precisamente ao longo daqueles anos que se criou a escola psicológica de Vigotski, que desempenhou um grande papel na história da psicologia soviética. Seus primeiros colaboradores em 1924 foram A. N. Leontiev e A. R. Luria. Um pouco tempo depois se uniram L. I. Bojóvitch, A. V. Zaporojetz, R. Ie. Liévina, N. G. Morózova e L. S. Slávina. Naqueles mesmos anos L. V. Zankov. Yu. V. Kotiéleva, Ie. I. Pachokóvskaia, L. S. Sákharov, I. M. Soloviov e outros participaram ativamente das pesquisas sob a direção de Vigotski. Depois, começaram a trabalhar com Liev Semiónovitch seus discípulos leningrandeses D. B. Elkonin, J. I. Chif e outros (LEONTIEV, 1996: 439).

Leontiev relata ainda que muitos dos conceitos-chave sobre a teoria histórico-cultural são expostos no conhecidíssimo livro de Vigotski Pensamento e Linguagem. Esse texto, que é sua última obra, condensa, de acordo com Baquero (1996), o resultado de quase dez anos de trabalho ininterrupto de Vigotski e seus colaboradores na investigação do pensamento e da linguagem, destacando como veremos a seguir, que é exatamente na conclusão de Pensamento e Linguagem que Vigotski anuncia o estudo da consciência como seu próximo passo de pesquisa, projeto não realizado sistematicamente, barrado que foi por conta de sua morte prematura.

Para concluir nossa investigação, não podemos deixar de dizer algumas palavras sobre as perspectivas que se abrem além do seu limiar. **Nossa investigação nos leva diretamente ao limiar de outro problema mais vasto, mais profundo, mais grandioso que o problema do pensamento – a questão da consciência** (VIGOTSKI, 2001: 485 – grifos nossos).

---

[37] Segundo Van der Veer e Valsiner (1991) e Oboukhova (2006), quando Vigotski e sua família chegaram à Moscou em 1924, alojaram-se temporariamente no porão do Instituto, porque as acomodações da cidade eram escassas. Blank (1996) acrescenta que eles viveram no Instituto por um ano, até o nascimento de sua primeira filha. Quando deixam de morar no Instituto Vygotsky e sua família passam a residir pelo resto de sua vida no apartamento de uma peça da rua Bolshaya Serpukhova, em Moscou.

Muito embora Vigotski tenha apenas lançado o estudo da consciência como seu próximo passo de pesquisa, entendemos que este veio, ao longo da sua trajetória teórica, esmerando-se sobre a categoria, a qual se encontra diluída no conjunto de sua obra, a julgar por alguns escritos que trazem no próprio título o tema da consciência, a saber: **A consciência como problema psicológico do comportamento** (1925); **A psique, a consciência, o inconsciente** (1930); **O problema da consciência** (1968). Os referidos textos encontram-se, no Brasil, publicados no livro Teoria e método em psicologia.

É conhecida a rigorosa revisão que Vigotski faz das correntes psicológicas que o seu tempo histórico permitiu-lhe conhecer. Nesta revisão, pauta como um dos problemas o caminho fechado pela psicologia, sobretudo a do comportamento, para o estudo da consciência, adiantando que "a exclusão da consciência do campo da psicologia deixa em grande medida intactos o dualismo e o espiritualismo da psicologia subjetiva" (VIGOTSKI, 1996: 59).

Assevera, ainda, que a eliminação da consciência do campo da psicologia, faz a ciência psicológica entrar num círculo biologicamente absurdo, uma vez que passa a considerar os processos subjetivos como algo completamente supérfluo e secundário na história do próprio comportamento.

No que diz respeito à reflexologia, Vigotski denuncia que, nessa perspectiva, a consciência reduz-se "por completo, a alguns mecanismos transmissores de reflexos, que agem de acordo com leis gerais, de forma que cabe admitir que no organismo não há outros processos além das reações" (VIGOTSKI, 1996: 73). Essa breve ilustração acerca da análise que Vigotski realiza acerca da consciência no contexto de algumas correntes psicológicas, é apontada pelo próprio psicólogo soviético como "algumas ideias de caráter prévio", que na sua concepção, se caracterizariam como o estopim para "iniciar o estudo da consciência" (ibid). Essas reflexões retiradas de um manuscrito de 1925 denunciam de forma inconteste, uma teorização sobre a categoria da consciência, que perseguiu muito possivelmente, seus escritos posteriores.

Nessa trilha nosso esforço investigativo em torno da categoria consciência em Vigotski se realizará à luz da ontologia marxiana, o que, no ponto de partida, serve como elemento diferenciador de outros estudos que também se ocuparam do trato da consciência na obra do psicólogo soviético, porém sob outro prisma, a exemplo do estudo de Toassa (2006: 37.), que,

Através da leitura de trabalhos produzidos de 1924 a 1934, [...] revisa as ocorrências semânticas da palavra consciência, identificando seus fundamentos monistas e materialistas, extraindo seus sentidos principais e incluindo o conceito no enfoque histórico-cultural. O conceito é desmembrado em suas três acepções basilares (processo de tomada de consciência da realidade externa e interna; atributo de conteúdos e processos psicológicos; sistema psicológico) que se articulam, produzindo um dos fundamentos da psicologia geral vigotskiana e articulando neuropsicologia, ética e ontologia.

Pontuar a investigação de Toassa significa, para nós, explicitar que todos os importantes trabalhos que têm buscado destacar a posição marxista de Vigotski e sua preocupação com o método em Marx, necessitam do reforço ontológico, no sentido de deixar ainda mais claro o abismo que separa a perspectiva marxiana daquelas de cunho liberal que asseptizam Vigotski dos seus reais fundamentos e, no limite, ousam apenas no registro da sua condição marxista. Nessa direção, recuperar o fundamento ontológico da obra de Vigotski é assinalar como imperativo categorial que a perspectiva ontológica latente em sua obra sinaliza, impreterivelmente, para o horizonte da revolução socialista e para a radical transformação do estado vigente das coisas.

Referida concepção arraigada rigorosamente no campo da ontologia marxiana, compreende o trabalho como momento fundante do ser social. Isso porque, através do trabalho, consignado no intercâmbio eternamente necessário entre o homem e a natureza, o homem projeta-se para além de si mesmo, transformando a natureza e a si próprio. Para tornar clara a compreensão da categoria trabalho, reproduzimos aqui uma passagem de Vigotski, na qual o mesmo faz alusão ao **Capital**, de Marx, pondo em relevo a própria essência do trabalho.

A aranha que tece a teia e a abelha que constrói as colméias o farão por força do instinto, como máquinas, de um modo uniforme e sem manifestar nisso uma atividade maior do que nas outras reações adaptativas. Outra coisa é o tecelão ou o arquiteto. Como diz Marx, eles construíram previamente sua obra na cabeça; o resultado obtido no processo de trabalho existia idealmente antes do começo desse trabalho (vide K. Marx, F. Engels, Obras, t. 23, p. 189). (VIGOTSKI, 1996: 65).

Essa condição do trabalho manifesta-se como um pôr teleológico, ou seja, "no movimento das mãos e nas modificações do material, o trabalho repete o que antes havia sido realizado na mente do trabalhador" (VIGOTSKI, 1996: 66). Nessa perspectiva Lukács afirma que o trabalho, enquanto posição teleológica, não transforma apenas a causalidade dada, mas transforma igualmente o sujeito humano, ou seja, "ao operar sobre a natureza e transformá-la, muda ao mesmo tempo a sua própria natureza" (LUKÁCS, s/d: 37).

Exatamente por este motivo a adaptação do homem que trabalha não tem estabilidade e estaticidade interna, como acontece nos outros seres vivos – os quais normalmente reagem sempre da mesma maneira quando o ambiente não muda – e também não é guiada do exterior como nos animais domésticos. O momento da criação autônoma não apenas transforma o próprio ambiente, modificando-o tanto nos aspectos materiais de retorno sobre o homem; assim, por exemplo, o trabalho fez com que o mar, que era um limite para o movimento do homem, se tornasse um meio de contatos cada vez mais intensos. Mas, além disso – naturalmente causando mudanças análogas de função – essa estrutura do trabalho retroage também sobre o sujeito que trabalha (LUKÁCS, s/d: 39).

Por meio desse processo de transformação da natureza e de si próprio através do trabalho, o homem foi, conforme Lukács (s/d: 40), "definido como o animal que constrói seus próprios utensílios, condição que marca o salto e a saída do homem da existência puramente animalesca". A partir desta base, deparamo-nos com a questão da consciência. Esta, conforme Lukács, pertence exclusivamente à esfera social e joga um papel decisivo no evolver da própria humanidade, mantendo com o trabalho uma relação de dependência ontológica. Sobre esse processar da consciência humana, assim o autor se coloca:

O domínio da consciência, que põe finalidades, sobre todo o restante do homem, de modo especial sobre o próprio corpo, e o comportamento críticodistanciado, assim obtido, da consciência humana sobre a sua própria pessoa, podem ser encontrados ao longo de toda a história da humanidade, mesmo que com formas mutáveis e conteúdos sempre novos e diferentes. Sua origem, no entanto, está, sem sombra de dúvida, no trabalho [...] (LUKÁCS, s/d: 88).

É indispensável assinalar que essa compreensão da consciência como um complexo somente possível a partir do trabalho, nos remete ao próprio Marx, quando este, n'**A Ideologia**

Alemã, afirma que a "consciência só surge com a necessidade, as exigências do contato com os outros homens" (MARX, 2007: 53), expresso através dos atos de trabalho. Para Marx (idem: 48):

A consciência nunca pode ser mais do que o Ser consciente e o Ser dos homens é o seu processo da vida real. E se em toda a ideologia os homens e as suas relações nos surgem invertidos, tal como acontece numa câmera obscura, isto é, apenas o resultado do seu processo de vida histórico, do mesmo modo que a imagem invertida dos objetos que se forma na retina é uma consequência do seu processo de vida diretamente físico.

Desse modo, Marx (ibid) deixa claro que "não é a consciência que determina a vida, mas sim a vida que determina a consciência". Com isto o autor alemão revela o predomínio da objetividade sobre a subjetividade, sem desconsiderar que neste movimento dialético esta última reconstitui a primeira, num constante e dinâmico repor de novas mediações à existência exclusivamente humana.

Avançando sobre a temática da consciência, Lukács refere-se a dois fatos associados a esta, que somente na aparência se revelam como opostos. Primeiro, aquele de caráter ontológico objetivo que nos mostra "que a existência e a atividade da consciência estão ligadas de modo indissolúvel ao curso biológico do organismo vivo, sendo que por isso, cada consciência individual [...] nasce e morre junto com seu corpo". E o segundo, que diz ser a consciência guia, função dirigente e órgão executivo a serviço das posições teleológicas. Nesse preciso sentido, é que Lukács insiste em afirmar a "independência objetivamente operante, mas ontologicamente relativa da consciência em relação ao corpo" (LUKÁCS, s/d: 89).

É preciso dizer que do ponto de vista ontológico, é possível a existência de um corpo sem consciência quando, por exemplo, por causa de uma doença, esta deixa de funcionar, ao passo que uma consciência sem base biológica não pode deixar de existir. Isto não contradiz o papel autônomo, dirigente e planificador da consciência nas suas relações com o corpo, pelo contrário, é o seu fundamento ontológico. Encontramo-nos, aqui, face a uma forma muito clara de contradição entre fenômeno e essência (ibid: 86).

Ainda conforme Lukács, a consciência humana, com o trabalho, deixa de ser, em sentido ontológico, um mero epifenômeno. Isso porque:

Somente no trabalho, quando põe os fins e os meios de sua realização, com um ato dirigido por ela mesma, com a posição teleológica, a consciência ultrapassa a simples adaptação ao ambiente - o que é comum também àquelas atividades dos animais que transformam objetivamente a natureza de modo involuntário - e executa na própria natureza modificações que, para os animais, seriam impossíveis e até mesmo inconcebíveis. O que significa que, na medida em que a realização de uma finalidade torna-se um princípio transformador e reformador da natureza, a consciência que impulsionou e orientou um tal processo não pode ser mais, do ponto de vista ontológico, um epifenômeno. (ibid: 92)

Neste intercâmbio consciente que o homem realiza com a natureza e que, ao fim e ao cabo, define o plano material sobre o qual se assentam as relações entre os próprios homens, pressupomos a categoria consciência na obra de Vigotski como um conceito ontologicamente perspectivado, levando a cabo o conjunto de conclusões advindas de nossa tese sobre o fundamento ontológico na obra vigotskiana e o desdobramento dessa condição na edificação de uma sociedade nova e de um homem de novo tipo, que necessitaria de uma nova consciência, e, ao mesmo tempo, de uma psicologia capaz de dar conta da monumental tarefa, efetivada na busca incansável daquilo que Vigotski ousou construir, a Psicologia Histórico-Cultural, sua psicologia marxista.

REFERÊNCIAS

Livros

BAQUERO, Ricardo. Vygotsky e a aprendizagem escolar. Porto Alegre: Artes Médicas, 1996.

BLANK, Júlio Guillermo. Vygostsky: o homem e sua causa. In: MOLL, Luis C. Vygotsky e a educação: implicações pedagógicas da psicologia sócio-histórica. Porto Alegre: Artes Médicas, 1996.

LEONTIEV, A. N. Artigo de introdução sobre o trabalho criativo de L. S. Vigotski. In: VIGOTSKI, L. S. Teoria e método em psicologia. Tradução: Cláudia Berliner. São Paulo: Martins Fontes, 1996.

LUKÁCS. G. A ontologia do ser social. s/d.

LESSA, Sérgio. Mundos dos homens: trabalho e ser social. São Paulo: Boitempo Editorial, 2002.

MARX, K. O capital: crítica da economia política. Rio de Janeiro: Civilização Brasileira, 2002.

MARX, K. e ENGELS, F. A ideologia alemã: crítica da novíssima filosofia alemã em seus representantes Feuerbach, B. Bauer e Stirner, e do socialismo alemão em seus diferentes profetas. Rio de Janeiro: Civilização Brasileira, 2007.

NEWMAN, Fred e HOLZMAN, Lois. Lev Vygotsky: cientista revolucionário. São Paulo: Edições Loyola, 2002.

TONET, Ivo. Educação, cidadania e emancipação humana. Ijuí: Ed. Unijuí, 2005 – (Coleção fronteiras da educação).

TULESKI, Silvana C. Vygotsky: a construção de uma psicologia marxista. Maringá: Eduem, 2001.

VIGOTSKI, L. S. e LURIA, A. R. Estudos sobre a história do comportamento: símios, homem primitivo e criança. Porto Alegre: Artes Médicas, 1996.

VIGOTSKI, L. S, LURIA, A. R e LEONTIEV, A. N. Linguagem, desenvolvimento e aprendizagem. São Paulo: Ícone, 2001.

VIGOTSKI, L. S. Teoria e método em psicologia. Tradução: Cláudia Berliner. São Paulo: Martins Fontes, 1996.

VIGOTSKI, L. S. Obras Escogidas – Tomo III. Madrid: Visor, 1996.

VIGOTSKI, L. S. Pensamento e Linguagem. 2 ed. São Paulo: Martins Fontes, 1998.

VIGOTSKI, L. S. A formação social da mente. 6 ed. São Paulo: Martins Fontes, 1998.

VIGOTSKI, L. S. La Genialidad y otros textos inéditos. Buenos Aires: Editorial Algamesto, 1998.

VIGOTSKI, L. S. O desenvolvimento psicológico na infância. São Paulo: Martins Fontes, 1999.

VIGOTSKI, L. S. Psicologia Pedagógica. São Paulo: Martins Fontes, 2004.

VIGOTSKI, L. S. Psicologia da Arte. São Paulo: Martins Fontes, 2001.

VIGOTSKI, L. S. A construção do pensamento e da linguagem. São Paulo: Martins Fontes, 2001.

Artigos de revista

TOASSA, Gisele. Conceito de consciência em Vigotski. Revista do Instituto de Psicologia – USP. n. 17. São Paulo, 2006.

VIGOTSKI, L. S. Manuscrito de 1929. Educação & Sociedade, n. 71. Campinas, jul. 2000.

CONSERVADORES E LIBERAIS: UM CASAMENTO POR INTERESSE, SEM AMOR E A POLÍTICA EDUCACIONAL

Luís Távora Furtado Ribeiro[38]

RESUMO : Esse artigo trata do acordo entre classes sociais dominantes que as conduziu e mantém no poder, com rupturas e continuidades, há mais de quatro décadas. E de suas conseqüências para a educação e a política educacional, a partir das Conferências Mundiais da Educação, principalmente as de Jontiem, na Tailândia, em 1990, a de Nova Delhi na Índia em 1993 e a de Dacar no Senegal em 2000. Enfatizando o papel do Banco Mundial. Ele se divide em três partes: o acordo entre conservadores e liberais que fez surgir e mantém o governo mundial sob o neoliberalismo; uma reflexão sobre classes sociais hoje, particularmente no Brasil; em terceiro lugar fala das conferências mundiais de educação e sobre a política educacional. Apresenta as mudanças ocorridas no mundo do trabalho como parte da reestruturação produtiva, sua importância para a acumulação capitalista e que introduzem novas exigências para a educação e a escola. Os principais autores são: Bobbio (1993), Marx (1987), Miliband (1999), Ianni (1999), Souza (2003) e Ribeiro (2010). Ele faz parte de uma pesquisa sobre Formação de Professores, História e Política Educacional registrada no CNPQ, Brasil.

Palavras-chave: Educação; Liberalismo; Formação de Professores

Apresentamos a seguir, breves considerações sobre essa união estratégica entre conservadores e liberais que teve conseqüências e abrangência mundial. O prefixo neo visa mostrar essa nova roupagem com que se vestem nesse acordo tanto os conservadores quanto os liberais.

Num mundo em crise nos anos 1970 com estagflação na economia - conjunção explosiva de alta nos preços com estagnação econômica -, combinada com crise de liderança e legitimidade na política com a guerra fria – com ditaduras na América Latina, Grécia, Portugal, Espanha, nas Filipinas e em países da África como na Líbia, Marrocos, Etiópia e Uganda – o capitalismo parecia viver, mais que uma crise cíclica, uma crise terminal.

No âmbito da cultura, o pacifismo do movimento hippie e sua crença na paz e no amor baseada no tripé sexo, drogas e *rokn'n roll* apontava para um problema não menos preocupante para os valores do capitalismo. Isso pode ser resumido em questões fundamentais para a reprodução do capital como: - Quem iria trabalhar nas fábricas e nas empresas segunda – feira pela manhã e nos dias seguintes? – Quais jovens se disporiam a se alistar e se dispor a lutar em suas guerras de conquista?

Como se vê, a ética capitalista do trabalho e os valores da democracia burguesa e seu individualismo se encontravam em profundo descrédito. Suas guerras de expansão e para defender seus interesse e valores também. Principalmente com os movimentos de jovens em quase todo o mundo contra a Guerra do Vietnã e o armamentismo nuclear.

---

[38] Doutor em Sociologia pela Universidade Federal do Ceará. E-mail: luistavora@uol.com.br Lattes: http://lattes.cnpq.br/6368042791230986

Fazia-se necessária uma pronta reação dos conservadores e liberais para a defesa de seus interesses para que a acumulação e liderança política fossem restauradas. E que se evitasse a tentação sedutora para muitos de seguir o modelo cubano em direção a uma revolução socialista. (Werneck, 2013).

Para enfrentar essa crise que parecia insuperável é que se reúnem conservadores e liberais. Extremamente diferentes e aparentemente inconciliáveis entre si, eles superam quaisquer barreiras, diferenças e divergências recíprocas, num acordo mundial sem precedentes históricos. Tratamos aqui de uma aliança de interesses, um casamento sem amor. E que, muito bem sucedido em suas táticas e estratégias já dura mais de quarenta anos. Com conseqüências sociais nefastas: desemprego, redução da massa salarial, contenção e supressão das políticas públicas, de assistência e da previdência social, pobreza e desigualdade, além do enriquecimento dos ricos. Além de guerras de conquista e por interesses estratégicos com a destruição interna de países e crises de refugiados.

Falemos a seguir dessas bodas e dos nubentes conservadores e liberais. Em sua união por interesse, um casamento sem amor. (Bobbio, 1993).

Podemos definir os conservadores em linhas bastante gerais como aqueles que vivem para um binômio que se torna a razão de suas vidas: o trabalho e a poupança. Dizendo em outras palavras a ascese, a sublimação de uma ética individualista e acumulativa de trabalhar para poupar, considerados por eles o sentido último da vida humana. (Anderson, 1996).

Austeros, os conservadores são extremamente moralistas, para muitos falsos moralistas, todos eles, quase sem exceção, crentes num cristianismo muito peculiar. Nada parecida com o amor ao próximo ou com a fraternidade humana universal dos textos bíblicos originais. Trata-se agora de um cristianismo nos moldes de John Calvino do século XVI da ética do trabalho e da riqueza material. Mais ou menos sob a ética do: "Se eu estou enriquecendo é porque Deus está comigo."

Encontramos aqui o fundamento de todo esse moralismo, verdadeiro ou falso, dessa crença. Em oposição radical à vida hippie e à liberdade radical dos anos 1970, aparece a ética do trabalho, a partir de princípios bastante didáticos que se repetem como um mantra. Ser religioso e ético significa: Não beber, não fumar, não se drogar, não jogar, ser homem de uma só mulher – ou mulher de um só homem. Se isso pouco ou nada tem a ver com a ética original cristã do amor e da fraternidade, para eles pouco importa. O que interessa agora é que, que pratica aquela vida austera baseada em tantas proibições, terá bastante energia, dormirá cedo e despertará revigorado para mais dias e dias de trabalho.

Fecha-se assim uma espécie de círculo virtuoso e vicioso da ascese de uma ética centrada no binômio: trabalhar para poupar. Dizendo melhor, trabalhar para acumular individualmente a riqueza. Toda baseada num individualismo disfarçado na convivência restrita da família nuclear. Caso compreendamos o capitalismo como fundamentado no tripé trabalho – popança – consumo, encontramos nos conservadores, duas dessas dimensões bem definidas, trabalhar para poupar.

Mas que ninguém se engane com esse aparentemente austero moralismo. Caso sejam contrariados em seus interesses e convicções, de maneira geral, eles não hesitam em tomar medidas e represálias drásticas. Dentre elas a expulsão de imigrantes e refugiados de guerra pelos seus governos nacionais, o apoio à invasão de países e à construção de muros que impeçam o trânsito livre de pessoas entre fronteiras, além da incompreensão e da ação radical contra os direitos das minorias sociais, seja quanto à sexualidade, ao casamento ou etnia. (Souza, 2003:63).

Uma luta recente é a da defesa da liberdade radical em aparente respeito à segunda emenda da constituição norte americana. É o caso do uso de armas. Recentemente, o parlamento do Texas, aprovou uma lei que permite que se portem armas de fogo nas universidades daquele estado, medida que vem causando protestos e oposição de diferentes setores sociais, inclusive de estudantes e professores.

Como uma espécie de símbolo ideológico desse modelo, encontramos um personagem adorável das histórias em quadrinhos, muito popular em quase todo o século XX. Ele é fruto da imaginação, da genialidade, dos desenhos e dos textos memoráveis de um expoente criativo que retratou esse individualismo, o conservador de gênio insuperável Walt Disney (1901 - 1965). Trata-se aqui do impagável e incomparável Tio Patinhas. Apresentado como "o Pato mais Rico do Mundo" e ainda adjetivado como um sujeito excessivamente "pão duro e sovina". Um bípede mal humorado e austero, solitário, enraivecido e irritadiço, que dedicava todo o seu tempo e esforços ao trabalho com o objetivo supremo de enriquecer para poupar. E que cultivava como única permissão à ociosidade e ao divertimento, mergulhar prazerosamente numa piscina surreal repleta de moedas e de cédulas de dinheiro.

Sua irritação se exacerbava com seu sobrinho atrapalhado, que metia os pés pelas mãos e que podia ser definido como permanentemente "azarado e mal humorado", também presente nos quadrinhos e em filmes de animação para o cinema. O Pato Donald tinha um grave defeito, considerado imperdoável para o seu Tio Patinhas. Gastava todo o seu tempo com a incompreensível generosidade de cuidar de seus três sobrinhos órfãos. Negligenciando assim o verdadeiro sentido da vida que seria considerado o de produzir para acumular.

Ocorre que os conservadores tem um limite para sua ação numa ameaça de interdição à expansão do sistema. Como em tese não investem o que acumulam, e não consomem do luxo e do supérfulo, não permitiriam com sua prática a expansão acumulada do capitalismo como um todo. Ao contrário, sua prática e crenças pouco agressivas poderiam conduzir aquele modelo à estagnação. Tornava-se necessária uma aliança com setores sociais burgueses mais agressivos. (Bobbio, 1993:85).

Aparecem em cena os liberais. Que pela novidade e adaptação à nova realidade de sua atuação são distinguidos com o prefixo latino neo. Sendo assim esses neoliberais renovam, mas sem modificar em sua essência, os princípios do velho liberalismo. Que parecia morto e sepultado com as políticas públicas e sociais desde a crise de 1930, permanecendo forte apenas como idéias acadêmicas e de setores políticos, mas que ressurge em décadas recentes, dando origem a uma espécie de pensamento único, que vem comandando com muitas críticas e oposição, todo o cenário econômico e político mundial.

E essa mudança econômica, social e ideológica, eles realizam em aliança, num acordo de interesses com os conservadores acima mencionados. Numa união interessada, num casamento sem amor, que já persiste por quatro décadas.

Há quem diga que conservadores e liberais não se suportam, não se toleram, mas permanecem em aliança enquanto esses seus interesses e objetivos sejam alcançados. Com papeis bem definidos cabe aos conservadores uma espécie de reforma moral, baseada na ética do trabalho e da poupança. Cabendo aos neoliberais o cumprimento de objetivos econômicos seguidos de maneira quase religiosa, fundamentalista. Fundamentalismo, em relação ao neoliberalismo é o que Pierre Bourdieu denominou de "pensamento único". Nesse caso, quando idéias econômicas se transformam em crença religiosa.

Os liberais, diferentemente dos conservadores, fazem o sistema de acumulação avançar. Eles podem ser considerados como extremamente individualistas, economicamente agressivos, empreendedores e competitivos. Eles cultivam a ilusão, uma espécie de sonho não problematizado ou revelado, de virem a possuir individualmente todas as riquezas do mundo.

Nesse contexto, a única forma de convivência social possível, ou pelo menos a mais importante, é a concorrência. Disputa cotidiana de todos contra todos para a conquista de recursos escassos. Suas práticas conduzem a uma luta fratricida entre atores sociais de uma mesma classe e que, contraditoriamente, pode levar a destruição do sistema como um todo. Daí se explica em parte as crises cíclicas do capitalismo como as que assistimos entre 1997 e 2001 e a atual que se prolonga desde 2008 até os dias de hoje, início de 2016. (Werneck, 1999:77).

Agressivos, competitivos e empreendedores, diferentemente dos conservadores, são adeptos do luxo, vivem para consumir e ostentar. Além disso, acreditam que dinheiro deve ser multiplicado, tornando-se investidores em empreendimentos e tecnologia, sempre com a finalidade da ampliação individual do capital.

Para o futuro, tem como importante preocupação evitar o envelhecimento e a morte. Tentando a todo custo evitar, à maneira de Artur Schopenhauer (1788 – 1860), o sofrimento e a dor. Para isso tornam-se adeptos da prática de esportes e exercícios físicos em boa parte de seu tempo livre, além de serem muito afeiçoados a intervenções de cirurgias plásticas para que não se perca a aparência e a vitalidade juvenil. Buscam desse modo, impedir a passagem do tempo, como se isso fosse possível, vivendo unicamente o aqui e o agora.

Para eles, a única organização social possível é uma abstração que eles denominam de mercado. Espaço social idealizado onde ocorreria a concorrência perfeita. Lugar de uma espécie de luta em forma de vale tudo, onde vigora unicamente a lei do mais forte.

Essa luta concorrencial cotidiana provoca um perigo permanente. A auto destruição de todos. Crentes na premissa falsa de que a riqueza deve enriquecer os mais ricos, defendem um Estado que definem como regulador. Palavra eufemismo que significa, ao mesmo tempo, controle social das outras classes sociais, reprodução da força de trabalho, além do direcionamento de todos os possíveis recursos para a reprodução ampliada do capital. Em outras palavras, um Estado mínimo para a maioria, e máximo para a defesa de seus interesses.

A disputa permanente que se instaura os obriga a alianças táticas com outros competidores. Através delas as empresas praticam fusões e aquisições com os grupos mais fortes se apropriando dos demais. Isso criou uma inesperada novidade. Uma espécie de capitalismo impessoal comandado por fundos de pensão, corretoras financeiras ou de investimento, comandados virtualmente por conselhos de administração, personalizados na figura de executivos contratados. Mas que isso não nos engane: ainda predomina a acumulação privada de capital.

O símbolo ideológico desse modelo da destruição do outro está presente em grande parte dos filmes de Holywood. Com forte teor de imagens em cores que se sucedem, baseadas em efeitos especiais, preparados em estúdios em programas de computador. Nos filmes, predomina a mais absoluta violência produzida por efeitos especiais. Por eles, passa distante o bom humor e a criatividade do conservadorismo de Walt Disney e do romantismo moralista de seu Tio Patinhas.

Para essas películas não há limites para a violência em monumentais efeitos especiais multiplicados programas de computador. Pedagógicos, ensinam sutilmente que o indivíduo pode enfrentar – e destruir - os adversários quando tiver seus interesses contrariados. E que a violência de parte a parte não tem limites, até que se consiga a completa destruição do outro. No final dos enredos, resta o vencedor, com sua amada, reconciliados e felizes, após um banho de sangue, como se nada houvesse acontecido. É tempo de desfrutar, simbolicamente, o extermínio de toda a humanidade.

Aquilo ocorre como uma simbologia e uma metáfora, numa espécie de Livro do Gênesis ao contrário. Pela narrativa bíblica, após a criação, cabe a um casal, Adão e Eva, fazerem nascer toda a humanidade. (Gn 3, 1 – 23). Nos enredos do atual cinema norte – americano, ao contrário, é um casal, com sua violência que faz desaparecer a vida humana. Como conseqüência, justificando a crença liberal, vitoriosos, podem tomar posse de tudo o que existe. E sem culpa, porque sem memória, não há o que lamentar.

Para os simpatizantes desse modelo ao qual denominamos neo liberal, há um modelo de organização social perfeito que deve ser seguido por todas as demais organizações sociais para que funcionem com perfeição. Trata-se da empresa capitalista moderna com seu planejamento estratégico, gestão impessoal de recursos e pessoas, racionalização e pragmatismo das decisões, fluxo e equilíbrio de caixa, corte permanente de despesas, busca desenfreada pelo lucro, política competitiva e expansionista, tudo baseado nas atuais teorias do marketing e dos manuais da administração de empresas.

Tida como a organização social mais perfeita que já foi concebida, ponto culminante da criação humana, a organização da empresa capitalista deve servir de paradigma para todo o sistema social, dito organizacional. E ser seguida como modelo único por hospitais e escolas, de clubes de futebol a igrejas, por conjuntos musicais e orquestras sinfônicas a organizações não governamentais. Até mesmo pelas famílias e nos relacionamentos interpessoais.

Todas elas com respeito aos planos estratégicos e fluxos de caixa, racionalização de deveres e haveres, receita e despesa, enxugamento da folha salarial ou de despesas, maximização dos lucros, impessoalidade na gestão de recursos humanos e materiais, corte permanente de despesas, incentivo à meritocracia e à concorrência. A busca do lucro como finalidade última da razão humana.

Importante dizer que esses extratos sociais e seus atores nem sempre, ou quase nunca, se encontram em estado puro na natureza ou em sociedade. Na realidade, há muitas práticas individuais ou de grupos sociais que recebem influência recíproca ou ainda de outros contextos sociais, econômicos, culturais que porventura existam. O que interessa aqui é apresentá-los em suas linhas gerais de visão de mundo e modos de agir. Ressaltando que não existem tipos totalmente puros, seja numa como em outra característica de conservadores e liberais. Aqui nos utilizamos de uma espécie de tipologia, ou tipo ideal, no modelo sociológico de Max Weber (1864 – 1920). Explicado como um modelo que, mesmo que não corresponda fielmente à realidade, pode ajudar em sua compreensão. Fazendo uma generalização de padrões individuais – e coletivos – concretos que se busca ser explicados. No início do século XX, Weber pesquisava sobre capitalismo, burocracia, religião, como se todos os seus atores se comportassem como donos de iniciativas de ações sociais racionais e com finalidade. Assim caracterizou em tipos ideais o capitalista, o funcionário e o sacerdote. Aqui, nos interesses desse ensaio, caracterizam-se conservadores e liberais como uma espécie de tipos ideais, com o objetivo mais explícito de tornar sua atuação mais compreensiva e didática. O maior interesse, entretanto, é o de apresentar seus interesses de classe e demonstrar os sentidos de sua ação política. (Weber, 2001).

Importante dizer que esses modelos aqui apresentados, por seu poder econômico e capacidade de difusão cultural, acabam influenciando de forma significativa praticamente todos os demais extratos sociais, que vão reproduzindo de forma imitativa ou aprendida seus modos de pensar e de viver. Confirmando as palavras de Marx quando dizia que as ideias predominantes de uma época são as idéias de sua classe dominante.

Uma outra diferença entre conservadores e liberais, mas que não impede sua atual aliança estratégica, diz respeito ao movimento e à velocidade. Enquanto para os conservadores apresentamos a metáfora romântica e vagarosa das histórias em quadrinho do Pato Donald e do Tio Patinhas, os liberais, individualistas, agressivos e competidores, foram aqui apresentados pelas cores fortes, movimento alucinante e destruição permanente dos filmes de ação do cinema norte americano. Podendo esses últimos também ser relacionados aos mais recentes jogos de vídeogame, aparentemente comandados pelo próprio jogador, levado a interessar-se num único objetivo, o de vencer e destruir seu adversário. (Hobsbawm, 2013).

Aqui, mais uma vez, os conservadores se distinguem dos neoliberais. Enquanto para os primeiros o sentido último da vida é o binômio trabalho e poupança, para os liberais, é a multiplicação de riquezas e sua acumulação individual o que efetivamente conta. Além disso, no campo da visão de mundo e práticas cotidianas, enquanto os conservadores são ultramoralistas e austeros, os liberais, de modo geral, vivem uma vida agressiva, buscam aproveitar, fruir o momento e ostentar, são consumidores vorazes, adeptos dos prazeres do luxo e da ostentação de riquezas. Inconciliáveis em sua visão de mundo, frações diferentes de uma mesma classe ou, para alguns, com pensamentos divergentes, mas originários da mesma classe dominante e proprietária.

O psicanalista Jurandir Freire Costa (2007), a isso denominou de "a cultura da violência", que ele caracteriza como a busca frenética de se buscar viver o presente, sem história ou futuro, sem hoje ou amanhã. Contraditoriamente, o único futuro que se pode vislumbrar, é o da vitória definitiva sobre o outro. Como prêmio pelo sucesso, numa utopia nunca atingida, mas de grande força simbólica, para se compensar a solidão dessa vitória, resta o prêmio de consolação de possuir todas as riquezas materiais existentes.

Surgem assim com grande apelo de marketing expressões como clube empresa – de futebol -, gestão de relacionamentos interpessoais, maximização do tempo em família, igrejas e empreendedorismo religioso. Aparecem até mesmo lançamentos de livros em série sobre a "bíblia dos negócios" ou os "dez mandamentos do enriquecimento", etc. Os mais trágicos e descabidos entre eles podemos destacar como a saúde empresarial ou ainda a escola empresa. Ou ainda, na simulação organizativa de uma "empresa júnior" pelos estudantes, na universidade ou na escola. Não esquecendo de que tudo ser baseado sob a ótica do controle da qualidade pelo controle do produto. Tendo a partir de agora, nesse contexto, tanto alunos quanto doentes sendo tratados como clientes, usuários seja de produtos da área da saúde ou da educação. Trata-se aqui a educação, a saúde ou mesmo os relacionamentos interpessoais como negócio com gerencia impessoal, utilização sistemática do tempo, visando unicamente maximizar os lucros.

A aliança entre neoconservadores e neoliberais é um casamento por interesse, casamento sem amor que, bem sucedido em seus objetivos globais, já perdura por mais de quarenta anos.

Enquanto os conservadores lideram uma reforma moral, baseada numa ética do trabalho. Os neoliberais tomam conta da economia e da política num projeto que atravessa o mundo inteiro. E que conta com aliados locais em todos os espaços do planeta. Como objetivo central estratégico não revelado, promovem a acumulação ampliada do capital ao mesmo tempo em que reduzem drasticamente - através do desemprego e de cortes em programas sociais e previdenciários, dentre outros -, a reprodução da força do trabalho.

Conhecida como o novo governo dos ricos, esse modelo se apóia nas recentes revoluções na microeletrônica, nas comunicações e na informática. Além disso, procedem e lideram uma profunda mudança no mercado de trabalho e na gestão das empresas, de que falaremos brevemente aqui. A seguir, serão observadas as mudanças que esse modelo de acumulação ampliada de capital provoca na educação e na formação de professores.

As mudanças no mundo do trabalho constituem uma reforma que recebe como nome um eufemismo: reestruturação produtiva. Trata-se agora de um novo trabalhador que realiza nas fábricas e nas empresas, inúmeras funções, das mais simples às mais complexas. Nesse caso, trata-se de um único trabalhador realizando as funções de muitos, mas recebendo o salário de um. Antunes (1995).

Como exemplo, menciona-se uma observação empírica repetida mas informal, realizada nos cafés em Paris. Nelas, os trabalhadores limpam as mesas e o balcão, lavam a louça e, em certos momentos do dia, conduzem latões com sacos de lixo num carrinho, para a lixeira coletiva do restaurante ou do shoping center. Ao mesmo tempo, trabalham como garçons, anotam pedidos, organizam bandejas e servem as mesas. Em tempo, recebem o pagamento dos clientes, operam máquinas de cartões de crédito e computadores. Realizam ainda a propaganda de produtos e serviços.

Como se não bastasse, esses múltiplos funcionários, na função de cozinheiros e gourmets, organizam os pratos para todo dia, fazem variados sanduíches, preparam diferentes molhos, as saladas, não se esquecendo de preparar as deliciosas tortas, doces e salgadas, bolos, quiches e algo mais.

Numa cidade cosmopolita como Paris, que recebe visitantes de todo o mundo, os referidos trabalhadores não hesitam em responder aos clientes numa língua estrangeira, principalmente em inglês.
Jovens em sua maioria, com bem menos de trinta anos, muitos em seu primeiro emprego, esses vigorosos trabalhadores se multiplicam em inúmeras funções, das mais simples - como as de limpeza -, às mais complexas - como cozinha, falar idiomas estrangeiros e informática básica. Ianni (1999, p. 23) fala de um rearranjo interno e externo da classe trabalhadora em âmbito regional, nacional e mundial, com mudanças significativas nos seus padrões de sociabilidade, vida cultural e consciência, com implicações relevantes em seus meios de organização e reivindicação.

Esse é o segredo dessa mencionada reestruturação produtiva: múltiplas funções executadas, compensadas com um único salário. Segredo poucas vezes revelado, esse novo modelo de organização do trabalho possibilita um novo jeito de exploração do trabalho, ao mesmo tempo em que vem ampliando, de forma nunca vista antes, a concentração de riquezas e a acumulação ampliada do capital. Reestruturação produtiva, progressista e evolutiva para poucos, reforma conservadora para as maiorias.

Esse modelo, entretanto, eleva as exigências da qualificação do trabalhador. E traz novas demandas e necessidades para a educação e a escola. Reconhecendo-se que parte dessa formação é realizada em grande medida nas empresas, que preparam sua mão de obra em sua área de atuação. Como é o caso, no exemplo acima, das particularidades de cada restaurante, ou café.

Esse novo e ainda mais explorado trabalhador, necessita de uma formação muito mais complexa. Nesse contexto, para estar preparado para as recentes, renovadas e renováveis exigências produtivas, o modelo empresarial necessita da escola. Cabe a ela, essa nova função de escolarização mínima nos países, para que as massas trabalhadoras estejam preparadas para servir às novas exigências do mundo da produção.

Além dessa atual importância estratégica da escola, surge como exigência indispensável e não menos estratégica a formação de professores, como se verá adiante.

Após esse acordo entre neoconservadores e neoliberais, para viabilizar o novo governo dos ricos, fazem-se necessárias reformas em âmbito mundial. Elas serão políticas, com a eleição e cooptação de governos, econômicas com mudanças estruturais que facilitem a acumulação de capital e a reprodução mínima da força de trabalho e social, com cortes de programas sociais e na previdência, para que todos os recursos disponíveis sejam dirigidos para reproduzir o capital. Ianni (1999, p. 25) fala dessa produção flexível e da emergência do que ele denomina de um "trabalhador coletivo".

Tal regime de desenvolvimento capitalista terá um componente estratégico de crescimento de investimento bélico e militar. Com forte apelo de violência e expansionismo dos países ricos. Como conseqüências trágicas, a destruição do tecido social e de países inteiros, associados a crises sociais conseqüentes das guerras, como a dos refugiados, essa última se voltando contras os próprios desenvolvidos que as promoveram.

Trata-se aqui de um estado mínimo, para os trabalhadores e menos favorecidos e um estado máximo para atender àqueles interesses de um capitalismo renovado. Apesar de serem socialmente conservadoras, essas reformas foram inteligentes, criativas, muito bem implementadas mundialmente, com efeitos desejados e combinados: - maior enriquecimento dos ricos; - concomitante a um significativo empobrecimento dos pobres; - tudo vindo acompanhado de um aumento exponencial da distância entre ricos e pobres; - não nos esquecendo de outra de suas conseqüências mais devastadoras: a degradação do planeta em uma crise sem precedentes de destruição ambiental.

Dentre essas inúmeras reformas de abrangência planetária, havia a necessidade de uma reformulação completa, mais específica no âmbito educacional. Os trabalhadores do mundo deveriam ter uma escolaridade mínima com objetivos claros para que essas classes subalternas se tornassem aptas a operar as novas tarefas produtivas nas fábricas e nas empresas. Elas se referem aqui àquelas atividades no mundo do trabalho que vão das tarefas mais simples às mais complexas. Foi o próprio Marx (1987, p 172) que definiu a propriedade privada complementando seu domínio sobre o homem, "convertendo-se em um poder mundial". Revelada na oposição entre trabalho e capital que no século XIX era "nivelado, parcelado, não livre." (idem, p. 172). Esse modelo se revela agora de forma ainda mais complexa, ainda exploradora.

O BANCO MUNDIAL E AS DIRETRIZES PARA A EDUCAÇÃO

Nesse contexto, países e classes ricas convocam um banco, o Banco Mundial, para liderar esse empreendimento de reformulação educacional global. A referida instituição multilateral tem algo em torno de 16,70 % de suas ações com poder de decisão são pertencentes aos Estados Unidos. Juntos, os países ricos possuem mais de 32% de seu poder acionário e de decisões. O Banco Mundial, a partir de agora aqui denominado BM, vais se tornar e assumir o posto de uma espécie de Ministério Mundial da Educação. Com missões de propor políticas educacionais aos países pobres e em desenvolvimento, financiar, acompanhar e avaliar todas as suas iniciativas ao redor do mundo. (Tommasi, Warde e Haddad, 1996).

É nesse contexto, e assumindo essa nova responsabilidade que o BM vai convocar e organizar as denominadas conferências mundiais da educação. Nelas serão apresentadas propostas de políticas educacionais que deverão ser implantadas por cada um e por todos os países, denominados pobres ou em desenvolvimento, que se comprometem a cumpri-las ao assinarem os documentos finais das referidas reuniões.

As principais delas ocorrerão a cada dez anos em diferentes países, acompanhadas de outros encontros de compromisso e acompanhamento, realizadas em períodos de intervalos de tempo cada vez mais rápidos. Sempre promovidas pelo Banco Mundial e organismos a ele associados nessa empreitada como a Unesco. A primeira e mais marcante e influente delas foi a Conferência Mundial de Educação para Todos, abreviadamente, EPT, realizada na cidade de Jomtien, na Tailândia, em 1990.

Uma década depois, a segunda Conferência Mundial de Educação para Todos realizará em Dakar, no Senegal, no ano 2000. Entre elas e dentre outras menores que se realizaram no período, destaca-se a Conferência de Nova Delhi, na Índia, promovida pela Unesco, realizada em 1993, e que teve a participação de apenas nove países em desenvolvimento, entre eles o Brasil.

Ressalte-se que esses nomes simpáticos e pomposos, que vão transformar-se num movimento conservador, não escondem seus objetivos originais de atenderem aos países ricos e às necessidades muito bem disfarçadas de mera expansão do capital. Conferências Mundiais de Educação, Educação para Todos, Necessidades Básicas de Aprendizagem, vão se tornando eufemismos que visam não revelar reais interesses nesses encontros envolvidos. Ressalte-se que nesse movimento conservador, que escolarizar e educar as massas é sempre um perigo.

Considerada basilar desse momento histórico, a Conferência de Jomtien torna-se marcante desse movimento assumindo caráter fundamental. Nela estiveram reunidos em torno de cem países. Dentre suas proposições assinadas como compromisso por todos os participantes podem-se destacar: - atender às necessidades básicas de aprendizagem da população, as Nebas, que são: ler, escrever, calcular e resolver problemas; - e que para atendê-las seria necessário que os diferentes países garantissem a todas as crianças, pelo menos, quatro anos de permanência na escola.

Algumas das demais deliberações, dentre outras, foram: - que esses primeiros anos de escolaridade ficassem sob a responsabilidade do estado; - da necessidade de aumentar o tempo de escolaridade das meninas, até então, inferior aos dos meninos; - que se implantassem programas ou iniciativas que melhorassem a profissão e a formação de professores. (Tommasi, Warde, Haddad. 1996:127).

A Conferência de Nova Delhi, realizada em 1993 tem uma significativa singularidade. Ela convocou e reuniu apenas nove países, os que poderiam ser chamados na época de países em desenvolvimento. Foram eles: Brasil e México, Egito, Nigéria e África do Sul, Índia, Paquistão e Bangladesh, além da Indonésia. Sua reunião se deve a fatores como sua importância estratégica regional para investimentos das grandes empresas, regiões com grandes territórios, respeitáveis fontes de riquezas naturais, todas elas possuidoras de crescente mercado consumidor, presença de mão de obra farta e barata convivendo com significativo número de trabalhadores escolarizados, razoável desenvolvimento tecnológico e técnico que necessitava ser incentivado. Além disso, eram possuidores de regimes políticos que poderiam garantir certa estabilidade política para os investidores. Para tais investimentos de empresas combinados à necessidade de maior desenvolvimento tecnológico, além de se prepararem para as mudanças no mundo do trabalho, fazia-se necessário que se comprometessem a realizar profundas mudanças de seu contexto educacional. Isso incluindo a formação de professores.

Como se pode perceber, a preocupação com a profissão docente é considerada central nessa nova realidade. Agora o trabalho do professor precisa deixar de ser coisa de abnegados, ou de amadores. Começa assim, pelo menos oficialmente e num encontro de tamanha abrangência a problemática da profissionalização e da formação de professores.

No caso brasileiro, esse debate já existia há algum tempo, fruto do crescimento e da urbanização do país nas décadas anteriores, de ações governamentais mais também originários das pressões da sociedade e particularmente dos movimentos sociais e sindicais de educadores. Ressalte-se que, em muitas regiões do país, ainda vigorava a existência significativa de professores denominados leigos, sem formação apropriada, recebendo por seu trabalho valores monetários muitas vezes irrisórios. A título de compreensão nos detenhamos aqui nessa profissionalização do trabalho docente.

Essa profissionalização pode ser em linhas gerais dividida em dois aspectos: - o primeiro, a formação do educador. Essa, por sua vez, podendo ser dividida em duas dimensões: a formação inicial e a continuada; - a segunda dimensão da profissionalização é a carreira docente. Aqui compreendida como admissão na rede de ensino por concurso público, políticas de implantação e melhoria de piso salarial, além da definição de uma chamada política de cargos e carreiras que vá combinando, desenvolvimento pela formação e tempo de trabalho, combinadas a programas específicos de aposentadoria, dentre outras.

Uma terceira dimensão, em muitas análises negligenciadas, é que surgem ou se renovam outras formas de exploração do trabalho docente. Contraditoriamente, ao mesmo tempo que a educação escolar se torna central e o trabalho do professor considerado indispensável, a desvalorização social e de remuneração da profissão de professor torna-se realidade observável, em medidas diferentes, praticamente em nível mundial. Essa é uma novidade, mas não inesperada dessa nova fase do desenvolvimento do capitalismo. Excessiva jornada de trabalho, nas escolas ou em casa, casos de formação inicial ou continuada nas férias ou em fins de semana, exigência crescente pela participação em cursos de pós - graduação em horários complementares aos de trabalho, demanda crescente pela participação em numerosos programas governamentais implantados na escola, obrigação velada de preparar alunos para as avaliações de desempenho sejam, nacionais ou internacionais – do mencionado monitoramento do Banco Mundial, necessidade de atualização permanente em novas abordagens, metodologias didáticas ou com as novas tecnologias, sem se falar na convivência com o medo trazido pela trágica novidade do crescimento da violência nas escolas, entre alunos ou ainda contra os próprios professores. São apenas alguns temas dentre tantos outros que trazem, como uma de suas conseqüências mais negativas, a desilusão e o cansaço físico e mental, de que são vítimas alguns professores diante de sua profissão.

Tratando-se especificamente da formação docente, nesse caso a formação inicial e a contínua, podemos definir a primeira como a preparação inicial num curso universitário de licenciatura. Nesse caso, para além de uma escolha pessoal de um jovem em busca realização profissional, torna-se fundamental, tanto uma política pública de apoio quanto uma preocupação com a prioridade e o cuidado que devem tomar as universidades e demais instituições de educação superior com os cursos de licenciatura. Quanto à formação continuada, essa deve ser de responsabilidade das agências contratantes, seja pelas secretarias estaduais, regionais e locais de educação.

Ressalte-se que agora, no atual contexto do desenvolvimento da acumulação capitalista, a educação torna-se uma questão cada vez mais estratégica. Isso ocorre numa dupla dimensão: a primeira, as novas exigências do mundo do trabalho e o desenvolvimento acelerado das novas tecnologias, além do desenvolvimento de novas formas de gestão das fábricas e das empresas, justificam essa nova preocupação apontada como prioridade pelas conferências mundiais de educação. Nesse caso, tomando como necessidade de reprodução das forças produtivas a serviço do capital; - por outro lado, pelo lado das demais forças da sociedade, ressalte-se que a educação escolar, a formação e a profissionalização docente, sempre estiveram na agenda de grupos e movimentos sociais de trabalhadores em geral e educadores.

Nesse caso, educar sempre traz o perigo da consciência, do desenvolvimento da crítica e da politização das classes oprimidas, dos desfavorecidos, das classes subalternas, ou da forma que se deseje chamá-las. Esse também é o caso de setores e extratos sociais de classe média que se localizam em suas posições políticas, de um lado ou de outro dessas complicadas relações de interesse e poder. (Souza, 2003).

Apresenta-se aqui, o que em outros tempos se poderia chamar de luta de classes, que, utilizando nesse momento querendo dizer, a disputa de posições políticas entre atores sociais de interesses diferentes e antagônicos, pela divisão da riqueza e dos frutos do trabalho. E que essa disputa não de dá de forma pré - determinada ou homogênea. Acontecem acordos e desacordos, aproximações e distanciamentos, épocas em que se sucedem convivência calma ou pouco entendimento. Sempre ocorrendo alguma coisa no espaço largo que vai se formando entre os acordos de longo prazo ou rupturas radicais e rompimentos.

Importante, entretanto dizer, que na maior parte do tempo, e em condições normais de temperatura e pressão, se é que elas existem, há sempre um predomínio acentuado de prevalência de interesses dos mais poderosos, mais ricos, ou das classes dominantes, como se as queira denominar. Isso acontecendo graças ao seu poder de força, mas também a partir de acordos, acertos, convencimentos e cooptações. Jogando papel decisivo e, geralmente pendendo para o lado mais forte, encontramos as classes médias, de compreensão e definição imprecisas, devendo-se reconhecer, que é também entre esses mencionados setores sociais médios, que acontecem importantes, estratégicas e significativas adesões aos interesses das classes subalternas ou de outro nome que se possa denominar. (Souza, 2003: 93-145).

Por outro lado, tanto entre os do andar de cima quanto entre os setores populares pode haver traições ou descolamentos movimentos de proximidade ou afastamento de seus interesses de classe, isso variando muito de acordo com períodos históricos e movimentos e mudanças sejam elas econômicas ou sociais. Ou de todas elas combinadas. Não se esquecendo de mencionar a importância de fatores de originários das regiões insondáveis dos desejos pessoais ou de personalidade, geralmente muito complexos e difíceis, tanto de se prever quanto de se explicar.

Numa interpretação sobre classes sociais, que se revela muito útil para a pesquisa inclusive educacional, Jessé de Sousa, divide didaticamente em quatro as classes no Brasil, a saber: - a classes dominantes, as classes médias, os batalhadores e a ralé. Todas elas com subdivisões e diferenças internas.

As classes dominantes seriam os tradicionais e os novos donos dos meios de produção, seja nas áreas produtivas de mercadorias, serviços, comunicação ou informação, dentre outras. Eles são denominados dominantes em virtude de seu poder, tanto econômico, quanto social ou mesmo cultural; As classes médias, consideradas bastante amplas e complexas, teriam como característica unificadora, além de uma renda mais elevada que as demais classes inferiores, a posse do que se poderia denominar de poder intelectual. As antigas profissões liberais – médicos, advogados, engenheiros -, ao lado de novos atores sociais como professores universitários ou funcionários graduados, sejam de empresas públicas ou privadas estariam entre eles. Ressalte-se que esses setores sociais são dotados do que ele chama de prestígio e importância por possuírem aquele conhecimento, mesmo que fragmentado, centrado principalmente em sua área de atuação. Isso lhes daria, além de renda, reconhecimento e valorização social.

Quanto aos batalhadores, poderiam ser definidos como aqueles que vivem do trabalho. E do trabalho assalariado. Com renda menor que os anteriores, possuindo também conhecimentos muitas vezes adquiridos na prática. Além dessa inferioridade de rendimento, os batalhadores geralmente moram em lugares mais distantes, gastam mais tempo em deslocamentos e transporte, tem menos anos de escolaridade em média, vivendo com muito mais insegurança quanto ao dia de amanhã. Eles poderiam ser divididos entre o tradicional proletariado das fábricas e os trabalhadores do campo dos demais batalhadores. Importante dizer que as professores primários, poderiam ser incluídos nesse extrato social entre os batalhadores.

Quanto à ralé, essa poderia ser relacionada ao que Karl Marx denominava de *"lumpem proletariado"* ou a quem poderíamos denominar subclasse. (Marx, 1987, p. 99 a 109). Caracterizada por estar à margem de todo o sistema social em situação de pobreza associada a fatores como: - longos períodos de desemprego; - baixa ou quase nenhuma escolaridade formal; -, prolongada dependência de programas assistenciais do estado; - desagregação dos laços familiares e demais vínculos sociais; - significativos casos de dependência de álcool ou das drogas. (Souza, 2003:151-163).

Escrevendo sobre sociedade atual e cultura Ribeiro (2010, p. 205) fala de uma novidade na cena social e política. Trata-se da experiência da busca de soluções e saídas privadas para problemas sociais ou ainda da dimensão de estar em grupo, mas buscando soluções meramente individuais, como em algumas igrejas ou na política.

Para além de maiores polêmicas sobre esse complexo tema das classes sociais. Importante mencionar que essas classificações não visam esgotar toda a complexidade da realidade, servindo sempre como mecanismo explicativo de posições de grupos e pessoas num determinado contexto social e histórico.

Por sua vez, o sociólogo britânico marxista Ralph Miliband, estudioso sobre o assunto, lembra que dois fatores realmente importam nesse debate sobre classes sociais e lutas de classe. O primeiro e mais localizado em sua origem é o da exploração, caracterizado pelo modo como as classes proprietárias exploram o trabalho da classe trabalhadora. O segundo aspecto, considerado por Miliband como fundamental, é o da dominação. Ou a maneira e as diferentes formas como as pessoas e grupos não apenas são exploradas, mas como muitas vezes nem reconhecem essa exploração. E o que é ainda mais grave, é como esses grupos e pessoas parecem não se importar com esse estado de cotidiana submissão. Além de não reconhecer sua própria existência subjugada e, muitas vezes, não parecer se importar com isso, uma situação a se analisar é que haja conformismo e até mesmo adesão à situação de dominação.

O casamento por interesse entre conservadores e liberais, exercendo com idas e vindas sob crises quase intermináveis e sucessivas, o governo mundial, pode explicar boa parte dessa exploração que se modifica, como vimos, nas novas formas do trabalho explorado. Num eufemismo denominado, reestruturação produtiva. Esse acordo entre classes dominantes interfere num modo de viver e pensar dos trabalhadores sob diversas formas. O que não pode dispensar a influência indispensável do Banco Mundial e da Unesco, em suas mencionadas conferências mundiais de educação.

REFERÊNCIAS
LIVROS

ANDERSON, Perry. Zona de Compromisso. São Paulo: Unesp Editora, 1996.

ANTUNES, Ricardo. Adeus ao Trabalho. São Paulo: Cortez, 1995.

BAWMAN, Zigmunt. Modernidade Líquida. Rio de Janeiro: Zahar, 2009.

BOBBIO, Norberto. Liberalismo e Democracia. São Paulo: Brasiliense, 1993.

COSTA, Jurandir Freire. O Risco de Cada Um: Ensaios de Psicanálise e Cultura. Rio de Janeiro: Garamonde, 2007.

ELIAS, Norbert. A Sociedade dos Indivíduos. Rio de Janeiro: Zahar, 1994.

HOBSBAWM, Eric. Tempos Interessantes: Cultura e Sociedade no Século XX. São Paulo: Companhia das Letras, 2013.

IANNI, Otávio, O Mundo do Trabalho, in, FREITAS, Marcos Cezar (org.), A Reinvenção do Futuro. São Paulo: Cortez, 1999.

LALLEMENT, Michel. História das Ideias Sociológicas. Das Origens a Max Weber. Petrópolis: Vozes, 2000.

MARX, Karl. Coleção Grandes Cientistas Sociais. São Paulo: Ática, 1987.

---------, MARX, Coleção Os Pensadores. São Paulo: Nova Cultural, 1987.

RIBEIRO, Luís Távora Furtado. Sociedade e Escola: Análise de Elementos Básicos da Cultura. In.

RIBEIRO, L. T. F. & RIBEIRO, Marco, A. P. Temas Educacionais: uma Coletânea de Artigos. Fortaleza: Edições UFC, 2010.

SOUZA, Jessé. A Construção Social da Subcidadania. Belo Horizonte: Editora UFMG; Rio de Janeiro: Iuperj, 2003.

TOMMASI, Miriam de. WARDE, Mirian Jorge e HADDAD, Sergio. O Banco Mundial e as Políticas Educacionais. São Paulo: Cortez, 1996.

WERNECK, Luiz. Liberalismo e Sindicato no Brasil. Belo Horizonte: UFMG, 1999

CONTRIBUIÇÕES A LIVROS

MILIBAND, Ralf. Análise de Classes. In. DIDDENS, Anthony e TURNER, Jonathan, Teoria Social Hoje. São Paulo: Unesp, 1999

EDUCAÇÃO E FORMAÇÃO DOCENTE SOB A ÉGIDE DO CAPITAL EM CRISE:

ELEMENTOS PARA UMA CRÍTICA ONTO-HISTÓRICA

Valdemarin Coelho Gomes[39]

RESUMO: Desde a década de 1990 eventos de âmbito global na área educacional, em sua grande maioria promovidos dentro da parceria Banco Mundial e Organização das Nações Unidas para a Ciência, a Cultura e a Educação (UNESCO), ressaltam constantemente o papel que a escola e o professor assumem na "sociedade do conhecimento": produzir nos alunos competências e habilidades que possibilitem sua adaptação à incerta conjuntura que se descortinou no final do último século e que tende a ampliar-se neste novo milênio. A perspectiva da "sociedade do conhecimento" e da globalização econômica passou a permear as diretrizes para uma reestruturação das bases do ensino, da formação docente e do papel que a escola exerceria no dito novo cenário social. Certamente o sucesso de tal empreendimento não poderia prescindir da figura do docente, ressaltando-se que "a importância do papel do professor enquanto agente de mudança, favorecendo a compreensão mútua e a tolerância, nunca foi tão patente como hoje em dia" (UNESCO, 1998: 152-153). O texto que apresentamos aqui busca analisar os princípios gerais sobre os quais se assentam os determinantes à educação em geral e à formação docente, mais especificamente, considerando o atual momento de crise estrutural que o sistema do capital atravessa e suas estratégias de superação, dentre elas o uso do "serviço" educativo. Nossa referência de análise é a ontologia marxiano-lukacsiana, afirmando o trabalho como fundamento do mundo dos homens e, consequentemente, sua potência revolucionária diante do modelo explorador e desumanizante do capital, elementos para os quais a educação pode vir a ser um complexo reprodutor ou de produção de rupturas essenciais.
Palavras-chave: Educação; formação docente; crise estrutural do capital

Componentes introdutórios

Os anos de 1990 caracterizaram-se, entre outros tantos fatos, pelo advento do chamado neoliberalismo, pela emergência mundial de uma sociedade em processo de globalização comercial e econômica e, principalmente, pela tentativa de se constituir um conteúdo ideológico que afirmava que, diante do fim da polaridade capitalismo-comunismo, a realidade irresistível produzida com base nos princípios da primeira alternativa, representaria o horizonte adaptativo para o qual todos os setores da vida social deveriam convergir, guiados pela luz prodigiosa do capital livre. Ilustra bem isso as ressonadoras palavras de uma das maiores representantes desta corrente, a ex-primeira-ministra britânica, Margareth Thatcher, que as repetia, ao defender seu programa econômico: *"There is no alternative"* (Não há alternativa)[40]. De forma igualmente impactante, podemos ressaltar ainda sua assertiva de que "a economia é o método. O objetivo é mudar a alma", definindo-se, assim, o patamar das mudanças e seu horizonte final.

Para neutralizar qualquer possibilidade contestadora da falaciosa ideia de que o capitalismo representaria o aperfeiçoamento da organização social construída pela humanidade no seu devir histórico, em especial, a partir do último século, tornou-se urgente realizar o mapeamento dos principais problemas que afrontavam o *capitalism way of life* e apontar as

---

[39] Professor adjunto da Faculdade de Educação da Universidade Federal do Ceará. Pesquisador do Instituto de Estudos e Pesquisas do Movimento Operário – IMO/UECE. E-mail: rabbitmario@hotmail.com.

[40] Uma crítica a esta perspectiva pode ser encontrada em *Les nouveaux maitres du monde* (Os novos senhores do mundo), do sociólogo Jean Zigler (2003).

soluções mais eficientes para dar conta de oferecer às populações adequadamente preparadas, o ingresso à reluzente e benéfica globalização, impulsionada pela dinâmica incontrolavelmente expansionista do capital e de seu representante mais caro, o mercado.

Duas questões passaram a frequentar com maior ênfase este quadro, com vínculo direto ao complexo educacional: a inconveniente pobreza que persistia em assolar mais de um bilhão de pessoas em todo o mundo[41] e, diretamente a ela relacionada, a pouca competência dos países para produzirem, de maneira apropriada, suas condições de progresso e desenvolvimento econômico.

As explicações para o fenômeno da pobreza, do subdesenvolvimento e das formas degradantes de existência que cercavam um significativo contingente humano, passaram a frequentar relatórios e estudos produzidos por organismos multilaterais, a exemplo do Banco Mundial[42], Programa das Nações Unidas para o Desenvolvimento (PNUD)[43], Comissão Econômica para a América Latina e o Caribe (CEPAL)[44], entre outros. Na mesma cantilena superficializante das explicações, inseriu-se seu conteúdo resolutivo: provocar, em escala global (com ênfase no que se definiu como grupo do E-9 – países com alto contingente populacional e níveis sócio-educacionais insatisfatórios), um conjunto de reformas educacionais que promovessem a adequação destas populações à nova dinâmica mundial, proporcionando-lhes um *quantum* de conhecimento basilar que, a seu turno, subsidiaria suas estratégias de ingresso no mercado de trabalho e a ampliação de suas rendas, rompendo, por fim, com a estagnação financeira e intelectual que as confinava àquelas condições anteriormente citadas.

Solicitava-se, assim, que a educação assumisse para si a tarefa de romper com os problemas mais prementes que a globalização poderia gerar, convocando-se o Estado como agente promotor das reformas educacionais e estimulador da nova alma que deveria cercar a escola e o professor: eficiência e descentralização controladas. Não descuidaram, entretanto, de dividir esta tarefa com toda a sociedade, à qual se acrescentaria o adjetivo de *educadora*, deixando-se claro que o objetivo de "mudar a alma" requereria, agora, um esforço coletivo e consensual.

Para rechear o discurso de que não se tratava de uma mera adaptação ao avanço da lógica do capital sobre o globo, o desenho das análises, em geral, parte de uma crítica à forma de condução do processo de desenvolvimento capitalista. O pêndulo movimentava-se desde o

---

[41] "Em 1995, durante a Cúpula Mundial para o Desenvolvimento Social, realizado em Copenhague, na Dinamarca, inaugurava-se o Relógio da Pobreza, uma tentativa de mostrar, de forma dramática, a rapidez do crescimento da pobreza no mundo. Nesse relógio, a cada minuto, 47 pessoas se somavam ao já enorme contingente de pobres, o que representava por ano, à época, nada menos que 25 milhões de pessoas" (WHERTEIN e NOLETO, 2003: 17).

[42] BANCO MUNDIAL. Novo relatório do Banco Mundial e do FMI. Washington, D.C., 2003. Disponível em: http://www.wordbrank.org/data/wdi2003;
Sobre a mesma questão, podemos consultar ainda o Relatório do BM de 2013, disponível em: http://siteresources.worldbank.org/EXTANNREP2013/Resources/9304887-1377201212378/9305896-1378757600140/WorldFreeOfPoverty_PT.pdf. Acesso: 2 de agosto de 2014.

[43] PNUD. Relatório de desenvolvimento humano 2014. *Sustentar o progresso humano: reduzir as vulnerabilidades e reforçar a resiliência.* 2014.

[44] CEPAL/UNESCO. Educación y conocimiento: eje de la transformación productiva con equidad. Santiago de Chile, agosto de 1992.
CEPAL. Transformación productiva con equidad: la tarea prioritaria del desarrollo de América Latina y el Caribe en los años noventa. Santiago de Chile, marzo de 1996.

argumento de que o modelo desenvolvimentista ampliara o fosso da desigualdade social, alcançando, na outra ponta, as questões sobre a destruição ambiental e suas consequências para a vida no planeta, tocando-se ainda, nesta parábola, em pontos como: violência, vulnerabilidade social, gênero, etnia etc.

É possível afirmar que as análises expostas em muitos dos estudos e documentos produzidos por alguns destes organismos multilaterais capturam, em certa medida, o conteúdo próprio da realidade existente no mundo hoje. Estudos do Banco Mundial, do PNUD e da Unesco[45], entre muitos, demonstram, com clareza, que o período histórico que atravessamos está repleto de tais fatores por eles elencados e até mesmo demonstrados quantitativamente. O que predomina, entretanto, mesmo diante da chamada realidade dos números e fatos, é uma análise que avança até certo ponto sobre esta realidade, deixando ocultos os verdadeiros condicionantes que os produzem: a lógica destrutiva, expansionista, incontrolável e desumanizadora do capital, em especial neste momento de crise que este sistema vivencia. Sobre tais elementos recai, agora, nosso exame, numa tentativa de entender como este componente se conecta à educação e quais suas reverberações para o campo da formação do professor. Não deixa, entretanto, de se afirmar como uma denúncia às articuladas mistificações que o sistema do capital tem produzido no campo da educação e da atividade escolar/docente.

Crise estrutural do capital e educação: considerações fundamentais

Pela primeira vez na história uma crise atinge as estruturas do sistema do Capital, fazendo com que este se encontre com seus limites (MÉSZÁROS, 2002). Esta crise caracteriza-se, entre outras coisas, por um constante decréscimo das taxas de lucro, mas também por um avanço crescente das mazelas essenciais desse sistema. Para retomar seus patamares lucrativos e expandir-se, o capital, obrigatoriamente, necessita lançar mão de mecanismos cada vez mais perversos à humanidade, operando uma reestruturação no campo produtivo, político e ideológico.

As crises não são novidades dentro do capitalismo, tendo seu fundamento na superprodução de mercadorias. É possível identificarmos, pelo menos, 18 (dezoito) ciclos de crises desde a afirmação do capitalismo como modo predominante de produção, a exemplo do que ocorrera na Inglaterra em 1825, 1836, 1847/48 e se sucedeu até a crise de 1957, cujo início se deu nos Estados Unidos. A denominação de cíclica se dá pelo fato de se identificar entre o fim de uma crise e o início da outra, um período chamado *ciclo*, no qual quatro etapas se desenvolvem: crise, depressão, reanimação e ascensão.

Marx já explicara as crises no interior do capitalismo, pelo que ele denominou de tendência geral à queda da taxa de lucro, fenômeno que, numa explicação rápida, se estabelece pelo aumento da produtividade do trabalho que faz despencar os preços dos produtos. Na medida em que o capitalista investe em tecnologia, introduz novas máquinas e matérias primas, aumentando sua produção de mercadorias, faz com que se eleve a composição orgânica do capital (capital constante em relação ao capital variável). Este movimento leva, num primeiro momento à expansão do lucro do capitalista, mas na medida em que a concorrência entre os capitalistas se equilibra novamente, pela difusão da tecnologia para a produção e elevação da

---

[45] UNESCO. Relatório Educação: um tesouro a descobrir. Brasília: Cortez Editora, 1998.

quantidade de mercadorias fabricadas, a tendência é que estas tenham seu preço reduzido e, consequentemente, a taxa de lucro dos capitalistas tende a decrescer.

É oportuno assegurar que este movimento não é um defeito do sistema capitalista, mas é parte de sua própria estrutura. Significa dizer que a crise possibilita uma retomada dos patamares lucrativos para os capitalistas. Porém, é imperativo lembrar que, desde Marx, entendemos que o que gera lucro para o capital (e para o capitalista) é a exploração do trabalho na forma da mais-valia (excedente entre os gastos com a produção – maquinário + mão de obra – e o valor da mercadoria). Implica isto que a retomada dos níveis de lucro requer, obrigatoriamente, a ampliação da exploração sobre o fundamento com o qual o capitalista realiza seu lucro: a mais-valia. A seu turno, isto põe em prática todos os mecanismos políticos e ideológicos que dão sustentação ao sistema do capital.

Não afirmamos que no cenário desta crise estrutural o capital deixe de ter períodos de crescimento. O que se estabelece, a partir da crise atual, é que as soluções encontradas para a retomada dos níveis de lucro dos capitalistas se mostram cada vez menos eficazes, exigindo "novas" e imediatas soluções, que, ao fim e ao cabo, mostram-se extremamente prejudiciais à sobrevivência da humanidade e do próprio planeta. Assim posto, a necessidade de auto-realização ampliada do capital o obriga a operar, predominante, na direção da produção destrutiva cada vez mais acelerada. Constatando-se que em distintos modos de produção nos quais o capital plasmou sua essência, a exemplo do escravismo e do feudalismo, os limites postos pelo desenvolvimento das forças produtivas e das relações de produção impediam, até certo ponto, o avanço destrutivo do sistema, sob o capitalismo este entrave tende a desaparecer, já que este modo de produção realiza um alto grau de desenvolvimento tanto das forças produtivas quanto das relações de produção. Figura daí a afirmação do modo ampliado de expansão do sistema do capital e todo o arcabouço constitutivo de sua matriz primordial: exploração, expropriação, desigualdade, pobreza, acumulação, destrutitividade, desumanização etc.

Este sistema, em todas as suas formas capitalistas ou pós-capitalistas é (e tem de permanecer) *orientado à expansão* e dirigido pela *acumulação*. Naturalmente, o que está em questão a esse respeito não é um processo designado à crescente satisfação da necessidade humana. Antes, é a expansão do capital como um fim em si mesmo, servindo à preservação de um sistema que não poderia sobreviver sem afirmar constantemente seu poder como um modo ampliado de reprodução (MÉSZÁROS, 2007: 58).

Mèszàros (2002) afirma que nas últimas décadas o capital vive uma crise incomparável e nunca antes experimentada, que tem suas raízes nos anos de 1970, época marcada, entre outras coisas, pela instabilidade econômica, pelo fim do estado de bem-estar social e pela decadência do modo de produção fordista/taylorista. Estendendo-se de forma rastejante, a crise atingiu as estruturas do sistema do capital, alcançando seus limites e esgotando suas estratégias de reprodução anteriormente ativadas. Como consequência, o capital se viu diante da necessidade de acelerar sua essência expansionista e incontrolável, intensificando sua predominância sobre o trabalho e impondo sua forma de ser ao conjunto da humanidade.

O modo como o capital faz perpetuar sua existência atinge, na quadra histórica contemporânea, um custo elevado para o planeta como um todo. A busca por certos padrões de lucro e acumulação torna imperativo assumir estratégias ascendentes de desumanização. Na medida em que seu projeto expansionista é obrigatoriamente acionado, como ocorre neste momento de crise estrutural, todos os quadrantes da vida social são atravessados pelos condicionantes cruéis desse sistema.

Marx (2009) já apontara que o capital tem como propósito a manutenção de sua hegemonia e, para tanto, busca conformar os indivíduos à sua lógica. O modo de produção da sociabilidade do capital age sobre os sujeitos (no plano das objetivações e das subjetivações), apresentando o sistema econômico e social vigente como a alternativa mais promissora para a humanidade.

Inserida neste propósito, a educação é convocada a dar sua contribuição, seja através da instrumentalização técnica dos indivíduos necessários à fase expansionista capitalista - que recebe, entre tantas outras, a denominação de globalização -, seja promovendo a acomodação (objetiva e subjetiva) dos mesmos às determinações do sistema à existência social.

Não se trata, aqui, de apontar um defeito desta lógica, capaz de ser sanado por novas formas de conscientizações e posturas gestadas por um salvador modelo educativo capaz de oferecer às pessoas a chave que abre as portas para o paraíso da boa relação entre si e com o meio ambiente, como vemos em grande parte do debate atual trazido mais de perto pelos organismos defensores deste sistema. Trata-se da constatação de algo intrínseco à exclusiva necessidade de reprodução do capital.

É correto afirmarmos também que, diante de sua crise contemporânea, o capital objetiva explorar tudo e todos, tanto no que se refere à produção quanto ao consumo. Como o processo de produção e consumo se assenta sobre o trabalho assalariado e os postos de emprego são cada vez mais exigentes e exclusivos, a educação, entre outros fatores, entra na equação para promover a igualdade de condições para que os indivíduos se tornem sujeitos potencialmente explorados e consumidores ativos. Para cumprir com tão honrosa tarefa, os professores são convocados a dar sua valiosa contribuição, assumindo o papel de difusores dos preceitos educacionais do mercado: concorrência aliada ao respeito à diferença; cidadania aliada ao consumo (consciente?); conhecimento como fator primaz da produção; cultura de paz para uma boa governança; inter e transdisciplinaridade com fundamentos da policognição e da multifuncionalidade. A lista engloba um extenso receituário sobre o qual ficamos impossibilitados de nos dedicarmos, o que nos obriga a restringir nosso exame às formulações gerais para a formação que deve ser ofertada ao professor para que ele possa fazer cumprir o cartel de orientações já determinadas.

As bases da formação docente definidas pelos agentes do capital em crise

O quadro da formação docente no Brasil tem se modificado rapidamente nas últimas décadas, numa resposta imediata às deliberações advindas de eventos internacionais, tais como a Conferência Mundial de Educação para Todos (Jomtien/Tailândia-1990), que tomou como eixo central a reforma educacional visando sua possível adequação às demandas de um mundo dito globalizado.

Estes eventos, em sua grande maioria promovidos por agências como Banco Mundial e Organização das Nações Unidas para a Ciência, a Cultura e a Educação (UNESCO), ressaltam constantemente o papel que a escola e o professor assumem na "sociedade do conhecimento": produzir nos alunos competências e habilidades que possibilitem sua adaptação à incerta conjuntura que se descortina desde o final do último século e que tende a ampliar-se no início deste novo milênio. Desta feita o professor é convocado a dar conta de um conjunto de requisitos para os quais sua formação, até então, não o preparara. Além da preocupação com a especificidade de sua área, foi determinado ao docente agregar um rol de novos conteúdos, com o objetivo de cumprir de maneira eficaz[46] sua atividade. Relatórios e documentos passaram a ser elaborados para confirmar tal necessidade. Exemplo disto, o Relatório Delors, um dos muitos rebatimentos da Conferência de Jomtien, além da exigência da formação superior, recomenda que "o professor exerça outras profissões além da sua" (Shiroma, Moraes e Evangelista, 2004: 69) com o intuito de ampliar sua compreensão da realidade e, com isto, oferecer aos alunos elementos para um pensar crítico e contextualizado. Em resumo, o referido Relatório expõe o que considera ser tarefa dos professores:

Tendo assim perdido, em grande parte, a preeminência que tinham na educação, professores e escola encontram-se confrontados com novas tarefas: fazer da escola um lugar mais atraente para os alunos e fornecer-lhes as chaves de uma compreensão verdadeira da sociedade da informação (UNESCO, 1998: 154).

A perspectiva da "sociedade da informação" ou "sociedade do conhecimento" passou desde então a permear as diretrizes para uma reestruturação das bases do ensino, da formação docente e do papel que a escola exerceria no dito novo cenário social[47]. Certamente o sucesso de tal empreendimento não poderia prescindir da figura do docente, ressaltando-se que "a importância do papel do professor enquanto agente de mudança, favorecendo a compreensão mútua e a tolerância, nunca foi tão patente como hoje em dia" (UNESCO, 1998: 152-153).

As crescentes pressões sobre o ato pedagógico trazem, a seu turno, a imperativa revisão do modelo formativo existente. Desde o currículo, passando pelo *lócus* da formação e alcançando as teorias que instigavam no professor os procedimentos e posturas adequadas, praticamente tudo é examinado, concluindo-se por uma ampla reestruturação no sentido do ensinar.
O ajuste providencial deve, assim, corresponder ao receituário estabelecido pelas agências internacionais e assumido por governos em diferentes países do globo. A execução fica a cargo dos sistemas educacionais, contando com o auxílio luxuoso de importantes teóricos do campo educacional (*ibid*).

Estão postas, desta maneira, as condições ideais para a operacionalização de um modelo de formação do professor nucleado por categorias como interdisciplinaridade, transdisciplinaridade, reflexão sobre a prática, pesquisa e profissionalização. Estas, ao lado de outros tantos motes como justiça social, cultura de paz e erradicação da pobreza, devem servir como horizonte da formação docente, redesenhando, subsequentemente, sua ação cotidiana.

Todo este painel nos remete a uma pergunta inicial: por que a formação e a prática docente figuram na base da reforma educacional encaminhada desde o início da década de 1990 pelos eventos promovidos por instituições multilaterais como Banco Mundial e Unesco?

---

[46] A eficácia da atividade docente estaria fincada na capacidade do professor atender aos preceitos estabelecidos pelos inúmeros documentos produzidos, a exemplo do Relatório Delors (UNESCO, 1998).

[47] UNESCO. Declaração Mundial sobre Educação para Todos (Conferência de Jomtien). Tailândia: Unesco, 1990. Disponível em: < http://www.unesco.org.br/publicação/doc- internacionais>
UNESCO. A Declaração de New Delhi sobre Educação para Todos. New Delhi- Índia: Unesco, 1993. Disponível em: <http://www.unesco.org.br/publica/Doc_Internacionais/declaraNdelhi>.
UNESCO. O Marco de Ação de Dakar Educação Para Todos: atendendo nossos Compromissos Coletivos. Dakar, Senegal: Cúpula Mundial de Educação, 2000. Disponível em:<http://www.unesco.org.br/publicação/doc-inernacionais/marcoDakar>
UNESCO. Declaração de Cochabamba sobre Educação Para Todos. Bolívia:Unesco, 2001. Disponível em: http:// www.unesco.br.

A resposta a esta inquietação só é possível de ser vislumbrada se levarmos em consideração alguns aspectos importantes. Primeiro: vivemos um período extremamente conturbado da história, inaugurado por aquilo que Mészáros (2000) define como a existência de uma *crise estrutural do capital;* segundo: esta crise opera a emergência de uma nova dinâmica na relação entre trabalho e educação; terceiro: como revide à crise, o sistema do capital necessita expandir e aprofundar sua lógica sobre todos os setores da vida social, incluído aí o complexo educacional, dentro do qual se encontram as instituições de ensino e o professor; por último: o papel assumido pelas agências aliadas do sistema intensificou-se nas últimas décadas, numa forma de legitimação das políticas de contra-golpe à crise.

Neste plano, convencionou-se que a educação é um elemento central dentro do projeto reprodutivo da ordem social do capital, tanto por participar diretamente da formação dos indivíduos necessários ao modelo produtivo vigente quanto por ser um espaço privilegiado de difusão da ideologia da ordem. No interior deste núcleo, o professor desponta como o principal agente difusor, capaz de tornar palatável todo o conjunto de determinações ofertadas em encontros de âmbito mundial e local.

A formação deste agente deve, portanto, estar em consonância com algumas das necessidades atuais do sistema, quais sejam: a coesão social por meio de um pacto de convivência pacífica, dentro do qual a questão primaz de classe seria negada ou, ao menos, relegada a um plano ínfimo da realidade; o desmonte das iniciativas de resistência à lógica do sistema, fossem estas no âmbito da produção teórica ou mesmo da prática organizacional dos trabalhadores; a assunção do ideário da cidadania e da democracia como horizontes da plena liberdade individual e coletiva[48]; e, por último, o conteúdo das lutas sociais ficaria reduzido à busca de soluções para demandas específicas e fragmentadas, como gênero, etnia e orientação sexual, entre tantas outras. O desenho do padrão formativo exige, assim, o repensar dos conteúdos e valores que devam ser ensinados aos professores e repassados por estes aos alunos, além, claro do *lócus* de sua formação. Por certo, a reforma busca atingir diretamente a educação básica (Shiroma, Moraes e Evangelista, 2004), mas não tem como se alcançar tal intento sem a preparação dos docentes que nela atuam ou atuarão. É interessante lembramos que o artigo 62º da atual Lei de Diretrizes e Bases da Educação Nacional (LDB 9394/96) afirma que

A formação de docentes para atuar na educação básica far-se-á em nível superior, em curso de licenciatura, de graduação plena, em universidades e institutos superiores de educação, admitida, como formação mínima para o exercício do magistério na educação infantil e nas quatro primeiras séries do ensino fundamental, a oferecida em nível médio, na modalidade Normal[49].

Postas nestes termos algumas das condições da formação docente, resta, por fim, estabelecer o perfil deste profissional – professor - e o conteúdo teórico/prático que lhe será ofertado. Fica fácil percebermos o enorme esforço que inúmeras instituições de ensino superior fazem, com o objetivo de adequar os Projetos Pedagógicos de seus cursos ao atendimento das

---

[48] Sobre esta questão, Ivo Tonet elabora uma importante discussão em seu livro *Educação, cidadania e emancipação humana* (2005), a partir do qual expõe os limites da cidadania e da democracia burguesa enquanto horizontes da emancipação política, representando, assim, um primordial conteúdo ideológico a serviço do empreendimento capitalista de controle social.

[49] Disponível em: http://portal.mec.gov.br/arquivos/pdf/ldb.pdf. Acesso: 20.04.2016.

exigências anteriormente instituídas no painel desenhado pela "sociedade do conhecimento", constantemente reforçado nos eventos que tomam a educação como mote fundamental.

O ideário da "sociedade da informação" e suas demandas sobre a formação profissional adentram a educação por meio de inúmeros projetos, sendo o mais significativo deles o Projeto de Educação para Todos, o qual condensa, de forma cabal, as diretrizes que vêm reformando o pensamento e a política educacional em consonância com as exigências do processo de reprodução do capital. É oportuno destacar que este Projeto foi deflagrado mundialmente, por ocasião da Conferência de Jomtien, em 1990, demarcando o estratégico papel que a educação deveria passar a desempenhar no enfrentamento dos graves problemas que estariam comprometendo o chamado novo milênio.

É importante ainda recuperar que, por esse mesmo prisma, dezenas de conferências e fóruns mundiais de Educação para Todos têm se realizado desde a Conferência de Jomtien, em torno do projeto de universalização da educação básica, sob o patrocínio da Unesco (Organização das Nações Unidas para a Educação, a Ciência e a Cultura), da UNICEF (Fundo das Nações Unidas para a Infância), do PNUD (Programa das Nações Unidas para o Desenvolvimento) e do Banco Mundial.

A Educação para Todos vem, com efeito, se consolidando, nesse cenário, como ferramenta por excelência de salvação dos grandes males sociais, como a fome, as doenças, o desemprego, a guerra, a corrupção, a violência e a miséria sob todas as formas, fruto do aprofundamento inédito da crise do próprio sistema do capital.

Para orientar essas atribuições da educação e da escola, postas pela agenda do capital, são reforçadas as concepções do *bom professor,* o qual poderá contribuir com a melhoria da qualidade da educação, na medida em que sejam reformados o recrutamento, a formação, o estatuto social e as condições de trabalho docente. Para tanto, existe a exposição de uma série de parâmetros que devem orientar a formação dos professores. Chamamos a atenção para o fato de que existe por trás dessa apresentação das diretrizes para a formação dos professores, toda uma perspectiva de controle do trabalho docente, incluindo desde as exigências que lhe são feitas até que contrapartidas podemos aspirar – condições de trabalho, direitos, estatuto na sociedade.

Nesse contexto, os professores são conclamados a preencher as lacunas deixadas pela política pública da educação, agindo com responsabilidade na superação dos problemas e corrigindo as graves disfunções da sociedade, reconstruindo os elementos indispensáveis à vida *societal* e às relações interpessoais. Devem, ainda, ser cooperativos com as reformas na educação, já que, segundo a Unesco (1998), nenhuma reforma nesse campo teve êxito contra ou sem os professores.

Se no final do século XIX a expansão da educação se liga à expansão do capitalismo, a partir do final do século XX, a nova fase expansiva da educação (a retomada do discurso de universalização da educação), está completamente atrelada às estratégias de resolução da crise que o capital enfrenta: formação de mão de obra qualificada para disputar postos de trabalhos precarizados cada vez mais escassos, com salários mais rebaixados e direitos trabalhistas minimizados.

A formação docente é igualmente atingida por estes aspectos, mas também se amplia a enxurrada de teorizações que buscam alinhar a prática docente às novas exigências da economia capitalista globalizada. No limite, seja na educação pública ou privada, o que se instala é um modelo de formação – docente e discente – que nos induz à produção cada vez mais aligeirada e superficializada de mão de obra servil à lógica da propriedade privada capitalista e à reprodução do próprio sistema de controle do capital, cujo avanço proposto neste momento tem seu fundamento numa crise nunca antes experimentada por este sistema com rebatimentos cada vez mais nocivos ao conjunto da humanidade.

Resta-nos, por fim, retomar à excelente formulação de Tonet em seu texto *A educação numa encruzilhada* [50]: reproduzir ou superar o capital? Eis a grande questão com a qual se depara o campo da formação docente no Brasil.

REFERÊNCIAS

MARX, K. Manuscritos econômico-filosóficos. [tradução: Jesus Ranieri]. São Paulo: Boitempo, 2009.

MÉSZÁROS, István. *A crise estrutural do capital*. In: Revista Outubro. No. 4. 2000.

MÉSZÁROS, István. Para além do capital. Trad. Paulo Castanheira e Sérgio Lessa. São Paulo: Boitempo Editorial, 2002.

MÉSZÁROS, István. O desafio e o fardo do tempo histórico. São Paulo: Boitempo, 2007.

SHIROMA, Eneida Oto; EVANGELISTA, Olinda; MORAES, Maria Celia Marcondes de. Política educacional. 3ª ed. Rio de Janeiro: DP&A, 2004.

UNESCO. Relatório Educação: um tesouro a descobrir. Brasília: Cortez Editora, 1998.

WERTHEIN, Jorge e NOLETO, Marlova, Jovchelovitch. Pobreza e desigualdade no Brasil: traçando caminhos para a inclusão social. Brasília: Edição da Unesco, 2003.

CRÍTICA À INTEGRAÇÃO DO ENSINO MÉDIO À EDUCAÇÃO PROFISSIONALIZANTE NO ESTADO DO CEARÁ

Deribaldo Santos[51]

Resumo: O artigo, de caráter teórico bibliográfico, tem como objetivo principal analisar a implantação da proposta *Ensino Médio Integrado do Estado do Ceará*. A investigação almeja examinar se a integração do nível médio à modalidade educação profissional atende ao desafio de disponibilizar para os filhos dos trabalhadores uma escola de qualidade, ao mesmo tempo em que contribui com a elevação dos discretos índices sociais cearenses. A principal contribuição desta comunicação é aclarar o debate teórico-pedagógico sobre tal integração, possibilitando uma melhor compreensão sobre as atuais discussões sobre educação profissionalizante, bem como aprofundar a compreensão sobre a importância desse projeto no contexto educativo do Estado.
Palavras-chave: Educação Profissional; Integração; Dicotomia Educativa.

A problemática e sua metodologia de análise: uma introdução

---

[50] Fonte: http://ivotonet.xpg.uol.com.br/arquivos/A_EDUCACAO_NUMA_ENCRUZILHADA.pdf. Acesso: 20.04.2016.

[51] deribaldo.santos@uece.br; doutor em educação brasileira pela UFC; professor da FECLESC/UECE/MAIE; endereço para acessar o CV Lattes: http://lattes.cnpq.br/1317529947912305. Artigo fruto da pesquisa intitulada Ensino médio integrado à educação profissional: uma análise sobre a implantação e a consolidação das Escolas Estaduais de Educação Profissional no Estado do Ceará, que conta com financiamento pelo CNPq.

Este artigo, de caráter teórico bibliográfico, se propõe a apresentar alguns elementos para que se possa melhor debater a implantação do projeto *Ensino Médio Integrado do Estado do Ceará*. O recorte procura destacar a proposta de integração entre uma modalidade de educação e um nível de ensino: do profissionalizante com o médio, que teve início no começo da primeira gestão do governador Cid Ferreira Gomes, iniciada em 2007. A investigação entende que a pretendida integração do último estágio da educação básica com uma modalidade educativa necessita de análises mais profundas para uma melhor compreensão de seu papel no desenvolvimento do Estado do Ceará, motivo pela qual a presente comunicação se justifica.

Sobre os dados referentes ao desenvolvimento social do Ceará, interessante notar que os institutos de pesquisas creditados pela mídia local, nacional e internacional, apontam a região Nordeste com a maior taxa de analfabetismo do país, 18,7%, correspondendo a quase o dobro da média nacional, 9,7%, o que já é um índice muito elevado (PNAD, 2010). A Secretaria de Administração do Estado do Ceará (CEARÁ; SEAD, 2009) em diálogo com dados fornecidos pelo Instituto de Pesquisas Econômicas Aplicadas (IPEA), por sua vez, apontou o interior do Ceará como a localidade geográfica com pior índice nacional de vulnerabilidade, 34,7 %. A dificuldade de acesso ao conhecimento é um importante elemento para se elevar tais indicativos, principalmente no que se refere à qualificação profissional, indica a SEAD (CEARÁ; SEAD, 2009).

Se esse cenário é ruim, os indicadores sociais de algumas mesorregiões, como por exemplo a do Sertão Central, são ainda piores. A cidade de Ibaretama, para citar apenas esta, figura com o segundo pior Índice de Desenvolvimento Municipal (IDM) do Estado, conforme mostrou levantamento do Instituto de Pesquisa e Estratégia Econômica do Ceará (IPECE) (CEARÁ; SEPLAG; IPECE, 2009). Algumas das gestões municipais do interior do Ceará ganham as páginas dos noticiários por desvio de verbas, improbidade administrativa, entre outras tantas formas de corrupção via aparato político.

Posicionado nesse sucinto quadro é que este artigo pretende analisar a implantação do projeto *Ensino Médio Integrado do Estado do Ceará*, procurando verificar sua relevância para o desenvolvimento dos indicativos sociais cearenses. Entendemos que a defendida integração do último estágio da educação básica com uma modalidade educativa ainda é pouco estudada e quando analisada, de modo geral, não recebe a devida atenção crítica, sendo examinada sem as necessárias considerações sobre a totalidade social. Desse modo, nossa pesquisa almeja aprofundar ao máximo possível a compreensão do papel desse projeto no contexto educativo, bem como no cenário do desenvolvimento do Estado do Ceará.

Dito isso é importante aclarar que a exemplo da política e da cultura, como entendem Jimenez e Mendes Segundo (2007), a educação é derivada do trabalho humano, não podendo ocupar sozinha o papel central de transformar a sociedade, ainda que se preste formidavelmente ao projeto de manutenção da ordem capitalista, formando as consciências dos indivíduos para as prerrogativas do mundo da mercadoria. Todavia, se por um lado a educação não detém a possibilidade ontológica de erradicar a pobreza, por outro, não podemos negar, perseguindo a mesma perspectiva ontológica, que a educação cumpre um papel inelimínável no processo de reprodução do ser social, operando um complexo de mediações que contribuem para que o indivíduo se aproprie da herança cultural da humanidade e, como escreve Tonet (2005, p: 144), "se construa como membro do gênero humano".

Portanto, o caráter próprio do complexo educativo apenas é possível de ser penetrado intelectualmente se for guiado sobre rigoroso caminho investigativo, visto que em sua função mediadora entre os sujeitos e a sociedade se move no contexto de um amálgama social, cuja compreensão profunda das causalidades e teleologias que o compõe somente podem surgir ontologicamente. Para contemplar esse rigoroso propósito científico de descortinar a máscara que encobre o fenômeno, possibilitando à investigação chegar o mais próximo possível do objeto pesquisado, optamos por uma análise que se propõe enxergar para além das aparências confusas dos fatos. Somente uma metodologia que considere a história na sua processualidade material, com avanços e retrocessos, saltos e recuos, pode descortinar o véu que dificulta a apreensão real do objeto.

A exposição de motivos apresentada nos dois parágrafos anteriores leva a presente pesquisa a escolher como orientação teórico-metodologia o modelo certificado por Marx (2003). Com a intenção de entender rigorosamente as inter-relações sociais que influenciam as políticas educativas, reafirmamos a centralidade da categoria trabalho como protoforma da humanidade. Por sobre essa concepção, portanto, será construído o debate com as demais categorias necessárias à apreensão do objeto estudado.

Como forma de aproximação ao projeto *Ensino Médio Integrado do Estado do Ceará*, respeitando o arcabouço teórico-metodológico acima indicado, analisamos alguns documentos oficiais que são importantes para essa proposta de integração. Entre eles a Lei de Diretrizes e Bases da Educação (LDB) n° 9.394/96, os Decretos n° 2.208/97 e n° 5.154/04, as Diretrizes Curriculares Nacionais para o Ensino Técnico, a Lei estadual n°11.741/08, bem como os documentos adotados pelo Instituto de Co-responsabilidade Social a exemplo da TESE/TEO. Por fim, determinadas publicações ligadas ao Movimento de Educação para Todos das agências multilaterais servem de exemplo para expor os pontos de contato dos pressupostos teóricos metodológicos presentes nas orientações pedagógicas das Escolas Estaduais de Educação Profissional (EEEPs).

Nossa opção teórica recaiu sobre autores que se aproximam dessa problemática na perspectiva da crítica marxista, tendo como referência central uma bibliografia que contempla a escola única, inicial e de cultura geral, humanista, formativa, "que equilibre equanimemente o desenvolvimento da capacidade de trabalhar manualmente (tecnicamente, industrialmente) e o desenvolvimento das capacidades de trabalho intelectual" (GRAMSCI, 1968, p: 118). Registramos, contudo, que não nos interessou dispensar o diálogo com autores que abordam a temática em outras perspectivas teóricas, pois entendemos que é preciso abarcar de forma enriquecedora e crítica a revisão bibliográfica sobre a problemática, visto que apenas desse modo reunimos as condições para realizar um debate enriquecedor e com consequente sustentação metodológica.

Com a metodologia aclarada e com o intuito de atender à tarefa de analisar a educação no cenário contemporâneo, precisamos investigar a relação que o atual estágio capitalista guarda com as políticas de Estado voltadas para o complexo educativo. Examinamos como tais políticas reformam o modelo educacional para contemplar uma cena histórica que transforma radicalmente o processo pedagógico em mercadoria. A atual etapa do capitalismo contemporâneo, que se encontra em crise profunda, demanda, por intermédio da administração do Estado, uma escola que forme agora o trabalhador para um mundo em "câmbio constante". Esse novo modelo escolar apresenta algumas especificidades: planejamento, currículo, metodologia, conteúdo, didática, avaliação, entre outros elementos do processo de ensino-aprendizagem, que procuram dar garantias ao próprio Estado, aos empresários e às agências internacionais de financiamento, quanto a eficiência educativa almejada pelo mercado de trabalho contemporâneo.

Iniciamos nosso estudo partindo do entendimento que, em última análise, as mudanças ocorridas na educação, a partir das reformas implementadas no Brasil, principalmente as iniciadas na década de 1990, foram influenciadas prioritariamente pela aguda crise em que mergulhou o sistema capitalista, principalmente após o início da década de 1970 com o fim do que ficou conhecido como "Estado de Bem Estar social", dentre outros fatores. Inseridos no quadro em que Mészáros (2003) define como crise estrutural do capital, cuja influência no mundo produtivo foi decisiva. Tal crise, sob o signo da chamada 3ª Revolução Industrial, questionou os paradigmas educacionais vigentes, passando a exigir um outro modelo para a formação e composição de um novo perfil de trabalhador. Esse suposto novo perfil deveria garantir ao profissional a aquisição de múltiplas competências condizentes com as necessidades de um sistema produtivo, agora regido pelo advento das tecnologias de base microeletrônicas.

Segundo assegura Mészáros (2003), essa crise é perigosamente diferente das já vivenciadas pelo capital. A atual situação de crise articula-se numa rede de contradições que só se consegue "administrar" medianamente, ainda assim durante curto intervalo, mas que não se "supera" definitivamente. Nas palavras do autor, ademais: "Diante da crise estrutural do capital enquanto tal, em contraste com as crises conjunturais periódicas do capitalismo observadas no passado [...] os problemas são fatalmente agravados no estágio atual de desenvolvimento" (MÉSZÁROS, 2003, p: 19-21).

No caso particular da América Latina (AL), com destaque para o Brasil, é relevante para nossa pesquisa contextualizar o papel dos organismos internacionais, importantes agentes de incentivo, apoio, financiamento e monitoramento das reformas educativas, particularmente, as voltadas para a educação profissional. Para autores como Frigotto (1999), Martins (2000), Quixadá (2003), cada um a seu termo, entre outros pesquisadores que abordam as relações entre trabalho e educação, tais organismos[52] representam as políticas públicas de financiamento educacionais consubstanciadas a partir das determinações do Consenso de Washington.

Esse é o contexto em que algumas mudanças no sistema educacional brasileiro, introduzidas a partir da LDB nº 9.394/96, passam a influenciar modificações na educação profissionalizante. No que diz respeito às recorrentes reformas operadas sobre o Ensino Médio (EM) e o Ensino Profissional (EP), como constatamos em nossas pesquisas recentes, até o momento não tiveram êxito sequer nos limites da ótica do próprio mercado, visto que não conseguem formar o profissional que os empresários almejam, tampouco o ser humano integral defendido nos clássicos do marxismo (SANTOS, 2012). Para além do cumprimento da sempre viva função de adaptação ideológica dos trabalhadores ao capital, o complexo educativo continua recebendo ácidas críticas, cujo elemento principal seria a existência de uma suposta crise no interior da escola, o que justificaria as constantes reformulações. Para essas recorrentes reformas, a modalidade da educação profissional figura como um dos alvos prediletos das políticas de Estado que, por sua vez, são orientadas pelas agências internacionais.

Ensino profissionalizante integrado ao nível médio: contexto, limites e contradições

---

[52] Para Roberto Leher (1999), por exemplo, particularmente o Banco Mundial assumiria, no cenário das reformas neoliberais, a função de um Ministério Mundial da Educação dos países considerados periféricos.

Nos discursos políticos, no jornalismo, na literatura, nas artes plásticas, na poesia, nos versos cantados de improviso pelos violeiros nas feiras, na cinematografia, bem como em outros meios de comunicação, o Estado do Ceará é quase sempre marcado pela presença da seca e da pobreza, sobretudo nas cidades interioranas. A vida do nordestino, em destaque a do cearense, sua luta, anseios, problemas, dissabores e injustiças, podem ser vistos nos protestos ou nas denúncias das diversas formas de expressão que retratam o cotidiano dessa região. Esse espaço geopolítico é demarcado por profundas desigualdades sociais, resultantes de históricas desapropriações de riqueza em benefício de um idiossincrático atraso da elite local[53]. Como registrou as pesquisas de Francisco de Oliveira (1987), o caminho apontado pelo poder oligárquico do Nordeste sempre foi o do interesse imediato, em que uma pequena minoria se beneficia historicamente da precariedade cotidiana da maioria da população.

As propostas de governo para mudar a incômoda realidade social brasileira, particularmente a nordestina, não apresenta grandes avanços ao longo de sua história; às vezes até requintado na retórica, mas independente de seu refinamento linguístico, é concretamente contraditório quando se torna necessário sua efetivação. Quando direcionamos nosso olhar para o contexto cearense percebemos que as contradições locais apenas demonstram as peculiaridades do distorcido quadro de distribuição de riquezas em uma sociedade de capitalismo periférico, como é o caso do Brasil.

De acordo com dados do Instituto Brasileiro de Geografia e Estatística (IBGE), baseado no Censo de 2010, em termos de quantidade de pessoas vivendo sob condições de miséria, o Estado do Ceará fica atrás apenas da Bahia (2,4 milhões) e do Maranhão (1,7 milhão). O Ceará possui cerca de 1,5 milhão de pessoas abaixo da linha da miséria, o que representa quase 18% de sua população e cerca de 9% de toda a extrema pobreza do país. Dos 184 municípios, apenas 20 apresentam condições satisfatórias de infraestrutura, economia aceitável e índices sociais relativamente favoráveis. Dez deles integram a Região Metropolitana de Fortaleza (RMF); a grande maioria, 164 municípios, detém baixos indicadores econômicos e sociais (IBGE, 2011).

O Censo Escolar de 2010 do Instituto Nacional de Estudos e Pesquisas Educacionais Anísio Teixeira (INEP), ligado ao Ministério da Educação (MEC), ao divulgar a fotografia da educação brasileira, retrata a imagem de um funil. O sistema escolar nacional tem quase o dobro de alunos nos anos iniciais do ensino fundamental, número bem maior em comparação com as matrículas no EM. De acordo com os dados coletados entre maio e agosto de 2010, o Brasil registrava 13,4 milhões de matrículas nos anos iniciais do ensino fundamental, cabendo à esfera pública 87,2% do total de matrículas nesse nível. Já o EM registrava 7,1 milhões de matrículas, ficando sob responsabilidade das escolas públicas 88,1% dos estudantes. Entre outras conclusões podemos inferir que o ensino fundamental está praticamente universalizado, atendendo cerca de 98% do total de jovens em idade de cursar esse nível. Contudo, a evasão, a repetência e o baixo aproveitamento dos estudantes detectado pelas avaliações, entre outros aspectos, contribuem para que muitas crianças não concluam os nove anos obrigatórios do ensino fundamental. Mais preocupante, entretanto, são os índices verificados no EM; embora nas últimas décadas possam

---

[53] Sobre essa idiossincrasia do atraso, vale registrar os apontamentos de Francisco de Oliveira (2003) que considera a elite brasileira o atraso da vanguarda ao mesmo tempo em que é a vanguarda do atraso. Mais recentemente, Galdêncio Frigotto (2006) referiu-se as reformas educativas empreendidas pela elite tupiniquim como reformas pela cópia.

ser observados avanços, ainda há deficiência quanto a sua universalização (BRASIL; MEC; INEP, 2012).

Não podemos deixar de fora da análise a relação entre o EM e o Ensino Superior (ES), um dos maiores gargalos da educação brasileira, uma espécie de ampulheta. Enquanto aquele nível apresenta, como sobrescrito, maioria absoluta da cobertura de matrículas pelas escolas públicas, o ES inverte essa ampulheta, visto que a rede privada, como documenta o PNAD/IBGE (2010), atende a maior parte dos estudantes, registrando 76,6% do total de matrículas. Vale salientar que a crescente demanda pela conclusão do EM é estimulada pelas políticas públicas do Estado e pelas orientações das agências transnacionais. Ainda sobre o EM público, sobretudo o noturno, é necessário lembrar que ele já funciona há anos – com agudização, mais ou menos, no início da década de 1970 – como profissionalizante, formando comerciários, escriturários, auxiliares de escritórios, contínuos, vendedores, balconistas, atendentes, ajudantes de assessorias diversas, entre outras profissões precárias, mas muito estimuladas pelos empresários e seus administradores.

Para que possamos atender a relação dialética de reciprocidade entre esses dois níveis de ensino, além de considerar a enorme demanda por formação superior, como mostra os crescentes números de egressos do EM, temos também que observar o visível crescimento das matrículas do ES. Como documentado por Clarissa Neves (2012, p: 2), o Brasil assistiu nas últimas duas décadas um apreciável processo de crescimento no ES. "No começo dos anos noventa do século passado, somavam-se 1.540.080 estudantes matriculados no ensino superior no Brasil. Esse número saltou para 2.694.245 de estudantes em 2000 e para 6.379.299 em 2011". Essa mesma pesquisadora, ao analisar dados do IBGE/PNAD, ainda informa que considerando a faixa etária de jovens entre 18 a 24 anos, o índice líquido de matrícula no ES brasileiro gira atualmente em torno de apenas 14,9 % enquanto o dado bruto marca cerca de 28,12 %. Índices preocupantes mesmo se comparados ao cenário da AL (NEVES, 2012).

É com base nesse panorama que devemos posicionar os debates sobre a integração entre o ensino médio e a educação profissionalizante que atualmente se espalham pelo país e, de modo geral, sem a devida criticidade. Conforme Ramos (2008), as discussões sobre essa temática tiveram início em 2003, quando as Diretorias do Ensino Médio e de Educação Profissional da Secretaria de Educação Média e Tecnológica (SETEC) do MEC começaram os primeiros seminários sobre a integração do nível médio com a modalidade Educação Profissional.

O primeiro desses encontros denominado *Seminário Nacional sobre o Ensino Médio e Educação Tecnológica* objetivou debater as concepções da Educação Média e Tecnológica e sua relação com a Educação Profissional, tendo como temas de aprofundamento: conhecimento, trabalho e cultura. O segundo foi designado de *Seminário Nacional de Educação Profissional: Concepções, Experiências, Problemas e Propostas*, que apresentou como finalidade a produção de um Documento Base intitulado *Propostas de Políticas Públicas para a Educação Profissional e Tecnológica*, assinado por Dante Henrique Moura, Sandra Regina de Oliveira Garcia e pela própria Marise Nogueira Ramos (BRASIL; MEC; SETEC, 2007). Ramos (2008) informa que nesses seminários, principalmente no segundo, duas concepções de educação profissional foram debatidas: de um lado as propostas presentes no Decretos n° 2.208/97 e, de outro, as proposituras que davam relevo aos princípios da educação tecnológico-politécnica (RAMOS, 2008). Tais debates, ainda segundo essa autora, possibilitaram a mudança da legislação com vitória da segunda concepção. Essa vitória já havia resultado na regulamentação do Decreto nº 5.154/04 como solução para enfrentar o problema.

Interessante mencionar que os defensores deste último Decreto, para justificar sua elaboração, argumentaram que a LDB nº 9.394/96 em seu artigo n° 39 apregoa que "a educação profissional, integrada às diferentes formas de educação, ao trabalho, à ciência e à tecnologia, conduz ao permanente desenvolvimento de aptidões para a vida produtiva" (BRASIL, 1996).

Lembramos que, a nosso ver, o Decreto n° 5.145/04 não revoga o também Decreto n° 2.208/97 (SANTOS, 2007). Após aquele dispositivo legal ser promulgado, fica aberta, decerto, a possibilidade da integração. No entanto, o aligeiramento, a fragmentação, entre outras questões severamente criticadas no Decreto n° 2.208/97, permanecem no dispositivo que o sucede. Ademais, a nova legislação não impediu a desintegração. O que temos na atualidade é uma espécie de "pode tudo": integração que pode se dar em uma mesma instituição e desintegração em dois momentos distintos. No primeiro tipo dessa desintegração, o jovem precisa terminar o ensino médio em uma escola e, depois de concluí-lo, cursar o profissionalizante na mesma instituição ou em outra – também chamado de pós-médio. Já no segundo tipo, o trabalhador-estudante precisa fazer o ensino médio em uma escola e ao mesmo tempo – concomitante – cursar o profissionalizante em outra, ou na mesma instituição, como é o caso dos Institutos Federais de Educação, Ciência e Tecnologia (IFs). Para esta última opção, o estudante terá que utilizar dois expedientes do seu dia, o que se torna inviável para os frequentadores que precisam estudar e trabalhar paralelamente.

Assim, o currículo integrado torna-se dicotômico ao ser organizado com base em concepções educacionais diversas, sejam elas de formação para a chamada cidadania, para o dito mundo do trabalho, para o exercício intelectual ou para a prática profissional de chão de fábrica, não resolvendo, portanto, a separação entre a formação geral e a almejada formação técnica, propalada através do Decreto nº 5.154/04.

Não é oneroso destacar que o parecer do Conselho Nacional de Educação (CNE/CEB) nº 39/04 reconheceu na modalidade de educação profissional a forma integrada, com curso, matrícula e conclusão únicos. Porém, estabeleceu que os conteúdos do ensino médio e da educação profissional são de naturezas distintas.

Gaudêncio Frigotto, Maria Ciavatta Franco e Marise Ramos, entre outros estudiosos alinhados ao chamado campo da esquerda progressista, colaboraram com a criação do Decreto n° 5.154/04. Tentando justificar a empreitada, declararam que "a partir do desenvolvimento do capitalismo e de sua crítica", esperavam "superar a proposta burguesa de educação que potencialize a transformação estrutural da realidade" (DORE, 2006, p: 15). Segundo Rosemary Dore, aqueles três autores "afirmam que a instituição de um decreto, por sua rapidez, evitaria um debate com a sociedade civil e um confronto de forças sociais e políticas, que levariam à derrota da proposta da 'esquerda progressista'". Essa pesquisadora argumenta que o trio de autores pediram desculpas "por terem trabalhado na aplicação de um Decreto, o que é uma medida autoritária, justificando que, se assim não agissem, *as forças conservadoras ocupariam espaço para fazerem valer seus interesses, tanto no Conselho Nacional de Educação quanto no Congresso* (DORE, 2006, p: 15-6, itálicos do original para destacar os escritos de Frigotto, Ciavatta e Ramos).

Sobre a polêmica integração, posteriormente, Ramos (2008, p: 23) assim se expressou:

> "[...] paradoxalmente, tem-se duas visões diferentes convivendo na política educacional, quais sejam, aquela subjacente ao Decreto n. 5.154/2004 que discutimos aqui; e aquela que está dentro das diretrizes curriculares nacionais do ensino médio e da educação profissional, baseada em

competências e habilidades, assim como nos princípios de adequação ao mercado de trabalho e de flexibilização do currículo à luz das dinâmicas sócio-produtivas."

O Decreto nº 5.154/04, para os defensores da atual política de Estado gestada pelo Partido dos Trabalhadores (PT), permitiu a abertura e o estímulo à formação integrada (no sentido de união entre ensino médio e profissionalizante). Todavia, por outro lado, na prática, essa integração requer escolas bem equipadas, com boa estrutura, laboratórios atualizados, bibliotecas sortidas quantitativamente e com títulos de boa qualidade, professores e demais profissionais preparados e, sobretudo, garantia de financiamento, visto que a falta de recursos impossibilita o funcionamento dos cursos em dois turnos. Desse modo, a histórica dualidade educativa capitalista, de escolas para dirigentes e dirigidos, bem como a também histórica dicotomia entre formação propedêutica e profissionalizante não é superada pela legislação vigente. Ao contrário disso, ampliou-se o alcance da educação especificamente profissional, uma vez que os jovens, filhos de trabalhadores, "podem" (devem: são motivados a isso) cursar o ensino médio concomitante ao profissionalizante, frequentar a modalidade profissionalizante posterior aquele nível, ou ainda realizar sua formação no chamado ensino médio integrado.

Referente especificamente acerca do debate sobre a educação profissionalizante, para formar os trabalhadores e seus filhos, revigora-se, independente de seu tempo histórico, a defesa de uma "melhor" qualificação/requalificação profissional, assim como a idealização de que o indivíduo é o maior responsável pelo seu sucesso e/ou seu fracasso.

No Campo educacional, as ações apresentadas como capazes de solucionar os diversos problemas de formação, de profissionalização e até de desemprego dos estratos sociais mais precarizados, seguem as orientações do movimento de Educação para Todos (EPT)[54] dos organismos internacionais, bem como do Movimento Todos Pela Educação (Decreto nº 6.094/07). O caso das EEEPs, implantadas nos dois governos de Cid Ferreira Gomes (2007-2010 e 2011-2014) para dar acabamento ao projeto denominado de *Ensino Médio Integrado no Estado do Ceará*, demostram como a escola pública atual pode agir em parceria com os empresários, sob monitoramento das agências internacionais. Esse projeto, além de adotar como substrato pedagógico as propostas criadas no âmbito da construtora Odebrecth, como veremos a seguir, valoriza sem a devida crítica os modelos divulgados pelas agências multilaterais, através da adoção dos documentos da EPT.

Integrando a escola à empresa: algumas notas sobre a entrada da pedagogia do mercado na educação pública

O projeto de ensino profissional integrado ao nível médio no Estado do Ceará, com oferta em diversas áreas de formação profissional e em dois turnos consecutivos: manhã e tarde, conta, para sua efetivação, com a implantação das EEEPs, sob a coordenação da Secretaria de Educação do Estado do Ceará (SEDUC). Conforme dados oficiais, o Plano Estadual Integrado de Educação Profissional e Tecnológica, em consonância com o Instituto Federal de Educação, Ciência e Tecnologia do Ceará (IF-CE), com a Secretaria de Ciência, Tecnologia e Educação Superior

---

[54] A sigla EPT passou a ser utilizada inicialmente pelos organismos multilaterais para designar Educação Para Todos, todavia a literatura brasileira, sobretudo àquela ligada ao MEC, passou a usá-la como designação de Educação Profissional e Tecnológica. Sem aprofundarmos essa coincidência terminológica, optamos por utilizar a sigla para designar Educação Para Todos.

(SECITECE), via Instituto Centro de Educação Tecnológica do Ceará (CENTEC), SEDUC e Sistema 'S' de ensino, tem ampliado a oferta da educação profissionalizante, em especial para o Ensino Médio Integrado (EMI) no Ceará (CEARÁ, SEDUC, 2011).

A experiência do Governo do Estado do Ceará em implantar no ensino cearense a (re)articulação da educação profissional ao ensino médio, seguindo orientações do Decreto n° 5.154/04, teve início em 2008 com a criação das primeiras EEEP's. Esse projeto começou com a escolha de 25 escolas que ofertariam a integração, das quais seis se localizavam em Fortaleza e as demais distribuídas entre os seguintes municípios: Pacatuba, Pacajus, Itapipoca, Bela Cruz, Brejo Santo, Barbalha, Crato, Iguatu, Cedro, Jaguaribe, Tabuleiro do Norte, Santa Quitéria, Crateús, Tauá, Senador Pompeu, Quixadá, Redenção e São Benedito. Ao todo, inicialmente, foi previsto o atendimento a 4.450 estudantes.

A expansão dessa modalidade de ensino profissionalizante no Ceará tem respaldo nos números de criação de escolas, bem como no montante de municípios agraciados. Os dígitos mostram que em 2009 foram implantadas mais 26 unidades, em 2010 outras 8 escolas e em 2011 18 instituições foram inauguradas. Atualmente, segundo informa a SEDUC, 97 EEEPs encontram-se em funcionamento, localizadas em 74 municípios distintos. Essas 97 escolas oferecem 51 cursos profissionalizantes distribuídos em 12 diferentes eixos da educação profissional. Ainda segundo essa secretaria, o programa atendeu em 2013 a uma matrícula de 38.499 jovens. O atual executivo estadual garante que até o final do ano de 2014, atingirá um total de 140 EEEPs, contemplando outros municípios, o que cobriria um maior número de estudantes (CEARÁ, SEDUC, 2014).

Os 12 eixos e os 51 cursos assim estão distribuídos, segundo informação da SEDUC: 1) Ambiente e Saúde: Técnico em Enfermagem, Técnico em Estética, Técnico em Massoterapia, Técnico em Meio Ambiente, Técnico em Saúde Bucal, Técnico em Nutrição e Dietética; 2) Controle e Processos Industriais: Técnico em Eletromecânica, Técnico em Eletrotécnica, Técnico em Manutenção Automotiva, Técnico em Automação Industrial, Técnico em Mecânica, Técnico em Química; 3) Desenvolvimento Educacional e Social: Técnico em Instrução de Libras, Técnico em Tradução e Interpretação de Libras, Técnico em Secretaria Escolar; 4) Gestão e Negócios: Técnico em Administração, Técnico em Comércio, Técnico em Contabilidade, Técnico em Finanças, Técnico em Logística, Técnico em Secretariado, Técnico em Transações Imobiliárias; 5) Informação e Comunicação: Técnico em Informática, Técnico em Rede de Computadores; 6) Infraestrutura: Técnico em Agrimensura, Técnico em Carpintaria, Técnico em Desenho de Construção Civil, Técnico em Edificações, Técnico em Portos; 7) Produção Alimentícia: Técnico em Agroindústria; 8) Produção Cultural e Design: Técnico em Design de Interiores, Técnico em Modelagem do Vestuário, Técnico em Paisagismo, Técnico em Produção de Áudio e Vídeo, Técnico em Produção de Moda, Técnico em Regência; 9) Produção Industrial: Técnico em Cerâmica, Técnico em Fabricação Mecânica, Técnico em Têxtil, Técnico em Petróleo e Gás, Técnico em Vestuário; 10) Recursos Naturais: Técnico em Agricultura (Floricultura), Técnico em Agronegócio, Técnico em Agropecuária, Técnico em Aquicultura, Técnico em Fruticultura, Técnico em Mineração; 11) Segurança: Técnico em Segurança do Trabalho; 12) Turismo, Hospitalidade e Lazer: Técnico em Guia de Turismo, Técnico em Hospedagem, Técnico em Eventos (CEARÁ, SEDUC, 2014).

A iniciativa cearense recebe recursos do programa *Brasil Profissionalizado* para fortalecer as redes estaduais de educação profissional e tecnológica. Segundo os informativos oficiais, mais de R$ 500 milhões já foram repassados pelo Ministério da Educação para essa modalidade de ensino médio (CEARÁ, SEDUC, 2011). Para participar desse programa o primeiro passo é assinar o Compromisso Todos pela Educação.

Para melhor apreensão sobre o *Projeto de Ensino Médio Integrado do Estado do Ceará* visitamos o documento que o fundamenta pedagogicamente: Modelo de Gestão – Tecnologia Empresarial Socioeducacional (TESE), fruto de uma experiência implantada no Estado de Pernambuco[55] que, por seu turno, baseia-se na Tecnologia Empresarial Odebrecht (TEO). Sobre aquele documento podemos escrever que suas proposituras já existiam no chamado relatório Delors, elaborado a pedido da Organização das Nações Unidas para a Educação, a Ciência e a Cultura (Unesco), respondendo aos anseios da EPT, *Educação: um Tesouro a Descobrir*, formulado pela Comissão Internacional para a Educação do Século XXI e coordenado pelo estudioso Francês Jacques Delors, que estabelece os propalados pilares da educação para o novo século[56]. O documento TESE/TEO evoca sua consonância com esse relatório, já que enfatiza os quatro pilares da educação: aprender a conhecer; aprender a fazer; aprender a conviver e aprender a ser. Ademais, o documento revela ainda sua íntima ligação com o quinto pilar instituído pelos organismos internacionais para a AL: aprender a empreender. Esse fator é fartamente percebido na TESE/TEO, que defende o empreendedorismo como uma grande "expertise", uma espécie de *know-how* pessoal. Portanto, a ligação do EMI cearense ao empreendedorismo e aos preceitos da EPT é flagrante.

Para os defensores da parceria público-privado via escola do trabalhador, bem como para a TESE/TEO, formar um gestor escolar é como formar qualquer empresário. Nos seus dizeres: "De acordo com os princípios desta concepção a gestão de uma escola em pouco difere da gestão de uma empresa". A argumentação defende que na "realidade, em muitos aspectos, a gestão de uma escola apresenta nuances de complexidade que não se encontram em muitas empresas". O documento complementa suas inferências sobre a escola passa a ser uma empresa afirmando que "nada mais lógico do que partir da experiência gerencial empresarial acumulada para desenvolver ferramentas de gestão escolar" (INSTITUTO DE CO-RESPONSABILIDADE PELA EDUCAÇÃO, 2011, p: 03).

Por intermédio da TESE/TEO, destarte, a escola é tratada nos moldes de uma empresa, na qual a clientela é representada pela comunidade; os gestores são os líderes nos moldes dos empresários; os chamados investidores sociais, são na verdade, os parceiros empresariais. Esse tipo de parceria público-privado é encarada com bons olhos pela comissão do relatório Delors.

---

[55] "Nossa TECNOLOGIA EMPRESARIAL", diz Norberto Odebrecht (1987, p: 03), "é o conjunto de crenças e valores, através do qual podemos praticar a delegação planejada em todos os níveis da Organização". Já na TESE, lê-se: "Este material é propriedade do Instituto de Co-Responsabilidade pela Educação (ICE), patrocinado pela Avina. Foi elaborado a partir dos conceitos da TEO - Tecnologia Empresarial Odebrecht, apresentado pelo consultor Jairo Machado, sistematizado por Ivaneide Pereira de Lima e contou com a colaboração da professora Thereza Paes Barreto (INSTITUTO DE CO-RESPONSABILIDADE PELA EDUCAÇÃO, 2011, p: 02).

56 O relatório Jacques Delors (1998) apresenta os pilares das tendências pedagógicas para o novo milênio: aprender a conhecer, aprender a fazer, aprender a conviver, aprender a ser e aprender a empreender. A Organização das Nações Unidas (ONU) e a Organização Internacional do Trabalho (OIT) lançaram em 2003 o lema "aprender a empreender". Pouco tempo depois, o termo já fazia eco entre os discursos dos atrasados defensores da dicotomia educativa (OIT, 2003). Newton Duarte (2000), por seu turno, denominou tais postulados de pedagogias do aprender a aprender. Consideramos, contudo, mais adequado intitular as concepções de Delors de Aprender a (Des)conhecer, visto que tais postulados, em vez de esclarecer os reais nexos com a realidade, acabam criando obstáculos para que a classe trabalhadora possa conhecer verdadeiramente o real.

Tanto nesse relatório como na TESE/TEO defende-se a "educação ao longo de toda vida" e a "formação continuada", respectivamente, como premissas de qualificação e requalificação do trabalhador aos ditames das intempéries do chamado mercado de trabalho.

A partir das primeiras leituras de aproximação ao objeto, contudo, percebemos que a proposta pedagógica que dá substrato ao denominado projeto *Ensino Médio Integrado do Estado do Ceará*, por ser ancorada no documento Modelo de Gestão TESE/TEO, não pode apontar para uma educação que atenda aos anseios de formar trabalhadores-estudantes para o desenvolvimento pleno da humanidade.

Com esse quadro em tela, cabe as seguintes indagações: a integração de uma modalidade educativa (ensino profissional) com o último nível de educação básica (ensino médio), defendido largamente por empresários, governantes, jornalistas, políticos de oposição, organismos internacionais, intelectuais, entre outros seguimentos da sociedade, será capaz de qualificar/requalificar o trabalhador em condições de melhorar o desenvolvimento social e ao mesmo tempo formar o estudante para a plenitude humana? Os egressos da atual proposta do chamado ensino médio integrado, estarão mais aptos ao desempenho de uma função específica para aumentar o contingente de trabalhadores com alguma qualificação ou, também em consequência disso, melhorarão as opções para os empregadores, na hora que estes precisam escolher seus empregados?

Considerações finais

Sobre essas difíceis e intrigantes questões não podemos considerar apenas a aparência enganosa dos fatos que, mesmo mostrando parte da realidade, não revela tudo. Embora oscile entre a quinta e a sexta economia mundial, o Índice de Desenvolvimento Humano (IDH) do Brasil marca 0.744, é o octogésimo em uma relação que analisa 187 países. Quando a questão é desenvolvimento humano o caso do Ceará é bem mais drástico. Considerando apenas a mesorregião do Sertão Central o IDH é 0.630, um dos mais baixos do país, a educação, ao lado da saúde, segundo os analistas mais publicados, compõe o "calcanhar de Aquiles", por assim dizer, dos baixos indicativos de desenvolvimento humano do Brasil, destacadamente os do Nordeste e de modo especial para esta pesquisa, os do Estado do Ceará (PNUD, 2011).

Existe hoje uma grande discussão sobre quais são as prioridades das políticas de Estado para se elevar os tímidos indicativos de desenvolvimento humano no Brasil. A esfera da educação, sobretudo aquela específica ao chamado ensino profissionalizante, passa a ser defendida como uma importante aliada para se alavancar tais indicadores.

Com essas ponderações expostas, entendemos que a presente exposição, ao analisar uma política pública educativa iniciada a menos de uma década, não pode se sentir em condições satisfatórias para apresentar uma avaliação precisa se a implantação das EEEPs possibilitará ao Estado do Ceará alavancar seus tímidos indicadores sociais. Entretanto, mesmo considerando o que defendem diversos especialistas sobre como elevar os indicativos sociais dos países considerados pobres não podemos desconsiderar o aspecto ontológico conferido pelo complexo educativo, que embora carregado de imensas possibilidades para desenvolver plenamente a humanidade, não tem, pelo mesmo caráter ontológico, o poder de determinar o desenvolvimento de uma sociedade de capitalismo periférico impregnado de um idiossincrático atraso de sua elite.

A apreensão superficial do contexto social da região Nordeste, de forma especial do cenário do Estado do Ceará, com destaque para a capital Fortaleza, que disponibiliza vagas de emprego de modo oscilante, mas com aparente desenvolvimento econômico, causa no público-alvo dos estudantes das Escola Estaduais de Educação Profissionais (EEEPs), incluindo suas famílias, a impressão positiva de que essa escola garantirá um emprego ao fim do ensino médio (EM). Em outras palavras, o discurso de que a qualificação profissional é garantia de emprego em um cenário de carência de opção de EM público, laico, gratuito e de qualidade, que prepare o indivíduo para a humanidade plena do ser social, em um cotidiano que oferece pouco ou quase nada à população jovem, dentre outras questões, parece compor o leque de elementos que têm encaminhado os jovens e suas famílias a optar pelas EEEPs.

Perante a premissa de que a empregabilidade é um mecanismo que busca esconder a realidade do desemprego crônico, o conteúdo da educação, permeado pelo caráter ideológico desse discurso, constitui um poderoso instrumento que perpassa as subjetividades dos trabalhadores e de seus filhos, bem como de professores, de gestores, de intelectuais e de políticos (quaisquer que sejam seus partidos). Com efeito, a empregabilidade e o empreendedorismo, disseminados nas concepções desse "novo" modelo de ensino, são postos como meta a ser alcançada por todos, a fim de que sejam incluídos no mercado de trabalho capitalista. Perante a problemática do desemprego, o indivíduo é persuadido a se sentir responsabilizado por estar ou não empregado. Caso não consiga o apregoado e tão "sonhado" emprego é porque falhou, não fez a escolha correta, ou não é competente para a pedagogia das competências. As virtudes "empreendedoras" pessoais, com efeito, justificariam o fato de uns estarem empregados e outros não.

Na tela de tantas contradições na qual sobrevivem esses jovens, a possibilidade de cursar o ensino profissionalizante, que ao mesmo tempo lhes garanta a conclusão do ensino médio, aparece como uma vantajosa opção. No entanto, quais as reais chances de esses estudantes, após um curso profissionalizante, ingressarem em uma universidade, sobretudo pública e em cursos de bacharelados clássicos (os mais concorridos)? Conseguirão eles a permanência no ensino superior até a conclusão de seus cursos, considerando que a grande maioria precisa trabalhar para se sustentar, por vezes, em atividades exaustivas e insalubres, durante longas jornadas e com baixa remuneração?

Acoplado a essas questões, não se pode desprezar o grande desnível de formação propedêutica entre esses estudantes e seus concorrentes das "escolas-empresas", que historicamente tiveram melhores condições sociais e econômicas, por isso são mais beneficiados na concorrência desleal por uma vaga na universidade pública, em cursos considerados de qualidade. Contraditoriamente, o estudante vindo da rede pública de ensino, em busca de uma sombra ao sol na vida acadêmica, acaba conseguindo, no limite de suas possibilidades financeiras, pagar por um curso superior, em geral de curta duração, à distância, fragmentado, com formação aligeirada e de qualidade duvidosa.

Sobre isso, vale destacar o quadro que a mídia expõe sobre a educação cearense: de um lado, os filhos da classe privilegiada, estudantes das "escolas-empresas", são valorizados por realçarem o Estado nos concursos públicos, olimpíadas e vestibulares mais concorridos do país; de outro lado, no polo oposto, os filhos da classe trabalhadora chegam ao fim do ensino médio, no limite, apenas sabendo ler, escrever, contar e apertar botão ou algum parafuso mecatrônico, geralmente construído nos países produtores de tecnologia dita avançada.

Como indicamos em Farias, Santos e Freitas (2012, p: 270): "O fato de uma proposta educativa empresarial servir de modelo para um projeto escolar público, já desmascara seu caráter radicalmente mercadológico". Soma-se a isso o fato desse tipo de propositura ser afinado com o relatório Delors da Organização das Nações Unidas para a Educação, a Ciência e a Cultura (Unesco), cujo objetivo procura responder aos anseios do Movimento de Educação Para Todos (EPT), estabelecendo os conhecidos quatro pilares da educação para o novo século: aprender a conhecer, aprender a fazer, aprender a viver, e aprender a ser; a esses quatro se alia um quinto pilar, proposto pela Organização Internacional do Trabalho (OIT): aprender a empreender.

Esse conjunto de elementos permite a nossa exposição indicar que o projeto *Ensino Médio Integrado do Estado do Ceará* aponta para uma formação alinhada, prioritariamente, aos interesses dos empresários. Em determinação de reciprocidade dialética com essa indicação, podemos inferir que a proposta de integração entre o nível médio de ensino e a modalidade profissionalizante, posta em andamento pelo Estado cearense em sua intenção de expandir a educação profissional no Ceará, distancia os trabalhadores de uma formação que atenda aos interesses da construção de uma sociedade realmente justa, em que os homens sejam tratados como seres humanos e não como meras mercadorias que podem ser adaptadas ao paladar do mercado.

Referências bibliográficas

BRASIL. *Lei n° 9.394, de 20 de dezembro de 1996.* Disponível em <http://www.mec.gov.br/sef/fundef/pdf/lei9394.pdf >. Acesso efetuado em 23/01/2014.

BRASIL. *Decreto n° 2.208/97, de 17 de abril de 1997.* Disponível em: http://www.planalto.gov.br/ccivil_03/decreto/D2208.htm. Acesso efetuado em em 23/01/2014.

BRASIL. *Decreto n° 5.154, de 23 de julho de 2004.* Disponível em: http://www.planalto.gov.br/ccivil_03/_ato2004-2006/2004/decreto/d5154.htm. Acesso efetuado em 23/01/2014.

BRASIL. *Decreto n° 6.094, de 24 de abril de 2007.* Disponível em: http://www.planalto.gov.br/ccivil_03/_ato2007-2010/2007/decreto/d6094.htm. Acesso efetuado em 23/01/2014.

BRASIL; MEC; INEP. *Resumo técnico*: censo escolar 2010. Brasília, 2012. Disponível em: http://download.inep.gov.br/educacao_basica/censo_escolar/resumos_tecnicos/divulgacao_censo2010_revisao_04022011.pdf. Acesso efetuado em 16/03/2014.

BRASIL; MEC; SETEC. *Educação profissional técnica de nível médio integrada ao ensino médio*: documento base. Brasília, 2007.

CEARÁ; SEDUC. *Lei n° 14.273 de 19 de dezembro de 2008 (D.O. 23.12.08).* Disponível em: http://www.ceara.gov.br/governo-do-ceara/projetos-estruturantes/ensino-medio-integrado. Acesso efetuado em 27/10/2011.

CEARÁ; SEDUC. *Educação Profissional.* Disponível em: http://www.ceara.gov.br/governo-do-ceara/projetos-estruturantes/ensino-medio-integrado. Acesso efetuado em 27/10/2011.

CEARÁ; SEDUC. *Educação Profissional.* Disponível em: http://www.seduc.ce.gov.br/index.php/comunicacao/noticias/192-noticias-2013/6148-91-escola-estadual-de-educacao-profissional-sera-inaugurada-em-fortaleza. Acesso efetuado em 10/05/2014.

CEARÁ; SEDUC; SEAD. *Indicadores socioeconômicos.* Brasília,2009. Dipsonível em http://portal.mec.gov.br/setec/arquivos/pdf/indicad_ce.pdf. Acesso efetuado em 27/10/2011.

CEARÁ; SEDUC; SEPLAG; IPECE. *Perfil básico municipal.* Fortaleza, 2009.

CEARÁ; SEDUC; SECITECE. *Secretaria da Ciência, Tecnologia e Educação Superior do Ceará (Secitece).* Diponível em: http://www.sct.ce.gov.br/. Acesso efetuado em 10/05/2014.

DELORS, Jacques (Org). *Educação:* um tesouro a descobrir. São Paulo: Cortez, 1998.

DORE, Rosemary. Gramsci e o debate sobre a escola pública no Brasil. In: *Caderno Cedes*, Campinas, vol. 26, n. 70, p. 329-352, set./dez. 2006 341. Disponível em <http://www.cedes.unicamp.br>. Acesso efetuado em 5/09/2009.

DUARTE, Newton. *Vigotski e o "aprender a aprender":* crítica às apropriações neoliberais e pós-modernas da teoria vigotskiana. São Paulo: Autores Associados, 2000.

FARIAS, Aracélia; SANTOS, Deribaldo; FREITAS, Maria Cleidiane. Ensino médio integrado no Estado do Ceará: o "Caminho de pedras" do empreendedorismo para a escola pública. In: SANTOS, Deribaldo; JIMENEZ, Susana; VIANA, Cleide Maria Quixadá; RABELO, Jackline (Orgs.). *Educação pública, formação profissional e crise do capitalismo contemporâneo.* Fortaleza: EdUECE, 2013.

FERNANDES, Florestan. *A revolução burguesa no Brasil:* ensaio de interpretação sociológica, 5ª ed. São Paulo: Globo, 2006.

FRIGOTTO, Gaudêncio. Universidade pública, trabalho e projeto de desenvolvimento no Brasil sob o pêndulo da regressão social. In: MOLL, Jaqueline; PALMIRA, Sevegnani. *Universidade e mundo do trabalho.* Brasilia: Instituto Nacional de Estudos e Pesquisas Educacionais Anísio Teixeira, 2006. (Coleção: educação superior em debate; v. 3).

FRIGOTTO, Gaudêncio. Globalização e crise do emprego: mistificações e perspectivas da formação técnico-profissional. *Boletim Técnico Senac.* Rio de Janeiro, 1999.

FRIGOTTO, Gaudêncio; CIAVATTA, M.; RAMOS, M. A política de educação profissional no Governo Lula: um percurso histórico controvertido. *Educação & Sociedade,* Campinas, v. 26, n. 92, p. 1.087-1.113, out. 2005a.

FRIGOTTO, Gaudêncio; CIAVATTA, M.; RAMOS, M. A gênese do Decreto n. 5.154/2004: um debate no contexto controverso da democracia restrita. *Trabalho Necessário,* Rio de Janeiro, v. 3, n. 3, 2005b.

GRAMSCI, Antonio. *Os intelectuais e a organização da cultura.* Rio de Janeiro: Civilização Brasileira, 1968.

INSTITUTO BRASILEIRO DE GEOGRAFIA E ESTATÍSTICA (IBGE): *Censo de 2010.* Brasília, 2011.

INSTITUTO BRASILEIRO DE GEOGRAFIA E ESTATÍSTICA (IBGE); PNAD. *Síntese dos indicadores de 2009.* Brasília, 2010. Disponível em http://www.ibge.gov.br/home/estatistica/populacao/trabalhoerendimento/pnad2009/. Acesso efetuado em 01/05/2012.

IANNI, Octavio. *A idéia de Brasil moderno:* São Paulo: Brasiliense, 1992.

INSTITUTO DE CO-RESPONSABILIDADE PELA EDUCAÇÃO (ICE). *Modelo de Gestão – Tecnologia Empresarial Socioeducacional (Tese):* uma nova escola para a Juventude Brasileira (escolas de ensino médio em tempo integral). Disponível em: http://www.ccv.ufc.br/newpage/conc/seduc2010/seduc_prof/download/Manual_Model. Acesso efetuado em 10/04/2011.

JIMENEZ, S. V.; MENDES SEGUNDO, M. D. Erradicar a pobreza e reproduzir o capital: notas críticas sobre as diretrizes para a educação do novo milênio. *Cadernos de Educação*/FaE/PPGE/UFPel/Pelotas [28]: 119-137, janeiro/junho 2007.

LEHER, Roberto. Para fazer frente ao apartheid educacional imposto pelo Banco Mundial: notas para uma leitura da temática trabalho-educação. In: *Trabalho & Crítica* – Anuário do GT Trabalho e Educação – Associação Nacional de Pós-Graduação e Pesquisa em Educação, nº 1. Rio de Janeiro: EduFF – NETE – NEDDATE, set. de 1999.

MARTINS, Marcos. F. *Ensino técnico e globalização*: cidadania ou submissão? Campinas, SP: Autores Associados, 2000.

MARX, Karl. O Capital: *Crítica da economia política*, vol. 1. livro primeiro. Civilização Brasileira, 2003.

MÉSZÁROS, István. *O século XXI*: Socialismo ou barbárie. São Paulo: Boitempo, 2003.

NEVES, Clarissa Eckert Baeta. *Ensino Superior no Brasil*: expansão, diversificação e inclusão. Preparado para apresentação no Congresso de 2012 da LASA (Associação de Estudos Latino Americanos). São Francisco, Califórnia. Maio 23 a 26, 2012. Diponível emwww.ufrgs.br/geu/Artigos%202012/Clarissa%20Baeta%20Neves.pdf, acesso efetuado em 22/04/2013.

ODEBRECHT, Norberto. *Sobreviver, crescer e perpetuar*: tecnologia empresarial Odebrecht. Salvador: Odebrecht, 1987.

OLIVEIRA, Francisco de. *Elegia para uma Re(li)gião*: Sudene, Nordeste. Planejamento e conflito de classes. Rio de Janeiro: Paz e Terra, 1987.

OLIVEIRA, Francisco de. *Crítica à razão dualista*: o ornitorrinco. São Paulo: Boitempo, 2003.

ORGANIZAÇÃO INTERNACIONAL DO TRABALHO. 2003. *Em direção a uma aliança mundial em prol do emprego de jovens*: os cinco passos seguintes. Disponível em: http://www.oit.org.br/info/download/global_alliance.pdf. Acesso efetuado em 02/02/2008.

PROGRAMA DAS NAÇÕES UNIDAS PARA O DESENVOLVIMENTO (PNUD). Disponível em: http://www.pnud.org.br/atlas/. Acesso efetuado em 22/01/2012.

RAMOS, Marise. *Concepção do ensino médio integrado* (2008). Disponível em: http://tecnicadmiwj.files.wordpress.com/2008/09. Acesso efetuado em 22/09/2010.

SANTOS, Deribaldo. *Graduação tecnológica no Brasil*: crítica à expansão do ensino superior não universitário. Curitiba: CRV, 2012.

SANTOS, Deribaldo. Políticas públicas neoliberais para o ensino profissional: como fica o CEFET/CE? In: JIMENEZ, Susana; SILVA, Marcus Flávio A (Orgs.). *Políticas públicas e reprodução do capital*. Fortaleza: Edições UFC, 2007.

SANTOS, Deribaldo; JIMENEZ, Susana; MENDES SEGUNDO, Maria das Dores. O Ideário Educacional competente no contexto da crise estrutural do capital. *Cadernos de Pesquisa em Educação- PPGE/* Universidade Federal do Espírito Santo, Centro Educação, Programa de Pós-Graduação em Educação. V. 17. n. 33 (janeiro/junho 2011). Vitória: PPG11. p. 9 a 37 ISSN- 15E, 2019-4507.

TONET, Ivo. *Educação, cidadania e emancipação humana*. Ijuí (Rio Grande do Sul): Unijuí, 2005.

A HISTÓRIA NOSSA DE CADA DIA: NARRATIVAS, SABERES E MEMÓRIAS (RE)DESCOBRINDO A TRADIÇÃO POPULAR[57]

Eryck Dieb Souza[58]

RESUMO : Apesar da tradição oral ser um forte símbolo histórico, nota-se que o que prevalece é o descaso e desconhecimento em relação aos ícones patrimoniais compreendidos pelas Narrativas, Saberes e Memórias relacionadas a Histórias cotidianas das comunidades dos alunos. Nesse sentido, o estudo busca propor soluções que viabilizem amenizar a problemática de desconhecimento histórico em relação ao Patrimônio Oral. A pesquisa foi desenvolvida de forma exploratória privilegiando a tradição oral como significante do processo de (re)conhecimento do Patrimônio Imaterial compreendido pelas Narrativas, Saberes e Memórias das comunidades dos alunos da EEEP Edson Queiroz, localizada em Cascavel – CE. Destacamos como resultados da pesquisa: um maior conhecimento em relação à História Oral de forma problematizada e significativa; resgate da memória e das histórias vivenciadas no cotidiano dos alunos como ressignificantes da tradição popular; ampliação da visão dos envolvidos em relação aos bens patrimoniais locais e uma ampliação na participação dos alunos em relação aos seus locais de vivência, possibilitando que estes enxerguem os símbolos constituintes de sua História e reflitam sobre seus problemas e suas possíveis soluções. A presente pesquisa verificou a importância da educação patrimonial para reversão do panorama de descaso em relação à História Oral. Assim, comprovamos a propositura de BERUTTI e MARQUES (2009) quando estes nos mencionam que o estudo da realidade sócio-histórica das comunidades dos alunos, possibilita que estes se situem como sujeitos históricos, capazes de agir e no limite, contribuir para a transformação da realidade social na qual estão historicamente inseridos.
Palavras-Chave: Educação Patrimonial – História Oral – Memória

RESUMEN: Las narrativas orales fueron durante mucho tiempo las formas predominantes de comunicación y transmisión de conocimiento; son una valiosa forma de conocimiento histórico sobre los hechos experimentados por otras generaciones y es a través de ellos que sabemos de las primeras nociones de cultura y vida en sociedad. Sin embargo, detecta que ese patrimonio inmaterial compuesto por las narrativas orales, se encuentra en una devaluación al símbolo histórico y cultural. Este panorama de ignorancia y depreciación en la tradición oral, contribuye a la disolución del sentido de afecto y pertenencia de los individuos en relación con los lugares de su vida. Como mencionamos Berutti y Marques (2009) en el momento que entendemos el sentido del conocimiento histórico y su producción, tenemos más condiciones de percibir que somos sujetos históricos, capaces de contribuir a la transformación de la realidad social en que estamos históricamente introducidos. Bajo estas propuestas, que el estudio intenta comprender las causas y el impacto de la devaluación del patrimonio inmaterial en Cascavel-CE, así como proponer soluciones que mitiguen los problemas utilizando la educación patrimonial centrada en las narrativas, en el conocimiento y en las memorias de las comunidades de los estudiantes, para que

---

[57] Registro a participação dos alunos-monitores deste trabalho de pesquisa: Wender Santiago, Alicia Castro e Yuri Lima da EEEP Edson Queiroz. Trabalho premiado como melhor trabalho na área de Ciências Humanas na MOSTRA TÉCNICA DE PROJETOS ARTECEB, realizada na cidade de Imperatriz do Maranhão, no ano de 2014.

[58] Graduado em Letras Inglês pela UFC-UAB. Pós-graduando em Tecnologias digitais para a Educação(FA7). E-mail: eryckdieb@gmail.com. Lattes: http://buscatextual.cnpq.br/buscatextual/visualizacv.do?metodo=apresentar&id=K4418116H1

en estos pueda despertar interés en la investigación histórica, acercando la experiencia de la comunidad al cotidiano de la escuela; sacar el pulso de la contribución de la memoria oral para la construcción de la identidad cultural individual y colectiva; acercandoles de los relatos vivos de la história e incorporando nuevos puntos de vista de los protagonistas vivos.

INTRODUÇÃO

A ausência do enfoque no reconhecimento do Patrimônio Imaterial composto pelas tradições orais faz com que os indivíduos não apresentem uma relação de reconhecimento das histórias cotidianas de seus locais de vivencia. Salientando-se que a ausência do enfoque nessas questões, contribui para a dissolução do sentimento de afetividade e pertença das pessoas com os ícones patrimoniais que compõem a História e a Memória das comunidades. Esse aspecto de desvalorização e efemeridade vem constituir uma lacuna que afeta a postura de cidadania dos envolvidos.

Um dos fatores causadores desse panorama é a ausência do estudo do contexto local nas escolas e comunidades, conforme proposto nos PCNs. Com base no que foi citado, o projeto se justifica como ferramenta que vem amenizar essa lacuna de desconhecimento histórico. Conforme proposto nos textos dos Parâmetros Curriculares Nacionais do MEC (Ministério da Educação) o estudo da História Local deve permear o processo educacional dos alunos para que estes possam intervir de maneira cidadã na comunidade, na escola, na sociedade, enfim na realidade de mundo que se apresenta à sua volta. Nesse sentido, propomos o estudo da História Oral como ferramenta de ressignificação da relação entre as pessoas e o Patrimônio que caracteriza culturalmente o lugar onde vivem.

Com a problemática de desconhecimento sobre o Patrimônio Histórico-Cultural de nossa região por parte de alunos e moradores e apoiados na Lei de Diretrizes e Bases da Educação Nacional, Lei nº 9.394/96 que enfatiza no seu artigo 26, que a "parte diversificada dos currículos do ensino fundamental e médio deve observar as características regionais e locais da sociedade e da cultura, o que abre espaço para a inserção de uma proposta de ensino diferenciado" elaborou-se uma proposta de ensino-aprendizagem da história local nos âmbitos escolares e comunitários para amenizar a problemática identificada. Nesse sentido, os PCNs (1998:28) reforçam a relevância do estudo dos TEMAS LOCAIS:

> [...] O trabalho com temas sociais na escola, por tratar de conhecimentos diretamente vinculados à realidade, deve estar aberto à assimilação de mudanças apresentadas por essa realidade. As mudanças sociais e os problemas que surgem pedem uma atenção especial para se estar sempre interagindo com eles, sem ocultá-los. Assim, embora os temas tenham sido escolhidos em função das urgências que a sociedade brasileira apresenta, dadas as grandes dimensões do Brasil e as diversas realidades que o compõem, é inevitável que determinadas questões ganhe, importância maior em uma região. Sob a denominação de Temas Locais, os Parâmetros Curriculares Nacionais pretendem contemplar os temas de interesse específico de uma determinada realidade a serem definidos no âmbito do Estado, da cidade e/ou escola. Uma vez reconhecida a urgência social um problema local, este poderá receber o mesmo tratamento dados aos outros Temas Transversais (PCNs, 1998, p.28).

Partindo das prerrogativas dos textos dos PCNs, constatamos a importância da inserção do enfoque na História Local em nossas escolas, visado uma aproximação dos alunos com o contexto local, intentando fazer com que os alunos o enxerguem como um local de memória rico de possibilidades. Sob esta premissa, Samuel destaca que:

A história local requer um tipo de conhecimento diferente daquele focalizado no alto nível de desenvolvimento nacional e dá ao pesquisador uma ideia muito mais imediata do passado. Ele a encontra dobrando a esquina e descendo a rua. Ele pode ouvir os seus ecos no mercado, ler o seu grafite nas paredes, seguir suas pegadas nos campos. (1989, p. 220)

As afirmações de Samuel (1989:219) nos conduzem a reflexão sobre a percepção de novos sujeitos históricos, os quais assim como o aluno, vivem e fazem história no meio próximo. No momento em que o estudante se aproxima dos símbolos compreendidos pelo patrimônio oral, tem condições de refletir sobre sua percepção em relação às fontes históricas, bem com sua ação na comunidade. Trazendo novas perspectivas, incorporando novos olhares e saberes no processo de revalorização da tradição popular oral como elo entre gerações. Despertando nos indivíduos, a curiosidade em conhecer as histórias que povoam o imaginário de seus locais de vivência, o respeito aos diferentes pontos de vista, corroborando para uma mudança de percepção e para revalorização do patrimônio imaterial ressaltado.

FUNDAMENTAÇÃO TEÓRICA

Sob a ótica da Educação Patrimonial focada na ação do aluno como ator social atuante em comunidade, o presente estudo buscou compreender as causas e os impactos que o desconhecimento e a desvalorização em relação aos símbolos históricos representados pelas narrativas orais. Fonseca (2009:73) analisando a importância da educação patrimonial destaca:

É fundamental o desenvolvimento da educação patrimonial, com vistas a despertar o aluno para a importância de conhecer, preservar e respeitar o patrimônio histórico e cultural. E também importante é desenvolver estudos do meio através de visitas a diferentes ambientes sociais e históricos, como museus, prédios, cenários ambientais e arqueológicos, arquivos, bibliotecas – enfim, outros lugares de memória fora do espaço escolar (2009, p. 73).

Nesse sentido, ao proporcionar o estudo do patrimônio imaterial objetivamos possibilitar aos participantes o desenvolvimento de habilidades que os permitam refletirem sobre as mudanças e permanências ocorridas ao longo do tempo nos espaços de suas comunidades. Têm-se ainda por objetivo, situar os discentes e a comunidade civil como corresponsáveis pelo processo de resgate e reapropriação do patrimônio; história e memória de suas localidades.

O estudo das histórias cotidianas e da realidade local favorece o desenvolvimento de várias atividades interdisciplinares no processo de conhecimento do local de vivência do aluno, articulando os saberes escolares aos vivenciados na comunidade. Possibilita ainda, a formação da cidadania, o questionamento da realidade e a construção da identidade dos indivíduos.

Buscamos desenvolver atividades dentro e fora de sala de aula para inclusão da comunidade nas práticas de conhecimento sobre os símbolos orais que compõem o imaginário do município onde residem. Ao incorporar o cotidiano do aluno às práticas de educação patrimonial, temos ricas possibilidades de aproximação deste com o ideal de reconhecimento da cultura local. Sob os aspectos supramencionados, buscamos comprovar as afirmações de Fonseca (2009:125) quando esta nos apresenta que:

O local e o cotidiano da criança e do jovem constituem e são constitutivos de importantes dimensões do viver – logo podem ser problematizados, tematizados e explorados no dia a dia da sala de aula, com criatividades, a partir de diferentes situações, fontes e linguagens (2009, p. 125).

Assim, ao aproximar a pesquisa histórica ao plano cotidiano o qual o aluno/morador atua diariamente, buscamos desenvolver neste o senso crítico para uma ampliação no exercício de cidadania desses indivíduos. Desta maneira, intenta-se uma mudança na perspectiva da relação da postura dos alunos/moradores perante o patrimônio imaterial.

Analisando as concepções da autora supracitada, constatamos que o trabalho científico e pedagógico pode contribuir para melhor inserção dos alunos na comunidade, identificando seus problemas, características, e possibilitando uma melhor aproximação da cultura (FONSECA, 2009:125). Partindo desta premissa concordamos com Berutti e Marques (2009:21) no que diz respeito à percepção dos estudantes com o conhecimento histórico:

No momento em que o aluno compreende o sentido do conhecimento histórico e de como se dá sua produção, certamente terá mais condições de se perceber como sujeito histórico, capaz de agir e no limite, contribuir para a transformação da realidade social na qual está historicamente inserido (2009, p. 21).

Ao inserir o aluno e a comunidade como atores do processo de ensino-aprendizagem do contexto local, sendo corresponsáveis pelo resgate das memórias coletivas para entendimento, comparação, reflexão dos modos de vida e da importância da história oral para formação de nossa identidade. Berutti e Marques (2009:21) analisando a importância das memórias coletivas ressaltam que estas "se formam pela relação que uma comunidade estabelece com seu passado. Esse tipo de memória ajuda a construir a identidade das pessoas que moram nessas comunidades" (BERUTTI; MARQUES 2009, p. 67)

Fonseca (2009) ressalta que as pesquisas realizadas pelos alunos com fontes orais é parte dos processos de (re)construção das identidades individuais e coletivas. Sendo a ação, segundo a autora, fundamental para que os sujeitos possam compreender e intervir no espaço local em que vivem como cidadãos críticos.

Em síntese, objetivamos analisar como se dá a relação das comunidades dos alunos da EEEP Edson Queiroz com os termos constituintes da memória patrimonial local; entender as causas e os impactos da desvalorização/desconhecimento das narrativas orais, bem como propor soluções que viabilizem amenizar os impactos ocasionados pela ausência do reconhecimento dos signos orais como emblemas históricos. Ademais, os enfoques desta pesquisa intentam analisar os aspectos e a importância do estudo da História Oral na formação das identidades das comunidades com seus bens patrimoniais.

Em uma proposição mais ampla temos ainda por objetivo o despertar da criticidade a partir de uma releitura do conhecimento histórico, apresentando o estudo das narrativas, dos saberes e das memórias das comunidades de origem dos alunos como ressignificantes do processo de (re)descoberta da tradição popular do ouvir e conta histórias de vida.

Assim, a inserção do estudo da História Oral através de uma política educacional pautada no reconhecimento e estudo das narrativas orais através do desenvolvimento de ações metodológicas na escola e na comunidade será responsável por levar o conhecimento e a redescoberta das narrativas, saberes e memórias como patrimônio cultural. Bem como responsável pela amenização do quadro de desvalorização em relação ao reconhecimento deste patrimônio ressaltado.

O desenvolvimento das ações de educação patrimonial fez com que os envolvidos passassem a conhecer as manifestações culturais compreendidas pelo Patrimônio Imaterial e a se perceberem como sujeitos históricos e agentes multiplicadores para uma maior difusão em relação ao conhecimento histórico, bem como passassem a ter um maior conhecimento em relação aos processos que compreendem a formação das identidades culturais individuais e coletivas.

As práticas desenvolvidas foram responsáveis por possibilitar aos alunos um entendimento maior em relação aos signos patrimoniais que compõem a História e a Memória de seus locais de vivência, bem como o resgate do sentimento de afetividade e pertença.

Tendo como objeto de análise os municípios de Cascavel e Pindoretama, interiores do Ceará, este estudo visou uma ampliação na participação de cidadania dos envolvidos ao aproximá-los do conceito de patrimônio e seus correlatos: história e memória. Assim, a presente pesquisa buscou uma aproximação dos conceitos supramencionados à prática educacional, (re)significando ambos para uma reconstrução da relação das pessoas com o lugar onde vivem.

METODOLOGIA

Iniciamos a pesquisa em Março de 2014, onde as ações iniciais compreenderam a delimitação do problema a ser pesquisado, a elaboração do plano de pesquisa/ação para resolução da problemática e o levantamento de literatura do projeto.

Após esta etapa, iniciamos as ações que intentam descobrir as causas do desconhecimento dos educandos em relação à história oral. A primeira causa identificada foi a ausência do estudo da história local nas escolas. Chegamos a esta constatação ao analisar a grade curricular de ensino de 40 escolas da região compreendida pelos municípios de Cascavel e Pindoretama, dentre públicas e particulares, destas apenas 05 (menos de 13%) apresentava em seu programa anual de ensino uma proposta pedagógica voltada ao ensino da História Local.

Para delimitação do grau de conhecimento dos alunos em relação à História Oral e a percepção dos educandos com os termos História, Memória e Formação de identidades individuais e coletivas, Patrimônio Imaterial, intentando traçar um perfil o posicionamento dos educandos da EEEP Edson Queiroz com o Patrimônio Imaterial Local.

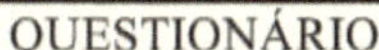

QUESTIONÁRIO

01 - Você se considera um sujeito histórico
a) sim   b) não

02 - Você tem o hábito de escutar as histórias dos moradores mais antigos de sua
comunidade?
a) sim   b) não

03 - Sabendo-se que as narrativas orais
fazem parte do Patrimônio Cultural compreendido por Tradição Oral Popular, a-
nalise a relevância de se estuda-las na escola.

a) relevante   b)irrelevante

04 - Qual a importância da memória para
sua vida?
a) conhecimento histórico
b) fomação de identidade
c) não possui imporânica

Figura 1 – Questionário utilizado com alunos da EEEP Edson Queiroz

Selecionamos uma mostragem de 92,5% (500 participantes) num universo de 540 pessoas. As entrevistas foram aplicadas como guias de quais ações seriam desenvolvidas em seguida, tomando como base a percepção dos educando em relação aos termos concernentes à História Oral.

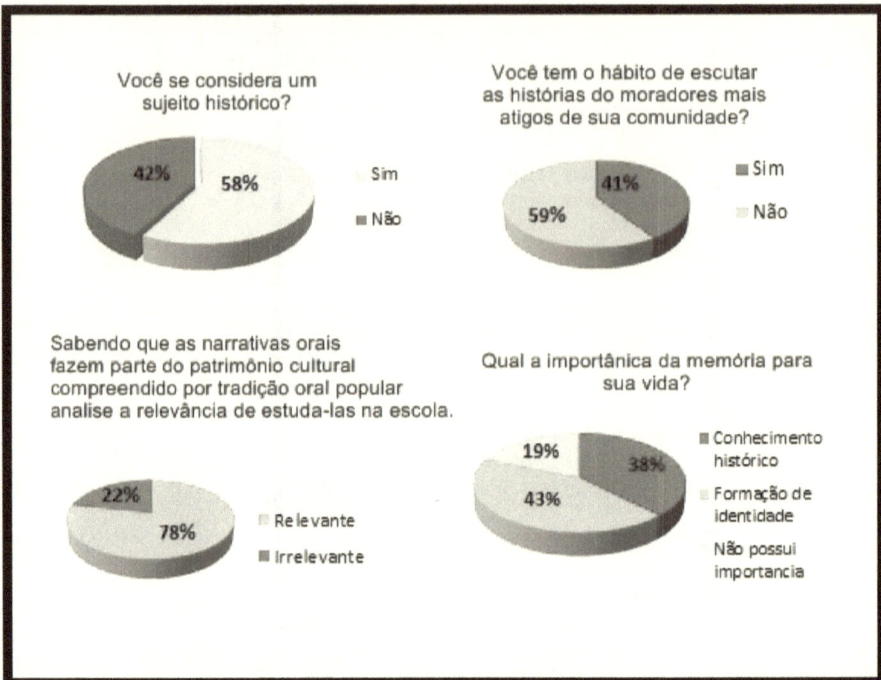

Figura 2 – Gráficos das respostas apresentadas nas entrevistas com alunos da EEEP Edson Queiroz.

Como resultados obtidos nas respostas, percebemos que a inserção da educação patrimonial seria a melhor estratégia para amenização da problemática da ausência de reconhecimento das tradições orais como símbolos construtores da memória patrimonial das comunidades dos alunos. A partir desta constatação iniciamos as estratégias para amenização da problemática.

Elaboramos uma estratégia de aproximação dos educandos com a pesquisa histórica, privilegiando as entrevistas como ressignificantes da postura dos envolvidos com o Patrimônio Imaterial ressaltado. Os alunos foram orientados a produzirem uma pesquisa com fontes orais em suas comunidades, onde deveriam analisar as histórias cotidianas, bem como a importância destas para a construção da memória de suas localidades.

Sobre as entrevistas e demais fontes orais, concordamos com Samuel(1989:223), quando o autor defende:

> [...] as entrevistas como formas capazes de fazer com que os estudos de história local escapem das falhas dos documentos, uma vez que a fonte oral é capaz de ampliar a compreensão do contexto, de revelar os silêncios e as omissões da documentação escrita, de produzir outras evidências, captar, registrar e preservar a memória viva. A incorporação das fontes orais possibilita despertar a curiosidade do aluno e do professor, acrescentar perspectivas diferentes, trazer à tona o "pulso da vida cotidiana, registrar os tremores mais raros dos eventos, acompanhar o ciclo das estações e mapear as rotinas semanais". (1989, p. 233)

Nesse sentido, reiteramos a importância da linguagem oral no processo de reconstrução das memórias coletivas com as palavras de Bosi(1992:28):

> [...] a memória articula-se fundamentalmente e duradouramente na vida social mediante a linguagem. Pela memória as pessoas que se ausentaram fazem-se presentes. Com o passar das gerações e das estações esse processo "cai" no inconsciente linguístico, reaflorando sempre que se faz uso da palavra que evoca e invoca. É a linguagem que permite conservar e reavivar a imagem que cada geração tem das anteriores. Memória e palavra, no fundo inseparáveis, é a condição de possibilidade do tempo reversível. (1992, p.28)

Verificamos que apesar da forte representatividade dos ícones ressaltados, o que prevalece é a descaso e desvalorização em relação à História Oral. A ação corresponde à criação de portfólios temáticos, materiais onde os alunos devem entrevistar moradores de suas localidades, acerca das mudanças e permanências ocorridas na rua, no bairro, e nos modos de vida. Devendo o educado, colher ainda narrativas peculiares, histórias de vidas que os entrevistados quisessem compartilhar, bem como registros fotográficos, e demais documentos que auxiliem na analise documental da história da comunidade.

Em seguida, o próprio aluno relatou sobre os tópicos os quais foram utilizados para nortear a entrevista que realizou, refletindo sobre como está a comunidade e os modos de vida na atualidade, facilitando assim a reflexão do educando sobre quais fatores mudaram e quais permaneceram na comunidade, identificando problemas e refletindo sobre suas possíveis soluções.

Após esse processo os alunos postaram as entrevistas no grupo "O Lugar onde eu vivo" ferramenta trabalhada na EEEP Edson Queiroz para fortalecer a relação dos alunos com os locais onde vivem, através da produção textual, de crônicas, artigos de opinião, colaborando para que o estudo da Historia Local se torne menos árido.

Desenvolvemos essa propositura metodológica de utilização da rede social como mais um aparato de extensão das ações de conhecimento da história oral, pois as redes sociais fazendo parte do cotidiano de grande parte dos indivíduos modernos devem ser exploradas como mais uma possibilidade educativa. Recuero (2009:52) compreende as redes sociais como mecanismos formados por grupos de pessoas que interconectadas proporcionam não só um espaço de entretenimento e comunicação, mas de novas possibilidades. Assim, a rede social supracitada, foi utilizada nesta pesquisa como mais uma possibilidade de extensão do ensino aprendizado do contexto local, atuando também como elo de comunicação entre a escola e a comunidade civil, possibilitando a extensão e alcance das praticas de educação patrimonial.

Promovemos ações voltadas à ampliação do conhecimento em relação ao Patrimônio compreendido pelas narrativas, saberes e memórias, como a tenda temática "Patrimônio Oral", na qual disponibilizamos informações sobre o que venha a ser um bem patrimonial, pois detectamos que a maioria das pessoas não valorizam esses ícones por falta de conhecimento do que venha ser um ícone patrimonial.

Na tenda temática além do esclarecimento acerca dos termos concernentes à História Oral, ocorrem rodas de conversa e debates, onde os educandos destacam a importância do desenvolvimento das entrevistas com os moradores de suas comunidades. Com esse processo identifica-se uma mudança na percepção dos educandos em relação á História Oral.

RESULTADOS E DISCUSSÕES

Percebemos que o estudo da História Oral serviu para que os indivíduos: identificassem os símbolos que povoam a memória patrimonial de suas comunidades; refletissem sobre a importância do patrimônio imaterial; reconhecessem as mudanças e permanências que ocorrem nos espaços das comunidades; refletirem sobre os problemas e dificuldades que interferem na relação das pessoas com seus bens culturais; passassem a (re)conhecer as narrativas, os saberes e as memórias como sendo constituinte da sua própria história de vida; e, passassem a conhecer a História Oral enxergando-a como uma possibilidade para ampliação no exercício de sua cidadania em relação ao locais onde residem.

A aproximação de discentes e moradores com a memória oral vem servindo para que enxerguem a comunidade, a cidade, a realidade que os cerca como ferramentas úteis ao entendimento dos processos de conhecimento da história local.

O estudo da realidade local no espaço extraescolar serve para inclusão da própria comunidade nesse processo continuo que é o resgate e a reapropriação das histórias de vida, para alteração no panorama de descaso em relação ao patrimônio imaterial; e como ferramenta que ameniza os impactos ocasionados

Destacamos ainda como resultados: um maior conhecimento em relação à História das comunidades em que residem de forma dinâmica e criativa; o resgate e revalorização das histórias cotidianas de forma significativa; reflexão sobre a importância de se conhecer as narrativas orais e o patrimônio local para uma maior participação de cidadania; inclusão da comunidade nas práticas de educação patrimonial.

De uma forma geral, evidenciou-se uma mudança significativa na percepção e conhecimentos dos envolvidos em relação à História Oral. Após as etapas iniciais de desenvolvimento da pesquisa, os alunos conseguem claramente identificar e citar a importância dos bens patrimoniais locais, enxergando e ressaltando o valor histórico-cultural dos ícones que povoam a memória das comunidades dos alunos da EEEP Edson Queiroz.

CONCLUSÕES

A presente pesquisa verificou a importância da educação patrimonial na revalorização da tradição popular oral destacando a inserção da comunidade, tornando esta parte do processo de reaprendizado das características que compõem o tecido patrimonial que tanto identifica o lugar onde vivemos.

Diante do que foi citado, conclui-se que os resultados vêm sendo atingidos de maneira satisfatória. A mudança de percepção do envolvidos em relação à História Oral comprova a hipótese de que o enfoque na realidade dos alunos e do lugar onde vivem é uma ferramenta de bons resultados para aproximação das pessoas com os bens histórico-culturais representados pela tradição popular do ouvir e contar histórias de vida.

O olhar para patrimônio local configura uma ferramenta para inserção de novos protagonistas históricos. No momento em que o aluno se situa como ator histórico do contexto social onde está inserido, tem-se uma alteração significativa na ação deste individuo na realidade que o cerca.

Vale salientar que os procedimentos desenvolvidos até o momento não esgotam as possibilidades metodológicas da pesquisa. Outras possibilidades a serem consideradas como extensão da pesquisa compreendem a expansão das ações de educação patrimonial pautada nas narrativas orais para as demais escolas de nosso estado e região e a produção de um memorial on-line sobre as histórias colhidas nas pesquisas dos alunos, que facilite o trabalho da história local nas escolas, bem como fonte de documentação da memória e da história viva das comunidades dos alunos.

REFERÊNCIAS

Artigos de revista

SAMUEL, R. História local e história oral. *Revista Brasileira de História*, São Paulo, ANPUH, v. 9, n. 19, p. 219-242.

Livros

BERUTTI, F.; MARQUES, A. Ensinar e Aprender História. Belo Horizonte: RHJ, 2009.

BOSI, A. O tempo e os tempos. In: NOVAES, Adauto (Org.). *Tempo e História*. São Paulo: Companhia das Letras, Secretaria Municipal de Cultura, 1992.

BRASIL. MEC. Parâmetros Curriculares Nacionais. História e Geografia. Brasília: MEC, SEF, 1997.

BRASIL. MEC. Parâmetros Curriculares Nacionais. Temas Transversais. Brasília: MEC/SEF, 1998.

BRASIL. MEC. Lei de Diretrizes e Bases da Educação Nacional. Rio de Janeiro: Qualitymark Editora, 1997.

CERTEAU, Michel de. A Invenção do Cotidiano – 1 : Artes de Fazer. Petrópolis: Vozes, 1994.

CHOAY, F.; MACHADO, L.V. A Alegoria do Patrimônio. 3.ed. São Paulo: Estação Liberdade: UNESP, 2001.

FONSECA, Selva G. Fazer e Ensinar História. Belo Horizonte: Dimensão, 2009.

HOBSBAWM, E.: Era dos Extremos. O breve século XX. 1914-1991. 2.ed. São Paulo: Companhia das Letras, 1998.

PORTELLI, A. O que faz a História Oral Diferente. In: Projeto História. São Paulo: Editora da PUC – SP, n. 14, fev. 1997.

RAGO, M.; GIMENES, R.A. de O. Narrar o passado, repensar a História. Campinas: Unicamp, 2000.

RECUERO, R. Redes sociais na Internet. Porto Alegre, Sulina, 2010.

WILLIAMS. R. Cultura. São Paulo: Paz e Terra,1992.

SABERES TRADICIONAIS E PRÁTICAS ALIMENTARES DOS ÍNDIOS TREMEMBÉ DE ALMOFALA

Gerson Augusto de Oliveira Junior

RESUMO: O presente trabalho analisa as mudanças na cultura alimentar dos índios Tremembé, tais como refletidas no crescente consumo de alimentos industrializados. Averiguar em que medida o acesso a alimentos industrializados representa de fato uma conquista do direito à Segurança Alimentar e Nutricional (SAN) e em que medida revela flagrante desrespeito à cultura alimentar dos índios constitui o objetivo deste artigo. Em outros termos, a questão que aqui buscamos responder é: *O acesso aos alimentos industrializados tem contribuído efetivamente para a melhoria das condições de saúde e bem-estar, bem como para a reprodução física e cultural, segundo usos, costumes e tradições do povo Tremembé?* Para a realização do trabalho de campo de base etnográfica, partimos do entendimento de que existe um conjunto de saberes sobre os processos de produção, preparo e consumo de alimentos, inscritos no âmbito do patrimônio material e imaterial dos índios, que precisa ser valorizado. Com isso, não deixamos de compreender que os sistemas culturais são abertos e dinâmicos. Procuramos enfatizar que as mudanças na cultura alimentar têm reflexos na saúde dos índios e no equilíbio do meio ambiente do aldeamento. Nem o patrimônio alimentar Tremembé pode ser dissociado dos recursos naturais circunscritos na área indígena e nem das questões de saúde. Para efeitos de nossa análise, consideramos a realidade dos Tremembé que habitam na região de Almofala, localizada no município de Itarema, no litoral oeste cearense, distando aproximadamente 272 km de Fortaleza. Esta região, na qual as famílias Tremembé residem, agrupa diversas localidades: Praia; Tapera; Varjota; Batedeira; Barro Vermelho; Lameirão; Gamboa da Lama; Mangue Alto; Aningas do Mulato; Camundongo, Cabeça de Boi; Passagem Rasa; Curral do Peixe; Urubu e Boa Vista. A conclusão a que chegamos é que o acesso a alimentos industrializados se traduz tanto no desrespeito à cultura alimentar Tremembé quanto em ameaças à saúde dos índios e em graves desequilíbrios ambientais.
Palavras-chave: Cultura alimentar Tremembé - Segurança Alimentar e Nutricional (SAN) - Alimentos industrializados – Impactos ambientais.

INTRODUÇÃO

A população indígena presente no território brasileiro é composta por uma diversidade de grupos, que possuem elementos distintivos entre si e não somente em relação a população não indígena. As diferenças entre os grupos incluem tradições culturais especificas, como línguas próprias, mitos e sistemas de crenças que balizam as relações dos sujeitos com a natureza. No interior dos grupos prevalecem significativas diferenças de costumes e práticas pautadas no sexo e idade. Muitos grupos vivem em áreas urbanas e outros em áreas demarcadas, devidamente regularizadas, mas são inúmeros os que habitam em áreas que não possuem qualquer regularização, o que os expõe a graves conflitos e pressões para que abandonem suas terras.

A compreensão dos problemas enfrentados pelos grupos indígenas do Brasil exige uma abordagem cuidadosa que considere a história de contato das diferentes etnias com os diversos segmentos da população nacional. Cada etnia possui sua trajetória especifica, o que tem como resultado uma determinada configuração da realidade social, econômica e cultural dos grupos na atualidade. Desse modo, é um grande equívoco pensar sobre os índios como sujeitos que constituem um todo homogêneo, compartilhando de uma mesma realidade. Ainda que seja possível identificar o que é comum as todas etnias, os problemas que estas enfrentam para garantir seus direitos apresentam nuances bastante distintas. Em outros termos, o entendimento da dinâmica das relações Inter-étnicas no Brasil e suas implicações no âmbito do sistema de justiça, notadamente quando o que está em pauta é o processo demarcatório das terras dos indígenas presentes em todas as regiões do País, é a chave para que sejam elaboradas alternativas para a efetivação de direitos que são negados, ao arrepio das normas internacionais e nacionais.

A demarcação das terras indígenas continua um capitulo aberto na história do Brasil. Os índios que na atualidade lutam na justiça para fazer valer os seus direitos são descendentes dos grupos, que aqui habitavam antes da chegada dos colonizadores. Não é por acaso, que a Constituição Federal deixa implícita a afirmação de que os índios estavam aqui antes da formação do Estado brasileiro, ao definir os direitos indígenas sobre as terras como originários e a ocupação destas como tradicional, para estabelecer a competência da União em demarcálas e protegê-las, bem como fazer respeitar todos os bens dos índios.

A Constituição também explicitou o significado de "terras indígenas", a garantia do usufruto exclusivo das riquezas da terra, sua inalienabilidade e indisponibilidade, os direitos imprescritíveis dos índios sobre elas. Estabeleceu a necessidade de audiência prévia nas comunidades indígenas, cujo poder de vetar projetos que possam afetá-las ficou consignado da mesma forma que a necessária autorização do Congresso Nacional para que qualquer outra forma de aproveitamento de recursos naturais existentes nas referidas terras. Tornaram-se nulos e extintos de pleno direito atos que tenham por objeto a ocupação, o domínio e a posse das terras ou a exploração de suas riquezas naturais, além de ser vedada a remoção dos índios, salvo nos casos específicos dispostos.

Os processos demarcatórios costumam ser bastante demorados, de modo que morosidade do Judiciário tem provocado um fenômeno denominado de "retomada"; ações desencadeadas pelos próprios índios para apropriação das áreas reconhecidas como tradicionalmente indígenas. O objetivo das "retomadas" é provocar o Estado, para emprestar a devida celeridade ao processo demarcatório. De certo, ações de "retomada" terminam por agravar os conflitos que muitas vezes são marcados por extrema violência.

Nas Regiões Nordeste, Sul e Sudeste, onde os grupos indígenas "ressurgiram" reivindicando o reconhecimento identitário e o direito possessório sobre suas terras ou onde os seus antepassados foram drasticamente exterminados, expulsos de suas aldeias e confinados a áreas cada vez mais reduzidas, as retomadas tornaram-se um fenômeno crescente. Seja como for, as questões envolvendo os processos de demarcação e regularização de terra indígenas devem ser observados com criteriosa atenção, considerando primordialmente o significado que a terra apresenta para os índios. Isto, sem sombra de dúvida, é um dos aspectos que mais diferenciam a população indígena dos demais integrantes da sociedade nacional e não pode ser negligenciado.

A despeito da situação de intenso contato que muitos grupos mantem com a sociedade envolvente, entre os indígenas, permanece uma visão de mundo e um conjunto de valores que apontam para uma concepção da terra que entra abertamente em choque com lógica utilitarista que concebe o lucro como medida para todas as coisas. Para os índios, a terra não é um produto submetido a lógica do mercado, um valor de troca. A terra é a própria condição para a reprodução dos povos culturalmente diferenciados. A reprodução física e cultural dos povos indígenas evidencia que os cuidados em relação ao meio ambiente devem ser concebidos segundo possam assegurar direitos às gerações presentes e futuras.

A ideia de sobrevivência cultural expressa no artigo 231 da Constituição Federal é ampla, compreende o respeito e manutenção do modo de vida próprio de cada grupo pautado nas suas tradições. Por isso, os processos demarcatórios das áreas indígenas não devem ser tratados como uma simples questão fundiária. Os estudos antropológicos demonstram que a análise da relação dos povos indígenas com a terra revela aspectos relevantes da cultura material e imaterial, que incluem a visão própria sobre o meio ambiente e a utilização dos recursos naturais. Para a muitos grupos indígenas, a relação dos homens com a natureza é regulada por seres divinos. Assim, a terra é vista como sagrada e seus recursos não podem ficar submetidos livremente aos desejos humanos.

Luiz Armando Bandin (2006), em sua reflexão sobre o Conceito de Terras indígenas definido na constituição Federal de 1988, afirma que a garantia da terra é o ponto de maior relevo do direito constitucional dos índios no Brasil, pois a base territorial é imprescindível para sua sobrevivência física e cultural. Para os índios a terra possui ampla dimensão sócio-política-cosmológica. É na terra que ocupam que índios realizam atividades de caça, pesca e coleta de frutos nativos; e que cultivam produtos agrícolas, como o milho, a batata, o feijão e a mandioca. Nela, existem lugares sagrados habitados por seres sobrenaturais, tais como os rios, lagoas, riachos, grutas e cemitérios onde descasam os seus mortos. Há também os lugares destinados às práticas rituais, com sua mata nativa que fornece aos pajés ervas medicinais para curar os males que acometem o corpo e alma das pessoas. Os rituais coletivos marcados com danças e instrumentos musicais atuam como importante mecanismo de fortalecimento de pertença a etnia e, por conseguinte, garantem a união grupal necessária à luta pela sobrevivência.

Não obstante a todas as garantias constitucionais, os índios ainda possuem pouca visibilidade no contexto mais amplo da sociedade brasileira, prevalecendo um desconhecimento sobre a imensa diversidade de povos que vivem atualmente no País. De modo geral, falar dos povos indígenas que habitam o território nacional é algo que quase sempre suscita polêmicas e questionamentos sobre seus direitos. Com frequência as referências sobre os índios mobilizam imagens por demais negativas, sendo comum a afirmação de que os índios são indivíduos preguiçosos e com aversão ao trabalho.

Corroboram com estas imagens os argumentos fundamentados na visão equivocada de que a maioria dos grupos indígenas desapareceram e restaram apenas alguns grupos na Região Amazônica. Afirma-se que os índios existentes são "remanescentes", "aculturados", isto é, grupos que perderam sua cultura original e, por conseguinte, deixaram de ser índios. Ademais, a ideia de "índio puro", o amazônico, aparece como um contraponto a de "índio miscigenado" e "aculturado". A busca de desqualificação dos índios a partir da ideia de que eles perderam suas identidades culturais tem sido um argumento utilizado ao longo da história do Brasil por determinados setores interessados em negar os direitos indígenas, tendo em vista a ocupação das suas terras e a exploração de recursos naturais nelas existentes.

A mobilização de estereótipos ancorados na ideia de "índio puro" também é exacerbada quando o que está em jogo são os grupos indígenas que possuem uma longa história de contato com a população brasileira. Isso adquire maior visibilidade nas disputas pelas terras dos índios das regiões Sudestes e Nordeste. Em outros termos, questionar a existência dos grupos indígenas alegando que os mesmos são aculturados, miscigenados e inseridos na sociedade brasileira é a maneira mais utilizada para negar a legitimidade de suas reivindicações e promover a violação dos seus direitos. Ainda hoje, para uma parcela significativa da sociedade brasileira causa estranheza tomar conhecimento de que há índios que atuam como advogados, professores, aviadores, pesquisadores, médicos, antropológos etc. Enfim, é problemático que se aceite a presença do índio fora de um lugar que não seja as florestas, vivendo da caça, pesca e atividades extrativas, tal como ocorria fundamentalmente no período colonial.

Certa vez, ao entrevistar uma liderança indígena que atuava como professora de uma escola indígena diferenciada, na qual eu também atuei como professor do Curso de Magistério Indígena Tremembé Superior - MITs, ela fez um comentário que diz da dificuldade da sociedade nacional de aceitar os direitos dos índios ao desenvolvimento e denuncia o absurdo lógico de quem defende ser possível aos índios do século XXI manterem o mesmo padrão cultural do início da colonização:

Com a escassez do peixe, faltou-lhes até a alimentação básica. O importante é você não negar aquilo que você é, você é índio e pronto. Por que é que tem que continuar naquela que índio usava pena? E a gente sabe que usava; só que hoje tá tudo mudado. E é isso que as pessoas não conseguem aceitar. Você não parece com índio, então você não é índio? Como se índio tivesse aparência de alguma coisa? Por que tem que ser diferente das outras pessoas? Ora, por que vive num mundo diferente? O mundo não é mais aquele. Há quanto tempo vem passando essa história? Não é possível, meu Deus, que ainda tivesse as mesmas pessoas, os mesmos índios; é impossível isso (Raimunda Marques do Nascimento- Índia Tremembé)

O absurdo lógico denunciado pela índia deve ser remetido ao cenário agrário brasileiro, no qual há a prevalência dos latifúndios nas mãos de poucos proprietários. No Brasil, a terra é historicamente uma inegável fonte de poder econômico, político e social. Não é por acaso que os conflitos no campo persistem e que a presença indígena no Brasil atual continua sendo vista como um empecilho ao desenvolvimento.

É sabido que, por muito tempo, os grupos da Região Nordeste do Brasil recusaram assumir a condição de índios, procurando silenciar o passado, na luta do esquecimento contra a memória, provavelmente porque as experiências violentas por eles vivenciadas no passado somou-se aos preconceitos mobilizado pela população regional nas interações cotidianas. Portanto, o silêncio dos índios deve ser entendido como a condição necessária à manutenção da integridade física e a defesa da própria vida, porque são muitas as lembranças de episódios sangrentos que resultaram em assassinatos de parentes e a ocupação violentas de suas terras.

No tempo presente ou mais precisamente a partir da década de 1970, as memórias silenciadas assumiram fundamental importância no processo de afirmação étnica e conquistas de direitos. A partir da promulgação da Constituição Federal de 1988, essas memórias puderam emergir num processo de reelaboração cultural da violência vivenciada, que pressionaram historiadores, antropólogos e pesquisadores de modo geral a revisitar arquivos, rever conceitos, colher história de vida e lançar novas luzes sobre a história oficial sobre os índios do Nordeste.

Embora romper com o silêncio e assumir o pertencimento a determinada etnia não seja uma tarefa fácil para os indivíduos pertencentes ao segmento que historicamente vem sendo visto como obstáculo ao desenvolvimento da sociedade brasileira, isto é absolutamente fundamental para garantir o direito à vida digna. Ou como disse o Pajé Luiz Caboclo pertencente a etnia Tremembé, "no passado os índios precisavam ficar calados para sobreviver, mas hoje precisam falar para viver".

O reconhecimento dos direitos indígenas na Constituição de Federal 1988 serviu de estímulo para que muitos grupos afirmassem suas identidades e desencadeassem ações para obter a demarcação de suas terras. É este o contexto que dá sentido ao "reaparecimento" dos grupos que eram considerados extintos.

No caso Estado do Ceará, um dos nove que compõe a Região Nordeste, no qual os índios foram considerados extintos desde o final do século XIX, um relatório oficial o governador da então Província afirmava literalmente que não havia mais índios, pois os mesmos estavam confundidos na "massa geral da população". Porém, contrariando essas afirmações e todas as demais formas de negar os direitos indígenas, a partir de 1980 os índios passaram a reivindicar suas identidades étnicas e as terras tradicionalmente ocupadas por seus antepassados.

No inicio dos anos de 1980, os índios da etnia Tremembé desencadearam uma mobilização política com o intento de obter o reconhecimento legal da identidade étnica e a demarcação das suas terras. Até hoje, a mobilização encontra uma ferrenha resistência, ancorada na ideia de que eles não são índios e, portanto, suas reivindicações não procedem. O movimento dos Tremembé diz respeito a um caso particular de fenômeno mais amplo que há mais de três décadas emergiu em vários estados da região Nordeste do Brasil, onde diversos grupos indígenas considerados extintos passaram a reivindicar o reconhecimento oficial de identidades étnicas, bem como a posse das suas terras de ocupação tradicional. Os procedimentos de identificação, demarcação e regulamentação das áreas indígenas reivindicadas apresentam problemas complexos dos mais variados possíveis, sobretudo pressões de natureza política. Estas são exercidas, geralmente, por grupos econômicos que insistem em negar a legitimidade dos direitos indígenas, colocando sempre em questionamento a autenticidade de suas identidades, para defenderem interesses particulares, sendo este o principal obstáculo para o reconhecimento da identidade étnica.

A necessidade imperativa de demarcar as fronteiras étnicas levou o movimento de afirmação de identidade dos índios do Nordeste brasileiro a se balizar por um rico e intenso processo de reelaboração cultural, respaldado pela memória que cada grupo mantém da sua origem. Desse modo, a referência a categorias espaciais e, portanto, a um território próprio, assumiu importância fundamental para legitimar as reivindicações e respaldar o local de origem, bem como a própria identidade reivindicada. Os índios Tremembé, por exemplo, costumam afirmar que são "filhos legítimos de Almofala", "filhos da terra Santa" e "da terra do aldeamento".

A área reivindicada pelos Tremembé faz parte do antigo aldeamento missionário, onde os seus antepassados foram instalados nos primeiros anos do século XVIII. Na segunda metade do século XIX, houve a extinção oficial dos aldeamentos e a difusão da ideia de que não havia mais índios na província do Ceará. Posteriormente, no século XX, precisamente na década de 1950, ocorreu uma intensa ocupação e realização de registros de terras por pessoas da região e comerciantes oriundos de outros lugares (VALLE, 1993), o que coincidiu com o momento no qual a exploração da lagosta se intensificava no litoral cearense.

O mar de Almofala, que sempre foi reconhecido pela abundância de peixes e de lagosta, não demorou a entrar na rota dos grandes barcos lagosteiros que passaram a navegar pela região intensificando atividades de captura. Antes disto, a pesca de curral já era intensamente feita, de modo que conflitos envolvendo pescadores de currais e os pescadores dos barcos lagosteiros começaram a se exacerbar. Diante da gravidade dos momentos de conflito foi necessária a intervenção direta da Capitania dos Portos. Embora seja possível dizer que, então, a onda de conflitos tenha cessado, o mar de Almofala começou a apresentar sinais de exaustão. Suas águas ficaram empobrecidas e não ostentavam mais a fartura de outrora. Em meados dos anos de 1960, os barcos motorizados bateram em retirada, para exercer a captura em outros mares, deixando para trás uma área degradada. Na praia dos Tremembé, o ciclo reprodutivo da lagosta estava comprometido e os peixes cada vez mais escassos, o que impactou seriamente a pesca artesanal praticada pelos índios.

Além disso, ocorreu o desenvolvimento da cultura do coco na região, de modo que os donos de currais passaram a cercar as terras dos Tremembé para o plantio de coqueiro. As famílias indígenas ficaram com dificuldade para manter suas moradias e explorar os recursos naturais. Atividades como a caça, coleta de frutos nativos, agricultura e pesca foram seriamente impactadas (OLIVEIRA JUNIOR, 2006). Com as terras cercadas e o mar degradado, a fome tornou-se uma grave ameaça. A situação ficou desoladora. À escassez do peixe somaram-se as dificuldades para obter uma alimentação básica, o que resultou no aumento das enfermidades e da taxa de mortalidade infantil. Sem alternativa, muitos índios realizaram um movimento migratório para a cidade de Fortaleza, capital do Estado, onde a emergente indústria pesqueira sinalizava com promessas sedutoras. É disso que fala Souza (1983, p.106-107), na sua análise sobre o processo de migração desencadeado em Almofala, cujas causas estão intimamente associadas à degradação do mar promovida pela ação predatória dos barcos lagosteiros.

Com a escassez do peixe, faltou-lhes até a alimentação básica. Grassou muita fome e doença, aumentou a taxa de mortalidade infantil e a população foi cada vez mais explorada pelos patrões que tentavam recuperar o que haviam perdido (...) Alguns, tendo informações que receberam dos pescadores de fora, de que na capital a situação de vida era melhor, proporcionando-lhes uma vida mais fácil, começaram a idealizar uma mudança de vida através da emigração para Fortaleza. O fenômeno da emigração teve início no primeiro qüinqüênio dos anos sessenta, e vem crescendo nos últimos anos...A empresa que enviou seus barcos para capturar lagosta em Amofala sentiu-se obrigada a retirar-se do local em decorrrência dos conflitos havidos e do surgimento de melhores perspectivas de pescarias em outros mares. Seu proprietário, no entanto, antes de retirar seus barcos, convidou alguns pescadores almofalense para virem trabalhar em Fortaleza.

Contudo, depois de algum tempo, vários índios retornaram para Almofala e ingressaram no movimento étnico indígena. Este foi o caso, por exemplo, do atual cacique João Venâncio, agraciado com o título de "Mestre da Cultura", que morou em Fortaleza e trabalhou para empresas pesqueiras instaladas nas proximidades do Porto do Mucuripe.

Como resultado da mobilização política, o reconhecimento como um grupo indígena foi alcançado no início da década de 1990, mas o processo de regularização fundiária permanece em curso. O reconhecimento legal da identidade étnica indígena ensejou a garantia de direitos específicos previstos na Constituição Federal de 1988 e na Lei 6.001 (Estatuto do Índio), tais como a assistência da Fundação Nacional do Índio (FUNAI) e vários projetos voltados a saúde e educação diferenciada. Na última década, os índios, também, foram beneficiados com as políticas públicas do Governo Federal, o que representou um aumento significativo da renda familiar e o acesso a diversos bens de consumo, dentre os quais os alimentos industrializados.

2 AS PRATICAS ALIMENTARES ENTRE O PASSADO E O PRESENTE

Hoje, embora tendo um consumo reduzido, os peixes de origem marinha, como o camoropim, cação, pelombeta, arraia, bonito, biguara, bagre e cangulo, continuam presentes como importantes produtos na alimentação dos Tremembé residentes na faixa litorânea. Os que residem no interior da área indígena, mais distantes do litoral, pescam nas lagoas e no rio que corre dentro do aldeamento, além de coletarem certos crustáceos no mangue; caranguejos e siris. A pesca no rio é também praticada pelas mulheres que manuseiam habilmente tarrafas e outros instrumentos. Uma das nossas entrevistadas nos falou sobre a importância da pesca na alimentação de muitas famílias.

Eu pesco, muitas mulheres pescam no lagamar, no rio. Eu aprendi a pescar com a minha mãe e com a minha avó. Pesco com tarrafa, caçoeira... de todo jeito eu pesco. Eu não aprendi a pescar no mar porque é distante, mas o lagamar é perto da minha casa, aí eu pesco lá e as vezes levo os meus filhos. Lá onde eu moro é o Saquinho, mas Lameirão e Curral do peixe, Camundongo, nessas quatro localidades, tem muitas famílias que sobrevivem pescando no Lagamar. (Maria Jacinta, agosto, 2013)

Além dos peixes de origem marinha e de água doce, crustáceos, animais como o peba, o preá e as aves faziam parte da dieta alimentar, pois, outrora, a caça também era muito praticada. Havia um grande consumo de frutas nativas como o murici, a ubaia e caju. Este último, com destaque especial, pois serve de matéria prima para o preparo do mocororó, bebida fermentada e utilizada durante o ritual do Torém, uma dança que constitui importante elemento diacrítico da identidade Tremembé (OLIVEIRA JÚNIOR, 1998). Nos períodos de seca, os índios costumavam preparar um mingau com a tatajuba, uma fruta nativa, que sempre emerge nas lembranças dos mais velhos, quando falam dos períodos de estiagem e, por conseguinte, da escassez de alimentos. São lembranças que mobilizam dor e sofrimento. Afinal, falar da tatajuba é revisitar um passado de miséria e ausência de comida.

Embora os Tremembé ainda cultivem batata doce, feijão, mandioca e milho, hoje é registrado um acentuado declínio no plantio destes alimentos. O feijão que entra na composição de vários pratos, quase sempre combinado com arroz, no passado, era muito mais combinado com a farinha de mandioca. A rapadura que era bastante utilizada como adoçante, quase que definitivamente, cedeu lugar ao açúcar, cujo consumo se apresenta acentuado na dieta alimentar dos índios. A farinha de milho que serve de base para o preparo de cuscuz, bolo, canjica, muncuzá, pomonha etc., no passado, também era utilizada para o preparo de uma bebida denominada *café de milho*; uma bebida escura obtida com as sementes de milho torradas e misturada com água e rapadura. Com a redução significativa do plantio do milho, a utilização de farinha de milho industrializada para a feitura de comidas implica tanto uma economia de esforços como a separação dos índios de um saber-fazer passado de geração em geração:

Hoje já vem a massa pronta e de primeiro não era assim. Os meus avós e meus pais plantavam o milho. Aí eles tiravam o milho e botava para secar. Depois era que pisava no pilão e depois de pisado o milho no pilão, penerava. E não era penerado com penera não, era com a mão. Tirava o caroço grande com a mão e ficava só aquela farinha... Hoje em dia já compra a farinha pronta e em quinze minutos tem o cuscuz pronto. Eu alcancei comer cuscuz com o milho plantado pelas pessoas daqui, eu tenho 31 anos e vi essas coisas. As mudanças é que tudo já vem pronto, feito. É como se diz, é pré-cozida e as pessoas fazem o mínimo possível (Maria Jacinta, agosto de 2013)

Considerada pelos índios um produto importante, a mandioca é utilizada no fabrico de farinha e goma, de modo que no período da sua colheita a tapioca e o beiju são bastante consumidos com peixe ou café. Mesmo em número reduzido em relação ao passado, existem casas de farinha no interior da área indígena. Segundo nossos entrevistados, há nove casas de farinhas que são utilizadas quando a colheita é satisfatória. O processo de feitura da farinha ocorre entre os meses de julho e setembro, sendo realizado em mutirão. Assim, a realização das "farinhadas", como são conhecidos os processos de feitura da farinha e goma da mandioca, são, também, momentos festivos em que é celebrada a abundância e de extrema relevância para o fortalecimento dos vínculos entre as famílias. No passado, os momentos de mutirões eram bastante comuns, também, por ocasião da colheita e do processamento de algodão. Havia, ainda, mutirões nos momentos da *salga* dos peixes, exercido essencialmente pelas mulheres, em tempos de fartura no mar de Almofala.

A mamãe costuma dizer que um peixe de uma maré alcançava a outra maré. Eles chegavam com uma canoada de peixe. Aí chegava, botava aquele peixe pro seco, aí dava prum bando de mulher, aí aquele bando de mulher salgava aquele monte de peixe. Tratava o peixe, tratava o peixe, tratava o peixe... Aí, a maré enchia, vazava; aí, as canoa iam, na outra maré, quando chegavam do mar; Diz ela que, muitas véis, aquele peixe da outra maré ainda tinha peixe que não dava tempo elas tratarem tudo, porque era muito peixe. Aí, eles pegava aquele peixe, ajuntava todim e fazia aquele monte nos tronco dos coqueiro. Daquela maré passada aí cuidava daquele outro que chegava naquela outra maré. Pois é, a fartura tinha fartura. Né? (José Biinha, janeiro de 2000)

Considerando que a fartura do passado e os cuidados empreendidos em mutirões para garantir a segurança alimentar e celebrar a abundância cederam lugar aos alimentos industrializados, é preciso considerar que as políticas públicas de alimentação e nutrição adotadas pelo Estado, para proteger as condições sociais e econômicas que tem impacto significativo sobre a saúde, estão diretamente ligadas ao acesso ao "já vem pronto, feito". Na última década, houve um aumento da renda familiar dos Tremembé e o consequente acesso a diversos bens de consumo. Contudo, é problemático afirmar que isto representa escolhas alimentares mais saudáveis ou a conquista do direito à Segurança Alimentar e Nutricional (SAN). Um breve olhar sobre as consequências das mudanças nos padrões de consumo dos Tremembé parece revelar muito mais um flagrante desrespeito à cultura alimentar dos índios, o comprometimento do conjunto de saber-fazer tradicional presente no âmbito das práticas alimentares.

3 A CULTURA ALIMENTAR

Para Cornelli (2007), há um sentido ecológico na alimentação, porque alimentar-se é fruir do prazer da natureza, entrar numa relação de amor e de troca que é vital à perpetuação da vida e requer um aprendizado. Como o desejo de todos os seres humanos é que a comida não acabe nunca, é necessário pensar ecologicamente, estabelecer uma relação cultural com a natureza de respeito sagrado, o que difere da atitude de posse, violência, rapina etc. Na alimentação há, também, um sentido político, porque aquilo que se entende ser bom para comer, para além de ser ou não viável do ponto de vista nutricional, pode representar algo que não é bom para a sociedade que se coma, considerando as condições do trabalho humano para a produção, a distribuição e o consumo dos alimentos; o sofrimento e a injustiça advindos da lógica capitalista da produção. Há, ainda, um sentido mais difícil de alcançar, qual seja, o sentido poético da alimentação, como a criação física e espiritual de nós mesmos. Mais que o cuidado com questões de nutrição e saúde ou com questões políticas e ecológicas, o valor eurístico da comida é sua capacidade de expressar nossa consciência alimentar, de dizer quem somos, o que criamos e recriamos a todo momento.

Os sentidos que a alimentação adquire são invariavelmente resultado de ações que dizem dos homens e suas relações. Um olhar cuidadoso sobre a comida e as práticas alimentares nos permite interpretar a realidade e os modos de vida dos diversos agrupamentos humanos, bem como entender questões do mundo atual e do passado. É possível analisar qualquer lugar do mundo por meio da comida que ali é produzida, preparada e consumida. Ao abordar a história das práticas alimentares dizemos da historia da agricultura e da origem dos alimentos; dos modos de preparo e sistemas de distribuição; das economias locais e globais; dos gostos, fome, saúde, doenças etc. (PETRINI, 2009). Porque, nas diversas culturas, a comida sempre assume diversas sentidos (CORNELLI, 2007), os hábitos alimentares e culinários não se esgotam no instinto de sobrevivência e na necessidade do homem de se alimentar (FRANCO, 2006). São, também, expressões das geografia, clima, organização social, crenças religiosas, história etc. das populações.

Portanto, abordar a cultura alimentar dos Tremembé, implica dizer da sua historia, das suas atividades produtivas, das pescarias nas lagoas, rio e mar, bem como das caçadas e do plantio de feijão, batata doce, milho e mandioca, intensamente desenvolvido no período em que as terras não eram cercadas e o arame farpado não limitava suas vidas, tomando o lugar de suas moradias, indicando os caminhos permitidos e as passagens proibidas. É dizer de um tempo em que as casas eram de taipas e cobertas com palhas, as comidas preparadas nos fogões à lenha e o óleo de peixe utilizado como combustível para as lamparinas que iluminavam o interior das suas moradias. É falar dos momentos em que a abundância era celebrada em meio à festa, quando os índios dançavam o Torém debaixo dos cajueiros, ao som do maracá, aquecidos pelo calor de uma fogueira, ingerindo o mocororó, como lembram os mais velhos ao falarem das suas vidas e do lugar onde nasceram, cresceram e ainda residem.

Os sentimentos que são mobilizados quando perguntamos aos Tremembé pelos sentidos da alimentação trazem lembranças do processo de ocupação das terras em que seus antepassados foram aldeados e que por direito lhes pertencem, ainda que a morosidade da justiça não as tenha demarcado. Mais que dizer dos momentos de submissão dos índios à condições miséria ou à fome como uma sensação fisiológica pela qual o corpo percebe que precisa de energia para manter atividades vitais, as memórias sobre os sentidos da alimentação parecem assumir importância fundamental no processo de afirmação da identidade étnica e na construção de um nós coletivo. São memórias que, ao descortinarem o passado, afirmam a legitimidade e legalidade da luta do presente para fazer valer direitos que, embora encontrem inegável amparo constitucional, permanecem constantemente ameaçados.

Decerto, a escalada da cobiça de setores interessados no território de ocupação tradicional dos índios é favorecida pela morosidade do Judiciário em efetivar a demarcação das terras, o que, inegavelmente, contraria o disposto no artigo 231 da Constituição Federal e dificulta a proteção e o respeito a todos os bens dos Tremembé.

Art. 231 - São reconhecidos aos índios sua organização social, costumes, línguas, crenças e tradições, e os direitos originários sobre as terras que tradicionalmente ocupam, competindo à União demarcá-las, proteger e fazer respeitar todos os seus bens.

Considerando que a cultura alimentar Tremembé é um bem a ser respeitado e que o conceito de Segurança Alimentar e Nutricional (SAN) traz consigo a nítida compreensão da alimentação enquanto um direito humano a ser assegurado pelo Estado, sem que ocorra a imposição de alimentos alheios às características e tradições alimentares dos grupos, temos um grande problema a considerar em relação às políticas publicas de alimentação e nutrição às quais os Tremembé tiveram acesso na última década: o comprometimento do saber-fazer tradicional presente nas práticas alimentares.

Sabemos que a cultura assume um papel relevante nas práticas alimentares dos grupos humanos, tendo em vista que ato de comer é balizado por um conjunto de saberes e valores que orientam o preparo e o consumo dos alimentos. Cada sistema cultural estabelece prescrições e proibições que regem o ato alimentar, definindo o que se come, onde se come, quando se come, com quem se come, como se come e quanto se se come. Por isso, compreender a cultura alimentar adquire extrema importância para a realização e o êxito de qualquer política pública que objetive o combate a fome e subnutrição. Os estudos sobre as estruturas alimentares de grupos, tais como os indígenas, caiçaras e quilombolas, entre outros, desempenham papel importante para o entendimento dos riscos da adoção de práticas alimentares novas e distintas das tradicionais:

No âmbito da segurança alimentar e nutricional, ressalta-se a relevância dos estudos das estruturas alimentares para a compreensão dos riscos ligados à adoção de praticas alimentares novas e distintas das tradicionais. Isso implica afirmar que a elaboração de políticas especificas deve considerar as características culturais dos grupos beneficiados. É o caso, por exemplo, das políticas voltadas para remanescentes de quilombos, indígenas e caiçaras. Nesse sentido, o fracasso de algumas políticas públicas pode estar associado à ignorância dos seus executores. Ao desconhecer a realidade cultural de uma determinada população, eles criam políticas que não atendem às necessidades desses grupos (BRAGA, 2004:41)

O desconhecimento da realidade cultural de uma determinada população, além de implicar o risco de políticas que não atendem às suas necessidades, não raras vezes, desencadeia o contrário do que foi vislumbrado: ao invés de saúde e segurança alimentar e nutricional, doenças e insegurança.

3.1 A cultura alimentar como resultado do processo de socialização

Decerto, a alimentação pode ser considerada em seu aspecto fisiológico, porque consiste num imperativo para a própria manutenção da vida, pois o homem necessita de substâncias como proteínas, carboidratos, lipídios, vitamina e sais minerais para sobreviver. Tal imperativo se impõe para o homem desde a fase embrionária e acompanha-o por toda sua vida. Entretanto, ainda que o homem seja refém dessa contingência como condição inegociável para a manutenção da sua própria sobrevivência, o ato de comer não encerra apenas uma resposta às necessidades fisiológicas e nutricionais, mas está intimamente relacionado com a diversos condicionantes culturais.

Há muito sabemos que o entendimento da cultura como algo adquirido e não biologicamente determinado representou definitivamente um avanço na investigação dos processos pelos quais o indivíduo se torna membro de uma coletividade especifica. Não resta dúvidas de que o ser humano é congenitamente incompleto e precisa construir o seu próprio mundo. Assim, é forçado a impor uma ordem significativa à realidade. Essa ordem varia no tempo e no espaço, entre as sociedades e culturas, o que implica considerar que a realidade empírica de construção social do mundo é sempre coletiva. É trabalhando coletivamente que os homens fabricam instrumentos, aderem a valores, concebem instituições. Dito de outra maneira, o ser humano está em um mundo que precede o seu aparecimento, porém este mundo não é simplesmente dado e, por conseguinte, o homem precisa construir um mundo para si. Somente assim, num mundo humanamente construído, o homem pode se estabelecer e realizar sua vida (BERGER, 1985).

Se o *homo sapiens-sapiens* somente se realiza na cultura e por meio dela, destituído do aparato cultural, o homem ficaria reduzido a um primata do mais baixo escalão. Desde o nascimento inserido num processo de socialização por meio do qual se desenvolve como ser social, os homens incorporam a herança cultural, inscrita nos mitos, memória, lendas, leis, literatura, textos sagrados, artes etc., e orientam suas condutas por princípios, regras e normas socialmente estabelecidos. As atividades biológicas mais elementares, como o beber, o comer, dormir, defecar, acasalar-se estão fortemente marcadas por interdições, valores, símbolos, mitos, ritos, prescrições e tabus, revelando uma complexa relação entre o natural e o cultural.

É precisamente a cultura que permite ao ser humano aprender e conhecer, que também cria obstáculos para o desenvolvimento de aprendizagem e conhecimentos fora dos seus imperativos e normas. Isso implica reconhecer que toda cultura apresenta ao mesmo tempo abertura e fechamento: a cultura fornece ao homem os conhecimentos indispensáveis para a sua realização e, desse modo, proporciona uma inegável autonomia frente às limitações impostas pela sua incompletude biológica, ao mesmo tempo em que estabelece zonas de fechamento que transformam o homem um refém das suas próprias construções. O fechamento como um conjunto de regras, valores, crenças e normas, que regem os padrões de comportamento, garante aos indivíduos uma zona de conforto face às questões com que se deparam no decorrer da existência. Assim, a cultura pode ser entendida como um "documento de atuação", por meio do qual os indivíduos orientam e ordenam as práticas sociais, sendo o comportamento humano ação simbólica articulada por um conjunto de "símbolos significantes" cuja compreensão, ou seja, o significado, só poderá ser alcançada no próprio contexto social em que se realiza.

O aprendizado da alimentação ocupa um lugar central no processo de socialização primária e constiste no primeiro aprendizado social dos indivíduos, do qual se derivam os hábitos alimentares. Desde a infância são interiorizadas regras e restrições relativas aos alimentos, as quais são dadas pelos grupos sociais aos quais os indivíduos pertencem. Do ponto de vista pessoal, é possível dizer que os hábitos e preferências alimentares podem mudar completamente, quando o individuo cresce e alcança a fase adulta. Contudo, a memória e as referências do primeiro aprendizado alimentar permanecem (MINTZ, 2001 e PUOLAIN, 2004).

O prazer da mesa consiste em algo peculiar da espécie humana, pressupõe esmero com o preparo da refeição, com a arrumação do local onde será servida e com a escolha dos convivas. A refeição cuidadosamente preparada destaca-se como símbolo de cortesia e hospitalidade em diversas culturas (FRANCO, 2006). Sendo assim, a comensalidade é vista como um aspecto extremamente relevante nas relações humanas, estando claramente inserida entre as práticas de reciprocidade. A reunião em torno da comida implica fatores de sociabilidade e resulta na afirmação dos laços sociais. Em torno da comida também se mobilizam sentimentos de pertencimento a determinado grupo e, portanto, são reforçados os vínculos que garantem a coesão grupal (SIMMEL, 2004). A comida demarca as fronteiras dos grupos humanos portadores de culturas diferentes, mas também entre os diferentes indivíduos no interior de uma mesma cultura. Por isso, é possível falar de comidas de mulher, homem, crianças, velhos, pobre, ricos etc.

Como nada do que comemos é neutro, o paladar diz respeito a construções e escolhas orientadas pelos sistemas culturais e nos permite pensar importantes elementos do imaginário social. Aquilo que deve ser ingerido pelo homem se inscreve nos sistemas de classificações próprios de cada cultura e, justamente por isso, é investido de qualidades simbólicas que pouco nos informam e esclarecem sobre os fatores nutricionais.

Segundo Sahlins (1979), a cultura define a ações humanas por meio de um sistema simbólico, de modo que tais ações não podem ser reduzidas a vantagens econômicas, biológicas e ecológicas. Em nenhuma sociedade os indivíduos comem unicamente com o intento de sobreviver e, portanto, a escolha daquilo que os indivíduos devem comer não é orientada por uma lógica exclusivamente utilitária. Por toda parte, encontramos exemplos em que a comida é interpretada como algo mais que uma necessidade para o sustento físico, o que evidencia a substituição do valor nutricional por um valor simbólico.

Certamente, o meio ambiente e os recursos técnicos e econômicos disponíveis influenciam nas escolhas alimentares elaboradas pelos grupos humanos. Todavia, não atuam de maneira determinante e exclusiva no processo de seleção daquilo que os indivíduos devem e não devem comer, bem como sobre as situações permitidas e proibidas para o consumo de certos alimentos. A seleção é balizada por representações simbólicas e dizem das arbitrariedades das culturas.

Jean-Pierre Poulain (2004) argumenta que as qualidades nutricionais são necessárias mas insuficientes para justificar a transformação de um produto que possui comprovados princípios nutritivos em alimento humano. Da Matta (1987) esclarece que alimento indica algo amplo. De um lado, revela um vasto repertório de tudo o que pode ser ingerido para manter uma pessoa com vida, ou seja, as características essencialmente nutricionais. De outro lado, consiste no que foi escolhido e valorizado entre os alimentos por determinado agrupamento humano. Logo, a comida não deve ser vista apenas como substância alimentar, pois implica estilos e maneiras de alimentar-se que dizem das diferenças entre os diversos grupos sociais. O modo de comer acentua aquilo que é ingerido e, principalmente, aquele que ingere e a sociedade ou grupo do qual é membro.

O estudioso da história da alimentação Massimo Montanari (2009) é enfático ao destacar que a cozinha comporta e expressa o padrão cultural de quem a pratica, sendo depositária das tradições e das identidades do grupo. É um significativo veículo de auto-representação e comunicação, pois quase sempre consiste no primeiro modo dos indivíduos entrarem em contato com culturas diversas. Consumir a comida alheia parece mais fácil do que o processo de decodificação da língua. Muito mais do que a palavra, a comida assume um importante papel de intermediação entre as culturas, vez que abre os sistemas culinários a diversas formas de cruzamentos e invenções.

É fato que, como observa Hernandéz – Armesto (2010), o gosto pessoal não muda facilmente, pois o preconceito dos indivíduos em favor dos alimentos que lhes são familiares está presente em todas as sociedades. Quando se oferece às pessoas a oportunidade de experimentar novos alimentos, quase sempre ocorre a rejeição dos sabores desconhecidos. Não é por acaso que a indústria de alimentos processados faz da continuidade e confiabilidade do sabor principal critérios para promover os seus produtos. Em outras palavras, todos os lotes de alimentos e bebidas que levam uma marca específica possuem sempre o mesmo gosto.

Para Mintz (2001), os comportamentos relativos a comida podem ser os mais arraigados e os mais flexíveis de todos os hábitos, sendo facilmente constatado a disposição das pessoas para experimentar novas comidas.

3.2 As mudanças na cultura alimentar dos Tremembé

Entre os índios Tremembé observamos uma crescente disposição para consumir produtos industrializados, tais como carnes e frangos congelados, bebidas lácteas, biscoitos, bolachas, enlatados, refrigerantes, doces etc. Na última década, são evidentes os impactos que o acesso aos alimentos industrializados provocaram no sentido do abandono das práticas alimentares tradicionais das famílias Tremembé. É facilmente observado o desenvolvimento de doenças que antes não eram verificadas com a mesma frequência e nem exibidas por diversos índios, dentre as quais as mais comuns são: hipertensão arterial, diabetes e obesidade. É disso que fala uma das nossas entrevistadas, ao apontar a relação do crescimento das referidas doenças com as mudanças nas práticas alimentares:

Essas comidas prontas interferem na saúde, porque tem gente que fica muito doente. Eu tiro pelo meu marido, ele tem só 25 anos e já tem pressão alta. É hipertenso, quem tem a pressão alta, né? Então, um rapaz de 25 anos já tá assim... Já o meu avô veio ficar hipertenso com mais de 70 anos, entendeu? Olha a diferença de idade! Isso é por causa da comida. É como eu disse, o pessoal tá comendo muita coisa pré-cozida, mas ninguém sabe o que vem naquela comida, pode ter muito sal ou pouco sal. E a validade? Muita coisa é vendida com a validade vencida e as pessoas nem olham... Quando eu digo que tem muita gente doente, hipertensa não é velho não, é gente nova com 50, 30 e vinte poucos anos. Doenças que de primeiro demorava a aparecer, aprecia com as pessoas velhas, hoje em dia aparece com as pessoas novas. É gente com hipertensão, diabete e obeso. Por aqui tem muita criança obesa e isso é o tipo de comida mesmo (Maria Jacinta, agosto 2013).

Os problemas de saúde aos quais nossa entrevistada se refere e que são creditados aos alimentos "pré-cozidos" tanto refletem os aspectos negativos da abertura da cultura alimentar Tremembé quanto estabelecem imediata conexão com um passado recente, no qual os modos de produzir e preparar os alimentos eram pautados num fazer compartilhado; no conhecimento da complexidade do meio ambiente; no respeito sensível e na proteção da biodiversidade; nas festas de celebração da abundância.

Ao confrontarem o presente ao passado, os Tremembé também trazem uma dimensão problemática da produção dos alimentos industrializados; o fato desta estar ancorada na lógica da agroindústria, da monocultuara e do uso abusivo de produtos químicos, cujos efeitos nocivos aos meio ambiente e saúde humana são amplamente denunciados.

Pollan (2007), ao abordar questões relativas a produção e consumo de alimentos, tem alertado sobre o fato de que nas extremidades de qualquer cadeia alimentar encontramos sistemas biológicos, tais como o homem e meio ambiente. Se a saúde de um depende de maneira inquestionável da saúde do outro, devemos acolher o alerta de Maluf (2007), quando diz que o direito humano à alimentação não pode ser reduzido nem à lógica dos mecanismos mercantis e nem a perspectivas que homogeinizam grupos sociais, porque há indicadores de que as composições das dietas entre os diversos segmentos da população podem ser até semelhantes em termos de conteúdos, mas não em termos de qualidade de bens e de quantidades consumidas.

Então, uma coisa é observar que os Tremembé incorporaram entre seus hábitos alimentares o consumo de biscoitos, refrigerrantes, salsichas etc. Outra coisa é compreender que tal incorporação diz respeito a um modo barato de saciar a fome, que lhes foi dado por políticas públicas que aumentaram a renda familiar mas que trouxeram como resultado nefasto o desestímulo à produção e ao consumo de alimentos muito mais nutritivos e saudáveis.

Para além dos indicadores de renda, as circunstâncias nas quais se increvem as mudanças na cultura alimentar dos Tremembé correspondem a uma associação complexa de políticas públicas, de negação de direitos à posse da terra e de dificuldade de continuar afirmando um saber-fazer tradicional em meio à sedução da lógica mercantil e ao desequilíbio do meio ambiente.

O alerta daqueles que tem insistentemente manifestado a preocupação com a ameaça dos saberes culinários e práticas alimentares tradicionais, como um dos efeitos negativos da globalização, traz consigo a denúncia do decréscimo da soberania alimentar de diversos países em decidir o que produzir e o que comer. A tendência global à massificação e padronização do gosto alimentar é constatada pela crescente preferência dos consumidores por produtos disponibilizados em larga escala pela indústria de alimentos.

Se é forçoso reconhecer que a crescente homogeneização e padronização dos hábitos alimentares, por meio da produção industrial em larga escala, bem como o aumento da monocultura, provocaram ao longo das ultimas décadas, a desorganização dos sistemas locais de produção (BRAGA, 2004), na realidade vivenciada pelos Tremembé, podemos observar que o desenvolvimento da pesca da lagosta e as plantações de coqueiros destinados à indústria do coco, na região de Almofala, tiveram como reflexo o comprometimento da biodiversidade.

Neste ponto, parece-nos oportuno invocar o Relatório da Comissão Mundial de Cultura e Desenvolvimento, intitulado "Nossa diversidade Criadora" (1997), que defende a importância da liberdade cultural como liberdade coletiva, como o reconhecimento do direito de um grupo de pessoas de adotar o estilo de vida de sua preferência; de autonomia na definição das próprias necessidades. Porque as culturas não podem sobreviver quando o meio ambiente do qual dependem é degrado e empobrecido ou quando a situação de degradação ameaça a manutenção dos mecanismos de proteção e gestão dos recursos naturais elaborados pelos próprios grupos a partir dos valores que lhes são peculiares, o repeito ao patrimônio cultural dos grupos deve ser observado para que o desenvolvimento humano sustentável e equitativo se realize.

CONCLUSÃO

A ameaça aos saberes culinários e práticas alimentares tradicionais como um dos efeitos negativos da globalização implica o decréscimo da soberania alimentar de diversos países em decidir o que produzir e o que comer, constatado na tendência global à massificação e padronização do gosto alimentar. A crescente preferência dos Tremembé por produtos disponibilizados em larga escala pela indústria de alimentos, referidos pelos entrevistados como "comidas pré-cozidas" se inscreve num processo que é global, sem que isto implique a melhoria nas condições de saúde e qualidade de vida do grupo indígena. Os problemas relacionados com a saúde indígena estão associados à ameaça do repertorio de saberes que orientavam os processos de produção, preparo e consumo de alimentos. Logo, parece urgente que a luta política pela demarcação das terras e pela afirmação da identidade étnica enfatize a defesa do patrimônio imaterial presente no âmbito da cultura alimentar, sobretudo se considerarmos que tal luta deve contemplar a luta pela manutenção de experiências que nos apontam maneiras mais saudáveis de produção de alimentos. Neste ponto, estamos de acordo com aqueles que entendem que é preciso preservar, melhorar e difundir o conhecimento de práticas tradicionais que revelam outros modos de produção de alimentos possíveis.

Por fim, convém lembrar que do ponto de vista do reconhecimento dos índios como sujeitos de direito, a Constituição Federal de 1988 se antecipou ao que só apareceu em documentos de direito internacional a partir do ano de 1989, isto é, quando a Convenção 169 sobre Povos Indígenas e Tribais em Países Independentes foi aprovada pela Organização Internacional do Trabalho. A Convenção 169 foi ratificada pelo Brasil em 2002 e entrou em vigor em 2003. Ademais, quase duas décadas se passaram quando, em 7 de setembro de 2007, a Assembleia Geral da Organização das Nações Unidas aprovou a Declaração das Nações Unidas sobre os Direitos dos Povos Indígenas que reforçou a condição dos índios como sujeitos de direitos.

A Convenção 169 da OIT é concebida como o instrumento internacional mais atualizado e abrangente sobre as condições de vida e trabalho dos indígenas. Um aspecto sobremaneira relevante neste documento é que o reconhecimento dos povos indígenas como sujeitos de direitos traz consigo a superação da perspectiva assimilacionista presentes em documentos anteriores ou mais precisamente na Convenção 107 da OIT que data de 1957. Ao explicitar que os povos indígenas devem ter controle sobre seu desenvolvimento cultural, econômico e social e que devem interagir com a sociedade nacional a partir das suas próprias instituições tanto rompe com a ideia de desaparecimento dos índios quanto atribui aos governos a responsabilidade de promover a participação e a proteção dos direitos desses povos.

Assim como o texto constitucional brasileiro, a Convenção 169 inaugura a superação no campo do direito internacional do anacronismo da perspectiva assimilacionista, que partia da premissa de que os grupos indígenas deveriam abandonar seus costumes, língua e práticas originais, conformando seus comportamentos aos valores e normas da sociedade nacional. (FIGUEROA, 2009). Para além de uma inovadora compreensão sobre a dinâmica das mudanças culturais, a superação da perspectiva assimilacionista também representou um avanço na orientação das políticas e ações voltadas para a população indígena, objetivando assegurar o direito desta de viver segundo seus costumes e tradições. Em outras palavras, é possível dizer que o assimilacionismo cedeu lugar ao reconhecimento dos povos indígenas como sujeitos de direito diferenciados e culturalmente distintos.

Portanto, é curioso notar que o arrojo da legislação nacional, que faz o Brasil ser reconhecido internacionalmente como defensor dos direitos humanos dos povos indígenas, se faz acompanhar de permanentes violações desses direitos. Logo, enquanto o disposto no artigo 231 da Constituição Federal de 1988 se configura como uma letra quase morta, a ratificação dos tratados internacionais parece muito mais sintonizada com a preocupação em projetar uma boa imagem do País no exterior.

Todavia, esta imagem é insustentável e foi denunciada pelas organizações indígenas (e também pelos quilombolas) quando o Brasil apresentou o relatório sobre a aplicação da Convenção 169. Conforme declarado pelo Instituto Sócio Ambiental (ISA) e pela Comissão Pró Índio de São Paulo, a Convenção 169 tanto é uma "ilustre desconhecida para grande parte das pessoas, dos operadores de Direito, das autoridades públicas", quanto a "resistência dos operadores jurídicos e de funcionários públicos na aplicação das normas internacionais" constitui uma confirmação de que a retórica internacional não se faz acompanhar de ações concretas no Brasil (GARZON, 2009)

Nas denúncias contra o Estado brasileiro sobre a violação da Convenção 169, o reconhecimento do direito às terras foi afirmado como condição indispensável à efetivação dos direitos coletivos dos povos indígenas, cuja cosmovisão difere daquela que converte a terra em mercadoria.

REFERÊNCIAS

BANDIN, Luiz Armando Badin. Sobre o conceito constitucional de terra índigena. Arquivos do Ministério da Justiça, Brasília, Ano 51, número 190, jul./dez. 2006.

BERGER, Peter. O dossel sagrado: elementos sociológicos para uma teoria das religiões. [organização Luiz Roberto Beneditti; tradução José Carlos Barcellos]. – São Paulo: Paulus, 1985. (Coleção sociologia e religião; 2).

BRAGA, Vivian. Cultura alimentar: contribuições da antropologia da alimentação. Saúde em Revista, 6(13): 37-44, 2004.

CORNELLI, Gabrielle. Os sentidos da alimentação: para uma antropologia filosófica da alimentação. In:CORNELLI, Gabrielle. MIRANDA. Danilo Santos de (Orgs). *Cultura e alimentação: saberes alimentares e sabores culturais*. São Paulo: SESC, 2007.pp. 25-34.

DA MATTA, Roberto. O que faz o brasil, Brasil? Rio de janeiro, Rocco: 1986.

FIGUEIROA, I. Convenção 169 da OIT e o dever do Estado brasileiro de consultar os povos indígenas e tribais. In: GARZÓN, Biviany Rojas (org.). Convenção 169 da OIT sobre povos indígenas e tribais: oportunidades e desafios para sua implementação no Brasil. São Paulo: Instituto Socioambiental. 2009, p. 13 a 48.

FRANCO, Ariovaldo. De caçador a gourmet: uma história da gastronomia. 4ed. rev.-São Paulo: Editora Senac São Paulo, 2006.

GARZÓN, Biviany Rojas (org.). Convenção 169 da OIT sobre povos indígenas e tribais: oportunidades e desafios para sua implementação no Brasil. São Paulo: Instituto Socioambiental. 2009.

HERNANDEZ-ARMESTO. Felipe .Comida : uma história. Tradução de Vera Joscelyn.- 2.ed. Rio de Janeiro: Record, 2010.

JAVIER, Peréz de Cuéllar (Org.) Nossa diversidade Criadora: Relatório da Comissão Mundial da Cultura e Desenvolvimento. Tradução de Alessandro Warley Candeas-Campinas, SP: Papirus, Brasilia: UNESCO, 1997.

MALUF, Renato S. Segurança Alimentar e Nutricional com a valorização da cultura alimentar. In:CORNELLI, Gabrielle. MIRANDA. Danilo Santos de (Orgs). *Cultura e alimentação: saberes alimentares e sabores culturais*. São Paulo: SESC, 2007.pp. 143-150.

PETRINI, Carlo. Slow Food; princípios da nova gastronomia. Tradução de Renata Lúcia Botini-São Paulo: Editora Senac São Paulo, 2009.

POLLAN, Michael. O dilema do onívoro: uma história natural de quatro refeições. Tradução de Cláudio Figueiredo.- Rio de Janeiro: Intrínseca, 2007

POULAIN, Jean-Pierre. Sociologia da alimentação: os comedores e o espaço social alimentar. Tradução de Rosana Pacheco da Costa Proença, Carmem Sívia Rial, Jaimir Conte. - Florianópolis: Ed. da UFSC, 2004.

MINTZ, Sidney W. Comida e Antropologia: uma breve revisão. Revista Brasileira de sociologia, 2001;16 (47,):31-42.

MONTANARI , Massimo. Comida como Cultura. São Paulo: Editora Senac São Paulo 2008.

OLIVEIRA JÚNIOR. Gerson Augusto de. *Torém:* brincadeira dos índios velhos. São Paulo: Annablume; Fortaleza: Secretaria da Cultura e Desportos, 1998.

______. O encanto das águas: a relação dos Tremembé com a natureza. Fortaleza: Museu do Ceará e Secretaria de Cultura do Estado do Ceará, 2006.

SAHLINS, M. *Cultura e razão prática*. Rio de Janeiro: Jorge Zahar Editor, 2003.

SIMMEL, G. Sociologia da refeição. *Estudos Históricos*, 33: Rio de Janeiro, 2004.

SOUZA , Maria Bruhilda Telles de. Mitos e símbolos na migração Praiana: o caso de Almofala. Dissertação de Mestrado em Ciências Sociais e Filosofia na Universidade Federal do Ceará, Fortaleza, 1983. 169 p. 1983

VALLE, Carlos Guilherme Octaviano do. Terra, tradição e etnicidade: os Tremembé do Ceará. Dissertação de Mestrado em Antropologia social no Museu Nacional da Universidade Federal do Rio de Janeiro. Rio de Janeiro, 1993. 400 p.

A FORTALEZA DE SANTO ANTÔNIO DE RATONES: ESPAÇO DE PRESERVAÇÃO PATRIMONIAL, HISTÓRIA E EDUCAÇÃO REGIONAL

Jefté Brandão Januário[59]

Resumo: A Fortaleza de Santo Antônio de Ratones é um marco na paisagem de Florianópolis, sendo um dos patrimônios militares mais bem preservados do Estado – entre elas está também as suas coirmãs, a Fortaleza de Santa Cruz de Anhatomirim e São José da Ponta Grossa – e do Brasil. Além disso, a Fortaleza de Ratones é um referencial na história da cultura portuguesa na região e do fomento da preservação do bem tombado. Um outro aspecto interessante, é que ela está situada em uma pequena ilhota, o que faz dela o polo para pesquisa da fauna e flora que estão ao seu entorno.

Palavra-chave: Fortaleza de Santo Antônio de Ratones, Educação Patrimonial, História de Santa Catarina

Introdução

O presente trabalho sobre a Fortaleza de Santo Antônio de Ratones, tem como bases fontes primárias consultadas no APESC (Arquivo Público do Estado de Santa Catarina), IPHAN (Instituto Histórico e Artístico Nacional) e da 14ª Brigada de Infantaria Motorizada do Exército, instituições estas que se encontram no estado de Santa Catarina.

É comum na historiografia dos autores catarinenses, lermos que as fortalezas que se encontram no Estado (Santa Cruz de Anhatomirim, São José da Ponta Grossa e Santo Antônio de Ratones) praticamente estiveram abandonadas no século XIX por falta de cuidados, ou porque estrategicamente elas não tinham mais um papel de proteger as possessões portuguesas no meridiano contra forças hostis, principalmente os espanhóis. Porém, consultando as fontes

---

59 Bacharel e licenciado em História pela Universidade Federal de Santa Catarina (UFSC), e mestrando do curso de Património, Museologia e Desenvolvimento pala Universidade dos Açores (UAç). Tem experiência na área de patrimônio militar, atuando por quatro anos (2009-2013) no Projeto Fortalezas Multimídia, um projeto de pesquisa e extensão da UFSC, coordenado pelo arquiteto Roberto Tonera. Presta apoio na visita guiada tanto para escolas como também para o Exército Brasileiro. jeftebrandao@hotmail.com

primárias nos arquivos, constatamos que elas, inclusive a fortaleza de Ratones, continuaram a ser guarnecidas e receber reparos (precários devido a falta de recursos) embora não mais com tanto ardor quando fora levantada no século anterior, ou seja, em 1740 pelo português, o Brigadeiro militar José da Silva Paes

Hoje a Fortaleza de Santo Antônio de Ratones tem uma outra missão, não bélica, mas cultural. Todo ano ela recebe milhares de visitantes, curiosos de conhecer a sua história, a sua beleza arquitetônica, e a exuberância da mata nativa que a cerca, bem como dos pássaros que tem na Ilha de Ratones Grande – local onde foi erguida a Fortaleza de Ratones – o seu habitat.

A Fortaleza de Santo Antônio de Ratones

Segundo o arquiteto Roberto Tonera, assim como muitas construções erguidas no Brasil nos séculos XVIII, a Fortaleza de Ratones tem traços renascentistas. Os principais edifícios da fortaleza (casa do comandante, quartel da tropa, cozinha, palamenta e casa da farinha) estão em um único platô. O paiol da pólvora (até hoje em ruínas) está em um local proeminente, assim como nas demais fortalezas, pois a intenção era poupá-la dos tiros de embarcações inimigas. Muitos dos materiais utilizados na construção da Fortaleza foram extraídos do próprio local. O pórtico da Fortaleza, lavrado em granito rosa, emoldura a entrada para um pequeno túnel em forma de abóbada. É moldurado por um frontão triangular de influência clássica.[60] Afortaleza de Ratones é tombada como Patrimônio Histórico e Artístico Nacional em 1938. [61]

A fortaleza de Ratones, assim popularmente conhecida, recebe este nome pois está localizada em uma pequena ilhota de mata nativa atlântica e fauna e flora ímpar, denominada de Ratones Grande, diferenciando-a de outra ilhota de nome Ratones Pequena. Diz que quando da passagem do explorador espanhol D. Álvar Núñes Cabeza de Vaca no século XV por Santa Catarina rumo ao Rio da Prata, avistou as duas ilhas e achou-as parecidas com dois ratos, pelo seu formato semelhante a este animal.

Características arquitetônicas

Segundo a arquiteta catarinenses Eliane Veras da Veiga, [62] a origem artística das fortalezas catarinenses remonta ao Renascimento. Já o arquiteto catarinense Roberto Tonera,[63] complementa dizendo que do ponto de vista arquitetônico, as fortalezas foram influenciadas pelas fortificações erguidas pelos portugueses na Europa, África e Ásia e outras partes do Brasil, seguindo o manual elaborado por engenheiros como Serrão Pimentel ("Método Lusitano de Desenhar as Fortificações", 1680) e Azevedo Fortes ("O Engenheiro Português",1728), este último tendo passado por Sant Catarina e vistoriado as fortalezas - inclusive a de Ratones - construídas pelo Brigadeiro José da Silva Paes.

Uma outra particularidade da construção das fortalezas catarinenses, foi o modo em que

---

60 TEIXEIRA, Paulo Roberto Rodrigues. **Fortaleza de Santo Antônio de Ratones.** In: Revista DaCultura. Ano VIII, N° 14, junho de 2008, p. 48-59, il. color

61 Livro Histórico: Inscrição:054, Data:24-5-1938. Livro de Belas Artes: Inscrição:096, Data:24-5-1938. N° Processo:0155-T-38.

62 VEIGA, Eliane Veras da. **As fortificações catarinenses no Brasil colonial:** introdução ao seu estudo. [S.L.]: [s.n.], 1991(Florianopolis: Imprensa Universitaria) 60p.

63 TONERA, Roberto. O Sistema Defensivo da Ilha de Santa Catarina – Brasil: Criação, Abandono e Recuperação. In: **SEMINARIO REGIONAL de CIUDADES AMURALLADAS.** Montevideo - Uruguai. 2005. 9 p.

elas foram erguidas obedecendo o formato do terreno. Por exemplo, na Ilhota de Ratones os seus edifícios foram erguidos praticamente em um conjunto contínuo e alinhados no mesmo terrapleno.[64] Uma outra característica das fortalezas, entre elas a de Ratones, é o fato delas não estarem protegidas por altas muralhas, o que trouxe muitas críticas ao projeto do Silva Paes. Uma das explicações para tal, é pelo fato de na época a tecnologia militar está mais avançada, o que fazia com que altas muralhas dos tempos dos castelos medievais não serem tão eficazes contra os projéteis balísticos do século XVIII. De fato, as pequenas muralhas das fortalezas catarinenses proporcionam ao visitante uma bela vista da paisagem ao seu entorno, sem a interferência de altas muralhas.

Segundo Pedro Valadares, "O período conhecido como Renascimento trouxe intensas mudanças na cultura europeia e a Arquitetura foi um dos campos onde estas mudanças foram evidentes. No âmbito militar não foi diferente. O advento da pólvora na propulsão de projéteis impôs aos mestres fortificadores a necessidade de implementar novos elementos arquitetônicos às obras de defesa, pois as altas e verticais muralhas medievais ficaram vulneráveis diante dos avanços da balística. Além de exigir uma arquitetura militar condizente com as novas armas e as novas táticas, a complexidade da balística ocasionou a elaboração de tratados específicos sobre arquitetura e engenharia militar, difundidos em grande quantidade durante o Renascimento até o século XIX. Tais tratados eram referenciais teóricos constantemente utilizados nos cursos de fortificação na Itália, na França, na Espanha, na Holanda e em Portugal, que recrutavam e capacitavam interessados por obras militares para projetar e construir fortificações". [65]

Uma das inspirações na arquitetura militar portuguesa, foi a apropriação do método *vauban* de cruzamento de fogos. A escola de fortificação francesa até *vauban*, caracterizáva-se por construir fortificações: "com muralha aterrada, como na escola italiana; traçado abaluartado para o interior do polígono a fortificar, com amplos baluartes para instalar a artilharia e com salientes obtusos para conseguir um maior desenfiamento e menos setores privados de fogo, ao longo da capital do baluarte; e flancos perpendiculares às linhas de fogo. O escalonamento em profundidade era conseguido com quatro linhas: a primeira constituída pelo caminho coberto; a segunda pelos revelins, e cobre faces ou contraguardas; a terceira pelo corpo da praça ou recinto principal; e a quarta pelos cavaleiros nos baluartes e nas cortinas. [66]

Conforme diz Bruno Miranda "O Tratado de Ataque e Defesa de Praças (1740) do Marechal Sebastién Lê Preste Vauban (1633-1707), principal engenheiro militar do Rei francês Luis XIV, exerceu grande influência na formação de engenheiros militares do século XVII ao XVIII. Neste estudo, Vauban privilegia as praças-fortes enquanto estratégia de ataque e defesa na chamada "guerra de sítio". O foco central desta obra está no desenvolvimento de técnicas para a tomada de praças de guerra, preconizando-se o reconhecimento do terreno, a ciência do traçado

---

64 TONERA, Roberto. O Sistema Defensivo da Ilha de Santa Catarina – Brasil: Criação, Abandono e Recuperação. In: **SEMINARIO REGIONAL de CIUDADES AMURALLADAS.** Montevideo - Uruguai. 2005. 9 p.

65 VALADARES. Pedro Henrique Cabra. **A tratadística da arquitetura militar européia como referência para o Recife fortificado (1537-1654).** Recife, 2015. Dissertação de Mestrado. Universidade Federal de Pernanbuco.

66 Fortificações   Medievais   e   Modernas.   Disponível   em: <http://www.monumentos.pt/site/DATA_SYS/MEDIA/EstudosDocumentos/Guia%20de%20Invve nt%C3%A1rio%20-%20Fortifica%C3%A7%C3%B5es%20Medievais%20e%20Modernas.pdf   >p.   80 Acesso em: 09 nov. 2015.

das fortificações e o uso da balística;"[67]

Alberto L. Barckert. Fonte: Acervo do Projeto Fortalezas Multimídia/UFSC - Date: 1999

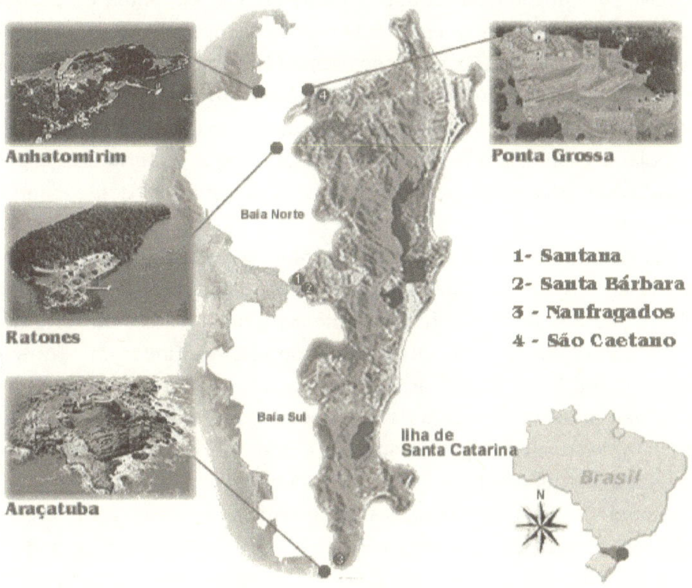

---

67 MIRANDA. Bruno Romero Ferreira." AS AULAS DE FORTIFICAÇÃO DO RECIFE – SÉCULO XVIII. In: **V Encontro Nordestino de História V Encontro Estadual de História.** Pernanbuco – Brasil. 2004. 9 p. Disponível em: <http://www.pe.anpuh.org/resources/pe/anais/encontro5/01-imaginario/Artigo%20de%20Bruno%20Miranda.pdf >Acesso em: 09 nov. 2015

Os usos da Fortaleza de Santo Antônio de Ratones (séculos XVIII - XX)

Segundo o documento sobre os bens tombados em Santa Catarina em 1901, a Fortaleza de Ratones se encontra em uma Ilha de formato irregular, bastante alta e coberta por uma densa mata atlântica. As suas muralhas tem uma extensão de 120m e 40cm, com uma largura de 1m. Essas muralhas foram feitas em pedra e cal. A entrada da Fortaleza é protegida por um fosso de 3m de fundura por 2 de largura. Dentro da fortaleza acha-se a Casa do Comandante, feita assim como as muralhas de pedra e cal, tendo 9m e 40cm de frente por 14m e 80cm de fundo, forrada e assoalhada. Como o nome mesmo diz, a casa era habitada pelos comandantes da Fortaleza. Ao lado da Casa do Comandante, temos o Quartel da Tropa, também em pedra e cal, com 30m de frente e 7m de fundos, com forro e assoalho. Um pouco a frente da Casa do Comandante temos o paiol da Pólvora, em pedra e cal, com 3m e 85cm de frente com 6m e 65 cm de fundo.[68]

Quando o levantamento acima foi feito, a Fortaleza estava sendo ocupada por um destacamento do Exército. Destacamos que apesar de mais de 160 anos após a sua construção, ela ainda servia aos interesses nacionais. A Fortaleza de Ratones (1740-1744) se enquadra no vértice do triângulo defensivo levantado pelo Brigadeiro português José da Silva Paes e primeiro governador da Capitania de Santa Catarina (1739-1749), sob as ordens do Rei de Portugal, João V. Esse triângulo defensivo consistia em mais duas fortalezas principais, às de Santa Cruz de Anhatomirim e São José da Ponta Grossa, que deviam cruzar fogos (método vauban) entre si caso embarcações de nações inimigas de Portugal tentasse aportar em Santa Catarina, ou rumar via Santa Catarina para a Colônia do Sacramento que naquele tempo estava em poder de Portugal.

Com a advento da Invasão espanhola em Santa Catarina em 1777 sob o comando de Dom Pedro Antônio de Cevallos, tendo sob as suas ordens um poderoso contingente de 11.524 homens, 121 navios e 920 canhões, [69] tomando a Vila de Desterro (atual Florianópolis), criou-se a imagem que até hoje na historiografia local se propaga, de que as fortalezas erguidas em Santa Catarina não prestavam para nada, e que depois desta invasão dos espanhóis elas foram completamente abandonadas.

Porém, esta é uma argumentação equivocada e infundada. Primeiro, as fortalezas sucumbiram ao inimigo devido a falta de contingente e segundo, logo após esta "tragédia", temos o relato de que houve mudanças habituais na troca de comando na Fortaleza de Ratones e das outras que lhe complementavam, mostrando que elas continuaram com sua importância militar. Por exemplo, em 20 de junho de 1789, doze anos após a invasão dos castelhanos, é levantado para "governador da Fortaleza de Ratones com patente de Capitão, o tenente João da Costa da Silveira. Para tenente em lugar de João da Costa da Silveira, é promovido o alferes Luiz Manoel Feijó do regimento que foi da Colônia do Sacramento"[70].

Seria irracional o governo português abandonar fortalezes gigantescas por falta de cuidados estratégicos, e não pelo fato das fortalezas não prestarem para nada, como foi por muitas décadas e séculos dito pelos historiadores. Já no século seguinte, outras nomeações também foram requeridas por militares já reformado, querendo assumir o posto como

---

68   Tombamento dos Próprios Nacionais pertencentes ao Ministério da Guerra e situados no Estado de Santa Catarina, 1901, cópia do arquivo da 14ª Brigada de Infantaria Motorizada do Exército.

69   FLORES, Maria Bernadete Ramos. **Os espanhóis conquistam a Ilha de Santa Catarina:** 1777/Maria Bernadete Ramos Flores. - Florianópolis: Ed. da UFSC, 2004.

70   (APESC) Ofícios do Vice-Rei para o Governador da Capitania, 1789, n. 321, fl. 207 - 208.

comandante da Fortaleza de Ratones. Este foi o caso do sargento-mor (hoje no Brasil esta designação passou para Major) Francisco Thomé Barbalho Bezerra.[71]

O objetivo desses homens em assumir o comando de uma fortaleza como no caso da Fortaleza de Ratones, era pelo status que isso proporcionava. Além do mais, no século XIX as fortalezas além de ocuparem um papel militar, embora secundário, serviu como atracadouro de navios nacionais e internacionais. Desse modo, o comandante da Fortaleza, fosse ela a de Ratones ou de Santa Cruz de Anhatomirim (ambas localizadas em uma ilha), podiam cobrar pela "estadia" dos navios ancorados em uma das fortalezas, enriquecendo com isso.[72]

Outras atividades realizadas dentro da Fortaleza de Ratones no século XIX, e acreditamos que nas demais também, era a de receber materiais (fossem eles ligados a artilharia, materiais que seriam usados na reforma do edifício, alimento para a tropa, remédios, etc) e zelar por estes. Sim, existia na fortaleza de Ratones um almoxarife e um responsável por ele. Temos dois documentos, um de 1823 e o outro de 1824, relatando sobre a nomeação de dois militares responsáveis única e exclusivamente por este setor. Por exemplo, em um documento de 26 de maio de 1823, é nomeado 'Antônio Ferreira de Quadros, cabo de Esquadra da 1ª Companhia do Batalhão de Caçadores de 1ª Linha da província de Santa Catarina, como almoxarife da Fortaleza de Ratones'[73], e em 26 de abril de 1824 é nomeado para almoxarife da mesma Fortaleza 'José Bernardes Coelho, cabo de esquadra do Batalhão de Caçadores de Linha, para receber e despender' dos materiais que ali passassem.[74]

O que mais vem impressionando os jovens historiadores locais, é que por muito tempo a história das nossas belas fortalezas catarinenses, patrimônio este erguido pelos portugueses (açorianos e madeirenses) com a "ajuda" dos índios e negros foi muito depreciada. A quantidade de manuscritos que relatam a sua utilidade após o auge de sua construção é grande, mas pouco estudada e pesquisada. Um outro dado histórico sobre a importância das fortalezas, entre elas a de Ratones, foi o seu uso no combate a propagação da cólera na metade e finais do século XIX. Para evitar que os navios vindos de outras regiões do Brasil e do mundo viessem diretamente para Desterro (Florianópolis), os navios eram direcionados para a Ilha de Ratones, e ali os passageiros ficavam em quarentena, evitando assim um contágio descontrolado entre a população sadia.

Um relatório elaborado em 1884 pelo engenheiro militar Ferreira d'Abreu ao presidente da província de Santa Catarina, José Paranaguá, descreve que a Fortaleza de Ratones necessitava de reparos pois a mesma tinha infiltrações, a ponto de colocar as mãos nas paredes e tirá-las barreadas e molhadas, sendo prejudicial na melhora e tratamento dos enfermos.[75]

Em 1989 iniciou-se o trabalho de prospecção arqueológica na Fortaleza de Ratones, e tendo em 1990 começado o trabalho de restauração da mesma. Durante esses trabalhos,

---

71   (APESC) Correspondências da Junta Governativa Provisória para o Ministério da Guerra, 1822, n. 24.

72 Um livro lançado recentemente, intitulado " **A caminho do ouro:** norte-americanos na Ilha de Santa Catarina" de Marli Scomazzon e Jeff Farnco, conta da passagem de navios americanos na metade do século XIX na ilha onde se encontra a Fortaleza de Santa Cruz de Anhatomirim. O americano Robert Cathcart, que era cônsul americano em Desterro (atual Florianópolis) na metade de 1850 e era casado com a filha do comandante da dita fortaleza, ganhava muito dinheiro ao cobrar pelos reparos das embarcações, e do imposto para que os navios ficassem ancorados ali.

73 (APESC) Registro Geral do Governo da Capitania/Junta Governativa Provisória, 1823, fl. n. 176-176 v.

74 (APESC) Registro Geral do Governo da Capitania/Junta Governativa Provisória, 1824, fl. n. 165 v.-166.

75 APESC. Ofícios Presidente Províncias. Engenheiros. De 1883/84.

identificaram um sepultamento humano no local. Esse sepultamento estava próximo ao que se chama de Casa da Farinha (um lugar erguido durante a construção da fortaleza no século XVIII, e que servia para abrigar os víveres da tropa).[76]

Tal sepultamento não é de estranhar, pois além da Fortaleza de Ratones servir no século XIX como porto para abrigar os afetados pela cólera, ela serviu também de lazareto (não necessariamente para cuidar de pessoas com lepra, mas era uma designação que remete ao cuidado de pessoas com moléstias variadas). Segundo o historiador Roberto Maldos, há registros de 14 óbitos por "cólera morbus" na Fortaleza de Ratones.[77] Em 1853, as autoridades estavam pensando em considerar alguns espaços da fortaleza para cuidar dos afetados pela cólera. De fato, nessa época, após uma epidemia de febre amarela que tirou a vida de pessoas no Hospital de Caridade (inaugurado em 1 de janeiro de 1789), providenciou-se o uso da fortaleza de ratones como lazareto.

Visto que a fortaleza não tinha estrutura física boa – como foi dito pelo engenheiro militar José d'Abreu -, e nem pessoal médico para cuidar dos doentes, era inevitável que as pessoas ali sobrevivessem. Deste modo, "os sepultamentos realizados na Ilha de Ratones foram marcados pela pressa em isolar os portadores de doenças altamente contagiosas, sem que se pudesse dedicar-lhe maiores cerimônias e convenções"[78]

Na descrição feita pelos arqueólogos na década de 1990 sobre o esqueleto encontrado em um dos túmulos lemos:

> Trata-se de indivíduo adulto, sepultado em decúbito dorsal, estendido, as mãos colocadas sobre o esterno [na altura do peito]. O crânio e a face foram parcialmente destruídos pela ação da obra na ocasião da abertura da fossa, com fratura do maxilar e consequente perda de alguns dentes e ossos da face. O exame superficial da arcada demonstrou a perda, em vida, de alguns dentes mas os demais não apresentavam evidências de processos de cárie, apesar de alguma evidência, a ser confirmada, de reabsorção óssea localizadas na bifurcação de raízes. Essas reabsorções ósseas provavelmente são decorentes de moléstia periodontal, mas tais patologias devem ser determinadas em estudo laboratorial.
>
> Alguns ossos do Torso (escápula, costelas) foram também perturbados pela abertura da fossa. De resto o esqueleto acha-se bem preservado, com os ossos limpos e organizados, e embora a cova de sepultamento seja bastante rasa – a apenas 0,40cm do solo atual – não há indícios de ter sido perturbada por animais. Apenas algumas raízes penetraram nos ossos da bacia causando ruptura dos mesmos na ocasião da remoção do sepultamento.
>
> O sepultamento foi totalmente removido do local por imposição da situação, já que alguns trabalhadores da obra demonstraram sua insatisfação [medo] com a presença do enterramento. Por outro lado, a forte chuva que caiu naquele momento e nossa preocupação em evitar a corrida de curiosos a Rotones, caso a notícia se fizesse pública, fez-nos optar pela retirada do material. Mesmo esta ação foi revestida de alguma precariedade, em parte devido ao mau tempo, e

---

76 (IPHAN) Relatório do exame antropológico da ossada encontrada durante os prospecções arqueológicas das ruínas de Santo Antônio de Ratones. Pasta 17. p. 2. Relatório realizado pelos Dr°, Daniel Romero Muñoz e Zulmar Vieira Coutinho.

77 Idem, p. 2.

78 Idem, p. 3.

também a ausência de pessoal especializado[79]

Para não haver dúvidas entre os mais cépticos de que a ossada não era do século XX, mas sim de meados da metade e final do século XIX, os médicos legistas fizeram também uma pesquisa nos objetos encontrados com as ossadas, que eram: "duas fivelas, duas presilhas de metal, dois botões de metal, um botão de cerâmica, quatro colheres de metal, possivelmente de prata, dois encabamentos de escova, em osso, possivelmente escovas de dentes, uma moeda de cobre, 40 réis, três pequenos fragmentos de grafite".[80] Pela inscrição nas colheres, lia-se a inscrição "Meneses e Hijos".

A empresa francesa Christofle Orfèvre ÀParis, disponibilizou uma obra intitulada "L'orfèvrerie contemporaine en Europe et em Amerique" que conta sobre a firma espanhola Plata Menezes, onde informava: " a firma foi fundada em 1840 por M. Leoncio Meneses e usou esse nome comercialmente até 1874".[81] Segundo as descrições dos legistas, a ossada era de um indivíduo masculino, entre 35 e 50, com aproximadamente 1.61cm.

Existe um outro documento, este datado de 1857, que comprova a função da Fortaleza de Ratones como um lazareto. O então Presidente da Província d Santa Catarina, João José Coutinho, em uma carta ao Governo do Império, diz que

> ... no lazareto de Ratones, único desta província, se não se tratou doente algum em todo o ano de 1856. A casa ode acomodar vinte leitos, tem cozinha, e um quarto para botica. Falta melhorar-se e mesmo aumentarem-se cômodos para médico, enfermeiros e mais empregados, o que se não tem feito por falta de operários, que se acham acampados em outras repúblicas[82] e particulares. Não havendo enfermos, nem empregados próprios, está a casa, e os utensílios a cargo do ajudante da Fortaleza.
>
> O edifício que serve de Enfermaria Militar, não tendo sido construído para esse fim, mal preenche as funções a que se o destinou, por falte de outro mais apropriado. Está muito arruinado: precisa de nova cobertura, forro e assoalho; sendo porém o lugar impróprio, por ficar no baixa mar cercado de lama, não me atrevo a pedir o seu total concerto e novas divisões e aumento. No tratamento dos enfermos e só seu regime, observam-se as prescrições do Cirurgião, e do respectivo Regulamento. Foram tratados no decurso do ano findo [isto é, 1856] 614 enfermos, dos quais faleceram 14, saindo curados 586, e continuando em tratamento 14.[83]

No campo militar, a Fortaleza de Ratones só receberá uma especial atenção no século XIX, com a chamada *Questão Christie*, um desentendimento diplomático entre Brasil e a Grã-Bretanha em 1863 por motivos do tráfico ilegal de escravos que o Brasil ainda praticava. Por temer uma invasão militar em solo brasileiro, o Imperador D. Pedro II ordena fazer um levantamento de

---

79 Idem, p. 4.

80 Idem, p. 5.

81 (IPHAN) Relatório do exame antropológico da ossada encontrada durante os prospecções arqueológicas das ruínas de Santo Antônio de Ratones. Pasta 17. Relatório realizado pelos Drº, Daniel Romero Muñoz e Zulmar Vieira Coutinho. p. 18.

82 Esses operários "acampados em outras repúblicas" no qual o Presidente José Coutinho menciona, são soldados.

83 Biblioteca Nacional – Seção de Manuscritos. Códice: II – 35, 32, 18 nº 40.

todos os pontos estratégicos nacionais, e armar aqueles que poderiam guarnecer a nação. Mesmo assim, o levantamento que fizeram da fortaleza não foi das mais entusiasmante: "considera essa fortaleza também de pouca importância. [...] Tem 11 bocas-de-fogo, sendo três peças de ferro de calibre 24 libras, cinco de 18 lb e três de 12 lb, todas em mau estado".[84]

Já na entrada do século XX, a Ilha onde está localizada a Fortaleza de Ratones será usada como depósito de carvão para a Marinha de Guerra do Brasil. O interessante de cada etapa em que a Fortaleza e o espaço onde ela se situa é usada, desde o período de sua construção até praticamente início do século XX, são as mudanças físicas que ela passou, descaracterizando cada vez mais o seu estado original, e a fauna e flora que há ao seu redor. Diferente do patrimônio material e artístico da Europa, que praticamente foi sendo visto pelos europeus como um espaço que pertence e é inerente a sua história desde meados do século XIX ou bem antes, aqui no Brasil o patrimônio histórico e artístico só passa a ser visto como tal na metade do século XX. Para dar suporte ao que eu falo, eu me embaso nas afirmações do professor Domique Poulot, especialista em história do patrimônio e museu da França.[85]

Durante o tempo em que a Ilha de Ratones passou a ser usada como depósito de carvão, não havia ainda a dimensão de seu valor histórico. Isso fica evidente no Ofício do Capitão de Fragata e responsável pelo Capitania do Porto de Santa Catarina Joaquim Francisco Corrêa Leal, para o Rio de Janeiro, datado de 15 de janeiro de 1907 sobre Ratones ser o local ideal para depósito de carvão:

> Confirmando o meu telegrama de 11, que tive a honra de vos dirigir em resposta do vosso de 9 do corrente, cumpre-me mais informar-vos, que, atendendo os termos precisos do vosso telegrama, procurei em toda acosta, desde da cidade até Sambaqui, [é um lugar na Baía Norte da Ilha de Santa Catarina, que tem suas origens na colonização açoriana] um lugar que de pronto pudesse servir para depósito de carvão, que brevemente havia de vir da Europa. Só encontrei a Ilha de Ratones Grande, pertencente ao Ministério da Guerra, na parte leste, onde a Marinha já teve o seu depósito, com uma superfície regular de cem metros quadrados mais ou menos, podendo ser aumentado, e com uma simples limpeza, e a formação de um improvisado caes, como já existiu, aproveitando as pedras soltas, que com a ação do mar e o longo período de tempo de abandono deixou-no no estado de ruínas. No lugar onde está algumas estacas do antigo trapiche, jugo de grande necessidade outro com vinte metros de comprimento e quatro de largura[86]

Na entrada do século XX, um dos principais pontos históricos de Santa Catarina foi abandonado, ou seja, a Fortaleza de Ratones. O mais controverso disso tudo, diferente do que nós

---

84   Relação das fortificações existentes em cada uma Província do Império, suas denominações; artilharia que tem; posições e importância. 1 de Janeiro de 1863. Manuscrito do Itamaraty. Apud TONERA, Roberto; OLIVEIRA, Mário Mendonça de. (Orgs.). As defesas da Ilha de Santa Catarina e do Rio Grande de São Pedro em 1786 de José Correia Rangel. Florianópolis: Ed. da UFSC, 2011. CD-ROM.

85 Poulot, Dominique. **A razão patrimonial na Europa do século XVIII ao XXI.** Disponível em: <http://portal.iphan.gov.br/uploads/ckfinder/arquivos/Anexo,%20texto%205.pdf > Acesso em: 10 nov. 2015.

86   (IPHAN) Ofício do Capitão de Fragata e comandante da Capitania dos Portos de Santa Catarina, Joaquim Francisco Corrêa Leal. 15 de janeiro de 1907. Pasta 20.

lemos na historiografia oficial, não foi os nossos antepassados portugueses e brasileiros terem abandonado as fortalezas após a invasão dos espanhóis em 1777 ou no século seguinte a este episódio. Não, foram os nossos contemporâneos que a deixaram sem reparos, com mato crescendo pelas paredes de um patrimônio com mais de 200 anos, sofrendo ações de vândalos, e desabando pela ação da chuva, umidade, vento etc.

Na foto acima vemos a casa do comandante e o quartel da tropa em completa ruína na década de 1960. Diferente do que se fala nos livros de história, não foram as pessoas do século XVIII e XIX responsáveis por tal estado de abandono. Foram nossos contemporâneos do século XX que permitiram tal barbaridade com um patrimônio histórico. Foto de Waldir Fausto Gil. Fonte: Walter F. Piazza - Date: 1962.

Embora a Fortaleza de Ratones, bem como as Fortalezas de Santa Cruz de Anhatomirim e São José da Ponta Grossa, fossem tombadas como Patrimônio Histórico e Artístico Nacional em 1938, elas só receberam seus primeiros reparos mais de três décadas depois. Até elas serem reparadas e limpas, elas estavam iguais ao que nós vemos na foto acima. Em 1989 foi feito um convênio entre a Universidade Federal de Santa Catarina (UFSC), na pessoa do Reitor Bruno Rodolfo Schlemper Júnior e o Banco do Brasil, na pessoa de Edmar da Costa Barros, para revitalizar a Fortaleza de Ratones, e também a de Anhatomirim e São José da Ponta Grossa.[87]

Embora as três fortalezas mais importantes estejam sob os cuidados da UFSC, elas pertencem a Marinha. Atualmente, a Fortaleza de Ratones recebe milhares de turistas na temporada de verão – finais de outubro até fevereiro -, e está completamente revitalizada. Embora as estruturas não sejam originais, as reformas buscaram ao máximo trazer suas características, consultando as plantas originais que esse acham no arquivo do Exército no Rio de Janeiro.

---

87 Disponível em: <http://fortalezas.org/midias/arquivos/2732.pdf> Acesso em: 10/11/2015.

Considerações finais

Um patrimônio, seja ele material ou imaterial, pode ser vítima de várias formas. O que mais estamos acostumados é com um patrimônio vítima da ação do homem ou da natureza: depredação, destruição, chuva, vento, terremoto, etc. Mas nos esquecemos que um patrimônio pode ser vítima também da história contada pelas pessoas. Por exemplo, uma das explicações comumente utilizadas pelos leigos, é que as fortalezas catarinenses não serviam para nada, só para enfeite e meter medo nos invasores. Tal explicação não legitima o abandono e a violência cultural que elas sofreram no século passado.

Um patrimônio é como um senhor ou uma senhora que a medida que o tempo passa mais cuidados devem receber, e não serem vítimas do tempo como se isto por si só se encarregasse do seu destino final. O patrimônio não pode ser visto como uma carga que atrapalha o desenvolvimento social, tecnológico e cultural de uma nação. Ela deve ser vista como um porto seguro, onde as novas gerações se inspiram e se motivam no suor e no sangue derramado de seus antepassados, para que com tal espírito abnegado eles engrandeçam ainda mais aquilo que eles deixaram para nós.

THE FORTRESS OF SANTO ANTONIO DE RATONES: PRESERVATION OF HERITAGE, HISTORY AND REGIONAL EDUCATION

Abstract: The fortress Santo Antônio de Ratones is a landmark in landscape of Florianopolis, being one military heritage best preserved in the State - among them is also their sisters , the Fortress of Santa Cruz de Anhatomirim and São José da Ponta Grossa - and Brazil. In addition, the Ratones Fortress is a benchmark in the history of Portuguese culture in the region and the preservation of good tumbled . Another interesting aspect is that it is situated on a small islet , making it the center for studing fauna and flora who are at your surroundings.

Keyword: Fortress Santo Antônio de Ratones, Heritage Education, History of Santa Catarina

Bibliografia:

TEIXEIRA, Paulo Roberto Rodrigues. Fortaleza de Santo Antônio de Ratones. In: Revista DaCultura. Ano VIII, Nº 14, junho de 2008, p. 48-59, il. color

FLORES, Maria Bernadete Ramos. Os espanhóis conquistam a Ilha de Santa Catarina: 1777/Maria Bernadete Ramos Flores. - Florianópolis: Ed. da UFSC, 2004.

TONERA, Roberto; OLIVEIRA, Mário Mendonça de. (Orgs.). As defesas da Ilha de Santa Catarina e do Rio Grande de São Pedro em 1786 de José Correia Rangel. Florianópolis: Ed. da UFSC, 2011. CD-ROM.

TONERA, Roberto. O Sistema Defensivo da Ilha de Santa Catarina – Brasil: Criação, Abandono e Recuperação. In: SEMINARIO REGIONAL de CIUDADES AMURALLADAS. Montevideo - Uruguai. 2005.

SCOMAZZON, Marli Cristina. A caminho do ouro: norte-americanos na Ilha de Santa Catarina/ Marli Cristina Scomazzon e Jeff Franco. Florianópolis: Insular, 2015.

MIRANDA. Bruno Romero Ferreira. AS AULAS DE FORTIFICAÇÃO DO RECIFE – SÉCULO XVIII. In: V Encontro Nordestino de História V Encontro Estadual de História. Pernanbuco – Brasil. 2004.

VALADARES. Pedro Henrique Cabra. A tratadística da arquitetura militar européia como referência para o Recife fortificado (1537-1654). Recife, 2015. Dissertação de Mestrado.

Universidade Federal de Pernanbuco.

VEIGA, Eliane Veras da. As fortificações catarinenses no Brasil colonial: introdução ao seu estudo. [S.L.]: [s.n.], 1991(Florianopolis: Imprensa Universitaria)

Fontes Primárias:

Tombamento dos Próprios Nacionais pertencentes ao Ministério da Guerra e situados no Estado de Santa Catarina, 1901", cópia do arquivo da 14ª Brigada de Infantaria Motorizada do Exército.

(APESC) Ofícios do Vice-Rei para o Governador da Capitania, 1789, n. 321, fl. 207 – 208.

(APESC) Correspondências da Junta Governativa Provisória para o Ministério da Guerra, 1822, n. 24.

(APESC) Registro Geral do Governo da Capitania/Junta Governativa Provisória, 1823, fl. n. 176-176 v.

(APESC) Registro Geral do Governo da Capitania/Junta Governativa Provisória, 1824, fl. n. 165 v.-166.

(APESC) Ofícios Presidente Províncias. Engenheiros. De 1883/84.

(IPHAN) Relatório do exame antropológico da ossada encontrada durante os prospecções arqueológicas das ruínas de Santo Antônio de Ratones. Pasta 17. p. 2. Relatório realizado pelos Drº, Daniel Romero Muñoz e Zulmar Vieira Coutinho.

(IPHAN) Relatório do exame antropológico da ossada encontrada durante os prospecções arqueológicas das ruínas de Santo Antônio de Ratones. Pasta 17. Relatório realizado pelos Drº, Daniel Romero Muñoz e Zulmar Vieira Coutinho. p. 18.

(IPHAN) Ofício do Capitão de Fragata e comandante da Capitania dos Portos de Santa Catarina, Joaquim Francisco Corrêa Leal. 15 de janeiro de 1907. Pasta 20.

Biblioteca Nacional – Seção de Manuscritos. Códice: II – 35, 32, 18 nº 40.

Anexos

Alberto L. Barckert. Fonte: Acervo do Projeto Fortalezas Multimídia/UFSC - Date: 1999

Alberto L. Barckert. Fonte: Acervo do Projeto Fortalezas Multimídia/UFSC - Date: 1999

Alberto L. Barckert. Fonte: Acervo do Projeto Fortalezas Multimídia/UFSC - Date: 1999

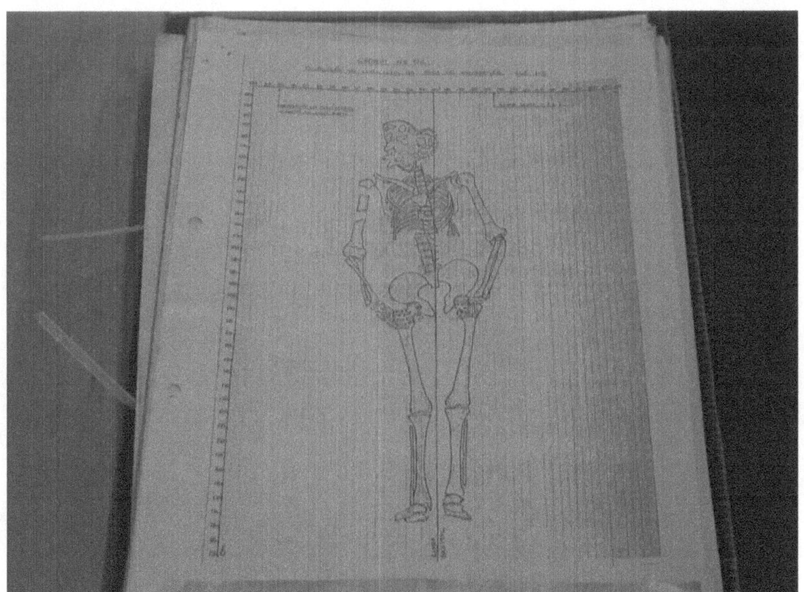

Croqui do segundo esqueleto encontrado durante as escavações arquelógicas na Fortaleza de Ratones, perto da vale da primeira ossada relatado neste trabalho. Fonte: (IPHAN), pasta 17.

A Ilha de Ratones Grande onde se encontra a Fortaleza com o mesmo nome, e a Ilha de ratones Pequena logo atrás. Alberto L. Barckert. Fonte: Acervo do Projeto Fortalezas Multimídia/UFSC - Date: 1999

Na fortaleza de Ratones, o único edifício que não foi restaurado é o paiol da pólvora. Por décadas ela espera um intervenção de restauro. Os visitantes não a vêem, pois ela está no alto da fortaleza, coberta pela vegetação. Fonte: Jefté Brandão.

A fonte de água da Fortaleza de Ratones é protegida por uma abóbada de pedra. Um dos "problemas" é que ela se encontra fora das muralhas da fortaleza. A energia que a fortaleza consome provem de placas fotovoltaicas que captam a luz solar, como é possível ver na foto acima. Fonte: Jefté Brandão.

Até hoje é possível ver na entrada da Fortaleza de Ratones, um canhão Whitworth, de alma sextavada, que foi instalada durante a Revolução Federalista (1893) pelos rebeldes oposicionistas do governo legal. Fonte: Jefté Brandão.

OS DESAFIOS E O DESENVOLVIMENTO DE UMA EDUCAÇÃO INTERCULTURAL

O USO DE SOFTWARE LIVRE COMO ESTRATÉGIA NA FORMAÇÃO DE PROFESSORES INDÍGENAS

Elcimar Simão Martins[88]
Liduina Vidal de Almeida[89]
Maria Cleide da Silva Ribeiro Leite[90]

Resumo: O trabalho objetivou refletir sobre uma experiência desenvolvida com professores/estudantes indígenas durante a disciplina Tecnologias da Informação e da Comunicação na Educação com participantes do Curso de Formação Inicial do Magistério Indígena II. A referida formação foi promovida pela Coordenadoria de Desenvolvimento da Escola e Aprendizagem da Secretaria da Educação do Estado do Ceará com o escopo de habilitar professores em nível médio para atuar nas escolas indígenas cearenses. Com essa investigação interessou-nos verificar se o *software* livre *TuxPaint* é uma alternativa viável à formação de professores indígenas. Desenvolvemos uma pesquisa de natureza qualitativa, através do estudo de caso e utilizamos como estratégias metodológicas a observação, a investigação documental e a entrevista. Como aporte teórico recorremos aos estudos de: Alves (2008), Freire (2006), Guimarães (2013), Nascimento (2006), Nóvoa (1995), dentre outros. Assim, traçamos um panorama acerca da formação de professores indígenas, como também apresentamos alguns pormenores da oficina com o *TuxPaint* e refletimos as práticas pedagógicas desenvolvidas nas escolas pelos cursistas. Os resultados mostram que grande parte dos professores indígenas tem acesso ao computador, faz parte de redes sociais e utiliza as Tecnologias da Informação e da Comunicação tanto na elaboração como no desenvolvimento de suas aulas. Por outro lado, alguns professores nunca haviam utilizado um computador. O *Tuxpaint* favoreceu a interação dos participantes e proporcionou o desenvolvimento de atividades lúdicas e prazerosas, refletindo aspectos da vida pessoal e profissional do professor. A pesquisa evidenciou ainda que

---

[88] Doutor e mestre em Educação pelo Programa de Pós-Graduação em Educação da Universidade Federal do Ceará (UFC), especialista em Ensino de Literatura Brasileira pela Universidade Estadual do Ceará e em Gestão Escolar (UFC), graduado em Letras Português e Espanhol (UFC), pedagogo pela Universidade Metodista de São Paulo. Professor convidado do Programa de Formação do Magistério Indígena - SEDUC-CE. Professor Adjunto da Universidade da Integração Internacional da Lusofonia Afro-Brasileira (UNILAB). Currículo Lattes: http://lattes.cnpq.br/6354389593320758 - E-mail: elcimar@unilab.edu.br

[89] Pedagoga. Especialista em Informática Educativa. Orientadora de Estudo do Programa PNAIC/PAIC. Colaboradora do www.sleducacional.org. Formadora do Software Livre Luz do Saber - Prefeitura Municipal de Fortaleza. Professora de Informática Educativa do Curso de Licenciatura Intercultural Indígena do Centro de Educação da UECE. Professora de Educação Indígena e das Tecnologias de Informação e Comunicação do Programa de Formação do Magistério Indígena - SEDUC-CE. Currículo Lattes: http://lattes.cnpq.br/4297836778691711 - E-mail: lidvidal@yahoo.com.br

[90] Doutoranda e Mestre em Educação pelo Programa de Pós-Graduação em Educação da Universidade Estadual do Ceará (UECE), especialista em Gestão Escolar (UECE), pedagoga (UECE), graduada em Letras Português e Espanhol pela Universidade Metodista de São Paulo. Professora convidada do Programa de Formação do Magistério Indígena - SEDUC-CE. Currículo Lattes: http://lattes.cnpq.br/7547703657103821 - E-mail: arapiuna@yahoo.com.br

os cursistas gostaram de estudar o *software TuxPaint* e passaram a utilizá-lo de maneira significativa com os estudantes nas aldeias onde vivem e também lecionam.

Palavras-chave: *Software* Livre. Formação de Professores. Educação Escolar Indígena.

Introdução

O final do século XX e o início desse século XXI são marcados por avanços científicos e tecnológicos que provocam transformações em diversos setores da vida humana. No campo da educação, em especial, merece reflexão o perfil de homem que se deseja formar para essa sociedade. Esse período, portanto, também é marcado por discussões em torno da formação docente, pois sem uma adequada formação de professores, dentre outros fatores, não há ensino de qualidade.

Um processo democrático de formação de professores e em consonância com os anseios da sociedade precisa dialogar com o cotidiano dos docentes e das instituições de ensino, favorecendo uma contínua reflexão e uma tomada de atitude diante dos desafios apresentados. Os cenários públicos são permeados pela presença de diversos grupos socioculturais, o que revela conflitos e tensões, mas também a possibilidade do diálogo e a implementação de políticas públicas que focalizem os sujeitos injustiçados e discriminados por questões étnicas, por exemplo. Assim, compreendemos a importância da educação intercultural na construção de uma sociedade comprometida com a democracia e a integração de distintos grupos (CANDAU *et al.*, 2013).

Partindo da compreensão de que nosso país tem uma dívida histórica com os povos indígenas e, consequentemente, com a sua educação, este artigo, tratará especificamente, da formação de professores indígenas mediada pelo uso de tecnologias digitais.

A Lei de Diretrizes e Bases da Educação Nacional (LDB 9394/96) em seu artigo 78 assevera que: "O Sistema de Ensino da União, com a colaboração das agências federais de fomento à cultura e de assistência aos índios, desenvolverá programas integrados de ensino e pesquisa, para oferta de educação escolar bilíngue e intercultural aos povos indígenas" (BRASIL, 2013: 41).

Partindo desse dispositivo legal, relataremos uma experiência de uso do *software* livre *Tuxpaint* com professores do Curso de Formação Inicial do Magistério Indígena II, por ocasião da disciplina Tecnologias da Informação e da Comunicação na Educação, por nós ministrada.

O curso foi uma iniciativa da Secretaria da Educação do Estado do Ceará (SEDUC-CE) através da Coordenadoria da Diversidade e Inclusão Educacional / Educação Escolar Indígena e mantido com recursos do Plano de Ações Articuladas (PAR) / Fundo Nacional de Desenvolvimento da Educação (FNDE).

De acordo com Minayo (1993: 17): "nada pode ser intelectualmente um problema, se não tiver sido, em primeiro lugar, um problema da vida prática". Partindo dessa premissa, buscamos resposta ao seguinte questionamento: O *software* livre *TuxPaint* é uma alternativa viável à formação de professores indígenas?

Aproveitamos a oportunidade de trabalhar com os professores indígenas para investigar se e como eles utilizavam as Tecnologias de Informação e Comunição em suas práticas educativas.

A disciplina contou com os seguintes objetivos: conhecer e utilizar as Tecnologias da Informação e da Comunicação (TICs) na prática pedagógica da educação escolar indígena;

apresentar e tratar as TICs como recursos que devem ser utilizados pedagogicamente; vivenciar as TICs como linguagem que deve ser trabalhada no sentido de potencializar as expressões verbal, escrita, visual, artística, musical e outras; utilizar *software* livre, sites educativos e selecionar atividades que contribuam com o ensino e a aprendizagem dos estudantes indígenas.

Durante as aulas no Curso de Magistério Indígena, duas das atividades solicitadas aos cursistas e que serviram de análise no presente texto consistiam em relatar as impressões que eles tiveram do programa *TuxPaint*, bem como a elaboração, o desenvolvimento e o relato de uma aula utilizando recursos tecnológicos com os estudantes em suas aldeias.

Adiante, traçamos um panorama acerca da formação de professores indígenas, como também apresentamos alguns pormenores da oficina com o *TuxPaint* e das práticas pedagógicas desenvolvidas nas escolas pelos cursistas.

Formação de Professores e Educação Escolar Indígena

A Constituição da República Federativa do Brasil, de 05 de outubro de 1988 (CF 1988), em seu artigo 205, afirma que a educação é um direito de todos os cidadãos e um dever do Estado e da família, devendo ser promovida e incentivada com a colaboração da sociedade (BRASIL, 2004).

Com relação à educação escolar indígena, a CF 1988, § 2º, do Art. 210 assegura que o ensino fundamental regular será ministrado em língua portuguesa, garantindo aos indígenas a utilização de suas línguas maternas e seus processos próprios de aprendizagem. Com isso, é assegurada ao estudante indígena a formação básica comum, bem como o respeito aos seus valores culturais e artísticos (BRASIL, 2004).

Compreendemos que a formação docente não é mero espaço de aquisição de técnica e conhecimentos, mas, sobretudo, é o momento da socialização e da configuração profissional. Assim, a formação deve estimular uma perspectiva crítico-reflexiva, que forneça aos professores os meios de um pensamento autônomo e que facilite as dinâmicas de autoformação participada. Estar em formação implica um investimento pessoal, um trabalho livre e criativo sobre os percursos e os projetos próprios, com vista à construção de uma identidade, identidade profissional (NÓVOA, 1995: 25).

Nesse sentido, é importante que o professor atue como mediador da sua formação a partir das trocas de experiências com os pares, refletindo as práticas e a (re)construção permanente de sua própria identidade docente. A partilha em comunidade já é um hábito indígena que é levado para a escola, onde os docentes interagem durante o planejamento das aulas, socializam com os colegas as diversas atividades e experiências, bem como trabalham de forma integrada no planejamento de uma feira cultural mensal, por exemplo.

Na década de 1990 a formação de professores era vista como um processo de assimilação de estratégias e desenvolvimento de habilidades e conhecimentos com o objetivo de mudar a realidade das salas de aulas. Nesse mesmo período,

> os cursos de formação de docentes indígenas se apresentam como uma novidade no cenário educacional brasileiro. São implementados, de forma mais efetiva, no âmbito das políticas governamentais surgidas a partir da década de 1990, em boa parte dos estados brasileiros que executam projetos na área de Educação Escolar Indígena. As experiências anteriores no campo

da formação de professores índios eram, basicamente, de autoria de agências não governamentais de apoio a esses grupos (NASCIMENTO, 2006: 9).

No contexto cearense, de acordo com Nascimento (2006: 9), as experiências pioneiras de formação dos professores indígenas "foram de iniciativa da Secretaria de Educação Básica do Estado (SEDUC) que, atendendo às diretrizes da política educacional nacional, inicia, em 1998, uma série de atividades pedagógicas voltadas para a formação dos professores indígenas". Porém, posteriormente, houve uma descontinuidade nas formações e, a partir disso, alguns grupos indígenas se mobilizam e surge o debate sobre a formação de professores indígenas. Como resultados foram criados os primeiros cursos de formação indígena (NASCIMENTO, 2006).
Segundo o Referencial Curricular Nacional para as Escolas Indígenas,

> De fato, estão em curso, em várias regiões do país, processos oficialmente reconhecidos de formação de professores índios, no mais das vezes levados a efeito pela colaboração recíproca de comunidades e organizações indígenas, universidades, organizações não-governamentais e órgãos do governo (BRASIL, 1998: 34).

Os povos indígenas desenvolveram seus modos próprios de produção e transmissão de conhecimentos e suas concepções sobre o homem, o sobrenatural e o mundo muito antes da instituição da escola. Com isso, os indígenas têm "valores, concepções e conhecimentos científicos e filosóficos próprios, elaborados em condições únicas e formulados a partir de pesquisa e reflexões originais" (BRASIL, 1998: 22).

Os indígenas utilizam diversos mecanismos que favorecem a produção de conhecimentos e reflexões sobre a Natureza, a vida em comunidade e a própria existência humana, com seus encantos e mistérios. Assim, observam, formulam princípios e técnicas, estabelecendo relações de causalidade e desenvolvendo pesquisas, o que "implica necessariamente pensar a escola a partir das concepções indígenas do mundo e do homem e das formas de organização social, política, cultural, econômica e religiosa desses povos" (BRASIL, 1998: 22).

O professor indígena como agente sociocultural e político desenvolve um processo de empoderamento, que "está presente em todas as relações, penetra todas as dimensões da vida, e se relaciona especialmente com a construção da realidade social, política, cultural e econômica" (CANDAU *et al.*, 2013: 38).

As comunidades indígenas são responsáveis pela sua organização, dispondo de formas próprias de socialização e de formação dos pares. A educação escolar indígena é marcada por uma prática pedagógica diferenciada, que conserva o respeito à tradição e aos ritos indígenas. Assim, "os momentos e atividades de ensino-aprendizagem combinam espaços e momentos formais e informais, com concepções próprias sobre o que deve ser aprendido, como, quando e por quem. A escola não deve ser vista como o único lugar de aprendizado" (BRASIL, 1998: 23).

As pessoas mais antigas da comunidade, os guardiões da sabedoria, os pajés, os caciques transmitem seus diversos saberes aos professores e estudantes indígenas. Com isso, as escolas trabalham os conteúdos da base nacional comum em consonância com os processos educativos próprios das comunidades indígenas.

A cultura favorece a compreensão das "relações entre os saberes e conhecimentos vivenciados por sujeitos de diferentes culturas, reconhecendo e legitimando os saberes de grupos sociais historicamente marginalizados, negados ou subalternizados" (CANDAU *et al.*, 2013: 37).

De acordo com o Referencial Curricular Nacional para as Escolas Indígenas, são os princípios da educação indígena:

> • uma visão de sociedade que transcende as relações entre humanos e admite diversos "seres" e forças da natureza com os quais estabelecem relações de cooperação e intercâmbio a fim de adquirir - e assegurar - determinadas qualidades;
> • valores e procedimentos próprios de sociedades originalmente orais, menos marcadas por profundas desigualdades internas, mais articuladas pela obrigação da reciprocidade entre os grupos que as integram;
> • noções próprias, culturalmente formuladas (portanto variáveis de uma sociedade indígena a outra) da pessoa humana e dos seus atributos, capacidades e qualidades;
> • formação de crianças e jovens como processo integrado; apesar de suas inúmeras particularidades, uma característica comum às sociedades indígenas é que cada experiência cognitiva e afetiva carrega múltiplos significados - econômicos, sociais, técnicos, rituais, cosmológicos (BRASIL, 1998: 23).

Tais princípios são incorporados às diversas experiências escolares que os professores tiveram ao longo da vida, inclusive em escolas chamadas convencionais. Atualmente, o processo de autodeterminação indígena tem contribuído para que os próprios índios sejam professores e gestores escolares.

O Curso de Formação Inicial do Magistério Indígena II

Conforme dados fornecidos pela CODEA / Educação Escolar Indígena, da SEDUC, em 2013, a rede de escolas indígenas contava com 37 unidades, distribuídas em 15 municípios, pertencentes a 13 etnias. Tais escolas ofertando da educação infantil ao ensino médio regular e a modalidade de Educação de Jovens e Adultos, somando um total de 5.974 estudantes matriculados. Para atender a esta demanda, há um total de 436 docentes.

Para os docentes que já atuavam nas escolas indígenas da rede pública do Ceará e ainda não tinham a formação do magistério indígena, foi ofertado o Curso de Formação Inicial do Magistério Indígena II, nível médio na modalidade normal, que contou com uma carga-horária total de 3.200h/a, das quais 800 h/a foram de Estágio Supervisionado. O curso foi desenvolvido em cinco etapas e finalizou em abril de 2014 com o Seminário de encerramento, momento de partilha das aprendizagens dos cursistas e de suas práticas educativas desenvolvidas com os estudantes nas aldeias.

O referido curso objetivou habilitar professores indígenas para o exercício da docência nos anos iniciais do ensino fundamental. Com essa formação de professores indígenas a SEDUC esperava garantir um maior e melhor desempenho nos processos de ensino e aprendizagem dos alunos atendidos nas escolas diferenciadas indígenas.

A proposta metodológica que orientou o curso teve a pesquisa como estratégia fundamental para a construção do conhecimento, valorizando os aspectos que configuram a educação diferenciada indígena. Os dispositivos legais brasileiros "indicam a ideia de interculturalidade como princípio para a convivência harmoniosa entre as diversas culturas indígenas e a cultura hegemônica nacional em um espaço público democrático interétnico" (TEIXEIRA; LANA, 2012: 143).

Nesse sentido, os professores cursistas buscavam aliar os saberes tradicionais de suas comunidades aos conhecimentos científicos sistematizados com vistas a garantir uma educação diferenciada, de acordo com a realidade em suas aldeias. Com isso, o curso atende ao que é preconizado no Artigo 78, da LDB 9394-96:

> I - proporcionar aos índios, suas comunidades e povos, a recuperação de suas memórias históricas; a reafirmação de suas identidades étnicas; a valorização de suas línguas e ciências;
> II - garantir aos índios, suas comunidades e povos, o acesso às informações,
> conhecimentos técnicos e científicos da sociedade nacional e demais sociedades indígenas e não-índias (BRASIL, 2013: 42).

Para o desenvolvimento de um processo de afirmação da identidade sociocultural é fundamental o"[...] resgate das histórias de vida, tanto pessoais quanto coletivas, e que elas possam ser contadas, narradas, reconhecidas, valorizadas como parte de processo educacional" (CANDAU *et al.*, 2013: 151).

As diferenças culturais, de saberes e práticas estão presentes nas escolas convencionais e indígenas. É preciso, porém, garantir que "os diferentes sujeitos socioculturais participem de sua construção, assegurando, assim, que a igualdade incorpore as diferenças que, assim, são assumidas como riqueza, rompendo dessa forma, com o caráter monocultural da cultura escolar" (CANDAU *et al.*, 2013: 151).

Através da interculturalidade temos a oportunidade de vislumbrar uma escola mais democrática, que valorize as questões identitárias, que favoreça a interação e o diálogo de diferentes grupos socioculturais e compreenda que as relações culturais nem sempre se dão em processos amistosos, mas marcados por lutas e historicamente situados como no movimento indígena.

Utilizando o *Software* Livre *Tuxpaint* como "bandeja" pedagógica

Na disciplina Tecnologias da Informação e da Comunicação na Educação optamos pela utilização do *software* livre que, segundo a *Free Software Foundation*[91], é um programa de computador que pode ser copiado, usado, modificado e redistribuído de acordo com as necessidades de cada usuário. Para tanto, é necessário que atenda a quatro liberdades, quais sejam: executar o programa para qualquer objetivo; estudar como funciona o programa, adaptando-o às suas necessidades e contando com livre acesso ao código-fonte; poder de redistribuir cópias com o objetivo de ajudar ao próximo; distribuir cópias de suas versões modificadas a outras pessoas.

O *software* livre, em sua essência, tem um caráter profundamente educacional. Por natureza, estimula o que pode haver de melhor na relação que as pessoas estabelecem com o conhecimento e favorece as práticas de compartilhamento desse saber com o mundo

---

[91] A *Free Software Foundation* é uma organização cuja missão é preservar, proteger e promover a liberdade de usar, estudar, copiar, modificar e redistribuir software, além de defender os direitos dos usuários de Software Livre.

(GUIMARÃES, 2013). Comungando com esta essência, percebemos que a educação escolar indígena, fortalece a etnicidade de cada povo através do compartilhamento do conhecimento.

O *TuxPaint* é um programa de desenho para crianças a partir de três anos. Foi criado por Bill Kendric e é um *software* versátil. Sua interface é composta por ícones que viabilizam a utilização de suas ferramentas sem maiores conhecimentos básicos do computador. Pinceis e carimbos podem ser adicionados e/ou removidos. É um *software* livre, o que significa que não vem com restrições de qualquer espécie e que são concedidas ao usuário uma série de liberdades, por exemplo, a de instalá-lo em quantos computadores for necessário, o que é especialmente importante para as escolas. Pode ser instalado para os outros sistemas operacionais, como *Windows* e *Mac*.

Descobrimos que além de desenhar as crianças podem utilizá-lo para resolução de atividades das diversas disciplinas; atividades essas que são elaboradas e resolvidas com os recursos do próprio *software*, podendo ser editadas com o auxílio do *KolourPaint*, programa de desenho livre e bastante fácil de usar.

A decisão de utilização do *software* Livre *TuxPaint* se deu por diversos fatores. Dentre os quais, podemos enumerar:

O programa em questão possui uma interface que possibilita o uso de suas ferramentas com facilidade, sem exigir do usuário conceitos mais rebuscados sobre o uso do computador, pois os ícones viabilizam a sua utilização;

Nas escolas diferenciadas indígenas nas quais existem os laboratórios de informática, o sistema operacional instalado é o LinuxEducacional 3.2 ou o LinuxEducacional 4 e o referido *software* faz parte do bloco de programas educacionais;

Por ser um *software* livre e citando uma das quatro liberdades "estudar e modificar o *software*", descobrimos que podemos potencializá-lo, como "bandeja" pedagógica, isto é, o *Tuxpaint* e sua versatilidade permitem sua utilização em atividades didáticas que abranjam os conteúdos disciplinares da Educação Infantil ao Ensino Fundamental;

O *TuxPaint* está no pacote Educacional instalado pelo Ministério da Educação (MEC) nos laboratórios das Escolas Diferenciadas Indígenas e o acesso à internet é, em algumas delas, precário e/ou inexistente. No entanto, essa "bandeja" pedagógica viabiliza a utilização dos computadores por professores e alunos de maneira eficaz com atividades que podem ser elaboradas pelos docentes, atendendo às especificidades de sua comunidade.

No primeiro momento da disciplina, aplicamos uma avaliação diagnóstica com o objetivo de identificar o perfil dos professores indígenas com relação ao uso das tecnologias da informação e da comunicação. Verificamos que não havia uma homogeneidade no que se refere aos conhecimentos e aos usos do computador no grupo de professores indígenas.
Enquanto alguns professores cursistas habituavam-se ao uso do computador, enfrentando os "medos", pois não tinham acesso ao mesmo, outros que já percorriam com facilidade os caminhos e possibilidades da utilização dessa tecnologia digital se apropriavam de novos conhecimentos e apoiavam os que apresentavam dificuldades.

Com isso, percebemos que as experiências formativas podem favorecer situações de aprendizagem a partir das vivências cotidianas dos docentes, oportunizando um espaço para o desenvolvimento de atividades colaborativas, nas quais os pares mais experientes possam atuar como interventores, mediando e auxiliando uns aos outros com suas competências específicas (ALVES, 2008). Com efeito, os docentes dominam uma diversidade de saberes não se limitando a modelos restritos, padronizados e específicos, possibilitando uma ação autônoma, consciente e responsável em relação à produção dos saberes sociais vinculados a todas as dimensões do conhecimento e da cultura (RIBEIRO, 2010: 58).

Para tanto, buscamos desenvolver uma prática de ensino libertadora que favorecesse o uso das tecnologias digitais, desmistificando alguns conceitos acerca do uso do computador.

Assim, iniciamos a parte prática da disciplina, conversando sobre o conceito e as características do *software* livre. Por desconhecimento, alguns professores cursistas tinham uma visão preconceituosa sobre o assunto em questão.

Dando continuidade, convidamos os participantes a conhecerem o *software* livre *TuxPaint*. Estávamos trabalhando com o Linux Educacional 4, portanto orientamos os discentes a seguirem o seguinte caminho: (Iniciar – Programas Educacionais – *TuxPaint*). Exercitamos algumas vezes esses comandos para que aqueles professores cursistas que tivessem maior dificuldade procurassem se sentir seguros quando fossem acessar o programa em suas escolas de origem.

Com o programa acessado, orientamos o uso aleatório de suas ferramentas para que acontecesse a familiarização com as mesmas. Um dos professores cursistas compôs os seguintes versos no momento da aula:

> Se alguém perguntar
> Não podemos enganar
> Ferramentas tecnológicas nós temos para trabalhar
> Que só vai com internet isso não vai mais colar!
>
> O *software* livre não precisamos pagar
> Sempre estaremos atentos para poder ajudar
> Se um *software* faltar algo também podemos melhorar
> E com cavalos de troia não tem que se preocupar
> (Francisco Reginaldo da Silva Santos. Etnia Kanindé, Aratuba-CE).

Logo após esse momento, iniciamos a explicação sistematizada sobre o uso de cada ferramenta, possibilitando assim que os alunos percebessem o leque de possibilidades que podemos encontrar usando o *TuxPaint*. Enfatizamos bastante o endereço da pasta: (*Home* - Ver - mostrar arquivos ocultos - *tuxpaint/saved*). Essa orientação permite que as atividades sejam retiradas ou colocadas no software, podendo ser armazenadas nas demais máquinas dos laboratórios das escolas.

O professor cursista Toinho Gavião, Aldeia Gavião, de Monsenhor Tabosa, traduziu em versos esse caminho como "o pulo do gato". Assim, relatou em versos suas impressões sobre o software como ferramenta de aprendizagem:

> A tecnologia utiliza
> Na forma de aprendizagem
> Software Livre *TuxPaint*
> Com essa nova roupagem
> As atividades são um barato
> Tem até o pulo do gato
> Vai aqui minha homenagem

> Se tornar um personagem
> Cada um pode criar
> Os desenhos que fizer
> Numa pasta guardar
> Um trabalho prazeroso
> Desenhar é muito gostoso
> Pra criança praticar...

A escrita dos versos foi tão livre como o trabalho com o *software* de desenho de forma lúdica. Cada professor cursista usou as ferramentas livremente, produzindo imagens espontâneas. Percebemos que nessa primeira atividade os professores interagiram com o programa com desenvoltura e para aqueles que sentiam dificuldades e até medo do uso do computador o primeiro contato transcorreu de maneira tranquila. Com isso, o *TuxPaint* favoreceu as atividades práticas da disciplina.

À medida que trabalhávamos com as possibilidades do programa, fomos aprofundando os conhecimentos, utilizando outros aplicativos e *softwares* como o editor de texto e o *Kolourpaint*. Isso possibilitou a elaboração de tarefas didáticas a partir do *software*. Vejamos o que diz a professora cursista Karina Ruth, Tapeba, de Caucaia: "O *TuxPaint* veio na minha área profissional para facilitar cada vez mais o ensino dos meus alunos na leitura, na escrita, e desenvolver a oralidade e participação em sala de aula".

Tal assertiva nos remete ao pensamento de Freire, quando comenta acerca da experiência educacional libertadora: "a visão da liberdade tem nesta pedagogia uma posição de relevo. É a matriz que atribui sentido a uma prática educativa que só pode alcançar efetividade e eficácia na medida da participação livre e crítica dos educandos" (FREIRE, 2006: 13).

O educador brasileiro favorece uma reflexão sobre as contribuições que os professores têm dado aos alunos, visando a um contínuo diálogo, com o objetivo de proporcionar interação e confiança. Destarte, os educandos podem externar suas opiniões, dúvidas e anseios e chegar a uma educação crítica e consciente, pautada pela responsabilidade social e política e que respeite o contexto em que eles estão inseridos.

Ouvimos vários relatos sobre como o *software* poderia auxiliar as práticas pedagógicas dos professores cursistas em suas escolas, porém o ponto alto do aprendizado aconteceu quando solicitamos uma atividade avaliativa, na qual os docentes deveriam relatar algum acontecimento de sua realidade e fazer a ilustração.

Vejamos o depoimento de Raimunda Gomes Marinho Sampaio, Tia Ray Kalabaça: "gostei bastante do programa *tuxpaint*, pois o mesmo vai nos ajudar bastante em aulas e atividades diferenciadas, para o desenvolvimento dos alunos no uso do computador, principalmente, levá-los a criar histórias e ilustrá-las de forma prazerosa".

O relato da professora Neusa Virgínio de Sousa, etnia Tremembé, evidencia a importância que a disciplina teve na vida dos professores cursistas: "aprendi que a tecnologia se torna indispensável na escola a cada dia que passa para despertar o interesse dos alunos, proporcionando-lhes aulas mais dinâmicas, interessantes e de acordo com sua realidade".

O objetivo proposto foi alcançado. Os professores cursistas escreveram e ilustraram suas histórias e perceberam que o trabalho com o *software* livre também poderia servir para reforçar sua identidade, através do registro de vivências, contos e histórias de seu povo. Isso nos permite compreender que a interculturalidade não está num modelo que prioriza ora os conhecimentos acumulados pela sociedade ocidental, ora os conhecimentos produzidos pelas sociedades indígenas, mas na garantia de a escola poder ser um espaço que reflita a vida dos povos indígenas hoje, com as contradições presentes nas relações entre as diferentes sociedades, com a possibilidade de ser integrada nos processos educativos de cada povo e, assim, ser administrada segundo os parâmetros específicos desses processos (PAULA, 1999: 88-89).

Recebemos também trabalhos dos professores que, ao chegarem a suas comunidades, utilizaram os recursos tecnológicos com seus estudantes, colocando em prática na escola o que estudaram conosco na disciplina. Vejamos:

O uso da tecnologia nas aulas facilita o aprendizado quando bem planejada, auxiliando no desenvolvimento das crianças e na inclusão digital também, uma vez que a maioria das nossas crianças não tem acesso a computadores e internet em casa, sendo a escola o único lugar capaz de permiti-los acesso. Essa experiência é comum na escola e a prova disso é que a maioria das crianças já sabe manusear o teclado e o *mouse* do computador, facilitando assim nosso trabalho (Professora Cleidiane Castro de Oliveira. Etnia Trembembé).

Seguindo a mesma orientação, Antonia Verbena Rodrigues Pinho Bezerra, de Poranga, relatou que sua aula foi um sucesso e que vai utilizar "com mais frequência o computador nas minhas aulas para inovar e despertar ainda mais o interesse dos alunos, pois tudo que aprendi enriqueceu ainda mais a minha prática e as atividades do *tuxpaint* são excelentes para a minha turminha".

Os relatos dos professores demonstram que é possível utilizar o *software* educativo na formação de professores e que eles podem e devem reelaborar as atividades de acordo com a sua realidade e desenvolvê-las com os seus estudantes.

As tecnologias da informação e da comunicação despertaram o interesse de docentes e discentes indígenas, proporcionando um ambiente de interação e expressão de diversas habilidades, bem como uma reflexão sobre a própria história do movimento indígena no Brasil e, em especial, no Ceará.

Considerações

O desenho e a leveza dos versos fazem parte do universo cultural dos povos indígenas no Ceará. As habilidades de contar histórias através do cordel e de pinturas antecedem ao ambiente escolar e ultrapassam os muros da escola.

Os professores indígenas relataram através de diversas expressões artísticas as vivências cotidianas, os mitos e as crenças, o estreito contato com a natureza e ainda as epopeias de membros de suas comunidades. O desenho e a poesia estão interligados e foram percebidos nas suas práticas no Curso de Formação Inicial Magistério Indígena II.

O diagnóstico inicial mostrou-nos que grande parte dos professores indígenas tem acesso ao computador, fazem parte de redes sociais e utilizam as Tecnologias da Informação e da Comunicação tanto na elaboração como no desenvolvimento de suas aulas. Por outro lado, tínhamos cursistas que nunca tinham manuseado um computador.

Alguns cursistas, talvez pela proximidade da capital, apresentaram maior facilidade no uso das TIC. De uma maneira geral, os cursistas se mostraram curiosos e desejosos de utilizar as TIC em suas práticas educativas nas escolas indígenas.

Os professores relataram que muitas vezes não utilizavam os equipamentos tecnológicos com medo de danificá-los. Esperamos que isso tenha sido desmistificado, afinal, só aprendemos efetivamente com a prática.

O *software* livre *Tuxpaint* configurou-se como uma alternativa viável à formação de professores indígenas. Foi bem aceito pelos professores cursistas e mostrou que podemos utilizar a informática educativa, embora não tenhamos acesso à internet, realidade de algumas escolas indígenas.

O *Tuxpaint* favoreceu a interação dos participantes e proporcionou o desenvolvimento de atividades lúdicas e prazerosas, refletindo aspectos da vida pessoal e profissional dos professores indígenas.

Referências

ALVES, L. Aprendizagem em rede e formação docente: trilhando caminhos para a autonomia, a colaboração e a cooperação. In: VEIGA, Ilma Passos A.; D'ÁVILA, Cristina (Orgs.). Profissão docente: novos sentidos, novas perspectivas. Campinas: Papirus, 2008.

BRASIL. Constituição Federativa do Brasil de 1988. Brasília: São Paulo: Saraiva, 2004.

BRASIL. Referencial curricular nacional para as escolas indígenas. Ministério da Educação e do Desporto, Secretaria de Educação Fundamental. Brasília: MEC/SEF, 1998.

BRASIL. Lei de Diretrizes e Bases da Educação Nacional. Lei nº 9.394, de 20 de dezembro de 1996. Centro de Documentação e Informação. Brasília: Edições Câmara, 2013.

CANDAU, V. M. F. et. al. Educação em Direitos Humanos e Formação de Professores/as. 1. ed. São Paulo: Cortez, 2013.

FREIRE, P. Educação como prática da liberdade. São Paulo: Paz e Terra, 2006.

GUIMARÃES, F. G. A evolução do conhecimento: O uso do software livre nas escolas forma pessoas autônomas, adaptáveis e solidárias. ARede nº 90. Abril de 2013. Disponível em: http://arede.inf.br/edicao-n-90-abril-2013/5516-livre-saber-a-evolucao-do-conhecimento. Acesso em 30 de abril de 2013.

MINAYO, Maria Cecília de Sousa (Org). Pesquisa Social: teoria, método e criatividade. Petrópolis: Vozes, 1994.

NASCIMENTO, R. G. Educação Escolar Indígena: consensos e dissensos no projeto de formação docente Tapeba, Pitaguary e Jenipapo-Kanindé. Dissertação de Mestrado: UFRN, 2006.

NÓVOA, Antonio. Os professores e sua formação. Lisboa: Dom Quixote, 1995.

PAULA, E. D. de. A interculturalidade no cotidiano de uma escola indígena. In: Cadernos Cedes, ano XIX, nº 49, Dezembro/99.

RIBEIRO, L. T. F; RIBEIRO, M. A. P. Temas educacionais: uma coletânea de artigos. Fortaleza, 2010.

TEIXEIRA, V. C. G.; LANA, E. S. C. Interculturalidade e direito indígena à educação - A política pública de formação intercultural de professores indígenas no Brasil. In: Educ. foco, Juiz de Fora, v. 17, n. 1, p. 119-150, mar. / jun. 2012.

A REORGANIZAÇÃO CURRICULAR DO ENSINO MÉDIO NA REDE PÚBLICA ESTADUAL DO CEARÁ: UMA PROPOSTA DE EDUCAÇÃO INTERCULTURAL

Aline Leitão Moreira [92]
Cintya Kelly Barroso Oliveira [93]

RESUMO: Este trabalho apresenta os resultados da aplicação do NTPPS - Núcleo de Trabalho, Pesquisa e Práticas Sociais, na EEFM Ayrton Senna da Silva Fortaleza/Ceará. As escolas da rede pública do Ceará passaram a aderir à expansão da Reorganização Curricular do Ensino Médio, através da implantação desses Núcleos de Trabalho, iniciativa do IA - Instituto Aliança, em parceria com a SEDUC - Secretaria de Educação do Ceará. Tem o objetivo de promover a integração do currículo, superando a fragmentação das disciplinas escolares, assim como desenvolver competências sociais, produtivas e cognitivas dos alunos, por meio da pesquisa e da intervenção na comunidade. Essa proposta foi inspirada nos Protótipos Curriculares publicados pela representação da UNESCO no Brasil e tem por intuito uma reflexão inovadora sobre currículo. O NTPPS funciona como um eixo articulador entre as demais disciplinas, em busca da ressignificação da escola e do conhecimento, na medida em que se propõe a conhecer as concepções de currículo que fundamentam a prática dos professores; a diferenciar metodologias participativas e interdisciplinares de metodologias tradicionais; a identificar de que forma o currículo pode atribuir uma nova identidade à escola de ensino médio. Envolve temas como: currículo escolar, juventude, sociedade, trabalho e a pesquisa como princípios educativo e pedagógico. É um componente curricular integrador e indutor de novas práticas que tem como finalidade o desenvolvimento de competências socioemocionais por meio da pesquisa, da interdisciplinaridade e do protagonismo estudantil. Para embasar nossas observações acerca dessa aplicação na escola, realizou-se estudo de alguns teóricos como Silva (2011), Moreira (2002), Arroyo (2011), para tratar das relações entre o currículo, a cultura e a sociedade, enquanto formador da identidade e território de disputa de poder; Vasconcellos (2001), no que se refere ao professor como um sujeito transformador e Perrenoud (1999), a fim de entender sobre as competências escolares.

PALAVRAS-CHAVE: Educação. Interculturalidade. Currículo

A REORGANIZAÇÃO DO CURRÍCULO DO ENSINO MÉDIO

No século passado, a sociedade afiançava a necessidade de tornar a educação um direito social para todos. Aos poucos, o acesso à escola foi sendo democratizado e o foco das políticas públicas se voltou para a questão da permanência do estudante na escola até a conclusão da educação básica. Atualmente, a maior preocupação da sociedade incide na prerrogativa da qualidade da educação ofertada pelas escolas em todo o país.

Falar em currículo do Ensino Médio no Brasil é fazer uma abordagem sobre persistentes

---

[92] E-mail: alineleitaomoreira@yahoo.com.br; mestre em Letras pela Universidade Federal do Ceará – UFC; especialista n'O ensino de literatura pela Universidade Estadual do Ceará – UECE; professora da Rede Pública de Ensino do Ceará; http://lattes.cnpq.br/0236544036376249

[93] E-mail: ckletras@yahoo.com.br; doutoranda em Educação Brasileira e mestre em Letras pela Universidade Federal do Ceará – UFC; especialista n'O ensino de literatura pela Universidade Estadual do Ceará – UECE; professora da Rede Pública de Ensino do Ceará; http://lattes.cnpq.br/1276859777540978

questionamentos presentes na maioria dos cursos de licenciatura e de pedagogia. Tais questionamentos se dão em face de um certo descrédito por parte dos estudantes e dos profissionais de educação partícipes deste processo de ensino e aprendizagem, no que tange aos objetos de conhecimento referendados pelas grades curriculares vigentes.

A relação entre a teoria e a prática, pesquisas no âmbito cultural, questões teóricas e epistemológicas, abordagens étnicas, de gênero e de sexualidade são uma mostra da necessidade de uma reorganização curricular do Ensino Médio, que vem sendo processada através de algumas iniciativas por todo o território nacional, como a inserção de conhecimentos técnicos específicos e de línguas estrangeiras variadas, por exemplo.

Em face da demanda de reorganização do currículo, a Secretaria de Educação do Estado do Ceará – SEDUC vem desenvolvendo, em parceria com o Instituto Aliança – IA[94], ações de formação continuada de professores da rede estadual, com o intuito de dar nova dimensão ao currículo, a partir da inserção da disciplina de Núcleo de Trabalho, Pesquisa e Práticas Sociais - NTPPS no ambiente escolar.

Segundo o IA, sua missão é educar pessoas, organizações e comunidades para o desenvolvimento humano sustentável em âmbito nacional. Sugere um modelo de educação profissional que alia o desenvolvimento de competências para o século XXI e a criação de oportunidades; trabalho com metodologias participativas que estimulam o protagonismo e a autonomia dos jovens; foco na formação integral do jovem, envolvendo os quatro pilares da educação: aprender a ser, a conviver, a fazer e a conhecer, cujos eixos são o Fortalecimento da Identidade e Projetos de Vida (INSTITUTO ALIANÇA, 2014).

No relatório SEDUC (2012), documento intitulado "Relatório (preliminar) – Reorganização Curricular do Ensino Médio", a Reorganização Curricular do Ensino Médio no Ceará começou a ser pensada em 2011, com o intuito de construir o Plano de Gestão 2011-2014. Na ocasião, foram discutidos os eixos norteadores e definidos objetivos gerais, bem como estratégias transversais que permeiam muitos desses objetivos. De acordo com esse relatório, os objetivos a serem atingidos visam:

> Construir a base da Integração Curricular a partir dos eixos Trabalho, Ciência, Tecnologia e Cultura, tornando a aprendizagem dos estudantes mais significativa;
> Oportunizar a identificação dos jovens com a proposta pedagógica da escola de ensino médio;
> Estimular o protagonismo estudantil, com forte ênfase na autonomia e participação dos jovens na construção de sua identidade e no processo de desenvolvimento cognitivo. (CEARÁ, 2012, p.8)

A partir de então, buscou-se conceber uma proposta viável, por meio da compreensão das bases legais e do reconhecimento de outras experiências, no sentido de reorganizar o currículo do Ensino Médio no Estado do Ceará. Assim, a inspiração para a definição de uma nova proposta surgiu a partir do estudo dos "Protótipos Curriculares para o Ensino Médio e Ensino Médio Integrado", elaborados pela Organização das Nações Unidas para a Educação, a Ciência e a Cultura – UNESCO.

---

[94] O Instituto Aliança é uma Organização da Sociedade Civil de Interesse Público – OSCIP, com sede em Salvador, Bahia.

OS PROTÓTIPOS CURRICULARES DA UNESCO

Os Protótipos Curriculares são um modelo de organização curricular produzido pela representação da UNESCO no Brasil com o intuito de atender as necessidades de estudantes em face da redução da distância entre o que se faz na escola e as reais práticas sociais. Desse modo, podemos compreender que os componentes curriculares se articulam de forma que a aprendizagem aconteça por meio de atividades desenvolvidas pelos estudantes com o objetivo final de transformação de suas realidades através da pesquisa.

Moreira (2007) entende o currículo como as experiências escolares que se desdobram em torno do conhecimento, em meio a relações sociais, e que contribuem para a construção das identidades dos estudantes e associa-o ao conjunto de esforços pedagógicos desenvolvidos com intenções educativas:

Cabe destacar que a palavra currículo tem sido também utilizada para indicar efeitos alcançados na escola, que não estão explicitados nos planos e nas propostas, não sendo sempre, por isso, claramente percebidos pela comunidade escolar. Trata-se do chamado currículo oculto, que envolve, dominantemente, atitudes e valores transmitidos, subliminarmente, pelas relações sociais e pelas rotinas do cotidiano escolar. Fazem parte do currículo oculto, assim, rituais e práticas, relações hierárquicas, regras e procedimentos, modos de organizar o espaço e o tempo na escola, modos de distribuir os alunos por grupamentos e turmas, mensagens implícitas nas falas dos (as) professores (as) e nos livros didáticos (MOREIRA, 2007, p. 18)

Ora, se o intuito do documento da UNESCO é a redução da distância entre o que se faz na escola e as reais práticas sociais, se faz coerente considerar o currículo oculto nas práticas escolares. Ao abordar o currículo oculto, é possível analisar este - embora não faça parte do currículo padronizado da escola - presente através de aspectos pertencentes a esse ambiente e que influenciam na aprendizagem dos alunos. Na visão crítica, o currículo oculto forma atitudes, comportamentos, valores e orientações que permitem o ajustamento dos sujeitos às estruturas da sociedade capitalista.

Com origem na sociologia funcionalista, o currículo oculto é evidenciado em quase todas as perspectivas sobre currículo e nele estão implícitas as relações sociais na escola que são responsáveis pela socialização de normas e atitudes necessárias à adaptação social, pois, através da estrutura do currículo e da pedagogia, se aprendem os códigos de classe e as aprendizagens sociais relevantes.

O currículo oculto, inconscientemente ou não, dialoga com a elaboração do documento da UNESCO, que partiu da necessidade de desenvolver um modelo educacional que acompanhasse as transformações sociais. A Organização propõe um currículo voltado para o jovem em processo de formação para a vida e para o trabalho, com ênfase na participação e na autonomia, tem ainda o intuito de fomentar a reflexão sobre o conceito de currículo como o conjunto de todas as oportunidades de aprendizagem propiciadas pela escola, além de ajudar na definição, organização e funcionamento de uma estrutura curricular integrada (KÜLLER, 2011, p. 7). Contudo, não é intenção da UNESCO oferecer um currículo pronto, mas uma contribuição, uma referência a ser usada pela escola na elaboração do currículo do ensino médio. Nesse sentido, o currículo proposto pelos Protótipos está desenhado para garantir aprendizagens necessárias ao desenvolvimento de conhecimentos, atitudes, valores e capacidades básicas para o exercício de todo e qualquer tipo de trabalho. Valorizando a continuidade de estudos, procura preparar o jovem para enfrentar os problemas da vida cotidiana e participar na definição de rumos coletivos, promovendo o aperfeiçoamento dos valores humanos e das relações pessoais e comunitárias. (KÜLLER, 2011, p. 6).

Essa organização está disposta na seguinte ilustração que resume os mecanismos de integração abordados pelos Protótipos:

Figura 1 – Resumo dos Protótipos Curriculares da UNESCO.

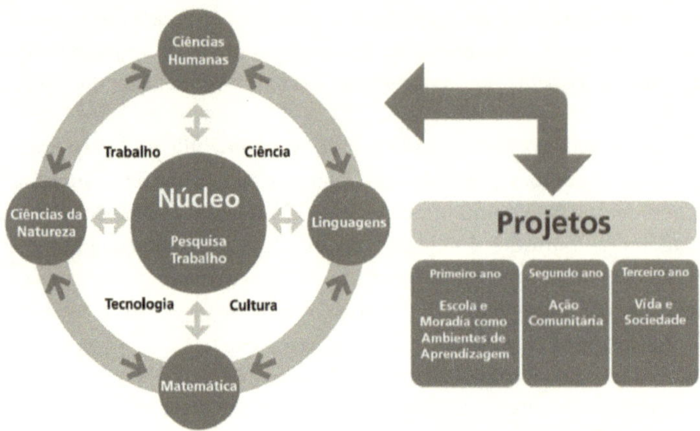

Fonte: KÜLLER, José Antônio. "Protótipos curriculares de Ensino Médio e Ensino Médio integrado: resumo executivo" *Série Debates ED-UNESCO* 1 (2011)

Desse modo, os Protótipos sugerem a criação de um Núcleo responsável pela preparação básica para o trabalho e as demais práticas sociais comuns a todas as áreas do conhecimento. Para cada ano do Ensino Médio, o Núcleo propõe e promove um projeto articulador e um contexto de pesquisa e intervenção.

No âmbito dos Protótipos, as áreas do conhecimento não precisam, obrigatoriamente, ser divididas em disciplinas, no entanto todos os conteúdos do currículo precisam ser viabilizados. Assim, a integração dos conteúdos deve acontecer por meio de objetivos de aprendizagem, que se baseiam na LDB e na matriz de referência do ENEM.

Segundo Küller (2011) " não é possível a preparação para o mundo do trabalho e para a prática social sem o envolvimento e a atuação do educando em atividades de pesquisa, intervenção ou aprendizagem que requeiram as capacidades e os conhecimentos necessários para tal atuação" (KÜLLER, 2011, p. 4). Tal afirmação vai ao encontro da metodologia sugerida pelos Protótipos, a qual reverbera o privilégio da atuação ativa do estudante no desenvolvimento de suas habilidades na construção de seu conhecimento. No que tange aos educadores, uma questão inconteste é a necessidade de formação continuada. Já com relação às unidades escolares, segundo os Protótipos, a adesão deve ser voluntária, a gestão participativa e a infraestrutura adequada.

Como já sabemos, o currículo em si tenta expressar a realidade da dinâmica escolar a partir do viés de que esse é um objeto, que através da teoria, vem não só apenas expressar essa realidade, mas é também um elemento constitutivo dela. A partir disso é possível perceber que o currículo é um elemento da realidade escolar que ultrapassa a simples função de um objeto que define métodos, é atrelado também como um elemento 'oculto', cheio de códigos e reproduções e, ao mesmo tempo, ativo da construção social escolar.

Julgamos importante ressaltar que, qualquer que seja a concepção de currículo adotada, não parece haver dúvidas quanto à sua importância no processo educativo escolar. Silva (2011) exalta a concepção iniciada pelos críticos sobre o currículo como uma criação social, ou seja, resultado de um processo histórico. O autor mostra que, para uma das vertentes do currículo, o processo que envolve o poder se diferencia da vertente tradicional e "toma sangue novo", "é documento de identidade".

Com os Estudos Culturais, surge uma preocupação com questões que se situam na conexão entre cultura, significação, identidade e poder. A partir desse método, segundo o autor, o conhecimento e o currículo podem ser vistos como campos culturais sujeitos à disputa e à interpretação, nos quais os diferentes grupos tentam estabelecer sua hegemonia.

Nessa visão, o conhecimento não é obtido naturalmente, mas é o resultado de um processo de criação e de interpretação social. Essas transformações vão a cada dia se aperfeiçoando com a diminuição das fronteiras entre os diversos conhecimentos, havendo assim uma junção entre a cultura e a educação, que proporciona mudanças nos processos de identidade e subjetividade dos sujeitos envolvidos.

NÚCLEO DE TRABALHO, PESQUISA E PRÁTICAS SOCIAIS - NTPPS

Promover, ampliar e desenvolver as capacidades intelectuais dos estudantes por meio de conteúdos - segundo a teoria histórico-cultural formulada inicialmente pelo psicólogo e pedagogo russo Lev Vigotsky - confluem para o desenvolvimento das capacidades mentais e da subjetividade dos alunos através da assimilação consciente e ativa desses conteúdos, em cujo processo se leva em conta os motivos dos alunos. Segundo Vigotsky (1984), o ensino é o meio pelo qual os alunos se apropriam das capacidades humanas formadas historicamente e objetivadas na cultura material e espiritual. Essa apropriação se dá pela aprendizagem de conteúdos, habilidades e atitudes formadas pela humanidade ao longo da história. Para ele:

> A internalização de formas culturais de comportamento envolve a reconstrução da atividade psicológica tendo como base as operações com signos. (...) A internalização das atividades socialmente enraizadas e historicamente desenvolvidas constitui o aspecto característico da psicologia humana. (VIGOTSKY, 1984, P. 65)

Esse processo de interiorização ou apropriação caracteriza-se pelo desenvolvimento mental dos alunos, que depende da transmissão-apropriação de conhecimentos, habilidades e valores que vão sendo construídos na história da humanidade. Desse modo, o papel do ensino é propiciar aos alunos os meios de domínio dos conceitos, isto é, dos modos próprios de pensar e de atuar, de forma a promover capacidades intelectuais com base nos procedimentos lógicos e investigativos da ciência ensinada. Outrossim, a ação de ensinar consiste em intervir no processo mental de formação de conceitos por parte dos alunos, com base no que se foi ensinado, pois as relações intersubjetivas na sala de aula, implicam, obrigatoriamente, na compreensão das razões que objetivam seu envolvimento nas atividades de aprendizagem.

Em meio a todo esse ambiente de ensino e aprendizagem, tal qual nos coloca Vigotsky, o

NTPPS se consolida através de situações de interlocução, cooperação, diálogo, entre professores e alunos, entre alunos e alunos, entre professores e professores e entre comunidade escolar e sociedade. O NTPPS se desenha como uma espinha dorsal que garantirá o equilíbrio de todo o corpo da escola, pois as estratégias de trabalho propostas pelo Núcleo buscam o entendimento de que todas as disciplinas, bem como a comunidade escolar como um todo, trabalham em prol de benesses para a sociedade. Mais que uma disciplina, o núcleo é permanente apoio para a inserção dos estudantes na efetiva cidadania.

Operacionalização do NTPPS no meio escolar

Pensado como ferramenta de mudança na visualização do estudante do Ensino Médio, o NTPPS busca, em momentos distintos, o autoconhecimento do estudante através do sentimento de autoconfiança e autovalorização diante de sua realidade; a compreensão da realidade que o cerca; a percepção de poder através do conhecimento e, por fim, a configuração de efetiva cidadania através do saber.

Dois pilares sustentam o NTPPS, são eles: um material didático estruturado e a formação continuada que acontece bimestralmente com os professores do Núcleo. O material didático distribui-se em manual do aluno e manual do professor. No do aluno podemos encontrar atividades de cunho afetivo, textos, letras de músicas, atividades de autoconhecimento. Já no do professor, temos os planos de aula bem definidos e cronometrados, além de indicações de material de apoio. Além disso, servindo a esse apoio ao professor, existe uma plataforma virtual com aprofundamento sobre as aulas, vídeos, músicas e textos fomentadores de conhecimentos relacionados aos planos de aula.

Na Escola de Ensino Fundamental e Médio Ayrton Senna da Silva, o NTPPS surgiu como uma proposta inovadora, visto que anunciava novas práticas. Nesse âmbito, o Núcleo Gestor da unidade escolar em questão, juntamente com a Superintendência da terceira região, à qual pertence essa instituição de ensino, buscou demonstrar uma experiência exitosa com uma escola pioneira em instituir o Núcleo como disciplina. Tal experiência se deu na EEM João Matos, escola piloto na implantação do Núcleo.

Desse modo, o Núcleo seria implantado parcialmente na escola Ayrton Senna, somente com alunos do primeiro ano do Ensino Médio e os professores que se mostrassem mais envolvidos com a proposta da nova disciplina deveriam, por adesão, se candidatar a tal função. Quatro professores se prestaram a preencher as quatro vagas destinadas aos quatro primeiros anos da escola. Sem mais interessados, os quatro candidatos efetivamente ficaram destinados às vacâncias.

As duas primeiras semanas de aula do Núcleo seguiram com o uso do material via site de apoio. Na terceira semana, os quatro professores participaram de uma formação de três dias de trabalho e vivências socioemocionais. A formação foi dada pelo Instituto Aliança e contou com a operacionalização logística do setor de ensino da SEDUC.

No retorno para a escola, já nas primeiras semanas, o impacto foi perceptível na comunidade escolar. Alunos motivados, participativos e autoconfiantes são algumas das características que vêm marcando as aulas de NTPPS e, mais importante, vêm modificando o modo de agir desses estudantes em todas as outras aulas das demais disciplinas. O que acontece com o NTPPS é a realização de um trabalho bem planejado, acompanhado e baseado em práticas que entendem o educando como ser capaz de produzir conhecimento com autonomia e gerar cidadania em instâncias variadas.

O OLHAR SÓCIO-EMOCIONAL E A INTERCULTURALIDADE PROPOSTOS PELO NTPPS

No processo educativo, de um lado ocorre a cobrança iminente para que o jovem seja protagonista, por outro o ensino tradicional ainda responde com modelos criados para atender demandas antigas. O NTPPS busca atender à demanda da atualidade e trazer à tona questionamentos sobre o ensino institucionalizado nas escolas. Sob o viés admitido pelo Núcleo, há que se incorporar estratégias de aprendizagem mais flexíveis e abrangentes.

Uma das saídas para reconectar o indivíduo ao mundo onde vive passa pelo desenvolvimento de competências socioemocionais. Segundo a proposta socioemocional utilizada pelo Instituto Aliança, os jovens aprendem a colocar em prática as atitudes e habilidades para atingir os objetivos pretendidos, controlando melhor as emoções e mantendo relações sociais benéficas para si e para a sociedade. Ou seja, de acordo com tal entendimento do Instituto, as competências socioemocionais são uma maior probabilidade de obtenção de êxito diante das situações reais.

Segundo Anita Abed, consultora da UNESCO, "as competências socioemocionais são habilidades que você pode aprender; são habilidades que você pode praticar; e são habilidades que você pode ensinar" (ABED *apud* KULLER, 2011). Essas competências devem se aliar ao ensino-aprendizagem para que o conhecimento seja "algo amplamente significativo e prazeroso". Abed afirma ainda a importância de uma aliança entre as competências socioemocionais e o que está posto nos currículos, pois, segundo ela, deve haver uma maior relação entre ambos sem detrimento de nenhuma das partes.

Partindo do princípio de que os seres humanos se desenvolvem pelas relações que estabelecem com seu meio, Perrenoud (1999) vê as competências não como um caminho, mas como um efeito adaptativo do homem às suas condições de existência. Desse modo, cada pessoa, de maneira diferente, desenvolveria competências voltadas para a resolução de problemas relativos à superação de uma situação:

> [...] as competências elementares evocadas não deixam de ter relação com os programas escolares e com os saberes disciplinares: elas exigem noções e conhecimentos de matemática, geografia, biologia, física, economia, psicologia; supõem um domínio da língua e das operações matemáticas básicas; apelam para uma forma de cultura geral que também se adquire na escola. Mesmo quando a escolaridade não é organizada para desenvolver tais competências, ela permite a apropriação de alguns dos conhecimentos necessários. Uma parte das competências que se desenvolvem fora da escola apela para saberes escolares básicos (a noção de mapa, de moeda, de ângulo, de juros, de jornal, de roteiro etc.) e para as habilidades fundamentais (ler, escrever, contar). Não há, portanto, contradição obrigatória entre os programas escolares e as competências mais simples (PERRENOUD, 1999, p. 2).

Convém, de acordo com Perrenoud, incentivar o desenvolvimento das competências a partir da escola, relacionando constantemente os saberes formais e sua utilização em situações concretas. Isso traz a consequência da necessidade de revisão dos currículos escolares para que possam ir ao encontro das reais necessidades educacionais, deixando, o currículo, de figurar como aparelho de reprodução de saberes e conhecimentos e passando a atuar como instrumento de reflexão da prática pedagógica dos professores e dos demais profissionais da Educação.

Essa proposta curricular fundamenta a criação dos projetos político-pedagógicos, a exemplo do NTPPS, que deveriam ser utilizados como ferramenta de análise, avaliação e superação das dificuldades cotidianas a partir das propostas filosófico-pedagógicas de cada escola, bem como dos currículos a serem desenvolvidos pelos professores em suas disciplinas. Por outro lado, observa-se a necessidade de adequação dos currículos ao desenvolvimento de competências para a vida prática, como propõem os Protótipos da UNESCO, inspiradores da criação do NTPS, na medida em que o Núcleo é voltado para o jovem em processo de formação para a vida e para o trabalho, com ênfase na participação e na autonomia.

No que tange a uma proposta curricular tendente à interculturalidade, precisamos referendar que a um educador não basta o domínio de conteúdos, ou seja, a epistemologia da ciência que ensina, também se faz necessário delinear métodos e procedimentos capazes de possibilitarem, aos seus educandos, modos de apropriação do conhecimento e, por fim, fazer referências constantes às características individuais e socioculturais dos alunos e aos motivos que os impulsionam, de modo a saber ligar conteúdos com esses motivos individuais dos estudantes. Para tanto, convém recorrer a Bosi (2006) a fim de dar destaque a certa acepção da palavra "cultura":

> Cultura é o conjunto das práticas, das técnicas, dos símbolos e dos valores que se devem transmitir às novas gerações para garantir a reprodução de um estado de coexistência social. A educação é o momento institucional marcado do processo. A terminação *urus*, em *culturus*, enforma a ideia de porvir ou de movimento em sua direção. Nas sociedades densamente urbanizadas, cultura foi tomando também o sentido de condição de vida mais humana, digna de almejar-se, termo final de um processo cujo valor é estimado, mais ou menos conscientemente, por todas as classes e grupos. Com ideal de status. (...) Cultura supõe uma consciência grupal operosa e operante que desentranha da vida presente os planos para o futuro. (BOSI, 2006, P. 16)

Para o autor, a cultura serve à existência humana como um vínculo agregador de valores de coexistência humana e, segundo ele, neste vínculo está a educação como a instituição operadora da agregação de valores. Desse modo, o que a embasa é o teor de acúmulo desses valores que são transmitidos de modo estruturado através da educação formal e institucionalizada da cultura. Não se pode, no entanto, deixar de mensurar que a instituição escola é apenas um viés da educação, já que a cultura vem além do tempo por meio de ensinamentos, vivências e oralidades também não institucionalizadas. Mais ainda, há que se fazer menção que a cultura, na maior parte das vezes, não foi assimilada de modo agregador e pacífico como sabemos, visto que a colonização num sentido amplo é a imposição de uma determinada cultura sobre outra. Sobre isso, Arroyo (2007), para tratar das relações entre o currículo, a cultura e a sociedade, enquanto formador da identidade e território de disputa de poder, diz que:

> à medida que as sensibilidades se voltam para os sujeitos da ação educativa, para nossas identidades e saberes docentes e, sobretudo, para nosso trabalho, e à medida que temos outro olhar sobre os educandos, torna-se obrigatório ter outra visão sobre a prática escolar, os currículos, os tempos e seu ordenamento" (ARROYO, 2007, p. 21).

Para o autor, a hipótese que pode nos guiar para o debate é a de que o ordenamento curricular não representa apenas uma determinada visão do conhecimento, incluindo também uma determinada visão dos alunos, já que estes nunca foram esquecidos nas propostas curriculares, a questão é: com que olhar foram e são vistos, já que desse olhar dependerá a lógica estruturante do ordenamento curricular. Arroyo afirma ainda o currículo decorre de protótipos de alunos, estrutura-se em função desses protótipos e os reproduz e legitima: "o ordenamento curricular termina reproduzindo e legitimando a visão que, como docentes ou gestores, temos dos educandos, das categorias e das hierarquias em que os classificamos" (ARROYO, 2007, p. 21-22).

Assim, apresentar uma proposta de educação intercultural é evidenciar a inter-relação entre estas questões e a educação em direitos humanos. Configura uma aprendizagem escolar na perspectiva da garantia a todos/as do direito à educação. Há uma necessidade urgente de se trabalhar as questões relativas ao reconhecimento e à valorização das diferenças culturais nos contextos escolares e o NTPPS é prova disso, quando propõe um currículo diferenciado para essa disciplina. Do mesmo modo, é necessário abordar a relação entre multiculturalismo e interculturalidade. Para alguns autores, esses termos se contrapõem, sendo que o primeiro prevê a afirmação dos diferentes grupos culturais na sua diferença e, no caso do interculturalismo, as inter-relações se dão nos diversos grupos culturais, havendo também autores que usam estes termos como sinônimos. Para Candau (2012), existem diferentes tipos de multiculturalismo:

> (...) multiculturalismo assimilacionista, multiculturalismo diferencialista e multiculturalismo interativo, também denominado interculturalidade. O primeiro parte do reconhecimento de que nas sociedades em que vivemos todos os cidadãos e cidadãs não têm as mesmas oportunidades, não existe igualdade de oportunidades. Há grupos, como indígenas, negros, homossexuais, deficientes, pessoas oriundas de determinadas regiões geográficas do próprio país ou de outros países e de classes populares, que não têm o mesmo acesso a determinados serviços, bens, direitos fundamentais que outros grupos sociais, em geral, de classe média ou alta, brancos e pertencentes a grupos com altos níveis de escolarização. Uma política assimilacionista vai favorecer que todos se integrem na sociedade e sejam incorporados à cultura hegemônica (CANDAU, 2012, p. 242-243).

No caso da educação, promove-se uma política de universalização da escolarização em que todos são chamados a participar do sistema escolar, por outro lado o que se observa é o conteúdo monocultural presente nos conteúdos do currículo, nas relações entre os diferentes sujeitos do processo, nas estratégias utilizadas nas salas de aula e nos valores que privilegiam a cultura hegemônica. Do mesmo modo, cabe questionar critérios utilizados para selecionar e justificar os conteúdos escolares vigentes - em sua pretensa "universalidade" dos conhecimentos, valores e práticas que configuram as ações educativas - e promover o diálogo entre diversos conhecimentos e saberes.

Estamos desafiados também a reconhecer e a valorizar as diferenças culturais, os diversos saberes e práticas e a afirmar sua relação com o direito à educação de todos. Reconstruir o que consideramos "comum" a todos e todas, garantindo que nele os diferentes sujeitos socioculturais se reconheçam, possibilitando que a igualdade se explicite nas diferenças que são assumidas como referência, rompendo dessa forma com o caráter monocultural da cultura escolar.

Em diálogo com a defesa da multiculturalidade, Perrenoud (1999) compreende que os currículos são geralmente montados com vistas a favorecer uma elite social em detrimento dos grupos menos favorecidos economicamente. Considera ainda que, apesar das dificuldades a serem enfrentadas pelos professores para colocar em andamento a proposta pedagógica baseada no desenvolvimento de competências, esse tipo de abordagem educativa pode trazer como consequência novos caminhos de luta diante das desigualdades sociais. Isso porque as crianças vindas de elites econômicas e aquelas oriundas de classes menos favorecidas economicamente teriam as mesmas oportunidades de desenvolvimento de competências lógicas para a vida prática, não cabendo mais a distinção entre "pobres" e "ricos" a partir de suas capacidades intelectuais ou culturais.

BIBLIOGRAFIA

ABED, Anita *apud* KÜLLER, José Antônio. Protótipos curriculares de Ensino Médio e Ensino Médio integrado: resumo executivo - Série Debates Ed.UNESCO 1, 2011.

ARROYO, Miguel Gonzáles. Indagações sobre currículo: educandos e educadores: seus direitos e o currículo. Brasília: Ministério da Educação, Secretaria de Educação Básica, 2007.

BOSI, Alfredo. Dialética da Colonização. São Paulo: Companhia das Letras, 2006.

CANDAU, Vera Maria Ferrão. Diferenças culturais, interculturalidade e educação em direitos humanos. Educ. Soc., Campinas, v. 33, n. 118, p. 235-250, jan.-mar. 2012.

Disponível em: http// www.cedes.unicamp.br

CEARÁ. Relatório (preliminar) Reorganização Curricular do Ensino Médio. Fortaleza: SEDUC, 2012.

INSTITUTO ALIANÇA. Disponível em: http://www.institutoalianca.org.br/. Acesso em: 03/04/2016.

KÜLLER, José Antônio. Protótipos curriculares de Ensino Médio e Ensino Médio integrado: resumo executivo - Série Debates Ed. UNESCO 1, 2011.

MOREIRA, Antonio Flavio B. & CANDAU, Vera Maria. Indagações sobre currículo: currículo, conhecimento e cultura. Brasília: Ministério da Educação, Secretaria de Educação Básica, 2007.

______ . Por que ter medo dos conteúdos? In PEREIRA, Maria Zuleide; MOURA, Arlete P. Políticas e práticas curriculares: impasses tendências e perspectivas. João Pessoa: Idéia,2004, p. 11-42.

NOBRE. Ideigiane Terceiro. A Reorganização Curricular do Ensino Médio na Rede Pública Estadual do Ceará: Um Estudo de Caso na EEFM João Mattos, em Fortaleza. UFC Virtual, 2010.

PERRENOUD, Philippe. Construir as competências desde a escola. Porto Alegre: ArtMed, 1999.

SILVA, Tomaz Tadeu da. Documentos de identidade: uma introdução às teorias do currículo. Belo Horizonte: Autêntica, 1999.

VASCONCELLOS, C.S. Para onde vai o professor? Resgate do professor como sujeito de transformações. São Paulo: Libertad, 2001.

VYGOTSKY, L.S. A formação social da mente. Trad. José Cipolla Neto et alii. São Paulo, Livraria Martins Fontes: 1984.

IDENTIDADE, CULTURA E INTRACULTURA NAS TRAJETÓRIAS DE VIDA DOS ESTUDANTES COM DEFICIÊNCIA VISUAL DO INSTITUTO FEDERAL DO CEARÁ (IFCE) E DA UNIVERSIDADE FEDERAL DO CEARÁ (UFC)

Lilian Freitas Coelho[95]

RESUMO: O presente trabalho configura-se como um projeto de investigação acerca dos processos identitários dos estudantes de nível superior com deficiência visual do Instituto Federal do Ceará e da Universidade Federal do Ceará, localizados nos campi da cidade de Fortaleza, Ceará-Brasil. O estudo terá como base os aspectos culturais próprios das pessoas que não enxergam o mundo por meio dos olhos físicos. No primeiro momento, através de entrevista semi-estruturada, pelo método etnográfico de história de vida, serão avaliados seus costumes, crenças, hábitos, gostos e aptidões adquiridos nas vivências enquanto pessoas com deficiência visual, considerando principalmente os espaços escolares e acadêmicos. Serão analisados o jeito ou a forma comum de viver o cotidiano em sua totalidade. No segundo momento, a partir dos resultados obtidos, será realizada uma entrevista estruturada com vistas a analisar a presença da intraculturalidade, conforme o conceito de Gervás e Burgos(2011:58), cuja definição se traduz "como olhar para dentro culturalmente da própria pessoa e da própria cultura, tentando conhecer e valorizar a si mesmo, social e culturalmente, através da complexidade e da diferença interna do próprio grupo social."Cumpre salientar que após diversas pesquisas em diferentes fontes de pesquisas científicas, não foram encontrados estudos sobre cultura e intracultura das pessoas com deficiência visual, sob o enfoque antropológico. Destarte, o trabalho ora proposto, pretende inicialmente investigar como se delineia a identidade da pessoa com deficiência visual, e, no cenário da dinâmica identitária, perceber a existência ou não de uma cultura própria dos sujeitos pesquisados ou, hipoteticamente, a possibilidade de perceber uma subcultura. A partir dos achados da pesquisa, intenciona-se verificar como se revela a intracultura em cada um das pessoas com deficiência visual.
PALAVRAS-CHAVE: ESTUDANTES COM DEFICIÊNCIA VISUAL. IDENTIDADE. CULTURA. INTRACULTURA

RESUMEN EN ESPAÑOL: Este trabajo se configura como un proyecto de investigación sobre los procesos de identidad de los estudiantes de educación superior con discapacidad visual del Instituto Federal de Ceará y la Universidad Federal de Ceará, ubicadas en los campus de la ciudad de Fortaleza, Ceará, Brasil. El estudio se basa en sus propios aspectos culturales de las personas que no ven el mundo a través de los ojos físicos. En un primer momento, a través de entrevista semiestructurada, el método etnográfico de la historia de vida evaluará sus costumbres, creencias, hábitos, gustos y habilidades adquiridos en las experiencias como los discapacitados visuales, especialmente teniendo en cuenta la escuela y espacios académicos. Analizarán el camino o la manera común de vivir la vida cotidiana en su totalidad. En la segunda fase, a partir de los resultados, habrá una entrevista estructurada con el fin de analizar la presencia de intraculturalidad como el concepto de Gervás y Burgos (2011:58), la definición de lo que se traduce "para buscar en la propia cultura y la propia cultura, conocer y valorarse a sí mismo, social y cultural, a través de la complejidad y la diferencia interna del grupo social. "Cabe señalar que, después de varias investigaciones sobre diferentes fuentes de la investigación científica, no existen estudios sobre la cultura y intracultura de las personas con discapacidad visual, en el enfoque antropológico. Por lo tanto, el trabajo propone, planea investigar

---

[95] Especialista no Ensino de Língua Portuguesa pela UECE e mestranda em Antropologia de Ibero-américa pela Universidade de Salamanca; email: lilinhafcoelho@gmail.com; lattes: http://lattes.cnpq.br/3916459440362217

inicialmente cómo describe la identidad de la persona con discapacidad visual, y, en el contexto de la dinámica de identidad, darse cuenta de la existencia de una cultura propia de los sujetos investigados o, hipotéticamente, la posibilidad de percibir una subcultura. A partir de los resultados de la investigación, tiene la intención de comprobación como fue revelado a intracultura en cada uno de los discapacitados visuales.

PALABRAS CLAVES: LOS ESTUDIANTES CON DISCAPACIDAD VISUAL. IDENTIDAD. CULTURA. INTRACULTURA.

1.INTRODUÇÃO

Vivemos em uma sociedade caracterizada pela pluralidade cultural com a presença de grupos diversos. Candau (2008:45) afirma as relações sociais não são justas nem românticas, são atravessadas por relações de poder, hierarquias, preconceitos e discriminação de determinados grupos, modelo este que também é reproduzido pela educação tradicional.

Laraia(2009:22) afirma que para Tylor cultura é todo complexo que inclui o conhecimento, as crenças, a arte, a moral, a lei, os costumes e todos os outros hábitos e aptidões adquiridos pelo homem como membro da sociedade . Para Massenzio(2005:72) cultura é a forma ou o jeito comum de viver a vida cotidiana na sua totalidade por parte de um grupo humano. Isso inclui comportamentos, conhecimentos, crenças, arte, moral, leis, costumes, hábitos, aptidões, tanto adquiridos como herdados.

Com vistas a desconstruir paradigmas estabelecidos, a interculturalidade está orientada à construção de uma sociedade democrática, plural, humana, que articule políticas de igualdade com políticas de identidade efetiva para interação entre diferentes culturas com reciprocidade e intercâmbio, sendo, portanto, processo permanentemente inacabado, aberto e interativo, (KYMLICKA, 1996); (GERBAS, 2011), (CANDAU, 2008). Contudo antes de praticar a interação efetiva entre diferentes culturas, é preciso olhar para si e levar-se em conta o reconhecimento e a valorização da própria cultura. Revela-se, nesse processo, o conceito de intracultura. Ela é compreendida como um fenômeno que se desenvolve internamente em povos ou grupos sociais, e que deve ser valorizado antes da interculturalidade, ou seja, da disposição para a interação entre culturas diferentes. Tem a proposta de potencializar o conceito de identidade, o reconhecimento de uma cultura específica e a identificação daquilo que o povo ou o grupo aprende por si mesmo (BURGOS & GERVÁS, 2014: pág.33). No contexto de reflexão sobre cultura e intracultura a partir da conceituação antropológica dos termos, lançamo-nos no desafio de investigar como os estudantes com deficiência visual da UFC e do IFCE integram-se nos cenários em que estão inseridos, a partir da perspectiva de compreensão dos elementos próprios dos seus hábitos e costumes, e como se evidencia internamente em cada um deles e nos grupos de deficientes visuais que eles e elas integram. No primeiro momento, pretende-se investigar como se constitui a cultura da pessoa com deficiência. No segundo momento, intenciona-se averiguar o sentimento de auto-reconhecimento da pessoa como deficiência visual e valorização do hábitos e costumes do seu grupo, sob a perspectiva do conceito de intracultura, definido por Gervas e Burgos(2011:58). Masini (1994) e Amiralian (1997) destacam a importância e a necessidade de compreender o sujeito deficiente visual a partir dos seus próprios referenciais, uma vez que os estudos geralmente enfatizam as comparações entre estes e os videntes, partindo dos referenciais dos videntes.

A problemática emanada no presente projeto de investigação é como podemos descrever, caracterizar e refletir sobre a identidade e a cultura da pessoa com deficiência visual, ao longo de suas trajetórias de vida, considerando a perspectiva do próprios deficientes visuais - emic (Harris, 1990). Para nós a investigação constitui-se como um grande desafio, uma vez que em buscas e pesquisas de trabalhos acadêmicos com a mesma temática não encontramos resultados. Ao se pesquisar cultura dos cegos, encontramos estudos sobre cultura para cegos e não deles. Quando se aduz a cultura de deficientes, encontramos vários estudos sobre cultura surda, vez que eles possuem uma língua instituída e praticada e se organizam em movimentos de cultura surda bastante engajados. Ao conversar informalmente com pessoas com deficiência visual, elas afirmam que os cegos do Brasil tem costumes próprios, como o uso do sistema de leitura e escrita Braille, o uso da audiodescrição, da bengala, de pessoas guias, de cães guia, o gosto por rádio e o hábito de se relacionarem com mais frequência com pessoas que possuem a deficiência, contudo eles poucos se organizam em movimentos ou organizações sociais em busca dos seus direitos. Em conformidade ao estabelecido no Decreto 3.298/1999 e alterações introduzidas pelo 5.296/2004, considera-se pessoa com deficiência visual aquela que se encontra na seguinte categoria, descrita no inciso III.

III - deficiência visual - cegueira, na qual a acuidade visual é igual ou menor que 0,05 no melhor olho, com a melhor correção óptica; a baixa visão, que significa acuidade visual entre 0,3 e 0,05 no melhor olho, com a melhor correção óptica; os casos nos quais a somatória da medida do campo visual em ambos os olhos for igual ou menor que 60o; ou a ocorrência simultânea de quaisquer das condições anteriores; (BRASIL)

JUSTIFICATIVA

As políticas públicas para educação configuram-se como ações planejadas pelos governos para o desenvolvimento e a inclusão dos atores principais da escola, os estudantes, assegurando, indistintamente, conforme preceitua a Constituição Federal em seu artigo 206, a igualdade de condições para o acesso e permanência na escola.

A pesquisa científica revela-se como caminho imprescindível para a evolução da humanidade, e em se tratando da pesquisa na área de conhecimento acerca dos estudantes deficientes visuais, os estudos permitem apontar reflexões para que se repensem as ações, de acordo com o contexto que se apresenta. O presente estudo revela-se pertinente por permitir refletir sobre um universo pouco pesquisado, de seres plenos de capacidades múltiplas, mas que possivelmente encontram barreiras para se inserir e engajar plenamente na sociedade, bem como nos permitirá adentrar no universo de grupos que historicamente vivenciam segregação social. Em geral, a sociedade não os acolhe e nem os enxerga como seres capazes e plenos de seus direitos e deveres enquanto cidadãos com potencial efetivo de participação social. Como os alunos com limitação visual se inserem no contexto acadêmico/escolar e social e o que se revela sobre a sua cultura em um espaço predominante de videntes?

O interesse pessoal pela investigação proposta foi despertado pelo convívio, embora em um curto espaço de tempo, com pessoas cegas, no curso de Atendimento à Diversidade, ofertado pelo Centro de Arte e Cultura Dragão do Mar, em Fortaleza. A experiência do contato com o casal de professores deficientes visuais, Lara, cega desde o seu nascimento, e Júlio, baixa visão, acomedido por doença na córnea, e também Karlinhos, estudante de jornalismo, cego de nascença, nos despertou o interesse pela pesquisa por perceber o quão independentes e autônomos são, além de perceber costumes e hábitos próprios de quem percebe o mundo de outra forma, invisível e instigante para nós videntes. A experiência em princípio rompeu uma impressão pessoal de incapacidade de atuação plena na sociedade que particularmente tinha sobre as pessoas com deficiência visual. Pudemos ter vivências interculturais ao termos contato com elementos próprios do universo dos cegos, como o sistema de leitura e escrita Braile, bem como o conhecimento de técnicas de audiodescrição, além de termos a vivência de caminhar por aproximadamente uma hora, com olhos vendados, utilizando uma bengala e também uma companheira guia. A locomoção se dava a partir das orientações dos professores deficientes visuais. A sensação inicial é de que o mundo era pequeno, limitado e sufocante. Em seguida, pude refletir como o mundo é bem mais rico de possibilidades para além daquilo que podemos imaginar. Quantas pessoas assim vivem, circulando em tantos espaços de atuação, com o seu jeito de ver o mundo com outros olhos. Em meio a brincadeiras, eles comentavam que por várias vezes alguém chegava e lhes falava: "você viu o jogo ontem?"; "olha ali, que moça bonita"; "nossa, você viu como o fulano tá magro?". Segundo eles, em nenhum momento se sentiam insultados ou ofendidos com essas falas que aludem ao aspecto físico-visual. Pelo contrário, eles costumam falam da mesma forma sobre vivências pelas quais passam e encaram essas falas com muita naturalidade, pois acreditam que podem ver com os ouvidos, com o tato, com o cheiro e de outras formas. Foi uma troca de saberes deveras importante. A atuação na Diretoria de Assuntos Estudantis do IFCE em ações de planejamento sistêmico para a ampla participação e desenvolvimento dos estudantes com deficiência na instituição, também se revela como elemento instigante para o interesse pelo conhecimento do grupo de alunos cegos.

3. OBJETIVOS
3.1 OBJETIVO GERAL

Investigar como se desenvolve os processos identitários dos estudantes com deficiência visual, bem como aspectos próprios da cultura e da intracultura dos sujeitos pesquisados, com foco preponderante nos espaços escolares e acadêmicos.

3.2 OBJETIVOS ESPECIFICOS

*Apresentar narrativas de histórias de vida dos estudantes deficientes visuais do IFCE e UFC, com vistas a evidenciar a cultura do público pesquisado, bem como elementos de intracultura que apontem para formação da sua identidade enquanto pessoas cegas e de baixa visão;
*Conhecer os hábitos, costumes, valores e crenças próprios das pessoas com deficiência visual e como ele se organizam em grupos.
* Investigar a presença da intracultura, como ela se revela e qual o seu papel na vida dos sujeitos pesquisados.

4. HIPÓTESES

 As pessoas com deficiência visual possui hábitos e costumes próprios a partir do jeito peculiar de perceber o mundo. Crenças, valores, gostos e aptidões focados em outros sentidos e não na visão, corroboram para a existência de uma cultura ou subcultura do grupo de deficientes visuais.

5.REFERENCIAL TEÓRICO

A pesquisa em torno da deficiência e acessibilidade requer o estudo da legislação brasileira vigente e dos documentos institucionais do IFCE, destacando-se:

I - **Lei 10.098/2000** - Estabelece normas gerais e critérios básicos para a promoção da acessibilidade das pessoas portadoras de deficiência ou com mobilidade reduzida, e dá outras providências.

II - **Decreto 3.298/1999** - Regulamenta a Lei no 7.853, de 24 de outubro de 1989, dispõe sobre a Política Nacional para a Integração da Pessoa Portadora de Deficiência, consolida as normas de proteção, e dá outras providências.

IV - **Decreto 5.296/2004** - Regulamenta as Leis nos 10.048, de 8 de novembro de 2000, que dá prioridade de atendimento às pessoas que especifica, e 10.098, de 19 de dezembro de 2000, que estabelece normas gerais e critérios básicos para a promoção da acessibilidade das pessoas portadoras de deficiência ou com mobilidade reduzida, e dá outras providências.

IV-. **Política Nacional Brasileira de Educação Especial na Perspectiva da Educação Inclusiva**

V- **Convenção da Guatemala (1999), promulgada no Brasil pelo Decreto n° 3.956/2001;**

A Declaração de Salamanca, aprovada em 1994, configura-se como o marco inicial para várias discussões sobre teorias e práticas inclusivas para pessoas com deficiência, e que continuam em voga até hoje dada a importância e complexidade do tema. No Brasil, a acessibilidade também passou a ser discutida, pois o direito de ir e vir tornou-se essencial para auxiliar na inclusão social. (TANAKA, 2006).

No campo educacional, as discussões e preocupações com a igualdade de direitos da pessoa deficiente contribuíram para a formulação das diretrizes aos sistemas de ensino no sentido de assegurar métodos, recursos e organização específicos para atender às necessidades de aprendizagem dos alunos deficientes. (OLIVEIRA e SANTOS, 2011, p. 356).

O Decreto 5.296/2004 define acessibilidade no disposto em seu artigo 8° como condição para utilização, com segurança e autonomia, total ou assistida, dos espaços, mobiliários e equipamentos urbanos, das edificações, dos serviços de transporte e dos dispositivos, sistemas e meios de comunicação e informação, por pessoa portadora de deficiência ou com mobilidade reduzida;(BRASIL, 2004)

De acordo com Tavares e Carvalho (2010, p. 3-4), percebe-se que em nosso país, entre os documentos que compõem o conjunto de leis denominado Políticas Públicas e sua implementação, há um grande fosso.

A cultura não é uma herança genética, mas o resultado da inserção do ser humano em determinados contextos sociais. É a adaptação da pessoa aos diferentes ambientes pelos quais passa e vive. Através da cultura o ser humano é capaz de vencer obstáculos, superar situações complicadas e modificar o seu habitat, embora tal modificação nem sempre seja a mais favorável para a humanidade, como podemos perceber atualmente. Desse modo a cultura pode ser definida como algo adquirido, aprendido e também acumulativo, resultante da experiência de várias gerações. Porém, enquanto aprendiz o ser humano pode sempre criar, inventar, mudar. Ele não é um simples receptor, mas também um criador de cultura. Por isso a cultura está sempre em processo de mudança. Em muitos casos pode até ser modificada com muita rapidez e violência, dependendo dos processos a que for submetida. Desta forma o ser humano não é somente o produto da cultura, mas, igualmente, produtor de cultura.(LARAIA:30-58). Cumpre ressaltar a relevância de considerar o conceito de habitus na pesquisa em torno da cultura das pessoas com deficiência, cuja conceito trazido por Bordieu concebe-o como um sistema de esquemas individuais, socialmente constituído de disposições estruturadas (no social) e estruturantes (nas mentes), adquirido nas e pelas experiências práticas (em condições sociais específicas de existência), constantemente orientado para funções e ações do agir cotidiano.

METODOLOGIA

O processo de investigação se fará basicamente por meio do método etnográfico de histórias de vida, a partir de relatos orais. Serão consideradas inicialmente as seguintes categorias de análise: cultura dos deficientes visuais, processos identitários e intraculturalidade.

Gaulejac (2005) aponta que o objetivo do método da história de vida é ter acesso a uma realidade que ultrapassa o narrador. Isto é, por meio da história de vida contada da maneira que é própria do sujeito, tentamos compreender o universo do qual ele faz parte. Isto nos mostra a faceta do mundo subjetivo em relação permanente e simultânea com os fatos sociais. (Barros e Silva, 2002). Para o desenvolvimento desta pesquisa, o enfoque será da teoria hermenêutica com a aplicação dos métodos empírico e etnográfico; o tipo de pesquisa será exploratório e descritivo-analítico e com características de uma abordagem qualitativa (MALHEIROS, 2011).

Para a efetivação deste trabalho, a pesquisa será realizada em três etapas. A primeira será realizada, em princípio, a apresentação do projeto aos núcleos responsáveis e aos alunos deficientes visuais, bem como sua sensibilização sobre a pertinência de investigação; em seguida, será realizada entrevista semi-estruturada. Pediremos que o estudante conte a sua história de vida, como achar melhor, com foco nos seus hábitos e costumes. No segundo momento, faremos a entrevista estruturada(com profundidade), a partir de elementos percebidos na entrevista não-estruturada. No terceiro momento, aplicar-se-á a teoria de análise de Bardin (2009) e a interpretação da hermenêutica com o detalhamento das categorias de análise propostas.

BIBLIOGRAFIA DE REFERÊNCIA

APARICIO GERVÁS, Jesús Mª y DELGADO BURGOS, M.A. (2014) *La Educación Intercultural en la formación universitaria europea y latinoamericana.* Itamud-FIFIED.Carbonero el Mayor (Segovia). ISBN: 978-84-695-9958-7. (272 páginas)

APARICIO GERVÁS, Jesús Mª y DELGADO BURGOS, M.A(2011) *Antropología Intercultural y Educación para el Desarrollo.* Edición Digital: Letra 25. ISBN: 978-84-938853-9-7.

APARICIO GERVÁS, Jesús Mª(2011) *Interculturalidad, Educación y Plurilinguismo en America Latina.* Madrid: Pirámide

BARRIO ESPINA, Ángel(2005) *Manual de Antropologia Cultural.* Recife: Editora Massangana.

BARRIO ESPINA, Ángel(2006) *Conocimiento local, comunicación interculturalidad.* Recife: Massangana. (437 páginas)

Barros, V. A. & Silva, L. R. (2002). *A pesquisa em História de Vida.* In: I. B. Goulart (org.)Psicologia Organizacional e do Trabalho; teoria, pesquisa e temas correlatos.(pp.134-158). São Paulo: Casa do Psicólogo

BRONFMAN, Vásquez A. Y Martinez(2006) *La sócialización em la escuela. Uma perspectiva etnográfica.* Barcelona. Ed Paidós

CANDAU, Vera Maria(2008*) Direitos humanos, educação e interculturalidade: as tensões entre igualdade e diferença.* Rev. Bras. Educ. vol.13, no.37, p.45-56. ISSN 1413-2478.

GONZÁLEZ MONTEAGUDO, **José. Las histórias de vida.** *Aspectos teóricos, históricos y epistemológicos*

PUJADAS, Joan J(2000) *El método biográfico e los gêneros de la memoria*. Revista de Antropologia Social, 2000: 9: 127-158

JORDÁN, J. A(1996)*Propuestas de Educación Intercultural* Barcelona: CEAC

JURJO, Torres Santomé. *La educación de la ciudadanía en una sociedad globalizada*. Coruña: Edición digital: Letra 25, 2010.

LARAIA, Roque de Barros. *Cultura. Um conceito antropológico*. Rio de Janeiro: Zahar, 2009, 23ª edição.

MATERIAIS DIDÁTICOS PARA QUILOMBOLAS NO CEARÁ (BRASIL) COM USO DE CHARGES: ABORDANDO ASSUNTOS SÉRIOS COM HUMOR E INTERCULTURALIDADE

Racquel Valério Martins[96]
Dr. José María Hernández Díaz[97]
Silvania Márcia Bezerra Viana[98]

RESUMO: No caso brasileiro, pela própria história da formação social, exige que a orientação das relações entre grupos de distintas etnias, seja mais elaborado, pois é uma situação muito mais complexa que o acolhimento de estrangeiros, tal como a educação intercultural foi preconizada e priorizada na Europa. Nesse contexto surge a escola quilombola na primeira década de 2000 como uma ação afirmativa já que ela visa reduzir as desigualdades sociais e junto com ela surge a preocupação de que uma melhor informação chegue à comunidade quilombola de Aquiraz, Ceará, Brasil. Para os nativos, discussões sobre questões como educação, trabalho, direitos humanos... traz um "fardo" histórico por si só, dessa cultura. Nossa ideia é através de um grande potencial do Estado do Ceará, o humor, ajudar que chegue para a referida comunidade a possibilidade de discussões com a compreensão efetiva das questões que envolvem tais assuntos. Ressaltamos que uma forma interessante que pode ser explorado nos materiais educativos e informes, são as "charges" porque acreditamos que desenhos animados como esses possam transportar maior conhecimento para grande parte da população cearense.

Palavras chaves: Educação, Quilombolas, Charges, Humor, Interculturalidade.

RESUMEN: En Brasil, por la propia historia de la formación social, se exige que la orientación de las relaciones entre grupos de distintas etnias, sea más elaborado, pues es una situación mucho más compleja que el acogimiento de extranjeros, del modo como la educación intercultural fue

---

[96] Doutoranda em Educação e Mestre em Antropologia de Ibero-América pela Universidade de Salamanca - USAL, tendo como Linhas de Investigação: Minorias Étnicas e Interculturalidade; Educação para o Desenvolvimento de indígenas e quilombolas; Professora Conteudista da Faculdade ATENEU; Membro da *Asociación de la Comunidad Brasileña en Salamanca – ABS*. racquelvm@gmail.com

[97] *Coordinador del Programa de Doctorado en Educación por la Universidad de Salamanca; Director de HISTORIA DE LA EDUCACION. Revista Interuniversitaria; Director de AULA. Revista de Pedagogía de la Universidad de Salamanca; Catedrático de Teoría e Historia de la Educación; Dpto. Tª e Historia de la Educación de la Facultad de Educación de la USAL.* jmhd@usal.es

[98] Mestranda em Antropologia de Ibero-América pela Universidade de Salamanca – USAL; Graduada em Letras pela Universidade Federal do Ceará; Professora de Francês. silvvian@gmail.com

preconizada y priorizada en Europa. En este contexto, la escuela *quilombola* en los años 2000 como una acción afirmativa en su intento de reducir las desigualdades sociales y con ella viene la preocupación de que una mejor información llega a la comunidad *quilombola* de Aquiraz, Ceará, Brasil. Para los nativos discusiones de temáticas como Educación, Trabajo, Derechos Humanos, trae una "carga pesada" del propio histórico para esa cultura. Nuestra idea es a través de un gran potencial del estado de Ceará, el humor, ayudar a que lleguen allí posibilidades de discusiones con el efectivo entendimiento de las cuestiones que involucran tales asuntos. Resaltamos que un interesante medio que puede ser explorado, tanto en los materiales didácticos como en los materiales pedagógicos informativos, son las *"charges"*, porque creemos que dibujos animados como eses podrán llevar más grandes conocimientos para grande parte de la población cearense.
Palabras claves: Educación, *Quilombolas*, *Charges*, Humor, Interculturalidad.

ABSTRACT: In Brazil, the very history of the social formation, requires the guidance of relations between different ethnic groups, is more elaborate because it is a much more complex situation that the reception of foreigners, such a intercultural education were recommended and prioritized in Europe. In this context the quilombola school in the 2000s as an affirmative action it seeks to reduce social inequalities and along with it comes the concern that better information reaches the maroon community of Aquiraz, Ceará, Brazil. To the natives, discussions on issues such as education, labor, human rights ... carries a "burden" history itself, that culture. Our idea is through a large State of Ceará potential, humor, help arrives for that community the possibility of discussions with the effective understanding of the issues surrounding such matters. We point out that an interesting way that can be explored in educational materials and reports, are the "charges" because we believe that cartoons like these can carry greater knowledge for much of Ceará.
Keywords: Education, Quilombolas, Charges, Humor, Interculturalidad.

Introdução

É importante começar o presente artigo comentando que resolvemos trabalhar a dimensão do humor desde um ponto de vista educativo, com a proposta de inclusão de um novo elemento que contribua para uma melhor compreensão por parte dos quilombolas da cidade de Aquiraz de temas sérios como Educação, Trabalho e Direitos Humanos.

Vale ressaltar que centraremos, em especial na educação, onde as relações de poder têm dominado, entre outros fatores, pela desigualdade e preconceito, o que faz com que se perda de vista uma sociedade ideal, em especial para as comunidades quilombolas do nordeste brasileiro. Desenvolvemos, portanto, uma explanação sobre a situação educacional da comunidade estudada e então tratamos de desenvolver a fundamentação teórica sobre a Pedagogia do Humor como uma proposta de intervenção sócio educativa, tendo em vista não ser um assunto tão explorado no Brasil.

Partimos da evidência de estudos que comprovam que o humor além de facilitar a compreensão da realidade e otimizar a comunicação, pontos que consideramos imprescindíveis para os povos estudados, reduz o *stress*, potencializa a saúde, fortalece a motivação individual e em grupo, estimula a inovação, favorece a aprendizagem e une mais as pessoas[99].

---

[99] Referenciamos estudos realizados pelo Professor Jesús Damián Fernández Solís, do Departamento de Teoria e História da Educação, da *Universidad Complutense de Madrid*. Em especial, o trabalho intitulado: *El*

Então, a partir do entendimento do estado do Ceará como "palco do humor" brasileiro, investigamos sobre as "charges" dos jornais como um instrumento capaz de levar às comunidades uma maior compreensão de temas sérios com diversão. Atualmente as charges (desenhos animados que sugerimos que sejam explorados nos materiais educativos) são utilizadas nos jornais de grande circulação da cidade, e as mesmas abordam comunicações sobre atualidades em especial da política. E sem dúvida esclarece a um grande número de pessoas (os leitores), mas certamente entre essas não podemos crer, pelas próprias condições que se encontram, que contemplem os quilombolas. Assim, assumimos o desafio de contribuir para que se evite o aumento das desigualdades, levando conhecimento às referidas comunidades, acreditando que o humor muito poderá ser útil para que seus membros compreendam, e melhor, que possam discutir assuntos sérios.

A descontração para compreensão dos quilombolas

Entendeu ou quer que desenhe? Creio que muitos que ouviram essa frase, tenham tido a vontade de responder: quero que desenhe. Mas talvez impedidos pela vergonha de ser parte de uma classe tão discriminada se retraíram, deixando de se informar sobre algo. A classe discriminada a que nos referimos são os "sem educação"[100], que dentre esses destacamos os quilombolas do município de Aquiraz, Ceará, Brasil.

No Brasil, há aproximadamente 14 milhões de Analfabetos absolutos e um pouco mais de 35 milhões de Analfabetos funcionais, conforme as estatísticas oficiais. Segundo dados do IBOPE (2005), o Analfabetismo funcional atingiu cerca de 68% da população. O censo demográfico de 2010 do Instituto Brasileiro de Geografia e Estatística (IBGE)[101], mostrou que uma entre quatro pessoas são analfabetas funcionais (porcentagem é de 20,3%). O problema maior está na Região Nordeste, onde a taxa chega a 30,8%. Se levarmos em conta o estado do Ceará, um dos nove estados do nordeste brasileiro, a taxa de analfabetismo funcional é de 20,82% e na cidade de Aquiraz, onde encontram-se as duas comunidades, é de 18,78%, considerando a população com 15 anos ou mais.

A história desses povos é marcada pela exploração e submissão pela classe mais abastarda. A Secretaria Especial de Promoção da Igualdade Racial (Seppir) estima a existência de 3.900 comunidades quilombolas em todo o país, acrescentando a esta estimativa a de que tais comunidades corresponderiam a 325 mil famílias, numa razão de pouco mais de 80 famílias por comunidade. No estado do Ceará existiam, em 2013, de acordo com a Fundação Palmares, 42 comunidades quilombolas, das quais apenas cinco eram legitimadas, mas utilizaremos como exemplo a comunidade localizada na cidade de Aquiraz, os quilombolas de Lagoa do Ramo e Goiabeiras, um povo que ao longo dos anos, e em suas lutas por suas identidades, terras e

---

sentido del humor como recurso pedagógico: Hacia una didáctica de las didácticas. ISSN: 1577-0338.

[100] Vale salientar que o termo "sem educação" que utilizamos, não faz referência ao sentido pejorativo do termo (pessoas grosseiras, brutas, ignorantes entre outros), nem tão pouco aos que não tiveram acesso às escolas, ou não puderam frequentar a escola por mais de um ano (analfabetos absolutos), mas nos referimos mais diretamente a uma "categoria" dos alfabetizados funcionais brasileiros, que são aquelas pessoas que conseguem ler textos curtos, mas não conseguem extrair informações esparsas no texto e não conseguem tirar uma conclusão a respeito do mesmo, ou seja, que não são capazes de compreender a mensagem de um pequeno texto por exemplo.

[101] Acesso através do endereço eletrônico: http://www.ibge.gov.br

reconhecimento social, busca meios alternativos para o mantimento e propagação de suas culturas quase sufocadas pela comunidade em geral. Por se tratar de uma pequena comunidade, com a presença de 137 famílias, de acordo com o INCRA, e não ser suficientemente desenvolvida para manter a todos com seus recursos naturais e com escassas oportunidades de emprego, a qual é agravada nas minorias, necessita que se desperte o interesse dos investigadores para que sejam orientados a conseguir transformar positivamente a vida de seus membros através de diálogos sobre as relações interculturais como também através dessas próprias relações[102].

> "A pesar de las dificultades, siempre tenemos a mano una de nuestras mejores armas: el diálogo y la comunicación. Un diálogo fructífero y sincero entre culturas debe tener como base el buen conocimiento de la cultura del otro y el reconocimiento de facto de que ese otro tiene el derecho a expresarse culturalmente del modo en que lo está haciendo, siempre que no sea contrario a las normas básicas de la moral universalmente admitidas". (OROZCO GOMÉZ, 2011)[103].

Propomos, portanto, a utilização de desenhos animados como ferramentas para facilitar esse diálogo e essa comunicação tão necessários para se conseguir obter melhoria no processo ensino-aprendizagem dos envolvidos, afinal tais desenhos possibilitam um método de aprendizagem que auxilia na compreensão e entendimento dos fatos.

Muitos dos problemas da América Latina, afetam gravemente as populações indígenas e afrodescendentes que ficam com a pior parte das severas desigualdades que mesmo cada vez menores, são profundas e estão generalizadas.

No caso do Brasil especificamente, a etnicidade explica o fato das desigualdades apresentarem entre 5 e 7 por cento. E o tipo mais em desvantagem e que representa 6,8 por cento da população no Brasil é exatamente o grupo formado por pessoas de raça negra e de raças diversas, nascidos no Norte ou Nordeste, cujo pai foi um trabalhador agrícola analfabeto e cuja mãe tampouco foi a escola. Com isso, vemos que os quilombolas, e mais diretamente os da Comunidade Lagoa do Ramo e Goiabeiras, correspondem a uma grande parcela das pessoas mais afetadas pelas circunstâncias em resultados econômicos do Brasil, ou seja, são parte daqueles que mais sofrem com a privação de oportunidades.

Faz-se necessário buscarmos a construção de um saber articulado com os aspectos econômicos, sociais, políticos e ecológicos, mas também convém que busquemos ideias, atitudes e valores que atendam às necessidades para o ensino na comunidade.

Pensar em materiais didáticos para a melhoria do ensino direcionado para cultura de uma comunidade e o entendimento da multiculturalidade[104], é pensar em uma maneira de articular-se

---

[102] Os dados considerados nesse parágrafo foram encontrados nos seguintes endereços eletrônicos: http://www.palmares.gov.br/ http://www.portaldaigualdade.gov.br/ e www.incra.gov.br

[103] OROZCO GOMEZ, Martha Lucía. "Interculturalidad, religión y género hacia la tolerancia". Interculturalidad, Educación y plurilinguismo en America Latina. Madrid: Pirámide, 2011.

[104] Chegamos ao século XXI e a grande preocupação ainda é com uma educação para a multiculturalidade. Nosso desafio foi, com o início da pesquisa no ano de 2013, dar o primeiro passo para a promoção de uma nova educação diferenciada, no município de Aquiraz, onde agora propomos uma maior reflexão sobre o termo educação diferenciada, atentando para possibilidades de novas perspectivas a respeito do mesmo. Entendemos que, no termo devem estar inseridas ideias distintas da limitação dada, quando do seu nascedouro, como direito indígena. E nossa intenção é, portanto, ampliar a interpretação do termo com relação às práticas curriculares hoje permitidas e efetivadas, sem tampouco confrontar com a definição

melhor com as necessidades e conhecimentos locais. A escola, com o uso dos referidos materiais, assim como o modelo que Guadalupe Diaz Tepepa (2004)[105] desejava quando pensava no que afetava às comunidades campesinas, deve ser capaz de explicar aos alunos e até a própria comunidade os por que de seus problemas, inclusive explicar o que internamente não se sabe, melhorando assim a comunicação com seus membros na tentativa de solucionar os problemas que existam, como por exemplo a necessidade de que na escola se aprendam instrumentos que permitam trabalhar de forma criativa, divertida, de modo a suavizar os grandes problemas que enfrentam corriqueiramente.

Educar é uma tarefa de todos, família, igrejas, partidos políticos, sindicatos, associações voluntárias, dos meios de comunicação, das empresas, não se limitando a essas instituições; pelo contrário, estende-se a uma grande variedade das mesmas. Cabe ressaltar que a educação, que é um direito, é também um dever de todos e deve ser tratada como prioridade porque esta é condição da cultura, da liberdade e da dignidade humanas. Hoje, de conformidade com a agenda do século XXI, a priorização da educação deve levar em conta os mais vulneráveis, com vistas a igualar as oportunidades para os "marginalizados" que, em um consenso regular dos países, são os pequenos campesinos, os indígenas, os afrodescendentes, os trabalhadores informais e as mulheres pobres.

Especificamente, a educação para quilombolas se destaca como base fundamental para que esses povos reconquistem suas dignidades, pois na tradição do sistema escolar brasileiro, o ensino sempre teve relação com a punição e o castigo. Seriedade e rigidez sempre foram sinônimos da "boa" educação. Admitir-se o prazer nas escolas era bastante raro. Contra esse costume, o desenho de humor vem propor um caminho inverso na aprendizagem dos quilombolas de Aquiraz: a busca da irreverência. Compreender, divertindo-se e não mais "sofrendo".

A importância do sentido do humor, dentro dos processos de ensino-aprendizagem e as razões de seu uso: Uma adequação à educação de Quilombolas

O sentido do humor corresponde a um conceito que designa uma atitude humana, um ânimo com relação a realidade em que vivemos.

O professor Jáuregui (2007, 55)[106], afirma que nas últimas décadas tem crescido o número de trabalhos e investigações dedicados al estudo do humor, numa perspectiva interdisciplinar. Faz ainda referência à existência de uma sociedade internacional, a *International Society for Hmor Studies* (ISHS), que organiza Conferências Científicas sobre estudos do humor.

De acordo com o referido autor, humor é tudo aquilo que pode provocar o riso e o sentimento implícito nesse riso. O riso como emoção positiva, caracterizada por uma sensação subjetiva e agradável. Estudos comprovam que o sorriso é uma emoção inata e universal do ser humano, destacando ainda o carácter social do humor. Porque é um elemento de compreensão da realidade.

---

dada pelo MEC, mas contribuindo para que se venha a somar, acrescentá-la algo que a torne mais diferenciada. Diferenciada é um termo, ao nosso olhar, tão amplo, mas ao mesmo tempo de uso limitado, à medida que aborda somente as comunidades indígenas.

[105] DÍAZ TEPEPA, Guadalupe. "Escuela, família y comunidade rural en la formación para el trabajo. La ruralidade en México". Familia,Educación y Diversidad Cultural. Antropología en Castilla y León e Iberoamérica, VI. Espina, A. B. (Ed.). Ediciones Universidad de Salamanca y los autores. 2004.

[106] JÁUREGUI, E. El sentido del humor; manual de instrucciones. Madrid: Integral. 2007. 55.

Em estudos de Fernandéz e García (2010) relacionados com a educação social que dentre outras perspectivas da importância do humor mencionam a busca de novos e criativos projetos de intervenção, bem como o entendimento daquele como um elemento de compreensão da realidade, nos transporta até às necessidades dessa chave mestra para que sejam abertas as portas da criatividade e da imaginação através da elaboração de matérias didáticos direcionado aos quilombolas, o que os ajudará na compreensão do mundo que os rodea sob uma ótica humorística de interpretação.

Um estudo dos professores Jáuregui e Fernández (2008,24)[107] relacionado com a Pedagogia no trabalho, destaca os benefícios do humor no ambiente laboral, indicando como o humor reduz o *stress* e potencializa a saúde, fortalece a motivação individual e coletiva, atrai e retém os recursos humanos mais valiosos, estimula a inovação ao mesmo tempo que otimiza a comunicação interna, e favorece a aprendizagem e torna mais coesas as equipes humanas, com uso dos recursos já existentes e/ou desses somados a novos recursos, gerando sempre outros similares. Transportando as conclusões dos referidos professores para a escola quilombola, anima-nos imaginar os benefícios que o incremento de um material tão simples como o "desenho animado" poderá proporcionar.

De acordo com autores espanhóis, é importante o uso do humor no campo da educação porque:

> *Porque es necesario dar una respuesta afirmativa ante la sociedad pesimista, desencantada y apática* (GARANTO, 1983 *apud* FERNÁNDEZ, 2003).
>
> *Porque es un elemento de comprensión de la realidad.* (Fernández, 1999. 10).
>
> *Porque genera un estilo de enseñanza-aprendizaje. (…) el humor nos sirve de ayuda como educadores para controlar los conflictos y aliviar las tensiones que se generan cotidianamente. Por medio del sentido del humor se genera un estilo de relación y comunicación entre educador-educando.* (Fernández, 2003. 145).
>
> *Porque el sentido del humor hace que nuestra mente esté constantemente en funcionamiento, fomentando el pensamiento divergente y creativo de nuestro cerebro* (DE BONO, 1985 *apud* FERNÁNDEZ, 2003).[108]

Consideramos que trabalhar com o humor como ferramenta pedagógica é um desafio. Sobretudo para a aplicabilidade no Brasil, em escolas quilombolas, que muitas vezes são alvo de um lado sádico, o sentido de ridículo do humor, quando aparecem sentimentos de vergonha, levando-os a vivenciar uma situação de exclusão. Mas como todo desafio, supõe-se a necessidade de se assumir o risco que é enveredar por percursos incertos e desconhecidos. Estudar o humor será a base para chegarmos às pistas para a boa aplicação desse recurso na área educativa logrando resultados positivos. Escolhemos as "charges" porque julgamos para o caso, o tipo mais adequado, porém não podemos perder de vista que o tema do humor não é brincadeira, pelo contrário, é muito sério, em especial quando a proposta é falar de assuntos tão significantes.

---

[107] JÁUREGUI, E. y FERNÁNDEZ, J. D. Alta diversión. Los beneficios del humor en el trabajo. Barcelona. Alienta. 2008. 24.

[108] Para as explicações dos porquês da importância do humor na educação foram consideradas citações do documento El sentido del humor como recurso pedagógico: Hacia una didáctica de las didácticas. ISSN: 1577-0338. Pulso 2003, 26, 143-157.

Fernández defende pelo menos onze funções relevantes do humor na educação, dentre elas vamos destacar a motivadora, com a qual o humor consegue despertar interesse e entusiasmo com o tema que se vai trabalhar; a diversão, que possibilita sensações de alegria e contentamento; a função criativa, já que com o humor estimula-se o pensamento divergente; e a função pedagógica, pois o sentido do humor aplicado ao campo educativo leva a melhora e agilidade dos processos de ensino-aprendizagem.

Concordamos com o mesmo autor quando afirma que, tanto a educação formal como a informal devem ser implantadas a partir de estratégias de intervenção socioeducativa originais e criativas (Fernández,1999. 14-15)[109]. Ademais que o humor bem empregado, pode servir aos educadores como ferramenta para conseguir os objetivos pretendidos. Cremos que o humor pode ser um tema valioso e interessante na tarefa pedagógica.

Vale ressaltar que verificamos, através do estudo de März (1967)[110], a constatação de que na história da educação, considerando o período da escola grega e helenista, do século VI até a Idade Média, não se praticava o humor e, portanto, aparece para o referido autor como uma carência da inclusão desse nos aspectos educativos.

Em conformidade com Fernández (2003) reconhecemos a importância do emprego do humor como recurso didático, pois esse estimula e enriquece os processos de ensino-aprendizagem (DROIN, 1993 *apud* FERNÁNDEZ, 2003)[111]. Defendemos a introdução de inovações nos processos de ensino através do humor seja na elaboração de novos e criativos materiais, seja na transmissão da informação de maneira que facilite o entendimento. Com isso, consegue-se melhorar a aprendizagem com o aumento da motivação e fortalecimento das atitudes positivas dos educandos.

Enquanto educadores somos conscientes da importância que tem o humor na vida dos grupos e assim devemos levar em consideração algumas razões de tal importância. Num rol enumerado por Fernández (2003), escolhemos aquelas razões que acreditamos realmente imprescindíveis em grupos formados por quilombolas:

1. Gera um ambiente positivo e construtivo.
2. Serve de apoio e confiança.
3. Facilita a relação e interação.
4. Ajuda a enfrentar as situações de desânimo.
5. Ajuda a dominar situações pedagogicamente críticas.
6. Consegue que o grupo se divirta.
7. Aumenta a união entre os membros do grupo.
8. Melhora os canais de comunicação.
9. Aumentam as oportunidades de bem-estar.
10. Faz com que mais membros cheguem no grupo.

---

[109] FERNÁNDEZ SOLÍS, Jesús Damián. "Hacia una pedagogía del humor", Rev. Ñaque: teatro, expresión educación, Hanoi, n°9, Ciudad Real. (1999). 14-15.

[110] MÁRZ, F. El humor en la educación. Sígueme, Salamanca. 1967.

[111] DROIN, R. *apud* El sentido del humor como recurso pedagógico: Hacia una didáctica de las didácticas. ISSN: 1577-0338. Pulso 2003, 26, 143-157.

O Ceará enquanto palco do humor brasileiro.

O Ceará se tornou conhecido nacionalmente como "palco do humor", porque foi onde nasceram, dentre vários outros, três talentos humorísticos, Chico Anysio (*in memorian*), Renato Aragão e Tom Cavalcante. A história do estado do Ceará, repleta de casos verídicos e curiosos, corroboram com a ideia da existência de um Ceará moleque, como verdadeira identidade do povo cearense. Merece destaque personagens cômicos como o Bode Ioiô, o Seu Lunga, de Juazeiro do Norte, o palhaço Tiririca, de Itapipoca, além de outros eventos como a vaia ao sol na capital cearense, que ajudaram na formação desse imaginário de um Ceará Moleque.

O Ceará é também terra de muitos escritores e poetas importantes, e a literatura cearense foi sempre caracterizada por florescer em torno de grupos literários. Desses, podemos fazer referência à Padaria Espiritual, que surgiu no final do século XIX, em especial porque se expressava por meio de um jornal (O Pão) com ironia, irreverência, espírito crítico, e "sincretismo" literário. O Ceará foi pioneiro em desenvolver uma literatura irreverente, relativamente informal e sincrética.

Outra importante característica marcante do humor do Ceará, é a existência da literatura de cordel, que se desenvolveu expressivamente em Juazeiro do Norte, desde as primeiras décadas do século passado e que é um outro elemento do humor que pode ser utilizado na pedagogia, existindo inclusive relato de que se tenha aprendido a ler com a utilização de cordéis[112], o que poderemos estudar num outro momento. Inclusive através de uma matéria do Jornal Tribuna do Ceará, publicada em 15/11/2015, tomamos conhecimento que uma professora de uma escola no sertão do Ceará usa o cordel desde 2006 para incentivar a leitura[113]. Podemos perceber que há uma aproximação metodológica entre a literatura de cordel e a própria história da educação, o que nos é explicado a partir de uma comunicação de Hernández Díaz[114]. Ressalte-se que em diversas áreas do interior cearense, os cordéis, assim como os repentistas e poetas populares, especialistas no improviso de rimas, ainda estão presentes e ativos, seguindo uma tradição que remonta aos trovadores e poetas populares da Idade Média lusitana.

Através de desenhos humorísticos, na vertente charge, os cartunistas dos jornais O Povo e Diário do Nordeste (os dois maiores periódicos da capital cearense), exploravam em meados da década de 80, um espaço distinto de atuação política. Espaço que se construiu na prática cotidiana dos profissionais que atuaram na criação do humor gráfico, mesclando suas opiniões com a orientação editorial do jornal. A atuação política nessa produção passa pela reflexão diária dos acontecimentos e sua exposição através de um veículo de informação/opinião e, por isso, seu espaço de atuação (relação com o leitor) não pode ser delimitado com precisão.

O que é charge e sua aplicação na educação de quilombolas

Charge é um estilo de ilustração que tem por finalidade satirizar, por meio de uma caricatura ou não, algum acontecimento atual com um ou mais personagens envolvidos. A

---

[112] Meu pai, Antonio Reis Martins, dentre as muitas histórias de sua infância, sempre nos comentava que havia aprendido a ler em casa, antes mesmo de frequentar as escolas, lendo cordéis para meu avô (Raimundo Martins Pereira – *In Memorian*).

[113] Informações mais detalhadas a respeito, acessar o link: tribunadoceará.uol.com.br.

[114] HERNÁNDEZ DÍAZ, José María. "Literatura de cordel e historia de la educación – Aproximación metodológica" pp.69 -75 en SISENES JORNADES D'HISTORIA DE L'EDUCACIÓN PARA LOS PAISOS CATALANES: COMUNICACIONES. Barcelona, Luis Pellicen, 1985. Posteriormente consideraremos uma contribuição também da literatura de cordel para a educação escolar quilombola, partindo da referida obra.

palavra é de origem francesa e significa carga, ou seja, exagera traços do caráter de alguém ou de algo. Mais do que um simples desenho, podemos afirmar que a charge é uma crítica político-social onde o seu criador expõe graficamente sua visão sobre determinadas situações cotidianas através do humor e da sátira. Para entender uma charge, não é preciso ser necessariamente uma pessoa culta, basta estar por dentro do que acontece ao seu redor. A charge tem um alcance maior do que um editorial, por exemplo.

Consideramos de extrema importância o uso da charge como fonte e objeto de estudo, pois a mesma passa a ser indício de uma realidade importante a ser compreendida. E não estamos só.... Nos deparamos na última Jornada de Prensas Pedagógicas da Faculdade de Educação da Universidade de Salamanca – ES, oportunidade que tivemos de expor sobre essa abordagem também para indígenas[115], com uma comunicação oriunda de Gabón – AF, a qual faz referência ao uso de caricaturas como alternativa para um jornal pedagógico em Gabón[116]. Ademais, o encontro com a temática das representações humorísticas no estado do Ceará, nos fez perceber que a pedagogia pode ser pensada e feita através do humor, ou melhor, do riso ou do que é tornado risível, como diz Matilde de Lima Brilhante em sua dissertação de mestrado desenvolvida no ano de 2011[117], uma vez que as práticas humorísticas fazem parte da vida do homem de forma tão natural e socialmente aceita, que quase passam despercebidas enquanto fenômenos construídos historicamente, como defende a autora, e como instrumento que facilitam o entendimento das pessoas, muitas vezes, mesclando ideias e interesses daqueles que as criam.

Jornais como O Povo e Diário do Nordeste (mídias impressas), que como comentamos anteriormente passaram a fazer uso das charges na década de 80, utilizaram suas páginas para destacar a importância da linguagem humorística para os debates numa sociedade que se diz democrática.

Corroborando com o pensamento de Matilde (2011), defendemos que as charges conciliam crítica com ironia, as imitações e sátiras, exposições que desde a antiguidade helênica, nada mais são do que expressões artísticas e criativas de manifestação do pensamento. São, portanto, materiais de informação completos, mas em nossa opinião pouco usados nas escolas, pois como estilo de humor as consideramos um elemento fundamental na formação do pensamento, que facilitará a aprendizagem, afinal muitas vezes aprendemos mais pelo humor do que pela seriedade.

Tal instrumento alcança um grande número de pessoas por se apresentar de forma divertida e de rápida assimilação. A aplicabilidade do mesmo em materiais didáticos direcionados aos quilombolas, deixando de lado a demagogia do popular "mito da democracia

---

[115] MARTINS, Racquel Valério. "Jornais Pedagógicos para indígenas no Ceará (Brasil) com desenhos animados: Um olhar com humor sobre assuntos sérios". La Prensa de los escolares y estudiantes su contribuición al patrimônio histórico educativo. Díaz, J. M. H. (Coord.). Ediciones Universidad de Salamanca. 2015.pp. 951-962

[116] HILAIRE NDGANG, Nyangone y MVOU PERRINE. "Las Caricaturas de Lybek como alternativa para una prensa pedagógica en Gabón". La Prensa de los Escolares y Estudiantes Su Contribución al Patrimonio Histórico Educativo. DÍAZ, José María Hernández (Coord.). 1ª. ed. Ediciones Universidad de Salamanca, 2015. pp. 815-827

[117] BRILHANTE DE LIMA, Matilde. Um passado em traços: charge e a produção de sentido sobre a Administração Popularl de Fortaleza (1985-1988). Dissertação de Mestrado, Fortaleza, 2011.

social", esclarecido por Urquiza (2014)[118], poderá dinamizar o processo de aprendizado dos usuários da educação diferenciada.

O que pode ou não ser tomado como tema na produção de charges, representa diretamente aos interesses de seus criadores e as polêmicas muitas vezes geradas com suas publicações apontam para isso, e comprovam o não compromisso com o pensamento daqueles que o humor expõe. Portanto, o chargista leva em consideração a não ofensa aos interesses dele próprio ou de um grupo para o qual trabalha, fora isso, o humor parece não dispor de nenhuma regra para definir o que pode ou não ser tomado como conteúdo de tal criação. Assim que nos materiais didáticos para quilombolas a responsabilidade pela criação das charges deve ficar a cargo de chargistas comprometidos com a educação intercultural e sua utilização na escola diferenciada deve ser tal que dissemine conhecimento, já que a linguagem humorística detém grande poder de comunicação, produzindo sentido para além da diversão, o que dará impulso à percepção das representações através da interpretação da realidade.

Podemos enquadrar a proposta da criação de charges e seu uso em materiais didáticos para os quilombolas na categoria das manifestações tendo como referencial a realidade social do alunado da escola quilombola. Falar de charges é falar de representações, pois as formas como os indivíduos se apropriam da realidade, só existem através de realizações desses em relação uns com os outros e na sua relação com o mundo.

Esse tão rico incremento muito poderá mudar a realidade cearense, que tem uma situação extremamente preocupante do uso de materiais didáticos específicos aos grupos étnicos, sobre os quais podemos afirmar, de acordo com o Plano Municipal de Educação – PME de Aquiraz, que a única escola existente na comunidade, sequer é apresentada como escola quilombola, o que nos leva a deduzir que não conta com esse recurso didático diferenciado. E na região Nordeste o percentual das escolas quilombolas que por lei os devem utilizar é de 75%, de acordo com o censo escolar de 2007. Vale ressaltar que o uso de material didático diferenciado, em sua maioria estar restrito a uma única cartilha, livro de leitura ou mesmo dicionário, demonstrando a insuficiência de materiais disponíveis para uma prática de educação pautada pela interculturalidade e pela valorização dos conhecimentos e saberes próprios às comunidades quilombolas.

Conclusão

Consideramos que um artigo desenvolvido com propostas que visam aplicabilidades futuras, não se pode falar em conclusão definitiva, assim que terminamos a redação desse apenas fazendo referência à necessidade de um levantamento dos materiais didáticos específicos utilizados nas escolas quilombolas, em especial a localizada na comunidade Lagoa do Ramo e Goiabeiras, passando a valorizar instrumentos como a charge nos referidos materiais, os quais passarão a ser capazes de informar e motivar, com diversão, os alunos, além de ser um recurso que fortalece a identidade do estado do Ceará como palco do humor.

Referências

AGUILERA URQUIZA, Antonio Hilário. Formação de Educadores em Direitos Humanos/Antonio Hilário Aguilera Urquiza, organizador, Campo Grande: Ed. UFMS, 2014.

[118] AGUILERA URQUIZA, Antonio Hilário. Formação de Educadores em Direitos Humanos / Antonio Hilário Aguilera Urquiza, organizador, Campo Grande: Ed. UFMS, 2014. 32-33.

BRILHANTE DE LIMA, Matilde. Um passado em traços: charge e a produção de sentido sobre a —Administração Popular‖ de Fortaleza (1985-1988) / Matilde de Lima Brilhante. — Fortaleza, 2011.

DÍAZ TEPEPA, Guadalupe. "Escuela, família y comunidade rural en la formación para el trabajo. La ruralidade en México". Familia, Educación y Diversidad Cultural. Antropología en Castilla y León e Iberoamérica, VI. Espina, A. B. (Ed.). Ediciones Universidad de Salamanca y los autores. 2004.

El sentido del humor como recurso pedagógico: Hacia una didáctica de las didácticas. ISSN: 1577-0338. Pulso 2003, 26, 143-157.

Educação como um direito fundamental: uma poderosa arma dos índios e negros de Aquiraz-Ce, na busca da igualdade e não discriminação.Art. Acad.III CIBDH. 2015.

FERNÁNDEZ SOLÍS, Jesús Damián y GARCÍA CERRADA, Juan., El valor pedagógico del humor en la educación social. Bilbao: Desclee de Brouwer, 2010.

FERNÁNDEZ SOLÍS, Jesús Damián. Pedagogía del humor en El valor terapéutico del humor. Bilbao. Ed. RODRIGUEZIDIGORAS, A. Serendipity. DDB, 2002, 65-88.

FERNÁNDEZ SOLÍS, Jesús Damián. "Hacia una pedagogía del humor", Rev. Ñaque: teatro, expresión educación, Hanoi, nº9, Ciudad Real. 1999.

FERREIRA, H.G.F. y GIGNOUX Jérémie. En el context de la desigualdad de oportunidades. 2008.

HERNÁNDEZ DÍAZ, José María. "Literatura de cordel e historia de la educación – Aproximación metodológica" pp.69 -75 en SISENES JORNADES D'HISTORIA DE L'EDUCACIÓN PARA LOS PAISOS CATALANES: COMUNICACIONES. Barcelona, Luis Pellicen, 1985.

HILAIRE NDGANG, Nyangone y MVOU PERRINE. "Las Caricaturas de Lybek como alternativa para una prensa pedagógica en Gabón". La Prensa de los Escolares y Estudiantes Su Contribución al Patrimonio Histórico Educativo. DÍAZ, J. M. H. (Coord.). 1ª. ed. Ediciones Universidad de Salamanca, 2015. pp. 815-827

JÁUREGUI, E. El sentido del humor; manual de instrucciones. Madrid: Integral. 2007.

JÁUREGUI, E. y FERNÁNDEZ, J. D. Alta diversión. Los beneficios del humor en el trabajo. Barcelona. Alienta. 2008.

MÁRZ, F. El humor en la educación. Sígueme, Salamanca. 1967.

MARTINS, Racquel Valério. "Jornais Pedagógicos para indígenas no Ceará (Brasil) com desenhos animados: Um olhar com humor sobre assuntos sérios". La Prensa de los escolares y estudiantes su contribuición al patrimônio histórico educativo. Díaz, J. M. H. (Coord.). Ediciones Universidad de Salamanca. 2015.pp. 951-962

MONTES PERÉZ, Carlos. "Educación, modelos familiares y antropologia. Retos para una sociedad multicultiral en la comarca del Bierzo". Familia, Educación y Diversidad Cultural. Antropología en Castilla y León e Iberoamérica, VI. Espina, A. B. (Ed.). Ediciones Universidad de Salamanca y los autores. 2004.

OROZCO GOMEZ, Martha Lucía. "Interculturalidad, religión y género hacia la tolerancia". Interculturalidad, Educación y plurilinguismo en America Latina. Madrid: Pirámide, 2011.

SILVA JÚNIOR, Gerson Alves da. Educação inclusiva e diferenciada indígena. Psicologia: ciência e profissão, v. 20, n. 1, pp. 40-49, 2000.

APLICAÇÃO DA INTERCULTURALIDADE NA EDUCAÇÃO A DISTÂNCIA: RELATOS E REFLEXÕES.

Luciana Rodrigues Ramos Duarte[119]

Resumo: Vivemos em uma sociedade multicultural. Isto implica a presença de vários grupos culturais no mesmo ambiente com complexas relações de poder que afetam diferentes áreas da vida social. O nosso trabalho centra-se na educação virtual, em um mundo globalizado onde essas relações de poder tem formado uma realidade dominante, entre outros fatores, pela desigualdade, diversidade cultural, preconceitos e estereótipos sociais que estão longe de formar uma sociedade ideal para isso requer ainda mais do que melhorias tecnológicas depende, da educação intercultural em todo o processo educativo. Ao longo deste trabalho investigamos os programas da Universidade Aberta no Brasil (UAB), particularmente na Universidade Federal do Ceará e do Instituto Tecnológico Federal do Ceará, que trabalham com programa de educação a distância e aplicamos uma invetigação da aplicação da intercuturalidade nas praticas detas duas intituições.

Palavras-chaves: interculturalidade, educação a distância, educação superior.

Introdução: O direito à educação é um direito humano universal e fundamental, tem sido tematizado, ao longo da história, por inúmeros documentos, eventos e campanhas de afirmação e legitimação dos direitos da pessoa humana em todas culturas. Os principais eventos que antecederam ao que entendemos ao direito dos seres humanos à educação foram: Declaração dos Direitos do Homem e do Cidadão, admitida pela Convenção Nacional Francesa em 1793 a Declaração Universal dos Direitos do Homem, em 1948 e a Conferência Mundial sobre Direitos Humanos, realizada em Viena, no ano de 1993.

Todavia, a regulamentação da educação no Brasil, seria somente a partir da Lei nº 9.394/96, aprovada em 20 de dezembro de 1996, (Lei de Diretrizes e Bases da Educação Nacional – LDB/96) do qual participaram inúmeros segmentos organizados da sociedade brasileira com intuito de contribuir nas diretrizes.

Além do exposto aqui, ressalta-se ainda que o presente artigo levanta discussões sobre a democratização do ensino com efetivação dos direitos humanos e sobre estudos dos programas de educação a distância.

A interculturalidade tem como objetivo o diálogo de saberes, de culturas, não excludentes mas complementam-se pela diferença sempre se trata como o mesmo plano de igualdade, assim processos educativos devem incentivar estas ações com intuito de trazer mudanças para a sociedade. (Gervás, Burgos, 2014).

Objetivo deste artigo é identificar o enfoque intercultural encontrado nos processos de ensino e aprendizagem de cursos a distância. Objetivos específicos, demonstrar a percepção dos gestores, professores e tutores da Universidade Federal do Ceará e do Instituto Federal Tecnológico do Ceará, sobre os principais desafios socioculturais para a efetivação da interculturalidade e analisar a partir de relatos a aplicabilidade da educação a distância dentro de

---

[119] [1]luciana.eadfate@gmail.com, doutoranda em Educação pela Universidade de Salamanca-ES, professora adjunta da Faculdade Ateneu. : http://lattes.cnpq.br/4466918928941957

um enfoque intercultural inserido na produção de materiais didáticos, projetos pedagógicos, na tutoria e nas interações entre estudantes e tutores.

Estratégicas da interculturalidade para a educação virtual

Na escola é inevitável reproduzimos atitudes etnocêntrica, a função educativa adequada a esta lógica "ensina" padrões culturais baseados em processos de homogeneização, realizando-se através de uma seleção cultural e de uma reelaboração dos conteúdos da cultura a serem transmitidos às novas gerações (Forquin, 1993). Para Kramer (2000), aceitar que somos feitos de pluralidade é requisito fundamental da concepção dos estudantes como produtora e não, apenas, reprodutora de cultura. Segundo a autora, o processo pelo qual as pessoas se tornam individuais e singulares se dá, exatamente, neste reconhecimento do outro e de suas diferenças numa experiência crítica da formação cultural.

Assim em uma sociedade complexa e multicultural as trocas culturais são inevitáveis bem como momentos de estranhamentos entre saberes humanos levaram situações de preconceitos, exclusão social e discriminação e até mesmo de intolerância.

Sabemos que estas situações são resultantes de paradigmas construídos historicamente em busca de uma hegemonia de grupos sociais que hoje é efetivada pela globalização.

Porém um sistema social para manter-se em equilíbrio necessita realizar "trocas" e muitas destas trocas resultarão em resistências.

A educação a distância é uma ferramenta democratizadora do ensino, com intuito de reprimir anos de atrasos educacionais por falta de infraestrutura e acesso às instituições de ensino público e privado.

Comunidades rurais e indígenas tem encontrado nesta modalidade a oportunidade de estudar e terminar o ensino superior, estes utilizam a internet através (rádio, satélite, cabos de fibra ótica) vejamos como exemplo a reportagem que foi publicada no dia 27 de janeiro de 2015, pelo jornal RONDONIAAOVIVO, apresentou um texto sobre a proposta aceita pelos indígenas Guajará-Mirim de lançar curso de ensino médio a distância no Estado de Rondônia, Brasil estas serão as aldeias que serão as primeiras a receber aulas do ensino médio transmitidas via satélite, em tempo real e com a possibilidade de interação.

Sem dúvida a interculturalidade é necessária para a educação brasileira, Candau (2008) declara que ela valoriza a riqueza das diferenças culturais e garante a inter-relação entre diferentes grupos culturais em uma determinada sociedade, está para além da tolerância mas sim o acolhimento a interação e esta pratica também se fortalece, na agenda política onde os grupos culturais tem sem dúvida questões sociais convergentes que favorecem um " projeto comum".

Um dos brasileiros que contribuiu com suas teorias de aprendizagem foi Paulo Freire, pedagogo e filósofo, que no início da década de 1960, apresentou a sua proposta de alfabetização e educação de adultos, experimentada no nordeste brasileiro que adquiriu grande visibilidade no âmbito nacional e internacional.

Sabemos que sua posição não pode ser reduzida a um "método" pedagógico. Supõe uma postura filosófica e política, uma leitura do mundo, da sociedade em que vivemos, seus pressupostos são utilizados nesta investigação, mesmo não tendo escrito sobre a educação a distância e não ter conhecido Ambientes Virtuais de Aprendizagem (AVAs) e nem cursos virtuais seus princípios são perfeitamente adaptados a educação a distância, veremos a seguir como seus princípios podem ser aplicados, principalmente para o fortalecimento da interculturalidade.

Conhecimento prévio do aluno

Como declara Freire (1996:30) "ensinar exige respeito aos saberes dos educandos estabelecer uma" intimidade" entre os saberes curriculares a experiências sociais dos indivíduos.

É muito importante a escolha de métodos, conteúdos no processo de ensino aprendizagem que leva em consideração a diversidade de referências culturais para os educandos (Vallin, 2014) e (Candau, 2010). Este reconhecimento de experiências e de vivências anteriores já devem vir expressas no plano de aula da disciplina. Ao identificar elementos da sua cultura local e de suas experiências haverá um processo de pertencimento maior.

Fazer mediação e interação na sala de aula virtual as escuras não é uma boa ideia, pedir para os estudantes se apresentarem falarem das suas experiências de vida e de conhecimento, orienta melhor as mediações pedagógicas e propicia o conhecimento mútuo entre estudantes, proporcionado até mesmo seu fortalecimento da sua identidade cultural, demonstrando seu ponto de vista em sala de aula virtual.

Cabe ao tutor fazer a integração dos estudantes e expor vivencias e respeito mútuo, principalmente quando é solicitado comentários nos fóruns coletivos, proporcionando diálogo e uma interação justa.

Relação entre o conteúdo e a vida do estudante Mostrar um conteúdo e atividades que expressam o contexto e a história de vida dos estudantes despertará interesse pelo tema.

Uma posição que o tutor deve reconhecer que o estudante é um ser social e histórico.

Uma das tarefas mais importantes da prática educativa é propiciar condições em que os educandos em suas relações uns com os outros e como professor ensaiam a experiência profunda de assumir-se, assumir-se como ser social e histórico, como ser pensante, comunicante, transformador, criador e realizador de sonhos, capaz de ter raiva por que é capaz de amar. Assumir-se como sujeito porque é capaz de assumir-se como objeto. A assunção de nós mesmos não significa a exclusão dos outros". (Freire, 1996:41).

Esta ação proporciona trocas culturais em sala virtual, deve-se ter a preocupação desde a preparação do material, das avaliações, focando nas características socioculturais locais. Com a dialogicidade da realidade, é um fortalecimento das identidades locais. Mesmo recebendo de um repositório o professor conteudista deverá adaptar ao tempo e a vivência local, as características ambientais, econômicas, dos polos. Este exercício não é fácil em frente da massificação do conhecimento que temos hoje.

Interações, mediações e a produção colaborativa

Trabalhar com a interculturalidade em ambientes virtuais é reconhecer a pluralidade de conhecimentos e promover o diálogo entre eles, sabendo que os conflitos são inevitáveis, mas importantes para a construção de uma nova sociedade para além da tolerância.

Segundo Vallin (2014) a construção do conhecimento é exigir mais que ser expectador é necessário a interação entre estudantes e tutores, entre até mesmo sobre o material educativo postado no ambiente virtual em uma prática de articulação e questionamentos, analisar, criticar, expor postos de vista, resultante das relações entre seres humanos na sala virtual.

Na sala de aula virtual também há regras, primeiro pelo manual do estudante postado no AVA, no qual o tutor apresenta aos estudantes, posteriormente o tutor mostra uma postura de como os estudantes devem apresentar respeito mútuo e interagir de forma adequada. Principalmente nos trabalhos coletivos, a comunicação é muito importante no ambiente virtual tudo deve estar muito explicado e muito claro para não gerar distorções na comunicação.

Na educação a distância é possível " estar juntos virtualmente, sem está distante", é possível fazer trabalhos colaborativos chamados de wiki. A interação é uma mão dupla como declara Vallin (2014), todos na sala devem saber seus direitos e deveres e focar na qualidade dos resultados.

Os fóruns são espaços de interação e mediação sendo uma atividade assíncrona, todos a qualquer momento podem expressar suas opiniões, entregar tarefas e ver as postagens dos colegas e juntos construir o conhecimento novo adquirido e trocar informações, ou seja, aprendam juntos em tempo diferentes.

Identificação e o reconhecimento das identidades culturais

O papel da cultura na educação para Paulo Freire é importantíssimo pois ele reforça a defesa de uma educação libertadora que respeite a cultura e as experiências anteriores dos estudantes que ele chama de educandos.

Na perspectiva freiriana

> "A cultura não é só a manifestação artística e intelectual que se expressa no pensamento. A cultura manifesta-se, sobretudo, nos gestos mais simples da vida cotidiana. Cultura é comer de modo diferente, é dar a mão de modo diferente, é relacionar-se com o outro de outro modo. A meu ver, a utilização destes três conceitos – cultura, diferenças, tolerância – é um modo novo de usar velhos conceitos. Cultura para nós, gosto de frisar, são todas as manifestações humanas, inclusive o cotidiano e é no cotidiano que se dá algo essencial: o descobrimento da diferença". (Faundez; Freire, 1985:34).

Assim como no ensino presencial os ambientes virtuais de aprendizagem devem ser espaços ecológicos de "cruzamentos de cultura" e proporcionar atividades em busca e fortalecimento das identidades culturais.

Nossa educação brasileira ´foi resultado da colonização europeia, na história está explicito a exclusão de etnias, religiões, crenças. A interculturalidade não se limita em somente valorizar a diversidade cultural e sim afirmar identidades culturais, reconhecer diversidade de saberes através das relações sociais, o diálogo e a negociação.

O que se pode evitar é que nas salas virtuais não haja exclusões, distinção de culturas e hierarquização de culturas ou fortalecer a alguma cultura hegemônica e sim propor a construção do conhecimento, mostrar as desigualdades, os conflitos e mediar situações. (Sacavino, 2012).

Desafios e experiências de interculturalidade em instituições de ensino superior em programas de educação a distância.

Para promoção da interculturalidade na educação a distância o primeiro ponto foi saber se as instituições "têm a preocupação em trabalhar aspectos da interculturalidade" apresentamos para os gestores os principais princípios da interculturalidade: inclusão, o reconhecimento do outro, respeito a identidade cultural e valorização das trocas culturais para além da tolerância, para construção de uma nova sociedade. Ambos gestores responderam que desconheciam o termo "interculturalidade" porém em ambas confirmaram que a interculturalidade a partir dos seus princípios fortaleceria a Educação a distância (EAD), principalmente para dar aos estudantes um sentimento de pertencimento e evitar evasão dos mesmos.

Em uma questão epistemológica vivenciar interculturalidade deve estar intrínseco seus princípios em todas as práticas institucionais, por serem instituições de ensino seus princípios devem ser inseridos no Projeto Pedagógico do Curso, nos planos de aulas, nas relações entre os profissionais, nos manuais dos estudantes, nos materiais instrucionais, nas práticas e atividades nas salas virtuais e encontros presenciais, é o que propomos identificar, a partir da pesquisa de campo, estas ações levaria a uma quebra de paradigmas na cultura organizacional das instituições de ensino que muitas vezes não estão preparadas para tais mudança indicadas anteriormente pelos autores.

O primeiro desafio de trabalhar a interculturalidade na educação a distância é de conhecer inicialmente seu significado, pois como declarou um dos gestores no Brasil há uma grande diversidade cultural e que a legislação garante o fortalecimento das identidades culturais, porém na prática ainda está muito aquém de se concretizar nas instituições de ensino superior.

Segundo ponto seria como identificarmos grupos culturais e a realidade dos estudantes nas salas virtuais, a proposta seria um questionário que serviria como diagnóstico, as instituições até aplicam na matrícula um questionário sócio econômico com o aluno, porém não utilizam para planejar suas ações, pois a tabulação dos dados não chegamos gestores de EAD como verificamos na fala seguinte, também outra indicação são os fóruns de apresentação.

> "Eu acho que deveria ter um diagnóstico antes de se aplicar uma atividade, planejar bem antes da matriz da disciplina e abordar em sala as particularidades do diagnóstico". (Coordenação de formação de tutoria do IFCE).

> "Na matrícula o aluno reponde um questionário sócio econômico, mas vai para o controle acadêmico, para o serviço social, porém não vem pra gente aplicar nas disciplinas". (Gestora da UAB IFCE).

> "De fato deveria ter uma EAD mais personalizada". (Gestora da UAB IFCE).

Como declara Freire (1996:30) "ensinar exige respeito aos saberes dos educandos, estabelecer uma "intimidade" entre os saberes curriculares a experiências sociais dos indivíduos". A dificuldade que as instituições apresentam em aplicar a interculturalidade remota a fragilidade da instituição em não compreender estes princípios, apresentam logo barreiras para que ocorra, apesar de que algumas ações apresentadas anteriormente são um caminho para tal vivência, Paulo Freire descreve que enquanto não haver respeito as experiências e ao conhecimento já adquirido muito se perderá no processo de aprendizado do aluno, pois não gera pertencimento.

Retornando, através da pesquisa sócio econômica, através da análise e interpretação dos dados levaria uma contextualização da turma para a fixação do conhecimento como declarou(Freire, 1996).

O Fórum o lugar mais democrático de exposição de ideia e troca de experiências como vemos, então ele deveria ser mais explorado e mais valorizado pelos os estudantes e tutores:

> "O fórum é o melhor fermenta para trabalhar com os alunos na questão da interação, pois há também uma interação off-line, que o aluno posta quando ele puder, a interação entre aluno-aluno, tutor – aluno, assim o tutor pode conhecer o aluno mais de perto, incentivar que ele busque outros conhecimentos, passa outras idéias, pois o fórum é como sala de aula, a discussão é construída a cada dia". (Gestora da UAB IFCE)

> "O fórum de apresentação deve ser explorado para o aluno se apresentar e assim gerar trocas de experiências, mas tudo isso deve ser planejado antes". (Gestora da UAB IFCE)

Como exposto anteriormente nos capítulos teóricos os fóruns são locais de exposição de opinião dos alunos e locais de avaliação, o no qual tutor posta uma pergunta, um texto e interagem com os alunos trocando informações e avaliando os mesmos.

Os representantes das instituições confirmam a importância deste instrumento "fórum" que é o lugar para fomentar debates, aprofundar ideias, lançando questões ou respondendo, estimulando a participação e o retorno dos alunos, confirmado por (Farias, 2002). Concordamos que é neste espaço que é possível aplicar de forma mais concreta a interculturalidade entre os alunos.

Assim a atuação e a formação do tutor é um grande desafio, bem como os processos de planejamento das instituições, e concluímos que esta formação mais humana ela é urgente:

> "Mudar a forma de organização dos conteúdos a serem trabalhados no AVA (atividades). Capacitar os tutores a interagirem com o outro, como cidadãos e não só no binômio professor aluno. Mesmo no ambiente virtual essa relação é possível, só necessita prender a se colocar no lugar do outro, praticar a empatia". (Tutora da UFC)

A educação a distância sem dúvida democratizou o ensino superior, foi responsável com dados apresentado anteriormente pela CAPES, Censo da ead.BR e INEP, pelo aumento do número de estudantes matriculados no ensino superior.

De acordo como Censo.ead.BR (2013-2014) o número de universitários em cursos virtuais subiu 16,2% em relação 2011, com 1,1 milhão de matriculados, quase o dobro do crescimento registrado na graduação presencial tradicional que foi de 8,4% no mesmo período, assim concordamos que alunos matriculados em curso superiores online encontram uma oportunidades para concluir um curso superior, principalmente aqueles que não tema acesso a educação presencial vivem longe das grandes cidades, além de ter oportunidade de conhecer uma nova forma de apreender, "aprender virtualmente".

> "Atualmente sim. No âmbito acadêmico a EaD vem se tornando a cada dia mais dinâmica e consegue abrange espaços e pessoas que até pouco tempo atrás não tinham acesso a Educação Superior por fatores que iam do financeiro ao demográfico, e hoje quase não existe esses problemas. Quanto ao âmbito social vivemos em um mundo globalizado, conectado, que se transforma e transforma as pessoas por isso é necessário, essa interação". (Tutora UFC).

Finalizando, outro grande desafio é trabalhar a " Inclusão digital" pois sem ela os estudantes não conseguirão explorar o máximo que as TICs podem proporcionar, principalmente para a busca de mudanças sociais em nível planetário.

> "O primeiro ponto a se pensar é que enquanto o meio de propagação de conteúdo: tecnologias, como internet, computadores celulares, esses tipos de coisas estão cada vez mais acessíveis e evoluídos, temos o problema de que as pessoas, e quando digo pessoas me refiro a professores e alunos não sabe usar essa tecnologia. Então temos um meio de comunicação onde as pessoas não conseguem se comunicar de maneira eficiente, e nisso você vê uma grande resistência da academia, na verdade, dos professores e alunos, ao uso dessas tecnologias. Há uma barreira que deve ser quebrado". (Tutor da UFC).

O modelo EAD favorece a inclusão digital dos alunos, contribui para a ambientação dos estudantes à nova metodologia, favorecendo a organização no ambiente virtual. Nesse modelo de individualização do processo de aprendizagem, podemos afirmar que as tecnologias digitais vêm superando e transformando os modos e processos de produção e socialização de uma variada gama de saberes. Criar, transmitir, armazenar e significar está acontecendo como em nenhum outro momento da história, ao utilizar a tecnologia é possível contactar com mais pessoas e sensibiliza-las para alguma causa, também na busca do conhecimento encontrar várias fontes e trocar experiências entre grupos culturais.

Com o advento da internet e das TICs a inclusão tecnológica dos usuários é inevitável, porém o conhecimento necessário para utilizar estas novas tecnologias é para além do conhecimento técnico, direcionado a capacidade de localizar, filtrar, selecionar, criticar, se proteger como declara Silva (2005), assim saber acessar informações por meio delas, compreendê-las, utilizá-las e com isso mudar o enfoque cognitivo e a consciência crítica para utilizar as TICs de forma plena. Hoje muitos grupos culturais e movimentos sociais utilizam a rede para se comunicar e para mostrar suas ações, valores, ideologias com objetivo de protestar e propagar informações.

As instituições UFC e IFCE iniciam este processo no primeiro encontro presencial, no qual apresenta o ambiente virtual, as formas de avaliação e como são as interações virtuais, no passar do tempo o aluno aprender como manusear o ambiente virtual, conhece seus tutores seus colegas e inicia interação.

Para a interculturalidade o estudante deve interagir de forma consciente, conhecendo sues colega os grupos culturais que fazem parte, ele deve manifestar seu ponto de vista, respeitar o ponto de vista dos colegas, fazer os trabalhos acadêmicos de forma crítica. Ele deve ser um curioso, um eterno aprendiz.

Considerações Finais

Em campo, observamos que as instituições investigadas desconhecem o termo "interculturalidade", porém confirmam que ao trabalharem com este enfoque seria importante para o fortalecimento da EAD, principalmente para dar um sentimento de pertencimento aos alunos e evitar evasão dos participantes.

Porém identificamos que atividades isoladas não são suficientes, mas para vivenciar interculturalidade, deve estar intrínseco seus princípios em todas as práticas institucionais como no Projeto Pedagógico do Curso, nos planos de aulas, nas relações entre os profissionais, nos manuais dos estudantes, e ficou claro que as instituições não trabalham esta concessão da interculturalidade de forma institucional plena, porém aplicam alguns princípios da educação intercultural.

Confirmamos que os ambientes virtuais de aprendizagem são espaços de trocas culturais, efetivadas a partir das relações estabelecidas entre os estudantes e tutores.

Segundo todos, foram unânimes em dizer que sim, é possível trabalhar os princípios da interculturalidade na EAD, porém com algumas limitações da realidade local. A principal fragilidade encontrada é que hoje muitas instituições trabalham com tutores com muitos estudantes por turma e com muitas atividades que requer dedicação plena do tutor a desenvolver tarefas extras ou mais personalizadas. De acordo com entrevistas levaria mais tempo para estas ações, porém sem dúvidas a prática da interculturalidade levaria um sentimento de pertencimento maior e evitaria a desistência e evasão nos cursos online.

Concluímos que um dos maiores desafios de trabalhar a interculturalidade na educação a distância, primeiramente é em conhecer o seu significado, pois como declarou um dos gestores no Brasil há uma grande diversidade cultural e além mesmo a legislação garante o fortalecimento das identidades culturais, porém na prática ainda está muito aquém de se concretizar nas instituições de ensino superior.

Referência

CANDAU, V.M., RUSSO, K.Interculturalidade e educação na América latina: uma construção plural, original e complexa. In: Revista Diálogo Educação, Curitiba, v. 10, n. 29, p. 151-169, jan./abr. 2010.

FAUNDEZ, A., & Freire, P. Por uma pedagogia da pergunta. Rio de Janeiro: Paz e Terra, 1985.

FORQUIN, Jean-Claude. Escola e cultura: as bases sociais e epistemológicas do conhecimento escolar. Porto Alegre, RS: Artes Médicas Sul, 1993.

FREIRE, P. A pedagogia da autonomia: saberes necessários à pratica educativa. São Paulo: Paz e Terra,1996.

GERVÁS, Jesús M. Aparicio; BURGOS, Maria A. D. La Educación Intercultural en la formación universitaria europea y latinoamericana. Itamud-FIFIED. Carbonero el Mayor, Segovia, 2014.

KRAMER, S. Políticas para a infância, formação cultural e educação contra a barbárie: paradoxos e desafios da contemporaneidade. Anais... CONGRESSO INTERNACIONAL MUNDOS SOCIAIS E CULTURAIS DA INFÂNCIA. Braga, 2000.

SACAVIANO, Susana. Interculturalidade e educação: desafios parar reinvenção da escola. Anais... XVI ENDIPE. Encontro Nacional de Didática e Práticas de Ensino – Unicamp, São Paulo, 2012.

SILVA, Helena; JAMBEIRO, Othon; LIMA, Jussara e BRANDAO, Marco Antônio. Inclusão digital e educação para a competência informacional: uma questão de ética e cidadania. Ci. Inf. [online]. 2005, vol.34, n.1, pp. 28-36.

VALLIN, Celso. Educação a distância e Paulo Freire. Revista Brasileira de Aprendizagem Aberta e a Distância. V. 13, out. p. 23-42, 2014.

O PAPEL DA INTRACULTURA NO DESENVOLVIMENTO DA INTELIGÊNCIA EMOCIONAL EM UMA ORGANIZAÇÃO PRIVADA DE ENSINO SUPERIOR EM FORTALEZA-CE BRASIL.

Patrícia Maia Cordeiro Dutra[120]

patrícia_dutra@hotmail.com
Faculdade Ateneu

RESUMO: O estudo da intracultura dirige olhar às pessoas no interior e sua própria cultura, com a intenção de conhecer e valorizar social e culturalmente a si mesmo como um indivíduo e como um grupo, considerando a complexidade e as diferenças internas inerentes do grupo social. O objetivo deste estudo é compreender o papel da intracultura no desenvolvimento da inteligência emocional estudantes concludentes de graduação em administração de empresas em uma organização de ensino superior. O estudo foi realizado a partir de uma pesquisa de abordagem etnográfica e etnológica, de natureza multivariada, na forma de estudo de caso, por meio de pesquisa de campo, com fins descritivo, exploratório e aplicado. A pesquisa foi realizada em uma organização privada de ensino superior, com uma população de estudantes veteranos que faziam parte da mesma classe desde o ingresso no curso de graduação. O instrumento de coleta de dados foi um questionário aplicado aos alunos na faculdade. Os resultados foram submetidos à análise de conteúdo de Bardin. As categorias de análise foram identidade, intracultura e inteligência emocional, buscando as relações entre eles. Os resultados traçou o perfil sócio-demográfico da população, e descobriu que a cultura social do grupo é predominantemente de identidade feminina e coletivista, com uma divergência entre a percepção individual em comparação com a percepção do grupo. As dimensões da intracultura e inteligência emocional mostraram características positivas em termos de auto-imagem, auto-estima e sociabilidade. Neste cenário, concluiu-se que a intracultura contribui para o desenvolvimento de inteligência emocional da população investigada.
Palavras Chave: Intracultura, inteligência emocional, percepção, identidade e educação superior.

ABSTRACT: The study of intraculture directs look inside people and their own culture, with the intention of knowing and valuing socially and culturally himself as an individual and as a group, considering the complexity and inherent internal differences of the social group. The objective of this study is to understand the role of intracultura in the development of emotional intelligence conclusive undergraduate students in a higher education organization. The study was conducted from a survey of ethnographic and ethnological approach, multivariate nature, in the form of case study, through field research, with descriptive purposes, exploratory and applied. The research took place in a private organization of higher education, with a population of veterans students who were part of the same class from the beginning of the course. The data collection instrument was a questionnaire applied to students in college. The results were submitted to Bardin content analysis. The analysis categories were identity, intracultura and emotional intelligence, seeking the relationships between them. The results outlined the socio-demographic profile of the population, and found that the social culture of the group is predominantly female and collectivist identity, with a divergence between individual perception compared to the perception of the group. The dimensions of intracultura and emotional intelligence showed

---

[120] Professora catedrática da faculdade Edice Portela – Ateneu. Graduada em Psicologia PELA Universidade de Fortaleza - UNIFOR, especialista em Saúde Mental pela Universidade Estadual do Ceará - UECE, especialista e mestre em Engenharia de Produção pela Universidade Federal da Paraíba –UFPB, mestre em Antropología de Iberoamerica pela Universidade de Salamanca-USAL, e doutoranda em Educação pela USAL.

positive characteristics in terms of self-image, self-esteem and sociability. Within this scenario it was concluded that the intracultura contributes to the development of emotional intelligence of the population investigated.

Key Words: Intraculture, emotional intelligence, perception, identity, high education.

INTRODUÇÃO

O momento mundial, com o processo de globalização e universalização, evidencia as relações entre os povos de distintas culturas, propiciando o processo de interculturalidade. O estudo desse processo apresenta, dentre seus múltiplos objetivos, o propósito de favorecer as relações entre os povos, grupos e por fim, entre as pessoas. Ao buscar a qualidade das relações intergrupais, esse caminho apontou para a necessidade de olhar primeiramente para si mesmo integrando outro conceito, que é o da intracultura.

A intracultura é compreendida como um fenômeno que se desenvolve internamente em povos ou grupos sociais, e que deve ser valorizado a mais da interculturalidade, ou seja, da disposição para a interação entre culturas diferentes. Tem a proposta de potencializar o conceito de identidade, o reconhecimento de uma cultura específica e a identificação daquilo que o povo ou o grupo aprende por si mesmo (Burgos & Gervás, 2014: pág.33).

O estudo da intracultura direciona o olhar para o interior das pessoas e de sua própria cultura, com a intenção de conhecer e valorizar social e culturalmente a si próprio enquanto sujeito e como grupo, considerando a complexidade e as próprias diferenças internas do grupo social. Gervás (2011, pág.15) considera que somente após ter alcançado esse objetivo se torna possível buscar aspectos interculturais e multiculturais, que são fenômenos frequentes também em ambientes de produção acadêmica e científica.

A máxima inscrita no templo de Apolo em Delfos: " Conhece-te a ti mesmo" é uma proposição de imenso valor e premissa para a autoestima, que é uma das dimensões da inteligência emocional. A precariedade do sentimento de estima por si pode ocorrer em função do desconhecimento do valor intrínseco de um sujeito ou grupo por parte do mesmo, então o desenvolvimento de um aspecto da inteligência emocional pode ser considerado como intimamente relacionado ao conhecimento da intracultura ou de si próprio.

Em função de demandas mercadológicas, a sociedade tem atribuído um valor sem precedentes ao bom desenvolvimento da inteligência emocional como condição para o êxito profissional e o reconhecimento social (Goleman, 1996: p.5). Aceita-se que produtividade depende de uma força de trabalho que seja emocionalmente competente. Busca-se então, em processos seletivos, a capacidade de entender os colegas de trabalho e de promover um bom ambiente de trabalho, para exercer uma boa liderança (Bisquerra & Escoda, 2007).

A aplicação da inteligência emocional liga-se ao conceito de competência emocional como um conjunto de habilidades: a compreensão, a expressão e a regulagem apropriada dos fenômenos emocionais. De acordo com Bisquerra (2002), as competências em dois grandes blocos: i) a capacidade de auto reflexão e auto regulação, e ii) a capacidade de perceber o outro e a empatia. Essas competências sempre podem ser desenvolvidas.

As universidades ou faculdades, enquanto instituições de ensino são instituições sociais que exprimem de alguma maneira o modo de funcionamento da sociedade em que se insere, ou seja, é um reflexo seu. No Brasil a educação, juntamente com a saúde, cultura e pesquisa científica, passou a ser tratada como um serviço que não envolve o exercício do poder do Estado desde 1995, conforme texto de apresentação do Plano Diretor da Reforma do Aparelho do Estado (PDRAE) (Câmara De Reforma Do Estado, 1995: p. 12).

Configurando a educação como um serviço, instituições de ensino superior podem portar-se como organizações, tendo como objetivo vencer processos de competição com suas semelhantes, que reflete a sociedade, efêmera e constituída por organizações cujas estratégias dedicam-se à competição entre si. Essas organizações são voltadas para si mesmas e conduzidas por padrões e estratégias de eficácia organizacional, orientadas para demandas de mercado e alheias ao trabalho intelectual (Chauí, 2003).

O ambiente de ensino superior configurado como uma organização considera o uso intensivo do conhecimento como mercadoria, capital e vantagem competitiva. A organização se alinha às necessidades do mercado e os docentes são ocupados com atividades voltadas para a habilitação do aluno ao mercado de trabalho, que menosprezam a formação intelectual (Tremblay, 2015).

O direcionamento às demandas de mercado subtrai parte da atenção que poderia ser direcionada às pessoas. Diante do contexto exposto, este estudo busca conhecer a intracultura do grupo social que constitui a população desse tipo de organização e dar ênfase ao conhecimento de aspectos sociais, culturais e emocionais, como requisitos essenciais à configuração intracultural e à inteligência emocional.

O objetivo da pesquisa que ora nos propomos a realizar será conduzida na cidade de Fortaleza, capital do Estado do Ceará, nordeste do Brasil. O que se pretende estudar é o papel da intracultura no desenvolvimento da inteligência emocional em uma organização privada de ensino superior. O estudo buscou a relação entre esse modelo de organização, a intracultura e o desenvolvimento da inteligência emocional.

A população investigada foi constituída por um grupo de alunos concludentes do curso e administração de empresas, que estuaram juntos desde o primeiro semestre. Essa escolha se deu em virtude de sua preparação para conduzir pessoas e processos gerenciais reproduzindo aquilo que aprenderam na organização de origem de sua formação.

A importância pessoal da pesquisa aqui proposta representa a evolução de diferentes aprendizagens que evolvem o homem em seu ambiente de trabalho, conforme investigações prévias realizadas nas especializações e no mestrado. O presente estudo aproxima as dimensões emocionais, organizacionais e educacionais, que são relevantes na trajetória de evolução da pesquisadora.

Neste trabalho, o foco na organização de estudo permite futuras comparações, tanto no âmbito privado quanto no público, observando a questão humana, a construção do sujeito que constrói o conhecimento em suas relações interpessoais e organizacionais. Questionar a forma de produção do conhecimento na era do conhecimento deve contribuir para explorar a função do conhecimento gerado nas academias científicas, bem como favorecer a busca pela reintegração das emoções humanas ao processo de construção do conhecimento.

A possibilidade de fortalecer a intracultura em organizações de ensino superior, associada ao desenvolvimento da inteligência emocional, e à modelagem da ação do profissional por ela formado, oferece conhecimentos para que se compreenda melhor a qualidade da formação e das condições de exercícios profissionais que serão fatores favoráveis à sociedade em vista da reprodução que, multiplicando seus valores e princípios, podem ser agentes de transformação da realidade, formando pessoas com visão integrada das emoções no âmbito do trabalho e da educação.

Através deste estudo as instituições podem rever sua dimensão humana e conhecendo-se melhor, pensar também o seu direcionamento em função da real razão social de existir e rever que tipo de profissionais está sendo formado em virtude de seus próprios valores e modo de gestão. Essa pesquisa pode relacionar a intracultura da organização de ensino superior e a modelagem da ação do profissional por ela formado e que, multiplicando seus valores e princípios, podem ser agentes de transformação ou de manutenção da realidade, bem como da cisão entre a razão e as emoções no âmbito do trabalho e da educação. Os saberes e crenças ali instituídos exercerão influência na vida profissional do aluno, em suas escolhas e em sua conduta em diversos aspectos.

Investigar de forma acadêmica a intracultura de uma organização de ensino superior favorece a reflexão sobre o que as pessoas, que dela fazem parte, pensam sobre si mesmas, quais os seus valores enquanto grupo, como se percebem, e o quanto se estimam. Essa reflexão pode facilitar a auto percepção e quais as implicações das relações conforme ocorrem nesse contexto. A avaliação pode facilitar propostas de mudança ou de aperfeiçoamento de condutas, processos e sistemas para o melhor desenvolvimento da organização, com uma perspectiva mais integrada, pelo fato de buscar aproximar a emoção da razão.

O estudo antropológico voltado à dimensão intracultural vem sendo desenvolvido recentemente e direcionado ao conhecimento desse processo em povos ou populações, a fim de relacioná-lo com processos interculturais. No caso da investigação proposta, o estudo da intracultura volta-se a um grupo social inserido em uma organização, mas não pode ser confundido com cultura organizacional. Nesse caso, a cultura resulta da organização do trabalho, da política e das relações interpessoais, e mesmo do contexto do mercado, envolvendo ainda prestadores de serviços e clientes, alunos, ao mesmo tempo. No caso da intracultura, o que se buscou, dentre muitas outras características, foi averiguar a imagem, estima e valores das pessoas enquanto grupo social e em sua própria percepção nessa relação comercial e profissional.

Esta pesquisa considerou as contribuições que a compreensão do valor da emoção tem para a construção dos saberes. A proposta de integrar o desenvolvimento da inteligência emocional aos projetos educacionais de cursos de graduação pode vir a complementar o aporte teórico e prático de cunho expressivamente técnico das graduações, bem como favorecer ao conhecimento sobre relação entre o conceito de intracultura e a inteligência emocional.

O objetivo geral foi compreender o papel da intracultura no desenvolvimento da inteligência emocional de alunos que cursam a graduação em administração, de empresas em uma instituição privada de ensino superior. Os objetivos específicos foram: Conhecer a intracultura de uma organização privada de ensino superior no Ceará; Buscar as relações da inteligência emocional na população investigada; Encontrar a indicação de ações para o desenvolvimento da inteligência emocional no curso de graduação em administração; Descrever o posicionamento das pessoas quanto às emoções, em função da intracultura; Discutir as informações à luz de autores contemporâneos da temática.

ANTROPOLOGIA CULTURAL

São muitas as divisões da antropologia. Em suas buscas por compreender e conceber o homem, esta ciência dividiu-se em bases empíricas, com dimensões físicas e culturais e especulativas, fundamentadas na filosofia. Neste estudo, a antropologia cultural empírica é que oferece o fio de Ariadne para a melhor compreensão do objeto de estudo.

Este campo da antropologia estuda a sociedade humana observando as diferenças e semelhanças entre as pessoas, seus comportamentos, crenças, valores, religiosidade, atividades econômicas, e sua vida em sociedade (Kottak, 2011). A antropologia cultural também pode ser definida como "o estudo e descrição dos comportamentos aprendidos que caracterizam os diferentes grupos humanos" (Barrio, 2005, p. 21).

Em sociedades heterogêneas, o estudo da interação e convivência das pessoas em espaços comuns requer o conhecimento de paradigmas e modelos de relações sociais, a saber, trans, multi, inter e intracultural, para que seja possível intervir e compreender melhor as sociedades contemporâneas (Burgos e Gervás, 2014).

Estes paradigmas são essenciais para o estudo de grupos sociais, especialmente no Brasil, que tem como sua principal marca cultural a mistura, já que nasceu do encontro entre europeus e indígenas. O primeiro contato com povos estrangeiros foi com os portugueses, que já traziam uma influência moura, e seguindo o padrão das colonizações, logo trouxeram os africanos como escravos, contribuindo mais ainda para a diversidade que caracteriza o País. Dessa mistura, além de novas etnias, também surgiu outro linguajar, imprimindo ao idioma português falado aqui grande diferenças do original, pela incorporação de expressões indígenas e africanas no vocabulário corrente.

O encontro de europeus com os habitantes do novo mundo antigo. O contato entre os povoadores da região foi uma mistura de encontros e desencontros. A submissão e o extermínio de milhões de indígenas marcaram a colonização e imprimiram o caráter de exploração, martírio e dominação entre colonizadores e colonizados, ou seja, na cultura desse novo povo que ali se constituía, seguindo a mesma conduta de colonizadores espanhóis na América. A morte não se espalhou apenas por ação decidida da mão do home branco não selvagem, mas pela transmissão de doenças como a cólera, a gripe e a sífilis. Como diz Chico Buarque em sua música "fado tropical", ao chegar à terra *brasilis* o povo português "em sua densa mata se perdeu e se encontrou", mas encontrou e perdeu também a civilização que ali conheceu.

Na busca por construir um imenso Portugal, o continente foi fatiado e designado a militares, comerciantes e jesuítas, expandindo a ação de dominação ao agente religioso, que conseguiu fazer desta uma nação eminentemente católica, apesar de tanta diversidade de religiões aceitas e cultuadas no Brasil.

O tráfico e o comércio de escravos neste imenso país conduziu o transporte de uma inestimável quantidade de negros, com o poder de disseminar e integrar à sociedade os seus saberes. A mesa dos cortesãos foi apropriada por iguarias inusitadas e ao comer suas delícias, os portugueses ingeriam os temperos, os nomes, as cores da África e as entranhavam no sangue do povo que nesta mistura nascia.

A diversidade cultural aumenta após a libertação dos escravos, que ocorreu no Ceará em 24º de Fevereiro de 1883, na cidade de Redenção, e em todo o estado em 25 de Março de 1883, cinco anos antes da Lei Áurea, que foi a lei que permitiu a libertação definitiva dos escravos, e lhe rendeu por isso a alcunha de Terra da Luz.

Para substituir a mão de obra escrava, os processos imigratórios favoreceram a intensificação da miscigenação com a vinda de pessoas de diversos países, como italianos, japoneses e alemães, que aqui criaram suas comunidades e se misturaram ao povo nativo, diversificando ainda mais a nossa cultura.

Diante dessa multiplicidade de influências, considera-se que esta variedade também se expressa na pluralidade de religiões, de expressões artísticas e mesmo de expressões idiomáticas, visto que o regionalismo marca o uso de termos que não se repetem ou encontram fora da própria região de uso. No estado do Ceará já foi feita a publicação de um dicionário de expressões para turistas se comunicarem melhor ao chegarem por aqui. Esse mesmo Estado é o criador do primeiro filme brasileiro com legenda em português para brasileiros, chamado "Cine Holiúdy", a fim de que entendam claramente o que os personagens dizem em seu peculiar vocabulário.

O paradigma da multiculturalidade pode ser facilmente exemplificado pelo caso do Brasil, cujos grupos sociais abrigam grande diversidade desde suas origens. Esse conceito, conforme Burgos e Gervás (2014) presume a existência de culturas heterogêneas em um mesmo espaço em uma mesma época. "Ocorre que do ponto de vista constitucional o Brasil é, reconhecidamente, pluriétnico, o que enseja o aceite das particularidades dos grupos formadores da nação brasileira, livre de qualquer padrão estereotipado" (D'Adesky, 2005, p. 190). A constituição de 1988, em seu preâmbulo, afirma a garantia do exercício da pluralidade no seguinte parágrafo:

> Nós, representantes do povo brasileiro, reunidos na Assembleia Nacional Constituinte para instituir um Estado democrático, destinado a assegurar o exercício dos direitos sociais e individuais, a liberdade, a segurança, o bem-estar, o desenvolvimento, a igualdade e a justiça como valores supremos de uma sociedade fraterna, pluralista e sem preconceitos, fundada na harmonia social e comprometida, na ordem interna e internacional, com a solução pacífica das controvérsias, promulgamos, sob a proteção de Deus, a seguinte CONSTITUIÇÃO DA REPÚBLICA FEDERATIVA DO BRASIL (Constituição, 1988)[121].

Entretanto, esta característica de tolerância e respeito à diversidade não impede o fato de que os preconceitos contra minorias culturais como as dos negros, índios e mesmo de homossexuais existam simultaneamente. O mero reconhecimento da diversidade de um tecido social multifacetado propicia o tangenciamento múltiplo no cotidiano, mas não garante que a convivência ocorra afinada com valores maiores, requeridos para a boa convivência com o outro ou o aprofundamento das relações. O que mais facilmente pode ocorrer são a proliferação de espaços de convivência onde os diferentes se encontram e as relações sociais inclusivas sejam favorecidas, mas que também fomentam as relações de exclusão e os conflitos sociais.

A fim de verter os diferentes em um mesmo ambiente e favorecer sua convivência, o paradigma da transculturalidade propõe o entrelaçamento das culturas, a retirada das grades de proteção, nem sempre simbólicas, e a abertura do isolamento que os 'condomínios' culturais mutuamente promovem. Nesse modelo de contato e interação, a diversidade pode encontrar-se, estabelecer trocas e criar pontos em comum, não apenas para câmbio de informações e aquisição de conhecimento sobre o diferente, mas, conforme Burgos e Gervás (2014, p. 33), *"hace referencia a la situación en la que diferentes culturas entran en contacto entre si y se influyen mutuamente, interactuando y generando puntos comunes de coexistencia y facilitando la convivencia"*.

---

[121] Constituição da República Federativa do Brasil de 1988. (1998). Brasília. Recuperado em 10 abril 2015, de http://www.planalto.gov.br/ccivil_03/constituicao/constituicao.htm

Então também em um ambiente educacional se conforma o espaço de convivência das diferenças. No caso de ambientes educacionais em nível de graduação as diferenças podem ser maiores ainda, visto que não há o obrigatório nivelamento por faixa etária que as escolas praticam. As variáveis que afetam as vivências que vão conformando as identidades humanas a partir das atividades sociais em uma sociedade urbana pós-moderna são mais complexas que em comunidades pequenas de origem de minorias étnicas. As relações de trabalho, a religiosidade, condições socioeconômicas, estilos de lazer, e infinitas outras variáveis influem também o comportamento, as atitudes e os valores, enfim, a cultura.

INTRACULTURA: CONCEITOS E TEORIAS

O tema da intracultura vem sendo relacionado à compreensão de certas dimensões da cultura no cerne de grupos sociais, e dirigido ao estudo dos povos originários. A proposta de seu fortalecimento incentiva a melhoria das relações interculturais, ou seja, da boa convivência de pessoas com origens, etnias e culturas diferentes, a partir da consolidação e conscientização da própria identidade, sem que se privilegie uma cultura ou um povo sobre outro, indicando a contraposição ao etnocentrismo.

O conceito de intracultura compreende a valorização dos elementos que são próprios de uma cultura, que a tornam única e a diferenciam de outras e que são pontos de orgulho e de força interior. A antropologia cultural estuda a sociedade humana e sua cultura, como define Kottak (2011, p. 10) *"describe, analiza, interpreta y explica las similitudes y diferencias sociales y culturales y [...] el comportamiento, las creencias, las costumbres, la vida social, las actividades económicas"*. Estas temáticas também se aplicam ao caso de grupos sociais urbanos como os de alunos de instituições de ensino superior. Associando ao conceito da intracultura, é possível conceber que a condição de valorizar e validar sua cultura, suas características e conhecimentos prévios que trazem consigo antes de ingressar na instituição da mesma forma que valorizam os conhecimentos científicos e os valores da sociedade e da comunidade empresarial a que se propõem a fazer parte como profissionais significa respeitar e valorizar sua identidade.

Reconhecer esta identidade significa tratá-la em toda a sua autenticidade e capacidade de contribuir para a formação profissional e debates educacionais profissionalizantes em condições iguais de enriquecimento por trazerem para os conteúdos técnicos suas experiências de vida, sua maturidade e sabedoria sobre relacionamentos interpessoais. A intracultura permite então o reconhecimento de cada experiência e histórias de vida dos que fazem parte do grupo, mesmo que diferentes de profissionais já formados, especialistas, mestres e doutores, professores das instituições de ensino superior.

Apesar das interferências daqueles que têm visões de mundo diferentes, ainda entre os semelhantes. Ou seja, mesmo entre os pares de um mesmo grupo pode haver diferenças que venham a provocar choques culturais, nesse caso intraculturais. Segundo Muñoz (2015, p.111)[122] estes choques seriam:

---

[122] Muñoz, Natividad H. (2015). *El choque intracultural en español. Perspectivas desde la formación de profesores de E/LE1.* Recuperado em 24 abril 2015, de http://www.ugr.es/~portalin/articulos/PL_numero22/8%20%20NATIVIDAD%20Hernandez.pd f.

Cada grupo ou povo constituído pode ser visto então a partir de suas interações em níveis diferentes, a partir de sua história e através de processos variados. A interculturalidade e a multiculturalidade sucederiam à intraculturalidade. A partir de uma identidade construída e de suas características, as relações com outros grupos passa a se desenvolver também. O conjunto de valores e crenças vai ditando a natureza e os critérios a partir dos quais as trocas começam a acontecer. As origens e o repertório cultural do grupo passam a ser a visão de mundo que regula as interpretações de fatos, experiências e contextos que se tocam entre os povos ou membros de grupos sociais que se encontram.

A interculturalidade, em conjunto com a multiculturalidade, em uma dimensão mais expandida que a intra e a interculturalidade se caracteriza pela presença de diferentes culturas em um mesmo espaço ou ambiente geográfico, desta forma, encontra-se em todas as sociedades humanas, a não ser naquelas que estejam isoladas, sem possibilidades de contatos pelos mais variados motivos. A transculturalidade que representa o pluralismo cultural entre os povos mais distantes, não tendo barreiras geográficas como empecilhos, traduza a ideia de uma aldeia planetária. Estas instâncias fazem parte em conjunto do paradigma ecológico de intervenção, que segundo Burgos e Gervás (2014, p. 33).

As combinações de todos os componentes culturais podem interagir entre si de uma forma muito saudável, desde que a educação favoreça esse diálogo. Para isso as comunidades precisam ser orientadas dentro de princípios como respeito mútuo, aceitação das diversidades e das diferenças como condições a serem valorizadas e não temidas ou desvalorizadas.

IDENTIDADE

Stuart Hall (2010, p. 10) tratou o tema da identidade a partir de sua relação com a evolução social e histórica da humanidade, sendo assim, postulou três categorias de identidade: a do sujeito do Iluminismo, o sujeito Sociológico e o sujeito Pós-moderno.

O sujeito Iluminista é antropocêntrico, racional, o "eu", com ressalva para este eu no gênero masculino, era a própria identidade do homem.

O sujeito Sociológico compreende por fim o homem como não se bastando a si mesmo nem sendo autossuficiente, mas resultante das relações múltiplas com o outro, que media a relação com os valores, a cultura e o mundo em que vive. A interação era a palavra chave para a identidade, constituída pelo interior e pelo exterior, a identidade sutura o homem ao meio cultural em que habita.

O sujeito pós-moderno é concebido como um sujeito fragmentado, de identidade múltipla, adaptado aos variados papéis que a era contemporânea propõe que ele viva e interprete de acordo com o ambiente, ou a "tribo" de que se acompanhe. A cambialidade desta época faz das instituições, das estruturas, das necessidades da cultura algo provisório e instável. Assim, o homem é conceituado como "não tendo uma identidade fixa, essencial ou permanente" (Hall, 2010, p. 12). Sobre a modernidade tardia, Marx e Engels sabiamente como lhes era natural, publicaram a célebre expressão apresentada no famoso Manifesto do Partido Comunista: "tudo o que é sólido desmancha no ar", como indicação clara da tônica das mudanças que se conformaram nos processos de globalização.

Esse fenômeno sócio-econômico e cultural facilitou o contato e as trocas comerciais e culturais entre os povos, minimizando a ignorância, as distâncias, eliminando fronteira, barreiras, e favorecendo a que o homem cultive e crie identidades mais universalistas e transnacionais. O peso dos nacionalismos e das etnias foi suavizado pela possibilidade de cada um diversificar a si mesmo, de criar identidades mais racionais, mais coletivas em torno de ideias e ideais. Contraditoriamente, fortaleceu as lealdades étnicas das minorias, que nesse universo plural passaram a enxergar que havia lugar para si mesmas e passaram a se buscar em sua originalidade, singularidade, em sua intraculturalidade.

Lamentavelmente refloresceram atos extremistas de violência contra o diferente. A infeliz mostra dessa condição vem se repetindo através de atos terroristas resultando em mortes de inocentes, tanto daquele que carrega em si as bombas ou as armas, como de suas vítimas, na destruição de obras de arte milenares e na decapitação de cristãos, como se estivéssemos em um novo coliseu, a internet, promulgando o valor do pão pelo circo. Veículo fácil, indiscriminado e acessível para a disseminação de tudo o que se pode imaginar, bem diferente das épocas anteriores, quando para se promulgar uma causa, ou se fazer uma denúncia clara em meios de comunicação como o jornal era necessário um ato de ousadia, uma atitude inusitada, como foi a de Émille Zola ao publicar sua denúncia endereçada ao presidente da república contra o inquérito e julgamento fraudulento do militar Dreyfus, sob o título "J'Accuse".

Na dimensão ontológica, ao refletir sobre si mesmo e sobre os outros o homem constrói uma história, uma teoria que busca ter consistência interna e fugir das contradições. Porém, na adolescência, quando amplia e aprofunda seus papeis sociais, as contradições parecem intensificar-se, na tentativa de "integrar atributos opostos, valorizados por diferentes grupos ou pessoas" (Rodriguez & Damásio, 2014, p. 30).

As contradições experienciadas na adolescência são superadas quando passam a ser compreendidas por meio de abstrações que englobam contextos mais amplos para a compreensão de si mesmos. A descoberta de um propósito de vida passa a dar sentido à sua existência e está diretamente relacionado à constituição da identidade. Há uma relação dialética entre o desenvolvimento dos propósitos e a construção da identidade. Ao se compreender melhor, a pessoa se direciona a propósitos com que sente mais afinidade com a sua identidade e resolve também conflitos e contradições da crise da identidade. A identidade pode ser definida como "o conjunto de crenças e objetivos significativos que fazem parte de um sentido coerente e consistente com quem ele espera se tornar no futuro" (Bronk, 2011 apud Rodriguez & Damásio, 2014, p. 31).

Segundo Erickson (1968) a identidade se estabelece a partir do vínculo que se cria entre o que se é no momento presente, em função de sua história de vida da infância até aquele momento, e aquilo que a pessoa almeja ser no futuro. Também caracteriza a identidade a partir da relação entre a imagem que a pessoa tem de si e o que os outros percebem e esperam dele.

A clareza da própria identidade permite que se coordenem as próprias ações em função de estabelecer uma coerência entre à vida e orientando o vínculo que a pessoa estabelece com o mundo e com a sociedade. A construção da identidade é um processo intrinsecamente social, onde se confrontam as opiniões pessoais sobre o eu e as opiniões de outros que sejam significativos, compondo assim um sentido significativo e palpável de si (Harter, 2003).

As concepções a partir das quais uma pessoa se identifica para si e para os outros são crenças que consubstanciam o autoconceito ou a autoimagem. Entretanto, essa identidade e as crenças que a constituem são constantemente colocadas à prova nas interações sociais e através do grau de eficácia que é avaliado a partir dos critérios com os quais a pessoa se autorreferencia. De acordo com Loos (in Rodriguez & Damásio, 2014, p. 32) o conceito de identidade é "o conjunto de crenças autorreferenciadas e está constituído pelo autoconceito, autoestima, e autoeficácia. Estas crenças estariam em interação entre si e atuariam como variáveis moderadoras na regulação do comportamento em diversos contextos".

O autoconceito constiui-se das crenças e da imagem que a pessoa faz de si, com a característica de ser mutável conforme o passar do tempo e o aprofundar das experiências (McDavid, 1990 in Rodriguez & Damásio, 2014). A autoestima, concerne ao valor atribuído àquilo que se vive e ao conceito ou imagem que a pessoa tem de si, refere-se ao quanto a pessoa aprecia, gosta, dá importância ou não aos seus atributos (Harter, 2003). Conforme o conceito de aprendizagem social de Bandura (Pinheiro, 2015)[123], ele afirma que os fatores do meio modelam o comportamento da pessoa e a auto-eficácia, seria o grau de confiança que a pessoa teria no seu desempenho, em suas atitudes, em suas habilidades e capacidades que a levariam ao êxito ou não nas metas e desafios que se arremetesse a empreender.

Estes três componentes da identidade são importantes reguladores do comportamento social das pessoas, permitem em conjunto a definição da forma de lidar com as situações em função da percepção que tem do contexto e de si, a partir do autoconceito, enquanto que a autoestima e a autoeficácia contribuem para orientar o indivíduo nas escolhas em que se perceba possivelmente mais exitoso ou que considere mais importante para si, condicionando então o tempo a que dedicaria ao desenvolvimento das habilidades necessárias à sua conclusão. É importante ressaltar que aquilo que uma pessoa considera como importante é geralmente influenciado por pessoas que sejam significativas para ela, e cujos resultados tendem a afetar mais a autoestima em função da imagem que deseja ter diante de quem lhe é caro, podendo então intensificar níveis de ansiedade proporcionalmente ao autoconceito e ao grau de autoeficácia. Esses contextos são chamados de 'áreas de contingência de autoestima' (Harter, 2003).

INTELIGÊNCIA EMOCIONAL

O estudo da inteligência emocional tem recebido uma notável atenção, favorecida destacadamente pelo sucesso da publicação do livro 'a inteligência emocional' de Daniel

---

[123] Pinheiro, M. da S. *Aspectos biopsicossociais da criança e do adolescente.* Recuperado em 8 de julho de 2015, de http://www.cedeca.org.br/conteudo/noticia/arquivo/3883a852-e760-fc9f-57158b8065d42b0e.pdf.

Golleman, ao final da década de 90. Entretanto, este estudo já vinha sendo desenvolvido dentro de outra perspectiva pelos pesquisadores Meyer, Salovey e Caruso. As diferenças de proposições teóricas destes autores merecem destaque.

Os dois grandes modelos de inteligência emocional são os de habilidades e o misto. O modelo misto combina algumas dimensões da personalidade como o otimismo e a capacidade de automotivação com habilidades da ordem do emocional. Por outro lado, o modelo de habilidades foca apenas no processamento emocional das informações e na capacidade de realizar este processamento. De acordo com esta última teoria, a inteligência emocional pode ser definida como a habilidade que o homem dispõe de perceber os seus sentimentos de forma apropriada e a partir de então, de atendê-los. Trata também da capacidade de adequadamente assimilar e compreender as emoções, e da condição de regular e modificar o estado de espírito, a disposição de humor e dos demais. (Mayer y Salovey, 1997 in Berrocal, 2015) .

Mayer e Salovey (1990, pág. 189) definem Inteligência Emocional como a capacidade de perceber acuradamente, de avaliar e de expressar emoções, a capacidade de compreender a emoção e o conhecimento emocional e a capacidade de controlar emoções para promover o crescimento emocional e intelectual. Estes autores definiram quatro dimensões que evolvem desde os processos mais simples aos mais complexos do processamento são as seguintes.

• Percepção, valorização e expressão da emoção – trata da capacidade de identificar as emoções de sim mesmo e dos outros, assim como a capacidade de expressar adequadamente e com clareza os sentimentos e suas respectivas necessidades.

• A emoção como facilitadora do pensamento - as emoções nos permitem apreender e atender às informações que sejam importantes, facilitam a tomada de decisões e a possibilidade de mudar o ângulo de análise, e dão o tom em que os problemas serão enfrentados.

• Compreensão e análise das emoções – a capacidade de identificar emoções diferentes e entender as diferentes relações entre elas, às diferentes situações em que se manifestam e como ocorre a transição entre estados emocionais.

• Regulação emocional e a promoção de crescimento emocional e intelectual – a capacidade de estar aberto a estados emocionais tanto positivos como negativos como único caminho para o seu entendimento, bem como a habilidade de regular a expressão das próprias emoções e as dos outros, sem as minimizar ou intensificar de forma extrema.

A teoria de Salovey, Caruso e Meyer indicam uma visão mais interessante sobre o papel das emoções, como um fator que acrescenta melhores condições de compreensão da dinâmica social e individual da existência humana ao contrário da visão em que as emoções seriam uma oposição ao racional, como fator de desorganização e atraso de atividades cognitivas, obscurecendo o raciocínio. Reconhece o poderoso efeito que as emoções têm sobre a aprendizagem e a adaptação.

As emoções podem facilitar ou dificultar a adaptação quando a internalização de elementos da cultura são mais ou menos cristalizados em um conjunto de crenças e de premissas reguladoras do comportamento social. As emoções bem harmonizadas ajudam a estabelecer a relação entre as várias informações disponíveis em um contexto social o que traz uma boa vantagem adaptativa. Culturalmente, as crenças e os valores de um povo passam a agir sobre as reações emocionais mais primitivas. O registro coletivo de normas e padrões de aceitação social podem provocar respostas programadas de caráter funcional e adaptativo, condizentes com situações onde algumas respostas são automatizadas, muitas vezes acontece de maneira inconsciente. Uma parte do processamento das emoções acontece em uma parte mais primitiva do cérebro, de forma automatizada, que, quando alerta, desperta as atividades cognitivas superiores para a análise da situação vivida e modula a resposta que se manifestará. Este ponto de acionamento destas atividades superiores lança mão do uso de crenças e diretrizes e é crucial para a modelagem de respostas adaptadas à situação. As respostas são relativamente flexíveis e podem modificar conforme a análise do ambiente, fazendo recomendável a reavaliação da cultura.

De acordo com a teoria de Goleman (1996), para muitos, administrar as emoções e usá-las em seu beneficio é um grande desafio, portanto reprimi-las, aparenta ser uma opção que dá a ilusão de ser uma atitude emocionalmente inteligente, pois relaciona o controle e a repressão emocional à inteligência. Quando o individuo é capaz de compreender as emoções, passa a lidar com as situações adversas de seu cotidiano de modo mais produtivo. As emoções também são produzidas pelos pensamentos, alterações fisiológicas e atitudes, como reação aos acontecimentos externos, fazendo o manejo balanceado de cada um destes componentes, sem negá-los ou reprimi-los de forma a impedir o seu reconhecimento e expressão, é possível controlar suas emoções.

A saúde emocional reflete-se em todos os aspectos da vida do ser humano, profissional, pessoal e social; as emoções são estimuladas pelos pensamentos e pelas sensações e percepções que temos do ambiente no qual estamos inseridos. Quando os pensamentos são bons, úteis e positivos teremos ações e quando forem ruins, inúteis e negativos ocorrerão reações que nem sempre serão boas e equilibradas, dependendo do grau de autocontrole e autoconsciência que o indivíduo tem é possível se estabilizar emocionalmente ao enfrentar as adversidades diárias.

Direcionando para o ambiente de trabalho, por exemplo, boas relações podem ser úteis em vários aspectos como: harmonia, sinergia e aumento da produtividade dos funcionários, fazendo com que o trabalho não seja uma obrigação com pesar, mas uma responsabilidade que se tem prazer em executar.

Para medir a IE possuímos alguns indicadores que são: autocontrole, autoconsciência, automotivação, empatia e sociabilidade. A partir destes conseguiremos obter parâmetros de reconhecimento da IE nas pessoas ao nosso redor, e até mesmo em nós será possível uma avaliação e desenvolvimento interno do que hoje é considerado como o grande fator de sucesso nas organizações o equilíbrio emocional.

Goleman (1996) apresenta a inteligência emocional como o resultado do equilíbrio entre as dimensões intra e interpessoal, e possuem indicadores distintos entre si. Apresenta as competências intrapessoais como: Autoconsciência; Autocontrole; Automotivação; Resiliência. As competências interpessoais seriam: habilidades comunicacionais, empatia e habilidades relacionais, que tratam da habilidade de gerenciar relacionamentos e criar redes de contato.

METODOLOGIA

A pesquisa é fundamentada na teoria hermenêutica, sendo um estudo antropológico descritivo analítico, de abordagem mista, quantitativa e qualitativa. Configura-se como um estudo etnográfico, e os procedimentos de coleta de dados incluirão o uso de caderno de anotações de campo, observações e registros audiovisuais, fazendo uso também de entrevistas e questionários sob a forma de um estudo de caso. Os resultados serão apresentados através de quadros, tabelas e gráficos, que serão analisados pela abordagem de Bardin (1.977).

As categorias de análise foram: identidade, cultura social, crenças, Intracultura e Inteligência emocional, tendo em comum as categorias de autoimagem e autoestima e a sociabilidade como categoria da inteligência emocional. A coleta de dados foi feita através de um questionário que coletou dados sociodemográficos, categorias de cultura social de Geert Hofstede, e questões extraídas de um questionário de avaliação de inteligência emocional divulgado pela Associação Brasileira de Inteligência Emocional.

RESULTADOS

Os dados sociodemográficos mostraram que o grupo é formado em sua maioria por adultos jovens, solteiros, cristãos, empregados, mas não na área de sua formação acadêmica, cursando pela primeira vez uma graduação e residindo em uma região menos favorecida em termos de desenvolvimento comercial, urbano, assim como de segurança, estética e lazer.

A cultura social do grupo expõe um grupo de comportamento em que predomina a identidade feminina e coletivista, coerente com as propostas da religiosidade cristã, e com uma distorção entre a percepção de si mesmo e do grupo como um todo, vendo a si mesmos como individualmente mais capacitados do que a coletividade.

As crenças são as de que individualmente estão preparados para assumir e confrontar as contingências do trabalho, mas como grupo, avaliam uns aos outros como menos preparados e até imaturos.

As dimensões da intracultura e à inteligência emocional, apresentam como indicadores comuns os de autoestima e de autoimagem. O primeiro combina impressões de se sentirem acolhidos pelo grupo e apreciados positivamente. O segundo apresentou resultados coerentes com a imagem que têm do grupo, um perfil de comportamento social feminino e coletivista.

Atestam em iguais proporções que pensam que são vistos pelos outros membros do grupo tanto de forma positiva como negativa. O teste de inteligência emocional revela sobre esses indicadores que o grupo sente baixa autoconfiança para tomada de decisões, mas se vê como um grupo de pessoas de bom humor estável e que se recupera rápido de maus momentos, condição indicativa de autoconfiança. Na dimensão da sociabilidade, se identificam como alegres, comunicativos e como sociáveis.

O resultado do teste de inteligência emocional identificou o grupo como medianamente desenvolvido, e tendo apenas um único componente avaliado na escala superior. A avaliação da inteligência emocional como mediana para a maioria do grupo pode ser uma das razões para a diferença entre a percepção que têm de si mesmos como maduros e a forma como são apreciados.

O perfil sociodemográfico da população expôs uma relação entre estes indicadores e os demais componentes da categoria de análise nomeada como identidade. Esses elementos são constituintes da história e da qualidade de vida das pessoas, condicionando em parte a autoimagem, a autoestima e a visão de futuro. Ao se fortalecer no grupo, pois mesmo que a visão individual sobre este não seja tão promissora, a autoimagem foi fortalecida.

As características da identidade feminina, coletivista e dos princípios da religiosidade que afirmam serem adeptos combinam indicadores de interesse e abertura ao próximo e de empatia. Sendo estes princípios que compõem a sua cultura conformada em outros ambientes ao longo de suas vidas, percebe-se a sua influência ao conformar a intracultura do grupo imprimindo nessas relações específicas e internas as qualidades dos seus valores.

O ver e reconhecer a si mesmo positivamente dentro de uma coletividade fortaleceu a crença nas perspectivas de futuro, que são parte muito relevante da identidade, e que é fundamentada na autoconfiança. Uma pessoa não consegue ver-se concretamente em uma determinada posição, no caso, profissional, no futuro de sua vida se não se crê capaz de chegar até ali. Da mesma forma não se dispõe tão facilmente a empenhar esforços naquilo que não pode acreditar.

A tripla jornada de trabalho a que se dispõem para cursar a graduação, custeada na maioria dos casos a expensas do próprio salário, são indicativos translúcidos da dedicação a uma meta alcançável na concepção deles. Em sua visão de futuro sentem-se capazes de enfrentar os desafios com os quais supõem que venham a se deparar depois da formatura e da colação de grau. Deixaram claro que não atingir suas metas de melhoria de vida não é uma opção considerada por eles após a conclusão do curso.

As concepções teóricas da intraculturalidade observadas em perspectivas de práticas depuseram em favor do desenvolvimento da inteligência emocional, pois foi revelado neste binômio uma relação dialética que pode facilitar as relações interculturais na sociedade. Estas trocas podem ser estabelecidas através de aspectos positivos de processos de aculturação e adculturação, observando a contribuição e a mudança que o perfil das pessoas de uma população pode auferir em benefício próprio.

CONSIDERAÇÕES FINAIS

Neste estudo foi possível confirmar a primeira das hipóteses postuladas ao início desta investigação. É possível considerar que a intracultura fortalece o desenvolvimento da inteligência emocional deste grupo social. Ao encetar com sucesso os objetivos propostos, primeiramente o geral e em seguida os específicos, o estudo pode retratar o papel da intracultura no desenvolvimento da inteligência emocional do grupo de alunos que formou a população investigada.

O mundo globalizado da era da informação, em sua dinâmica ágil, pode até chegar, em sua expressão inferior, a fazer de relações pessoais encontros descartáveis, em sua configuração exige que as identidades sejam mais maleáveis para persistirem e para que possam se adaptar e não apenas constituir sua própria visão de futuro, mas buscá-la sabendo-a alcançável. Esta visão é baseada no contexto continuamente mutável, característicos dos processos de mundialização contemporâneos, que sem a flexibilidade em aprender o novo e incorporar mudanças, submerge definitivamente.

É pela abertura ao outro, sua busca por ele e pelas trocas culturais, que o homem evolui. Olhar o outro também permite o olhar e o reconhecer a si mesmo, nas diferenças e nas semelhanças. A intracultura fortalecida e a inteligência emocional mais desenvolvida enriquecem os relacionamentos intra e interculturais, incentivando relações sociais mais respeitosas, integradores, inclusivas, e especialmente mais afetuosas.

A intracultura desse grupo pode ser caracterizada a partir de sua identidade, na expressão da verificação de conceitos de autoestima, autoimagem e autoeficácia, assim como pela verificação de indicadores que revelaram alguns aspectos do comportamento social do grupo e suas crenças. Esta identificação clara revelou-se intimamente associada ao grau de inteligência emocional das pessoas investigadas, sendo assim, o fortalecimento da intracultura é claramente um fator favorável ao crescimento e desenvolvimento individual e social do homem.

É papel da educação o de buscar o desenvolvimento integral do ser humano, e esta ação beneficia a toda a sociedade, sob uma perspectiva cultural, o ambiente que oportuniza os encontros e as relações com menos indicadores de preconceitos. Ainda assim é importante observar os choques culturais que acontecem entre pessoas que fazem parte de um mesmo grupo, e desenvolver estratégias pessoais e coletivas de enfrentamento dos conflitos.

Existe a necessidade de se abordar o tema da intracultura nas organizações de ensino superior, sua característica pode facilitar ou não o desenvolvimento profissional do aluno da instituição. Mas não é possível mais observar apenas com curiosidade a temática da inteligência emocional, pois a posição da intracultura da organização de ensino superior sobre a dimensão emocional no trabalho e na vida pessoal repercute na atuação profissional e social do aluno que nela se gradua.

Às pessoas que fazem parte da dinâmica da intracultura neste tipo de organização, como professores, coordenadores e técnicos, ficam também os encargos de olhar para si mesmos e perceber que a busca pelo autoconhecimento precisa ser valorizada e facilitada por processos organizados em um esforço conjunto e intencional. A intracultura fortalecida pode efetivamente favorecer o desenvolvimento da inteligência emocional. Considerando que "ninguém dá o que não possui", como pensar e praticar uma educação facilitadora do desenvolvimento integrado, não fragmentada e não fragmentadora se ficar apenas ao encargo do alunado o empenho de, como aprendizes que são, o olhar para si, conhecerem-se, e fortalecer suas emoções.

Estabelecer retas relações, amorosas, solidárias, como modelo de convivência e de desenvolvimento pessoal e profissional nos ambientes educacionais é uma forma de promover uma sociedade mais humanizada. Altruísmo e autoconhecimento devem caminhar juntos. Fortalecido o homem em seus grupos sociais, em sua identidade, em sua intracultura, aumentam as chances do estabelecimento de relações solidárias e respeitosas se multiplicarem em sociedade.

Como proposta para novas investigações, registra-se a relevância de revisar e aprofundar o referencial teórico em todas as suas dimensões, bem como o instrumento de coleta de dados, a fim verificar possibilidades de operacionalizar ações que promovam o fortalecimento da intracultura em organizações de ensino superior, a fim de favorecer também o desenvolvimento da inteligência emocional.

REFERÊNCIAS

Bardin, L. (1977). *Análise de conteúdo*. Lisboa: Edições, 70.

Barrio, Ángel-B. E. (2005). *Manual de Antropologia Cultural*. Recife: Ed. Massangana.

Berrocal, P. F. (2015). The role of intelligence quociente and emotional intelligence in cognitive control process. Recuperado em 09 abril 2015, de http://www.ncbi.nlm.nih.gov/pmc/articles/PMC4664650/.

Bisquerra, R. (2002). *La competencia emocional.* in Álvarez, M.; Bisquerra, R, *Manual de orientación y tutoría* (pp. 69-83). Barcelona: Praxis.

Bisquerra, R. Escoda, N. (2007).*Las Competencias Emocionales*. Educación, Barcelona, n. XX1. 10, pp. 61-82.

Burgos, Mª Á. D., Gervás, J. Mª A. (2014). *La educación intercultural en la formación universitaria europea y latinoamericana*. Salamanca: Imprenta Rosa.

CÂMARA DE REFORMA DO ESTADO (1995). *Plano Diretor da Reforma do Aparelho do Estado*. Recuperado em 07 janeiro 2015, de http://www.bresserpereira.org.br/ /mare/plano diretor/planodiretor.pdf.

Chauí, M. (2003). *A universidade pública sob uma nova perspectiva*. Revista Brasileira de Educação, São Paulo, n°24, p. 5-15.

Constituição da República Federativa do Brasil de 1988. (1998). Brasília. Recuperado em 10 abril 2015, de http://www.planalto.gov.br/ccivil_03/constituicao/constituicao.htm

Erickson, E. H. (1968). *Identidad, juventude y crisis*. Buenos Aires: Paidós.

Gervás, J. M. A. (2011). *Interculturalidad, educación y plurilinguismo en Latino America*. Madri: Pirâmide.

Goleman, D. (1996). *Inteligência Emocional: a teoria revolucionária que redefine o que é ser inteligente*. Rio de Janeiro: Objetiva.

Harter, S. (2003). *Causes and consequences of low self-esteem in children and adolescentes*. In R. F. Baumeister Ed. *Self-esteem: the puzzle of low self regard*.New York: Plenum.

Kottak, C. P. (2011). *Antropologia cultural*. (14ª edição). Cidade do México:McGraw Hill.

Mayer, J. D., Salovey, P. (1990). *Inteligência Emocional: Imaginação, Cognição e Personalidade*. Porto Alegre:ArtMed.

Muñoz, Natividad H. (2015). *El choque intracultural en español. Perspectivas desde la formación de profesores de E/LE1*. Recuperado em 24 abril 2015, de http://www.ugr.es/~portalin/articulos/PL_numero22/8%20%20NATIVIDAD%20Hern andez.pdf.

Pinheiro, M. da S. *Aspectos biopsicossociais da criança e do adolescente*. Recuperado em 8 de julho de 2015, de http://www.cedeca.org.br/conteudo/noticia/arquivo/3883a852-e760-fc9f-57158b8065d42b0e.pdf.

Rodriguez, S. N. e Damásio, B.F. (2014). *Desenvolvimento da identidade e do sentido de vida na adolescência*. In Habigzang, L.F.; Diniz, E.; Koller, S.H. (org.) (2014). *Trabalhando com adolescentes: teoria e intervenção psicológica*. Porto Alegre: Artmed.

Stuart, Hall. (2010). *A identidade cultural da pós-modernidade*. (10ª edição). Lisboa:DP&A.

Tremblay. T. *La nouvelle université: réponse à la thèse du naufrage de l'université de Michel Freitag*. Quebec: Université du Québec à Montréal, 2008. Recuperado em: 07 janeiro 2015, de http://www.archipel.uqam.ca/855/1/M10284.pdf.

DESENVOLVIMENTO SUSTENTÁVEL E A EDUCAÇÃO NECESSÁRIA PARA QUESTÕES TERRITORIAIS URBANAS E MEIO AMBIENTE

Renato Alves Vieira de Melo[124]
Gustavo de Vasconcelos Sousa[125]
Gerardo Pompeu Ribeiro Neto[126]

Resumen: La globalización y la evolución acelerada del mundo en las últimas décadas ven generando desigualdades sociales y ambientales, pero es un camino basado en los conceptos estrictamente económicos. Al seguir este camino la humanidad está propensa a tener serios danos, entonces para conseguir un desarrollo económico debe preservar el medio ambiente y respectar el bien estar social con cambios en los modelos de producción y consumo. Los nuevos desafíos deben ser implementados a través del proceso de la sustentabilidad con un nuevo modelo de cultura propuesto en las agendas 21 locales de desarrollo. Debemos observar que la cultura y desarrollo están juntos, porque cultura es el sentido de la realización de la existencia humana en todas las formas, así siendo, está ligada al desarrollo.

La diversidad en un mundo globalizado es un principio básico actual, donde la cultura es un canal enriquecedor de cambios e interacciones. Entonces si torna evidente la necesidad de generar una nueva cultura del territorio debido la problemática de la degradación de los paisajes y la recuperación del escenario territorial urbano, donde el valor colectivo incide en la necesidad de procesos sostenible para generación de una manifestación patrimonial.

Con el propósito de una política ambiental y urbana, surge la educación ambiental como una práctica educativa para enseñanza en reconocer valores y clarificar conceptos para interrelaciones entre el ser humano y su medio físico y su cultura.

Palabras claves: Desarrollo Sostenible, Educación Ambiental, Ciudades Sostenibles

Resumo: A globalização e a rápida evolução do mundo nas últimas décadas estão gerando desigualdades sociais e ambientais, baseados em conceitos estritamente econômicos. Ao seguir este caminho a humanidade está propensa a ter sérios danos, no entanto, para alcançar um desenvolvimento econômico deve preservar o meio ambiente e respeitar o bem-estar social, tendo como pontos fundamentais, as mudanças nos padrões de produção e consumo. Estes

---

[124] Doutorando em Ciências Sociais pela Universidade de Salamanca; Mestre em Antropologia de Iberoamérica pela Universidade de Salamanca na Espanha; Mestrado em Ciências Contábeis pela Fundação Getúlio Vargas. Especialização em Contabilidade e Controle pela Universidade de Fortaleza. Professor e Contador. Experiência na área de Auditoria e Custos. Linha de pesquisa em Sustentabilidade e Educação Ambiental. Email: auditorrenato@gmail.com

[125] Professor de Ciências Contábeis na Faculdade Cearense. gustavosousa@faculdadescearenses.edu.br

[126] Doutorando em Ciências Sociais pela Univerdidade de Salamanca; Possui graduação em Ciências Contábeis pela Universidade de Fortaleza (1995), graduação em Direito pela Universidade de Fortaleza (2004), especialização em MBA EM ADMINISTRAÇÃO E NEGÓCIOS pela Faculdade Ateneu (2016) e mestrado em MÁSTER UNIVERSITARIO EN ANTROPOLOGÍA DE IBEROAMÉRICA pela Universidade de Salamanca (2016). Atualmente é Analista Bancário do Banco do Nordeste do Brasil. Tem experiência na área de Administração, com ênfase em Administração Pública. Atuando principalmente nos seguintes temas: Direito de Família, Responsabilidade civil, Abandono afetivo, Constitucionalização do Direito Civil.

novos desafios devem ser implementados através do processo de sustentabilidade com um modelo contemporâneo de cultura proposto nas Agendas 21 locais para o desenvolvimento.

Devemos observar que a cultura e o desenvolvimento estão juntos, com base na Antropologia, devemos entender cultura como o senso de realização da existência humana em todas as formas, assim sendo, está ligada ao desenvolvimento.

A diversidade em um mundo globalizado é um princípio básico atual, em que a cultura é um canal enriquecedor para trocas e interações. Então, se torna imprescindível a necessidade de criar uma nova cultura territorial urbana, porque os problemas da degradação das paisagens e cenário de recuperação territorial urbano, onde o valor coletivo incide na necessidade de processos sustentáveis para a geração de uma manifestação patrimonial urbanista.

Com o propósito de uma política ambiental e urbana, surge a educação ambiental como uma prática de ensino para reconhecer os valores e esclarecer conceitos para inter-relacionar-se entre os seres humanos, seu ambiente físico e a sua cultura

Palavras-chave: Desenvolvimento Sustentável, Educação Ambiental, Cidades Sustentáveis

INTRODUÇÃO

O presente trabalho procura relatar o Desenvolvimento Sustentável suas implicações, as questões ambientais e territoriais com enfoque empresarial.

A exigência de mudanças comportamentais nas Cidades e na Sociedade vem se modificando nos últimos 60 anos, e pode-se observar que estas mudanças são em busca da qualidade de vida e da consciência ecológica da sociedade.

Aproximadamente até o ano de 1950, as Organizações passavam por um período de inconsciência, ignorando as conseqüências das ações realizadas contra o meio-ambiente. Pensavam somente nos resultados empresariais.

Atualmente, as Organizações e os Países tomam decisões estratégicas integradas à questão ambiental e ecológica, para reduzirem seus custos, e conseguir significativas vantagens competitivas e poderem viver em um ambiente saudável, pois os consumidores estão cada vez mais exigentes e dando preferência para produtos ecologicamente corretos.

Assim sendo, surge a Economia Verde como uma agenda para atrelar o desenvolvimento econômico à sustentabilidade com foco no respeito ao meio ambiente, e a Educação Ambiental como uma ferramenta propulsora para atingir essa importante meta a ser alcançada, atendendo nossas necessidades atuais e as necessidades das gerações futuras.

Todos nós devemos ser conhecedores das causas e efeitos da preservação ambiental nas atividades produtivas, pois estas questões vêm preocupando crescentemente a sociedade mundial, influenciando fortemente no ajuste competitivo das empresas e das cidades em uma economia mais aberta e integrada.

As empresas representam um dos principais aliados para o alcance do Desenvolvimento Sustentável, pois além de obter uma alavancagem em seu setor, ganha credibilidade e confiança dos seus consumidores, e ajudam a diminuir os impactos causados no ambiente.

DESENVOLVIMENTO HUMANO NO CONTEXTO CONTEMPORANEO

O ser humano desenvolveu ferramentas de sobrevivência para avançar na construção de um mundo melhor para ele, onde a natureza é dominada pela ação do der humano, com isso, a realidade entre o mundo humano e o mundo natural é de fragmentada, sendo o meio ambiente um puro objeto do homem.

Nesse contexto, identificamos uma crise nos valores que se agrava com o consumo capitalista e a globalização, onde o capital internacional se não considera fronteiras e rapidamente se transfere de um lugar para o outro, aproveitando as melhores oportunidades com um custo favorável, segregando o social e aumentando a miséria. O desemprego é generalizado, e a população é obrigada a conviver em um mercado globalizado.

Deste modo, estamos em uma crise da modernidade, de valores, de ética e de pensamento. A crise é também paradigmática, onde devemos refletir e perceber as mudanças que devemos ter nas relações entre o homem e a natureza, a reflexão deve ser urgente, pois o homem faz parte da natureza, e necessita dela para se manter no planeta. A civilização está em decadência, e com isso, devemos questionar a nossa aprendizagem, ou seja, o que devemos fazer, como ser natural e cultural.

Geertz (1973) enfatiza que o ser humano é o único ser vivo capaz de produzir cultura, porque desempenha um trabalho que exige um projeto prévio, portanto, existe uma diversidade cultural, e também, biológica. Para isso, devemos entender que o ser humano é um ser cultural, e não está dissociado da natureza, ou seja, deve assumir o seu papel de manter um equilíbrio no ecossistema global.

Devemos deixar de manter um domínio sobre a natureza, e compreender as relações naturais sobre um prisma diferente, resgatando os saberes originários dos nativos, entendendo que os seres naturais são indivíduos que devem ser respeitados.

TERRITÓRIOS URBANOS E MEIO AMBIENTE

A urbanização nas cidades é crescente, e se desenvolve na mesma proporção que desaparece o ambiente dito rural (Figueiredo: 2006). Nesse sentido, devemos pensar em modelos, projetos e propostas de desenvolvimento da sociedade e da natureza. Neste contexto, surgiu o movimento ambientalista na década de 60, onde o homem teve uma grande queda de qualidade de vida, tendo como ponto principal, a degradação ambiental, o que ocasionou a Organização das Nações Unidas (ONU) discutir estas questões.

Em 1992, na ECO-92, no Rio de Janeiro, gerou um documento intitulado Agenda 21, onde a Educação Ambiental tem um lugar de destaque no seu capitulo 36, e com isso, os Estados e Municípios tem o compromisso no cumprimento da legislação da Educação Ambiental.

A crise ambiental não deve ser considerada somente no âmbito do meio ambiente, envolve também, valores e perspectivas, estilo de vida, padrões de consumo, desenvolvimento e aspectos sociais. Constatamos que, a Educação Ambiental aparece como uma ferramenta que pode contribuir com essas mudanças que atinge o mundo de hoje, e principalmente, os centros urbanos. Com isso, devemos buscar um estilo de vida sustentável, onde a mudança de hábitos de consumo, padrão cultural e ética são fatores primordiais para se alcançar um desenvolvimento sustentável.

Essa nova visão de sustentabilidade atinge também as Empresas, com ênfase nos centros urbanos, tem uma relação direta com a satisfação dos stakeholders[127] (clientes, fornecedores,

---

[127] Stakeholder significa público estratégico e descreve uma pessoa ou grupo que fez um investimento ou interesse em uma empresa, negócio ou indústria. Em inglês stake significa interesse, participação, risco. Holder significa aquele que possui. Assim, stakeholder também significa parte interessada

acionistas, financiadores, etc), sem envolver qualquer tipo de risco à sobrevivência da empresa, e para que elas possam ser competitivas neste novo ambiente, devem adotar práticas corporativas, tendo atenção para: a capacitação dos recursos humanos, e ao mesmo tempo, considerar a responsabilidade social, a preservação ambiental, a redução de custos e o uso de tecnologias limpas, e que essa conscientização deve ser através da educação ambiental (Vieira de Melo, 2015).

DESENVOLVIMENTO SUSTENTÁVEL

"O desenvolvimento sustentável é aquele que se propõe a ser um desenvolvimento que busca compatibilizar objetivos distintos, de modo que nenhum deles seja prejudicado ou prejudicasse o objetivo do outro ". (Figueredo:2006)[128]

O Desenvolvimento Sustentável (DS) consiste em um novo modelo de desenvolvimento que permite à sociedade distribuir seus benefícios econômicos e sociais, assegurando a qualidade ambiental para as próximas gerações.

Deste modo, surge a necessidade de mudança nos paradigmas comportamentais, perante a capacidade de o planeta não suportar a evolução da existência humana e a exploração dos seus recursos naturais.

Como em nenhuma outra área de conhecimento humano, as questões de meio ambiente fizeram surgir maior atenção às atitudes e procedimentos para as mudanças dos paradigmas, antes social, agora para o Desenvolvimento Sustentável. Esta mudança de paradigmas é pela escassez dos recursos naturais que estamos enfrentando. O bem-estar da sociedade depende das pessoas e dos recursos naturais que o planeta nos oferece, estes recursos necessitam serem utilizados de maneira eficiente, ou então não serão suficientes para toda a população da Terra e se continuar à degradação do meio ambiente, o Desenvolvimento Sustentável não passará de utopia, sendo que ele é a estratégia para a sobrevivência.

Abordamos que o elemento principal para a conscientização de um ambiente sustentável é a Educação Ambiental da Sociedade e das Organizações, e assim, conseguiremos um Desenvolvimento Sustentável. Esta não deve ser apenas uma tarefa da Educação Ambiental, mas como de toda educação, pois o desenvolvimento é centrado no ser humano e só ele é capaz de mudá-lo.

Estamos em meio a uma transição agitada, desordenada e precisamos avaliar nossas atitudes e nos preparar para os próximos anos. Nosso sistema está ficando limitado e passando por diversas crises humanas como: ambientais, econômicas e sociais, estas em conseqüência da perda dos valores morais e éticos.

O ser humano é flexível a mudanças, e o redirecionamento da boa conduta para resgatar seus valores é essencial para estimular a idéia do DS como também para garantir a sobrevivência da humanidade.

Além do trabalho da Educação Ambiental para a nossa conscientização, precisamos contar com a força política. Há necessidade de mudança na forma de pensar, agir, produzir, consumir e viver e novas forças políticas nos auxiliarão para realmente conseguirmos atingir o

---

[128] Figueredo João Batista de Albuquerque. As contribuições de Paulo Freire para uma educação ambiental dialógica - *Enfoque Estratégico Aplicado ao Desenvolvimento Sustentável*; 2006 p. 74

DS. Só com estas mudanças poderemos adquirir o progresso tão desejado, acabar com o desemprego e melhorar a qualidade de vida do mundo em que vivemos.

Segundo a "Carta Empresarial para o Desenvolvimento Sustentável", a preservação do meio ambiente, nos dias atuais, é considerada prioridade em qualquer Organização e nas Sociedades. Esta carta foi preparada por uma comissão de representantes de empresas da Câmara de Comércio Internacional em 10 de abril de 1991, com o objetivo e ajudar as organizações em todo mundo a melhorar as suas ações em relação ao meio ambiente.

Surge o conceito de Economia Verde, que considera que as Organizações precisam conscientizar-se que deve existir um objetivo comum entre o desenvolvimento econômico dos países juntamente com a proteção do meio ambiente.

O DS é baseado na necessidade de limitar a exploração dos recursos naturais e acabar com a pobreza do mundo, no entanto, temos muito em colaborar para que isto aconteça, e as metas do DS para 2030, foram sacramentadas entre os dias 25 e 27 de setembro de 2015, onde os principais líderes políticos e empresariais a nível mundial se reuniram em Nova York na Conferência do Desenvolvimento Sustentável das Nações Unidas, para adotar os Objetivos do Desenvolvimento Sustentável (ODS), renovando a agenda global com 17 novos objetivos, que guiaram as ações de países e empresas até 2030, a qual enfatizamos o 11 e o 15. Por isso, devemos lutar e acreditarmos em nós e na vontade de ver e viver em um mundo mais bonito e saudável.

> Objetivo 11. Tornar as cidades e os assentamentos humanos inclusivos, seguros, resilientes e sustentáveis.
>
> Objetivo 15. Proteger, recuperar e promover o uso sustentável dos ecossistemas terrestres, gerir de forma sustentável as florestas, combater a desertificação, deter e reverter a degradação da terra e deter a perda de biodiversidade.

BUSCA PARA ALCANÇAR O DESENVOLVIMENTO SUSTENTÁVEL E SUAS PRIORIDADES

Para que se consiga realmente alcançar o Desenvolvimento Sustentável, devemos reconhecer que o fator importante nas organizações é a sua cultura, que segundo Schein (1989), é um fator que evidencia a nossa experiência coletiva como membros de uma Organização, e deste modo, possibilita o desenvolvimento de habilidades e adaptação aos problemas externos e internos, tanto na forma de pensar, sentir e perceber os problemas.

Assim podemos observar que a cultura organizacional, possibilita através da experiência coletiva que os membros da organização encontrem respostas para as questões do cotidiano da empresa, pois são os valores e crenças compartilhados que definem seu modo de pensar e agir. Assim, ao definir padrões de comportamento com o objetivo de conservar a estabilidade e o equilíbrio do grupo, justifica-se a sua importância crescente.

Para obtermos uma nova cultura precisamos estar conscientes que temos que aprender, assim, a busca de uma agenda para atingir o DS, se faz através da Economia Verde, e para isso, é primordial ter o apoio de uma Educação Ambiental.

➢ Um sistema econômico capaz de gerar excedente;

> Um sistema político que assegure a participação do povo;
> Um sistema social capaz de resolver os problemas causados pelo desequilibro ambiental;
> Um sistema de produção que respeite as obrigações para a preservação do ambiente;
> Um sistema tecnológico que se inove constantemente para se adaptar ao novo paradigma;

Estas bases consensuais de Economia Verde se referem ao ideal de harmonizar o desenvolvimento econômico com a proteção do meio ambiente, mas em torno destas bases há um grande nível de responsabilidade que todos devemos ter. Abaixo estão algumas prioridades a serem atingidas através da nossa contribuição:

> Satisfazer as necessidades básicas da população como: educação, saúde e alimentação;
> Sermos solidários e participarmos da conscientização da preservação do ambiente;
> Preservarmos os recursos naturais, como a água, que está sendo um dos fatores de maior importância pela sua escassez;
> Elaborarmos um sistema social que nos garanta um emprego digno;
> Nos afeiçoarmos aos programas educativos de preservação e ajudarmos a espalhar esta ideia.

AS DIMENSÕES DO DESENVOLVIMENTO SUSTENTÁVEL

O campo coberto pelo Desenvolvimento Sustentável abrange várias dimensões de sustentabilidade e são elas:

> <u>Sustentabilidade econômica</u>: é possível através de alocações dos recursos e de um investimento constante em tecnologia;
> <u>Sustentabilidade ecológica ou natural</u>: esta é a que mais precisa ser atendida, pois nossos recursos estão se esgotando, então é necessário darmos preferência para os recursos renováveis que não agridem tão agressivamente o meio ambiente, podendo assim colaborar para reduzirmos a poluição do ar, da água e preservarmos os recursos naturais que ainda nos restam;
> <u>Sustentabilidade social</u>: criação de um processo que ajude a construir uma nova sociedade em que todos possuam uma renda relativamente igual, não tendo diferenças entre ricos e pobres;
> <u>Sustentabilidade territorial ou espacial</u>: dirigi-se a uma melhor distribuição territorial, incentivando a vida rural para que não ocorra maior concentração de pessoas nas cidades e evitando assim, a destruição dos recursos naturais e ajudando a desenvolver cada vez mais a agricultura.
> <u>Sustentabilidade cultural</u>: desenvolver os sistemas agrícolas e tecnológicos buscando as mudanças dentro das comunidades que enfrentam dificuldades, e soluções específicas para cada região.

Neste contexto, podemos enfatizar que os espaços urbanos para atingir um desenvolvimento sustentável se ajusta as consequências do desenvolvimento social, econômico e da preservação ambiental.

Figura 1 - Esquema que evidencia como alcançar o desenvolvimento sustentável.

A EDUCAÇÃO AMBIENTAL

A valorização do meio ambiente varia de acordo com a idade, região e cultura. A Educação Ambiental é um meio de sensibilizar os indivíduos quanto à depreciação do ambiente em que vivemos.

O progresso, da forma como tem sido feito, tem acabado com nossos recursos naturais e só através da consciência da população é que vamos reverter este quadro.

Os objetivos da Educação Ambiental são: conscientizar os indivíduos sobre as questões do meio ambiente; transmitir conhecimento sobre o meio ambiente e seus problemas; melhorar o comportamento das pessoas com a preservação; habilitar os indivíduos para reconhecerem os problemas e solucioná-los. Objetivos que estão interligados e podem ser iniciados a qualquer momento.

A Educação Ambiental possui vários princípios básicos a serem seguidos, e são eles:

➤ "Considerar o meio ambiente em sua totalidade, isto é, em seus aspectos naturais e criados pelo homem (político, social, econômico, científico - tecnológico, histórico-cultural, moral e estético)

➤ Constituir um processo contínuo e permanente, através de todas as fases do ensino formal e informal.

➤ Aplicar um enfoque interdisciplinar, aproveitando o conteúdo específico de cada disciplina, de modo que se adquira uma perspectiva global e equilibrada.

➤ Examinar as principais questões ambientais, do ponto de vista local, regional, nacional e internacional, de modo que os educadores se identifiquem com as condições ambientais de outras regiões geográficas.

➤ Concentrar-se nas condições ambientais atuais, levando em conta também a perspectiva histórica.

➢ Inserir no valor e na necessidade de cooperação local, nacional e internacional, para prevenir e resolver os problemas ambientais.

➢ Considerar, de maneira explícita, os aspectos ambientais nos planos de desenvolvimento e de crescimento.

➢ Ajudar a descobrir os sintomas e as causas reais dos problemas ambientais.

➢ Destacar a complexidade dos problemas ambientais e, em conseqüência, a necessidade de desenvolver o senso crítico e as habilidades necessárias para resolver tais problemas.

➢ Utilizar diversos ambientes educativos e uma ampla gama de métodos para comunicar e adquirir conhecimentos sobre o meio ambiente, acentuando devidamente as atividades práticas e as experiências pessoais".[129]

RESPONSABILIDADE SOCIAL

O processo de sensibilização tem potencial para o processo de mudança dos paradigmas, tanto individuais como coletivos e o momento para aderir às estas mudanças já se iniciou, pois, os nossos recursos naturais estão quase em seu fim.

A prática do desenvolvimento sustentável decorrente das necessidades ambientais exigirá das empresas a busca permanente do aprimoramento dos processos de gestão, de forma a assegurar aos consumidores que os produtos e serviços oferecidos utilizem, cada vez menos, recursos ambientais não-renováveis.

A produção em larga escala é uma necessidade inquestionável para a nossa sociedade, mas ela sempre foi uma força antagônica ao equilíbrio ecológico, porém, da mesma maneira que a tecnologia de produção evoluiu, também houve evolução dos recursos de controle ambiental.

De modo geral, as Organizações preocupam-se cada vez mais em alcançar e demonstrar um desempenho ambiental correto, administrando o impacto de suas atividades, bem como um severo controle de produtos ou serviços. Podemos afirmar que este comportamento é conseqüência de uma legislação cada vez mais exigente.

No mundo globalizado em que vivemos, as empresas tomam decisões considerando não somente os lucros, mas a responsabilidade social. Preocupam-se com a aprovação da comunidade. Estas empresas buscam participar na solução de problemas sociais, como, por exemplo, indenizando pessoas prejudicadas pela poluição causada.

Para que o desenvolvimento sustentável seja empregado, faz-se necessário que haja pleno equilíbrio entre o social, o econômico e o ambiental. E o grau de sensibilidade social de uma empresa é medido pela eficácia e eficiência em satisfazer as obrigações sociais.

TERRITÓRIO URBANO E O DESENVOLVIMENTO SUSTENTÁVEL

O relatório Brundland considera que a pobreza generalizada não é mais inevitável e que o desenvolvimento de uma cidade deve privilegiar o atendimento das necessidades básicas de todos e oferecer oportunidades de melhoria de qualidade de vida para a população. Um dos principais conceitos debatidos pelo relatório foi o de "equidade" como condição para que haja a participação efetiva da sociedade na tomada de decisões, através de processos democráticos, para o desenvolvimento urbano.

---

[129] F. DIAS, Genebaldo; *Educação Ambiental - Princípios e Práticas*; p. 112-113.

O relatório ainda ressaltou, em relação às questões urbanas, a necessidade de descentralização das aplicações de recursos financeiros e humanos, e a necessidade do favorecimento por parte do poder político às cidades em sua escala local. No tocante aos recursos naturais, avaliou a capacidade da biosfera de absorver os efeitos causados pela atividade humana, e afirmou que a pobreza já pode ser considerada como um problema ambiental e como um tópico fundamental para a busca da sustentabilidade.

O conceito de desenvolvimento sustentável foi firmado na Agenda 21, documento desenvolvido na Conferência "Rio 92", e incorporado em outras agendas mundiais de desenvolvimento e de direitos humanos, mas o conceito ainda está em construção segundo Canepa (2007).

Apesar de ser um conceito questionável por não definir quais são as necessidades do presente nem quais serão as do futuro, o relatório de Brundtland chamou a atenção do mundo sobre a necessidade de se encontrar novas formas de desenvolvimento econômico, sem a redução dos recursos naturais e sem danos ao meio ambiente. Além disso, definiu três princípios básicos a serem cumpridos: desenvolvimento econômico, proteção ambiental e equidade social. Mesmo assim, o referido relatório foi amplamente criticado por apresentar como causa da situação de insustentabilidade do planeta, principalmente, o descontrole populacional e a miséria dos países subdesenvolvidos, colocando somente como um fator secundário a poluição ocasionada nos últimos anos pelos países desenvolvidos. Para a Comissão Mundial do Meio Ambiente e Desenvolvimento (CMMAD, 1988, 1991) os objetivos que derivam do conceito de desenvolvimento sustentável estão relacionados com o processo de crescimento da cidade e objetiva a conservação do uso racional dos recursos naturais incorporados às atividades produtivas. Entre esses objetivos estão: crescimento renovável; mudança de qualidade do crescimento; satisfação das necessidades essenciais por emprego, água, energia, alimento e saneamento básico; - garantia de um nível sustentável da população, conservação e proteção da base de recursos; reorientação da tecnologia e do gerenciamento de risco; reorientação das relações econômicas internacionais (CMMAD, 1988, 1991).

A busca para atingir o Desenvolvimento Sustentável está voltado para as cidades, onde a concentração de pessoas e de empresas é evidente, por isso, são os principais focos para obtenção do equilíbrio entre desenvolvimento, meio ambiente e bem estar-social no ambiente urbanos e consiste do desenvolvimento de uma cidade sustentável, como é abordado por Ferreira (1998)

> *o padrão de produção e consumo que caracteriza o atual estilo de desenvolvimento tende a consolidar-se no espaço das cidades e estas se tornam cada vez mais o foco principal na definição de estratégias e políticas de desenvolvimento (FERREIRA, 1998).*

A urbanização quando espontânea é desordenada, são os casos das favelas, e já acontece há muitos anos. Para Maricato, a imagem das cidades brasileiras está definitivamente associada à violência, à poluição, ao tráfego caótico, às enchentes, à desigualdade social, entre outros fatores (MARICATO, 2000).

Neste momento histórico, na grande maioria dos países, inclusive no Brasil, o desenvolvimento está diretamente ligado à vida das cidades. Por isso, podemos atrelar o conceito de sustentabilidade aos ambientes urbanos (ou sustentabilidade urbana).

Chamamos de sustentabilidade urbana, definida por Acselrad como a capacidade das políticas urbanas se adaptarem à oferta de serviços, à qualidade e à quantidade das demandas sociais, buscando o equilíbrio entre as demandas de serviços urbanos e investimentos em estrutura (ACSELRAD, 1999). No entanto, também é imprescindível para a sustentabilidade urbana o uso racional dos recursos naturais, a boa forma do ambiente urbano baseado na interação com o clima e os recursos naturais, além das respostas às necessidades urbanas com o mínimo de transferência de dejetos e rejeitos para outros ecossistemas atuais e futuros.

A grande maioria dos países desenvolvidos, tanto quanto os que estão em desenvolvimento, e também suas cidades, estão explorando a capacidade de seus recursos naturais ao limite. Dependendo do nível de industrialização de cada país os problemas se diferenciam. Richard Roger descreve que nos países desenvolvidos a migração de pessoas de centros urbanos para os subúrbios mais afastados que oferecem um ambiente natural mais próspero, levou ao aumento do uso de automóveis, aos consequentes congestionamentos e à poluição do ar. Já nos países em desenvolvimento os problemas ambientais e sociais são agravados pelo aumento das cidades sem o acompanhamento de infraestruturas para suportar tal crescimento. Em todo o mundo a pobreza ainda é um dos principais problemas enfrentados pelas sociedades, e geralmente a camada mais pobre da população é amplamente negligenciada.

Diante disso, nota-se a necessidade de um desenvolvimento urbano sustentável, diferente do desenvolvimento atual, que é baseado no lucro e privilegia uma pequena parte da sociedade. Os direitos básicos devem ser proporcionados, tais como o direito à água, ao abrigo, à alimentação, à saúde, à educação, entre outros.

REFERÊNCIAS

ABNT – Associação Brasileira de Normas e Técnicas – Fórum Nacional de Normalização. Gestão Ambiental – ISO 14000. Politeno – Rio de Janeiro – 1997.

ANDRADE, Rui Otávio B.; TACHIZAWA, Takeshy; CARVALHO, Ana Barreiros de.Gestão Ambiental – Enfoque Estratégico Aplicado ao Desenvolvimento ustentável. Makron Books do Brasil Ed. Ltda. – São Paulo – 2000.

ACSELRAD, Henri e LEROY, Jean P. Novas premissas da sustentabilidade democrática. Revista Brasileira de Estudos Urbanos e Regionais, 1, 1999.

BACKER, Paul de. Gestão Ambiental: a Administração verde. Tradução de Heloísa Martins Costa, Qualitymark. Rio de Janeiro – 1995.

BEZERRA, M. C. L.; BURSZTYN, M. (cood.). Ciência e Tecnologia para o desenvolvimento sustentável. Brasília: Ministério do Meio Ambiente e dos Recursos Naturais Renováveis: Consórcio CDS/ UNB/ Abipti, 2000. Revista Visões 4ª Edição, Nº4, Volume 1 - Jan/Jun 2008

CAMARGO, Aspásia. Governança para o século 21. In: TRIGUEIRO, A. Meio Ambiente no século 21: 21 especialistas falam da questão ambiental nas suas áreas de conhecimento. Rio de Janeiro: Sextante, 2003.

CANEPA, Carla. Cidades Sustentáveis: o município como lócus da sustentabilidade. São Paulo: Editora RCS, 2007.

Carta de Ottawa. Primeira Conferência Internacional sobre a Promoção da Saúde, Ottawa,1986. Disponível em <www.opas.org.br>. Consultado em novembro de 2007.

Carta Européia para a ordenação do território - CEOT/CEMAT, 1983.

Carta da Terra – Organização das Nações Unidas, 2002.

CAVALCANTI, Clóvis. (Org.). Desenvolvimento e Natureza: estudos para uma sociedade sustentável. São Paulo: Cortez, 2003.

CMMAD – Comissão Mundial sobre Meio Ambiente e Desenvolvimento. Nosso futuro comum. 2a ed. Tradução de Our common future. 1a ed. 1988. Rio de Janeiro: Editora da Fundação Getúlio Vargas, 1991.

DIAS, Genebaldo Freire. Educação Ambiental – Princípios e Práticas. Editora Gaia – 6ª Edição, São Paulo – 2000.

DONAIRE, Denis. Gestão Ambiental na Empresa - 2ª Edição, São Paulo: Atlas – 1999.

DORINI, Raquel Pereira. Desenvolvimento Sustentável como Responsabilidade Social das Empresas – Um Enfoque Ambiental. São Paulo – 1999

FIGUEIREDO, João Batista de Albuquerque. As contribuições de Paulo Freire para uma educação ambiental dialógica. 29ª Reunião Anual da ANPEd. Caxambu, MG, 2006.

GEERTZ, Clifford. A interpretação das Culturas. São Paulo: Guanabara Koogan, 1973.

MAGERA, Márcio. Os empresários do lixo – Um paradoxo da modernidade. 2º edição, Campinas – Átomo Alínea, 2005.

REVISTA VOCÊ S/A. *Por uma Boa Causa*. Setembro 2001, pag 39.

SACHS, Ignacy. Estratégias de Transição para do século XXI – Desenvolvimento e Meio Ambiente. São Paulo: Studio Nobel – Fundação para o desenvolvimento administrativo, 1993

SCHEIN, E. Organizational culture and leadership (2th ed.). San Francisco: Jossey Bass, 1989.

SCHEIN, E. Guia de sobrevivência da cultura coorporativa. (2th ed). Rio de Janeiro: José Olympio, 2001.

VIEIRA DE MELO, R.A. Uma análise Antropológica do Impacto do Meio Ambiente Sustentável com ênfase nos comportamentos e valores em uma Economia Verde: Dissertação do Programa de Mestrado da Universidade de Salamanca, Espanha, 2015

EMELIANOFF, Cyria. Les Villes Durables: L'émergence de nouvelles temporalités dans de vieux espaces urbains. In: MAGALHÃES, Roberto Anderson de Miranda. A Construção da Sustentabilidade Urbana Obstáculos e Perspectivas. Brasília-DF: III Encontro da ANPPAS, 2006.

FERREIRA, Leila da Costa. A questão ambiental: sustentabilidade e políticas públicas no Brasil. São Paulo: Boitempo Editorial, 1998.

MARICATO, Ermínia. Brasil, cidades: alternativas para a crise urbana. Petrópolis: Editora Vozes, 2000.

RODRIGUES, Marcelo Abelha. Instituições de direito ambiental. Vol I – Parte Geral, São Paulo: Max Limonad, 2002.

SATTERTHWAITE, David. Como as cidades podem contribuir para o Desenvolvimento Sustentável. In: MENEGAT, Rualdo e ALMEIDA, Gerson (org.). Desenvolvimento Sustentável e Gestão Ambiental nas Cidades, Estratégias a partir de Porto Alegre. Porto Alegre: UFRGS Editora, pp. 129-167, 2004.

A CIDADE DOS HOMENS: TRAGÉDIA DE UM ÉDIPO SUSPENSO

Carlos Velázquez[130]

[130] caveru@unifor.br

Doutor em Música Antiga, pós-doutorado em Filosofia da Educação, professor de Estética, História da Arte e Mitologia. Movimento Investigativo Transdisciplinar do Homem – MITHO, CCG, Universidade de Fortaleza – Unifor.

http://lattes.cnpq.br/7170692791411775

Marília Romero Campos[131]

Resumo: A metrópole moderna desenvolveu-se como órgão protetor da humanidade em oposição à hostilidade natural; no entanto, contemporaneamente ela se torna violenta e opressiva. Sobre substrato paradigmático junguiano, induzimos, perante um corpo literário interdisciplinar, a hipótese de que a cidade, enquanto símbolo de proteção materna, abriga a cultura moderna como um filho que se apropriou da potência criativa do pai, mas não reinvestiu essa potência na própria adaptação ao meio. Concluímos que esta suspensão edípica tem perenizado, na cultura moderna, uma condição infantil, hoje insustentável tanto internamente, quanto no meio natural.
Palavras chave: complexo de Édipo; metrópole; pai.

> Ah, look at all the lonely people
> (...)
> All the lonely people, where do they all come from?
> All the lonely people, where do they all belong?

Introdução

Para além de estruturações subjetivas e de linhagem, partimos do pressuposto de que o Complexo de Édipo engendra uma dinâmica pulsional criativa que está à base constitutiva da cultura, entendendo-a como resposta humana à hostilidade natural e incluindo seus desdobramentos e reformulações internos. Em oposição à vida rural, melhor involucrada na cíclica natural, a metrópole moderna, enquanto cultura, apresenta-se como um produto dessa dinâmica edípica. No entanto, se a cidade foi desejada, planejada e construída com a finalidade de atuar como um órgão protetor, como construção auxiliar, por que contemporaneamente tornou-se ela tão violenta e opressiva?

Propomo-nos investigar a possível relação dessa transformação com as respostas que a sociedade ocidental moderna historicamente tem oferecido ao complexo edípico, tanto quanto as possibilidades de reestruturação que da mesma relação possam emanar. Induzimos, perante um corpo literário interdisciplinar, a hipótese de que a modernidade ocidental encontrou na vida urbana uma simbolização de proteção materna e, tendo, pelo assassínio, incorporado a potência do pai simbólico, instalou-se no refúgio. Não obstante, este filho-modernidade, que penetrou a mãe, não ressurgiu para consumar um novo acordo equitativo com o meio natural, mantendo, em compulsão obsessiva, sua condição de infante protegido. As transformações que constatamos na atualidade estariam a sinalizar o esgotamento dessa estrutura e a conseqüente urgência da retomada do processo.

Dada nossa condição de moradores urbanos, nossas motivações e material empírico nutrem-se fundamentalmente de experiências próprias e observações diretas. No entanto, cientes da inevitável elaboração subjetiva deste material, procedemos intensivamente ao confronto

---

[131] mariliacampos@unifor.br
Mestre em Psicologia. Professora assistente. Psicanalista, dedica-se ao estudo e pesquisa na área da Psicanálise, Arte, Cultura de Consumo e Subjetivação. Movimento Investigativo Transdisciplinar do Homem – MITHO, CCG, Universidade de Fortaleza – Unifor.
http://lattes.cnpq.br/3380880522683158

intersubjetivo, incluindo apreciações de sujeitos que não participaram diretamente da escrita desta reflexão. Esta forma de proceder encontrou fundamento no conceito do *terceiro analítico*, próprio da pesquisa qualitativa de paradigma junguiano (MARONI, 2006) (PENNA, 2004).

Mesmo havendo confirmado a plausibilidade de nossa hipótese perante a literatura consultada, reconhecemos o caráter parcial de nossos achados, reforçado pelos riscos inerentes às generalizações exigidas pela necessidade de tratar a cultura ocidental moderna como um sujeito. Acreditamos que nossa contribuição reside na possibilidade de que a leitura de nossas posturas possam suscitar novas ponderações.

Era uma vez um quarto de brinquedos

Em 1899, na intenção implícita de garantir claridade à formulação de suas ideias, Sigmund Freud percorreu os espaços finais de sua revolucionária publicação sobre a interpretação dos sonhos sob um tópico que adverte: "Tenho apenas mais uma coisa". A seguir, destacamos uma passagem desse texto pois, como é próprio de um trabalho influente, parece-nos portadora de indícios que permitem uma continuidade especulativa dirigida à atualização de seus achados.

Os sonhos, que realizam seus desejos pelo atalho da regressão, simplesmente preservam para nós, nesse aspecto, uma amostra do método primário de funcionamento do aparelho psíquico, método este que foi abandonado por ser ineficaz. O que um dia dominou a vida de vigília, quando a psique ainda era jovem e incompetente, parece agora ter sido banido para a noite – tal como as armas primitivas abandonadas pelos homens adultos, os arcos e flechas, ressurgem no quarto de brinquedos. (FREUD, 1969: 544)

Instiga-nos, em primeiro lugar, o exemplo tecnológico que Freud escolheu para representar a suposta obsolescência de um sistema psíquico arcaico: o arco e a flecha. Esta arma é de fato um aparelho de constituição simples se comparada à tecnologia de uma balestra, por exemplo, e Freud se utiliza dessa imagem para nos dar a ideia de uma estrutura psíquica igualmente primária. No entanto, acreditamos que a relação de correspondência entre as duas imagens não é direta, mas inversamente proporcional. Segundo Couto (2009), a besta ou balestra era recorrente nos exércitos medievais, dado que um curto treinamento habilitaria qualquer soldado a seu uso; em contrapartida, o uso de arco e flechas requeria um treinamento longo e especializado pois exigia grande força e habilidade por parte do usuário. Explicita-se aqui uma relação que parece-nos lógica: quanto mais a tecnologia consegue poupar *esforços*, menos o usuário deve empenhar-se em desenvolver suas habilidades.

Freud parece pressupor que a sofisticação tecnológica é um indício de desenvolvimento humano, como aliás muito se pressupõe contemporaneamente. No pequeno trecho citado, o médico coloca e reitera que o aparelho psíquico arcaico era ineficaz, incompetente; portanto suas soluções tecnológicas teriam sido relegadas às habilidades pueris de nosso tempo, teriam se tornado brinquedos. Seria interessante investigar se o tiro preciso com arco e flecha é uma atividade ao alcance das crianças da atualidade; porém, mais intrigante ainda é o que Freud supunha ser uma psique competente. Não seria lícito avaliar essa competência em termos de sobrevivência, pois ainda hoje existem sociedades que remanescem de tempos arcaicos apesar de não terem sofisticado suas tecnologias, pois ainda caçam com arco e flecha. Ironicamente, muitas dessas comunidades acusam a civilização industrial de ter causado a crise ecológica em que nos encontramos a nível planetário, dado o caráter abusivo de suas tecnologias de extração e produção.

Gostamos de pensar que a sociedade da qual fazemos parte supera em inteligência e praticidade a qualquer outra civilização que tenha adotado soluções diferentes. Não obstante, existem numerosos exemplos históricos que, vistos com maior equanimidade, ajudar-nos-iam a compreender que se trata apenas disso, de escolhas e posturas diferentes, atendentes a concursos circunstanciais diferenciados. Podemos tomar como ilustração o caso da Eolípila de Heron, literalmente um motor a vapor inventado no século III d. C., em Alexandria, e que não foi aplicado à substituição da força de trabalho humano a fim de preservar o equilíbrio econômico de que o Império Romano gozava na época (VELÁZQUEZ, 2015: 225-255)☐. Descobertas de que nos ufanamos eram conhecidas por culturas que consideramos menos evoluídas, embora não tenham sido desenvolvidas no mesmo sentido nosso, em função de ponderações que talvez não estaríamos em medida de levantar no embalo dos tempos modernos e pós ou hipermodernos. Não podemos passar por alto que as linhas em questão foram escritas por um jovem Freud involucrado pelo ímpeto progressista burguês da segunda revolução industrial, cujo emblema era justamente a aplicação da máquina a vapor à substituição da força humana nos processos industriais de produção.

Em suma, parece-nos que a ideia de eficiência que assoma das entrelinhas do texto freudiano consiste na clássica e primária fórmula do *aumento de ganhos com menor esforço*. Interessa-nos desvendar esta ideia de fundo dado que ela constitui o princípio motor do fenômeno que analisamos. Ora, o *aumento de ganhos sem esforço*, enquanto reminiscência experiencial capaz de nortear o desenvolvimento "eficaz" da psiquê, encontra-se na vida intrauterina. É como diz Jung (2011)☐, perante qualquer *desafio imposto por uma necessidade*, a libido, à procura de substrato que fundamente uma resposta resolutiva, experimenta um movimento regressivo que reativa referências parentais primitivas, dentre as quais a figura materna é proeminente. A fantasia de *penetrar a mãe,* que está no cerne constitutivo do complexo edípico, corresponde à procura por proteção perante os desafios impostos pelo meio.

O ser humano, ao nascer, encontra-se confrontado com um desamparo radical – "a natureza da gente não cabe em certeza nenhuma" (ROSA, 2006: 417)☐. O tema do desamparo apresenta-se no início da obra freudiana fazendo referência à incapacidade performativa do *infans* de satisfazer, através de seus próprios recursos, as exigências impostas por suas necessidades fundamentais e, assim, garantir a si mesmo a sobrevivência. Nada no sistema genético ou neurológico do homem define-lhe previamente o objeto capaz de aplacar a sua tensão, ou ainda, que ação executar para combatê-la. Incapaz de locomover-se – à falta de recursos biológicos suficientes –, fica permanentemente exposto às necessidades, sem a possibilidade de defini-las, expressá-las claramente ou satisfazê-las sem o auxílio de um outro. Essa vivência de desamparo, análoga ao exílio e à estrangeiridade, origina-se a partir da separação do útero materno, lugar onde as condições de sobrevivência estavam asseguradas – "A dor do parto é também de quem nasce. Todo parto decreta um pesaroso abandono. Nascer é *afastar-se - em lágrimas - do paraíso,* é condenar-se à liberdade" (QUEIRÓS, 2011: p.08)☐. A questão do desamparo, entretanto, não faz referência somente ao estado de insuficiência do *infans,* mas, sobretudo, à própria condição humana – uma condição marcada pela precariedade e a falta de garantias, muito completa de vazios e sem eternidades (cf. BARROS, 2010)☐.

Diferente de outros animais que nascem mais ou menos capazes de enfrentar a intempérie natural, os marsupiais caracterizam um processo singular: os fetos em formação abandonam o útero materno para completar o processo de gestação ao abrigo de uma bolsa externa. O caso dos seres humanos se assemelha ao dos marsupiais no sentido do abandono prematuro do útero materno, no entanto, a bolsa externa não é biológica, mas cultural (CAMPBELL, 2005). Um bebê humano que recém abandonou o útero materno encontrar-se-ia completamente desprovido e indefeso a não ser por conta dos cuidados que podemos infringi-lhe com ajuda de arte-fatos, é dizer, *feitos de arte*, matérias-primas modificadas por ação técnica. À falta de penugem, transformamos fibras em linhas, tecidos e roupas que possam regular a temperatura vital do recém-nascido e, com ajuda de um pano, uma sacola, uma cesta ou um carrinho, transportamos o novo ser incapaz de se locomover por si ou sequer segurar-se no dorso de um adulto para o efeito.

O homem, por si só, é "nonada" – animal frágil, desamparado, sabedor de sua condição para a morte, solitário e, ao mesmo tempo, incapaz de viver na solidão. Afetados pela fragilidade do corpo, pela força impiedosa da natureza e pelas inúmeras dificuldades impostas pelo relacionamento com o outro, "a vida, tal como a encontramos, é árdua demais para nós" (FREUD, 1987: 93)□. A cultura teria se constituído com o propósito de suportar o homem em seu desamparo e estabelecer um laço social - atuaria como uma prótese, suplantando a precariedade humana, protegendo-lhe contra as ameaças da natureza, oferecendo-lhe abrigo e ordenando os seus relacionamentos mútuos. Assim, apesar de que inúmeras formulações institucionais complexificam e/ou restringem contemporaneamente o conceito de cultura (cf. WILLIAMS, 2001, BAUMAN, 2012, LÉVI-STRAUSS, 2010)□, atemo-nos à etimologia da palavra: *cultus + ura*, que em latim significa *ação de refinar* (GÓMEZ DE SILVA, 1998)□, isto é, ação de modificar o natural. Cultura, no corpo desta reflexão, designa o conjunto de modificações que a espécie humana infringe à natureza a fim de, primeiramente, sobreviver a ela, e, seguidamente, adaptá-la a si. Ora, modificar a natureza exige simultaneamente a protagonização do sujeito e a descriminação dos objetos à sua volta, dito de outro modo, exige a quebra da indiferenciação primária (PIAGET, 1975)□ pela nomeação objetal, pela significação do entorno, e este processo, por sua vez, exige uma relação sinérgica entre linguagem, dimensão simbólica e tecnologia.

Como resposta aos *desafios impostos pela necessidade* do nascimento, ao mítico *afastar-se - em lágrimas - do paraíso*, a espécie humana oferece a cultura; mas esta resposta, como observou Lacan, exige um fundamento da ordem do absurdo, em suas palavras, um mito. Como dissemos, aos desafios impostos pelas necessidades responde-se com um movimento regressivo, uma fuga à procura da proteção materna. No entanto, o retorno à placenta implica o risco de ser reassimilado pelo poder transformador do útero, isto é, implica o risco de "ser devorado" (LACAN, 1995: 199)□ (cf. JUNG, 2011: 328-460). Surge, em meio a esta indefinição, o princípio ativo, o pai simbólico que, enquanto portador do falo, é restritor do limiar materno, mas também é potência geradora (CHEVALIER & GHEERBRANT, 2001)□. Do assassínio e deglutição do pai simbólico, é dizer, da incorporação de seu poder gerador, surge a potência criativa para responder ao meio. O absurdo nesta dinâmica é que, se a cultura constitui uma resposta criativa que define à espécie humana e por isso permite sua subsistência, ela supõe que "para que os pais subsistam, é preciso que o verdadeiro pai, o pai singular, o pai único, esteja antes do surgimento da história, e que seja o pai morto." (LACAN, 1995: 215)□ Sigmund Freud, em sua obra Totem e tabu (1996)□, dedicou-se a este problema: o totem ritual seria uma concretização do pai simbólico, o verdadeiro, o pai assassinado antes do surgimento da história; ou melhor, o pai que, através de seu sacrifício, deu origem à história. Assim, se aceitamos este mito como fundamento, poderemos reconhecer no surgimento da cultura uma dinâmica edípica: uma espécie desprovida de recursos para suportar a intempérie; a impossibilidade de retorno à mãe natureza sob pena de ser devorado; e o conseqüente assassínio da ordem vigente a fim de formular uma nova, mais conivente com nossas fragilidades. Como diz Lacan (1995: 236)□, a "substituição daquilo que é real por algo de mais belo e maior."

Se o próprio nível de protagonismo resulta inapreensível à mente racional na formulação da resposta cultural, o mesmo não acontece em seus desdobramentos. O que a clínica tradicional designa como complexo edipiano corresponde às etapas esperadas na estruturação de uma criança, e seu grau de maturação é estimado em função da instrumentalização do infante para, autonomamente, responder ao meio. Descriminação objetal, aquisição de linguagem, posicionamento familiar, identidade sexual, são aquisições que paulatinamente habilitam o sujeito a formular respostas. Dito de outro modo, assimilando a formulação de López Quintás (2010)□, tornar-se *capaz de responder ao meio* é tornar-se *responsável* e, dada a incapacidade humana de responder diretamente à natureza em estado bruto, nossas respostas são criativas, isto é, culturais porque ensejam transformação. Em perspectiva religiosa, o pai primordial é o criador, portanto, seus filhos, à imagem e semelhança, somos transformadores, o que é dizer, criativos.

Para muitos povos à margem da civilização ocidental, a cultura se assemelha à bolsa da mãe marsupial que mencionamos. Ela tem a função de completar a gestação, isto é, desenvolver as potencialidades físicas e intelectuais aliadas à instrumentação tecnológica, a fim de tornar o infante *responsável*, individual e coletivamente, ao meio natural. Há, nestas civilizações, a preocupação implícita de reconhecer e de favorecer as respostas que melhor equilibrem a relação entre o sujeito, a comunidade e o entorno natural (cf. BONFIM, 2014, CAMPBELL, 2008, ELIADE, 2001, LÉVI-STRAUSS, 2010)□. O tiro com arco e flecha, que ilustra a abertura desta reflexão, é um recurso tecnológico que exige preparo físico, intelectual e perceptivo e que, com base na exigência de *esforço*, também tende a regular a extração de recursos, assim como o nível destrutivo que com seu uso possa infringir-se. Na civilização ocidental, porém, a trajetória da modernidade parece ter tomado outro rumo. Como diz Elias, em oposição à nobreza feudal, a burguesia renascentista iniciou um processo civilizatório empenhado em criar um mundo no qual fosse possível viver como se a animalidade e seu entorno natural não existissem (1990). Tudo na natureza é adverso, se não fosse assim não estaríamos tão engajados na cultura, reitera Flusser (2011)□. Queremos salientar que a modernidade ocidental, com seus desdobramentos contemporâneos, enfaticamente a partir da mecanização da indústria, parece ter cifrado seus esforços na instrumentalização tecnológica, a despeito de sua interlocução com o meio e o conseqüente despropósito do *esforço*: motivo e potência de maturação integral. À questão que deixamos aberta sobre a capacidade das crianças contemporâneas para realizar um tiro preciso com arco e flecha poderíamos convocar, a guisa de ampla resposta, a declaração do prof. Carlos Neto: "estamos a criar crianças 'totós', de uma imaturidade inacreditável" (in FERREIRA, 2015).□

De acordo com Le Goff (2013)□, em consequência da industrialização dos meios de produção, amplos círculos populacionais viram-se desenraizados e aglomerados em centros urbanos. Na medida em que a vida rural foi descaracterizada, a cidade, revestida de promessas industriais de conforto -aumento de ganhos com menor esforço- constituiu-se como indubitável órgão protetor, o centro substitutivo dessa inadequação fundamental que marca a condição de desamparo do homem (FREUD, 1987). A situação é análoga: aos desafios impostos pela descaracterização da vida rural correspondeu um movimento regressivo à procura de proteção.

Não obstante, dada a proibição do incesto, a imagem materna em suas qualidades naturais é desconfortável para uma psiquê adulta, donde a libido sofre um desvio para uma imagem substitutiva, um símbolo, uma objeto qualitativamente comparável à caracterização em jogo (JUNG, 2011: 246-260)☐. Destarte, qualquer forma de recipiente, como uma taça, uma arca, uma casa ou uma cidade, dada sua concavidade apta a receber, esconder e abrigar, pode simbolizar a almejada proteção cultural-materna. Se considerarmos a etimologia da palavra metrópole, nos aproximaremos ainda mais dessa possível relação: a palavra metrópole deriva do grego *métra*, que significa matriz, útero, ventre, e *pólis*, cidade. *Metrópolis* significa, portanto, *cidade mãe.*

Evidentemente, este processo de simbolização não é exclusividade da modernidade ocidental. Exemplos disso multiplicam-se geográfica e historicamente e dentre eles escolhemos como ilustração o mosaico da saída sul da catedral de Santa Sofia, em Bizâncio, que representa a *Theotokos* (Mãe portadora de Deus) sendo oferendada com as muralhas bizantinas, por parte do Imperador Constantino, e a igreja ortodoxa, por parte do Imperador Justiniano. (Figura 1)
Figura 1:

Theotokos entre Constantino e Justiniano.
(Recuperado de laliteraliteraria.wordpress.com em 20.10.2015

Mas devemos reconhecer que esta escolha não beneficiou do acaso. Parece-nos lícito pensar que estas simbolizações indiciam movimentos psíquicos coletivos, próprios de sociedades teocráticas às quais opôs-se a modernidade em matéria econômica, mas das quais herdou ao menos o substrato de suas tradições ativas. Nesta perspectiva, vale lembrar que a oficialização do cristianismo, no s. IV d. C., a partir da grande metrópole de Bizâncio, tornou absoluta a virgem Maria, mãe protetora e sempre indulgente, a despeito dos dois outros aspectos da tradicional mãe tríplice pagã. A *jovem divina*, mãe sedutora que atrai à reprodução e à renovação cíclica (parâmetros muito presentes na vida rural) e a *velha sábia*, mãe terrível que expulsa o filho de sua proteção a fim de expô-lo aos desafios da natureza, foram retiradas da liturgia (VELÁZQUEZ, 2014: 141-144)□. É como se o útero de Maria tivesse sido revirado para fora e esticado como manto até deixar fora de vista a animalidade sedutora de Maria Madalena e a assustadora e velha natureza de Santa Ana.

É certo que tratamos aqui de um fato da antiguidade, porém, como confirma Elias, citado anteriormente, foi a burguesia renascentista a que inaugurou a era moderna, e a renascença deve seu nome à recuperação do progressismo greco-romano, temporariamente suspenso pela organicidade rural —feudal— que o homem moderno depreciativamente designa como obscurantismo medieval.

Se a proeminência da figura materna fomentou o hermetismo do Império Bizantino e dos feudos ocidentais durante a Idade Média, o fato ainda não foi suficiente para apagar seu papel misterioso e ameaçador em cujo interior se esconde o liame com o pai primevo, o criador, de quem bebemos a energia criativa para responder ao meio. A vida rural, orientada pela cíclica natural, prevaleceu dominante, da mesma forma que os rituais pagãos dedicados à *velha sábia* e à *jovem divina* mantiveram-se em voga, apesar das proibições da igreja (BARROS, 2001: 143-157)□. Foram a tecnologia agropecuária, que procurou responder à superpopulação feudal que precedeu às cruzadas, aliada ao comércio em grande escala, possibilitado pelas comunicações abertas sob o avanço dos exércitos cruzados, os fatores que de fato marcaram a paulatina suplantação da vida rural pela concentração urbana (LE GOFF, 2011)□.

Vimos que tecnologias sofisticadas como o motor a vapor já eram conhecidas em épocas que incluso antecederam o Império Bizantino, ao qual fizemos referência, mas não por isso a vida rural foi tão radicalmente afastada como o caracterizamos na era moderna. O comércio, por sua vez, tampouco era novo na baixa Idade Média. O que esse comércio engendrou como novidade foi que revitalizou a economia monetária que, se bem já havia estado em voga entre os lídios ou os helênicos da antigüidade, por exemplo, tornou-se, por primeira vez, recurso das classes menos abastadas e mais populosas do sistema feudal. Rapidamente destacou-se da população operária feudal a classe burguesa de comerciários, cujo fundamento de ganho de poder é o dinheiro: um valor abstrato que não mais se reporta, enquanto signo, a seu objeto real, pois seu fundamento é a crença, a promessa de retribuir a mercadoria com outras promessas de retribuição (cf. LE GOFF, 2011)□.

Emancipada do real e instrumentada tecnologicamente, não é difícil entender que a sociedade moderna tem investido a energia criativa do pai no prolongamento do refúgio materno, a despeito da negociação bilateral e reestruturante com a ordem, com a lei natural. Em obsessão compulsiva, o *puer* da modernidade adapta e readapta, reforma e estica um refúgio uterino cada vez menos apto a abrigá-lo. A criança cresce e o útero retrai, sob o peso de tão prolongado esforço perde elasticidade e força, torna-se estéril, ressecado e quebradiço. Não há mais espaço, a cidade se torna asfixiante. As paredes que outrora ofereciam proteção estreitam-se esmagadoras, como mandíbulas que ameaçam consumar o que há tanto tempo vem sendo adiado: o ser devorado.

Considerações finais

Do pai, incorporamos a potência; mas o mistério da transformação habita a mãe: somos a forma que seu ventre fez transcender à semente paterna. É mister penetrar esse mistério e o preço é a autoimolação, dar-se à destruição, matar a estrutura atual para que nossa matéria, imbuída de poder metamórfico, possa reformular-se em uma melhor resposta (cf. JUNG, 2011). Mas as mandíbulas desta *velha sábia* esperaram tempo demais, ficaram ressequidas e quebradiças enquanto flutuava, à deriva, no oceano do recalcado. De nossa parte, dar-se à destruição requer coragem; mas a coragem exige *esforço*. Um esforço posto há muito tempo em tecnologias para poupar o esforço, para adiar o salto ao interior do abismo dentado sob promessa de renascimento.

Regenera-se o filho, o novo pai, e com ele regenera-se também o mistério metamórfico. A jovem divina acude à recepção da nova semente, a nova potência, e conduze-a pela transformação para gerar um novo arranjo, um novo pacto, um novo filho. (cf. JUNG & KERÉNYI, 2011)☐ Mas o filho moderno não quer ser pai. O preceito central da modernidade é infantil: o *aumento de ganhos com menor esforço*, a capitalização, o consumo, o engordar para sempre e sem retribuição. Mas não há corpo que resista, como não existe um seio que possa, eternamente, produzir sustento. A cidade mãe asfixia debilitada, ao tempo que nos constringe por saturação. No entanto, apesar de seu desgaste abnegado, a mãe amorosa, em desespero, começa a ceder ao imperativo de encarnar a *velha sábia*, a bruxa devoradora que se esconde no fundo da floresta, a maga, do grego *maiá*, que significa fermentação e que é radical de *mayeutiké*, a arte socrática: a maga da floresta detém o mistério da fermentação, isto é, o mistério do crescimento.

Talvez, por ventura, a velha sábia da modernidade consiga mastigar antes que a própria floresta, também consumida e debilitada, em surto, engula a espécie, mesmo que, para o efeito, ela também definhe.

Referências
Artigos de revista

FERREIRA, R. Entrevista com Carlos Neto: Estamos a criar crianças totós, de uma imaturidade inacreditável. Observador, jul. 2015.

MARONI, A. Psicanálise e ciências sociais: tecendo novos caminhos de pesquisa. Jornal de Psicanálise, v. 39, n. 71, p. 231–246, 2006.

PENNA, E. M. D. O paradigma junguiano no contexto da metodologia qualitativa de pesquisa. Psicologia USP, v. 16, n. C, p. 71–94, 2004.

Livros

BARROS, M. N. A. DE. As deusas, as bruxas e a Igreja: séculos de perseguição. Rio de Janeiro: Rosa dos tempos, 2001.

BARROS, M. Poesia Completa. São Paulo: Leyla, 2010.

BAUMAN, Z. Ensaios sobre o conceito de cultura. Digital ed. Rio de Janeiro: Jorge Zahar, 2012.

CAMPBELL, J. As máscaras de Deus. 7ª. ed. São Paulo: Palas Athena, 2005.

CAMPBELL, J. Mito e transformação. São Paulo: Ágora, 2008.

CHEVALIER, J.; GHEERBRANT, A. Dicionário de símbolos. Rio de Janeiro: José Olympio, 2001.

COUTO, S. P. Almanaque das guerras: os fatos mais importantes dos grandes conflitos da história da humanidade. São Paulo: Ideia & Ação, 2009.

ELIADE, M. Nacimiento y renacimiento. 1ª ed. ed. Barcelona: Kairós, 2001.

ELIAS, N. O processo civilizador; uma história dos costumes. vol.I. Rio de Janeiro: Jorge Zahar,

1990.

FLUSSER, V. Natural:mente - Vários acessos ao significado de natureza. São Paulo: Annablume, 2011.

FREUD, S. A interpretação dos sonhos. São Paulo: Imago, 1969.

FREUD, S. O Mal Estar na Civilização. Edição Standard Brasileira. 2ª. ed. Rio de Janeiro: Imago, 1987.

FREUD, S. Totem et tabou. Saint Amand, France: Payot, 1996.

GÓMEZ DE SILVA, G. Breve diccionário etimológico de la lengua española. 2ª. ed. México: FCE, 1998.

JUNG, C. G. Símbolos da transformação. 7ª. ed. Petrópolis: Vozes, 2011.

JUNG, C. G.; KERÉNYI, K. A criança divina: uma introdução à essência da mitologia. Petrópolis, RJ: Vozes, 2011.

LACAN, J. O Seminário, livro 4: A relação do objeto. Rio de Janeiro: Jorge Zahar, 1995.

LE GOFF, J. Marchands et banquiers du Moyen Âge. 1ª. ed. Paris: Quadrige / Puf, 2011.

LE GOFF, J. Para uma outra Idade Média - Tempo, trabalho e cultura no ocidente. Petrópolis, RJ: Vozes, 2013.

LÉVI-STRAUSS, C. O cru e o cozido. 2ª. ed. São Paulo: Cosac Naify, 2010.

LÓPEZ QUINTÁS, A. La experiencia estética y su poder formativo. 2ª. ed. Bilbao: Deusto publicaciones, 2010.

PIAGET, J. A formaçao do símbolo na criança - Imitaçao, jogo e sono, imagem e representação. 2ª. ed. Rio de Janeiro: Zahar, 1975.

QUEIRÓS, B. C. Vermelho Amargo. São Paulo: Cosac Naify, 2011.

ROSA, J. G. Grande Sertão: Veredas. Rio de Janeiro: Nova Fronteira, 2006.

VELÁZQUEZ, C. Mas afinal, o que é estética? Por uma redescoberta da educação sensível. Lisboa: Chiado Editora, 2015.

WILLIAMS, R. Cultura y sociedad 1780-1950. 1ª. ed. Buenos Aires: Nueva visión, 2001.

Contribuições a livros

BONFIM, J. M. O desaninhador de pássaros. In: VELÁZQUEZ, C. (Ed.). Sob o olhar do MITHO. Saarbrücken: NEA, 2014. p. 125–139.

VELÁZQUEZ, C. Valente atualização mítica - Alvo: Individuação. In: VELÁZQUEZ, C. (Ed.). . Sob o olhar do MITHO. Saarbrücken: NEA, 2014. p. 141 – 155.

MINORIAS, IGUALDADE E GÊNERO

O JEITO BRASILEIRO DE INSTITUCIONALIZAR: OS DIREITOS HUMANOS DAS MULHERES

Marinina Gruska Benevides[132]

No Brasil, as conquistas que se expressaram do ponto de vista jurídico-normativo em matéria de direitos humanos das mulheres, cujo ícone foi a Lei 11.340/2006, tanto estão no bojo de um processo amplo de mobilização jurídica transnacional em prol desses direitos como da repercussão mundial que teve o Caso 12.051 (Maria da Penha Maia Fernandes X República Federativa do Brasil), objeto do Relatório Anual 2000 – Relatório 54/01 da Comissão Interamericana de Direitos Humanos. A resposta brasileira para a franca violação da Convenção de Belém do Pará, ratificada em 1994, foi uma lei sui generis, referida pela comunidade internacional como bastante avançada. Tal arrojo deve ser compreendido no campo das contradições que marcam a luta pelos direitos humanos na sociedade brasileira. Uma análise dos paradoxos entre o direito posto e o direito efetivado à luz da cultura brasileira é salutar para que se compreenda a distância entre a realidade e as esperanças trazidas pela Lei 11.340/2006, sobre o "jeitinho brasileiro" de erradicar a violência doméstica e familiar contra a mulher e promover igualdade entre homens e mulheres.
Palavras-chave: Direitos Humanos das Mulheres. Lei Maria da Penha. Cultura brasileira.

INTRODUÇÃO

No Brasil, frequentemente, recorre-se a afirmações do tipo *o pessoal dos direitos humanos só serve para defender os bandidos, os direitos humanos são direitos dos manos* [bandidos] ou *deviam se preocupar com os direitos humanos das vítimas e dos policiais.*

Como entender enunciados dessa ordem, considerando que eles emanam também de profissionais que compõem o chamado *campo jurídico*, incluindo os alunos e professores de disciplinas dos cursos de Direito que se multiplicam no País? Devem ser entendidas como uma flagrante confissão de ignorância ou como fruto de uma educação formal deficiente em termos humanísticos?

Entendo que a resposta é *sim*, mas não só. Por traz das referidas expressões, há uma dificuldade social básica, que é consolidar ideias de igualdade e dignidade humanas numa frágil democracia, numa ordem social marcada por traços culturais como: grande distância hierárquica entre classes sociais; autoritarismo; dissociação do corpo social da realidade; nepotismo; clientelismo, personalismo; império da lei do mais forte sobre o mais fraco; e desrespeito às coisas públicas e ao ideal de cidadania.

---

[132] Professora adjunta do Mestrado Profissional em Planejamento e Políticas Públicas da Universidade Estadual do Ceará (UECE), Pós-doutora em Democracia e Direitos Humanos na Faculdade de Direito da Universidade de Coimbra - Portugal, Doutora e Mestre em Sociologia, Advogada e Psicóloga.

Alguns suportes culturais corroboram a reprodução desses traços. As redes de televisão brasileiras, por exemplo, dedicam média muito elevada de horas a programas policiais, transmitidos em rede nacional e em âmbito regional pelas inúmeras emissoras, nos quais os crimes cometidos pelas classes pobres são espetaculizados diariamente.

Os discursos veiculados pelos jornalistas negam os direitos humanos aos pobres, quer quando seus corpos e identidades são expostos, quer quando ocultam os dos criminosos de classes mais favorecidas, incluindo os de colarinho branco ou quando formas de criminalidade intimamente relacionadas aparecem como realidades completamente diferentes. Enquanto se obtêm vantagens da criminalidade das classes economicamente desfavorecidas, há uma lastimável redução dos direitos humanos a casos de polícia e um apelo ao *direito penal máximo*, à certeza de que nenhum culpado permaneça impune.

Quanto mais se apela para que os criminosos não fiquem impunes, quanto mais proliferam leis que criminalizam comportamentos e quanto mais o Estado gasta com repressão, policiamento, encarceramento e processamento de crimes, mais eles se multiplicam e, para muitos, eles se tornam mais violentos, de modo que tudo vai de encontro aos princípios mais elementares de direitos humanos.

Uma suposta eficiência penal costuma ser invocada como remédio para a criminalidade das classes pobres. A criação de tipos penais, o endurecimento das penas e a restrição de garantias fundamentais são reivindicados. A pedagogia dos direitos humanos que é popularmente difundida e que alcança todos os segmentos sociais traduz processos de estigmatização das classes pobres e a dificuldade de reconhecer seus membros como sujeitos de direitos civis, políticos, sociais, econômicos, culturais e ambientais.

Há quem afirme que a criminalidade violenta cresceu e mudou de perfil nos últimos anos, depois da inserção do Brasil num mundo globalizado, porque a criminalidade também é globalizada. A expansão do narcotráfico se associa ao comércio ilegal de armas, ao tráfico de seres humanos, à cobiça das riquezas nacionais etc. Muitos crimes que, antes eram explicados pela pobreza de seus agentes, hoje contam com sujeitos que fazem parte de classes econômicas mais favorecidas e os mais jovens, incluindo as crianças, aparecem incorporados às cenas dos crimes, praticando ilícitos com requintes de crueldade.

Na falta de um debate público mais amplo sobre questões de direitos humanos e, também, de segurança pública, na falta de um pacto da sociedade em torno da justiça social, prolifera a defesa de teses que pareciam superadas com o advento da Constituição Federal de 1988, tais como a pena de morte, a volta do regime militar, o fim do desarmamento da população e a redução da maioridade penal. A resistência em encarar de forma lúcida os problemas sociais espelha uma cultura legitimadora da criminalização da pobreza.

Os diálogos sobre o que é o legal e o justo divide doutrinadores em posições extremas que vão do *direito penal máximo*, a tutela máxima das ofensas resultantes do delito, ao *direito penal mínimo*, que propõe a diminuição das penas privativas de liberdade, a substituição dessas por penas alternativas e outras formas de resolução de conflitos, reservando o cárcere apenas para os que cometeram crimes mais graves e garantindo a tutela a máxima das liberdades individuais.

Essas duas perspectivas de controle de comportamentos criminosos, situadas em posições extremas, coexistem no Brasil (CARVALHO, 2008). A balança da justiça pende, todavia, sempre para a privação da liberdade das classes economicamente desfavorecidas, porque há interesses de classe e vontades políticas que estão em jogo na intervenção do sistema penal.

Não bastasse a injustiça social banalizada em suportes culturais ou a desigualdade e a indignidade humana traduzida na realidade dos sujeitos sobre os quais as penas privativas de liberdade incidem, nos comentários de pessoas de classes sociais diversas, as desvantagens reais dos pobres beneficiários de programas governamentais de transferência de renda é convertida numa vantagem que induz à criminalidade e transforma os pobres em *vagabundos, marginais, preguiçosos* etc. Vale, pois, perguntar sobre quem morre e quem a polícia mata no Brasil; por que motivo a população carcerária brasileira é a quarta maior do mundo[133], considerando o número de habitantes do Brasil e também em termos absolutos do total de presos.

Os momentos de tensão política são reveladores do nível dos debates nos quais determinados segmentos sociais se envolvem e da qualidade da participação política desses segmentos em matéria de direitos humanos. A exemplo disso, nos eventos recentes em prol do *impeachment* da presidente Dilma Rousseff, quando o que está em jogo é o futuro de uma nação, chega a ser desmedida a estupidez dos que protestam nas ruas, quando consideradas questões que estão intimamente vinculadas aos direitos humanos das mulheres. Bata ler cartazes e faixas conduzidas por manifestantes nos quais estão escritas coisas como "Feminicídio sim! Fomenicídio não!! # Fora PT!!! ou "Balança que essa quenga cai", os quais ganharam ampla veiculação pelas redes sociais, para que se tenha a ideia dos absurdos. Eles se tornam maiores quando se sabe que as pessoas que os conduziam eram membros da classe média brasileira, porque supostamente tiveram uma educação formal de melhor qualidade.

Nessas situações, sendo difícil encontrar o sujeito ético, sensível para perceber o que é importante para a coletividade da qual faz parte, capaz de avaliar a qualidade das coisas, refletir sobre escolhas, contribuir para a consecução do bem maior, o bem comum, não é difícil vislumbrar os significados que a expressão *direitos humanos* adquire na sociedade brasileira.

Num contexto marcado por uma mentalidade que transforma temas de direitos humanos em coisas pejorativas, de modos diversos, difícil é explicar para a maior parte da população que a positivação dos direitos humanos está relacionada às obrigações pactuadas pelo Estado brasileiro na ordem internacional e no cunho interno; que os direitos humanos tanto dizem respeito aos tratados, convenções e pactos internacionais ratificados pelo Estado brasileiro como aos direitos civis e políticos, elencados nos artigos 5º. e 14º. da Constituição Federal de 1988, e aos direitos sociais, econômicos, culturais, sexuais e reprodutivos, dispostos nos artigos 6º., 7º. e nas seções especiais; que os direitos humanos afirmados pela Constituição de 1988 refletem decisões políticas fundamentais relativas a inúmeras conquistas sociais, a afirmação de direitos e garantias, sem as quais seria impossível falar de cidadania.

O BRASIL NO PANORAMA INTERNACIONAL DOS DIREITOS HUMANOS

As tentativas de efetivação dos direitos humanos no Brasil são muito recentes, sobretudo se considerarmos a data das ratificações dos mais importantes tratados internacionais, mormente dos instrumentos do sistema interamericano de direitos humanos centralizado pela Organização dos Estados Americanos – OEA, que conta com 35 membros. Foi após a derrota da ditadura civil

[133] Segundo os dados divulgados pelo Ministério da Justiça relativos ao primeiro semestre de 2014, o Brasil (607.731 presos) ocupa a quarta posição no mundo entre os países que possuem a maior população carcerária, tanto em termos do número de presos para o de habitantes quanto em números absolutos. Decerto há países que ocupam posições piores que a do Brasil, considerando o número de presos, como Rússia (673.800), China (1,6 milhão) e Estados Unidos (2,2 milhões) ou quando se compara o número de presos com o total da população – Brasil (4º.), Tailândia (3º), Rússia (2º) e Estados Unidos (1º).

e militar e, em especial, ao longo dos anos de 1990 e início dos anos de 2000, que os fundamentos constitucionais de direitos humanos começaram a ser operacionalizados por um conjunto de normas e de políticas públicas universais.

Piovesan (2005, 2015 e 2016) entende que a Constituição Brasileira de 1988 foi um marco jurídico da transição democrática e da institucionalização dos direitos humanos no País. Como ícone da ruptura revolucionária com a ditadura que teve início em 1964, pode ser correto o pensamento dessa autora. Salvo melhor juízo, entretanto, um exacerbado otimismo ocorreu no que se refere ao emprego da palavra *institucionalização*.

Numa acepção mais completa, o processo de institucionalização deve ser entendido como a mudança ampla e efetiva nos sistemas de controles sociais, criados originalmente com fins e razões benéficas; as transformações profundas dos padrões de funcionamento do sistema de Justiça, das instituições que o representam, do Judiciário etc. Logo, é muito cedo para se falar de realização do princípio fundamental da dignidade da pessoa humana, da igualdade de direitos e obrigações entre homens e mulheres, prevista entre os direitos e garantias fundamentais, conforme disposto na Constituição Federal de 1988, *ipsis litteris*:

> **Art. 1º** A República Federativa do Brasil, formada pela união indissolúvel dos Estados e Municípios e do Distrito Federal, constitui-se em Estado democrático de direito e tem como fundamentos:
> I - a soberania;
> II - a cidadania;
> III - <u>a dignidade da pessoa humana</u>[134];
> IV - os valores sociais do trabalho e da livre iniciativa;
> V - o pluralismo político.
> **Parágrafo único.** Todo o poder emana do povo, que o exerce por meio de representantes eleitos ou diretamente, nos termos desta Constituição.
>
> **Art. 5º** Todos são iguais perante a lei, sem distinção de qualquer natureza, garantindo-se aos brasileiros e aos estrangeiros residentes no País a inviolabilidade do direito à vida, à liberdade, à igualdade, à segurança e à propriedade, nos termos seguintes:
> I - <u>homens e mulheres são iguais</u>[135] em direitos e obrigações, nos termos desta Constituição;

Vários autores situam como o marco inicial do processo de incorporação de tratados internacionais de direitos humanos no Direito nacional, sob a égide da Constituição de 1988, a ratificação da Convenção contra a Tortura e Outros Tratamentos Cruéis, Desumanos e Degradantes, em 1989. Assim, com a ratificação dos instrumentos internacionais, inúmeros direitos que não eram previstos no Direito brasileiro passaram a ser reproduzidos na Constituição Federal de 1988 e em diversas normas[136].

---

[134] Grifos meus.

[135] Idem.

[136] Piovesan (2015, p 30 a 32) exemplifica isto tomando como referência o disposto no artigo 5º., inciso III,

O legislador nacional se inspirou nos instrumentos internacionais para adequar o Direito interno às obrigações assumidas internacionalmente pelo Estado brasileiro e, hoje, os tratados internacionais integram, complementam e estendem os direitos declarados constitucionalmente. Em matéria de direitos humanos, prevalece a norma mais favorável ao sujeito titular do direito em caso de eventual conflito entre o Direito Internacional dos Direitos Humanos e o Direito interno.

O Brasil não está sozinho na demora de ratificação de tratados e nas tentativas de efetivação de direitos humanos, porque isso também é recente no contexto geral das Américas. Nem todos os 35 Estados-membros da OEA ratificaram a Convenção Americana, considerada o mais importante instrumento do sistema americano de direitos humanos; tampouco aceitaram a jurisdição da Corte estabelecida em 1979.

Como explicam Gomes e Mazzuoli (2010, p. 17 a 19), o sistema de direitos humanos das Nações Unidas que tem na Declaração Universal dos Direitos Humanos – DUDH, de 1948, sua *norma mater*, difundiu-se globalmente, criando sistemas regionais de proteção dos direitos humanos (europeu, africano e americano), regidos por organizações dos Estados que deles fazem parte, as quais criaram instrumentos específicos de proteção de direitos humanos. A Convenção Americana de Direitos Humanos que ficou conhecida como Pacto de São José da Costa Rica, aberta a assinatura em 22 de novembro de 1969, só foi aprovada pelo Brasil pelo Decreto Legislativo 27, de 22 de setembro de 1992, e promulgada por Decreto presidencial 678, de 6 de novembro do mesmo ano.

Em 25 de setembro de 1992, quando o Brasil ratificou a Convenção Americana sobre Direitos Humanos (o Pacto de São José da Costa Rica, de 1969), poucos anos distanciavam o País do um golpe militar e civil, para o qual concorreram os segmentos sociais compostos pelos grandes proprietários rurais, os integrantes conservadores e anticomunistas da Igreja Católica[137] e boa parte da classe média urbana, que então representava pouco mais de um terço da população brasileira, composta em sua maioria por pessoas que viviam no meio rural e eram analfabetas. As marcas da ditadura eram muito recentes, também, quando da ratificação da Convenção

da Constituição de 1988 que reproduz literalmente o disposto no artigo V da Declaração Universal de Direitos Humanos de 1948, o artigo 7º. do Pacto Internacional dos Direitos Civis e Políticos e o artigo 5º. (2) da Convenção Americana. Do mesmo modo, o princípio da presunção da inocência disposto no artigo 5º, LVII, encontrou inspiração no Direito Internacional dos Direitos Humanos; no artigo XI da Declaração Universal, artigo 14 (3) do Pacto Internacional de Direitos Civis e Políticos e no artigo 8º. (2) da Convenção Americana. Direitos não previstos no Direito brasileiro (direito à alimentação, vestimenta, moradia; proibição de propaganda em favor da guerra e apologia de ódio nacional, racial ou religioso; direito das minorias étnicas, religiosas ou linguísticas; proibição do restabelecimento da pena de morte; adoção de medidas temporárias e especiais para acelerar a igualdade entre homens e mulheres; vedação de utilização de meios para obstar a comunicação e circulação de ideias e opiniões; direito ao duplo grau de jurisdição como garantia judicial mínima; direito do acusado ser ouvido; direito do acusado ser ouvido e posto em liberdade sem prejuízo de que prossiga o processo, em circunstâncias estabelecidas; proibição de extradição de pessoa a outro Estado quando houver razões seguras que poderá submetida à tortura ou outro tratamento cruel, desumano ou degradante) foram incorporados. A proibição da prisão civil por dívida, a exceção dos casos estritamente previstos, endossa o critério da norma mais favorável à vítima, a proteção dos direitos da pessoa humana à liberdade.

[137] Era um segmento majoritário na Igreja Católica que promoveu, em 19 de abril de 1964, a Marcha da Família com Deus pela Liberdade, mostrando seu franco apoio ao golpe, o qual vitimou inúmeros integrantes da chamada *ala progressista* da Igreja, os *teólogos da libertação*, que denunciavam a violência dos militares e os direitos negados aos mais pobres pelos que fomentaram o golpe.

Interamericana para Prevenir, Punir e Erradicar a Violência contra a Mulher, ratificada em 27 de novembro de 1995.

Os instrumentos de alcance geral como os Pactos Internacional de Direitos Civis e Políticos e de Direitos Econômicos, Sociais e Culturais que datam de 1966 só foram ratificados pelo Brasil em 1992. Muitos dos instrumentos de alcance específico como as convenções que buscam responder a violações de direitos humanos de determinados tipos de sujeitos e que foram elaborados pelo sistema americano só foram ratificados muito recentemente.

Até que ponto, entretanto, a distância temporal entre a ampla integração do Estado brasileiro ao sistema internacional e regional (americano), mediante a ratificação de tratados de direitos humanos internacionais, e a implementação de políticas públicas voltadas para a promoção dos direitos humanos, pode explicar a dificuldade do Estado brasileiro em responder a contento as obrigações internacionalmente assumidas?

Ao que tudo indica essa dificuldade não é muito recente assim e diz da necessidade de compreender os motivos pelos quais, em épocas anteriores ao processo de redemocratização nacional, a atuação da diplomacia brasileira na defesa de direitos humanos, em sede de eventos internacionais, em vários fóruns, é merecedora de destaque. Antes e durante o regime civil-militar, ela participou ativamente de momentos decisivos, como na criação das Nações Unidas; na defesa da Declaração Universal dos Direitos Humanos; e na elaboração dos pactos das Nações Unidas sobre os Direitos Civis e Políticos e de Direitos Econômicos, Sociais e Culturais etc.

É relativamente pequena a quantidade das análises da atuação dessa diplomacia. Pouco se sabe sobre questões de direito internacional, mormente sobre as que envolvem as representações brasileiras no Exterior. Tudo se passa como se a diplomacia brasileira atuasse num mundo completamente desvinculado da sociedade que representa, a qual nem mesmo se interessa em exercer qualquer tipo de controle sobre essa atuação.

Quando considerados os gritantes registros de violações de direitos humanos que ocorrem em Território Nacional no presente; os crimes contra a humanidade cometidos durante a ditadura civil-militar que permanecem sem punição, albergados por uma Lei de Anistia[138]; ou aqueles que continuaram sendo registrados desde os momentos iniciais do processo de redemocratização do País, parece importante pensar o modo brasileiro de institucionalizar direitos humanos.

Se a ratificação dos tratados de direitos humanos serviu para compor uma imagem mais positiva do Brasil, como legitimador da ideia de universalização desses direitos, a qual passou a gozar de uma hegemonia na comunidade internacional, a incorporação dos diversos tratados internacionais de direitos humanos[139] ao Direito nacional não se fez seguir tempestivamente de

---

[138] Ao falar sobre a Lei de Anistia na VI Conferência Internacional de Direitos Humanos da OAB, em Belém-PA, em 29 de abril de 2015, da qual eu participei como ouvinte, Celso Antonio Bandeira de Mello criticou duramente a decisão brasileira de se manter inerte na punição de *monstros* e *torturadores*, anistiados em função de uma suposta defesa da Nação, dizendo que nenhuma relação poderia ser estabelecida entre a monstruosidade dos estupros de mulheres cometidos por militares e a defesa do Brasil.

[139] Piovesan (2015) faz o rol dos principais tratados ratificados pelo Brasil a partir de 1988: a Convenção Interamericana para Prevenir e Punir a Tortura, em 20 de julho de 1989; a Convenção sobre os Direitos da Criança, em 24 de setembro de 1990; o Pacto Internacional dos Direitos Civis e Políticos, em 24 de janeiro de 1992; o Pacto Internacional dos Direitos Econômicos, Sociais e Culturais, em 24 de janeiro de 1992; a Convenção Americana de Direitos Humanos, em 25 de setembro de 1992; a Convenção Interamericana para Prevenir, Punir e Erradicar a Violência contra a Mulher, em 27 de novembro de 1995.

investimentos sociais voltados a concretizá-los. Tal fato se justifica em larga medida por análises de ordem econômica.

Por outro lado, se os direitos humanos se tornaram parte da agenda brasileira de fortalecimento do processo democrático no âmbito doméstico, é preciso considerar que a proteção legal geral ou especial dos vulneráveis que consolida uma igualdade formal, como se lê no artigo 5º. da Constituição Federal - "Todos são iguais perante a lei..." – demorou a se tornar sinônimos de igualdade material, da justiça social reivindicada pelo poder revolucionário que constituiu as base do Estado Democrático de Direito.

A rigor, a divulgação midiática de grandes crimes e de graves violações de direitos humanos[140], muitos dos quais envolviam os responsáveis pela segurança pública, não se coadunou à imagem do Brasil que o governo tentava formular no Exterior. Na ordem interna, o sentimento de desconfiança dos brasileiros em instituições encarregadas da lei e da ordem, que não é um fato novo, parece ter crescido muito com o processo de redemocratização.

A vinculação do governo aos ideais democráticos e de concretização dos direitos humanos ou das tentativas de associar as questões de segurança pública a esses direitos, conforme descreve Adorno (2003), as violações de direitos humanos, notadamente aquelas relacionadas ao direito à vida, passaram a ser relatadas, com maior frequência, por organizações governamentais e não governamentais nacionais e internacionais (ALMEIDA, 2011).

De fato, desde o início dos anos de 1990, as concepções sobre direitos humanos ganharam significados de direitos sociais (ao trabalho, à vida digna etc.), como se pode ver na Agenda Brasileira de Direitos Humanos (1994), pactuada pelos agentes do Estado e da sociedade civil que estiveram na Conferência de Viena (1993), que influenciou a elaboração de Programas Nacionais de Direitos Humanos. Isto não necessariamente significou, no entanto, um maior comprometimento do governo e da sociedade de modo geral em concretizar direitos humanos (CARBONARI, 2012, p. 28). Igualmente, não significou o abandono da compreensão de segurança pública como questão de responsabilidade individual ou de aplicação de lei e ordem para os criminosos (CARDIA, 1999 e ADORNO, 2003), na perspectiva de um direito penal máximo.

Não se pode negar os avanços legislativos em matéria de direitos humanos nos dois governos de Fernando Henrique Cardoso (primeiro mandato de 1995 a 1998 e segundo mandato de 1999 a 2002), sobretudo pela ratificação de convenções pendentes há mais de duas décadas e das, então, recém-firmadas. Isso não representou, entretanto, a maior facilidade para que os setores conservadores da sociedade reconhecessem como violações de direitos humanos questões graves como as estatísticas de homicídios do País.

De 1995 a 1998, houve um esforço notório do Executivo na promoção e articulação de políticas de direitos humanos, ficando inicialmente a cargo da Secretaria da Cidadania do Ministério da Justiça a implementação do Programa Nacional de Direitos Humanos (PNDH), a

---

[140] Entre as violações estão: a absolvição dos policiais militares envolvidos responsáveis pela morte de 19 sem-terras em Eldorado dos Carajás, em 1999; as reiteradas rebeliões de adolescentes em conflito com a lei internos na Fundação do Bem-Estar do-Menor, uma das quais implicou morte de quatro interno dos quais um foi decapitado e teve o corpo queimado numa fogueira, em 2000; o sequestro do ônibus 174, no Rio de Janeiro, em julho de 2000, que implicou a morte da professora, numa ação desastrosa da polícia; a execução sumária de 12 acusados de integrar a facção criminosa do Primeiro Comando da Capital (PCC); os diversos confrontos entre o crime organizado e o governo estadual do Rio de Janeiro, de julho a agosto de 2002 etc. (ADORNO, 2003, p.111 a 112)

qual foi transferida posteriormente para a Secretaria de Direitos Humanos, com *status* de Secretaria de Estado.

Avanços na estratégia de promover ações gerais do PNDH também podem ser computados, no período que vai de 1995 a 2002, tais como a criação do Conselho Nacional de Direitos Humanos (embora os conselhos estaduais previstos no PNDH não tenham sido criado em muitos estados ou que os constituídos nunca funcionassem a contento) e de conselhos para tratar questões específicas (tortura, violência no campo, trabalho escravo e infantil, alimentação etc.), assessorados e providos de recursos necessários ao funcionamento pela Secretaria de Estado dos Direitos Humanos.

Para Adorno (2003), houve avanços também na capacidade de formulação de políticas, envolvendo a participação de segmentos sociais diversos, como expressam o I Programa Nacional de Direitos Humanos, em 1996, revisto em 2000 (quando os direitos econômicos, sociais e culturais foram incorporados ao II Programa); a tentativa de viabilização destes por meio dos conselhos de cidadania que existiam ou que foram criados; das parcerias com a sociedade civil e dos programas de atendimento especial para grupos sociais discriminados; e o Plano Nacional de Segurança Pública, que articulou ativistas de direitos humanos com representantes de corporações e profissionais especializados.

Não se pode dizer o mesmo, porém, da capacidade de realizar o planejado, considerando que os problemas de segurança, justiça e direitos humanos são crônicos no Brasil e há diversas resistências para sua abordagem conjunta ou para que se chegue a um consenso político sobre os *gaps* entre direitos humanos e segurança pública.

Quando chegou ao governo, Luiz Inácio Lula da Silva, eleito para o período de 2003 a 2006 e reeleito para o período de 2007 a 2010, encontrou as bases da política de direitos humanos estabelecidas pelo governo antecessor. Como, porém, os obstáculos estruturais, notadamente nas polícias e no sistema de administração da justiça aos casos concretos não haviam sido removidos, a realidade nacional permaneceu incompatível com os acordos assumidos internacionalmente e objetivados na ratificação de tratados e nas alterações da legislação doméstica (ALMEIDA, 2011).

Nesse período, merecem destaque as duas novas secretarias: a Secretaria Especial de Políticas para Mulheres (criada no primeiro dia desse governo), e a Secretaria de Promoção da Igualdade Racial, ambas favorecidas pela importância das temáticas a elas inerentes no contexto de violações de direitos humanos na sociedade brasileira. Foi, ainda, mantida a Secretaria de Estado de Direitos Humanos.

Apesar das críticas sobre a dispersão dos direitos humanos nas especificidades dos temas tratados pelas duas secretarias, as expectativas em relação ao novo governo eram elevadas, sobretudo considerando que os defensores de direitos humanos estavam francamente articulados em fóruns internacionais e havia o compromisso governamental de avançar no monitoramento internacional e de tornar mais transparentes as violações.

Embora a superação das desigualdades de gênero e raça tenham sido compromissos especiais assumidos então pelo governo, o investimento de R$ 1,09 milhão no período de 2003 a 2010 foi pouco comparado à demanda, do mesmo modo que muitas metas estabelecidas em planos nacionais não foram cumpridas e a aproximação entre do governo aos segmentos mais conservadores e reacionários resultou na permanência de graves violações de direitos humanos (PAULA, 2011).

De acordo com Almeida (2011), as expectativas foram frustradas pelo predomínio de uma visão economicista de direitos humanos que prejudicou uma abordagem ampla e estratégica que articulasse direitos econômicos com direitos civis, sociais e culturais.

Ciconello (2011 e 2012), ao analisar os avanços e as contradições das políticas de direitos humanos no governo Lula, lembra que, na 11ª. Conferência Nacional de Direitos Humanos, em 2008, que culminou no III Programa Nacional de Direitos Humanos, em 2009, a sociedade civil muito se envolveu num debate conceitual e político sobre os direitos humanos.

Como a publicação do Programa gerou reação de setores conservadores da sociedade (latifundiários, grandes empresas de comunicação, setores da Igreja Católica e das Forças Armadas) em relação às ações previstas, no entanto, muito do que foi formulado de maneira participativa (por consultas públicas, conferências municipais, estaduais e nacional com presença de 14 mil representantes do poder público e da sociedade civil) foi alterado pelo Decreto n 7.177, de 12 de maio de 2010.

Entre as ações que provocaram maior resistência e motivaram uma campanha difamatória do Programa e uma visão distorcida de direitos humanos estavam: a criação da Comissão da Verdade para apurar os crimes contra a humanidade praticados durante a ditadura civil e militar; a aprovação de lei descriminalizando o aborto; a não utilização de símbolos religiosos em repartições públicas, considerando que o Estado brasileiro é laico; a aprovação de projeto de lei institucionalizando a mediação como ato inicial de demandas coletivas fundiárias em áreas rurais e urbanas; e a democratização dos meios de comunicação centralizados na mão de poucos empresários poderosos ao arrepio do disposto na Constituição Federal.

A análise das contradições que marcaram o governo do presidente Lula, qualquer que seja o balanço das questões de direitos humanos no período que vai de 2003 a 2010, precisa considerar as surpreendentes conquistas sociais que se tornaram referências em diversos fóruns e mereceram amplo reconhecimento da comunidade internacional e da população brasileira.

Lula encerrou o seu segundo mandato com grande popularidade, elevadas taxas de emprego, aumentos reais no salário-mínimo, ganhos maiores para os assistidos pela previdência social, focalização de políticas públicas contingentes destinadas às parcelas mais desfavorecidas da população e redução de desigualdades sociais.

Na verdade, desde 2001, os índices da desigualdade social se modificaram, mas no governo Lula tal modificação se expressou em termos de: geração de 14 milhões de empregos; queda da desigualdade de renda entre as famílias, de acordo com o índice de Gini, de 0,5686 em 2002 para 0,538 em 2009; crescimento da ordem de 10% na renda dos mais pobres, num ritmo anual de 7%, enquanto a renda dos 10% da população economicamente favorecida cresceu apenas em 1,4%; ascensão da 93 milhões de pessoas para a classe C, com renda entre R$ 1.115,00 a R$ 4.807,00, com o consequente aumento do consumo que superou o das classes A e B; migração de 29 milhões de pessoas das classes D e E para a classe C, ou seja, a saída destas da pobreza, inclusive da pobreza absoluta[141].

No governo Lula, o Brasil se tornou referência mundial em políticas sociais de transferência de renda e na estratégia de combate à fome e à miséria entre os países em desenvolvimento; protagonista da aprovação de Diretrizes Voluntárias para o Direito Humano à Alimentação, pela Organização das Nações Unidas para a Agricultura e a Alimentação – FAO;

---

[141] IPEA. Comunicado do Ipea nº 58 – Dimensão, evolução e projeção da pobreza por região e por Estado do Brasil, 2010.

exemplo a ser seguido por diversos países; coautor, em parceria com a França, Chile e Espanha, da "Ação contra a Fome e a Pobreza", lançada na ONU em 2004, e da Declaração que a acompanha. A estratégia do Programa Fome Zero tornou a experiência do Brasil um modelo a ser seguido e disseminado como parte dos Objetivos de Desenvolvimento do Milênio da ONU, relacionados à erradicação da pobreza e da fome.

Uma característica marcante do governo Lula é o fato de ter assumido responsabilidades em relação aos direitos humanos e ampliado o protagonismo do Brasil na realidade do sistema internacional e dos sistemas regionais de direitos humanos (MATTEI & MAGALHÃES, 2011). Em 2004, o papel do Brasil foi decisivo na criação da Reunião de Altas Autoridades de Direitos Humanos – RAADH do Mercosul, tendo assumido o protagonismo de iniciativas na área de educação em direitos humanos, direitos das crianças e dos adolescentes e idosos. Desde 2006, passou a fazer parte tanto do Conselho de Direitos Humanos da ONU como da Assembleia Geral.

Foi também no governo de Lula que o Brasil se tornou uma referência internacional *sui generis* em matéria de direitos humanos das mulheres, porque decretada a Lei 11.340/2006, que recebeu o nome da peticionária do Caso 12.051 apresentado à Comissão Interamericana de Direitos Humanos.

O CASO 12.051

Em 20 de agosto de 1998, quando recebida a primeira denúncia de violência doméstica e familiar pela Comissão Interamericana de Direitos Humanos, apresentada pela Senhora Maria da Penha Maia Fernandes, pelo Centro pela Justiça e pelo Direito Internacional (CEJIL) e pelo Comitê Latino-Americano de Defesa dos Direitos da Mulher (CLADEM), com fulcro no direito previsto no Artigo 12 da Convenção de Belém do Pará e na competência estabelecida nos artigos 44 e 46 da Convenção Americana sobre Direitos Humanos de 1969, os compromissos assumidos pelo chefe do Estado brasileiro juntamente com outros chefes de Estado americanos eram vigentes.

O caso que recebeu o número 12.051 na Comissão foi um marco na história da luta pelos direitos humanos das mulheres, mundialmente referido, assim como a lei brasileira que leva o nome da peticionária. No Brasil, a Lei recebeu o número 11.340 e foi decretada em 7 de agosto de 2006, nos termos da Convenção de Belém do Pará e do Artigo 226 §8 da Constituição Federal de 1988[142] é tida como a lei mais conhecida do País.

Pela repercussão que o referido caso e a resposta normativa do Brasil obtiveram na comunidade nacional e internacional, parece salutar que a abordagem da Lei 11.340/2006 e das lutas do movimento feminista brasileiro contra a discriminação violadora da dignidade humana das mulheres possa dar conta, minimamente, dos paradoxos imediatamente verificáveis quando as estatísticas apontam que o Brasil está entre os países nos quais os índices de violência contra a mulher são os mais elevados.

O Relatório Anual 2000 – Relatório N° 54/01, da Comissão Interamericana de Direitos Humanos, da Organização dos Estados Americanos, referente ao Caso 12.051 – Maria da Penha

---

[142] Conforme disposto: "**Art. 226.** A família, base da sociedade, tem especial proteção do Estado" e "§ 8° O Estado assegurará a assistência à família na pessoa de cada um dos que a integram, criando mecanismos para coibir a violência no âmbito de suas relações".

Maia Fernandes X República Federativa do Brasil, de 4 de abril de 2001, é emblemático da dificuldade de institucionalização dos direitos humanos das mulheres no País.

A denúncia que preencheu os critérios de admissibilidade[143] dava conta da tolerância do Brasil para com a violência sofrida pela peticionária Maria da Penha, em seu domicílio na cidade de Fortaleza, no Estado do Ceará, praticada por seu, então, marido, o economista colombiano Marco Antonio Heredia Viveiros, que teve como desfecho duas tentativas de homicídio e diversas agressões, ocorridas no período de maio a junho de 1983. Uma paraplegia irreversível foi o resultado da primeira tentativa de homicídio que se fez seguir pela tentativa de eletrocutá-la e por demais enfermidades durante o ano de 1983.

Na petição foi alegado que, a despeito das denúncias registradas, o Estado não tomou medidas efetivas por mais de 15 anos no sentido de processar e punir o agressor, violando diversos artigos da Convenção Americana[144], concernentes aos artigos da Declaração Americana dos Direitos e Deveres do Homem[145], bem como os artigos da Convenção de Belém do Pará[146].

A petição passou pelos trâmites devidos, sem que o Estado apresentasse quaisquer comentários[147] sobre ela. Quando dos repetidos requerimentos da Comissão, sem resposta alguma do Brasil, Maria da Penha e os demais peticionários[148] solicitaram a presunção de verdade dos fatos relatados[149].

Entre os fatos que fundamentaram a solicitação estavam: 1) da denúncia apresentada pelo Ministério Público em 28 de setembro de 1984 decorreram oito anos até uma decisão condenatória do Júri, em 4 de maio de 1991, tendo o réu sido condenado a quinze anos de prisão, os quais foram reduzidos a dez anos, porque não constava condenação anterior; 2) um recurso de apelação foi apresentado no mesmo dia da sentença condenatória e declarado pelo juiz extemporâneo, segundo artigo 479 do Código Processual Penal brasileiro, porque só poderia ter sido apresentado quando da tramitação do juízo e não posteriormente; 3) depois de quatro anos, em 4 de maio de 1995, o Tribunal de Alçada que decidiu aceitar a apelação extemporânea e, contrariando o que sustenta a jurisprudência brasileira e o entendimento do Ministério Público no caso, anulou a decisão do Júri, considerando o argumento da defesa de que houve vícios na formulação das perguntas aos jurados; 4) um recurso de apelação paralelo contra a sentença de pronúncia (primeira decisão na qual o Juiz entendeu que o caso deveria ir a Júri popular porque havia indícios de autoria suficientes) foi aceito pelo Tribunal de Justiça do Estado do Ceará,

---

[143] Os referidos critérios estão dispostos nos artigos 46, 2, c e 47 da Convenção Americana e no artigo 12 da Convenção de Belém do Pará.

[144] Artigos 1, 1 (Obrigação de respeitar os direitos); 8 (Garantias judiciais); 24 (Igualdade perante a lei) e 25 (Proteção judicial).

[145] Artigos II e XVIII.

[146] Artigos 3, 4,a,b,c,d,e,f,g, 5 e 7.

[147]Apesar de solicitações da Comissão datadas de 19 de outubro de 1998, 4 de agosto de 1999 e 7 de agosto de 2000, o Estado brasileiro não apresentou resposta alguma com respeito à admissibilidade ou ao mérito da petição.

[148] Conforme já mencionado, Maria da Penha foi apoiada pelos Centro pela Justiça e pelo Direito Internacional (CEJIL) e pelo Comitê Latino-Americano de Defesa dos Direitos da Mulher (CLADEM) que figuraram ao seu lado como peticionários.

[149] Foi aplicado, pois, o artigo 42 do Regulamento da Comissão.

apesar de extemporâneo, tendo sido rejeitada sua tese em 3 de abril de 1995 e confirmada a sentença de pronúncia; 5) um segundo julgamento foi realizado pelo Júri, dois anos depois da anulação da sentença condenatória proferida no primeiro Júri, em 15 de março de 1996, tendo sido o réu condenado a dez anos e seis meses de prisão; 6) uma nova apelação da defesa foi aceita pelo Tribunal de Justiça do Estado do Ceará, tendo sido alegado que foram ignoradas as provas de autos, no julgamento; 8) o processo permanecia à espera de uma decisão do recurso aceito pelo juízo *ad quem*, em 22 de abril de 1997, data da apresentação da petição à Comissão Interamericana de Direitos Humanos; 9) o réu permaneceu em liberdade pela delonga de mais de 15 anos em se chegar a uma decisão definitiva, criando o risco da impunidade, tendo em vista o prazo prescricional (20 anos do fato); 10) o Estado brasileiro não foi justo para com a vítima e feriu o princípio da razoável duração de um processo, o que não constitui uma situação isolada no Brasil, sendo o caso apenas um exemplar do padrão da impunidade da violência doméstica contra as mulheres brasileiras, pois a maioria das denúncia nem chegam a converter-se em processos criminais e, quando o são, somente uma minoria implica a condenação dos perpetradores; e 11) o Poder Judiciário do Ceará e o Estado brasileiro agiram de modo ineficaz quando deveriam ter primado pela reparação das violações sofridas pela vítima.

Ao concluir que a violação de deveres assumidos pelo Estado se coadunavam com um padrão discriminatório a tolerar a violência doméstica contra as mulheres no Brasil, por ineficácia da ação judicial, a Comissão Interamericana de Direitos Humanos recomendou que o País procedesse a uma investigação séria, imparcial e exaustiva para estabelecer a responsabilidade do autor dos delitos que vitimaram Maria da Penha e para apurar outros fatos e responsabilidades de agentes estatais cuja ação ou omissão impediram o processamento célere e efetivo do caso. Recomendou, ainda, que a vítima recebesse reparação pronta e efetiva pelo ocorrido e que fossem adotadas pelo País medidas para eliminar a tolerância do Estado em face da violência contra mulheres.

À primeira vista, o franco desrespeito do Judiciário brasileiro aos direitos humanos, à luz da análise do caso Maria da Penha, parece contradizer o ativismo da diplomacia brasileira em sede de eventos internacionais, em propor e endossar os avanços em termos de direitos humanos de modo geral e de direitos humanos das mulheres de modo específico. O mesmo se pode dizer quando se observam os dados da realidade brasileira acerca do fenômeno da violência contra as mulheres.

OS DADOS DA "VITIMIZAÇÃO" DE MULHERES

A pesquisa realizada pela Fundação Perseu Abramo e SESC (2015), no ano de 2000, demonstrou que 2,1 milhões de mulheres eram espancadas por ano; 175 mil por mês; 5,8 mil por dia; 242 por hora; quatro por minuto; uma a cada 15 segundos. Nos casos mais graves de agressão, os crimes se configuraram como continuados e qualificados por vários tipos de violência, além da física, cuja ocorrência é mormente no ambiente doméstico. Os parceiros com os quais as mulheres mantinham ou mantiveram relações de intimidade foram os principais perpetradores.

O retrato da "vitimização" segundo o sexo e local da agressão no Brasil, em 2009 (IPEA, 2015), revelou que o espaço público responde por 80% das agressões físicas sofridas por homens; que somente 12,2% foram agredidos em suas residências e que 46,4% dos agressores eram pessoas desconhecidas, somente 2% eram cônjuges ou ex-cônjuges e 5,7% eram parentes. Em relação às mulheres, os dados se inverteram: é no ambiente de suas residências que 43,1% das mulheres sofrem agressão física; 26% da violência tiveram como perpetradores os próprios companheiros ou ex-companheiros e 11.3% os parentes. Entre as mulheres agredidas por companheiros e ex-companheiros, 56% procuraram as unidades policiais. As que não procuraram justificam ter medo de envolvimento com a polícia (27 %) e de represálias (32%), enquanto outras preferiram uma resolução pessoal (21,5%) dos conflitos. A crença de que a ação policial não era necessária foi declarada por 9,4% das mulheres.

Conforme os dados do Balanço dos atendimentos realizados em 2014 pela Central de Atendimento à Mulher – Ligue 180, da Secretaria de Políticas para as Mulheres da Presidência da República (SPM-PR), a violência contra as mulheres é um problema evidente, sendo verificada desde o início da relação de conjugalidade e se expressando como violência física e psicológica prevalentemente: 43% das mulheres em situação de violência sofrem agressões diariamente e 35%, semanalmente; os episódios de violência acontecem desde o início da relação (23,51%) ou de um até cinco anos (23,28%); do total de 52.957 denúncias de violência contra a mulher, 27.369 corresponderam a denúncias de violência física (51,68%), 16.846 de violência psicológica (31,81%), 5.126 de violência moral (9,68%), 1.028 de violência patrimonial (1,94%), 1.517 de violência sexual (2,86%), 931 de cárcere privado (1,76%) e 140 envolvendo tráfico (0,26%).

Em pesquisa realizada em julho de 2015, o Senado Federal/Secretaria da Transparência (2015), divulgou os dados do DataSenado que acompanha em série histórica desde 2005 a violência doméstica e familiar contra a mulher, realizando a cada dois anos uma nova rodada de pesquisas. Reforçando os dados de pesquisas anteriores, a percepção de 63% das mulheres consultadas entende que a violência doméstica e familiar contra a mulher aumentou – 82% foram vítimas de violência, sendo a maior parte destas as que têm menores níveis de escolaridade (27% de ensino fundamental e 18% de nível médio), jovens (34% de 20 a 29 anos e 32% até 19 anos), tendo por agressor o marido ou companheiro (49%). Como justificativa da agressão, estão os ciúmes (21%) e bebidas alcoólicas (19%). A violência física prepondera (66%), seguida pela psicológica (48%), a qual cresce em comparação com os dados colhidos em 2013 (38%). Também são crescentes os dados das mulheres agredidas que não procuram ajuda (21% em comparação aos 15% de 2013), o que é justificado por: preocupação com a criação dos filhos (24%); medo da vingança do agressor (21%); crença de que comportamento agressivo não ocorrerá mais.

Decerto, os dados estatísticos possuem limitações, a começar pelo fato de que cristalizam em números o que ocorre na realidade social que é dinâmica e precisa ser analisada qualitativamente, considerando, dentre muitas coisas, a mudança de mentalidades e sensibilidades e os processos de transformação social. Os números também não abarcam todos os dados da realidade; os que não puderam ser acessados ou permaneceram encobertos, fora do alcance dos pesquisadores, das instituições, autoridades etc.

Seja como for, à luz dos dados produzidos, no passado e no presente, em matéria de direitos humanos das mulheres, é evidente o paradoxo que separa a imagem que o Brasil transmite em diversos fóruns internacionais de direitos humanos e de direitos humanos das mulheres e o que ocorre na realidade doméstica.

Não me parece suficiente invocar o processo de redemocratização e as conquistas jurídico-normativas recentes ou as dificuldades econômicas anteriormente vividas pelo País para explicar a dificuldade de realizar direitos humanos, sem que se pergunte pela cultura brasileira, pelos valores que orientam as respostas dadas a muitos problemas e também pelo silêncio que se faz sobre muitas coisas, apesar da criatividade que orienta a produção legislativa.

AS CONTRADIÇÕES DA CULTURA BRASILEIRA

Os antropólogos costumam dizer que o formalismo caracteriza a cultura brasileira, mas não exatamente por entenderem que a experiência do Estado Democrático de Direito é muito recente. Como traço cultural que remonta ao processo de colonização portuguesa, o formalismo, também, não é compreendido na mesma acepção do formalismo no campo do Direito, ou seja, em referência a situações que articulam lei e jurisprudência, princípios e regras, atividade criativa e vinculativa do juiz etc. Do ponto de vista antropológico, é uma característica associada ao vezo do autoritarismo que põe a lei e os ideais em segundo plano; uma discrepância entre as normas aceitas e as condutas.

Seguindo a linha de raciocínio dos antropólogos, a negligência e o descaso em relação aos princípios dispostos na Constituição Federal de 1988 (como os de dignidade, liberdade e igualdade) podem ser compreendidos como parte do formalismo. O mesmo vale para as obrigações internacionalmente assumidas, quando da ratificação de tratados de direitos humanos. Pela cultura, é possível entender o fracasso de normas e dos mecanismos de controle estabelecidos internacionalmente.

Consoante o entendimento de DaMatta (1987; 1990 e 2001), no Brasil não há o *pode* e o *não pode*, há também o *jeitinho*. E o *jeitinho* brasileiro comporta uma dupla interpretação: de um lado, é uma forma de sobreviver ao quotidiano, suavizando a distância de um sistema fortemente hierarquizado, das absurdas distâncias sociais; de outro lado, é possível interpretá-lo como um favorecimento. Seja como for, uma ética dúplice opera regularmente: a *ética da casa* e a *ética da rua*.

Pela *ética da rua*, tem-se um formalismo legalista, que na verdade não passa de um *faz-de-conta*, *coisa para inglês ver*, porque entre o que é dito (e também está escrito) e o que é feito ou entre o formal e o real há muita diferença. As relações pessoais e imperativas, fundadas em lealdades e privilégios de relações pessoais, marcam a institucionalização do aspecto relacional da cultura brasileira. A ética da casa recria o ambiente familiar, nos diversos espaços sociais.

No campo jurídico, por exemplo, a aplicação da ética da casa, ao embaralhar o público com o privado, confundindo um com o outro, faz com que se pense o que é público (e também o que é universal como os direitos humanos), como se fosse propriedade de alguns, segundo conveniências, na base do *quem manda aqui sou eu*. A lei é coisa que se aplica no tempo em que bem se entende.

Quando emergem conflitos mais intensos, a solução tende a ser feita pela adoção de práticas moderadoras, mas o Poder Judiciário, conotado como ordenador, hoje é muito demandando, sem que, necessariamente, seja abandonada a lógica de ajustar valores, normas, leis e regras às conveniências. Ademais, a vida institucional e jurídica não pode ser corrigida somente pela *ética da rua*, por leis impessoais e por uma leitura universal, porque intimamente ligada à *ética da casa*, à lógica da família, aos valores religiosos que fundam o comportamento do povo e com os quais é difícil romper.

Demo (2008) e Frade (2008) lembram que, no próprio processo legislativo brasileiro, a imunidade dos legisladores se converte em impunidade; os que fazem as leis a ela não se submetem. Por extensão, não permitem que as leis sejam aplicadas em desfavor daqueles cujos interesses eles representam, a elite. O mesmo faz o Judiciário, curvado diante dos interesses econômicos. É mais fácil que os considerados *marginais* sejam principalmente os pobres.

Além do mais, a eficácia da lei é algo irrelevante na sociedade brasileira, a começar pela forma como procedem os congressistas ao votarem o endurecimento de penas ou tentarem evitar que condenados a possam cumprir:

> O mais frequente é o Congresso votar leis para aumentar a severidade das penas, como se a ameaça – quase nunca cumprida – resolvesse o assunto.(...) A eficácia da lei é irrelevante.(...) Dobrar a pena para um crime ou impedir que o condenado cumpra-a em regime semiaberto custa dinheiro. Muito dinheiro. (BARROS, 2008, p. 8 a 9).

No Brasil, as penas privativas da liberdade são endereçadas quase que exclusivamente aos membros das classes economicamente desfavorecidas. Com raríssimas exceções, os sujeitos das classes mais favorecidas são submetidos ao cárcere, malgrado a gravidade dos delitos cometidos.

Pelo que se pode observar, todavia, em relação ao Caso 12.051, no crime que envolvia sujeitos de classe média, no *jeitinho* brasileiro de conduzir a solução da demanda que se apresentou ao Judiciário, a perspectiva do favorecimento operou muito mais no sentido de privilegiar as representações sociais da família e as relações de gênero culturalmente instituídas do que no sentido de privilegiar questões de classe.

Para DaMatta (2001), as representações da mulher e da família na sociedade brasileira estão inscritas na *lógica da casa* e da *rua*. As mulheres *da casa* são as que se põem disponíveis ao grupo familiar, aos serviços domésticos, favores sexuais e reprodução. São transformadas em esposas e definidas de modo pastoral e santificado. As mulheres *da rua*, representadas como perigosas e causadoras de perturbação moral, embora devam ser tratadas de um modo peculiar, são paradoxalmente definidas como mulheres *da vida* e, sem elas, o mundo dos homens brasileiros não pode ser adequadamente definido, até porque o espaço *da rua* é definido como um espaço sobremaneira destinado ao masculino. Por sua vez, a família brasileira é o lugar onde imperam *a calma e a tranquilidade da casa*, definida como um *espaço definitivamente amoroso onde a harmonia reina*; o lar e a morada são espaços opostos à rua, que é um lugar de movimento, anonimato, competição, individualismo e perigos, onde as pessoas correm o risco de ser *ninguém*, não respeitados como pessoa; o núcleo do grupo familiar *é constituído por pessoas que possuem a mesma substância* e valores como honra e *vergonha* a guiar a atuação da família como uma *personalidade coletiva bem-definida*; e as relações familiares são tidas como perpétuas, de modo que o espaço da família constitui *um mundo à parte*, no qual *um discurso conservador* opera e *onde os valores morais tradicionais são definidos pelos mais velhos e pelos homens* (DAMATTA, 2001, p. 23 a 28).

Ainda que seja possível ver um certo exagero na homogeneização da família brasileira descrita por DaMatta (2001), o pensamento do Antropólogo permite vislumbrar uma forte razão para a resistência do Judiciário brasileiro em respeitar o devido processo legal no crime que teve Maria da Penha como vítima, qual seja, a dificuldade do Judiciário em assumir uma autoridade que lhe é dada por lei, em desautorizar a *autoridade* da família, o *governo* exercido pelo marido em relação à mulher.

A diplomacia brasileira não escapa à mesma lógica, quando atua no sentido de fundar uma espécie de *outro mundo*, no qual as normas internacionais aparecem como meio de criar uma visão diferente do Brasil, fundamentalmente esperançosa e também moralista, mesmo sabendo da abissal distância que sapara a ilusão da realidade. Como a população brasileira desconhece quase por completo essa atuação e é fato bastante recente a tomada de conhecimento das questões diplomáticas que envolvem o direito internacional e os direitos humanos, é problemático elaborar uma avaliação mais crítica acerca da atuação dos diplomatas.

A leitura dos sinais diacríticos da cultura brasileira, também, favorece a compreensão dos efeitos provocados pelo movimento da diplomacia e dos legisladores domésticos, sobretudo quando o Judiciário negligencia os compromissos internacionalmente assumidos. Como um feitiço a virar contra o feiticeiro, o mesmo Estado que tenta sustentar uma imagem positiva, mediante a ratificação de tratados e convenções, sem abandonar a lógica da casa e da rua, somando a linguagem da família com a linguagem jurídico-normativa, revela a *capacidade de sintetizar, relacionar e conciliar* do povo brasileiro de que nos fala DaMatta (2001, p. 121), quando é forçado a uma reinvenção criativa como a Lei 11.340, de 7 de agosto de 2006, conhecida como Lei Maria da Penha.

Em outras palavras, numa ordem social na qual a mulher é profundamente discriminada e imperam valores que francamente contradizem os direitos humanos das mulheres, estes são afirmados de maneira *sui generis* por meio da promulgação da Lei que criou mecanismos para prevenir, punir e erradicar a violência doméstica e familiar contra a mulher, conforme disposto preliminarmente em seu Título I:

> **Art. 1º** Esta Lei cria mecanismos para coibir e prevenir a violência doméstica e familiar contra a mulher, nos termos do § 8o do art. 226 da Constituição Federal, da Convenção sobre a Eliminação de Todas as Formas de Violência contra a Mulher, da Convenção Interamericana para Prevenir, Punir e Erradicar a Violência contra a Mulher e de outros tratados internacionais ratificados pela República Federativa do Brasil; dispõe sobre a criação dos Juizados de Violência Doméstica e Familiar contra a Mulher; e estabelece medidas de assistência e proteção às mulheres em situação de violência doméstica e familiar.

Maria da Penha, como a sobrevivente do *faz de conta* da *ética dúplice* (*ética da casa* e *ética da rua*), que pode contar seu drama e apelar a um órgão internacional, deixou de ser mais uma mulher a correr o risco de ser confundida com *ninguém*, no espaço oposto ao *da casa*, no universo *da rua*, sob o comando da autoridade e da lei impiedosa. Se *roupa suja se lava em casa*, ela precisou lavá-la na rua, a negar as lições culturalmente aprendidas, a dizer que *em briga de marido e mulher se mete sim a colher*.

De vítima do ex-marido e também do Estado, hoje, Maria da Penha habita um *outro mundo*; é um discurso jurídico-normativo. É o nome da lei mais conhecida na sociedade brasileira, criadora de uma área de profunda esperança em relação ao futuro das relações entre mulheres e homens; entre o Judiciário e a família; entre os movimentos sociais e os legisladores.

Para muitas mulheres, Maria da Penha é uma espécie de entidade salvadora, ícone da luta feminista, força mobilizadora da engrenagem do Judiciário, em prol dos direitos das mulheres a uma vida sem violência. Para inúmeros homens de classes economicamente desfavorecidas que violaram a Lei 11.340/2006, embora não deixe de ser uma entidade, é persecutória e definida como uma espécie de demônio; Maria da Penha é *a lei do cão, a lei que veio para lascar mais ainda os pobres*.

PARA CONCLUIR, UM QUESTIONAMENTO

Sem desmerecer a conquista que a Lei 11.340/2006 representa para a sociedade brasileira, entendo ser importante aprofundar as reflexões sobre o que se pode chamar de personagem central do mito de origem dessa Lei – uma sobrevivente... O que alguém que pode contar pode dizer mais sobre quem não pode contar e também sobre a judicialização da violência contra a mulher na sociedade brasileira?

REFERÊNCIAS

ADORNO, Sérgio. Lei e ordem no segundo governo FHC. In: **Tempo Social**, vol. 15. No. 2. São Paulo, Nov. 2003, p. 103 a 140. Disponível em: <http://dx.doi.org/101590/S0103-20702003000200005 >. Acesso em: 01.08.2015.

AGENDE. Ações em Gênero Cidadania e Desenvolvimento. **10 anos da adoção da Convenção Interamericana para Prevenir, Punir e Erradicar a Violência contra a Mulher, Convenção de Belém do Pará.** Brasília: AGENDE, 2004.

ALMEIDA, Tania Mara Campos de. A violência contra as mulheres no Brasil – Leis, Políticas públicas e Estatísticas. In: ABREU, Maria Aparecida. (Org.). **Redistribuição, reconhecimento e representação**: diálogos sobre igualdade de gênero. Brasília: IPEA, 2011, p. 49-56.

BARROS, Alexandre. Prefácio. In: FRADE, Laura. **Quem mandamos para a prisão?**: visões do Parlamento Brasileiro sobre a Criminalidade. Brasília: Liber Livro Editora, 2008, p. 7 a 11.

BRASIL. **Portal violência contra a mulher**, 03/2011. Disponível em: <www.violenciamulher.org.br/violência>. Acesso em: 10/01/2015.

______. **Constituição Federal de 1988**. Brasília: Senado, 1988.

______. **Lei Maria da Penha. Lei N.°11.340**. Brasília: Senado, 2006.

CARBONARI, Paulo César. Direitos Humanos no Brasil: a promessa é a certeza de que a luta precisa continuar. In: MOVIMENTO NACIONAL DE DIREITOS HUMANOS et. al. **Direitos Humanos no Brasil 3**: diagnósticos e perspectivas. Passo Fundo: IFIBE, 2012, p 21 a 35.

CARDIA, Nancy. **Atitudes, normas culturais e valores em relação à violência em dez capitais brasileiras**. Relatório de pesquisa. Brasília, DF, Ministério da Justiça, Secretaria Nacional de Direitos Humanos, 1999.

CARVALHO, Salo de. **Pena e garantias.** 3.ed. Rio de Janeiro: Lumen, 2008.

CICONELLO, Alexandre. Políticas Públicas e Promoção dos Direitos Humanos. In: MOVIMENTO NACIONAL DE DIREITOS HUMANOS et. al. **Direitos Humanos no Brasil 3**: diagnósticos e perspectivas. Passo Fundo: IFIBE, 2012, p. 79 a 92.

______. Os avanços e contradições das políticas de Direitos Humanos no Governo Lula. In: In: PAULA, Marilene de. (Org.). "Nunca antes na história desse País"...? – um balanço das políticas do Governo Lula. Rio de Janeiro, Berlin: Heinrich Böll Stiftung, 2011, p. 76 a 98. Disponível em: <www.boell.org.br>. Acesso em: 0108/.2015.

DA MATTA, Roberto. **Relativizando**: uma introdução à antropologia social. Rio de Janeiro: Editora Rocco, 1987.

______. **Carnavais, malandros e heróis**: por uma sociologia do dilema brasileiro. Rio de Janeiro: Guanabara, 1990.

______. O que faz o brasil, Brasil? Rio de Janeiro: Rocco, 2001.

DEMO, Pedro. Apresentação. In: FRADE, Laura. Quem mandamos para a prisão?: visões do Parlamento Brasileiro sobre a Criminalidade. Brasília: Liber Livro Editora, 2008, p. 13 a 17.

FRADE, Laura. Quem mandamos para a prisão?: visões do Parlamento Brasileiro sobre a Criminalidade. Brasília: Liber Livro Editora, 2008.

GOMES, Luiz Flávio e MAZZUOLI, Valério de Oliveira. Comentários à Convenção Americana sobre Direitos Humanos: *pacto* de San José da Costa Rica. 3. ed. rev. atual e ampl. São Paulo: Editora Revista dos Tribunais, 2010. (Coleção ciências criminais; / coordenação Luiz Flávio Gomes, Rogério Sanches Cunha, v 4)

INSTITUTO DE PESQUISA ECONÔMICA APLICADA ... [et al.]. Retrato das desigualdades de gênero e raça / - 4. ed. - Brasília: Ipea, 2011. 39 p. : il.

______. Objetivos de Desenvolvimento do Milênio – Relatório Nacional de Acompanhamento. Brasília: Ipea, 2010.

MATTEI, Lauro & MAGALHÃES, Luis Felipe. A política econômica durante o Governo Lula (2003-2010): cenários, resultados e perspectivas. In: PAULA, Marilene de.(Org.). "Nunca antes na história desse País"...? – um balanço das políticas do Governo Lula. Rio de Janeiro-RJ: Fundação Heinrich Böll, 2011, p. 134 a 151.

PAULA, Marilene de. Introdução. In: PAULA, Marilene de.(Org.). "Nunca antes na história desse País"...? – um balanço das políticas do Governo Lula. Rio de Janeiro-RJ: Fundação Heinrich Böll, 2011, p. 10 a 15.

PERSEU ABRAMO & SESC. Mulheres brasileiras e gênero nos espaços público e privado. agosto de 2010 – Pesquisa de opinião. Disponível em:< http://www.fpabramo.org.br/sites/default/files/pesquisaintegra.pdf>. Acesso em: 01.07.2015.

PIOVESAN, Flávia. Direitos Humanos e o Direitos Constitucional Internacional. 16. ed. rev., ampl. e atual. São Paulo: Saraiva, 2016.

______. A Constituição Brasileira de 1988 e os Tratados Internacionais de Proteção dos Direitos Humanos. p. 20-33. Disponível em: <http://www.dombosco.sebsa.com.br/faculdade/revista_direito/3edicao.php.> Acesso em 01/06/2015.

______. Ações afirmativas na perspectiva de direitos humanos. In: Cadernos de Pesquisa. V. 35, n. 123, p. 43-55, Jan./abr. 2005.

SECRETARIA DE POLÍTICAS PARA AS MULHERES DA PRESIDÊNCIA DA REPÚBLICA (SPM-PR). Balanço 2014 – Ligue 180. Central de Atendimento à Mulher. Disponível em: <http://www.spm.gov.br/central-de-conteudos/publicacoes/publicacoes/2015/balanco180_2014-versaoweb.pdf>. Acesso em: 01.07.2015.

ENTRE O AMOR E A VIOLÊNCIA: TRAJETÓRIAS DE CASAIS QUE ACIONARAM A LEI MARIA DA PENHA[150].

Janaina Sampaio Zaranza[151]

---

[150] Palavras Chaves: Violência, Lei Maria da Penha, Significado, ressignificado, Denúncia, testemunho, drama social.

[151] Doutora em Sociologia – UFC, Pesquisadora do NUSS, **e-mail:**inazaranza@yahoo.com.br. Possui licenciatura(1996) e bacharelado(1999) em Ciências Sociais pela Universidade Federal do Ceará, Mestre em

Resumo: Este trabalho desenvolve-se através de narrativas de homens e mulheres que passaram pela Lei Maria. No Brasil, a mudança no paradigma de denúncia e criminalização masculina teve uma reviravolta, mediante a deslegitimação do homem, no sentido de poder unitário e resoluto. Como objetivo geral deste trabalho, portanto, devo fazer uma discussão mais ampla da situação da mulher e do homem, no âmbito de conjugalidades heterossexuais, na tentativa de identificar pontos cruciais para a compreensão dos possíveis novos processos de reaprendizagem do feminino e do masculino, quando a mulher aciona o dispositivo jurídico da Lei Maria da Penha. A metodologia utilizada é a etnometodologia, Bertaux(2010), Turner(1974,1985, 2004), Giddens(2003) relaciono as narrativas de homens e mulheres sobre o acionamento da Lei Maria da Penha, os significados e ressignificados de ambos, neste momento atual caracterizando padrões antigos e novos do ser feminino e masculino. Construindo outras subjetividades direcionadas para este novo momento social.
Palavras chaves: Violência, Mulher, Drama social, Lei Maria da Penha,

Introdução

Esta é uma parte do texto da pesquisa de doutorado em Sociologia pela Universidade Federal do Ceará enfoco os conflitos nas relações amorosas, quando os mesmos passam a ser vivenciados nos espaços públicos destinados à denúncia de violência contra a mulher, a partir da promulgação da Lei Nº 11340 (Lei Maria da Penha), com o objetivo de observar como o mecanismo de denúncia da Lei Maria da Penha pode ressignificar o masculino e feminino a partir do seu pedido. Esse novo ordenamento jurídico reflete o quanto as relações interpessoais passaram a ser base de trabalho para instituições públicas modernas[152], alterando os mecanismos de controle exercido sobre o privado, refinando as condutas e os usos da violência em decorrência de uma crescente publicização do que antes era vivido como estritamente íntimo. Essas novas formas de regulação institucional, que culpabilizam e criminalizam as práticas de violência conjugal, já apresentam alcances e limites que estão a merecer o olhar atento das Ciências Sociais.

Meu objeto de estudo está na possibilidade de flagrar a mulher quando na tensão vivida por meio de sua nova atuação, a partir do rompimento da violência com a sua posterior trajetória de refazimento. Nesse percurso, as mulheres tentam se fortalecer a partir da denúncia dos maus-tratos – que parece também revelar que o rompimento de uma identidade fragmentada, que se esconde nas dores, também se apresenta como capaz de tecer novas redes de sociabilidades, através do processo de singularização do seu eu feminino.

Por uma genealogia da Lei Maria da Penha

Antes, quando uma mulher sofria violência por parte de seu marido, companheiro, ex-companheiro, entre outros, não existia lei específica que tratasse da violência doméstica. Com a

---

Sociologia pela Universidade Federal do Ceará(UFC), Doutoranda em Sociologia pela Universidade Federal do Ceará, na linha de Pesquisa Diversidades Culturais, estudos de gênero e processos identitários, bolsista vinculada ao CNPQ. Trabalha, hoje, na área de Sociologia e antropologia, com ênfase em Violência, processos relacionais e identitários, atuando principalmente nos seguintes temas: Dimensões da Violência estrutural e subjetiva, colonialismo e pós colonialismo, estudos culturais, educação, sociologia, movimentos sociais, direitos humanos, violência simbólica e violência doméstica.

[152] Delegacia de Defesa da Mulher, Juizado Especial da Mulher em Situação de Violência, Centros de Referência de Atendimento da Mulher em Situação de Violência e Casas Abrigos.

nova lei 11340, já se tipifica e se define a violência doméstica e familiar contra a mulher. A nova lei estabelece como formas de violência: a física, psicológica, sexual, patrimonial e moral. Mas o passo mais importante é a responsabilização do Estado perante algo que, algum tempo atrás, ninguém via como problema da esfera pública. " Em briga de marido e mulher ninguém mete a colher" – era a fala mais comum nestes casos.

A legislação anterior, inclusive, não tratava das relações de pessoas do mesmo sexo; hoje, já se determina que a violência doméstica contra a mulher seja considerada mesmo independente de orientação sexual.Já no âmbito dos juizados especiais, a legislação passada aplicava a lei 9099/95, ou seja, julgava-se os crimes com pena de até dois anos (menor potencial ofensivo); já a legislação atual, retira dos juizados especiais criminais a competência para julgar os crimes de violência doméstica.

Anteriormente, a lei permitia a aplicação de penas pecuniárias como as cestas básicas e multa. A nova, já não permite a aplicação destas penas. Na lei anterior, os juizados especiais criminais tratavam somente do crime, sem lidar com a separação, pedido de pensão, guarda dos filhos. Com a mudança, foi criado o primeiro juizado especial de violência doméstica e familiar contra a mulher, com competência cível e criminal para abranger todas as necessidades das mulheres da capital.

Antes, a autoridade policial efetuava um resumo dos fatos através do TCO- Termo Circunstancial de Ocorrência, mas já na lei Maria da Penha prevê-se um capítulo específico para o atendimento pela autoridade policial, que traz a prisão em flagrante do agressor. A anterior não permitia isso; somente havia prisão no caso de lesão gravíssima – caso de morte, tentativa de homicídio. Anteriormente, inclusive, a mulher poderia desistir da denúncia na delegacia; hoje, para renunciar, só na presença do juiz. A intimação que anteriormente poderia ser levada pela própria mulher; hoje, deverá ser entregue somente por oficial de justiça ou autoridade policial. Além da prisão preventiva, a legislação atual já altera o código de processo penal, de modo a possibilitar ao juiz a decretação da prisão preventiva, quando houver riscos à integridade física e psicológica da mulher. A mulher não era informada quanto ao andamento dos atos processuais. Na lei 11340 a mulher será notificada dos atos processuais, especialmente quanto ao ingresso e saída do agressor da prisão.

Antes, a mulher poderia ir desacompanhada de advogado e/ou defensor público nas audiências. Agora, ela deverá estar acompanhada de um dos dois supracitados em todos os atos processuais. Na lei anterior, a violência contra a mulher não era agravante de pena; a nova lei altera o artigo 61 e torna a V. D. agravante de pena. Mais: em crime praticado contra mulher idosa ou deficiente, a pena poderá ser acrescida de um terço da pena estabelecida. Antes a pena ficava entre 6(seis) meses a 01(um) ano. Na lei atual, a pena passa a ser de 3 (três) meses a 3 (três) anos, podendo ser acrescida, como vimos nos casos já colocados anteriormente. A lei anterior não prevê a possibilidade de comparecimento do agressor a programas de recuperação e reeducação. A nova já altera a lei de execuções penais, para permitir que o juiz determine o comparecimento obrigatório do agressor aos programas mencionados.

A possibilidade de flagrar a perspectiva da mulher quando na tensão vivida por meio de sua nova atuação, tentada a partir do rompimento da violência com o seu posterior percurso de refazimento. Nesse percurso, as mulheres tentam se fortalecer a partir da denúncia dos maus-tratos – que parece também revelar que o rompimento de uma identidade fragmentada, que se esconde nas dores, também se apresenta como capaz de tecer novas redes de sociabilidades, através do processo de singularização do seu eu feminino.

A lei aprovada fez com que essa mulher saísse do seu mundo privado e expusesse os contextos situacionais relacionados à manutenção de violência. É assim que esta mulher tenta mudar de lugar e busca produzir em si um novo sujeito histórico – outra mulher. Não separada por suas duas histórias, mas elaborando e conseguindo reavaliar a situação de extremo vivenciada e refletindo sobre como ultrapassar esta realidade cotidiana. A democratização das relações de gênero na esfera pública é uma das características mais importantes da contemporaneidade e vai impactar sensivelmente com a noção de amor romântico, herdada do período vitoriano, que ainda sobrevive no imaginário feminino, contrastando com os fardos da vida diária.

Da parte legal.

Antes, quando uma mulher sofria violência por parte de seu marido, companheiro, ex-companheiro, entre outros, não existia lei específica que tratasse da violência doméstica. Com a nova lei 11340, já se tipifica e se define a violência doméstica e familiar contra a mulher. A nova lei estabelece como formas de violência a física, psicológica, sexual, patrimonial e moral[153]. Mas o passo mais importante é a responsabilização do Estado perante algo que, algum tempo atrás, ninguém via como problema da esfera pública. " Em briga de marido e mulher ninguém mete a colher" – era a fala mais comum nestes casos.

A mulher, por ter aprendido que deveria ser "frágil e submissa" e o homem a ser macho em todas as suas concepções, aciona elementos que precisam ser traduzidos como um novo perfil para se estabelecer socialmente. Há uma contradição entre o ser e o existir. Essas visões de mundo construídas entram em colapso individual e coletivamente, devido ao que aprenderam e o que está sendo acionado após a lei Maria da Penha. Portanto, as mulheres e os homens (ambos) pensam em formatos diferentes e parte disto, podemos ver nas mulheres chegam à delegacia, mesmo sofrendo várias violências e só fazem o Boletim, e homens que mesmo sabendo da lei repete as violências perpetradas anteriormente. Mas, mesmo assim, existem outros casos de denúncia para pedido das medidas protetivas[154], e homens que não violentam ou que mudaram suas práticas após a prisão.

O tema da violência contra mulher só se torna um assunto político e passa a ser um problema social, no início década de 80, devido às mortes, pelas mãos de seus maridos, de

---

[153] Art. 1º - Esta Lei cria mecanismos para coibir e prevenir a violência doméstica e familiar contra a mulher, nos termos do § 8º do art. 226 da Constituição Federal, da Convenção sobre a Eliminação de Todas as Formas de Violência contra a Mulher, da Convenção Interamericana para Prevenir, Punir e Erradicar a Violência contra a Mulher e de outros tratados internacionais ratificados pela República Federativa do Brasil; dispõe sobre a criação dos Juizados de Violência Doméstica e Familiar contra a Mulher; e estabelece medidas de assistência e proteção às mulheres em situação de violência doméstica e familiar.

[154] As medidas protetivas de urgência são popularmente conhecidas como medidas de afastamento ou proteção. Tais medidas são de cunho protetivo e preventivo, visando garantir a integridade física e psicológica de vítimas que estejam em situação de risco, além disso, servem como instrumento para impor limites à empreitada criminosa do agressor, objetivando a proteção daquelas. Nesse sentido, considerando a existência de tais procedimentos que visam beneficiar as vítimas de agressões domésticas, Site pesquisado: http://jus.com.br/artigos/25018/in-eficacia-das-medidas-protetivas-de-urgencia-da-lei-no-11-340-2006#ixzz2spxPdx3S

mulheres de famílias de camadas de classe média (Sorj e Monteiro, 1985). Em 1999, a Lei nº 99.099 que regulou os Juizados Especiais Criminais (JECRIMs), implantados desde 1995, tratava dos casos de lesão leve e de menor potencial ofensivo, por serem qualificados como ameaça e/ou lesão corporal leve. A criação dessa instância foi inspirada na promoção e acesso da população à Justiça, sob a ótica da conciliação. Estes promoveriam a conciliação entre as partes em conflitos interpessoais (MORAES, 2006, p. 65). A partir desse período são recorrentes os processos por delitos nos quais as mulheres seriam as principais vítimas, ocorrendo uma despenalização do crime, através da substituição da prisão pela entrega de cestas básicas, serviços prestados à comunidade e participação em grupos terapêuticos.

Dramas sociais uma possibilidade de explicação

Para Turner, os dramas sociais, são unidades de processos anarmômico ou desarmônico que surge em situações de conflitos. A conexão com o drama vivenciado pelas mulheres e homens que acionaram a Lei Maria da Penha, torna-se algo evidente ao percebemos a construção dos tipos constituídos de drama social organizado pelo autor, divididos em quatro fases, são elas: ruptura, crise crescente, ação corretiva e reintegração.

> "Bando de homem pra bater em mulher... Assim, homem que bate em mulher não tem coragem de bater em outro homem". (Mulher, 43 anos, no Juizado)

Drama social

A primeira fase "ruptura" é constituída de relações formais, regidas pela norma, sempre ocorre em um mesmo sistema de relações sociais, entre pessoas ou grupos dentro do mesmo sistema de relação. Turner trabalhou, principalmente, com sociedades primitivas, configurou várias possibilidades de lócus de ruptura, seja uma aldeia, chefatura, escritório, fábricas, partidos, etc. Ou qualquer outro sistema, conjunto ou campo de interação social durável. No nosso caso, perfaz-se no campo cotidiano da vida diária. Para Schechner (2012), rituais são formas das pessoas lembrarem, memórias em ação, codificadas em ações. Rituais também ajudam as pessoas (e animais) a lidar com transições difíceis, relações ambivalentes, hierarquias e desejos que problematizam, excedem ou violam as normas da vida diária. Primeira fase, ruptura.

> Uma vez, uma hora da manhã meu marido chegou em casa drogado e veio me espancar. E eu saindo na mão com ele – porque eu não ia apanhar dele de graça – minha filha pegou o celular e ligou pra o CIOPS. .(mulher 37anos, na delegacia da mulher 20.05.2013)

> estou casada há 12 anos e meu marido sempre teve esses acessos de ciúme, já tinha tentado me enforcar mais meu filho pequeno que na época tinha dois anos pegou no pé dele e ele parou, mas agora ele me acordou de madrugada para saber onde estava as mensagens do meu celular, como disse que havia apagado ficou com raiva e começou a me agredir. Eu queria que a lei me protegesse. Eu poderia me separar, mas tenho três filhos, voltar para a casa dos meus pais com três crianças é impossível, não trabalho, sou de outro Estado, moro aqui com ele e minha sogra, e ela não se importa muito com o que faz.(mulher 37anos, na delegacia da mulher 09.05.2013)

> Tava... tava com raiva, tava... tinha me separado, tava com uma semana que a gente tinha se separado."Era. Eu tenho dois filhos com ela, eu, tenho dois filhos.Um casal; é um tem oito mês

né, e a menina vai fazer dois... um casal...vai fazer dois anos. Aí eu peguei e fiz mais ainda assim porque ela fez isso aí comigo, o pai dos filho dela, fez isso aí. Viu meu sofrimento que eu passei dentro da cadeia, paguei advogado, paguei. Mas quem perdeu foi ela né, que o tempo que eu tava preso não paguei nada de pensão pros menino; paguei só advogado. O advogado cobrou, cobrou três mil pra me soltar, aí paguei o advogado, mas se não tivesse pagado tinha passado era mais tempo ainda, eu acho viu. E foi assim. (Bruno, 24 anos, jardineiro, Nucleo de atendimento ao homem agressor).

Eu tava drogado, muito drogado e bebido quando eu fui preso. Bebida e droga não leva ninguém pra frente não, só tragédia. Pronto, só isso mermo.(Homem, 43 anos, Juizado Especial da Mulher ,)

"Eu sentia ciúme, eu ficava com ela em casa... Assim, ela, ela podia sair, podia fazer as coisa dela ou tu era mais?..."Ela sai, ela, ela sai, tinha a liberdade dela de ir pra mãe dela e tudo. O problema dela era só a bebida dela e as droga também, sabe? Tava na cocaína também. Mas só que ela começou através de outra mulher lá, que comigo ela não usava não. Eu não gosto não de ver ela naquela vida que eu levava não. Aí assim, eu ia trabalhar, ela passava o dia dentro de casa cheirando pó com essa vizinha dela lá. Aí pronto, o perdiço foi aí." (Messias, 32 anos, vendedor, atendido pelo NUAH).

Nem todas as entrevistas feitas puderam ser feitas, devido principalmente ao estado emocional das interlocutoras, mas oportunizaram a descrever o estado emocional que é, esta num espaço que a alguns minutos ele chegará escoltado, algemado em fila com todos os outros que também foram presos.

Assim, eu fui bem atendida, né? Foi a primeira vez que eu precisei aí eu fui bem atendida, eles agiram direitinho. Eu gostei, né? Foi. Primeira vez. Não a gente ainda tá nessa fase dele tá preso, né? Ainda não, não teve audiência, ainda não se decidiu nada ainda..." ele tá preso, tá com uma semana mais ou menos. Uma semana. Ele me machucou Ah eu não queria falar não." Já conversando com ela : "Não né? Ainda tá muito recente né? Não chora não... .(mulher 35 anos, na delegacia da mulher 08.05.2013)

"

Outra interlocutora se colocando:

"É, e ela teve sorte, porque tem vizinho que não se mete, né, que fica só assistindo. Lá na minha rua ficou lotado de gente assistindo, porque eu fiz o maior escândalo. Ele não devia fazer isso não, porque no dia que chamarem a polícia pra ele, aí ele vai ver.' Aí eu sempre dizia pra ele 'Tem a coisa, no dia que você tocar um dedo em mim não fica assim não, porque eu fico revoltada, eu já ficava revoltada com o filho dele fazendo, né, imagina ele fazendo comigo. É por isso que eu disse, eu sempre falava 'Se você tocar o dedo em mim você vai pra cadeia e você não vai sair de lá numa boa'. Aí quando foi o dia, eu fiquei assim, quando ele fez isso, aí eu me lembrei, eu peguei e liguei. Aí passou foi tempo...""Não, custou, né; porque é longe também...Aí demorou, eu liguei umas vinte vez, ligando, ligando, aí quando chegou, chegou cinco viatura lotada de polícia. Aí então pronto; ele não queria abrir o portão – que é daqueles portão que fecha, assim, tipo de garagem – ele não queria abrir o portão, aí os policial não queria abrir também porque eles não tem o direito de invadir, aí eu arrombei o portão e mandei eles entrar. Aí pronto, depois que eu abri o portão, aí o policial foi e disse

'Não, agora a senhora abriu a gente pode pegar ele.', aí pronto, eles trouxeram, eu vim até na mesma viatura."

Mas aí eu dizia pra ele que se ele me batesse que eu ia chamar a polícia, e ele 'pode chamar!', mas só quando ele tava bêbo, ele bom não dizia nada. Assim ele bom, ele é uma ótima pessoa, bem mansinho, ele não não mexe comigo quando tá bom. Quando tá bom vai, mas quando ele tá bêbo...

Crise crescente

Em continuação, o drama social, estabelece outro momento de tensão, após a ruptura de relações sociais formais, encontra-se uma fase de crise crescente. Que no caso, é delimitada como avanço crescente na tensão, por acaso, se a crise não for isolada inicialmente, dentro de uma area limitada de interação, poderá haver uma "alargamento da crise, extensiva absorvendo todas as relações dominantes e antagônicas". É sempre um momento de inflexão ou momentos de perigos e suspense, revelando um estágio das coisas, o qual o "fingimento e as mediações" são mais complicadas. No caso de violência doméstica essa fase pode perdurar anos de tensão, envolvendo vários tipos de violências, no entanto, a crise crescente, pode ser tensionada como uma escalada de crise, os fatos menores que se avolumam mediante a intensificação do conflito. Neste caso, o autor, elabora uma performance de ritual público, incluindo abranger desde elementos que possam agir como um limiar[155], entre as crises. Podemos fazer um comparativo com o ciclo de violência de gênero, a única diferença é que o ciclo trabalha de modo dinâmico, sua mobilidade pode ser considerada uma característica. Uma fase termina e outra começa. Vejamos :

Fonte: maspsicologia .com

Mas, no caso da crise crescente, Turner elabora que a cada crise pública, o estado liminar é algo bastante constante, encontramos os depoimentos que demonstram anos de sofrimento, por uma naturalização da violência doméstica como algo banal; vejamos os depoimentos colocados abaixo:

"Pensamento cara é que doido dum homem que confia num bicho que sangra por sete dias e não morre, mermão."(Marcos, 33 anos atendido pelo NUAH)

---

[155] Há um momento de transcrição entre as fases, a mulher quer denunciar, mas, regateia. Há um limbo.

"Não. Bati nela não. Foi só discussão e ameaça. Ameacei ela dizendo que ia matar ela. Disse que ia matar ela, ela pegou chamou, chamou a polícia, chamou a polícia e chamou duas testem... duas amiga dela sem vergonha, duas amiga "réa" dela. Não mas foi, foi, foi só no momento mermo, negócio dá raiva, bêbo, cara bêbo na hora da raiva, tava com uma semana que a gente tinha separado, eu tava tentando né, reatar, né, que nós tem dois filho. Aí mas não vale mais a pena não, eu nem vou mais atrás dela não, agora ela que tá ligando pra mim; às vezes ela liga...Aí eu pego, faço é desligar o celular, eu faço é desligar, quero nem mais conversa com ela não, tô dando só a pensão dos meus menino, né, to pagando só a pensão deles; mas ir atrás dela eu não vou, desde o dia que eu me soltei que eu não vou mais atrás não, nem eu quero mais conversa com ela não." (Bruno, 24 anos, jardineiro, NUAH)

Aconteceu que eu de lá fui pra Captura e da Captura foi pro presídio. Na DDM foi bem tratado? A delegada me explicou tudo?" E, Explicou direitinho. Mas teve uns policial que ficaram zombando 'Égua macho tua mulher [te colocou na cadeia.', aí eu 'Fazer o quê, né má ? O que vale é a voz delas; assim mermo', (Luis, 41 anos, servente de pedreiro, Juizado especial da Mulher).

Ele machucou só o olho e aqui nas minhas pernas ficou umas marcas e aqui. Não. Só pancada. Ele sabe, ele sempre sabe, que eu não sou mole. Ele diz que eu sou orgulhosa, mas se eu não tiver meu orgulho... (Andreia, 24 anos, vendedora, Juizado Especial da Mulher)

No caso desse ator social expõe que a lei só valoriza as mulheres, deixando os homens a mercê da justiça. É interessante o uso de da expressão " eu não sou um criminoso, sou um pai de família". Relacionando esse relato, analisamos com a dimensão de superproteção das mulheres na dimensão da lei 11.340, em relação aos homens.

Só da voz pra mulher. Com certeza. Porque só dá, porque o homem não tem direito de se explicar nem nada, já tá errado; aí vai preso. Por isso que tem muitos matando e coisando, porque mulher às vezes procura a peia ou a morte, sei lá. Mas como é que uma mulher procura a peia e a morte? Sei não; é porque fica tentando, perturbando a vida da pessoa. A pessoa às vezes não quer nem fazer, aí sem querer faz, faz coisa ruim. Aí é melhor evitar.

Mediante a uma situação de ameaça, a ação coercitiva vem a ser agregada.

Fase de Ação coercitiva

De acordo com certas possibilidades de difusão da crise, serão colocados certos mecanismos de ajustes e regeneração, por Turner, informais, formais, institucionalizados ou ad hoc, são operacionalizados pelos membros de liderança ou representativos do sistema social "perturbado", ou melhor, ameaçado. Tais mecanismos variam mediante aos tipos e a sua complexidade, diante de sua profundidade e importância social compartilhada na ruptura e o grau de autonomia no que se refere a sistemas de relações sociais mais amplos ou externos. Ocupam possibilidades diversas desde os conselhos, as mediações ou a mecanismos legais, no nosso caso, jurídicos formais, a Lei Maria da Penha, os homens e as mulheres, passaram por esses mais formais, por já termos consolidado a lei de violência doméstica, lei 11.340. As Ações coercitivas já estão mais elaboradas, definindo certos mecanismos de coercitividade. Percebemos haver dois tipos de mecanismos aqueles formais como a prisão, audiência, o julgamento e os subjetivos, uma ação simbólica, como a humilhação no momento da prisão, os agravos no presídio por serem considerados estupradores para a maioria dos presos, quem bate em mulher é apenado, por isso da separação das alas. Observe o contexto destes mecanismos mediante a lei Maria da Penha.

"Rapaz foi uma experiência horrível, tá preso, ficar preso num canto com um bocado de homem, Deus me livre. Eu não desejo isso aí pra o meu pior inimigo, eu não desejo o que eu passei lá preso; na [Delegacia de] Captura[s]. Passei quatro dias na Captura, aí quatro dias eu desci pro presídio. Horrível sem nada, sem material, sem coisa de higiene, sem nada. Aí quando eu cheguei no presídio aí que eu arranjei umas coisa lá; uns pessoal fizero e me dero, mas é horrível, horrível mermo." "É...que...num volto mais...é...não volto mais...é...Que eu vi lá? Rapaz, aqui na Captura, que eu vi aqui, aqui, aqui o pessoal aqui, lá tem que respeitar as regra e tudo, se não respeitar é, aí é peia que eles dão lá, aqui na Captura, tem que respeitar, tem que seguir as regra, né? Lá é quando... não pode... não pode ir ao banheiro quando tiver gente comendo, quando tiver o pessoal comendo não pode ir. Se for, se for até dar um peido tem que avisar, né [riso]. Se o cara, se o cara não avisar eles paga má alto mermo, e também, 'cho ver, na hora de visita, a visita também não pode olhar pra visita de ninguém, se olhar também é arriscado até matar lá, é arriscado matar nós lá, se olhar pra visita. É isso aí. Passei quase vinte dias."
(Bruno, 24 anos, jardineiro, NUAH).

"É, a polícia não tem, ninguém não pode falar nada que eles rebola lá dentro mermo e pronto. Agora é só comer, orar e dormir, né." (Marcos, 33 anos atendido pelo NUAH)

Ao ser perguntado pelo trabalho, exclamou:

E sim, se não trabalhar não come, né [risos]. (Marcos, 33 anos atendido pelo NUAH)

No caso da ação corretiva, o autor coloca a necessidade de operarmos uma diferenciação entre as forças de correção, avaliando as crises e observando se relativamente o status quo será mantido, ou ao menos avaliando a restauração da paz aos grupos contendedores. Nos casos analisados temos relatos das duas manifestações tanto de mudança, de reapredizagem, como a paralisação do movimento de violência. Observe:

"Acho que não. Acho que não. Apanhar eu também levei foi uma pisa dos homi, na viatura, eu desacatei os homi, os policiais. Apanhei má, eu levei uma cacetada aqui que isso aqui meu sangrou e ela dentro da viatura mais eu né, aí eu 'Ei macho, ei Viviane por que tu num olha aqui pra minha cara aqui?!', era ela e as testemunhas assim do lado assim, e eu mandando ela olhar pra mim, pra minha cara toda ensangüentada aqui, porque eu desacatei os homi. Os policiais disseram que não iam nem me prender não má, eles disseram, eles disseram que ia só me levar, ia só... e dentro da viatura foi minha mãe; minha mãe tava era passando mal má, na hora. Aí, aí eles disseram que não ia nem me prender não má, disseram que ia só levar a minha mãe no hospital e ia voltar comigo, aí eu peguei desacatei eles, aí eles pegaram e chamaram ela, ela entrou dentro da viatura, aí me levaram. Aí disseram, disseram que não ia nem me prender não. Mas eu apanhei deles viu, aqueles baitola, me deram uma sola... Eu fiquei, passei, passei, fique lá no presídio e fiz foi adoecer lá, duma cacetada que eu levei aqui no peito, e adoeci lá, passei um bocado de dia com febre e doendo isso aqui direto e lá remédio é difícil pra ter remédio lá, eles dar remédio é..."(Bruno, 24 anos, jardineiro, NUAH)

Eu bebia, mas não bebo mais não; tô com três meses agora; fazer três mês. "Não bebo mais não. Mas só bebe ou usa outras coisinhas? Eu usava cocaína eu. Agora não uso mais não."Rapaz cocaína é cara, macho...É, usava cocaína, pegava o dinheiro do meu trabalho, da minha quinzena, recebia e ia cheirar pó. Pagava Dérreais. É. Tem de dez, de trinta, de cem, de quantas que quiser. (Marcos, 33 anos atendido pelo NUAH)

Nem da família. Acho que só de mãe, eu acho. Mas eu não sei se tem não. Sei que é uma coisa muito ruim né, ficar lá jogado lá pras cobra, enquanto bandido tá solto aí. O bandido mata um num dia e no outro dia tá solto. (Antônio, 33 anos atendido pelo NUAH)

Diante do relato do entrevistado, percebermos como a relação é diferenciada entre homens e mulheres que se drogam, a distinção entre os sexos é nítida. Mas, o importante é visualizarmos a prática e estilizações dos sexos. Ao se referi ao dinheiro da compra da droga o entrevistado argumenta, que ele não concedia a esposa e ela arranjava outros meios para conseguir. Além a comparação de bandido verso homem de família.

Não sei não; dinheiro né? Sei onde é que elas tavam conseguindo não. É dinheiro mermo...É... Pedia dinheiro a mãe dela, quando via era as conta aí pra pagar. (Lucio, 31 anos atendido pelo NUAH)

No caso da ação coercitiva, o interlocutor coloca que algo mudou dentro dele, a relação em relatar estar decepcionado, mas o importante é que as ameaças e a vontade de machucar.

Minha cabeça mudou, mudou, mudou bastante coisa. Mudou que não vale a pena mais a gente se matar, né, fazer as coisas pelos outro assim. Eu fiquei muito decepcionado com ela; eu nunca imaginava. É cada coisa depois que a gente separou, ela bota, ela não era nem de beber não, agora bota gente pra beber lá na casa, com meus filho lá que eu sei; já tô é pra tomar os menino dela eu.Era, a gente tava na mesma cela eu e ele aí, lá no presídio. (Antonio, 33 anos atendido pelo NUAH)

Reintegração

Nesta fase, Turner denomina como ações públicas, observáveis, neste processo a solução está envolta em um resultado temporário – neste momento podemos fazer um balanço, analisar o continuum sincronicamente, ou seja, neste momento de cessação do drama , aproveitado o tempo considerado o seu caráter temporal por construtos apropriados. No caso da Lei Maria da Penha, temos que perceber os processos rituais de denúncia, que estes desenvolveram. Mas o importante para Turner é a natureza e a intensidade das relações entre as partes e a estrutura do campo total, estes terão se modificado? Oposições pode-se ter se tornado alianças, relações assimétricas ter tornando-se igualitárias, as possibilidades são várias analisando, principalmente, o estágio das relações e processos sociais. Diante, das colocações dos atores masculinos e femininos.

Serviu, né. Eu acho que serviu, porque se não tivesse a Lei, como é que eu ia me defender? Porque naquele momento ele podia me matar... [chorando] Eu não consigo falar." É porque tá muito recente. [pausa] (Juizado, mulher , esperando audiência)

Não, foi, não sei quem foi que ligou, acho que foi a vizinha que viu a gente brigando, né, aí ligou, pra polícia, a polícia foi, aí perguntou se eu queria ir pra, pra Delegacia né, fazer lá a queixa lá, eu fui. (Juizado, mulher , esperando audiência)

Diante dos depoimentos Bruno, não retornou para a ex-companheira, mas, ao perguntamos sobre a sua mudança, argumentou que no caso de sua mãe, ela não teria sofrido tanto em relação ao seu pai.

Isso aí já fez uns quatro mês que nós separemo. Já fez uns quatro mês já. É. Hoje em dia, hoje em dia qualquer coisinha, a gente é ameaçado, e a pessoa é presa, e antigamente meu pai metia a peia na minha mãe e não dava em nada, aí hoje em dia, hoje em dia a Lei tá...[pausa].E se fosse no caso da minha mãe, ela poderia ter usado a Lei Maria da Penha. Poderia. Tu é doido! Meu pai tinha passado um bocado de tempo preso... Se tivesse a Lei minha mãe não tinha sofrido tanto.(Bruno, Núcleo de Atendimento ao homem agressor)

A lógica da reprodução da violência, para Bruno, motivou uma reflexão devido à violência sofrida por sua mãe, movimentado um olhar de significação entre o vivido anteriormente e o hoje.

Pra mim "A Lei é importante, porque, eu me baseio pela minha mãe. Minha mãe, quando a minha mãe era junta com meu pai, meu pai só vivia batendo na minha mãe; aí antigamente não existia não essa lei aí, era preso, no outro dia soltava. Foi boa essa lei aí porque a minha mãe sofreu muito na mão do meu pai, aí essa lei foi boa, né, por um lado." (Bruno, 24 anos , Jardineiro, Atendido pelo NUAH)

Meu pai tá do mermo jeito, só que ele bebia muito – ainda bebe muito – e chegava em casa querendo bater na minha mãe. Chegava em casa, nós tudo pequeno, aí chegou uma época mermo que não dava mais não; eu me agarrei com ele, eu pequeno, me agarrei com ele, eu mermo fui chamar a polícia, levarem ele, meteram a sola nele, aí foi no outro dia soltaram ele, aí foi se embora de casa, tá com mais de... acho que nós tinha uns dez anos, nove anos... (Bruno, 24 anos , Jardineiro, Atendido pelo NUAH)

Mas, há certo ressentimento no relato do interlocutor, em torno da sua companheira, e enfatizou:

Mudou que não vale a pena mais a gente se matar, né, fazer as coisas pelos outro assim. Eu fiquei muito decepcionado com ela; eu nunca imaginava. É cada coisa depois que a gente separou, ela bota, ela não era nem de beber não, agora bota gente pra beber lá na casa, com meus filhos lá que eu sei; já tô é pra tomar os menino dela eu."

Já esse segundo interlocutor coloca, que a reintegração elaborou a possiblidade de se reorganizarem e viver juntos novamente. Mas, não podemos deixar de analisar a relação com o uso de drogas, a noção que o interlocutor coloca como ele e a mulher estivesse na benção do Senhor, para terá deixado às drogas. Vários homens fizeram referencia estarem com o Diabo no corpo, com o diabo na cabeça para terem agredido a esposa, companheira, namorada, etc... Culpando não o homem, mas algo superior, como também a droga e o álcool.

Evitar é abandonar, deixar quieto, não ir mais atrás. Eu não me separei dela. Não, a gente tá
junto ainda. Mas estamo mais calmo. Acalmemo. Eu tô indo pra igreja, ela também tá indo.
Graças a Deus tá tudo numa boa. Até hoje, né(Antonio, 33 anos atendido pelo NUAH)

Mudou, mudou foi muito. A gente tá indo pra igreja, na benção do senhor né, Jesus. Só ele
pode libertar a gente da maldade de tudo quanto for ruim." Eu sentia ciúme, eu sentia ciúme
da minha esposa, mas agora não sinto mais não. A gente tá relevando a vida até ver quanto
vai dar, né. Enquanto a gente tiver na igreja..." (Marcus, 24 anos , corretor, Atendido pelo
NUAH)

Eu percebo agora que eu to só na benção do Senhor. Ela tá também, tomara que ela não volte,
Ela parou a droga. Até agora tá tudo...bem. Minhas filhas tá comigo, tá na benção toda as
duas. A minha discussão foi mais com minha sogra, minha sogra foi que chamou.

Ao ser perguntado sobre alguma mudança na lei, o interlocutor coloca questões que para
ele são significativas.

Rapaz se mudasse, estudasse o caso mais adequado, né. Não chegar e pegar e rebolar assim
num dia pro outro dentro duma cadeia grande quem aquela ali não. Tem que estudar, ver as
testemunhas, ver tudo. Porque o condenado que tá nessa Maria da Penha ele não tem direito a
testemunha, não pode se explicar nada, só quem pode se explicar é a vítima. E a vítima faz o
que quer com a pessoa, aí pronto; só o que eu queria que mudasse era isso e isolasse mais os
preso, né. Passei um mês e cinco dia; meu pai que pagou advogado." Paguei Mil reais."
porque já é cliente do pai ele. "Meu pai é aposentado, né. Ele veve de jogo de troca de carro,
essas coisa assim."

Mas, ressalta que a mudança de situação;

"Acalmou; graças a Deus não passo mais nem aquela vontade de usar droga nem nada não,
só na benção do Senhor mermo. Quando eu tô de mente vazia em casa eu pego a bíblia e vou
ler, pronto. Só... Agora tô mais gordo, tô comendo; não comia antes."

A conotação diabólica expressa algo representado pelos homens e pelas mulheres como
além do humano, algo sobrenatural, a ação é movida por algo "maligno que atenta", muitos
atores e atrizes argumentaram que seus companheiros e (ex), maridos(ex), namorados(ex) e
estavam movidos, por raiva, ódio, obsessão, atravessados pela paixão e por amor sentimentos
contraditórios que enfatizam a máxima de sentimentos pra o femicídio.

Não era eu, era o diabo que estava na minha cabeça...(Homem , 22 anos , no Juizado
Especial da Mulher)

Ao demonstrarem que o seu amor não será mais aceito, o qual sempre foi retribuído o
ator social é movimentado por uma energia de posse, de retorno do objeto perdido. Podemos
perceber o mecanismo ritual dos envolvidos, estão envoltos em uma dimensão de ressignificação
dos processos relacionais tanto amorosos como agressivos.

REFERÊNCIAS BIBLIOGRÁFICAS

BOURDIEU, Pierre. O Poder Simbólico. Rio de Janeiro: Bertrand Brasil S.A, 1989.

_______________ . A dominação masculina. Rio de Janeiro: Bertrand Brasil, 1999.

CASTORIADIS, Cornelius. A Instituição Imaginária da Sociedade. Rio de Janeiro: Paz e Terra, 1982.

DERBET,G.G. In: CARDOSO, Ruth (org.). A aventura antropológica. Rio de Janeiro: Paz e Terra, 1986.

_______________ , Guita Grin. Quando a vítima é mulher: análise de julgamento de crimes de estupro, espancamento e homicídio. Brasília/DF: CEDAC, 1987.

_______________ , Guita Grin; GREGORI, Maria Filomena & PISCITELLI, Adriana (orgs.). Gênero e distribuição da justiça: as delegacias de defesa da mulher e a construção das diferenças. Coleção Encontros. Campinas/ SP: Núcleo de Estudos de Gênero –PAGU/Unicamp, 2006a.

DEBERT, G. G.; SIMÕES, J. A. Envelhecimento e velhice na família contemporânea. São In E. V. de Freitas et al. (orgs.). Tratado de Geriatria e Gerontologia. 2a. ed. Rio de Janeiro: Guanabara e Koogan, , 2006. pp 1366-1373.

DURHAM, Eunice. A pesquisa antropológica com populações urbanas: problemas e perspectivas. In: CARDOSO, Ruth (org.). A aventura antropológica: teoria e pesquisa. Rio de Janeiro: Paz e Terra, 1986, p.17-38.

DURHAM, E. Família e reprodução humana. In: FRANCHETTO, B; CAVALCANTE, M. L;

DURKHEIM, E. (1975). La famille conjugale. In E. Durkheim , _Textes III_ (pp.35-49). Paris: Minuit.

HEILBORN, M.L. (Orgs.). Perspectivas antropológicas da mulher 3. Rio de Janeiro: Zahar, 1983. pp.15-44.

ELIAS, Norbert. O Processo Civilizador: uma história dos costumes. 2º vol. Rio de Janeiro: Zahar, 1994

FOUCAULT, Michel. Vigiar e Punir: nascimento de uma prisão. Petrópolis: Vozes, 1987.

_______________ . História e sexualidade I: a vontade de saber. Rio de Janeiro: Graal, 1989.

_______________ . Microfísica do poder. 7. ed. Rio de Janeiro: Graal, 1979.

GEERTZ, Clifford. A Interpretação das Culturas. Rio de Janeiro: Livros Técnicos e Científicos Editora S. A., 1989.

Giddens, A. (1993). A transformação da intimidade (M. Lopes, Trad.). São Paulo: Editora Unesp.

GOFFMAN, Erving. Estigma: notas sobre a manipulação da identidade deteriorada. Rio de Janeiro, RJ: Guanabara, 1988.

GÓMEZ, Olga Amparo Sánchez. Feminicidios en Colombia. 2007 – 2009. Bogotá: Casa de la Mujer, Funsarep, Ruta Pacífica, Vamos Mujer, 2010.

GREGORI, Maria Filomena. Cenas e queixas: um estudo sobre mulheres, relações violentas e a prática feminista. Rio de Janeiro, RJ: Editora Paz e Terra; São Paulo, SP: ANPOCS, 1993.

_______________ , Maria Filomena. Feixes, paralelismo e entraves: as delegacias de defesa da mulher de São Paulo e as instituições. Primeira Versão. Vol. 132. Campinas/SP: IFCH/Unicamp, 2005.

GROSSI, Miriam Pillar. Identidade de gênero e sexualidade.   Florianópolis: Ed. da UFSC, 1998. 17 p.

Heilborn, M. L. (2004). Dois é Par. Gênero e identidade sexual em contexto igualitário. Rio de Janeiro: Garamond Universitária.

JAGGAR, Alison M. e BORDO, Susan R. Gênero, Corpo, Conhecimento. Rio de Janeiro: Record: Rosa dos Tempos, 1997.

JILL, Radford e Diana Russell, *Femici tem coordenado ações de: the politics of woman* killing (Twayne Publishers, New York, 1992)

LÉVI-STRAUSS, Claude. A estrutura e a forma: reflexões sobre uma obra de Vladimir Propp. In: Antropologia estrutural II. 4ª edição. Rio de Janeiro: Tempo Brasileiro, [1976]1993.

MALINOWSKI, Bronislaw. Uma teoria científica da cultura. Rio de Janeiro: Zahar, 1975.

MINAYO, M. C. de S O desafio do conhecimento: pesquisa qualitativa em saúde. 6 ed. São Paulo: HUCITEC, 1999.

MORAES, A. F., Universal e Local nas Expressões da "Violência Conjugal". In: Revista de Ciências Sociais , Volume 37 – número 2 – 2006.

PONCIONI, P. A 'Feijoada': negociação e violência nas práticas policiais de mediação de conflitos. Revista Praia Vermelha, ESS/UFRJ, RJ, n.14/15, 1º/2º sem. 2006, p. 156–183. Disponível em http://www.ess.ufrj.br/download/revistapv_14_15.pdf. Acesso em 28.09.2010.

SCOTT, Joan. "Gênero: uma categoria útil de análise histórica". In: Revista Educação e Realidade n.2, vol.15. Porto Alegre: 1990, pp.5-22.

_______, Joan W. Entrevista com Joan Wallach Scott. Revista Estudos Feministas, n. 1, 1998, p. 115.

______. Joan W. Gênero: uma categoria útil de analise histórica. Educação e realidade. Porto Alegre, v.16, n.2, p.5-22, jul. Dez 1990.

SCOTT, P. A família brasileira diante das transformações no cenário histórico global. In: SCOTT, P; COUTO, M. T. (Orgs.). Família, teoria social e identidade brasileira Revista Anthropológicas, Recife, ano 9 v 16 (1). Editora Universitária da UFPE, 2006. pp.217-242

RIFIOTIS, T. "As delegacias especiais de proteção à mulher no Brasil e a judicialização dos conflitos conjugais". Revista Sociedade e Estado, Brasília, 19(1), 2004.

_______T. Alice do outro lado do espelho: Revisitando as matrizes das violências e conflitos sociais. In: Revista de Ciências Sociais , Volume 37 – número 2 – 2006.

RIFIOTIS, T. Nos campos da violência: diferença e positividade. Antropologia em Primeira Mão. (19). Florianópolis, SC: UFSC, 1997.

SAFFIOTI, Heleieth. Gênero, patriarcado e violência. São Paulo: Perseu Abramo, 2004.

SALEM, T. (1978). O velho e o novo: um estudo de papéis e conflitosfamiliares. Petrópolis, RJ: Vozes.

__________.(2007). O casal grávido. Disposições e dilemas daparceria igualitária. Rio de Janeiro: Editora FGV

SINGLY, F. de (2007). Sociologia da família contemporânea (C.E. Peixoto, Trad.). Rio de Janeiro: Editora FGV.

SOIHET, Raquel. "Mulheres Pobres e Violência no Brasil Urbano", in: História das Mulheres no Brasil. São Paulo: Contexto, 1997.

TURNER, Victor. Lunda rites and ceremonies. "e occasional papers of the Rhodes -Livingstone Museum, University of Zambia by Manchester University Press, n. 10, p. 335-388, 1953.

______. "e drums of affliction: a study of religious processes among the Ndembu of Zambia. Oxford: Oxford University Press, 1968. 326 p.

______. O processo ritual: estrutura e anti-estrutura. Petró- polis: Vozes, 1974 [1969]. 248 p.

_____. Floresta dos símbolos: aspectos do ritual Ndembu. Niterói: EdUFF, 2005 [1967]. 488 p.

VÁSQUEZ, Patsilí Toledo. Tipificar el Feminicidio? In: Anuário de Derechos Humanos. Universidad de Chile, Facultad de Derecho, N° 4, ano 2008.

ZAHARIADIS, Nikolaos. (1995). *Markets*, States, and Public Policies: Privatization in Britain and France. Ann Arbor: University of Michigan Press.

________. (1999). "Ambiguity, Time and Multiple Streams". In Sabatier, Paul A. (ed.) *Theories of the Policy Process*. Oxford, Westview Press. MARIA

A CASA, A RUA E A "ENTIDADE": ESPAÇOS, POPULAÇÃO EM SITUAÇÃO DE RUA E PRODUÇÃO DO "REFUGO HUMANO" EM SOBRAL-CE

Maria Isabel Silva Bezerra Linhares[156]
Luziane Rodrigues Balbino[157]

RESUMO: A presente pesquisa teve como propósito analisar o modo de viver e as experiências de pessoas em situação de rua na cidade de Sobral, usuárias do Centro de Referência Especializado para população de Rua – Centro Pop, localizado na referida cidade. O estudo assentou-se em uma pesquisa bibliográfica e de campo de cunho qualitativa. Como instrumento de coleta de dados utilizou-se da observação direta e de entrevistas semiestruturadas. Optou-se, ainda, pela análise de documentos e revisão teórica em autores e estudiosos acerca da temática população em situação de rua, trabalho e sociedade como: Silva (2009), Marx (1996), Da Matta (1997), Velho (1999), Bauman (1998, 1999, 2005) entre outros. A pesquisa evidenciou que: a) a população de rua é marcada pelo estigma social, considerada uma população de vagabundos e mendigos, o "refugo da sociedade moderna e globalizada"; b) é uma população de predominância masculina, são pessoas sem ou com pouca escolaridade e que já apresentam um bom tempo de permanência nas ruas; c) a maioria exerce alguma atividade remunerada, mas a prática da mendicância ainda é existente; d) o trabalho possui relevância afetiva, moral e social no imaginário dessas pessoas; e) os sonhos e projetos dessa população giram em torno de necessidades básicas prescritas em lei, mas que, nem sempre se consolidam na prática; f) o viver nas ruas representa risco e que as políticas sociais ainda se pautam em práticas assistencialistas de caráter focalizado, higienista. Neste caso, o estado assume um papel de "Estado Penal" em vez de Estado de Bem-Estar. Portanto, as informações obtidas apontam a relação do fenômeno população em situação com trabalho, que é um produto de uma sociedade marcada pela desigualdade social. Que as pessoas assistidas pelo Centro Pop consideram essa assistência relevante, mas não suficiente e, quando em condição de rua, essas pessoas dão novos significados aos termos família, casa e rua e diante das adversidades encontram várias formas de resistência e sobrevivência.

---

[156] Doutora em Sociologia pelo Programa de Pós-Graduação em Sociologia da Universidade Federal do Ceará (UFC). Professora da Universidade Estadual Vale do Acaraú (UVA). Pesquisadora do Grupo de Estudos e Pesquisas sobre Culturas Juvenis (GEPECJU). E-mail: isabelblinhares@yahoo.com.br. C.V: http://lattes.cnpq.br/6265061354535041.

[157] Pedagoga. Membro do Grupo de Estudos e Pesquisas sobre Culturas Juvenis (GEPECJU) e do Grupo de Estudos Marxistas (GEM). E-mail: luzianerbalbino@hotmail.com. C.V: http://lattes.cnpq.br/3301927122422787.

Palavras-chave: População em situação de rua. Centro Pop. Refugo humano.

INTRODUÇÃO

Este estudo focaliza o modo de viver e as experiências de pessoas em situação de rua na cidade de Sobral, usuárias do Centro de Referência Especializado para População de Rua – Centro Pop, localizado na referida cidade, a partir da nossa experiência com essa "população de/na rua", durante o estágio Supervisionado em Educação Popular e Movimentos Sociais, no Curso de Pedagogia da Universidade Estadual Vale do Acaraú (UVA).

Constitui um esforço de compreensão dos modos de vida e da relação que essas pessoas estabelecem entre si e com outras que disputam as ruas, desvinculadas de quaisquer relações trabalhistas formais, da escola, e sem vínculos "formais familiares" – do ponto de vista de quem os olha de "fora"-, mas que (re) inventam seu viver, as amizades, a visão sobre o trabalho (a partir da ausência dele), a família, os espaços de sociabilidade – a rua, a "entidade" —, sendo esta última, a instituição governamental que se propõe a "ressocializar" e empreender um trabalho educativo junto a essa população em situação de rua.

Parte-se das análises de Zygmunt Bauman, que em seu livro *Globalização – as consequências humanas* (1999), sugere que nos tempos atuais a prisão serve mesmo é para estocar o refugo da sociedade. Na pós-modernidade a prisão não funciona mais como ameaça punitiva para a correção moral dos "de fora", mas é um dispositivo de exclusão dos "consumidores falhos". Segundo a definição do mesmo autor em *O mal-estar da pós-modernidade* (1998), estas são "pessoas incapazes de ser 'indivíduos livres', conforme o senso de liberdade definido em função do poder de escolha do consumidor... a partir da nova perspectiva do mercado consumidor, eles são redundantes - verdadeiramente 'objetos fora do lugar'. Em suma, uma gente que não consome e que não realiza desejos".

O autor considera que o descarte e a mobilização de parcelas crescentes da população mundial é um dos limites trágicos da globalização. O autor vê na globalização o aumento do fosso entre quem participa e quem apenas é atingido pela globalização. Olha para outro lado da globalização, que é o da transformação da força de trabalho, dos pobres e dos desabilitados em refugo humano.

A globalização, na contemporaneidade, é marcada pela compressão do tempo e do espaço, pois, nos mais variados planos, as iniciativas se coordenam através da comunicação instantânea, a atividade econômica dispensa raízes firmemente fincadas nas localidades e, segundo as palavras de Bauman (1999, p. 18), "o capital teria pouca dificuldade em desmontar as suas tendas". Na linguagem da Sociologia clássica, a produção da riqueza tende a prescindir da força humana de trabalho.

O contraste é flagrante com o período da segunda revolução industrial e do grande desenvolvimento econômico da segunda metade do século XIX na Europa e nos Estados Unidos, quando as massas pobres e deslocadas faziam parte do "exército industrial de reserva". Atualmente tornaram-se refugo humano, na perspectiva do sociólogo. Gente dispensável, pobres e famintos que contribuem com nada, apenas tiram o dinheiro do contribuinte para financiar políticas sociais que não diminuem o incômodo de vê-los "poluindo" a visão da classe média e dos ricos. Esses "consumidores falhos" não serão reabilitados para o mundo do trabalho porque a sociedade não precisa deles. O refugo global está nas ruas das cidades brasileiras, nas gangues de adolescentes que queimam carros nos subúrbios de Paris, nos soldados das redes de distribuição de drogas na América e, para análise nesse estudo, na população em situação de rua, sem trabalho, sem escola e sem vínculos familiares ou com vínculos esgarçados.

A globalização aumenta o fosso entre os que estão "dentro" e os de "fora", que tanto podem estar nas economias mais sólidas, nos países vulneráveis à especulação ou nas nações que sucumbiram na nova divisão internacional do trabalho. Na contemporaneidade, essa situação tornou-se mais agravante. Isso porque, ao alcançarem diversas sociedades, a globalização e o progresso tecnológico provocaram consequências nefastas configuradas na desigualdade social, na extrema pobreza e na produção do "refugo humano". Assim, a população em situação de rua configura os refugiados, os que não fazem parte do mercado, os inaptos para o trabalho abandonados a própria sorte.

Participaram da pesquisa seis sujeitos usuários da instituição supracitada. Considerou-se algumas categorias como: sexo, faixa etária, escolaridade, origem e o tempo de permanência na rua. Apenas um participante é do sexo feminino[158].

Em relação à faixa etária 67% dos entrevistados se encontram entre 18 e 38 anos enquanto que 33% se encontram entre a faixa de 39 a 59 anos. A maior parte dos entrevistados não concluiu o Ensino Fundamental (50%), 33% não sabem ler e escrever e apenas um assina o próprio nome. No que se refere à origem a imensa maioria é proveniente de outras cidades do interior do Estado.

Os dados obtidos durante a pesquisam revelaram que 33% dos entrevistados estavam na rua a menos de um ano (cerca de 3 a 6 meses) e 33% entre um a dois anos. Constatou-se que dos 6 entrevistados um já se encontrava na rua por um período entre 5 e 10[159] anos, correspondendo a 17%. E apenas um já estava com mais de 10 anos em situação de rua (13 anos), um percentual de 17%.

Os dados mostram que mais da metade estão em situação de rua há mais de um ano. Nesse sentido pode-se dizer que esse fenômeno não está estagnado, pelo contrário tem apresentado continuidade.

E QUANDO A RUA É A CASA? ESPAÇOS DE SOBREVIVÊNCIA E SOCIABILIDADE

A rua é um espaço considerado público, que conota prazer por favorecer lazer, liberdade, movimento, realização pessoal. Porém, há outro ponto de vista em relação à rua, considerando-a como uma ameaça a vida ou como o lugar de se jogar aquilo que não interessa mais. Um lugar perigoso e sombrio.

É comum ver e ouvir a seguinte frase: "Não jogue lixo na rua!" Parece que a rua se tornou o destino do "refugo humano" (BAUMAN, 2005). Tira-se todo o lixo das residências para ser jogado na rua. Nesse sentido, exprime a ideia de dois espaços distintos. Um que deve estar limpo e o outro que deve receber a sujeira. Assim, idealiza-se dois ambientes: um aprazível e outro sórdido e insuportável.

---

[158]   Após conclusão dessa pesquisa e às vésperas da apresentação desse trabalho monográfico no Curso de Pedagogia da UVA, fomos surpreendidos com a notícia da morte dessa única interlocutora do sexo feminino.

[159]   Declarou estar nas ruas por 8 anos, porém em seu prontuário consta 4 anos.

Roberto DaMatta, em sua obra A Casa & a Rua (1997) faz uma análise da sociedade brasileira a partir de duas categorias: a casa e a rua, que no dizer do autor expressam a moral brasileira. São espaços que vão além do sentido geográfico e físico.

Quando digo então que "casa" e "rua" são categorias sociológicas para os brasileiros, estou afirmando que, entre nós, estas palavras não designam simplesmente espaços geográficos ou coisas físicas comensuráveis, mas acima de tudo, entidades morais, esferas de ação social, províncias éticas dotadas de positividade, domínios culturais institucionalizados e, por causa disso, capazes de despertar emoções, reações, leis, orações, músicas e imagens esteticamente emolduradas e inspiradas. (DAMATTA, 1997, p. 15)

A casa remonta a ideia de lar, do viver em família onde todos têm direitos e considerados cidadãos de bem, que compartilham valores, tradições e princípios, com projetos de vida delineados. A casa lembra aconchego, tranquilidade, hospitalidade, cordialidade. Tudo na casa é agradável, é o lugar ideal de moradia. Já a rua é o local do medo, da desonra, quem a "escolhe" é reconhecido como "sub-cidadão". É um local sem regras, inseguro.

Em casa somos todos, conforme tenho dito, "super-cidadãos". Mas, e na rua? Bem, aqui passamos sempre por indivíduos anônimos e desgarrados, somos quase sempre maltratados pelas chamadas "autoridades" e não temos nem paz, nem voz. Somos rigorosamente "sub-cidadãos" e não será exagerado observar que, por causa disso, nosso comportamento na rua (e nas coisas públicas que ela necessariamente encerra) é igualmente negativo. Jogamos o lixo para fora de nossa calçada, portas e janelas; não obedecemos às regras de trânsito, somos até mesmo capazes de depredar a coisa comum, utilizando aquele célebre e não analisado argumento segundo o qual tudo que fica fora de nossa casa é um "problema do governo"! Na rua a vergonha da desordem não é mais nossa, mas do Estado. (DAMATTA, 1997, p. 20)

Em decorrência desse ponto de visto valoriza-se a casa e despreza-se a rua, ao ponto de fazer da rua o "depósito de lixo" daquilo que não se quer em casa. Sendo assim, o que dizer quando a casa é a rua? Que sentidos lhe são atribuídos pela população em situação de rua? Quando inseridas nesse novo espaço — a rua – pessoas em situação de rua atribuí-lhes novos sentidos, é um espaço de moradia, de dormir, de sobrevivência, agora é o espaço de sociabilidade, com contato com novos atores sociais. Vale salientar que os vínculos com as instituições preexistentes não foram rompidos ou deixaram de existir, mas, que foram fragilizados por algum infortúnio e reconfigurados.

Essas pessoas encontram várias formas de viver para inserção nesse espaço. Utilizam-se daquilo que o espaço urbano lhe oferece para sua sobrevivência seja os monumentos históricos e turísticos, seja uma avenida ou carro velho jogado em uma sucata. Assim, quanto maior o tempo de permanência na rua, maior será o "campo de possibilidade" (VELHO, 1999) para a sobrevivência nesse espaço, o repertório de alternativas de sobrevivência torna-se maior.

Ao passar certo tempo nas ruas essas pessoas encontram formas de resistência e sobrevivência na perspectiva de reduzir os traços ameaçadores e vulneráveis da rua como constata a fala abaixo:

Botava minha cama na avenida, mesmo, no meio da rua. Cama dessas que eu tô dormindo, só que daquelas camas de hospital, de cabo de ferro que você levanta, que é nova...minha cama é nova zerada. Botava um colchão, meu cobertor, travesseiro. Pessoas passavam, filmavam, gravavam [...] Foram 3 anos, direto, dia e noite. Minha caminha já era armada, passado lona e corda, naquele setor, em cima da avenida, minhas coisas debaixo, meu carro de reciclagem no outro lado da rua, deixava pra noite. Eu ia pra dormir, alcoolizado, pra mim tanto fazia como tanto fez. Quatro horas da manhã tinha uma vizinha, já me dava, me abastecia uma garrafa d'água pra mim, pra mim tomar e lavar o rosto de manhã, pegava o carrinho, se mandava. Todos os final de semana queria... (sic) você sabe que bebo é bicho atrevido, botava um litro de uísque em cima da calçada e ia beber uísque com gelo, sábado e domingo era três litros de uísque. [...] Eu chegava, deixava a lona já amarrada aqui nos pés da cama, amarrava as duas pontas aqui aí trazia ela, enrolava ela todinha, botava na cabeceira aqui. Lado dos pés, deixava ali, localizada. Quando primeiro sereno pingava em mim, só fazia desenrolar ela aqui, puxava duma vez assim. Aí pronto, podia cair água. Você tá entendendo? Podia cair água, da calçada mesmo. Eu já fazia isso antes de eu possuir essa cama, já fazia na calçada com o colchão. Eu estendia a lona, botava o colchão em cima e fazia o mesmo trajeto, quando chovia só fazia puxar e a água passava toda por baixo, passava por baixo, podia ser a chuva que fosse, com vento, aqui na frente tinha um poste e calçadinha do vizinho, na avenida...sai dum lado fui pro outro. Colocava a lona, sempre a minha lona era doze...20 metros às vezes 30 metros de lona. (Entrevistado 5).

As variadas formas de viver existentes na rua permitem pessoas se utilizarem de espaços considerados sórdidos. Ao pensar em uma sucata, vem em mente um local sujo, fétido, desorganizado, porém a sucata de carros velhos é a "nova casa" do entrevistado 6. Um dos carros que já foi usado, desprezado por alguém, tornou-se sua cama e seu guarda-roupa. Para ele a utilidade desse carro vai além do reaproveitamento de peças. Tornou-se o abrigo contra o sol e a chuva.

Eu durmo dentro dos carros [...] É os carros duma sucata [...]. Só que é no meio da rua o carro, mas num molha não. No carro é quente. Só é bom a gente dormir lá ... De noite, mas de dia é quente. (Entrevistado 6).

Nesse sentido, percebe-se que as pessoas em situação de rua dão amplitude aos conceitos casa e rua. Atribuí-lhes significados que para quem está fora dessa situação é algo, no mínimo, estonteante.

A RUA E OUTROS MUNDOS: EXPERIÊNCIAS DE PESSOAS EM SITUAÇÃO DE RUA EM SOBRAL

A quem pertence a rua? E enquanto, patrimônio "privado" o que poderia ser feito para que ficasse a cara de seu proprietário? Esses questionamentos introdutórios chamam a atenção enquanto se pensa na rua, não apenas como um espaço coletivo, mas quando representa também um espaço privado, de um indivíduo.

Quando uma pessoa "escolhe" um ponto de uma rua para pernoitar ou morar, ela atribui àquele espaço como seu, como propriedade sua e ai daquele que invadir seu território. Também muda a paisagem, a aparência daquele espaço, seja com seu papelão de dormir, ou sua barraca, ou mesmo sua cama móvel com um "carro[160]" estacionado ao seu lado. Fazendo sua própria decoração.

Mas o que faz uma pessoa fazer da rua seu espaço de moradia e sustento? E como é essa experiência de estar na rua? Nesse sentido as respostas foram diversificadas com algumas

---

[160]   A palavra carro está destacada por referir-se a um carro de reciclagem, utensílio de trabalho de um dos entrevistados, no caso, entrevistado 5.

semelhanças. Ao deparar-se com essa pergunta eles destacaram e expuseram ser a rua um lugar ruim

ESTAR NA RUA

O que é está na rua? É está em um lugar de descontração, de encontros, lugar de brincar, soltar pipa, de correr, de passear, um cenário de conquista de direitos, de vitórias, de liberdade, mas também pode torna-se uma prisão, um martírio, a senzala dos "escravos modernos", lugar de maldição, o lixão de uma sociedade moderna e pode ser o refúgio dos sem opção.

Ao serem indagados como era a rotina ou o dia a dia na rua, os entrevistados, a princípio, não faziam a descrição, mas só depois com a intervenção da pesquisadora. Enfatizavam, primeiramente, o desprezo da sociedade, que era ruim, apresentaram antipatia quanto à situação em que se encontram e os efeitos à saúde devido essa vivência.

Tem gente que passa assim pela pessoa finge que a gente é uma parede dessa aqui, tá nem aí [...] (Entrevistado 1).

Meu dia na rua... num tem como se acostumar. Primeiro lugar, num tem como se acostumar, porque como eu tinha minha família, tinha minha esposa, num tinha meus filhos porque num era meu, mas tinha minha esposa, tinha meu pai, tinha minha mãe, tinha minha tia, tinha minha família. Aí de repente caí na idade trabalhando no meio do mundo [...] (Entrevistado 4).

É muito é ruim. Passar o dia toda na rua [...] andando pra lá e pra cá. (Entrevistado 6).

Alguns enfatizaram as atividades – atividades de rua[161]- que exercem para sobreviver nas ruas.

Aqui acolá a gente ganha umas moedinhas pra comprar alguma merenda, um cigarro. Lá na igreja tem a missa lá, e a gente pastora carro lá (Entrevistado 1)

Meu dia a dia... eu passo o dia pastorando carro, moto [...] eu ganho moedas (Entrevistado 2)

Essas atividades revelam o grau de submissão que essas pessoas estão submetidas à óptica capitalista. Para suprir suas necessidades básicas se submetem a um trabalho forçado que em outras circunstâncias não o realizaria. Mas, mesmo nessas condições é perceptível a relevância e centralidade do trabalho na vida dessas pessoas.

O trabalho proporciona a subsistência física e simbólica, mas também autonomia. O trabalho "faz com que a pessoa se sinta bem, possibilita crescimento na vida, possibilidade de 'levantar-se', de 'realizar sonhos', (PORTO ALEGRE, 1999, p. 18 *apud* SILVA, 2009, p. 170).

Faz parte da rotina da maioria utilizar os serviços do Centro Pop, como banho, café, almoço e jantar.

Acordo de manhã. Vou lá pro espelho d´água, fico lá sentado até esperar a hora pra vim pra cá, saio pra ver se arrumo alguma coisa e pronto [...] almoço no real [...] a noite eu venho tomar sopa (Entrevistado 3).

Bem cedo eu me acordo aí eu tomo banho [...] quando dá oito horas eu venho pra banda de cá (Entrevistado 6).

---

[161]   Expressão utilizada para designar alguns trabalhos comumente realizados por pessoas em situação de rua. Utiliza-se também outros termos como "fazer um giro", "ganhos", "bicos".

Quando questionados sobre o que seus companheiros falam sobre essa experiência de estar na rua todos enfatizaram o sofrimento, o risco de morte, que é uma experiência ruim e perigosa, é um lugar que ninguém gosta.

[...] o cara tá morando na rua, um dia o cara tá dormindo aqui aí pode chegar um inimigo seu matar tu dormindo (Entrevistado1).
Muitos deles falam que é perigoso, dormir na rua aí vem um e rouba a gente mesmo, pode matar a gente dormindo na rua (Entrevistado2).
O que eu tenho de dizer é que aqui ninguém gosta, ninguém gosta. [...] ninguém gosta. Quem é que vai se acostumar com o que é ruim? (Entrevistado 4)
Ao serem indagados sobre os riscos e os desafios que a rua representa listaram vários, entre eles: brigas, rivalidades ou mesmo disputa de puder, fome, necessidade, sol, cansaço, noites mal dormidas, agressões físicas, medo, insegurança, risco de morrer e também de matar.
Os desafios que eu enfrentei até agora a negada querendo brigar com a gente, né? É uns e outros bêbados querendo brigar, uns drogados querendo... os moradores de rua é uns querendo ultrapassar por cima da gente, querendo dá uma de bichão (Entrevistado 1).
O desafio é fome, necessidade, banho e outros desafios pelo perigo da vida, né? [...] morrer. Eu também já fui furado na rua, já fui operado[...] a gente tá arriscado a morrer e a matar a gente também não vai morrer de graça, né? (Entrevistado 2).
[...] a pessoa tá dormindo a noite chega um mal elemento pra fazer o mal com a pessoa, sempre acontece, sempre aparece um indivíduo ruim, pra furar, tocar fogo nos outros. Tem um que tava dormindo lá mais a gente chegou um cara tacou a faca nele. Levaram ele pro hospital (Entrevistado 3).
A pessoa se acordar e num amanhecer mais vivo. É triste [...] (Entrevistado 4).

Alguns comentaram que a pessoa em situação de rua não dorme e nesse sentido usaram algumas expressões. Foi mencionado por um dos entrevistados que só era possível dormir quando sob efeito de alguma droga ou álcool. Pode-se constatar pelas falas abaixo.
Eu num durmo. Eu passo a noite, eu giro a noite direto (Entrevistado 4).
Você não pode dormir, você não dorme, usuário de rua não dorme, cochila. [...] é um cochilo que você apaga ali uns 10... 20 minutos... meia hora, no máximo duas horas, com a mente aberta. [...] só dorme se for bebo ou drogado, muito drogado que não tenha a capacidade nem de respirar. Ele apagou (Entrevistado 5).
Quem dorme no meio da rua num dorme, não, mulher. [...] quem dorme no meio da rua dorme com um olho fechado e outro aberto (Entrevistado 6).
Quando se solicitou que contassem algo de interessante sobre a experiência na rua a maioria fez pontuações negativas. Houve também dificuldades por parte dos entrevistados o ato de compreender a solicitação, foi necessário a intervenção da pesquisadora para que a pergunta ficasse mais clara.
Rapaz, de bom até agora, interessante... [...] pra mim não, não vou mentir. (Entrevistado 1).
Não. Não tenho nada. Não aprendi foi nada ainda (Entrevistado 3).
Não, não tem nada de bom na rua (Entrevistado 6)

Dois entrevistados mencionaram outros aspectos da experiência de rua – além dos mencionados anteriormente — como um aprendizado que pode ser transmitido, como maneira de confortar e alertar outros companheiros e como um local de formação de caráter, que é uma lição de vida, uma aula.

O que tem de interessante? O que eu tenho de interessante é que... quando eu vim bater com certas pessoas assim como eu [...] dá uma palavra de conforto, né? Porque o mal que eu num quero pra mim num quero pro meu próximo (Entrevistado 4).

Eu ainda vivo, continuo essa experiência. Isso pra mim é uma experiência de vida. Esses treze anos pra mim foi como se nascesse na rua e tô me criando na rua. [...] Lição de vida, moral, caráter. [...] uma aula por resto da minha vida aquilo ali. Uma experiência por resto da minha vida [...] (Entrevistado 5).

Alguns dividem seu dia com alguns companheiros de rua, outros ficam "circulando" pelas ruas e, como mencionado anteriormente, outros passam o dia trabalhando.

Mais uns dois companheiros [...] nós só anda junto (Entrevistado 1).

Eu não divido com ninguém (Entrevistado 2).

Com meu parceiro [...] (Entrevistado 3).

Só andando e circulando como se fosse assim... aquele besouro. Fica circulando ali. Quando não ali é no mercado, quando é dia às vezes eu vou pra santa casa [...] (Entrevistado 4).

VÍNCULOS FAMILIARES

Aqui serão apresentadas as respostas obtidas quanto aos vínculos familiares. Foram feitas duas perguntas: se tinham uma família e era formada por quem. Considerou-se essa informação muito importante por constituir-se fator determinante para explicar a ida à rua, mas esse fator será explicitado mais adiante.

Como resultado percebeu-se que para alguns os vínculos familiares não foram rompidos com a saída de casa, mas fragilizados por algum infortúnio. Porém dois entrevistados não mantêm contato com a família. Entre eles, um afirmou ter ganhado outra família quando em situação de rua além da instituição que lhe assiste — Centro Pop. Esse mesmo entrevistado afirmou que desde muito cedo o mundo passou a ser sua família.

Dois dos entrevistados possuem parentes residindo na cidade e mantém contato não especificando a frequência[162]. Um deles mantém contato com a família via Centro Pop.[163] Para um dos entrevistados sua família são os que lhe ajudam.

Alguns já tiveram algum relacionamento, desses relacionamentos tiveram filhos, porém estão distanciados. E um dos entrevistados mantém um relacionamento com outra pessoa também em situação de rua. Confirma-se com os seguintes depoimentos:

Eu tenho família [...] vivi cinco anos com uma menina [...] eu tenho uma filha de sete anos. Hoje em dia ela mora nos terrenos novos com a mãe dela, tá com bem 3 meses que eu não vejo mais ela. (Entrevistado 1).

---

[162]   Um desses entrevistados, no período da pesquisa, procurou-nos para dizer que havia "voltado pra família".

[163]   Informação obtida pela equipe da Instituição.

Tenho a minha mãe e meu pai, né? Meus irmãos [...] eu sou separado, só tenho uma filha, mas já tá de maior, já. Agora eu arrumei essa companheira aí, mas ela não é minha mulher mesmo, não. A minha mulher mesmo é essa que tem uma filha minha lá em Fortaleza. (Entrevistado 2).

Tenho [...] minha mãe, meus irmãos, minhas tias só. Não tenho mais pai, não. (Entrevistado 3).

Tinha uma família [...] Minha família agora é essa. Essas benção de Deus (*sic*) [aponta para os companheiros de rua que estão ao seu redor]. [...] Minha família é aquelas pessoas que me dão atenção. É vocês. (Entrevistado 4).

Hoje eu tenho, hoje eu encontrei. Minha família, primeiramente foi Deus e essa lá do alto do sossego. Essa eu morro dizendo que foi a primeira. Segunda família centro pop. Minha segunda família é o centro pop. Eu não posso botar ela como a primeira porque antes de eu conhecer aqui eles já me apoiavam lá. Entendeu? Meu sofrimento todinho, meu fundo de poço essa família lá do junco. [...] família maravilhosa que eu tenho lá [...] de 8 anos em diante o mundo veio ser minha família (Entrevistado 5).
Tenho família é mesmo que não ter. [...] Tenho mãe, tenho pai, tenho fia casada, tenho neto [...] Cinco irmãs e um homem. [...] Uma vez eu fui lá [...] lá na casa da mãe [...] mas eu sei onde é a casa da minha mãe. (Entrevistado 6).

Assim, pode-se perceber os vários significados dados ao termo família. Na sociedade atual a família já não se restringe, apenas, na figura de um homem como o pai e, de uma mulher como a mãe. Também não se restringe a laços sanguíneos. Em um processo de integração com vários grupos sociais, o ser humano pode dar-lhe novas significações e pode atribuir o sentido de família a outros grupos sociais. Como é o caso da população em situação de rua, família para eles vai além dos laços sanguíneos.

TRABALHO: ANTES E AGORA

Trabalho é a categoria fundamental na diferença entre o ser humano e os demais animais (MARX; ENGELS, 2007, p. 42). Através do trabalho o homem se humaniza, constrói e reconstrói, garante sua sobrevivência e existência, independência e autonomia, proporciona-lhe conquistas. Nesse sentido, como se dá a relação entre as pessoas em situação de rua e o trabalho?
As relações com o trabalho são expressas de várias formas. Todos já tiveram alguma experiência de trabalho anterior, alguns disseram ter uma profissão ou que já trabalharam antes da condição de rua. Essa categoria também é importante por ser fator determinante à condição de rua.
As experiências de trabalho anteriores à situação de rua deram-se nas áreas da construção civil, serviços, comércio e ocupação doméstica.

Eu já trabalhei de servente, de pintor, eu faço... de tudo, graças a deus, e tudo um pouco eu sei fazer. Entendeu? (Entrevistado 1).

Eu já trabalhei em um bocado de coisa, eu trabalhei em confecção, em loja de confecções, eu botava essas pressões nas roupas [...]. (Entrevistado 2).

Trabalhei na prefeitura descarregando cimento. (Entrevistado 3).

De costureiro sou profissional, cozinheiro do mesmo jeito. [...] costureiro e maquineiro. De padeiro, auxiliar e padeiro e padeiro ao mesmo tempo. (Entrevistado 4).

Eu trabalhei 18 anos em parque. Trabalhei 6 anos em circo de diversão. Eu era domador de leão, eu era domador de elefante, eu era domador de tigre. Eu trabalhei de segurança. (Entrevistado 5).
Doméstica, fazendo as coisas (entrevistado 6).

Atualmente a maioria exerce alguma atividade remunerada ou "bicos", três afirmaram ter uma profissão. Dentre essas atividades destaca-se a de flanelinha, carregador, e catador de materiais recicláveis. Porém dois entrevistados afirmaram que no momento pedem dinheiro como um meio de sobrevivência. E apenas um não está realizando alguma atividade.
O entrevistado 5 além de afirmar ter várias profissões menciona o fato de preferir ser autônomo.
[...] aqui acolá eu ganho um trocado, mas a minha profissão, mesmo é fazer artesanato, esse artesanato de palito de picolé. Eu faço barco, faço carrinho, casa, porta joia, abajur...faço um bocado e coisa (Entrevistado 1).

Trabalho... no ponto de moto (Entrevistado 2).

É assim... pedir, mesmo. (Entrevistado 4).

Eu gosto de trabalhar pra mim, mesmo. Eu sou autônomo. Eu não gosto de ser mandado por ninguém, eu gosto de gerar emprego, gerar renda, por si próprio. Foi por isso que eu investi 500,00 reais nesse carro que eu tenho hoje pra não tá levando aborrecimento de ninguém. A minha diária, eu tiro um dia pra trabalhar é 80, 70 conto. Eu trabalho de pedreiro, profissional. Trabalho de pintura de imóvel, casa. Sou eletricista e bombeiro hidráulico. (Entrevistado 5)

Assim, eu peço uma coisa a um, peço a outro. Eu me viro, se eu não me virar quem que vai...? Eu peço, tenho vergonha de pedir, não. (Entrevistado 6).

Nesse sentido, percebe-se que, na condição de rua, as relações com o mundo do trabalho tornaram-se mais precarizadas. Os diretos trabalhistas são inexistentes submetendo essas pessoas a condições precárias e subumanas. Assim, constata-se que a população em situação de rua procura realizar alguma atividade geradora de rendimento para sua sobrevivência, mas, mesmo assim, a mendicância ainda é algo presente.

COMO ME VEJO NA SOCIEDADE: "SOU DA SOCIEDADE"

Segundo a Constituição Brasileira "todos são iguais perante a lei [...]" (BRASIL, 1988, p. 9) e que todos devem usufruir de vários direitos sociais. Mas quando se trata da população em situação de rua é perceptível a limitação, restrição ou omissão desses direitos. Na prática, reproduz-se um estigma social em relação a essas pessoas. Ainda são comparados aos "vagabundos" da era pré-industrial submetidos á estigmas. Na visão de Castell, o vagabundo é o

'Inútil para o mundo' que vive como parasita do trabalho de outrem, excluído em toda parte e condenado a vagar numa sociedade em que a qualidade de pessoa depende do pertencimento a um estatuto, a representação pejorativa que sempre lhe é associada e o caráter impiedoso do tratamento que lhe é dispensado tornam-se perfeitamente claros. (CASTELL, 1998, p. 121).

A vagabundagem, nas sociedades pré-industriais, foi submetida á repressão e a "leis sanguinárias" na busca do banimento do vagabundo. No dizer do autor, amparado por Marx:
Compreende-se desde então que a repressão da vagabundagem tenha sido, quanto ao essencial, uma 'legislação sanguinária', conforme a qualificação com que Marx estigmatizou as leis inglesas sobre a matéria: se estiver fora da lei das trocas sociais, o vagabundo não pode esperar compaixão e deve ser combatido como um malfeitor. (CASTELL, 1998, p.122).

Mesmo na sociedade contemporânea brasileira percebe-se o descaso em relação a população de rua. Mas como se veem na sociedade?

Esse segmento social sofre várias discriminações e preconceitos, são impedidas de circular livremente pelas ruas, de entrar em diversos locais, de fazerem diversas atividades que desejam e muitos sofrem perseguição por parte de servidores da segurança pública.
Algumas pessoas em situação de rua já cometeram delitos, são egressos do sistema prisional, fazendo com que a desconfiança e intolerância por parte de algumas autoridades sejam maiores. Outro fator a ser considerado é que quando estão em regime semi-aberto, poucos são os que o cumprem e quando são submetidos a uma ronda policial retornam ao presídio. Ver depoimento abaixo.

Mas aquele ponto num tem quem dê atenção, porque você sabe quando bate a ficha da pessoa...Eu tava até aqui um dia desse, eu tava aqui embaixo no espelho d'água aqui... Tá aqui os meninos que num me deixa mentir [...] Tava ali e tal os homem chegaram tinha terminado, bem-dizer, de fumar um baguínho. Aí os homem chegaram ali, aí pá deu uma geral ali ficha de tudinho, veio logo pra cima de mim logo. Oh o tamanho da lista. Aí pronto, mas num foi por negócio de ter mexido nada e ninguém, foi só em ter.... você tá entendendo, né? (Entrevistado 4).

Alguns entrevistados relataram várias situações em que foram xingados, desprezados, considerados como invisíveis. Mencionaram que diante da situação de constrangimento gera-se um sentimento de revolta a ponto de desejar, realmente agir de forma agressiva e violenta.

Tem gente que passa assim pela pessoa finge que a gente é uma parede dessa aqui tá nem aí, não [...] tem ser humano que vê o morador de rua como um bicho qualquer [...] vê o cara no caminho, o cara dobra de caminho, muda de calçada, passa pero cara pensa que vai roubar [...] a ocasião faz o ladrão, porque [...] o cara vai por aqui vem duas abençoada ali na frente do cara, dobra de calçada [...] às vezes o cara num ta... nem intenção de fazer besteira. Aí o cara já tá doido, mesmo, né? O cara vai logo avança logo pra cima, tá nem aí [...] eu fui passar ali pelo viaduto... às vezes passa umas filhas de papaizinho quando vê a gente ali vem com celular quando chega perto da gente tira o celular taca dento das calça como se ali, dentro das calça dela protegesse ela. (Entrevistado 1)

Fui uma vez... Cheguei no portão duma igreja [...] Eu ia entrar... Aí tinha três irmãs assim na porta: ei, aquele jovem ali, vende droga ali, num sei o quê... Tal e tal. E eu bem pertinho assim ó....Só escutando. Deixei quieto.... Cheguei só no portão. Olhei e sai. (Entrevistado 3)
A gente chega perto de um cidadão acolá, como eu cheguei ontem acolá... que nada vagabundo sem vergonha vai embora. Vai embora chamo logo é os homem pra ti logo. Chame os homem pra mim, não abençoadinho. (Entrevistado 4)

Quando afirmaram estar desempregado procurou-se relacionar o desemprego e o ver-se na sociedade. Nesse sentido, o entrevistado 3 afirmou ser algo ruim por sentir-se dependente de outros.
Se vê não trabalhando...é ruim, né? Ficar sem trabalhar dependendo dos outros. É muito ruim (Entrevistado 3)

O entrevistado 5 mencionou apenas uma situação constrangedora quando uma vizinha solicitou a presença da polícia para que o tirasse de sua calçada, porém foi enfático em dizer que, mesmo na condição de rua e usuário de drogas, sentia-se integrante desta sociedade.

Chamou a polícia pra me tirar da rua dela. Ah, tudo bem. Eu humilde, toda vida fui. Porque hoje pra você ganhar as coisas tem ser com a humildade. Se você não tiver humildade você não ganha nada. Aí tudo bem. (Entrevistado 5)

Nesse processo todinho eu passei meus 13 ano bolando, dum bairro pra outro, mas toda vida trabalhando socialmente, no meio da sociedade. Com todo usuário que eu tinha eu era dento da sociedade, sou da sociedade. (Entrevistado 5).

As informações referentes ao como se sentem ou se vêem na sociedade deslocam a relação que esse segmento tem com o trabalho. Uma vez o trabalho possui relevância afetiva, moral e social. Assim, esses resultados corroboram com outras pesquisas[164] sobre a temática aqui estudada em que o trabalho possui relevância no imaginário da população em situação de rua.

São várias as referências de que o trabalho é essencial para a vida [...] Trabalho é essencial ao homem, para sentir-se bem em qualquer lugar'. 'Trabalhar é independência, é ter direitos, é andar arrumado. Trabalho é entrar na sociedade, é não ser marginal' (PORTO ALEGRE, *apud* SILVA. 2009:170).

TRAJETÓRIAS NAS RUAS: EXPERIÊNCIAS DE VÍNCULOS FUGAZES

Os dados referentes às razões pelas quais essas pessoas estão em situação de rua apontam as diversas situações de vulnerabilidade a que esta população está exposta. Foram mencionados vários motivos, porém a maioria refere-se a conflitos familiares.
Vale salientar que foi solicitado que dissessem os motivos/razões que os levaram às ruas e, ao fazer a análise dos registros de cada um, constatou-se que algumas informações/motivos

---

[164]   Relatório da pesquisa realizada em Porto Alegre.

não correspondiam com os que tinham elencado durante a entrevista. Nesse sentido optou-se por fazer uma análise de toda a trajetória de vida dos participantes, a partir das entrevistas, buscando uma visão macro desses motivos/razões que os levaram a procurar a rua como moradia.

Nesse sentido, a partir da conversa/entrevista percebeu-se que alguns motivos estão correlacionados. Uma vez que o uso abusivo de álcool e/ou drogas podem provocar infortúnios no ambiente familiar. Da mesma forma que conflitos familiares podem desencadear o uso abusivo dessas substâncias.

O entrevistado 1[165] afirmou que a razão que o fez sair de casa foi o uso abusivo de drogas, no entanto menciona que o pai fazia uso de bebida alcoólica promovendo um ambiente conflituoso.

Meu pai é só pra dizer mesmo, porque ele é uma pessoa que sempre gostou de beber aí quando ele bebe gosta de... querendo brigar dentro de casa com a gente. Aí isso aí também inclui, né? A gente já usa droga, já vivi com a cabeça virada aí em um pai bebo querendo brigar com a gente, a tribulação dentro de casa. (Entrevistado 1).
As drogas. (Entrevistado 1).

Já o entrevistado 2[166] apontou como motivo discussões familiares, todavia encontrava-se na casa dos pais, já adulto, por condições de desemprego. E por não ter condições de se auto-manter dependia dos pais e os conflitos surgiam. Também afirmou usar drogas.
É discussão de casa mesmo, discussão de casa, de pai e mãe. A questão de eu tá passando outras necessidades, que eu tava desempregado aí eu fui falar achava ruim, eu peguei saí de casa por causa disso. (Entrevistado 2).

Com relação ao entrevistado 3[167] afirmou que procurou as ruas por escolha própria, isso devido a envolvimento com o crime.

Eu mesmo procurei. Eu se meti no mundo do crime e aí fiz umas coisas erradas por lá, me mandei. (Entrevistado 3).

O entrevistado de número 4[168] respondeu que o motivo que o fez procurar a rua foi a falta de opção, não tinha uma casa nem onde ficar. Contudo em outros momentos da conversa fez menção de conflitos afetivos conjugais e uso de maconha e que por mais uma vez esteve em casas de recuperação.

Num tinha outra solução, né patroa? Pra mim viver. Ir pra onde? Sem ter uma casa de apoio, sem ter uma casa de nada pra mim ficar. (Entrevistado 4).

E chegou um ponto que eu vim parar nessa situação no meio da rua, mas deus como é fiel, aqui acolá, tô assim pra uma casa de recuperação, eu num sou praticamente usuário de droga, eu num sou praticamente... viciado, não. Porque eu paro, eu passo cinco dias sem usar droga, passo cinco dias sem usar droga, passo um mês, passo dois e a droga que eu uso é isso aí: a maconha (Entrevistado 4).

Chegou o ponto de repente a mulher me deixou [...] (Entrevistado 4).

---

[165]	Os motivos apresentados durante a entrevista correspondem com os do prontuário.

[166]	No prontuário consta uso abusivo de drogas.

[167]	Essa informação não consta em seu prontuário. Em seu prontuário consta ruptura de vínculos familiares e infortúnio pessoal.

[168]	No prontuário consta uso abusivo de drogas.

Baseado em sua trajetória de vida o entrevistado 5[169] é um caso peculiar. Após a morte de sua mãe quando tinha, apenas, 8 anos de idade saiu de casa e passou a viver nas ruas. Nesse sentido, o uso de álcool e drogas fez parte de sua vida desde muito cedo, aproximadamente, desde a adolescência. O mesmo não relaciona o uso de drogas com os conflitos afetivos conjugais. Segundo ele a procura da rua ocorreu por questão de necessidade.

[...] 16 anos que eu tava com ela. [...] Eu tinha 19 anos, era novo [...] Aí eu fui dispensei ela, aí eu peguei cheguei em casa, peguei as coisas arrumei aí pronto. Desse dia pra cá vai fazer os treze anos separado. (Entrevistado 5).

[...] Uma pessoa que sai com 8 anos de idade fora de casa... Eu fui expulso da minha casa com 8 anos de idade. Então desse 8 anos de idade [...] Foi rua, foi trabalho, foi sobrevivência. (Entrevistado 5).

A necessidade [...] Tudo é necessidade. Não foi por prazer, por gostar, não. Ninguém jamais vai fazer isso porque gosta, porque vou fazer. (Entrevistado 5).

O último entrevistado, de número 6[170], afirmou que o motivo que o fez estar na rua foi uma discussão familiar. Afirma fazer uso de álcool. Declarou que não gosta de está dentro de casa, mas, ao mesmo tempo, confessou está cansado de está em situação de rua.

[...] Eu bebo [...] Aí eu desgostei e fui pro meio da rua. A mãe: vai pro meio da rua, teu lugar é no meio da rua. Vou mesmo e até hoje. (Entrevistado 6).

Só que eu num gosto de tá dentro de casa, não. A gente se acostuma, mas já tô cansada. Tô querendo me acostumar mais, não. (Entrevistado 6).

Desse modo, os motivos que os levaram a condição de rua são variados e podem indicar uma relação entre eles. Considerando os relatos apresentados há dois que merecem destaque: a escolha por conta própria e o fato de não gostar de está dentro de uma casa.

Nesse sentido, mesmo não sendo uma informação de caráter expressivo, merece destaque. Pensar, então, o porquê da escolha. Seria por "proporcionar" liberdade e ausência de regras e compromissos? Entretanto, constatou-se que ao vivenciar essa situação percebem que é um ambiente hostil e perigoso.

SONHOS E PROJETOS

Quais os sonhos de uma pessoa em situação de rua? Será que ainda sonham no sentido de ansiar alguma coisa ou já perderam a esperança? Essas questões são pertinentes ao se tratar dessa população, isso porque muitos tiveram seus direitos violados, se encontram em uma situação de risco pessoal e social.

Os relatos indicam que o sonho predominante dos entrevistados é possuir uma casa. Porém, não é o único desejo. Foi mencionado a categoria trabalho, o desejo de retornar ao

---

[169]   Nada consta sobre os motivos que o levou a procurar a rua como moradia.

[170]   Em seu prontuário consta uso abusivo de álcool e histórico de prostituição

convívio familiar e poder ajudar a família, de construir uma família, possuir bens materiais -moto e carro - e o desejo de deixar as drogas.

Conseguir um trabalho e entrar pra dentro de uma casa. Eu pretendo. Eu tenho um sonho assim, ter uma casa pra mim mesmo, entendeu? Pra morar eu, uma mulher e minha filha, entendeu? (Entrevistado 1).

Meu sonho é ter uma casa pra eu morar, né? [...] Mudar de vida, parar de usar droga, né? Só isso mesmo. (Entrevistado 2).

Voltar pra casa e ficar com minha família. (Entrevistado 3).

Possuir alguma coisa, sei andar de moto, sei andar de carro, tinha uma esposa. Graças a Deus eu queria ter essa oportunidade aí na frente aí pra mim. (Entrevistado 4).

Meu sonho é uma família. (Entrevistado 5).

 Meu sonho é ter uma casa. Pra dormir. Ter sossego. (Entrevistado 6).

E em relação a projetos de vida? Uma pessoa em situação de rua tem um projeto? Entretanto faz-se necessário fazer uma rápida reflexão do que venha a ser um projeto. Tanto um projeto como um sonho conduzem o ser humano para o futuro, são idealizados no presente com influências do passado. Nessa perspectiva, são temporais.
Foi perceptível durante a pesquisa a relação, feita pelos entrevistados, entre presente, passado e futuro. Em que as experiências do presente e do passado serviriam de condição ou de "espelho" para o futuro.
Quando se objetivou saber os projetos de vida dos sujeitos da pesquisa tinha-se em mente esse conceito. Constatou-se relatos semelhantes quando se perguntou quais os seus sonhos. Foi possível, a partir da conversa, verificar que um dos entrevistados tinha um projeto já delineado, estava em processo de execução sendo possível identificar as etapas e seu grau de progresso.
Conseguir um trabalho e entrar pra dentro de uma casa (sic). Eu pretendo, assim...eu tenho um sonho assim, ter uma casa pra mim mesmo, entendeu? Pra morar eu, uma mulher e minha filha, entendeu? (Entrevistado 1).
O meu projeto como diz eu é esses meus desenhos. Pro meu futuro eu queria botar eles como é pra ser. [...] É tipo um projeto que anda não tem futuro ele, ele tá aí sem futuro, esse projeto. (Entrevistado 2).

Sair da rua, conseguir uma casa pra mim morar, somente. (Entrevistado 3).

Meu projeto de vida eu tenho. É zelar minha vida, fazer de tudo pra zelar minha vida pra mim num ir pro inferno. (Entrevistado 4).

De melhorar. É um investimento que eu quero fazer depois que eu tiver meu apartamento vou correr em cima disso aí. Vou vender o que minha mãe deixou e quero abrir uma sucata pra mim. Investir. Investir. Alugar um ponto e trabalhar pra mim, mesmo. Fazer uns carros, umas caçamba pro pessoal trabalhar [...] Um microempregador [...]. (Entrevistado 5).

Coisa boa, ficar dentro de casa. Fazer a comidazinha (*sic*), comer na hora que quiser [...]. (Entrevistado 6).

Embasando-se na fenomenologia de Schutz (2012), Velho (1999, p.101) entende a noção de "Projeto" como: "a conduta organizada para atingir finalidades específicas", tornando-se uma antecipação da futura trajetória e biografia do sujeito. Para traçar seu projeto, o sujeito se utiliza da dimensão da memória (VELHO, 1999), de modo a considerar não somente a ação do presente, como também as significações impressas nos acontecimentos passados.

Para o autor, a memória é fragmentada, de modo que o sentido que o indivíduo dá a si mesmo depende da organização de seus fragmentos ao longo de sua trajetória. Em sendo o passado descontínuo, a memória que também constitui a construção de um projeto é uma construção posterior, a partir do significado que o sujeito confere aos acontecimentos.

Cumpre observar que esse processo não é linear, nem contínuo ou homogêneo e, portanto, deve ser compreendido em suas multiplicidades. Por representar um ponto de intersecção de diferentes mundos (VELHO, 1999; SIMMEL, 2006), o indivíduo-sujeito traça seu projeto influenciado pelo "campo de possibilidades" em que está inserido.

A partir disso, reporta-se a um dos entrevistados em que suas memórias o conduziram a formular projetos dando significado a sua trajetória de vida. E que esse projeto surgiu de certas circunstâncias. As recordações do passado, o que ele passou o impulsionou a formular novos projetos. Ao olhar para a foto do documento de identificação e ver um homem, debilitado, magro o impulsionou a não retornar para um passado que ele não se identificava mais.

Mas eu lembrar do passado!? Pra mim me fortalece. Porque se eu tô lembrado... eu num vou voltar mais praquilo [...] Eu num chego a sobreviver. Aí minha tendência é sair pro cemitério bem rapidinho. Eu me conheço e eu lembrado, não. Eu tenho uma identidade que tá guardada ali você vai ver a situação, meu auge de álcool, de droga, a ressaca que ela fez comigo. Eu tô até com uma aqui só a xerox dela. Eu vou lhe mostrar pra você vê que não é mentira. Pela xerox você tira. Esse aqui que é o cidadão da droga. E é preto e branco esse aí, você imagina coloridazinha! Pra minha feição agora, hum? [...]Eu ia trocar essa identidade... Digo: troco, não. Botei na cabeça: não vou trocar que é meu espelho, aí posso dizer que é meu espelho. Aí é minha lembrança da minha vida que eu era. Tá aí ela aí. Quanto vida tiver vai ser essa aí. Essa é minha história. Parece alguma coisa comigo aí? Cheguei mesmo [mesmo] o fundo do poço que foi isso daqui... Isso aqui pra mim foi fundo de poço. Eu não quero perder essa memória aqui, não. Por mais arrumadinho que eu ande, o mais bacaninha que eu ande, me fortalece e me enfraquece de eu olhar pra nunca mais eu voltar pra isso aqui. [...] Mas aí ao mesmo tempo vinha na minha cabeça: não, se eu trocar e ficar bem bonitinho [bonitinho], vou querer me empolgar, vou querer voltar pro que eu era, você tá entendo? Esse é o exemplo, o exemplo de vida. (Entrevistado 5).

Então, projetos são mutáveis e dinâmicos, são delineados a partir de uma memória e que repercutem na identidade do ser. Assim, os sonhos da população em situação de rua estão relacionados às necessidades básicas como uma moradia, ter um emprego, ter direito a vida. E seus projetos relacionam-se com essas necessidades básicas.

CONSIDERAÇÕES FINAIS

A pesquisa teve como objetivo analisar os modos de vida e as experiências de pessoas em situação de rua, usuárias do Centro de Referência Especializado para População em Situação de Rua – Centro Pop, localizado na cidade de Sobral. O percurso realizado possibilitou fazer alguns apontamentos.

Foi perceptível a estigmatização social relacionada a essas pessoas, são vistas como "malfeitores", "vagabundos", "desocupados" ou mesmo os "parasitas" que vivem à custa dos outros. É uma pOpulação de predominância masculina, em termos percentuais, encontra-se sobretudo, na faixa etária entre 25 e 55 anos, são pessoas sem ou com pouca escolaridade e que já apresentam um bom tempo de permanência nas ruas. A maioria exerce alguma atividade remunerada, mas a prática da mendicância ainda é existente.

Alguns motivos/razões que os levam a situação de rua foram elencados. Entre eles está o desemprego que é um fator determinante para que pessoas procurem a rua como lugar de abrigo, mas não é o único. Constatou-se outros fatores como os conflitos familiares e o uso de drogas, porém são fatores que estão correlacionados.

Constatou-se que quando em situação de rua essas pessoas atribuem novos significados a algumas categorias como casa e rua. Atribuem a rua com espaço de moradia que, em outras condições essa característica atribui-se a casa. O termo família também ganha amplitude e outras significações. Outros grupos sociais passam ser considerados famílias.

Quanto às políticas sociais foi perceptível uma atuação mínima, restrita e de caráter focalizado, pautadas em práticas higienistas. Sofrem a ação de um "Estado Penal" em vez de um Estado de bem-estar. Que neste caso, há uma preocupação em afastá-las para longe, são o refugo de uma sociedade moderna e globalizada, pessoas que não conseguiram se dá bem na vida, tornando-se inadequados, inválidos para uma sociedade dita desenvolvida e consumista.

Nesse sentido, percebe-se que diante dessas circunstâncias encontram estratégias de enfrentamento a essas situações e que sonham com uma casa, uma família e um emprego, necessidades básicas que são garantidas em lei, mas que na prática não se consolidam.

REFERÊNCIAS

BAUMAN, Zygmunt. Vidas Desperdiçadas. Tradução de Carlos Alberto Medeiros. Rio de Janeiro: Jorge Zahar Editor, 2005.

BAUMAN, Zygmunt. Globalização: as consequências humanas. Rio de Janeiro: Jorge Zahar Ed., 1999. Tradução Marcus Penchel.

BAUMAN, Zygmunt. O mal-estar da pós-modernidade. Rio de Janeiro: Jorge Zahar Editor, 1998.

BRASIL. Nova Constituição Brasileira. Sistema Jornal do Brasil, 1988.

CASTEL, Robert. As metamorfoses da questão social: uma crônica do salário. Tradução de Iraci D. Poleti. Petrópolis, RJ: Vozes, 1998.

DAMATTA. Roberto. A casa & a rua: Espaço, cidadania, mulher e morte no Brasil. 5. ed. Rio de Janeiro, 1997.

MARX, Karl; ENGELS, Friedrich. A ideologia alemã, 1º capítulo: seguido das teses sobre Feuerbach. Tradução de Marcelo Backes. Rio de Janeiro: Civilização Brasileira, 2007.

MATTOS, Ricardo Mendes; FERREIRA, Ricardo Franklin. Quem vocês pensam que (elas) são? Representações sobre as pessoas em situação de rua. Psicologia & Sociedade, 16 (2): 47-58; maio/ago.2004.

SILVA, Maria Lucia Lopes da. Trabalho e população em situação de rua no Brasil. São Paulo: Cortez, 2009.

SIMMEL, Georg. Questões fundamentais da sociologia: indivíduo e sociedade. Rio de Janeiro: Zahar, 2006.

SCHUTZ, A. Sobre fenomenologia e relações sociais. São Paulo: Vozes, 2012.

VELHO, Gilberto. Projeto e metamorfose: antropologia das sociedades complexas. 2. ed. Rio de janeiro: Jorge Zahar Editor, 1999.

O FEMININO EM XEQUE: REFLEXÕES ACERCA DA VIOLÊNCIA CONJUGAL SEGUNDO A PSICOLOGIA ANALÍTICA

Denise Ramos Soares[171]
Carlos Velázquez Rueda[172]

Resumo: Propomos-nos a observar o fenômeno da violência doméstica e familiar contra a mulher mediante o prisma do paradigma junguiano de pesquisa. Muito se discute acerca dessa questão endêmica no âmbito do direito, da política e da própria psicologia jurídica, contudo, acreditando que um olhar sobre a problemática da formação de uma sociedade a se desenvolver sendo hostil aos símbolos do feminino, pelo viés da psicologia analítica de Carl Gustav Jung, e dos pós-junguianos, poder-se-ia contribuir para a elucidação dos motivos arquetípicos, os quais jazem abaixo dessa querela, partimos do pressuposto de que os índices de feminicídios apontam para uma mudança na forma como nos relacionamos inconscientemente com o complexo materno. Acreditamos que uma análise mais detida sobre esse assunto possa auxiliar os estudiosos da gênese desse fenômeno e motivá-los a novas ponderações.
Palavras-chave: Violência; Grande Mãe; Complexo.

Introdução

A violência contra a mulher é um tema polêmico inquietante para juristas, assistentes sociais e psicólogos que lidam com a difícil missão de diminuir os índices alarmantes de feminicídios, assassinatos de mulheres por questão de gênero, presentes em telejornais e estatísticas governamentais.

---

[171] Pesquisadora do Movimento Investigativo Transdisciplinar do Homem – MITHO, CCG, Psicologia, Universidade de Fortaleza - Unifor. E-mail: disoares1301@gmail.com
[172] Orientador do Movimento Investigativo Transdisciplinar do Homem – MITHO, CCG, Universidade de Fortaleza - Unifor. E-mail: caveru@unifor.br

Diversas políticas públicas foram criadas para tentar coibir essa prática, conscientizar a sociedade e proporcionar a mediação de conflitos conjugais dentro das próprias comunidades, tudo a fim de diminuir o impacto causado por uma cultura de opressão de gênero que acompanha nosso povo desde de período colonial. O fato é que tais esforços ainda não alcançaram o êxito pretendido, pois as discussões acerca dos direitos da mulher entre grupos conservadores e progressistas em redes sociais, congressos e palestras sobre o tema, se acirram cada vez mais.

Nosso Governo e os órgãos de defesa de direitos humanos em esfera internacional, como o programa ONU Mulheres, cujas ações são divulgadas pelo site do organismo (http://www.onumulheres.org.br/), lutam não contra pessoas cuja ideologia ameaça as novas possibilidades da mulher na sociedade do século XXI, mas contra todo um sistema de organização social, que envolve uma estrutura educacional para formar personalidades que hostilizam o sexo feminino. Há uma tendência perigosa de relativização do tema por grupos religiosos e por uma cultura de senso comum de que brigas de casal devem ser resolvidas pelo casal, não importa quais os efeitos que venham a ter.

O problema é tão grave e os índices de crimes contra mulheres que ficavam sem resolução tão alarmantes que em 07 de agosto de 2006, foi aprovada por unanimidade na Câmara de Deputados e no Senado Federal a Lei 11340 – conhecida como Lei Maria da Penha. Tal lei cria mecanismos de proteção a mulher vítima de violência doméstica a fim de evitar os feminicídios, ela endurece a pena para os agressores e instaura medidas protetivas de urgência para a denunciante, além disso dispõe sobre a criação de órgãos de prevenção e redes multidisciplinares de apoio a vítima, e tratando esse tipo de crime como caso de saúde pública, políticas interventivas que não existiam antes da divulgação do caso Maria da Penha.

A cearense Maria da Penha Maia Fernandes foi alvejada com um tiro disparado pelo marido, Antonio Heredia Viveros, enquanto dormia. Embora tenha sobrevivido a tentativa de assassinato, Maria da Penha ficou paraplégica enquanto seu agressor, após duas condenações, conseguiu a liberdade depois que os seus advogados recorreram da decisão, a informação está disponível no site do Instituto Maria da Penha (http://www.mariadapenha.org.br/). Muito foi discutido até que no ano de 2006, o governo assumiu que somente as garantias existentes acerca da proteção ao ser humano pressupostas na constituição de 1988 não eram suficientes para lidar com as particularidades da violência doméstica e com o pacto de silêncio perpetrado nas mais diversas classes sociais, permitia que a denúncias fossem relativizadas e que a mulher, vítima de agressões no lar, não tivesse o amparo governamental para sair do ciclo de vitimização a quem estava sujeita, como conseqüência disso, muitas mulheres sequer realizavam as denúncias e outras as retiravam.

Apesar de todos esses benefícios após a criação da Lei 11340, uma pesquisa do IBGE publicada no ano de 2013 e realizada com dados do Sistema de Informações sobre Mortalidade (SIM), do Ministério da Saúde, compreendendo os anos de 2001 a 2011, apontou que no Brasil, são mortas 5000 mulheres todos os anos, sendo estas, em sua maioria, decorrentes da violência doméstica e familiar. Só no Estado do Ceará são 228 mulheres assassinadas todos os anos por seus companheiros, e o mais chocante é que a Lei Maria da Penha, Nº 11.340, não conseguiu mudar essa realidade, visto que os números se mantiveram antes e durante o período de vigência da lei.

Pelo conjunto do exposto e no intuito de traçar um paralelo entre a violação dos direitos femininos em uma sociedade patriarcal, a qual demove seu empoderamento no âmbito sócio-cultural, e por meio de reflexões acerca das motivações psicológicas da manutenção da violência contra a mulher, conclui que as exposições feitas sobre o papel do feminino como princípio constituinte na formação da personalidade, abordada na obra de Carl Gustav Jung e dos pós junguianos pode contribuir com um novo olhar sobre esse problema tão endêmico.

Muitas pesquisas surgem nos campos do direito e da psicologia jurídica acerca dessa temática, e várias teorias psicológicas sustentam inúmeras concepções sobre o assunto, contudo, na psicologia analítica as produções no tocante a essas questões ainda são escassas. Considerando que as psicologias profundas detêm vasto conhecimento sobre as motivações psíquicas, cujas jazidas estão no inconsciente pessoal e coletivo, entendemos que a problemática da violência de gênero pode ser interpretada pela ótica dos arquétipos na relação homem-mulher e mãe-criança, buscando contribuir para o campo de discussões referentes a possíveis medidas a serem tomadas a fim de atenuar os impactos dessa dominação, devastadora para a vida de inúmeras mulheres no Brasil e no mundo.

Pretendendo analisar a problemática da violência contra a mulher por uma ótica complexa, nos deparamos com a necessidade de traçar um paralelo entre as motivações psíquicas que levam a esse tipo de comportamento violento, com todas as suas especificidades, e a cultura patriarcal, alavancada pela literatura como maior mantenedora da situação de vitimização do sexo feminino. Segundo Robert Moore (1993), analista junguiano autor de Rei Guerreiro Mago Amante, a repetição inconsciente, ou *acting-out*, de comportamentos violentos com relação aos outros é a expressão da Psicologia do Menino, à revelia de uma Psicologia do Homem. O autor explica que, com freqüência, uma masculinidade imatura reage aos intempéries da vida com as mesmas estratégias dos tempos de infância, assim, ele compreende que a raiva do homem infantilizado pela mulher esconde uma outra face: o medo.

O homem infantilizado teme a mulher e teme também os homens de verdade, pois o contato com as polaridades sexuais plenamente amadurecidas anuncia a entrada na vida adulta e a compreensão de que tal como a criança morre para nascer o homem, o mulher, em plenitude, a vida também dá ligar a morte. A compreensão da finitude também é o entendimento de que não somos infalíveis e invulneráveis como nos víamos quando crianças. O cuidado materno que nos cerca e protege enquanto infantes deve levar, nos períodos de desenvolvimento subseqüentes, a autonomia e ao cuidado próprio e para tanto temos de renunciar a posição de quem é protegido. Winnicott (2009) acreditava que quando passamos a entender a mãe como outro, deixando a fantasia incestuosa de ser uno com a mãe, significa que o elemento feminino apresentou o elemento masculino puro, amadurecido ao filho, e é esse corte que possibilita o caminho da dependência à independência. O problema é que não é sempre assim.

A sociedade patriarcal está sempre às voltas com símbolos do infantil, ela agride a masculinidade e a feminilidade, mas se expressa de forma muito clara na violência e na restrição de direitos à mulher, pois o patriarca não permite que aqueles em seu entorno se tornem autônomos, ele pressupõe, egocentricamente, que estarão todos sempre condicionando seus hábitos e vidas em prol dele e se encoleriza quando não fazem aquilo que ele ordena. Segundo Velázquez & Campos (2015), a própria organização espacial do homem moderno em cidades de proporções colossais, as metrópoles mundiais, denuncia uma dificuldade de separação com a proteção materna primal. Entendendo a palavra metrópole etimologicamente como vinda da junção das palavras gregas *métra*, que significa mãe e *polis*, que significa cidade, o sentido de metrópole remete a mãe-cidade, sintoma da necessidade pungente de regressão à proteção materna a nível cultural. Jung (1973) afirma que, com a proibição cultural do incesto, a psique humana encontrou substitutos do amor materno, para confortar a psique adulta ao mesmo tempo que permite que a libido se desloque para um objeto análogo, no qual a cidade, em uma interpretação macrocósmica, é o objeto clássico das investidas econômicas da sociedade patriarcal, mas a nível microcósmico, pensando na repercussão a nível de desenvolvimento pessoal, a mulher se torna um símbolo substituto à mãe que lhe faz jus.

Há uma dicotomia na economia psíquica dos humanos que nos leva a sentir o terror da aniquilação perante a ameaça do incesto, pois tudo que retorna para o útero materno é por ele reabsorvido, e o desejo de eternizar-se nessa relação de cuidado, até mesmo como forma inconsciente de tentar afastar o envelhecimento e a morte. A questão que se impõe é que essa perenidade é impossível e vazia e se não há ninguém que nos apresente uma forma de transformar nossas energias infantis em adultas, sentimos indefinidamente a raiva e a frustração inerentes à psique infantil quando depara-se com suas próprias limitações, nesse contexto, a imago materna é acusada de não responder a essa demanda e é contra a mãe ou contra sua substituta, a mulher, que a raiva do homem-menino encolerizado se volta. (FRANZ: 2009)

Podemos imaginar que se a sociedade inteira segue o mesmo raciocínio, pelos moldes patriarcais, significa que temos um problema de amadurecimento em escala internacional e que proporciona a vitimização de milhares de mulheres, impedindo a consolidação, e em muitos casos a conquista, de direitos fundamentais para as mulheres, caracterizando uma verdadeira violência política contra as representantes do sexo feminino como polaridade energética, e como a todo homem cujos princípios lembrem aos "meninos" que estes não se permitem crescer.

De forma geral, cremos que este é um problema educativo que pede medidas em caráter de urgência no âmbito educacional. Perpassa por admitir que nossa forma de organização social precisa sofrer modificações, se quisermos que esse quadro alarmante de feminicídios se altere. As conseqüências da manutenção desse sistema, a longo prazo, podem ser devastadoras, pois o principio da dignidade humana é aviltado sempre que se fecha os olhos para essa questão, o que já está sendo insustentável para a coerência dos pilares da democracia. Também é insustentável a nível ambiental, pois conceber que o mundo está sendo regido pela lógica infantil egocêntrica ameaça nosso convívio entre nossa própria espécie e com as demais que co-habitam conosco este planeta.

Metodologia proposta

Empreendemos uma pesquisa qualitativa com base documental e bibliográfica, em que nossas reflexões foram orientadas pelo paradigma junguiano defendido por Eloisa Penna (2004). A autora entende que a pesquisa qualitativa deve ser compreendida como método de observação dos fenômenos por um viés compreensivo e interpretativo da realidade e preocupada com a busca de significados e finalidades daquilo que se pretende conhecer. Penna adota a obra junguiana como paradigma, pois seu conhecimento é produto dialógico, relativo e dinâmico da observação dos fenômenos em seu contexto, no qual a subjetividade do pesquisador influi na compreensão, em concordância ao modelo de paradigma proposto por Thomas Kuhn ao criticar o modelo positivista e impessoal de apreensão dos fenômenos e propor uma ciência atenta aos fatores sociais e psicológicos impressos nos dados de realidade.

Entretanto, uma produção acadêmica não deve estar tão impregnada da subjetividade do pesquisador que não permita que outros olhares a complementem, ou que os fenômenos não possam ser percebidos por outros pesquisadores como por ele. Em suma, sabe-se que o risco de perpassar o objeto pela subjetividade do acadêmico é a identificação projetiva deste com aquilo que se observa o que traria riscos para a validade de seu trabalho.

A fim de que o mérito do estudo não se perca e que não nos afastemos da ambição de contribuir significativamente para a elucidação das questões psicológicas envoltas na problemática da violência contra a mulher, apresentamos nossas ponderações ao crivo de outros sujeitos que, embora não estivessem diretamente envolvidos na redação desse material, encontram-se entendidos na matéria de interesse desse projeto. A crítica externa possibilita não anular a relação do sujeito com o objeto — pois em uma metodologia junguiana de pesquisa isso impossibilitaria o próprio conhecimento— mas promover um dialogo sem unilateralidade de pensamento, aberto tanto à personalidade do pesquisador, como à manifestação dos conteúdos inconscientes advindos da psique na realidade externa e fenomênica, tal produção dialógica é foco primordial de uma investigação por essa metodologia.

O gênese da violência: os símbolos do feminino na dinâmica inconsciente

Ao nos depararmos com tais estatísticas nos perguntamos: quem é esse homem que espanca e mata as mulheres em seus próprios lares? Qual a razão? E desde quando ser mulher acarreta risco de vida? Na tentativa de compreender os caminhos que podem ter levado a essa realidade, buscamos na perspectiva da Psicologia Analítica de Carl. G. Jung, os possíveis fundamentos da relação dialética entre a violência contra a mulher e as estruturações psíquicas contemporâneas de gênero.

As adversidades do mundo externo fizeram com que o ser humano se desenvolvesse em duas frentes: de um lado o homem, nas funções de caçador e de defensor dos frágeis limites das primeiras aldeias; de outro a mulher, cuidadora dos filhos e do lar.

Segundo Durant (2012), coube a mulher a responsabilidade pelo plantio e pela domesticação dos animais, assim como proporcionar o acolhimento e a segurança necessários aos momentos de introspecção que antecederam o surgimento da mente racional.

Existe um princípio em Psicologia Analítica afirmando que a toda ocorrência no meio externo, haverá uma correspondência no meio interno: isso significa que tudo quanto se vivencia no mundo externo, vivenciar-se-á, concomitantemente, na psique por meio da ativação de complexos, conjunto de dispositivos mentais mantidos juntos por emoção e autônomos do Ego. Consequentemente, podemos compreender que a cisão entre o mundo externo, a natureza, e o privado gerou a necessidade de separação entre consciente e inconsciente por questões de adaptação e isto por sua vez trouxe novas possibilidades de desenvolvimento cultural para a humanidade (JUNG: 1990).

A mulher, com seus mistérios e com sua capacidade de gerar a vida, intrigava os primeiros homens; vários mitos trazem-na como figura de destaque. Ela é a Mãe Terra, protetora, carinhosa e boa, com o poder de dar e de tirar a vida de qualquer ser, inclusive dos deuses. A figura arquetípica da Grande Deusa Mãe, que personifica o complexo materno e persiste em nossa cultura até a contemporaneidade, ela é a fada madrinha das histórias infantis, é aquela que propicia as condições para que a cria, que outrora gestou, possa desenvolver-se e alcançar o mundo. Entretanto, se olharmos bem para essa mãe supostamente "boa", a Virgem Maria do

Mito cristão, por exemplo, encontraremos uma faceta diferente, ela é tanto Mãe Boa quanto Mãe Terrível, pode ser tanto fada como bruxa, pois uma vez que a criança em seus braços se sente acolhida, ela não concebe deixar esse lugar de proteção, ela prefere permanecer criança para sempre, a revelia da natureza que chama para o desenvolvimento e a independência que crescer acarreta. O problema é que permanecer tempo na companhia desse mito e fixados nesse arquétipo pode nos levar ao risco da aniquilação (JUNG: 1990).

Esse lugar onde todas as decisões já foram tomadas por alguém maior e mais forte, supostamente infalível ou invencível, é tentador para todos nós, sejamos adultos ou crianças. Afinal, quem de nós sinceramente gostaria de crescer? Crescer é assumir a responsabilidade por nossos erros, é reconhecer que um dia vamos envelhecer e morrer enquanto que a promessa do útero materno é o rejuvenescimento e a imortalidade, razão pela qual em tantas histórias míticas e filmes a fonte da eterna juventude encontra-se dentro de uma caverna (imagem uterina) que o herói deve desvendar.

O impasse é que, em todos esses mitos, a fonte é guardada por um dragão ou por um monstro horrível, ameaçando a vida do protagonista e por um motivo muito simples: para Jung (2008) a caverna não é símbolo somente do inconsciente, em associação com as profundezas ocultas da psique, mas da Grande Mãe, pois, como parte côncava no centro da terra, está miticamente relacionada ao feminino, por associação ao poder de conceber e gestar a vida.

Se o homem primitivo tinha de ir para o mundo externo e o desenvolvimento da mente consciente acompanhou esse processo, aquilo que dizia respeito ao lar, à caverna ou à aldeia, era propriedade da mulher mãe e da introversão ao inconsciente. Quando o herói adentra a caverna e aos seus perigos está se preparando para o combate com a mãe e com as sombras de seu próprio inconsciente que são invocadas pelas representações clássicas do feminino, como, por exemplo, a serpente, o lobo e o urso (MOORE: 1993) temas recorrentes em várias tramas míticas e religiosas. O Herói deve enfrentá-los e sair da caverna, modificado para sempre pela experiência, mas portando o objeto mágico, a potência criativa, que o levou a submergir a caverna, só então ele pode voltar para a superfície e retomar o curso de seu desenvolvimento. (CAMPBELL: 1997)

Temos aqui um paradoxo. Como é possível que a boa e sábia mãe terra, que nutre a humanidade seja a mesma Mãe Terrível que convoca o Herói para a ameaça de morte? Como é possível que a mãe da criança, dependente e submissa a seu poder, seja a mesma mãe da civilização? A qual convoca o homem para as responsabilidades da cultura e a compreensão de sua finitude? Os antigos elaboraram uma resposta para isso: A Deusa pagã não era uma, mas uma trindade, como resultado, o arquétipo da Grande Mãe é a Deusa Tríplice, que começa a saga heróica jovem, torna-se mulher-mãe e termina como velha sábia, a bruxa que mobiliza o herói na sua jornada em busca de seu lugar no mundo. Esta última é a mãe da civilização tanto quanto é força motriz que nos põe para fora da segurança do lar, para a vida no mundo social e para o meio ambiente. Esta atitude representa o primeiro passo para a individuação, compreendida como a tendência inconsciente de autorregulação do crescimento psíquico em busca da totalidade, ou seja, em direção ao Self ou Si-Mesmo, arquétipo relacionado ao centro da personalidade. (Jung, 2008) Inclinar-se para o Si-Mesmo é, assim, um instinto natural sem o qual nos deparamos com a apatia da estagnação psíquica e incorremos no risco da neurose.

A estreiteza de sua esfera consciente e a limitação de sua vida e existência pouparam-lhe a energia; pouco a pouco esta acumulou-se no inconsciente, explodindo afinal sob a forma de uma neurose mais ou menos aguda. Este mecanismo simples não supõe um "plano" básico. Basta, para explicá-lo, o instinto de realização do si-mesmo, perfeitamente compreensível. Poder-se-ia também considerá-lo como um amadurecimento tardio da personalidade. (JUNG: 1990: p. 71)

Se essa premissa é verdadeira e necessitamos renunciar a eternidade paralisante dos primórdios da infância a fim de trilharmos a jornada da individuação, o que dizer dos inúmeros adultos que na contemporaneidade permanecem tanto tempo quanto possível nas casas de seus pais? A ponto de sentirem que só estão aptos a deixarem hábitos juvenis e passam a aproveitar a vida como "adultos de verdade" aos 54 anos. Esse foi o dado fornecido pelo jornal inglês The Telegraph e vinculado pelo jornal O Globo, em uma pesquisa que entrevistou 1000 homens nessa faixa de idade.

São homens maduros que trajam roupas de adolescentes e agem como se assim o fossem, que não conseguem lidar com a menor das frustrações, quer seja no ambiente de trabalho ou no familiar, podendo inclusive chegar à comoção emocional por inabilidade no convívio social e ambiental. Tal regressão não é facilmente aceita pela sociedade e pode gerar uma série de conflitos. Há de se pensar: a quem a criança pune por algo ruim ou frustrante que lhe venha a acontecer? Curiosamente, à mesma figura a quem recorre quando as exigências do mundo externo ameaçam lhe consumir, sem que muitas vezes tal ser tenha necessariamente as respostas a sua demanda: a mãe.

Anteriormente verificamos que Jung acreditava que o arquétipo da Grande Mãe funcionava como uma divindade tríplice, jovem divina ou donzela, a mãe propriamente dita e a velha sábia, então é possível imaginar que, na ausência da mãe, seja pela falta da sua personificação, a mãe propriamente dita, seja pelo paulatino desaparecimento da figura da Grande Mãe como tríplice e sua substituição pela figura da Virgem, priorizando apenas uma de suas manifestações, há uma substituta a quem se possa culpar pelos insucessos da vida social, é nessa conjuntura que o homem infantilizado se volta contra a figura da sua própria companheira.

Jung diz que isso ocorre porque a imagem da mãe é projetada na companheira por meio de uma identificação com a anima um conjunto de características psicológicas femininas, reunidas na psique do homem, que se forma no contato com o complexo materno, essa imagem surge da interação entre a influência dessa mãe e as reações geradas na criança. A anima será positiva ou negativa conforme tenha sido a relação desse homem com sua mãe. Uma mãe presente e que forneça exemplo de amor, mas que permita autonomia, imprime a imagem de uma anima positiva, o que levará seu filho a desenvolver formas benéficas de se relacionar com o sexo oposto e com a dimensão afetiva de sua vida, mas se a mãe, por seu excesso de zelo, sufoca a autonomia do filho, tornando-o submisso e incapaz de tomar decisões por ele mesmo, ou se, ao contrário, deprecia e humilha a cria, imprime uma anima negativa, que dirá constantemente que ele nada pode e que é fraco ou mau. (JUNG: 2008)

Dessa forma, o homem, ainda em debate com a separação materna vê em sua companheira a sua própria anima projetada como sombra, conceito junguiano para aqueles conteúdos psíquicos que são pouco conhecidos pelo Ego, por negação de impulsos e tendências que não são reconhecidos pela parcela consciente da psique. Se a relação com o arquétipo materno não tiver sido, nas palavras de Winnicott (1982: apud PINTO: 2007) adequadas à conduta de uma mãe suficientemente boa, é provável que o homem tente responder a essa ameaça de aniquilação, podendo atentar contra a única imagem personificada da Grande Mãe a quem se pode dirigir a libido: a companheira. Nas palavras de Jung:

Assim como o pai protege o filho contra os perigos do mundo externo, representando um modelo da persona, a mãe é a protetora contra os perigos que o ameaçam do fundo obscuro da alma. (...) O homem moderno civilizado terá que sentir forçosamente a falta desta medida educacional que, apesar de seu primitivismo, é excelente. A conseqüência desta lacuna é que a ânima, sob a forma da imago materna, é transferida para a mulher. Depois do casamento, é comum o homem tornar-se infantil, sentimental, dependente e mesmo subserviente; em outros casos, torna-se tirânico, hipersensível, constantemente preocupado como prestígio de sua masculinidade superior. (JUNG: 1990: p.84).

Não parece aleatório que grande parte dos homens que violentam suas parceiras venham de lares desajustados e condições de vida precária para a educação de uma criança. O peso da anima se torna incomensurável para a consciência, por fazer referência a essas questões paradigmáticas do passado com a própria mãe e o homem tende a deslocá-la para a sombra, a fim de não ter de lidar com esse assunto diretamente. Ocorre que, uma vez na sombra o poder de inflação do inconsciente tende a crescer se do meio externo advém o chamado daquele conteúdo psíquico e, quanto menor for a capacidade de lidar conscientemente com essa demanda, mais o homem tenderá a projetá-la e reagir a ela como se fosse uma ameaça externa. Eis que ganha ato a violência física contra a mulher.

Os antigos povos pagãos acreditavam que um ser do sexo masculino que não conseguisse se libertar da necessidade da mãe estava fadado a nunca tornar-se de fato homem. É a partir disso que as relações pessoais do ser feminino passam a se dar não mais como advindas da realidade infantil, mas de uma realidade amadurecida. Os sinais da maturidade, entretanto, não costumam ocorrer de forma tão clara para os meninos, razão pela qual eles têm mais dificuldade de vivenciar esse período da vida e acabam por admitir o crescimento mais tarde do que as garotas. Em virtude dessas barreiras biológicas, os antigos criavam uma série de rituais e provas sobre as quais o rapaz deveria passar para ser aceito no meio social como homem. A esses complexos rituais os antropólogos deram o nome de ritos de passagem, práticas carregadas de simbolismos e desencadeadoras de vigorosos afetos, alguns dotados de perigos reais análogos ao perigo psicológico que o praticante enfrentava.

No livro Rei, Guerreiro, Mago e Amante (MOORE: 1993) há a descrição de um rito de passagem para a vida adulta tradicional de uma tribo de indígenas brasileiros, onde o menino é observado pelo cacique, que chega a conclusão que já é hora de o "garoto morrer". As mulheres, representantes da Mãe, perguntam se é mesmo necessário, tentando interceder pela criança, ao que os homens se põem como irredutíveis. O iniciando é então levado para a floresta onde deve sobreviver a uma prova de coragem, ao que se segue sua aceitação na comunidade, pois o menino teria morrido e em seu lugar surgido o homem. As provas de vida, por mais horríveis que possam nos parecer, representam as dificuldades do mundo adulto, as quais todos somos submetidos e para as quais não há misericórdia, assim como no rito não há opção de não enfrentar o desafio. Negar-se à passagem é perecer como sujeito e incorrer no risco de aniquilar também os pilares da comunidade.

Nas mitologias, é comum que nesse momento a criança divina se veja ameaçada por uma figura feminina, como uma deusa, ou por um emissário dessa figura, cobras, cães, touros e monstros marinhos, símbolos ligados a Grande Mãe. É a figura da velha bruxa arquetípica, exigindo que o menino deixe o abrigo de seu colo para enfrentar as adversidades do mundo dos homens, aos quais deve sobreviver ou perecer pelo bem da nação inteira. Embora uma parte da

Mãe clame pela união simbiótica com o filho, a imago da velha sábia deve sobrepujá-la e permitir o rito de iniciação, para que o filho possa almejar a individuação. (MOORE: 1993)

Entretanto, o advento do cristianismo e da cultura expansionista romana dizimou a prática da maior parte da cultura pagã do ocidente e, com ela, seus ritos de passagem. Posteriormente os valores romanos deram origem ao modo de vida burguês, ao patriarcado e ao capitalismo. As correntes feministas da contemporaneidade, em boa parte corruptelas dos ideais feministas em sua origem, culpam o homem pelo patriarcado e em certas ocasiões pregam uma valorização da mulher em detrimento do homem, alimentando aquilo que o senso comum chama de "guerra dos sexos".

Contudo, pela linha de raciocínio que tecemos nesse artigo, é perceptível que esse posicionamento não contribui para o resgate do feminino em nosso modo de vida, pois para isso seria necessário resgatar a dimensão do papel complementar originário dos sexos. O patriarcado, o expansionismo comercial opressor e a violência não são expressões do masculino amadurecido, mas evidenciam o homem imaturo. Moore explicita que o patriarca não aceita a masculinidade, a feminilidade amadurecida ou mesmo o próprio curso natural do desenvolvimento, tornando-se hostil para com eles:

O patriarcado, na nossa opinião, é uma agressão à masculinidade na sua plenitude, assim como a feminilidade no seu todo. Os que se prendem as estruturas e as dinâmicas desse sistema buscam dominar igualmente homens e mulheres. O patriarcado fundamenta-se no medo do masculino [..] os meninos temem as mulheres. E temem também aos homens de verdade. (MOORE: 1993: p.5)

O patriarcado e a atual sociedade do consumo denotam a violência que infligimos ao feminino e ao masculino amadurecidos e ao papel complementar dos sexos. Esse processo é interessante para um modelo de sociedade pautado no individualismo e na segregação, fundamentado na lógica do dividir para conquistar. O primeiro passo foi a separação dos símbolos da Mãe, que sem a Jovem Divina e a Velha Sábia não consegue autonomia e nem possibilita a autonomia do filho, sendo condenada, então, a fusionar-se com este último que, apesar dos perigos da identificação edípica com a mulher-mãe. Essa é uma violência não somente contra aos símbolos da mãe, mas também contra os do pai, pois o masculino amadurecido, outrora venerado pelas sociedades xamânicas com seus ritos de passagem, quase não encontram mais vias de expressão. Na contracapa do livro O Feminino nos Contos de Fadas, Marie Louise von Franz retoma o paradigma da disputa entre sexos e a importância do resgate de seu papel complementar na sociedade ocidental:

A luta de Poder entre os sexos não tem mais sentido, visto que os Princípios masculino e feminino estão ambos presentes em cada indivíduo, que deve trabalhar inicialmente para harmonizá-los em si mesmo. Esse fato tem ainda maior importância na hora atual em que, com os modelos tradicionais de virilidade e feminilidade em dissolução, podemos observar em muitos jovens uma profunda perturbação. Esta atinge tanto rapazes como moças: a recente evolução das mulheres e sua autoafirmação tornam muitas vezes difícil para os homens situar-se em relação a elas na vida. Homens e mulheres não poderão reencontrar sua natureza profunda senão no reconhecimento e no respeito de sua complementaridade. (FRANZ: 2010)

Este é um dos maiores sintomas da contemporaneidade, vários psicólogos adeptos das psicologias profundas, como a psicanálise e a psicologia analítica de Jung, creem que os homens que chegam às clínicas estão sendo esmagados por um medo terrível do feminino interior, impedindo-os de se ligarem às potencialidades do masculino amadurecido, processo vivenciado pelo próprio patriarcado, que afastou a dimensão sagrada do feminino, tanto quanto o poder transformador dos ritos iniciáticos masculinos, assim como por uma crítica feminista ingênua sem compreender que para se ter uma mudança significativa, em um dos dois polos sexuais, é necessária uma modificação conjunta ao polo oposto e complementar, pois na nossa constituição psíquica esses papéis são inseparáveis.

A necessidade de dominação e a violência contra os sexos é, pois, inversamente proporcional ao grau de consciência sobre a influência dos arquétipos interiores do masculino e do feminino e, se quisermos construir uma sociedade amadurecida e que respeite esses polos complementares, tanto nos direitos como nas singularidades dos sexos que os personificam, é necessário debatermos sobre essa questão, sem nos contentarmos com discursos prontos de culpabilização de uns ou de outros, elaborando novas formas de pensar, diversas do infantil patriarcado e do seu grilhão, o capital, pois só na medida em que se fala do sintoma, o ego pode alçar mão da consciência e iluminar o que reside nas sombras da ignorância.

Considerações Finais

No tocante a anulação da Mãe Terra como ser tríplice em favor da mulher-mãe e compreendendo a importância da Era Pós-Moderna para o processo de identificação do homem com a anima e sua consequente projeção em forma de sombra sobre as mulheres, nota-se uma lacuna entre o entendimento dos direitos femininos, bem como a equidade entre os gêneros, e a prática perpetrada na cultura ocidental.

Dessa forma, carece-nos ver essa problemática sob o ângulo de um definhamento da esfera moral evidenciado no paradigma vivido pela mulher-mãe, cujas relações com o homem ocidental, infantilizado, são testadas pela sociedade, que supervaloriza o belo e o jovem, nos aprisionando à Mãe Terrível e nos impedindo de prosseguir a saga heróica, a qual toda criança deve enfrentar na busca pela individuação.

Portanto, considerando-se que este trabalho alcançou sua meta, devido ao enfoque dado pela Psicologia Analítica e pela contextualização sociocultural e histórica, foram expostas as implicações da violência contra a mulher e o feminicídio no Brasil.

Referências Bibliográficas

BRASIL, Lei nº 11.340/2006 (2006). Cria mecanismos para coibir a violência doméstica e familiar contra a mulher e dispõe sobre a criação dos Juizados de Violência Doméstica e Familiar contra a Mulher. 2006. Disponível em: <http://www.planaltogov.br/ccivil_03/_ato2004-2006/2006/lei/l11340.htm>. Acesso em 15 ago. 2015.

CAMPBELL, Joseph. O herói de mil faces. 11° Ed. São Paulo: Pensamento, 1995.

DURANT, Will. Heróis da história. Porto Alegre: L&PM Pocket, 2012.

FRANZ, M. L. von. O feminino nos contos de fadas. 3°ed. Rio de Janeiro: Vozes, 2010.

GLOBO, O. A vida começa aos 54 anos para homens. 2013. Disponível em: <http://oglobo.globo.com/sociedade/saude/a-vida-comeca-aos-54-anos-para-homens-diz-estudo-10596059> Acesso em: 15 ago. 2015.

JUNG, Carl. Gustav. Símbolos da transformação: análise dos prelúdios de uma esquizofrenia. 6°ed. São Paulo: Vozes, 2008.

JUNG, Carl. Gustav. O homem e seus símbolos. 2° Ed. Rio de Janeiro: Nova Fronteira, 2008.

JUNG, Carl. Gustav. O Eu e o inconsciente. 21°ed. Rio de Janeiro: Vozes, 2008.

MOORE, Edgar. Rei, guerreiro, mago, amante: a redescoberta dos arquétipos do masculino. Rio de Janeiro: Campus, 1993.

PENNA, E. O paradigma junguiano no contexto da metodologia qualitativa de pesquisa. 2004. Disponível em: <http://www.scielo.br/pdf/pusp/v16n3/v16n3a05.pdf>. Acesso em: 15 ago. 2015.

PINTO, Manuel da Costa, et all. O Livro de ouro da psicanálise. 2°ed. Rio de Janeiro: Ediouro, 2007.

DIVERSIDADE E CULTURA DA PAZ

AGREMIAÇÕES ESTUDANTIS AFRICANAS NA CIDADE DE FORTALEZA-CE: ENTRE CONFLITOS E AFIRMAÇÕES IDENTITÁRIAS

Ercílio Neves Brandão Langa[173]

Resumo: Neste artigo, abordo as associações estudantis existentes na diáspora africana na cidade de Fortaleza-CE, Nordeste brasileiro focando sua gênese, desenvolvimento e atuação, esboçando uma avaliação de seus pontos fortes e suas debilidades. O trabalho é fruto observação etnográfica das agremiações estudantis africana, no qual, realizei entrevistas com lideranças das associações e anotações no caderno de campo. As associações estudantis assumem caráter nacional ou plurinacional, congregando indivíduos de um mesmo país ou de distintos países africanos, constituindo a única "brecha" encontrada pelos africanos para se organizarem em grupos de representação e de pressão, visto que a condição de estrangeiros os impede de se filiar a partidos políticos, ou mesmo, participar politicamente. Assim, o associativismo estudantil tornou-se a única forma de organização político social dos africanos nesta Diáspora, mas também espaço de disputa e conflitos de interesses pessoais e políticos entre grupos e facções que, lutam pela hegemonia e monopolização do poder de representar os africanos no Estado. Por outro lado, constituem espaços de afirmação identitária, lugares de refúgio onde estes sujeitos podem reforçar suas identidades africanas. Em sua ação político-pedagógica, seus integrantes buscam descontruir as imagens de África como lugar de guerras, secas, fomes e de desigualdade que, são reiteradamente difundidas na grande mídia. Procuram mostrar a "África que a mídia esconde", apresentando imagens das grandes e modernas cidades africanas, iluminadas, cheias de estradas, prédios altos, monumentos, pontes, etc. As associações são constituídas a partir de elementos considerados comuns aos seus membros, como a nacionalidade ou o fato de serem africanos e negros, tornando-se produtoras do discurso identitário de determinado país ou do continente africano. Percebe-se no discurso de suas lideranças, uma visão essencialista da identidade africana, na qual a ideia de raça, particularmente, da raça negra é tida como entidade biológica, em oposição ao mundo branco, ocidental europeu e capitalista.
Palavras-chave: Agremiações. Estudantes africanos. Brasil.

Introdução

O presente artigo aborda as associações estudantis existentes na Diáspora africana na cidade de Fortaleza-CE, no Nordeste brasileiro, focalizando a gênese, desenvolvimento e atuação, bem como esboça uma avaliação de seus pontos fortes e suas debilidades. Esta Diáspora africana tem gerado grupos, movimentos e associações, a congregar estudantes africanos em um processo de mobilização e organização em diversas agremiações estudantis. Nesse contexto, compreendo tais agremiações como espaços de conflitos e de afirmação identitária dos estudantes enquanto negros, africanos e imigrantes, inseridos na sociedade brasileira permeada pelo preconceito e discriminação raciais, e por hierarquias de classe e gênero.

---

[173] Doutorando em Sociologia no Programa de Pós-Graduação em Sociologia da Universidade Federal do Ceará (UFC), Fortaleza, Ceará. E-mail: ercilio.langa@gmail.com.

Para a realização da pesquisa, utilizei como aportes metodológicos, a observação etnográfica, a partir da qual, assisti, de forma sistemática, as reuniões das distintas agremiações estudantis africanas. Durante o trabalho de campo, analisei as interações entre estudantes africanos integrantes da mesma associação e de agremiações diferentes, bem como seus contatos com diferentes órgãos públicos e instituições privadas brasileiras. E, realizei entrevistas abertas e em profundidade, com as lideranças e integrantes das entidades. Além das observações e das entrevistas, desenvolvi conversas informais com estudantes africanos de nacionalidades distintas que participavam das reuniões. Outra forma de registro das observações e impressões foram as anotações no caderno de campo, onde escrevi diários acerca das reuniões e interações.

A migração de estudantes africanos para o Brasil, sua presença e construções identitárias tornaram-se objeto de diversos estudos acadêmicos. De fato, autores brasileiros e africanos têm analisado este fenômeno, e realizado diversas pesquisas. Entretanto, as agremiações e associações criadas por estes imigrantes têm sido pouco estudadas, existindo poucas análises sobre a temática. Este artigo vem contribuir para a compreensão do associativismo entre estudantes africanos em território brasileiro. Relativamente à estrutura do artigo, nesta análise das agremiações africanas, primeiro, contextualizo o surgimento desta Diáspora que, emerge do cenário da migração estudantil internacional de alunos de distintos países de África para o Brasil. Depois, circunscrevo o surgimento das agremiações estudantis, suas características, bem como verifico seus pontos fortes e fraquezas. Em terceiro e último, destaco seu papel enquanto *lócus* de afirmação identitária e espaço de conflitos.

A migração estudantil internacional de africanos para o Brasil: o papel pioneiro do PEC-G

A migração de estudantes africanos para estudar no Brasil iniciou na década de 60 do século XX, com o primeiro grupo de nigerianos que se dirigem ao Brasil para estudos no ensino superior, se inserindo na Universidade Federal da Bahia (UFBA). Após a vinda desse grupo de alunos africanos, o intercâmbio foi se intensificando com a criação do Programa de Estudantes Convênio de Graduação (PEC-G), em 1965. O PEC-G foi criado pelo Estado brasileiro para amparar estudantes estrangeiros, unificar as condições do intercâmbio estudantil e garantir tratamento igualitário aos estudantes inseridos em universidades públicas brasileiras.[174] Assim, ao criar o primeiro protocolo do PEC-G, o Brasil criou a regulamentação interna sobre o status dos estudantes estrangeiros no país. No ano 2013 foi aprovado o Decreto Presidencial n° 7.948 que, reforça juridicamente o regulamento do PEC-G (Itamaraty, 2012, 2014).

O PEC-G foi criado com objetivo de possibilitar que jovens oriundos de países em desenvolvimento realizem estudos de graduação no Brasil, contribuindo para formação de recursos humanos. Ao longo das décadas de implementação, o Programa foi alargado e aperfeiçoado, do qual participam, anualmente, 56 países, sendo 24 de África, 25 das Américas e 7 da Ásia, cujos alunos estão inseridos em diversas universidades públicas brasileiras federais e estaduais. Hoje, meados da segunda década do século XXI, o continente africano apresenta o

---

[174] Cabe aqui destacar, de forma breve, que, este programa é administrado, de forma conjunta pelo Ministério das Relações Exteriores (MRE) pelo Ministério da Educação (MEC), ambos do Brasil. Fazem parte deste programa 45 países, ao todo, com 32 países efetivos que enviam estudantes de África, da América Latina e Ásia para as universidades públicas estaduais e federais brasileiras.

maior contingente de alunos que beneficia deste programa, com cerca de 20 países que enviam estudantes regularmente, todos os anos (Itamaraty, 2015).

No início deste século XXI, houve um aumento do número de estudantes africanos que migram para estudar no Brasil. Tal aumento foi impulsionado pelo discurso governamental do presidente Luiz Inácio "Lula da Silva" e sua política de aproximação e cooperação com a África.[175] Tal política de cooperação nas relações políticoeconômicas, também visava atingir o ensino superior, através de criação de distintos mecanismos, como estágios profissionais, bolsas de estudo e convênios, no sentido de viabilizar a vinda de africanos para estudar no Brasil. No contexto de diferentes estratégias mobilizadoras, os estudantes africanos saem de seus respectivos países com expectativas acadêmicas em relação ao Brasil, devido ao maior nível de desenvolvimento econômico, tecnológico e de produção acadêmica, alimentando esperanças de facilidade de inserção por conta de uma língua e culturas em comum – a língua portuguesa, a culinária, a religiosidade e a cultura negra trazida pelos escravos a permear a vida brasileira (Langa, 2014). Senão vejamos, em seguida, uma tabela que bem explicita o papel pioneiro do PEC-G na mobilidade de estudantes oriundos de países do continente africano para o Brasil:

Tabela 1. Países africanos participantes do PEC-G e respectivos números de estudantes inseridos nas IES brasileiras entre os anos 2000-2013.

PAIS	2000	2001	2002	2003	2004	2005	2006	2007	2008	2009	2010	2011	2012	2013	TOTAL
Africa do Sul															0
Angola	3	21	29	23	33	11	31	28	91	68	48	83	61	53	583
Benin									11	5	7	19	40	37	119
Cabo Verde	117	65	227	263	192	230	314	265	381	206	133	76	100	88	2657
Camarões			1					2	1		3	6	4	9	26
Costa do Marfim				1	1			3	1				1	4	11
Gabão		11		2	1	1	3	4							22
Gana	2	3	7	9	11	6	3	3	6			1	1	7	59
Guiné-Bissau	36	88	111	97	58	186	159	19	133	181	95	55	118		1336
Mali							2								2
Marrocos															0
Moçambique	12	13	27	21	26	27	13	9	4	4	9	7	6	13	191
Namíbia	1	1													2
Nigéria	9	6	7	11	14	27	19	22	32			12	1	2	162
Quênia		4	14	14	11	12	5		6	3	3	3		2	77
R. D. Congo								9	106	46	78	92	26	19	376
Rep. Congo													4	6	10
S. Tomé & Príncipe			24		47	147	35	13	12	4	6	19	5	3	315
Senegal	7	2	4	1	1	3	5	1				1	1	4	30
Togo												4	11	8	23
TOTAL	187	214	451	442	395	650	589	378	784	517	383	378	378	255	6001

Fonte: Itamaraty – Ministério das Relações Exteriores do Brasil. Capturado em: <http://www.dce.mre.gov.br/PEC/G/historico.php>. Acesso em 21/01/2015, 18h25min.

---

[175] Ao longo dos oito anos do governo Lula, de 2003 a 2010, o intercâmbio estudantil entre o Brasil e países africanos foi intensificado. Em seus dois mandatos, o presidente Lula da Silva visitou 27 países africanos, enquanto seu antecessor, Fernando Henrique Cardoso, visitou apenas 3 nações.

Analisando a tabela acima, é possível estabelecer algumas tendências nesta cooperação internacional estudantil entre o Brasil e os países africanos: percebe-se que, ao longo da última década, foram mais de 6.000 alunos africanos de diversos países selecionados pelo PEC-G. Cabo-Verde, Guiné-Bissau, Angola, Congo-Kinshasa e Quênia são as nações africanas que enviam mais estudantes para as IES brasileiras públicas federais e estaduais, ao abrigo do PEC-G.

Também é visível o aumento do número de estudantes africanos inseridos nas instituições de ensino superior (IES) públicas brasileiras, entre os anos 2003 e 2010, período de tempo correspondente aos dois mandatos de Luís Inácio "Lula da Silva" como presidente do Brasil, e sua política externa de aproximação, reforço da cooperação e das trocas comerciais com os países africanos, nos mais variados setores. Entretanto, com o fim do "governo Lula" esta presença tende a abrandar e/ou manter-se. Assim, a partir do ano 2012, tem havido um decréscimo da presença de estudantes africanos conveniados em universidades públicas brasileiras, período este que, coincide com o início do governo de Dilma Rousseff como presidente do Brasil, cuja política externa com a África revela-se menos arrojada.

No cenário da mobilidade estudantil internacional, o ensino superior tem sido tema recorrente de debate, frente ao crescente reconhecimento que se tem dado às habilidades e competências de mais alto nível, muitas das vezes, consideradas como essenciais para o desenvolvimento dos países, particularmente, no contexto da globalização ante uma acelerada evolução em direção às economias baseadas no conhecimento (Unesco, 2009). Porém, a maioria dos artigos sobre a mobilidade estudantil internacional refere-se às realidades da Europa Ocidental, América do Norte e dos países da Organização para o Desenvolvimento Económico (OCDE). Dentre os artigos, cabe destacar o texto da autoria de Vinokur (2006) acerca da migração de pessoas qualificadas – conhecida como *brain dain* ou *fuga de cérebros* – entre os EUA e os países da OCDE. Vinokur (2006) faz um debate epistemológico mostrando existir insuficiência de dados empíricos nos estudos sobre a temática, assim como distingue conceitos e procura dar clareza ao debate sobre a mobilidade estudantil internacional.

Já o trabalho de Gribble (2008) aborda a gestão da migração estudantil internacional sob a perspectiva dos países emissores de estudantes, diante da crescente permanência de seus alunos nos países receptores. Esta autora mostra que países "ricos" como Austrália, Grã-Bretanha e Canadá tiram benefícios desta tendência de permanência de estudantes oriundos da mobilidade internacional, aproveitando-se das habilidades dos estudantes estrangeiros formados em seus territórios. Contudo, os países emissores de estudantes perdem essa mão-de-obra qualificada, com consequências nefastas para seu desenvolvimento socioeconômico. Normalmente, os emissores de estudantes são países em desenvolvimento, por isso, mais propensos ao risco de *fuga de cérebros* (Gribble, 2008). Nesse contexto, a mobilidade estudantil internacional de africanos para o Brasil deu origem à diversas Diásporas africanas, constituídas por estudantes "temporários" oriundos de distintos países da África parte dos quais, ao final dos cursos, não regressa a seus países de origem.

A presença africana no Ceará entre finais do século XX e início do século XXI

A presença de estudantes africanos na cidade de Fortaleza, Estado do Ceará, teve início na segunda metade da década de 1990, com o primeiro grupo oriundo de Angola. Nesse período, vinham somente estudantes de países africanos que falam a língua portuguesa para integrar-se na Universidade Federal do Ceará (UFC), através do PEC-G. A partir de 1998, inicia-se a imigração de estudantes bissau-guineenses e cabo-verdianos e, dois anos depois, estudantes são-tomenses, angolanos e moçambicanos. No início dos anos 2000, há um aumento significativo do número de estudantes africanos residentes no Ceará, cuja maioria vem estudar em faculdades particulares, com contratos firmados em seus países de origem, a partir de publicidade e vestibulares realizados em Guiné-Bissau (Langa, 2015).

De acordo com Mourão (2009), nos anos 2000, os estudantes africanos participantes do convênio com universidades públicas brasileiras se autodenominavam "comunidade africana" na cidade de Fortaleza, incluindo, particularmente, jovens de nacionalidades cabo-verdiana e bissau-guineense, então unidos e voltados para questões comuns, como adaptação e resolução de problemas cotidianos. A autora argumenta que, mesmo assim, essa união na diáspora não dissipou as diferenças históricas de classe, renda, prestígio e grau de escolaridade entre os cidadãos oriundos dos dois países. Ao longo dos anos, o número de estudantes africanos no Ceará cresceu, constituindo um contingente de imigrantes a tornar-se complexo em sua diversidade.

Já Baessa (2005) constata que, devido ao número crescente de estudantes guineenses e cabo-verdianos na cidade, esses sujeitos passam a estabelecer maiores distinções entre si, demarcando suas nacionalidades específicas, contrapondo-se à denominação anterior de "comunidade africana". Entretanto, o número de estudantes aumentou, com o surgimento de estudantes não conveniados ao PEC-G, que vinham por conta própria estudar em faculdades privadas, fato que ocasionou aquilo Mourão (2009) designa de processos de "fusão e fissão", que levam grupos ora a se unirem, ora a se oporem.

Ao longo dos anos, o número de estudantes africanos no Ceará cresceu, constituindo um contingente de imigrantes a tornar-se complexo em sua diversidade. Atualmente, verifica-se um crescente segmento de estudantes de países, classes sociais e credos religiosos distintos, oriundos não apenas de países lusófonos, mas também de países de expressão inglesa e francesa, como é o caso da Nigéria e da República Democrática do Congo. Uma parcela significativa de estudantes, a maioria, vinculada às faculdades particulares, vivenciam condições precárias de vida, em meio a preconceito e discriminação raciais. Nesse cenário, denomino "Diáspora africana" à crescente presença e permanência de estudantes – oriundos de Angola, Benin, Cabo-Verde, Camarões, Congo-Brazzaville, Congo-Kinshasa, Guiné-Bissau, Moçambique, Níger, Nigéria, São-Tomé e Príncipe, Senegal, Togo – no Estado do Ceará. Pertencentes a diversos grupos etnolinguísticos, tais sujeitos apresentam identidades multiculturais e distinções de várias ordens a marcar as suas vidas em território cearense. Tal Diáspora é constituída por estudantes subsaharianos de ambos os sexos, na sua maioria homens jovens entre os 18 e 35 anos de idade, negros e, oriundos de diversos grupos etnolinguísticos *bantu* (Langa, 2015). Diante do fenômeno de migração estudantil internacional, caracterizado pela vinda e presença massiva de estudantes africanos para instituições de ensino superior públicas e privadas do Brasil, bem como pelo surgimento de distintas agremiações estudantis africanas em tais IES, sinto-me interpelado a compreender este fenômeno, problematizando acerca da presença e da inserção desses estudantes no contexto universitário brasileiro.

Gênesis e atuação das agremiações estudantis africanas

A diáspora africana em Fortaleza tem gerado grupos e movimentos, a congregar estudantes africanos em um processo de mobilização e organização em diversas agremiações estudantis, cabendo destacar: Associação de Estudantes Africanos no Estado do Ceará (AEAC); a Associação de Estudantes da Guiné-Bissau no Estado do Ceará (AEGBEC); a Academia Afrocearense de Letras (AAFROCEL); o África Instituto (AI) e o Movimento Pastoral de Estudantes Africanos (MPEA).[176] O MPEA, amparado pela Igreja Católica, hoje apresenta maior articulação e visibilidade, destacando-se em ações de promoção e defesa dos direitos dos estudantes africanos e denunciando as situações por que passam esses sujeitos, utilizando distintas estratégias: reuniões entre estudantes e faculdades; elaboração de relatórios; encaminhamento de processos na justiça e realização de manifestações públicas.

Normalmente, as associações estudantis africanas são baseadas em distinções nacionais, revelando-se bastante estéreis e sem capacidade de negociação com as IES brasileiras, onde os estudantes estão inseridos. Cabe mencionar que, as primeiras organizações que congregam os imigrantes africanos no Ceará surgiram nas faculdades com objetivos acadêmicos – as associações estudantis. Porém, as discussões nas associações vão muito além das questões acadêmicas, nas quais, a maioria dos debates envolve questões relacionadas à negritude, racismo, organização de festas e atividades culturais, inserção profissional, visando promover os direitos e interesses destes, numa sociedade onde enfrentam o olhar colonialista do racismo e da desqualificação social. As instituições africanas mais antigas foram fundadas, oficialmente, nos últimos anos da primeira década dos anos 2000 e, as mais recentes, depois do ano 2010. Entretanto, a maioria das agremiações já existiam, informalmente, anos antes de sua legalização jurídica. Vejamos, em seguida, o relato de uma liderança que esteve envolvida na fundação de, pelo menos duas, agremiações estudantis africanas, contextualizando o surgimento dessas entidades:

Olha, surgiu a Associação dos Estudantes de Cabo-Verde, essa foi a primeira organização estritamente de estudantes africanos aqui no Estado. Por que? Porque tínhamos um impasse grande entre os africanos que estudavam, na época, entre fundar uma Associação de Estudantes Africanos ou Associação dos Estudantes da Guiné ou Associação dos Estudantes de Cabo-Verde, já que essas duas nacionalidades tinham mais estudantes em número maior aqui no Estado. Então, tinha-se uma discussão acima dessa ideia e, acabou que Cabo-Verde, a Associação dos Estudantes de Cabo-Verde acabou saindo na frente e, em seguida, veio a Associação dos Estudantes da Guiné e, em terceiro momento, fundamos a Associação dos Estudantes da África. Eu posso falar efetivamente de duas associações que eu acompanhei o processo. A Associação de Estudantes de Cabo-Verde, na época que foi criada não tinha o reconhecimento jurídico, isso foi em 2005, se não me engano. Entre 2004, 2005. E.., a Associação dos Estudantes da Guiné foi fundada em 2008, certo. A Associação de Estudantes da África foi fundada em 2009, certo. Essa é que eu posso falar com certeza que tem reconhecimento jurídico, porque tem o CNPJ registrado no Cartório.... Trabalhamos para que isso pudesse ser realidade. A Associação dos Estudantes de Guiné-Bissau, à qual também fiz parte na fundação, não tenho certeza do seu reconhecimento jurídico, porque eu nunca tive oportunidade de ler os documentos, ou nos e-mails que eu recebo, algo que identificasse o CNPJ da organização. Então, eu não posso falar se tem ou não tem. Então, não conheço, desconheço. [Estudante bissau-guineense residindo em Fortaleza há mais de

---

15 anos, cursando universidade pública, ativista e líder de associações africanas. Entrevista gravada em 22 de Maio de 2011].

Como vemos no relato acima, as associações estudantis africanas no Ceará, mais especificamente na cidade de Fortaleza, surgem a partir da segunda metade da década dos anos 2000, período em que, além de estudantes de diversas nacionalidades africanas integrando universidades públicas, amplia-se, de forma significativa, o contingente de estudantes inseridos em faculdades particulares. Assim, surge a necessidade destes estudantes imigrantes se organizarem em agremiações que promovessem e defendessem seus direitos. Entretanto, tais organizações já existiam, informalmente, há alguns anos, havendo necessidade da sua legalização jurídica, junto às autoridades brasileiras.   No contexto fortalezense surgem, nessa época, as mais antigas agremiações estudantis africanas atuando no Estado do Ceará que, apresentam como objetivo primário, a busca de soluções para os problemas de ordem estudantil e educacional dos estudantes a viverem a experiência da Diáspora. Seus estatutos são semelhantes e parecem obedecer ao modelo obrigatório, então exigido pelos cartórios de Fortaleza para a legalização jurídica de entidades sem fins lucrativos. Senão vejamos seus próprios estatutos:

I - Congregar os estudantes Africanos em busca de soluções para os problemas de ordem estudantil e educacional; II - Promover atividades recreativas, sociais, esportivas e culturais que estiverem ao seu alcance e interesse; III - Oferecer serviços especiais como: Laboratório de informática, arquivo de trabalhos, monografias, apostilas e outras fontes de consultas; IV – Promover palestras, seminários e oficinas culturais; V – Intercâmbio com outras associações (ESTATUTOS DA AEGBEC, 2008:1), (ESTATUTOS da AEAC, 2009:1).

Assim, em termos de estrutura organizacional, as agremiações africanas funcionam obedecendo o modelo e os estatutos sociais, assim como às normas e regras instituídas pelas leis brasileiras que regem o funcionamento das associações sem fins econômicos ou lucrativos (ASFEL), tais são os casos da AEAC e AEGBEC. Ou ainda, obedecem ao estatuto das organizações da sociedade civil de interesse público (OSCIP), como são os casos do AI e AAFROCEL. Ainda assim, nenhuma delas possui estrutura física própria ou sede própria. Como não dispõem destes espaços, as reuniões acontecem em diferentes locais: em praças ao ar livre; em salas de aulas ou salas anexas de igrejas católicas e evangélicas, cedidas pelas respectivas instituições de ensino e religiosas; espaços também cedidos por outras instituições e associações brasileiras solidárias às causas dos africanos em Fortaleza.

O Estatuto do Estrangeiro no Brasil e a participação política dos africanos

As associações estudantis assumem caráter nacional ou plurinacional, congregando indivíduos de um mesmo país ou indivíduos de distintos países africanos. A organização em agremiações estudantis, instituições sem fins lucrativos e outras organizações da sociedade civil de interesse público, foram as únicas "brechas" encontradas pelos africanos para se organizarem em grupos de representação e de pressão, visto que o *Estatuto de Estrangeiro no Brasil* impede-os de se filiar ou constituir partidos políticos, ou mesmo, participar da vida política do país. Assim, o associativismo estudantil tornou-se a única forma de organização político social dos africanos nesta Diáspora.

À rigor, o *Estatuto do Estrangeiro* – Lei nº 6.815, de 19 de agosto de 1980, que em vigor no Brasil desde o dia 10 de dezembro de 1981 – no *Título X – Direitos e Deveres do Estrangeiro, art. 107 parágrafos I, II e II*, proíbe aos estrangeiros admitidos em território brasileiro de exercer atividade de natureza política, organizar, criar ou manter sociedade ou qualquer entidade de caráter político, de aderir a programas ou normas de partidos políticos, organizar desfiles, passeatas, comícios, reuniões de qualquer natureza (*Estatuto do Estrangeiro*, 1995). Nesse sentido, o *Estatuto* prevê penas de detenção que variam de um a três anos e a expulsão do país, aqueles estrangeiros que infringirem a Lei. Entretanto, o mesmo *Estatuto*, no *art. 108*, permite aos estrangeiros residentes no Brasil, independentemente do tipo de visto que possuem, associar-se e criar ou constituir associações nacionais, desde que sejam de cariz cultural, religiosa, recreativa ou de assistência, ao considerar que:

É lícito aos estrangeiros associarem-se para fins culturais, religiosos, recreativos ou de assistência, filiarem-se a clubes sociais e desportivos, e a quaisquer outras entidades com iguais fins, bem como participarem de reunião comemorativa de datas nacionais ou acontecimentos de significação patriótica. (*Estatuto do Estrangeiro*, Título X – Dos direitos e deveres do Estrangeiro, Art. 108:1995).

Cabe aqui destacar que, apesar de algumas alterações feitas ao longo das décadas, este *Estatuto* é considerado retrógado por muitos especialistas, visto ser fundado na criminalização do imigrante e do estrangeiro e não está amparado na visão humanitária. O *Estatuto* é considerado uma herança da ditadura militar, por considerar o estrangeiro um tema de segurança nacional; dificultar e burocratizar a regularização migratória; ser incompatível com a Constituição Federal e os tratados internacionais de direitos humanos; tratar de "estrangeiros" e não de pessoas "imigrantes" e "imigrantes"; dar ao Estado a possibilidade de decidir ao seu bel-prazer quem pode entrar e permanecer no Brasil; vincular a regularização migratória ao emprego formal e; fragmentar o atendimento ao migrante em órgãos estatais diversos. Entre outros males apontados está o fato de proibir ao estrangeiro exercer atividade de natureza política; de organizar, criar ou manter sociedade ou quaisquer entidades de caráter político; de ser representante de sindicato ou associação profissional, ou de entidade fiscalizadora do exercício de profissão regulamentada. Também permite ao Ministro da Justiça, sempre que considerar conveniente aos interesses nacionais, impedir a realização, por estrangeiros, de conferências, congressos e exibições artísticas ou folclóricas (Milesi, 2007).

Para uma compreensão sociológica do papel funcional do *Estatuto do Estrangeiro* na sociedade brasileira, resgato o pensamento de Merton (1970), a partir das distinções que este autor faz das funções manifestas e latentes. A distinção entre funções manifestas e latentes foi imaginada para evitar a confusão frequentemente encontrada na literatura sociológica, entre "motivações conscientes" do comportamento social e suas "consequências objetivas". Nessa perspectiva, as *funções manifestas* constituem aquelas consequências objetivas para uma unidade especificada – seja ela uma pessoa, um subgrupo ou um sistema social ou cultural – que contribuem para seu ajustamento ou adaptação e assim é intencionada. Já as *funções latentes* referem-se às consequências não intencionadas e não reconhecidas da mesma ordem (Merton, 1970).

Se por um lado, o *Estatuto do Estrangeiro* tinha como *função manifesta* impedir a participar de estrangeiros na vida social, cultural e política brasileira, bem como consequências objetivas de criminalização das ações e negação de direitos cívicos e políticos aos estrangeiros, de modo a proteger a sociedade brasileira e os interesses nacionais de interferências estrangeiras. Por outro lado, o mesmo *Estatuto* teve como *função latente*, a emergência e pulverização de associações sem fins lucrativos e de organizações da sociedade civil de interesse público, como são o caso das agremiações estudantis africanas e outras organizações e movimentos sociais constituídos por estrangeiros no Brasil. É fato inconteste que os direitos políticos são os últimos a serem conquistados pelos estrangeiros e imigrantes que, possuem o visto e direito de permanência no Brasil.

Portanto, foi esse impedimento e proibição aos estrangeiros de exercer atividades de caráter político, ditado pelo *Estatuto do Estrangeiro* que, impulsionou a emergência das agremiações estudantis africanas, por estas constituírem as únicas formas destes sujeitos imigrantes, estrangeiros, estudantes, negros e africanos, participarem da sociedade brasileira. Desta forma, as associações e agremiações tornaram-se a principal forma de participação social, política e cultural dos estudantes africanos na sociedade brasileira.

A luta por direitos e reconhecimento

Ao longo do tempo, as associações estudantis vêm buscando conscientizar os africanos acerca de seus direitos, enquanto estudantes e cidadãos estrangeiros no Brasil. Algumas agremiações têm firmado acordos com instituições públicas e particulares cearenses nos mais diversos setores: ensino técnico-profissionalizante, entidades religiosas, filantrópicas, escolas de línguas, núcleos jurídicos, escritórios de advocacia popular, partidos políticos, entre outros. Desta forma, com a mediação das agremiações estudantis e sua rede de acordos institucionais e parcerias, os estudantes africanos passaram a reivindicar seus direitos nas IES, na sociedade em geral e a fazer demandas ao poder público.

Fruto da atuação e pressão das associações e, depois de muitos esforços, polêmicas e confusões entre os estudantes, as diversas agremiações e facções estudantis, que se estenderam por todo o ano de 2015, a comunidade africana conseguiu eleger um representante junto do Governo do Estado do Ceará, para integrar a Secretaria de Políticas Públicas de Promoção da Igualdade Racial (CEPPIR). Este representante, que exerce cargo remunerado, trabalha nesse órgão governamental, resolvendo questões ligadas aos estudantes e imigrantes africanos no Estado.

O contato com instituições e organismo cearenses, em nível municipal, estadual e até federal, bem como com partidos políticos e outras instituições particulares, parece ter ampliado e reforçado a consciência de si dos africanos, enquanto grupo etnicorracial e coletivo de imigrantes, tendo contribuído para o aumento da coesão social entre os estudantes na experiência da Diáspora. Inegavelmente, este trabalho de articulação via agremiações estudantis reforçou a consciência e identidade, bem como a solidariedade entre os próprios estudantes, por conta da sua condição de estrangeiros, negros e africanos.

Nesse âmbito, as associações vêm facilitando e atuando como interlocutoras na comunicação entre os estudantes e as IES, assim como entre os estudantes e instituições e outros órgãos da sociedade da sociedade fortalezense. Como também entre os estudantes, as embaixadas e os governos de seus países de origem, ou mesmo, com as famílias, em casos extremos, como são a morte de alunos africanos nesta Diáspora. Assim, o associativismo estudantil tornou-se um componente importante no processo de inserção e busca de integração destes sujeitos na sociedade, em meio aos processos e discriminações que permeiam a vida social brasileira.

As reuniões destas agremiações, geralmente, acontecem aos finais de semana, particularmente aos domingos, porque parte dos estudantes trabalha ou têm aulas durante a semana e, também, aos sábados. Tais reuniões são assistidas por uma média de 5 a 10 africanos, sendo quase sempre as mesmas pessoas participantes. Este número cresce quando se trata de reuniões sobre eventos "extraordinários", como são a organização de festas, mortes de estudantes, assembleias gerais, audiências com o poder público, eleições ou escolha dos beneficiários de alguma parceria, chegando a 40 pessoas.

A participação dos integrantes é feita consoante o sistema de voluntariado, considerando a disponibilidade de tempo e habilidade para executar a tarefa ou missão, visto que parte dos africanos trabalha durante o dia e estuda à noite, outros, ainda fazem algum curso ou especialização aos sábados. Assim, a divisão de tarefas no âmbito das associações é feita conforme a disponibilidade e habilidade do associado. Ninguém recebe salário ou gratificação em dinheiro pelo trabalho ou desempenho de tarefas nas associações, ainda que seus integrantes possam se beneficiar de formações técnico-profissionalizante ou de outras benesses advindas das parcerias. As associações têm dezenas e centenas de simpatizantes que se afirmam membros ou integrantes delas. Seus Estatutos deixam livre a participação de qualquer estudante africano, respeitando a natureza nacional ou plurinacional da entidade, buscando sempre a diversidade. No entanto, na realidade, somente um pequeno número participa das reuniões e tomada de decisões.

No cotidiano das entidades há desgaste entre os africanos e as associações porque, ao longo dos anos, os dirigentes das agremiações continuam os mesmos, com um agravamento da problemática dos estudantes. Em verdade, os estudantes africanos no Brasil e, particularmente, no Ceará ficaram mais vulneráveis com o passar dos anos, e sua vida ficou ainda mais precária no tocante ao acesso à saúde, justiça, diálogo com as faculdades, dentre outros indicadores de vida. Durante as reuniões, a língua portuguesa é a mais utilizada durante as falas e discussões. Entretanto, o *crioulo*[177] também é usado, particularmente, naquelas agremiações de caráter nacional e, particularmente, quando se encontram apenas indivíduos de origem bissau-guineenses e cabo-verdianos. As duas línguas são permitidas, principalmente, quando alguns integrantes não conseguem se expressar bem em português.

A organização desses alunos em movimentos e associações na Diáspora para reivindicar sua existência social enquanto estudantes, cidadãos estrangeiros, negros e africanos podem ser ancorados num movimento mais amplo dos processos de construção social da identidade pessoal e coletiva aos quais Honneth (2009) designa de "luta por reconhecimento". De acordo com este autor, nas sociedades contemporâneas, os conflitos sociais não ocorrem mais, predominantemente pela autoconservação dos grupos ou pelo aumento de poder com a expansão territorial, mas se originam em experiências de desrespeito social ou de ataques à identidade pessoal ou coletiva dos grupos que, são capazes de desencadear ações que busquem restaurar relações de reconhecimento mútuo ou, desenvolvê-las num estágio superior (Honneth, 2009).[178] É nesta perspectiva que se pode melhor visualizar os sentidos e significados dos

---

[177] Língua materna e idioma oficial falado em Cabo-Verde e em Guiné-Bissau. O *crioulo* tem base lexical na língua portuguesa, derivando da mistura do português com línguas africanas, sendo fruto da colonização portuguesa nesses dois países da África Ocidental.

movimentos de organização dos estudantes africanos na Diáspora, circunscrevendo as associações estudantis como espaços de ressignificações identitárias.

Conflitos e vulnerabilidades

As agremiações estudantis também constituem espaços de disputa e conflitos de interesses pessoais e políticos entre grupos, facções e associações que, lutam pela hegemonia e monopolização do poder de representar os africanos residentes nesta Diáspora. Um dos grandes problemas dessas instituições relaciona-se com a alternância de poder, algo que dificilmente acontece. Os Estatutos obrigam à realização de eleições de dois em dois anos, entretanto, tal nem sempre acontece ou acontece em meio a muita polêmica e confusões, inclusive com esquemas de manipulação. Na realidade, os "núcleos duros" do poder nessas agremiações são quase os mesmos, havendo uma troca de lugares e posições entre as mesmas pessoas. As agremiações estudantis revelam os mesmos problemas que afetam os países africanos: a ausência de uma democracia real.[179]   Outra grande dificuldade é a própria legitimidade das direções das agremiações estudantis, por conta de eleições não serem transparentes, livres e justas. Muitas das vezes, as eleições se fazem com uma e única chapa concorrendo e, quase sempre, o mesmo grupo se esforça para se manter na direção da associação, tentando monopolizar o poder. As pessoas de um mesmo grupo ou facção encontram-se na direção de duas, três ou até quatro agremiações. Dessa forma, há uma pulverização de associações, fundadas pelas mesmas pessoas, mas sob diferentes nomes e siglas, mas sempre com os mesmos objetivos. As lideranças africanas parecem circular entre as associações e, cada ano, surgem mais agremiações. Daí o surgimento e existência de agremiações nacionais distintas e outras plurinacionais, mas com objetivos e interesses semelhantes, voltados para a realidade a vivenciada pelos estudantes nesta experiência de imigração.

As associações africanas que possuem CNPJ apresentam-se em situação mais "estável" do que aquelas que não possuem tal cadastro, estando aptas para assinar acordos de parcerias e receber fundos. Mesmo assim, os africanos continuam deveras vulneráveis às adversidades da vida – falta de dinheiro para pagar mensalidades, doenças, mortes repentinas, falta de dinheiro para consulta em clínicas particulares e mesmo populares, falta de dinheiro para translado de cadáveres daqueles que morrem no Ceará, falta de dinheiro para pagar um advogado – visto nenhuma das agremiações possuir uma poupança ou fundo em dinheiro. O endereço físico de funcionamento da maioria das associações é, na realidade, o endereço de um de seus integrantes.

---

[178] Para Honneth, é possível ver nas diversas lutas por reconhecimento, uma força moral que impulsiona desenvolvimentos sociais. Seu trabalho distingue três dimensões de luta: a dimensão "emotiva", individual e familiar que é indispensável para a realização dos projetos pessoais; a esfera da "estima social", em que esses projetos podem ser objeto de um respeito solidário pelo Estado e, finalmente; a esfera "jurídico-moral", em que a pessoa individual é reconhecida como autônoma e moralmente respeitável, desenvolvendo assim, uma relação de autorrespeito pelo aparato jurídico ou do Direito. É somente nas duas últimas esferas – da sociedade civil e do direito – que Honneth (2009) vê a possibilidade de a luta ganhar contornos de conflito social. Portanto, este autor coloca o conflito social como central nas sociedades modernas, nas quais, não faltariam formas de desrespeito como a privação de direitos e a degradação de formas de vida, ligadas às esferas do Direito e do Estado.

[179] É este um fenômeno a ser devidamente pesquisado, no sentido de uma configuração política dos estudantes africanos na Diáspora e como estes sujeitos, apesar de se residirem em uma das maiores democracias do mundo como é o Brasil e, estarem inseridos no ensino superior, não adotam e incorporam um comportamento democrático.

Muitos dos assuntos e estratégias são discutidos, antes, em encontros informais nos bares, esquinas de lazer e, depois, concertados nas reuniões.

Parte da vulnerabilidade dos estudantes africanos deve-se ao fato de estarem impedidos de trabalhar ou exercer atividade remunerada pela Lei, disposta no *Estatuto do Estrangeiro*, conforme previsto no *Título X – Dos Deveres e Direitos do Estrangeiro*, em seus artigos 97 e 98 que "impede aos estrangeiros ao amparo do visto temporário, o exercício de trabalho e atividade remunerados" (*Estatuto do Estrangeiro*, 1995). Os estudantes africanos são enquadrados por essa Lei por causa da sua condição de "temporários", possuindo assim, o visto Temporário - Item IV.

Na cidade de Fortaleza, o associativismo estudantil parece constituir a única forma de organização sociopolítica dos africanos aqui residentes. Entretanto, os conflitos pessoais, a divisão entre associações pelo poder e, mesmo, pela representação oficial dos estudantes africanos parecem enfraquecer suas lutas e reivindicações. Entre os integrantes da mesma associação ou entre associações distintas, o conflito é grande. Algumas reuniões quase terminam em agressão física. As agressões verbais, falta de respeito e ataques pessoais tornaram-se frequentes ao longo dos anos.

De fato, as relações entre os imigrantes de diferentes grupos e alas foram se deteriorando com o passar do tempo. Tal deterioração de convivência e articulações devem-se às disputas pessoais, disputas entre entidades ou por diferença de ideias políticas. Nesse cenário, considero a divisão e o conflito dimensões cruciais e características principais das relações associativas entre os africanos. Vejamos então, o discurso de uma liderança de agremiação africana, explicando o contexto que o levou a criar sua associação:

Mas nosso objetivo é a África em si, e chegar a todo o canto que pudermos chegar. Mas, temos que começar de algum ponto. Então eu já tinha várias organizações. Antes de vir aqui, eu já tinha na mente de criar essa associação. Então chegando aqui, eu deparei com uma realidade tão cruel que me motivou ainda mais para criar essa associação. A realidade cruel: essa união separada. Eu chamo isso de união separada, união de um grupinho. Porque eu fiz um trabalho na faculdade sobre o Espírito Africano, que apresentei na disciplina de cultura brasileira, então fiz uma observação por três meses. Foi um estudo e tirei uma conclusão: que estamos separados. Então usando essa razão, eu disse: eu vou para frente com essa ideia de criar uma organização, que é mais profundo de que uma associação. Por isso demos o nome de fundação, queremos fundar algo que jamais vai desfundar. Então foi a necessidade da nossa união que me motivou para criar a organização que vai nos centralizar numa só página, usando a força da cultura, da história e dos conhecimentos acadêmicos para promover atividades que nos serve para ser mais intelectuais. Para podermos ser grandes profissionais no futuro. É a necessidade de unir, a necessidade de estarmos juntos numa só página. Então foi essa a razão que me motivou a criar a fundação. [Estudante cabo-verdiano, residente em Fortaleza há mais de 5 anos, cursando faculdade particular. Militante e líder de pelo menos três associações africanas. Entrevista gravada em 20/03/2011].

Relativamente ao perfil das lideranças, parte das associações são dirigidas por estudantes residentes no Ceará entre 5 a 7 anos, existindo casos de indivíduos com mais de uma década, ou mesmo 15 anos, com inserção em universidades e faculdades privadas. Alguns dirigentes são africanos já formados, ou em vias de se formar e, uma minoria são casados, possuindo residência permanente no Brasil. Parte das agremiações são lideradas por jovens carismáticos, oriundos de

Guiné-Bissau e de Cabo-Verde, dois países que possuem os maiores contingentes de estudantes no Ceará.

Na realidade, as agremiações têm como presidentes e lideranças, jovens bissau-guineenses, visto ser este o maior contingente de estudantes africanos residentes nesta Diáspora, ao mesmo tempo que constituírem o grupo mais vulnerável ao nível socioeconômico, apresentando sérios problemas de vivência na cidade. Normalmente, a situação política e a posição socioeconômica ocupada pelo país no continente africano, reflete-se, de alguma forma, na vida de seus cidadãos na Diáspora. Conforme essa realidade, a estabilidade ou instabilidade política e socioeconómica de uma nação no continente, vai refletir na capacidade de articulação e na qualidade de vida de seus cidadãos residentes no estrangeiro.

No tocante às questões de gênero, a participação de mulheres africanas nas agremiações é quase nula ou inexistente. Ainda que duas moças bissau-guineenses participem ativamente nas discussões mais geais, elas não ocupam nenhum cargo político ou de direção. Muitas vezes, sua presença é exigida quando se trata de discussões com instituições ou órgãos públicos. Prova disso é a forma de tratamento "nossa(s) irmã(s)" e, nem sempre por seus nomes próprios. Entretanto, destaca-se a participação das mulheres em duas situações específicas: na organização das festas africanas, particularmente, servindo e "gerindo" a cozinha e; em algumas reuniões importantes. Mais uma vez, a participação das moças nas associações africanas reflete a realidade vivenciada pelas mulheres nas sociedades africanas, invisibilizadas ou, remetidas ao espaço doméstico pelo machismo e patriarcado, através dos quais, as famílias preferem investir na educação e promoção dos filhos do sexo masculino para a vida fora do lar e/ou no espaço público (Langa, 2016).

Percebo que, mais do que instituições, as agremiações estudantis africanas constituem redes de amizade e solidariedade entre amigos e pessoas do mesmo país, que funcionam melhor quando a situação "aperta" e quando a situação de urgência se impõe: consultas médicas; negociação de dívidas com as faculdades privadas onde os africanos estudam; negociação com os locatários de imóveis onde habitam; necessidade de apoio jurídico urgente; morte de estudantes, entre outras. Normalmente, as ações das associações são lentas e levam tempo, apesar da grande repercussão de alguns casos na justiça brasileira, onde, sempre é mais fácil ter acesso à justiça – abrir processo, ter atenção de núcleos jurídicos, de advogados, promotores e juízes, bem como ganhar uma causa – quando se trata de grupos organizados.

Ao longo dos anos, emergiram diferentes associações, da mesma forma que desapareceram. Cabe aqui mencionar que, as associações mais antigas – AEGBEC e AEAC – existem há década e meia, mas somente se registraram em cartório e obtiveram CNPJ entre 2008 e 2009, com objetivos explícitos de caráter educacional e estudantil. Já as mais recentes – como o AI e a AAFROCEL – surgem com objetivos mais amplos, vinculados à intervenção para o desenvolvimento humano, político e econômico, à assistência social, às atividades de defesa de direitos sociais, à pesquisa e documentação, à produção cultural, ao fomento, estudo e divulgação de literatura africana, à educação, à promoção da cultura, à defesa e conservação do patrimônio histórico e artístico, à promoção da saúde das populações africanas e da diáspora.

Assim, as agremiações surgidas mais recentemente, aproveitam-se das experiências das primeiras associações e, registrando-se, juridicamente, o mais cedo possível, com objetivo de obter parcerias com o setor privado, organizações da sociedade civil e pleitear fundos e editais públicos.

As reuniões dessas organizações mais recentes e de caráter mais amplo acontecem tendo em vista a resolução de problemas dos africanos: situações de preconceito e discriminação racial; questões de estudantes com as faculdades, sejam elas públicas ou privadas; problemas com a Polícia Federal; mortes de estudantes. Neste sentido, merecem destaque, os casos das divergências dos estudantes bissau-guineenses com duas faculdades particulares e, posteriormente, com a ameaça feita pela Polícia Federal de deportar os estudantes em "situação irregular", advinda dessas discordâncias.

Entretanto, muitas das vezes, tais reuniões não são proativas, mas sim reativas, isto é, após os problemas acontecerem. Entretanto, no cotidiano, a participação efetiva dos africanos nestas e noutras agremiações estudantis é diminuta, com exceção das reuniões relativas à preparação das festas africanas, onde a participação de africanos de distintos países e nacionalidades e etnias é bem expressiva. O mesmo acontece com as outras agremiações e movimentos sociais africanos.

Atuação política e afirmação identitária

Adentrando numa análise sociopolítica, a dinâmica do surgimento de agremiações estudantis, congregando africanos na Diáspora no Ceará – aqui esboçada – coloca um desafio analítico. Os cientistas políticos Muller (1985) e Gurr (1970) abrem uma possível via de estudo na pesquisa sociológica, a partir dos que os autores designam de "privação relativa". De acordo com Muller (1985) *apud* Gurr (1970), a "privação relativa" surge quando um indivíduo não atinge aquilo que ele acredita ser-lhe justamente devido. Entretanto, as realizações do grupo de referência são apenas uma entre as muitas fontes possíveis de expectativa em relação aos direitos de um indivíduo. A teoria da privação relativa de Gurr (1970) aponta que o sentimento de desvantagem social e material leva à frustração dos indivíduos e, este último sentimento conduz à participação política. Cabe delinear um aporte de Muller:

O relacionamento básico é tão fundamental para se entender as lutas civis como é a lei da gravidade para a física atmosférica: a privação relativa [...] é uma pré-condição necessária para qualquer tipo de luta civil. Quanto maior é a privação percebida por uma pessoa em relação a suas expectativas, maior é o seu descontentamento; quanto mais difundido e intenso é o descontentamento entre os membros de uma sociedade, mais provável e mais séria se torna a disputa civil (Gurr, 1970: 23-24 *apud* Muller, 1985: 92).

Nesse sentido, a privação relativa constitui o mecanismo que produz a frustração, com intensidade suficiente para motivar os indivíduos a empenharem-se protestos e na participação política (Muller, 1985). Assim sendo, o sentimento de privação relativa, criado pelo cotidiano do preconceito e discriminação raciais na sociedade cearense, nas ruas e no acesso a serviços públicos e privados – particularmente nas IES onde vivenciam uma inserção precária – faz com que os africanos se organizem em movimentos e associações para lutarem por seus direitos.

Por outro lado, a dificuldade em conseguir estágio, assim como a proibição legal imposta pelo *Estatuto do Estrangeiro* que, impedem esses sujeitos de trabalharem para a sua sobrevivência e autossustento, criam também o sentimento de privação de oportunidades, de impotência, dificuldades de acesso a recursos socioeconômicos e, até mesmo um sentimento de exclusão social. Vejamos, então, o relatório do MPEA a evidenciar as dificuldades enfrentadas pelos africanos em conseguir estágios e a sua inserção precária nas faculdades privadas:

Este relatório tem como propósito descrever como se deu esse acordo, refletir criticamente sobre a nossa vinda e o nosso ingresso nas referidas faculdades, bem como, sobre as condições de vida na cidade de Fortaleza. Além disso, evidenciar nossa organização, nossas resistências, conquistas e desafios. [...]. De acordo com matéria do jornal O Povo (22/08/2011), no Ceará vivem cerca de 1.260 pessoas oriundas dos 5 países africanos que falam a língua portuguesa. Desses, estimamos que pelo menos 800 delas/es, são de Guiné-Bissau, país situado na costa da África Ocidental, com cerca de 1.600.000 habitantes. Diante dos constantes problemas que enfrentamos, que serão relatados abaixo, principalmente dos primeiros estudantes que vieram para Fortaleza, passamos a nos reunir sistematicamente na perspectiva de construir estratégias de denúncia e propostas de superação dos principais desafios. Além de nós, algumas organizações têm participado e contribuído com a nossa articulação: a Associação dos Estudantes Africanos no Estado do Ceará (AEAC), a Associação dos Estudantes de Guiné-Bissau no Estado do Ceará (AEGBEC), a Pastoral do Migrante, o Instituto Negra do Ceará – INEGRA, a Rede Nacional de Advogados e Advogadas Populares - RENAP, a Paróquia Nossa Senhora das Dores e a Paróquia do Carmo. [...]. Para além destas questões ressaltamos que quando viemos para o Brasil, tivemos o visto para estudar, podendo ser estagiário. Conseguir estágio curricular não tem sido tarefa fácil, dificultada pelo racismo institucional e pela burocracia. Diante de todas estas dificuldades, afirmamos que as situações que enfrentamos aqui no Brasil não foram ditas em Guiné-Bissau, que nenhum dos representantes das faculdades cogitou ou nos preveniu sobre as possíveis mudanças de valores. Ao contrário disso, informações foram omitidas, além de outras prometidas e não cumpridas. (MPEA. Relatório Situacional do Ingresso e Permanência de Jovens nas Faculdades FATENE e Evolução, 2011:1-2).

Este relatório, produzido no ano 2011, mostra a organização e união dos estudantes africanos em movimentos e associações estudantis, mas também a articulação com outras instituições públicas e privadas, entidades religiosas, na perspectiva de resistência às adversidades, de denúncia das dificuldades e das situações de violação de direitos e configurando, então, propostas para a superação dos principais desafios. Além da articulação política e luta pela melhoria das condições de vida dos estudantes nas IES, as associações também constituem espaços de afirmação identitária.   De fato, é nas associações que o passado africano é mitificado, que África, seus reinos, reis, nacionalistas, intelectuais, líderes e heróis se tornam "grandes" e são citados como exemplos de resistência. É nas associações que se "inventam" tradições, como as festas africanas em comemoração do dia 25 de Maio e da data de 20 de Novembro, bem como floresce o discurso acerca do "homem negro", "África negra", África mãe dos pretos".[180]

Pode-se mesmo considerar que, nos duros percursos da Diáspora, as associações de estudantes africanos circunscrevem um "lugar de refúgio", nas quais, estes sujeitos podem

---

[180] No dia 25 de Maio, comemora-se o "dia de África", data esta, alusiva ao dia 25 de Maio de 1963, quando se criou a Organização da Unidade Africana (OUA). No ano 2002, a OUA foi transformada em União Africana (UA), entretanto, o nome e a data foram mantidos como celebração da unidade africana e da Diáspora africana. Já no mês de Novembro, particularmente no dia 20, comemora-se no Brasil, o dia da Consciência Negra, dia de Zumbi dos Palmares, herói da resistência negra e escrava. Assim, nessas datas, alguns governos de Estados, cidades e prefeituras municipais comemoram essa data. Particularmente, as escolas organizam atividades sobre história e cultura africana, algumas vezes, convidam os estudantes africanos para dar palestras, ao abrigo da lei 10.639/03 que, tornou obrigatório o ensino de História e Cultura Africana e Afro-brasileira nas escolas de Ensino Fundamental e Médio.

reforçar as suas identidades africanas. Certamente, somente depois da experiência do preconceito e discriminação raciais na Diáspora no Brasil e da sua organização em agremiações é que africanos de distintos países, nacionalidades e etnias – particularmente os cabo-verdianos – passaram a conceber o continente africano como uma unidade cultural, racial, histórica e geográfica.

Daí que, ao longo dos anos, particularmente nos meses de Maio e de Novembro, nos quais há comemorações alusivas ao continente africano ou à cultura negra, diversas associações e estudantes realizem palestras sobre "História de África", nas quais, se esforçam em ensinar aos brasileiros que "África não é um país, mas um continente com 54 países", por meio de imagens, slides e vídeos, mostrando a diversidade cultural, racial, étnica e geográfica, particularmente a realidade rural dos países africanos.

Em sua ação político-pedagógica, estes sujeitos buscam descontruir as imagens de África como um lugar de guerras, secas, fomes e de desigualdade que são reiteradamente difundidas na grande mídia. Para tanto, procuram mostrar a "África que a mídia esconde", apresentando imagens das grandes e modernas cidades africanas, iluminadas, cheias de estradas, prédios altos, monumentos, pontes, etc. Vejamos, então, um depoimento que bem ilustra as palestras realizadas pelos estudantes africanos:

Nunca tive assim, vontade de trabalhar fora, porque aqui na UECE já me deram trabalho já aqui. A única coisa, eu saio faço algumas atividades fora e volto. Ganho dinheiro e volto, fora da UECE, tipo..., palestras sobre "África contemporânea" e "África como você nunca tem visto" nos colégios. É aquela coisa, quando você fala da África, primeira coisa que vem na cabeça de quem nasce aqui, porque aprendeu isso no colégio, na creche, primeira coisa é quem está com fome, com prato na mão, comendo, mosca parando. Então, na minha sala... todas as imagens que eu tenho, eu coloco fonte de informação, que é pra pessoa vai no Google, bota a fonte e você vê a imagem. Pra não dizer que eu peguei aquela imagem de alguns países da Europa. Então eu mostro a África, por isso que a minha palestra é assim: "África contemporânea e África como você nunca tem visto". Então é aquela, é aquela angustia, é mesmo? - É assim? - Ah, eu não sabia, então... eu não dou culpa a eles. Então, culpa é metodologia do ensino aqui no Brasil, é. Eu, por exemplo, eu pego a capital de cada país da África e pego o interior de cada país da África, eu mostro duas imagens, eu falo assim: - essa imagem de pobreza, é isso que passa no Brasil. – E, essa imagem de riqueza. - Vocês já viram? Não. Mas está aqui fonte de informação, vai no *Google*, bota e você vai ver. [Estudante bissau-guineense, cursando Especialização, residente há cerca de 8 anos em Fortaleza. Trabalha em uma instituição pública com "carteira assinada". Entrevista gravada em 22/01/2014].

Assim, os estudantes africanos encaram, como grande missão, o trabalho de informação sobre África, a história de seus povos e culturas, sempre na perspectiva de desconstrução das imagens estigmatizantes que a grande mídia, no Brasil, difunde sobre África.

Na realidade, as associações estudantis africanas são formadas por indivíduos de um mesmo país, a partir das identificações nacionais, ou, em determinados casos, com base na identificação com o continente africano.

Tais identificações ou identidades nacionais – por exemplo, a bissau-guineense – ou, mesmo identidade africana, são constituídas a partir de elementos considerados comuns aos seus membros, como a nacionalidade ou o fato de serem africanos e negros. Assim, as associações e suas lideranças tornam-se produtoras do discurso identitário de um determinado país ou, mesmo, do continente africano: são elas as responsáveis por organizar as festas alusivas às independências nacionais ou ao dia 25 de maio, dia de África e pelas palestras sobre as nações e o continente africano. São também as agremiações que organizam as "Semanas Africanas", momento específico de apresentações e discussões sobre temáticas que reforçam a africanidade, como base de configurações identitárias.

São as lideranças das associações estudantis que representam os africanos no Estado, como também são via as associações que os africanos na Diáspora se beneficiam do apoio e das parceiras com instituições públicas e privadas do Estado do Ceará, com acesso a cursos técnicoprofissionais de curta duração, cursos de línguas, apoio jurídico dentre outros benefícios. É das associações e suas lideranças que vêm muitos dos discursos e concepções acerca do pertencimento identitário, da identidade africana, da negritude, do pan-africanismo, da valorização da africanidade. Vejamos, então, as falas de um dos líderes de uma agremiação estudantil africana:

É essa a minha identidade, um homem negro, eu sou um negro. A minha identidade é negra. Me identifico com África, com o continente, como um homem negro. [...]. A nossa raiz é a África. É lá que devemos ir buscar a água para satisfazer a nossa sede. A sede da cultura, a sede da história, a sede da identidade, a sede de princípios que foram roubados por anos de escravatura. Então, para isso devemos regressar ao passado, não viver no passado, mas sim regressar do passado, entender o passado e aprender do passado e aplicar no presente. O princípio do rastafári é ter essa garra, é de procurar a história, de amar a terra, a natureza, de respeitar os mais velhos que nos princípios da África, dos africanos, dos nossos antepassados. [Estudante cabo-verdiano, residente em Fortaleza há mais de 5 anos, cursando faculdade particular. Militante e líder de pelo menos duas associações africanas. Entrevista gravada em 20 de Março de 2011].

O discurso desta liderança expressa uma identidade construída na Diáspora, focada na negritude. Cabe destacar que na experiência de vida dos estudantes africanos em seus países, muitas de suas identidades não são fundadas nesta condição do ser negro, mas sim na identidade etnolinguística. De fato, é esta uma construção identitária típica dos processos da Diáspora. Uma questão central que emerge desta construção identitária do "ser africano" do "ser negro" é como os sujeitos concebem a negritude, como a definem em suas concepções e em suas práticas.

A visão afrocentrada: África mitificada na Diáspora

Percebe-se no discurso das lideranças da maioria das associações uma tendência que parece apontar uma visão essencialista da identidade africana, na qual a ideia de raça, particularmente, da raça negra é tida como entidade biológica, em oposição ao mundo branco, ocidental europeu e capitalista. Nesses discursos, o homem negro africano, assim como a África aparecem ocupando um lugar especial no mundo. Nesses sujeitos predomina uma visão afrocentrista, onde África e o homem africano são reinventados, mitificados e idealizados como tendo uma cultura superior ao dos outros povos e nunca igual.

É assim que, nos processos da Diáspora, narrativas emitidas pelas as lideranças das associações estudantis vão sendo encarnados por estudantes que passam a se "africanizar", quando, em seus países, o seu principal referencial identitário era o grupo etnolinguístico, o partido político, a região de origem, sua classe ou grupo social, ou mesmo o clube de futebol de sua cidade. Entretanto, na diáspora, esse referencial se torna secundário, e a negritude, a identificação enquanto negro e africano passam a ser a principal marca identitária, particularmente, diante da sociedade cearense e seus processos de discriminação em relação aos negros. A rigor, as lideranças estudantis oriundas de Cabo-Verde e da Guiné-Bissau – que são a maioria – assumem, com maior visibilidade na Diáspora em Fortaleza, a identidade do "ser negro africano", buscando formas de expressar sua africanização.

Essa afirmação identitária africana é produzida para marcar distinções no interior da população brasileira, tendo ressonância nas comunidades estudantis africanas. Nestes processos, reafirmam a condição de negro africano passa a ser uma questão central. Em meio a estas expressões identitárias diaspóricas emergem representações de mistificação da África, com tendência à essencialização. Um outro segmento social que difunde esta dimensão do ser negro e africano é formado por jornalistas que constroem reportagens sobre a presença africana em Fortaleza. É deveras expressivo demarcar a ressonância desta "africanização" diaspórica nos processos de ressignificação identitária. Um caso emblemático é o que se efetiva sobremodo entre segmentos de estudantes cabo-verdianos, em função da própria questão de Cabo-Verde à África. Senão vejamos o depoimento deste estudante cabo-verdiano:

Eu não tinha ainda esta consciência, não profundamente. Eu sempre me vi a minha pessoa diferente. Mas não numa consciência como agora tenho. Eu sempre sentia que eu era diferente, no sentido de como eu me apresentava, no sentido de como eu via as coisas. Eu sempre quis ser diferente, mas não tive essa consciência da negritude como eu tenho agora. Mas já via a coisa, que me despertava atenção. Mas não conhecia muito da África, não conhecia muito da cultura africana. Só depois, de ir para os EUA é que comecei realmente a conhecer. Porque antes de ir eu era um daqueles que pensava que era branco, entende. Para mim eu era um branco, eu era um português. Eu me identificava como um português, porque foram as mensagens que eles me passaram. Antes de ir eu era essa pessoa. Quando entrei numa realidade diferente comecei a questionar quem sou eu? Então a pergunta me fez movimentar para encontrar a resposta, para eu me poder identificar. Então o rastafári me deu a identidade. [Estudante cabo-verdiano, residente em Fortaleza há mais de 5 anos, cursando faculdade particular. Militante e líder de pelo menos duas associações africanas. Entrevista gravada em 20 de Março de 2011].

O depoimento acima bem mostra a ideologia e visão africanista e negra das lideranças e integrantes das associações africanas. Assim, na Diáspora, as agremiações estudantis e outros movimentos sociais criados pelos estudantes africanos constituem-se como representantes legítimas dos africanos, sendo uma forma a partir da qual, África pode ser reinventada e vivenciada no cotidiano. De fato, de uma ou de outra forma, elas refletem muito a realidade do continente. Portanto, é a partir dos encontros e reuniões associativas que a África é reinventada e mitificada na Diáspora. Desse modo, as associações e suas lideranças se tornam guardiãs da identidade africana, da africanidade, ainda que, muitas vezes, tal identidade seja essencializada. Certamente, as associações africanas parecem funcionar como espaços de afirmação identitária, na condição de locais de empoderamento, de troca de conhecimento e de ideias, de estratégias de sobrevivência, de fazer política e, de trocas multiculturais.

REFERÊNCIAS

(AEGBEC) ASSOCIAÇÃO DOS ESTUDANTES DE GUNÉ-BISSAU NO ESTADO DO CEARÁ. Estatutos da Associação dos Estudantes de Guiné-Bissau no Estado do Ceará. Fortaleza, 24 de setembro de 2008. 08 p.

(AEAC) ASSOCIAÇÃO DOS ESTUDANTES AFRICANOS NO CEARÁ. Estatuto da Associação dos Estudantes Africanos no Ceará. Fortaleza, 28 de fevereiro de 2009. 08p.

(AI) África Instituto. Projeto: Coordenador Especial de Políticas Públicas de Igualdade Racial do Gabinete do Governador do Estado do Ceará. Fortaleza, 2015, 12.p.

BRASIL (República Federativa do Brasil). Estatuto do Estrangeiro - Lei n º 6.815, de 19 de agosto de 1980. Define a situação jurídica do estrangeiro no Brasil, cria o Conselho Nacional de Imigração, e dá outras providências. Brasília, 19 de agosto de 1980; 159 º da Independência e 92 º da República. Diário Oficial da União, de 10 de dezembro de 1981.

BRASIL (República Federativa do Brasil). Estatuto do Estrangeiro: lei nº 6.815, de 19/08/1980 alterada pela lei n º 6.964, Decreto nº 86.715 de 10/12/81, atualizado de acordo com a Constituição de 1988. 20ª ed. São Paulo: Editora Atlas, 1995.

HONNETH, Axel. Luta por Reconhecimento: a gramática moral dos conflitos sociais. 2ªed. Tradução de Luiz Repa, Apresentação de Marcos Nobre. São Paulo: Editora 34, 2009.

ITAMARATY, (Ministério das Relações Exteriores). Divisão de Temas Educacionais. Programa PEC-G. Disponível em http://www.dce.mre.gov.br/PEC/G/historico.html. Acesso em: mai 2012, mar 2014.

LANGA, Ercílio. Diáspora Africana no Ceará: representações sobre as festas e as interações afetivossexuais de estudantes africano(a)s em Fortaleza. In: Revista Lusófona de Estudos Culturais, v. 2, n.1, pp. 102-122, 2014.

LANGA, Ercílio. Diáspora Africana no Ceará no Século XXI: ressignificações identitárias e as interseccionalidades de raça, gênero, sexualidade e classe no contexto da migração estudantil internacional. In: Malomalo et al (Orgs.). Diáspora Africana e migração na era da globalização: experiências de refúgio, estudo, trabalho. Curitiba: Editora CRV, 2015, p. 161-186.

LANGA, Ercílio. O lugar das mulheres e a questão dos direitos humanos: um olhar sobre experiências, dramas e interseccionalidades de mulheres africanas na cidade de Fortaleza-CE. In: ROCHA, Marcos (Org.). Direitos Humanos, Sociedade e Política. (Coleção Outros Olhares). Fortaleza: Expressão Gráfica e Editora, 2016, p. 129- 152.

MERTON, Robert. Funções Manifestas e Latentes. In: MERTON, Robert. Sociologia: teoria e estrutura. Tradução de Miguel Maillet. São Paulo: Editora Mestre Jou, Parte I-Teoria Sociológica, Capítulo III - Funções Manifestas e Latentes, 1970. p. 85-150.

MILESI, Rosita. Por uma nova Lei de Migração: a perspectiva dos Direitos Humanos. In: Revista Cadernos e Debates: refúgio, migrações e cidadania. nº 2, p. 77-97, ago 2007.

(MPEA) MOVIMENTO PASTORAL DE ESTUDANTES AFRICANOS. Articulação de estudantes guineenses. Relatório situacional do ingresso e permanência de jovens nas faculdades FATENE e Evolução. Fortaleza, 2012.

MULLER, Edward. A psicologia do protesto político e da violência política. In: GUR, Ted (Org.). Manual do Conflito Político. Tradução de Inéa Fonseca. Cap. 2. Parte I – Fundamentos Psicológicos do Comportamento de Conflito. Brasília: EDUNB, 1985. p. 89-120.

A AFETIVIDADE NO AMBIENTE ESCOLAR COMO CONTRIBUIÇÃO PARA O DESENVOLVIMENTO COGNITIVO, AFETIVO E VALORATIVO DA CRIANÇA[181]

Francisco Eliton Gomes da Silva[182]
Maria Márcia da Silva[183]

RESUMO: A afetividade é um campo já mencionado por muitos pesquisadores, especialmente alguns que estudam a educação básica nas séries iniciais, os mesmos compreendem a necessidade de trabalhar o desenvolvimento afetivo dos educando em conexão com o estreitamento das relações entre família e escola, pois o desenvolvimento afetivo da criança se dá a partir dos laços familiares. O objetivo da pesquisa é refletir sobre a necessidade da atenção a afetividade no ambiente escolar na escola publica municipal da cidade de Cascavel no Ceará. A metodologia desenvolvida nesta pesquisa se deu através da observação *in loco,* leituras de livros, revistas e outros artigos como forma de fundamentação do trabalho. Conclui-se que a afetividade deve ser desenvolvida no ambiente escolar para que a criança possa sair deste ambiente não somente detentora do conhecimento cognitivo, mais também, sensitivo e valorativo.
PALAVRAS-CHAVE: Afeto; Escolar; Familiar.

INTRODUÇÃO

A afetividade dispensada às crianças é um assunto abordado na educação por vários educadores. O desenvolvimento da criança se dá a partir dos primeiros laços afetivos entre elas e os seus familiares. A aprendizagem começa a se consolidar desde a formação da criança até a sua maioridade. Para uma melhor compreensão sobre a afetividade é necessário um estreitamento dos laços entre a família e a escola, pois as mesmas tratam diretamente do desenvolvimento humano de modo geral. Podemos dizer que a afetividade é um dos meios de compreender o processo de aprendizagem dos alunos. É uma área complexa, pois necessita de vários tipos de conhecimentos tais como: Psicológicos, Filosóficos e/ou os psícopedagogico entre outros. Falar de afetividade é falar do desenvolvimento da aprendizagem humana, que passa por vários estágios e alguns são interrompidos por faltar a aqueles que lidam diretamente com essa criança, no caso, família e escola, o conhecimento de como desenvolver a afetividade nessas inter-relações. É necessário desenvolver uma práxis voltada para os valores afetivos, pois a educação começa em casa e a escola complementa.

Conclui-se que a afetividade é uma área complexa, pois se trata das relações afetivas. Dentro desse contexto, permear nesse campo é se jogar na subjetividade humana onde o espaço é amplo e os desejos são obscuros. Conhecer, estudar as questões humanas é querer entender o ser como sujeito que aprende e que transmiti.

AFETIVIDADE: O VÍNCULO AFETIVO E A FAMÍLIA

[181] Trabalho apresentado ao XXII CIAI – XXII Congresso Internacional de Antropologia de IBERO-AMÉRICA. RELIGIÃO, TOLERÂNCIA E EDUCAÇÃO INTERCULTURAL, realizado de 4 a 6 de Abril de 2016, em Fortaleza, Ceará.

[182] Pr.elitongomes@gmail.com, Especialista em Gestão Escolar pela Escola de Gestores da UNIVERSIDADE FEDERAL DO CEARÁ, Instituto UFC virtual. Bacharel em Teologia pela FACULDADE KURIOS – FAK. Coordenador Pedagógico do CENTRO EDUCACIONAL MUNICIPAL - CEM. http://lattes.cnpq.br/7848419501073450.

[183] Marcia1000@hotmail.com , Especialista em Gestão Escolar pela FACULDADE INTEGRADA DO BRASIL – FAIBRA. Licenciada em Letras pela Universidade Vale do Acaraú – UVA, Diretora Geral do CENTRO EDUCACIONAL MUNICIPAL – CEM.

Para a mentalidade contemporânea, amor talvez não seja a primeira ideia que venha na mente quando se fala em afeto. Mas, o afeto é um meio central na obra de alguns pensadores que lançaram os fundamentos da Pedagogia moderna. O suíço Johann Heinrich Pestalozzi (1746 – 1827) deu muita ênfase no amor materno. Johann defendia de uma forma fidedigna a importância da afetividade na construção e na formação do sujeito. Segundo ele, "o amor deflagra o processo de autoeducação". Pestalozzi afirma que a função principal do ensino é levar a criança a desenvolver suas habilidades naturais e inatas.

Para Pestalozzi a escola é um espaço que deve transmitir além do conhecimento cognitivo, o afetivo.

"Afetividade é a capacidade de experimentar sentimentos e emoções" (PONTES, 2008, p. 51).

Pestalozzi teve grande influência religiosa e se preparou para ter uma vida de sacerdócio, mas abandonou a ideia para viver junto da natureza e experimentar suas ideias a respeito do amor pela educação.

Nos dias atuais vive-se varias mudanças e transformações sociais, culturais e econômicas, muitos pais perderam suas referências e passaram a acreditar no mito de que os filhos são problemas e cada vez mais se perde a afetividade.
Segundo Capelatto (2000), esses mitos individuais criam uma relação muito íntima com uma doença mental, o que não acontece quando trabalhamos com um mito maior. Os pais criam mitos individuais sobre seus filhos e isto é terrível para eles.

É colocado por (CAPELATTO, *apud* MORIYA, 2000, p.47), que:

> A nossa sociedade começou a adoecer nos últimos trinta anos, quando as relações começaram a ser adulteradas e passaram a ser baseadas no individualismo, na indiferença. Vivemos em uma sociedade sem amor e sem afetividade, sentimentos que nos diferenciam dos animais.

Os pais têm proporcionado a maior parte do descuido e das agressões psicológicas sofridas pelas nossas crianças / adolescentes está ligada à percepção que os pais têm de suas meras falhas e a negação de suas limitações, tornando-os sempre frustrantes diante das suas tarefas como educadores.
Para (MORIYA, 2000, p. 46-47),

> A família tem uma função educativa que deveria começar desde o nascimento do filho. Nós, pais, assumimos a função de protetores e provedores mais facilmente do que a de educadores. Isto acontece por diferentes motivos, centrados na dificuldade de nossa própria educação ou pelo estresse da vida moderna, que nos impede de estar mais com nossos filhos, situação que nos enche de culpa. Em consequência, não nos damos o direito de desenvolver o papel de educadores. Educar inclui também a colocação de limites e, consequentemente, o ato de frustrar.

Dentro desse contexto sócio educacional é visto que a família tem esquecido a sua função de educadores e tem jogado para os professores, pois, os mesmos tem a função de educar e transmitir os conhecimentos. A família é a base para uma boa educação. É na família que experimentamos os mais profundos sentimentos. A família tem uma função educativa e afetiva para uma boa formação escolar das crianças.

Os jovens estão cada vez mais distantes dos seus projetos, muitos jovens contestam, discordam dos fatores errantes dos seus pais. Nos dias atuais o sistema é que tem controlado suas emoções e sufocado suas identidades e cada vez mais distanciados dos prazeres familiares.

Segundo (CURY, 2006, p.01), ressalta que:

> É a geração que quer tudo rápido, pronto, sem elaborar, sem batalhas para conquistar. É a geração que não sabe unir disciplina com sonhos, que procura usar processos "mágicos" para lidar com suas frustrações, que tem dificuldade em pensar antes de agir.

O sentido da afetividade é fundamental na construção do humano. Afetividade é o pilar para o desenvolvimento do ser que aprende. As emoções estão enquadradas na formação do humano, enquanto, o afeto trata da parte mais íntima das emoções. A afetividade está condicionada alguns termos como bondade, a benevolência ao amor e outros.

Para (MONTE-SERRAT, 2007, p.38):

> Conclui-se que o que comumente se chama de "necessidade de afeto" é a necessidade de ser compreendido, assistido, ajudado nas dificuldades, seguido com olhar benévolo e confiante. Essa é a responsabilidade do educador: aprender esse olhar e ter disponibilidade para utilizá-lo no contato com o aprendente.

Então, é percebido que a afetividade é um processo que se constrói com as relações e de forma cultural. Chega-se a uma conclusão que o fator afetivo está intimamente ligado a educação. Por outras razões não é algo determinado geneticamente, mas é desenvolvido durante a formação do sujeito.

A importância da relação familiar no desenvolvimento do sujeito

Todo sujeito é inteligente e existem várias formas de se definir inteligência: Segundo Antunes (2008) "a inteligência é assim juízo, discernimento, capacidade de se adaptar e de conviver".

A criança que apresenta um lar harmonioso e cheio de amor terá melhor facilidade no desenvolvimento cognitivo.

Observa-se que muitas vezes existem crianças que têm tudo mais não tem o principal que é o amor dos pais. As crianças precisam ser estimuladas a pensar, mas precisam do carinho e do afeto dos pais.

É preciso conversar e ouvir as crianças, pois, são seres pensantes e precisam de cuidados e não se sentir excluídas. O afeto, na forma do contato físico carinhoso, é o sinal mais inequívoco para o cérebro de que não se encontra sozinho no mundo, é necessário que se tenha o apoio, a atenção e os cuidados de uma pessoa querida, a ponto de o cérebro deixar que ela se aproxime de nós. Isso é uma influência de extrema importância sobre a avaliação do potencial e o desenvolvimento do ser humano. Qualquer mãe minimamente informada sabe da importância de oferecer estímulos aos seus filhos desde a infância. Oferecer estímulos é oferecer variedade e desafios, sempre prazerosos.

Os mais bem-intencionados dos estímulos – brinquedos, jogos, problemas ensino de outras línguas – torna-se contraproducente se for apenas repetitivo, chato, inconveniente, fácil ou difícil demais.

Uma boa maneira de saber quais estímulos são adequados é prestar atenção à resposta da criança, que deve sentir-se entusiasmada e instigada, e, sobretudo, saber ceder quando ela demonstrar cansaço ou desinteresse, ou prefere outra atividade no momento ou simplesmente curtir uns instantes de tranquilidade.

O desenvolvimento da criança está no afeto, pois, o amor, a compreensão, a atenção faz da criança um ser preparado para as questões da vida. Toda educação deve começar pela família, pois é na família que começa a formação do caráter da criança.

Segundo Chalita (2004, p.17) "há muitas formas de transmissão de conhecimento, mas o ato de educar só se dá com afeto, só se completa com amor". É no amor que a criança será desenvolvida nos seus primeiros contatos físicos e intelectuais. São discutidos vários problemas na educação sobre aprendizagem, porém, é no processo afetivo que está à chave-fechadura para as maiorias dos problemas de aprendizagem.

Nos dias atuais, percebe-se a falência da família, os pais já não falam a verdade para os filhos e os filhos não tem segurança em contar os seus problemas. Estamos vivendo um caos, onde o amor entre pais e filhos tem sido excluído desse projeto. "A família é uma instituição em que as máscaras devem dar lugar à face transparente, sem disfarces. O diálogo é necessário" (CHALITA, 2004, p.21).

Diante de toda evolução da família, nascem nos dias atuais uma família sem diálogo e afeto. É percebido conflitos dos pais e filhos. Sem tem perdido o respeito e os valores entre pais e filhos. A formação para a vida da criança e a sua construção como ser, estar na responsabilidade familiar. É na família que se ameniza os conflitos e é desenvolvida a afetividade nos filhos.

Para(CURY, 2008, p.56):

> Estamos ensinando as crianças e os adolescentes a conhecerem as entranha dos átomos que nunca verão, mas não o seu complexo planeta psíquico. É preponderante ensiná-los a conhecer seu psiquismo, bem como os códigos para deixarem de serem vítimas dos traumas da infância, das perdas da adolescência, das frustrações da vida adulta.

As crianças precisam antes de tudo aprender a linguagem do afeto para que no futuro venham desenvolver uma adolescência saudável e tenham condições de buscar a sua aprendizagem acadêmica de forma mais emotiva. Já dizia Vygotsky (2001) "que a emoção é um chamamento à ação ou uma renúncia a ela, ou seja, que nenhum sentimento pode permanecer indiferente e infrutífero no comportamento." A família tem que ser à base do processo emocional da criança e desenvolver o amor e o afeto. É preciso abrir as janelas do conhecimento, e o mais importante é gerenciar a emoção dos sujeitos que aprende.

Enfatiza (MONTE-SERRAT, 2007, p.86) que:

A memória é uma das estruturas mais misteriosas e fundamentais da inteligência humana. Ela é o território em que residem todos os registros da história de cada indivíduo – informações, experiências, emoções, relacionamentos, situações de aprendizagem, de alegria, de medo, de tensão – responsáveis por fazer de cada individuo uma pessoa única no universo.

Como evitar a indisciplina na escola e desenvolver a afetividade

É necessária uma prática na formação do caráter moral do aluno. Se focalizar o desenvolvimento moral da criança de forma construtivista será possível imaginar uma escola produtiva e uma amenização no problema da indisciplina.

De acordo com Parrat-Dayan (2008, p.69) "só uma escola democrática poderá educar para a cooperação e o respeito mútuo".

A escola tem que propiciar uma visão construtivista. O professor não pode ser o único a tomar as decisões, é preciso dialogar com os alunos nas propostas da escola. A educação é um processo contínuo e precisa da relação professor e aluno nas tomadas de decisões.

Parrat-Dayan (2008, p.69), "Educar não é dizer sim a todas as exigências das crianças, é fixar normas e supervisionar que sejam cumpridas. Nem a educação autoritária nem aquela em que tudo vale é a solução".

Para o desenvolvimento da afetividade entre o professor e aluno é preciso uma visão democrática ou participativa. Nesse contexto, o poder reside no grupo e não na pessoa que ocupa o lugar de liderança. Esse estilo de líder prioriza a relação de professor e aluno no desenvolvimento dos projetos escolares.

Percebe-se que a escola é uma instituição social, na qual o ser aprendente vive e passa um bom tempo do seu dia. Nesse contexto, o aluno expressa os seus problemas e conflitos.

A função do professor nesse processo é proporcionar uma relação de diálogo. Diante desse fator, o papel do professor é de extrema importância nas resoluções dos conflitos.

É dever da escola criar as normas básicas para que os alunos se sintam seguro em relação aos seus direitos escolares.

Parrat-Dayan (2008, p.77) ressalta que:

> É importante estreitar os laços entre a escola e a comunidade. Os pais devem se sentir responsáveis. É importante que eles sejam chamados para discutir os diferentes problemas pertinentes à educação dos alunos, incluindo a disciplina. A comunidade precisa estar informada a propósito dos objetivos, realizações e atividades escolares.

A escola tem de desenvolver um amplo relacionamento entre professores e aluno, através da inclusão dos alunos e na participação nos projetos escolares, os alunos têm que se sentirem importantes e que tem uma função social.

É importante ressaltar que a preservação do caráter do professor determina também na formação e no caráter do aluno.

Para (ANTUNES, 2008, p.77):

> Estimular sempre o convívio social da criança. Mostrar que gosta dela e que gosta de seus amigos e, mais ainda, gosta dela com seus amigos. Toda criança desenvolve

melhor sua autoestima e senso de limites, convivendo com outras crianças com quem pode brincar e, brincando, aprender livremente.

A IMPORTÂNCIA DA AFETIVIDADE NO AMBIENTE ESCOLAR NA ESCOLA PÚBLICA MUNICIPAL NA CIDADE DE CASCAVEL NO CEARÁ

No processo educacional o aluno está sempre sendo avaliado. Pois no decorrer do ano letivo, mais especialmente na chegada das turmas nas nossas escolas no Município, realizamos testes diagnósticos para identificar níveis de aprendizagem. Busca-se com isso um desempenho diferencial embasado nos conhecimentos estudados em sala de aula. Muitas vezes, os resultados são de fracassos, pois o aluno chegou à escola com o mínimo de conhecimento possível, ademais percebemos que além da dificuldade cognitiva, valorativa, tem principalmente a falta do desenvolvimento afetivo, que o aluno traz em sua histórica construção familiar. Nesse contexto, o aluno não deixa de apresentar suas características herdadas no contexto familiar.

Para (CHALITA, 2004, p. 136), "Mesmo inserido em um ambiente escolar, o aluno não deixa de lado suas características, suas peculiaridades individuais, que são marcas da riqueza humana que deve ser explorada em sala de aula".

O professor também é um ser que transforma e que transmitem as suas experiências. É o professor que ensina o aluno a ler. Porém, o mesmo tem que desenvolver a práxis da afetividade e trazer o aluno para o mundo da leitura e da interpretação.
Segundo (CURY, 2006, p.11):

> Cada ser humano, mesmo os alunos que tiram notas baixas na escola, tem um potencial intelectual enorme para ser explorado. Para explorar esse potencial devemos, em primeiro lugar, aprender a debater o conhecimento e expressar sem medo o que pensamos e sentimos.

A afetividade é um pilar na construção do sujeito que aprende. A criança necessita desse apego afetivo para desempenhar uma segurança naquilo que está aprendendo. É de extrema importância o professor ser essencialmente um coparticipante na formação do aluno. Quando a criança aprende a ler e escrever demonstra que está compreendendo aquele que o ensina. No transcorrer da vida da criança é percebida uma ausência de afeto.

Monte Serrat (2007, p.21) coloca que, normalmente a criança que chega ao psicopedagogo é alguém que sofre interiormente por não conseguir corresponder às expectativas da escola e da família quanto ao seu desempenho escolar.

Diante dessa análise vale ressaltar que para desenvolver a inteligência do aluno é fundamental que o professor trabalhe as emoções dos mesmos.

Tem que priorizar de forma positiva, pois, a emoção é parte integrante na formação do sujeito aprendente. A inteligência se dá a partir das atividades humanas e são as emoções presentes no sujeito que norteará o sujeito que aprende para uma vida acadêmica mais estável.

Para (MONTE-SERRAT, 2007, *apud* CHALITA, 2001), Explica que:

> O grande pilar da educação é, sem dúvida, a habilidade emocional. Não é possível desenvolver a habilidade cognitiva e a social sem que a emoção seja trabalhada.

Trabalhar a emoção requer paciência; trata-se de um processo contínuo porque as coisas não mudam de uma hora para outra. É diferente de uma simples memorização, em que o aluno é obrigado a estudar determinado assunto para a prova, decora, e o problema está resolvido. É diferente de um conceito em que o professor, detentor do saber, em sua bondade doa o conhecimento ao aluno, que decora esse conhecimento decidido pelo professor. A emoção trabalha com a libertação da pessoa humana. A emoção é a busca do foco interior e exterior, de uma relação do ser humano com ele mesmo e com o outro. O que dá trabalho demanda tempo e esforço, mas é o passaporte para a conquista da autonomia e da felicidade.

Nos dias atuais diversos autores concordam que afetividade deve ser a base de conhecer o sujeito que aprende. A rede publica municipal de ensino da Cidade de Cascavel, no Ceará. Tem tido iniciativas significativas para melhorar o processo de aprendizagem a partir do conhecimento afetivo da criança.

Bossa (2002) afirma que afetividade sempre esteve e estará presente na relação pedagógica, pois não há relacionamento humano em que não esteja presente essa dimensão do ser. No entanto, a questão de seu manejo é ainda um grande desafio para a educação.

Diante disso, percebe-se que, para falar de aprendizagem é necessário conhecer o fator afetivo de carismas no processo da aprendizagem humana. A afetividade desenvolve o código do carisma e humaniza o sujeito para as relações humanas.

Segundo Cury (2008, p.131) "o código do carisma é o código da capacidade de encantar, envolver, surpreender, admirar, os outros e a si mesmo". Trata de uma das inteligências decodificada por esse autor. Esse código fala do valor afetivo e das reais mudanças que pode proporcionar no sujeito. Se o carisma da criança for trabalhado, ela desenvolverá uma boa relação social e uma melhor aprendizagem, pois, a afetividade é o código da amabilidade e do romantismo existencial.

A afetividade e o contexto escolar

O aluno é o autor que vive sendo avaliado pelas suas habilidades formais. De acordo com Chalita (2004, p.137) "diz-se formal porque é em uma instituição de ensino que se armazena todos os dados necessários para o acompanhamento da vida estudantil de cada aluno". O aluno é um sujeito que tem suas habilidades e características individuais. Nem um aluno é igual. E ver os alunos de forma homogênea é prever o fracasso escolar.

A ideia de ver o aluno como melhor e/ou pior dentro do contexto escolar nos dias atuais não condiz mais com a educação e a vida. Os alunos que são bons em matemática, na maioria das vezes não são bons em português ou em outras áreas. Isso demonstra que cada aluno vai desenvolver alguma habilidade e necessariamente isso não quer dizer que é o mais inteligente. Na verdade, o aluno é um sujeito da aprendizagem e irá desenvolver as habilidades de acordo com as oportunidades desenvolvidas pela escola.

Dentro desse conceito, o aluno precisa de uma boa orientação e lideres que possam guiá-los a caminhos do desenvolvimento social. De uma forma holística, o aluno precisa ser respeitado a partir das suas habilidades e experiências adquiridas no contexto social.

É preciso desenvolver nos alunos o mundo das ideias e da reflexão filosófica. O respeito ao aprendente é de importância fundamental na formação do ser, pois, será desenvolvido no sujeito habilidades de sonhar.

Chalita (2004, p.138) ressalta Que\;

> O que costuma dificultar essa visão integral e afetiva são os muitos paradigmas, as amarras, os costumes tradicionais de não se valorizar a vivencia do aluno, sua história, sua vivência pessoal. Há alguns mitos que precisam ser quebrados com relação aos alunos e a sala de aula.

O facilitador como mediador do processo de ensino-aprendizagem

O professor como ser que ensina tem como função desenvolver no aluno a vontade de aprender. O professor facilitador tem que ser um ser que investiga e busque sempre resultados diferentes. O facilitador tem que apoiar-se sobre uma gama de conhecimentos especializados, desenvolver uma prática constante de busca do conhecimento, proporcionar uma melhor satisfação dos alunos e enfrentar os problemas no setor educacional.

Segundo Parrat-Dayan (2008, p.116) "o educador é, assim, um especialista da situação pedagógica, um profissional da interação e um administrador das condições de aprendizagem".

A função do facilitador não é o de propiciar o ato de comunicar, sua meta é nortear o discente às investigações, tentativas, erros e acertos. O facilitador tem que ajudar os alunos na análise dos problemas e ensinar a reformular as suas perguntas. É necessário o educador desenvolver uma pedagógica da pergunta, propiciando um diálogo entre ambos. O profissional da educação tem que suscitar meios como forma de facilitação na busca do conhecimento. Diante dessa análise o aluno constrói a sua aprendizagem em erros e acertos. Dessa forma, o facilitador tentará guiar o aluno a criar sua capacidade de aprendizagem e a formular as suas perguntas de forma a propiciar estratégias no ato da aprendizagem.

Para (SARA PAÍN, 1987, p.15):

> O lugar do processo de aprendizagem coincide um momento histórico, um organismo, uma etapa genética da inteligência e um sujeito associado a tantas outras estruturas teóricas de cuja engrenagem se ocupa e preocupa a epistemologia. Referimo-nos principalmente ao materialismo histórico, a teoria piagetiana da inteligência e a teoria psicanalítica de Frevo, enquanto instauram a ideologia, a operabilidade e o inconsciente.

Também é preciso ensinar que o aprendizado consiste em erros e acertos. O professor tem que conhecer o aluno para que todo processo do aprender venha acontecer. Muitos de nós não paramos para refletir sobre a importância da afetividade nesse contexto de aprendizagem. Muitas vezes foi falado do professor, pois, realmente o agente do processo educacional é o professor. Não é possível desenvolver uma educação sem aprender a trabalhar a emoção dos alunos.

Ressalta (CHALITA, 2004, p.230) que, o grande pilar da educação é a habilidade emocional. Não é possível desenvolver a habilidade cognitiva e a social sem que a emoção seja trabalhada.

A família e a sua influência no processo da aprendizagem

Toda criança é inteligente e precisa desenvolver as suas capacidades cognitivas. Tornar os alunos conscientes de suas habilidades e estimular as suas inteligências múltiplas é de extrema importância.

Segundo (ANTUNES, 2008, p.18), a inteligência depende da carga hereditária que recebemos e com a evolução da espécie esculpimos, mas depende mais do ambiente onde crescemos e dos modelos com quem a vida nos proporciona interagir.

No início da vida de uma criança ela é formada pelos valores de certos adultos. No processo do nascimento das crianças, muitos pais já expressam cuidados para a criança, enquanto, outros são irresponsáveis quanto a essa realidade. Sabe-se que crianças rejeitadas pelos seus genitores tornam-se estúpidas e atrevidas e fogem da realidade por achar estranho e ameaçador. Acredita-se que todas essas questões implicam na aprendizagem do aluno e no seu desenvolvimento cognitivo. Os jovens merecem grande atenção. Eles estão sempre em busca de auto independência, seja intelectual ou afetiva.

A família tem uma grande importância na construção e na formação do aluno. É na família que se forma o brio do aluno.

O autor (CHALITA, 2004, p. 01) ressalta que:

> Qualquer projeto educacional sério depende da participação familiar: em alguns, apenas do incentivo, em outros, de uma participação efetiva no aprendizado, ao pesquisar, ao discutir, ao valorizar a preocupação que o filho traz da escola.

Os jovens do século XXI, não estão preparados para os problemas e nem para as questões da vida. O motivo é a falta de instrução que os pais não construíram na sua formação desde criança. Nos dias atuais se busca a valorização do ter e deixa de lado os valores afetivos. As famílias precisam ensinar o amor e a afetividade na formação da criança. São valores construtivos que serão formados na criança que repercutirá em todas as áreas da vida desde o social ao intelectual. Sendo assim, será desenvolvido na criança e adolescente um aprendizado mais humanístico e voltado para uma inteligência mais coletiva.

Já (WINCH, 2007, p. 15) coloca que:

> O aprendizado é uma antiga instituição para o ensino e a aprendizagem em um contexto vocacional, que se constitui na subordinação de um aprendiz mestre. Sua base prática é a necessidade de que as habilidades específicas de determinadas profissões, ofícios e ocupações sejam transmitidas de geração para geração.

A afetividade e os meios tecnológicos

Essa é a época do conhecimento. Muitos teóricos afirmam que as tecnologias têm afastado os filhos dos pais, sendo assim, distanciado do contexto afetivo.

A informática educativa tem sido muito utilizada para favorecer a aprendizagem dos alunos, no entanto, como afirma Valente (2007) o processo de ensino-aprendizagem deve incorporar cada vez mais o uso das tecnologias digitais para que os alunos e educadores possam manipular e aprender a ler, escrever e expressar-se usando essas novas modalidades e meios de comunicação, procurando atingir o nível de letramento "forte".

A aprendizagem deve ser autônoma, nos aspectos sociais, cognitivos e afetivos. Portanto, deve-se enfatizar que o professor / orientador deve estar apto a desenvolver competências de acordo com a aprendizagem autônoma, sabendo analisar a influência do computador e dos meios tecnológicos a serviço da educação.

No entanto, verifica-se que o professor / orientador enfrenta inúmeras dificuldades para desenvolver habilidades utilizando os instrumentos que possibilitam a aprendizagem dos alunos de 1º ao 5º ano. Isto se justifica porque Litwin (2007) doutora em educação e professora de ciências da educação e tecnologia educativa pela Universidade de Buenos Aires, afirma que:

"Quando se trata de vincular as mídias à escola, reconhece-se que ambas encerram lógicas diferentes, em resumo trata-se de cenários caracterizados pela incompletude, pela desarticulação, pela inversão de situações de conhecimentos de todos que estão expostas com total transparência".

Então neste sentido as tecnologias têm como finalidade desenvolver as inteligências das crianças e proporcionar um ambiente afetivo entre professores e alunos em busca da integração social na construção e formação do ser aprendente.

CONSIDERAÇÕES FINAIS

Partindo dessas interrogações, as inquietações parece então ter uma razão coerente sobre o desejo de entender essa área que precisa ser cada vez mais explorada no ambiente escolar.

Diante do apresentado, nasceu um estudo relacionado no processo de entender e compreender a importância da afetividade.

Pelo analisado, a afetividade é um campo complexo que exige cada vez mais pesquisas sobre o assunto. Lembrando que o desenvolvimento da criança é notório quando a família acompanha em todo contexto familiar.

A importância da relação familiar no desenvolvimento do sujeito é fundamental para um bom desempenho escolar.

Então, a afetividade é um caminho no qual a escola pode avançar, pois percebemos que a ausência desse fator pode prejudicar todo o processo de ensino e aprendizagem do aluno.

Os meios tecnológicos são ferramentas importantíssimas para desenvolver habilidades e o processo de afetividade entre professores e alunos e a própria escola no seu contexto geral.

Comprova-se a hipótese do estudo, observando-se a melhoria dos resultados escolares quando a escola procura trabalhar os processos afetivos no ambiente escolar.

Assim, após vários estudos e pesquisas podemos concluir que a tarefa de desenvolver a afetividade na escola é um fator preponderante para o desempenho dos alunos. Lembrando que a escola e a família são de grande importância para a construção dos alunos. Mesmo assim, a escola deve procurar desenvolver resultados que possam valorizar o lúdico no ambiente escolar, pois, o mesmo promove processos afetivos e uma escola mais harmoniosa.

Assim sendo, espera-se que este estudo possa levar a enfoques mais reflexivos sobre o que ocorre em torno da afetividade no ambiente escolar na Escola Publica Municipal da Cidade de Cascavel, no Ceará.

REFERÊNCIAS BIBLIOGRÁFICAS

ANTUNES, Celso. Pais e Educadores Estimulando Inteligências para o Amanhã. Fortaleza: Editora IMEPH, 2008.

BOSSA, Nádia. A Psicopedagogia no Brasil: Contribuições a partir da prática. 2ª Ed. Porto Alegre: Artmed, 2000.

CAPELATTO, I. R.A Família é o nosso lugar. Revista Viraser: O desenvolvimento da afetividade. ONG Viraser: Londrina (3): 6-10, 1999.

CHALITA, Gabriel. Educação: A Solução está no afeto. São Paulo: Editora Gente, 2001, 1ª Ed., 2004, Edição Revista e Atualizada.

CURY, Augusto. Filhos Brilhantes, Alunos Fascinantes. Colina, São Paulo: Editora Academia da Inteligência, 2006.

CURY, Augusto. O Código da Inteligência: A Formação de Mentes Brilhantes e a busca pela Excelência Emocional e Profissional. Rio de Janeiro: Thomas Nelson Brasil / Ediouro, 2008.

LITWIN, Editr. Aprendizagem e cultura digital. Pátio, Revista Pedagógica. Porto Alegre, RS, Artmed Editora, nº. 44, Novembro / 2007 / Janeiro / 2008, p. 18/19.

MONTE-SERRAT, Fernando. Emoção, Afeto e Amor: Ingrediente do processo educativo. São Paulo: Editora Academia da Inteligência, 2007.

MORIYA, A. M. Fenômeno de Kassegui: Um olhar sobre os adolescentes que ficaram. CEFIL: Londrina, 2000.

PAÍN, Sara. Diagnóstico e Tratamento dos Problemas de Aprendizagem. Porto Alegre: Artes Médicas, 1987.

PONTES, Cleto B. Glossário de Psicopatologia: As Faculdades Mentais. Fortaleza: Edições Demócrito Rocha, 2008.

REVISTA NOVA ESCOLA. Grandes Pensadores. São Paulo: Editora Abril, nº. 11, 2008.

SILVIA, Parrat-Dayan. Trad. Sílvia Beatriz Adone e Augusto Juncal. Como enfrentar a indisciplina na escola. São Paulo: Contexto, 2008.

VALENTE, J. A. As Tecnologias Digitais e os Diferentes Letramentos. Pátio, Revista Pedagógica. Porto Alegre – RS, Artmed Editora, nº. 44, Novembro / 2007 / Janeiro / 2008, p. 14.

VYGOTSKY, L. S. Psicologia Pedagógica. 1ª Ed. São Paulo: Martins Fontes, 2001.

WINCH, Cristopher. Dicionário de Filosofia da Educação: São Paulo: Contexto, 2007.